把握人民的意愿

政协第十三届全国委员会提案及办理复文选

2022年卷

全国政协提案委员会　编

中国文史出版社

图书在版编目（CIP）数据

把握人民的意愿：政协第十二届全国委员会提案及办理复文选. 2022年卷 / 全国政协提案委员会编. —北京：中国文史出版社，2023.2

ISBN 978-7-5205-4031-5

Ⅰ. ①把… Ⅱ. ①全… Ⅲ. ①中国人民政治协商会议—提案—汇编—2022 Ⅳ. ①D627

中国国家版本馆CIP数据核字（2023）第030849号

责任编辑：梁 洁
装帧设计：潘志泉 翁 敏

出版发行：**中国文史出版社**
社　　址：北京市海淀区西八里庄路69号　邮编：100142
电　　话：010-81136601　81136698　81136648（联络部）
　　　　　010-81136606　81136602　81136603（发行部）
传　　真：010-81136677　81136655
印　　装：廊坊市海涛印刷有限公司
经　　销：全国新华书店
开　　本：16
印　　张：45
字　　数：600千字
版　　次：2023年4月北京第1版
印　　次：2023年4月第1次印刷
定　　价：90.00元

把握人民的意愿

——政协第十三届全国委员会提案及办理复文选

编 委 会

序

提案是政协委员，参加政协的各党派、各人民团体，政协各专门委员会，政协全体会议期间的界别、委员小组，向政协全体会议或者常务委员会提出并交提案审查委员会或者提案委员会审查的书面意见和建议。经审查立案的提案，交承办单位办理并作出书面答复。提案是履行人民政协职能的重要方式，是坚持和完善中国共产党领导的多党合作和政治协商制度的重要载体，是发扬中国特色社会主义民主的重要形式，是协助中国共产党和国家机关实现决策民主化、科学化的重要渠道，也是发挥专门协商机构作用的重要途径。

全国政协十三届五次会议以来，广大政协委员、政协各参加单位和各专门委员会，坚持以习近平新时代中国特色社会主义思想为指导，深入学习贯彻中共十九大、二十大精神，不断深刻领悟“两个确立”的决定性意义，增强“四个意识”、坚定“四个自信”、做到“两个维护”，贯彻落实中央政协工作会议精神，围绕党和国家工作大局，坚持稳中求进工作总基调和推动高质量发展，积极通过提案建言资政、凝聚共识。一年来，共提出提案 6173 件，立案 5079 件。提案紧扣时代脉搏、聚焦中心工作、饱含为民情怀，选题更加聚焦，建议更加具体，质量持续提升。

提案工作是一项全局性、综合性、基础性、经常性工作。一年来，在全国政协党组和主席会议领导下，在张庆黎、邵鸿副主席的具体指导下，在政协各参加单位、各专门委员会和全体委员的大力支持和积极参与下，在承办单位的高效办理下，充分发挥提案作为人民政协履行职能重要手段和服务“国之大者”、民之关切重要途径的作用，为实现第一个百年奋斗目标，迈上全面建设社会主义现代化国家新征程，向第二个百年奋斗目标进军，贡献了智慧和力量。

《把握人民的意愿——政协提案及办理复文选》自第九届全国政协开始编辑出版以来，广受政协委员、提案承办单位、新闻媒体等各界人士的欢迎。我们每年选择部分有代表性的提案及办理复文，经征求多方面意见后编辑出版一卷，力求客观准确地反映当年全国政协委员、政协各参加单位和各专门委员会的履职成果，以及各提案承办单位的办理成果。由于我们水平有限，在编纂工作中难免存在缺点和问题，敬请广大读者批评指正。

本书编委会

2023 年 3 月

目　录

（2022 年卷）

一、经济建设

二、政治建设

三、文化建设

四、社会建设

五、生态文明建设

一、经济建设

全国政协十三届五次会议第 01436 号提案

题　　　目：关于加快推进战略性新兴产业集聚发展的提案
主　　　办：发展改革委
会　　　办：科技部　银保监会　知识产权局
提 案 形 式：个人提案
第一提案人：张　健
内　　　容：

战略性新兴产业具有战略性、新兴性两大特征，是促进现代经济转型的重要载体，也是争取发展权利、赢得未来的关键。疫情冲击下，全球产业链、供应链面临前所未有的挑战，这也是我们加快推进构建新兴产业发展的“机遇窗口”。目前，我国战略性新兴产业存在的突出问题和薄弱环节集中表现在：自主创新资源分散，创新基础能力亟待提升，特别是产业发展专业指导等方面存在不足；高质量产业集群发展基础薄弱，龙头企业集成创新能力欠缺，对上下游企业的整合力、引领带动不够；高端人才面临结构性短缺；投融资环境还跟不上产业发展需求。

建议：

一、把集聚发展放在产业布局突出位置。一是鼓励各地因地制宜研究制定产业集群建设方案，集中有限财力，滚动支持一批重大项目建设，推动产业集群发展。二是提升产业集聚能力。引导各省各地方培育一批具有良好基础和发展潜力的产业集群，与国家战略性新兴产业集群发展工程形成梯次发展体系，从而推动形成分工明确、相互衔接的产业集群发展格局。三是鼓励设立产业联盟，构建政府推动、龙头企业引领、市场化运作的集群发展模式。选择一批比较优势明显的企业，通过技术创新、规模扩张和并购重组，使之成为具有国际竞争力并引领行业发展的标杆企业。

二、鼓励支持组建省级层面产业研究院。目的是为区域内战略性新兴产业发展提供“快”“准”“稳”的专业指导，其功能定位着重于：一是组织战略研究，把握发展方向、跟踪发展动态，协助政府有关部门制订更具针对性的产业培育策略、确定政府所扮演的角色。二是制定产业技术战略图，整合创新资源，形成创新合力，充当政府有形之手。三是发挥技术引进、人才培育、资讯提供、创业孵化、技术服务等作用，推动政产学研有机结合。

三、分类指导提升企业集成创新能力。大企业是集成创新的主要力量，也是自主创新活动的组织者和引领者，政府要根据企业的不同规模和需求，加强分类指导：一是支持行业龙头企业建立高水平技术研究院，开展前瞻性、原创性研究和重大战略产品的系统设计。二是围绕新兴产业培育和优势产业需求，以产学研合作方式，推进大中型骨干企业普遍建立工程技术研发中心。三是在新兴产业和高科技企业集中的高新园区、特色产业基地等，面向中小企业建设公共技术服务平台。通过政府重点扶持潜力企业和股权控制、知识控制、标准控制、产业联盟等途径加强产业链整合。

四、扎实有效推进高端人才引培留工程。一是建立起与战略性新兴产业体系相适应的人才支撑体系。面向战略性新兴产业重点发展领域和行业，统筹推进人才政策体制改革，不断优化人才结构，壮大人才规模，提升人才素质。二是积极引进国际创新人才。实行更加开放便利的境外人才引进和出入境管理制度。建立与国际接轨的高层次人才招聘、薪酬、评价、考核、科研资助和管理制度。切实解决各类人才现实生活问题，在教育、卫生、居住等方面提供更多人性化公共服务。三是推进实施精准化人才引进制度。实行紧缺人才清单制度，靶向引进一批“高精尖缺”创新人才和团队，提升引才精准度和产业适配度。

五、优化投融资推动产业结构迭代升级。发挥政府引导作用，构建和优化局部投融资环境，促使优质资源和要素向有竞争力的优势创新企业集中。一是建立科技型企业融资联合担保平台。通过政、银、保合作联动，创新设计担保融资品种，为科技型中小企业提供低门槛、低成本的担保融资服务。二是积极引导金融机构创新金融服务，建立适应科技型中小企业融资特点的信贷体系和保险、担保联动机制，促进知识产权、无形资产质押贷款等金融创新。三是健全国有创投决策机制和激励机制，从源头上建立起符合战略性新兴产业发展规律的政策性保障体系。

关于政协第十三届全国委员会第五次会议第 01436 号（经济发展类 088 号）提案答复的函

张健委员：

您提出的《关于加快推进战略性新兴产业集聚发展的提案》收悉。经商科技部、银保监会、知识产权局，现答复如下。

一、关于把集聚发展放在产业布局突出位置

（一）启动实施集群发展工程。2019 年，我委启动实施国家战略性新兴产业集群发展工程，推动建设上海浦东新区集成电路等 66 个产业集群。2020 年，我委联合科技部、工业和信息化部、财政部印发《关于扩大战略性新兴产业投资　培育壮大新增长点增长极的指导意见》，提出构建战略性新兴产业集群梯次发展体系，推动各地开展省级战略性新兴产业集群培育建设。2021 年，我委在“十四五”战略性新兴产业专项规划中，再次对战略性新兴产业集群建设工作作出了部署。

（二）优化重大生产力布局。我委印发实施《石化产业规划布局方案（修订版）》，发挥七大石化产业基地集聚效应，按照产业园区化、装置大型化、生产清洁化、产品高端化的要求，加强产业链协同布局，推进上下游融合发展，打造全球领先的石化产业集聚区。严格执行《汽车产业投资管理规定》，出台实施《“十四五”新能源汽车产业高质量发展实施意见》，推动汽车产业高质量发展。建立重大项目“窗口指导”制度，按照“区域集聚、主体集中”的原则要求，统筹推动集成电路、汽车等产业重大生产力布局优化。

二、关于分类指导提升企业集成创新能力

（一）支持科技领军企业发展。科技部与国资委、全国工商联建立会商机制，共同就加强中央企业、民营龙头企业科技创新政策引导与规划设计、支持参与国家重大科研任务、强化科技人才队伍建设等重点工作听取企业的意见建议，研究部署政策措施，进一步推动企业深入实施创新驱动发展战略，加快建设世界一流科技领军企业，为推动我国高水平科技自立自强作出新的贡献。

（二）培育科技型中小企业。一是研究制定支持企业加强基础研究的政策措施。落实好企业研发费用加计扣除、高企税收优惠等普惠性政策。今年 3 月，科技部会同财政部、税务总局进一步将科技型中小企业研发费用加计扣除比例提高到 100%。二是建立科技型中小企业研发支持制度。科技部印发了《关于营造更好环境支持科技型中小企业研发的通知》，形成支持科技型中小企业研发的制度安排。三是强化金融对科技型中小企业的支持。科技部、财政部设立国家科技成果转化引导基金。截至 2021 年底，转化基金设立子基金 36 只，子基金总规模 622 亿元，进一步带动 20 个省市设立科技成果转化引导基金，总规模约 1400 亿元。四是完善科技创业服务体系。截至 2021 年底，全国科技创业孵化载体（科技企业孵化器、众创空间、专业化众创空间、大学科技园）总数超过 1.4 万家，服务创业团队和企业近 70 万家，拥有有效知识产权 72.8 万件，带动就业近 500 万人，各类创业孵化载体获得免税超过 5.8 亿元，通过政策传导为在孵企业减免房租 11.7 亿元。

三、关于扎实有效推进高端人才引培留工程

（一）加强战略性新兴产业人才培养。2021 年，我委会同教育部等部门印发《关于加强经济社会发展重点领域急需学科专业建设和人才培养的指导意见》，明确提出将集成电路、人工智能、储能技术、量子科技、高端装备等战略性新兴产业高度相关的学科专业纳入国家重点支持清单，在人才培养、产教融合、招生计划等方面优先考虑、加大支持，鼓励高校、科研机构与骨干企业、产业化基地及相关机构设立人才联合培养项目，强化重点领域复合交叉，加大对不同学科理论与方法、科学前沿与企业实践进行整合再创新力度，引导高校和科研机构主动加强战略性新兴产业急需人才培养。

（二）深化外国人来华工作许可“放管服”改革。科技部放宽来华科技人才年龄、工作经历等条件，简化办理流程，大力推行工作许可与居留许可“一口受理、并联审批”；扩大外国人才签证政策受益面，授权计划单列市、副省级城市及粤港澳大湾区九市等外国人才集聚的地市科技主管部门审核发放外国高端人才确认函；推动建立工作许可和签证、居留、永久居留、入籍有机衔接和身份转换机制，为外国高端人才来华创新创业提供更多便利，让有志于来华创新创业的外国人来得了、待得住、用得好、流得动。

四、关于优化投融资推动产业结构迭代升级

（一）创新中央预算内投资支持方式。按照国务院批复，我委、财政部、工业和信息化部牵头会同社会资本发起设立先进制造产业投资基金。先进制造产业基金自设立以来，聚焦先进制造业重点领域，通过股权投资、投贷联动等多种方式，带动社会资本支持先进制造业及相关传统产业技术改造的重大项目建设，充分发挥了国家支持先进制造业发展的战略导向作用，取得了积极的成效。

（二）为科技型中小企业提供融资担保服务。银保监会持续指导各地融资担保机构以强化内控合规为主线，审慎稳健运营，探索适应科技型中小企业需要的融资担保服务。积极推动各地完善政府性融资担保体系建设，加大再担保支持力度。鼓励银行机构与担保机构开展合作，推动在科技企业生命周期中前移金融服务，建立符合科技型中小企业投资特点的容错和激励约束机制。截至 2021 年末，全国融资担保机构达 4838 家，直保余额 15020 亿元，同比增长 26%。全国政府性融资担保机构的担保费率为 0.83%，基本保持在 1% 以下。

（三）加大知识产权质押融资支持力度。2021 年，银保监会印发《关于银行业保险业支持高水平科技自立自强的指导意见》，鼓励银行保险机构在依法合规、风险可控前提下，创新科技金融产品和服务，加大科技型中小企业知识产权质押融资等的投放力度。截至 2021 年末，银行业金融机构知识产权质押融资业务（主要是知识产权质押贷款）当年累放贷款户数 8414 户，同比增长 54.1%；当年累计发放贷款 8268.6 亿元，同比增长 39.8%。知识产权质押贷款余额 958.7 亿元。国家知识产权局联合银保监会等部门印发《知识产权质押融资入园惠企行动方案（2021—2023 年）》，指导各地围绕措施优化、模式创新、服务提升等方面开展一系列行动。推动修订《专利权质押登记办法》，提出简化登记程序、放宽登记条件、压缩审查期限、优化登记服务等措施。2021 年，全国专利商标质押融资登记金额为 3098.4 亿元，同比增长 42.1%，质押登记项目 1.7 万笔，同比增长 41.4%，惠及企业 1.5 万家，同比增长 42.7%。其中，全国专利商标质押金额 1000 万元以下的普惠贷款惠及企业 1.1 万家，占比达 71.8%。

下一步，按照党中央、国务院决策部署，我委将会同有关部门，深入推进国家战略性新兴产业集群发展工程，提升企业创新能力，加大人才培养力度，创新资金支持方式，促进产业集聚发展，为加快构建新发展格局、实现高质量发展提供有力保障。

感谢您对发展改革工作的关心和支持。

欢迎登录我委门户网站（www.ndrc.gov.cn），了解国家经济和社会发展政策、经济建设和社会发展情况、经济体制改革方面的重要信息。

国家发展改革委

2022 年 9 月 11 日

全国政协十三届五次会议第 03619 号提案

题　　　目：关于推进我国混合所有制经济改革的提案
主　　　办：发展改革委
会　　　办：财政部　国资委　全国工商联
提 案 形 式：个人提案
第一提案人：薛　康
内　　　容：

国有企业是推进国家现代化、保障人民共同利益的重要力量，是体现社会主义全民所有制性质和优越性的微观经济主体，是我们党和国家事业发展的重要物质基础和政治基础。习近平总书记强调，积极发展混合所有制经济，是新形势下坚持公有制主体地位，增强国有经济活力、控制力、影响力的一个有效途径和必然选择。

目前，在各方面的高度重视和共同努力下，国有企业改革经过长时间探索和试点实践，已进入全面施工期，混合所有制改革是提升国有资本效率、增强国有经济控制力、释放改革红利的主要手段之一。但是，在具体实践中，我国混合所有制改革，特别是作为我国老工业基地的东北地区，混合所有制经济改革仍然面临一定困难和问题。

1. 混合所有制改革中，经常会遇到改革不彻底，同股不同权，国有资本管理者在管理及经营中处于强势地位，造成民间资本进入国有企业，处处受制，无法发挥民营企业的市场反应快、效率高等优势，不利于混合所有制改革的深度发展。

2. 国有资产在与民间资本融合过程中，由于在评估阶段存在区间价值，极易发生合理状态下的资产流失，形成贪污腐败的温床。

3. 混改企业的经营状况评估，因包含太多潜在因素，并不能完全体现经营结果，也无法确实保证国资利益。

4. 目前垄断行业的国有企业的人员工资明显高于社会相关行业平均工资，福利待遇等隐性收入极高，而部分行业国企工资又低于市场平均工资，且工资体制僵化，不能做到同岗同酬，造成国企里论资排辈、竞争意识淡薄，脱离市场正常工作状态。

5. 目前国有资产对外投资存在不敢投、不确定方向、投资渠道少、限制部门多的情况，从单一角度上看也对混合所有制改革产生了一定的阻碍作用。

针对以上问题，建议：

一是要充分利用好股份制公司的机制，混合所有制企业对于主要经营管理团队要实行市场化招聘，杜绝单方任命主要决策者，股东及董事会不参与经营，对经营团队的考核实施完全的市场化原则，经营方与国有资本方完全脱离，从而达到经营融合的目的。

二是建立健全国有资产评估环节，避免国有资产流失。在股权置换、交叉持股、投资入股等多个环节，利用国有资产管理部门的监督管理职能，建立国资评估团队，且对评估团队的评估结果利用专家论证会等手段确保评估的公平公正，降低人为因素，确保评估结果的透明化、专业化、公平化。

三是针对已进行混合所有制改革的企业，在每个经营周期结束时实施国有资产的专项评估，作为国有资产代言人与经营团队的主要考核指标。

四是放开混合所有制改革企业中国资企业的人员工资，进行市场化调节。同时加大国资垄断型企业的经营成本、人力成本、管理成本等透明度，更有利于民间资本对国有企业的了解，进而促进民间资本进入国有企业。

五是建议设立对接平台，民企可登录平台进行国资引资申请，平台负责对民企项目进行评估，对符合政策方向、具备一定实用的专利技术、具有推动社会发展及社会效益的项目优先对有投资意向的国有资本进行推介，既增加了民企的融资渠道，也让国有资产在一定控制范围内便于对民企进行投资，同时，也利于国家对部分有用的新技术、新行业进行控制。

混合所有制改革，绝不是全面地放开市场，让国企完全进入市场竞争，而是在允许的范围内、开放的行业内进行企业间融合，既消除国企不适应市场的部分行为，也对部分行业进行规范和整顿。因此，混改的基本原则比照市场上民营企业间的融合，更多了一份社会责任，底线不可变，方向不可改，只可辕骖同行，不可南辕北辙，也是对入股国资的民企的明确要求。综合所述，混合所有制企业中，国资占主导地位的，需对方向进行严格控制，但不制约经营；国资投资股份占比较低的，仅对国资投资部分进行增值与评估，不参与企业管理，抑或是一个顺应市场的方向。

关于政协第十三届全国委员会第五次会议第 03619 号（经济发展类 254 号）提案答复的函

薛康委员：

您提出的《关于推进我国混合所有制经济改革的提案》收悉。经商财政部、国资委、全国工商联，现答复如下。

您从当前混合所有制改革面临的困难和问题入手，提出混合所有制企业对主要经营管理团队实行市场化招聘及考核、建立健全国有资产评估环节、定期实施国有资产专项评估、改革国资控股混合所有制企业薪酬管理、建立对接平台拓宽民企引入国资渠道等 5 条具体建议，对深化国有企业混合所有制改革具有重要的参考价值，我们将在下一步深化国有企业混合所有制改革相关工作中认真参考采纳您的建议。

一、关于混合所有制企业经理层的市场化选聘及考核

2015年10月，《国务院关于改革和完善国有资产管理体制的若干意见》（以下简称《意见》）公开印发，对推动国有资产监管体制向管资本转变提出了明确要求，即通过改革，推进国有资产监管机构职能转变，改进国有资产监督方式和手段，进一步明确国有资产所有权与企业经营权的职责边界，确保企业享有独立法人财产权，确立企业市场主体地位。对混合所有制企业也按照管资本的要求，避免国有股东直接干预日常生产经营。落实《意见》精神，按照国企改革三年行动要求，我委、国资委指导推动混合所有制企业全面建立灵活高效的市场化经营机制。一是出台进一步落实中央企业董事会考核分配职权的实施意见，推动企业董事会加强经理层成员任期制和契约化管理，合理确定经理层成员业绩考核指标和目标值，遵循市场化原则进行考核。二是指导混合所有制企业持续深化体制机制改革，加快完善治理体制和经营机制。一些混合所有制企业探索了委托经营的模式，即国资股东将其股权对应的经营管理权委托给社会资本股东委派的专业化经营管理团队行使，最大限度发挥灵活的市场化机制优势。

二、关于健全完善国有资产评估管理、避免国有资产流失

经过多年发展完善，资产评估行业逐步建立了以《资产评估法》为基本法律规定，《企业国有资产法》《证券法》《公司法》《合伙企业法》《拍卖法》《保险法》等法律中有若干条款规定，《国有资产评估管理办法》等行政法规及财政部系列部门规章和行业自律性管理规定为主要内容的资产评估制度体系，形成了由基本准则、具体准则、评估指南、指导意见有机组成的完整框架体系，在准确发现国有资产价值、避免国有资产流失方面发挥了重要作用。

按照相关法律法规要求，财政部、国资委持续加强企业国有资产评估管理。一是出台《企业国有资产评估管理暂行办法》及配套文件，明确资产评估范围、核准与备案工作要求等，建立资产评估项目监督机制，进一步规范企业国有资产评估工作。二是充分发挥外部专家积

极作用，对需核准的资产评估项目，组织专家审核；对备案的资产评估项目，必要时组织专家评审，提升资产评估工作质量。三是印发《关于中央企业资产评估项目公示制度有关事项的通知》，规定中央企业应对资产评估项目进行公示，依法保障相关方的知情权和监督权，做到资产评估管理工作规则公开、过程公开、结果公开。四是印发《加强资产评估行业联合监管若干措施》，建立了行政监管和行业自律相结合的资产评估行业联合监管机制，并要求开展年度执行质量检查。

三、关于国资控股混合所有制企业薪酬管理

2018 年 5 月，《国务院关于改革国有企业工资决定机制的意见》公开印发，明确提出以增强国有企业活力、提升国有企业效率为中心，建立健全与劳动力市场基本适应、与国有企业经济效益和劳动生产率挂钩的工资决定和正常增长机制，完善国有企业工资分配监管体制，充分调动国有企业职工的积极性、主动性、创造性。按照文件精神，落实国企改革三年行动要求，我委、国资委推动企业持续深化劳动、人事、分配三项制度改革，推动对混合所有制企业实施更加灵活高效的管理。一是对符合条件的企业实施工作总额备案制管理，指导企业深化内部收入分配制度改革，健全职工薪酬市场对标体系和按业绩贡献决定薪酬的分配机制。二是指导国有企业集团深化内部分配制度改革，根据下属企业经营效益指标等完成情况相应分配工资总额，支持向治理结构健全、经营效益良好的混合所有制企业倾斜。三是对符合条件的混合所有制企业，支持开展薪酬分配等经营管理事项的差异化管理，赋予企业更多依法依规自主经营空间。

四、关于建立对接平台

按照要求，国有企业产权转让、增资扩股原则上应通过产权市场公开进行。一方面，2019 年来，国资委会同全国工商联等部门，连续三年举办中央企业混改项目暨中央企业民营企业协同发展项目推介会，已累计推介超过 870 个项目，并采取线上线下同步发布信息的方式，有力推动了项目对接、资源互通、业务合作。另一方面，我委会同国资委、全国工商联等，与上海联合产权交易所等密切合作，搭建工作平台，建立常态化沟通联系机制，汇集各方面参与混合所有制改革意向及融资合作信息，合力推动混合所有制改革引战对接工作。

下一步，我委将会同财政部、国资委、全国工商联等部门，持续深化国有企业混合所有制改革，完善国有资产评估管理，坚决防范国有资产流失，为企业参与混合所有制改革搭建更多平台机制，指导混合所有制企业完善公司治理、转换经营机制，深化劳动、人事、分配三项制度改革，进一步激发企业活力，推动高质量发展。

感谢您对发展改革工作的关心和支持。

欢迎登录我委门户网站（www.ndrc.gov.cn），了解国家经济和社会发展政策、经济建设和社会发展情况、经济体制改革方面的重要信息。

国家发展改革委

2022 年 9 月 15 日

全国政协十三届五次会议第 02227 号提案

题　　　目： 关于进一步贯彻落实国务院《保障中小企业款项支付条例》的提案

主　　　办： 工业和信息化部

会　　　办： 发展改革委　信访局

提 案 形 式： 团体提案

第一提案人： 全国工商联

内　　　容：

中小企业是国民经济和社会发展的生力军，是市场主体中数量最多、最具活力的因子，是我国建设现代化经济体系、推动经济实现高质量发展的重要基础。近年来，受国内外复杂多变的经济形势及经济下行压力等因素影响，中小企业账款回收期延长，部分地方政府、事业单位和国有大企业拖欠中小企业款项的问题频频出现，由此引发的信访事件、群体性事件、恶性事件时有发生，不仅影响中小企业发展，还损害政府公信力，破坏营商环境，影响经济社会稳定大局。

党中央、国务院高度重视拖欠中小企业款项问题，习近平总书记、李克强总理多次作出重要指示批示，要求建立长效机制解决拖欠中小企业款项问题。2020 年 9 月 1 日，《保障中小企业款项支付条例》（国令第 728 号，以下简称《条例》）正式施行。作为我国首次针对拖欠中小企业款项问题制定的专门法规，《条例》是《中华人民共和国中小企业促进法》的重要配套法规，充分彰显了国家全力保护中小企业，维护经济基本盘的力度和决心。为进一步贯彻落实《条例》，切实保护中小企业合法权益，让中小企业拥有更多公平正义“获得感”，提振中小企业发展信心和决心，提出如下建议：

一是加强宣贯解读，推动《条例》落地落实。贯彻落实好《条例》，为解决拖欠中小企业账款问题提供有力法律保障，对维护中小企业合法权益、提振中小企业发展信心、促进中小企业持续健康发展具有重要意义。要广泛开展《条例》的宣传、培训、解读和政策咨询活动，将《条例》列为普法学习重要内容，确保社会各方面知晓、执行《条例》，有效发挥《条例》的教育、指引和惩戒作用，强化机关、事业单位和大型企业诚信守约意识。

二是加强投诉机制建设，有效防范解决拖欠问题。设立并公布投诉举报电话、电子邮箱等，认真受理拒绝或迟延支付中小企业款项的投诉。进一步建立健全投诉处理机制，细化处理流程，按照“属地管理、分级负责，谁主管谁负责”的原则，及时将投诉转交各地方人民政府处理，确保件件有着落、事事有回音。强化督导，定期组织开展自查自纠，防范新增拖欠，及时发现问题，督促加快整改，确保中小企业款项支付工作落到实处，应付尽付、不留死角。

三是加强失信惩戒，强化约束机制。在中央决策已经明确、政策已经出台的情况下，按照《条例》规定，对拒绝或迟延支付中小企业款项的机关、事业单位，在公务消费、办公用房、经费安排等方面采取必要的限制措施。对机关、事业单位和大型企业不履行及时支付中小企业款项义务情节严重的，依法依规将其失信信息纳入全国信用信息共享平台，并将相关涉企信息通过企业信用信息公示系统进行公示，必要时纳入巡视范围并予以问责。加强对失信行为的社会性约束，在全社会形成“不敢欠、不能欠、不想欠”的社会氛围，有效保护中小企业合法权益。

四是健全服务机制，提高中小企业维权意识和能力。建立健全保障中小企业款项支付长效机制，加强监督检查和第三方评估，形成确保中小企业款项支付的强大合力，帮助中小企业解决缺乏法律专业知识、不了解诉讼程序、维权成本高等问题，不断提升中小企业的风险防范和依法维权意识。同时，在中小企业交易合同拟定、加强财务核算等方面提供针对性服务和指导，帮助中小企业提高合同和资金管理水平，降低交易成本和风险。

关于政协第十三届全国委员会第五次会议第02227号（经济发展类136号）提案答复的函

全国工商联：

《关于进一步贯彻落实国务院〈保障中小企业款项支付条例〉的提案》收悉，经商发展改革委、信访局，现答复如下：

《保障中小企业款项支付条例》（以下简称《条例》）的公布施行为解决拖欠中小企业账款问题提供了有力的法律保障。为深入贯彻落实党中央、国务院决策部署，保障中小企业合法权益，工业和信息化部会同有关部门多措并举、形成合力，大力治理拖欠中小企业账款问题，促进中小企业平稳健康发展，助力稳定宏观经济大盘。

一、加强《条例》宣传解读

工业和信息化部组织行业协会、高校、企业专家对《条例》进行解读，与司法部联合编写出版《保障中小企业款项支付条例释义》。组织各地广泛开展《条例》宣传、解读和培训活动，多措并举推动社会各方面知晓《条例》、执行《条例》，鼓励中小企业利用《条例》维护自身合法权益，引导机关、事业单位和大型企业增强诚信守约意识。2021年，各地组织开展培训700余场次，培训人员逾5万人次。

二、畅通中小企业投诉渠道

工业和信息化部建立了“违约拖欠中小企业款项登记（投诉）平台”，并督促各省建立了相应的投诉渠道，做好投诉受理、处理工作。制定了《保障中小企业款项支付投诉处理暂行办法》，规范投诉受理、处理程序，要求受理投诉部门按照“属地管理、分级负责，谁主管谁负责”的原则，在受理之日起 10 个工作日内，将投诉线索转交有关部门、地方处理。加强工作情况调度，督促有关地方和部门及时回应企业诉求，对工作进度缓慢的地方进行约谈和督办。信访局充分发挥《信访工作条例》约束作用，对收到的信访诉求，及时转交有权处理的机关、国有企事业单位，并要求其限期反馈处理情况。对一些久拖不决的问题，将其纳入“治理重复信访、化解信访积案”专项工作，有效推动问题化解。

三、强化约束惩戒

将落实《条例》和清理拖欠中小企业账款情况作为国务院大督查、减轻企业负担和促进中小企业健康发展综合督查的重要督查事项。工业和信息化部、发展改革委分别将支付中小企业款项工作情况纳入中小企业发展环境评估和中国营商环境评价。发展改革委牵头建立全国信用信息共享平台，联通 46 个部门和所有省（区、市），归集共享包括企业款项支付领域失信信息在内的各类市场主体信用信息。依托该平台创立“信用中国”网站，开设专栏公示部分政府部门和国有企业拖欠中小企业账款典型失信案例，加强失信约束惩戒。

四、加强对中小企业服务

工业和信息化部通过组织“一起益企”中小企业服务行动、中小企业服务月活动，加强有关法律法规宣传解读和培训，组织服务机构为中小企业提供法律援助和咨询服务，增强中小企业风险防范意识和依法维权能力。最高人民法院印发《关于充分发挥司法职能作用助力中小微企业发展的指导意见》，发挥司法在营造公平竞争市场环境、保护中小企业合法权益中的重要作用。

五、组织开展专项行动

2022 年，工业和信息化部会同有关部门组织开展防范和化解拖欠中小企业账款专项行动，集中化解存量拖欠，严防新增拖欠，健全防范和化解拖欠中小企业账款长效机制。按照专项行动工作安排，组织开展拖欠问题排查并建立台账。对无分歧欠款，发现一起清偿一起，确有还款困难的，明确还款计划；对有分歧欠款，推动协商解决或运用法律手段解决。强化考核与监督，严格落实压缩非刚性支出等限制措施，加大对相关责任主体及责任人的问责和惩处力度。加强大型企业拖欠中小企业账款、商业汇票逾期等情况披露。对拖欠中小企业账款典型案例予以曝光，依法依规实施失信惩戒。

下一步，工业和信息化部将继续会同有关部门，进一步加大《条例》落实力度，扎实做好清理拖欠中小企业账款工作，完善防范和化解拖欠中小企业账款长效机制，加强政策落实，强化对企服务，帮助中小企业纾困解难、平稳健康发展。

感谢对中小企业工作的关心和支持。

工业和信息化部

2022 年 9 月 6 日

全国政协十三届五次会议第04360号提案

题　　目：关于支持“专精特新”中小企业发展的提案

主　　办：工业和信息化部

会　　办：教育部　财政部　人民银行　市场监管总局　证监会　知识产权局

提案形式：界别提案

第一提案人：民进界

内　　容：

“十四五”规划和2035年远景目标纲要指出，要“推动中小企业提升专业化优势，培育专精特新‘小巨人’企业和制造业单项冠军企业”。“专精特新”中小企业专注深耕细分市场，在各自行业领域中具备一定优势。通过不断培育“专精特新”中小企业，有利于提升产业链供应链现代化水平，提升我国制造业核心竞争力，巩固壮大实体经济根基，推动经济高质量发展。

当前，“专精特新”中小企业的发展仍存在一些问题亟待解决。

一、培育政策精准性有待提升

一是部分政策条款脱离企业成长“实情”。在中央及地方的专精特新企业培育配套政策中，往往对市场占有率和净利润增速同时提出要求，但由于细分市场体量有限，当达到较高市场占有率后，其业务收入往往难以同时维持高速增长。二是政策门槛对初创型企业不公。各地申报条款大多设置了年度营业收入的高门槛，而初创型企业轻资产特征明显，达到申评收入门槛存在一定难度，导致部分优秀企业无法参与评审。

二、企业创新体系建设有待完善

一方面“专精特新”企业创新持续性不足，虽在细分领域中已具备一定核心技术，但卡脖子技术攻关能力远落后于发达国家，亟待进一步扶持；另一方面创新领域不均衡等问题日益凸显，“专精特新”在信息技术、新能源、生物医药等中高端领域集聚度较高，而对消费类、零部件类等传统领域鲜少涉及。

三、企业融资难度仍然较大

相较于传统信贷，“专精特新”企业更需要覆盖企业全生命周期的成长型、长期性资金支持，但银行往往缺乏专业性、差异化的信贷产品，社会资本也因创新型企业成长的不确定性不愿过多涉及，导致“专精特新”企业融资难度仍然较大。

四、人才短板还待优化

人才是创新的根基，是创新的核心要素。近年来国家通过不断引进高端人才助力“专精特新”企业高速发展，但在中端实用型人才培育上仍缺乏持续保障，企业迫切需要既有实践经验又善创新研发的高级人才。

建议：

一、完善申评政策提升政策精准度

一是根据企业实情，有针对性地完善政策条款，探索设立区间化政策条件，如根据市场占有率高低对企业收入增速区分对待，市场占有率较高的企业可适当降低增速要求。二是适当降低申评企业规模门槛，统筹考虑初创型企业发展过程中的难点、痛点，切实精准惠及急需培育的“专精特新”中小企业。三是通过开展企业培训、座谈会等形式，全面提高企业培育政策宣贯力度，定期摸排需求企业和潜力企业，精准开展企业培育。

二、完善“专精特新”企业体系建设

一是强化顶层设计，编制“专精特新”产业规划，相关部门会同行业专家、领域学者、企业高工等专业人员组建专家智库，分行业、分领域开展产业前沿调研、挖掘创新亮点，积极引导企业探索多元化“专精特新”，全面均衡“专精特新”领域。二是提高企业创新奖补，发挥政府补贴最优效应，鼓励科研机构、高校和企业联合创新。三是进一步完善知识产权保护，严厉打击知识产权侵权行为，为企业创新营造良好环境。

三、提高金融服务实体经济能力

一是持续加强金融“专精特新”中小企业扶持力度，差异化量身定制融资产品，同时建立完善信用评估系统，统一收集汇总导入“专精特新”企业诚信数据，实时跟踪相关企业经营状况，绘制企业坏账风险动态图。二是进一步推动北京证券交易所高效扶持“专精特新”中小企业，使北交所的政策优势惠及更多企业。

四、强化人才培育

在引进高端人才基础上，进一步推进创新人才自主培养，不断深化我国职业教育体系改革，集中力量加快建设一批高水平的高职学校和学科专业，重点布局在先进制造业、战略性新兴产业等技术技能人才紧缺领域，同时搭建高校院所、研究平台、科技企业人才流通桥梁，打通学术型人才实践和骨干型人才深造渠道，形成全面多维度人才培育体系。

关于政协第十三届全国委员会第五次会议第04360号（经济发展类319号）提案答复的函

民进界：

《关于支持“专精特新”中小企业发展的提案》收悉。经商教育部、财政部、人民银行、市场监管总局、证监会、知识产权局，现答复如下：

当前，培育专精特新中小企业工作引发社会广泛关注，走专精特新发展道路已成为广大中小企业的普遍共识。近年来，在各方面共同培育和推动下，专精特新中小企业数量规模不断壮大，创新能力持续提升，竞争优势更加突出。同时，正如提案中所言，支持中小企业专精特新发展在政策、融资、人才等方面仍存在一些需要优化提升的问题。在今后的工作中，工业和信息化部将认真吸收采纳相关意见建议，加大支持专精特新中小企业发展力度，推动提升产业链供应链现代化水平，促进经济高质量发展。

一、关于完善申评政策提升政策精准度

工业和信息化部已先后组织培育四批专精特新“小巨人”企业（以下简称“小巨人”企业）。为切实增强政策针对性精准性，在保证培育工作连续性稳定性基础上，每一批“小巨人”企业申报条件进行适当调整优化。一是降低了主营业务收入和净利润增长率的要求。考虑到国内外复杂多变的外部因素对企业生产经营冲击，将“近 2 年主营业务收入或净利润平均增长率”指标从 10% 调整为 5%。二是增加了分类条件。考虑到部分领域优质中小企业虽然主营业务收入 1 亿元以下，但创新能力强、专业化水平高、特色化和精细化显著，从第三批“小巨人”起增加了上年度营业收入在 5000 万元—1 亿元之间和 5000 万元以下两类条件，并分类提出相关指标要求。三是规范培育标准。针对省级专精特新中小企业标准不统一、服务不精准、发展不平衡等问题，在前期培育工作实践的基础上，工业和信息化部于 2022 年 6 月制定出台了《优质中小企业梯度培育管理暂行办法》（工信部企业〔2022〕63 号），进一步提升优质中小企业梯度培育工作的系统化、规范化和精准化水平。

下一步，工业和信息化部将深入了解企业和基层的意见建议，坚持分层分类分级指导，结合实际情况及时动态调整相关标准，精准开展专精特新中小企业培育认定工作。

二、关于完善“专精特新”企业体系建设

工业和信息化部会同相关部门以“激发涌现一大批专精特新企业”

为目标，体系化地开展专精特新企业培育工作。一是构建梯度培育体系。落实《优质中小企业梯度培育管理暂行办法》，从制度层面建立创新型中小企业、专精特新中小企业、专精特新“小巨人”企业构成的优质中小企业梯度培育体系，推动“十四五”期间培育1万家“小巨人”企业、10万家省级专精特新中小企业和100万家创新型中小企业。二是坚持培优企业与培强产业相结合。工业和信息化部等11部门组织实施“携手行动”促进大中小企业融通创新（2022—2025年），开展“百场万企”大中小企业融通对接活动，会同教育部开展“千校万企”校企合作伙伴行动，推动产业链供应链上下游企业融通创新、产学研协同创新。三是加大政策支持力度。财政部、工业和信息化部通过中央财政先后三批支持1900多家“小巨人”企业高质量发展，引导广大中小企业走专精特新发展道路。市场监管总局推动修订《反垄断法》，制定《加强重点领域信用监管的实施意见》，持续深化商事制度改革，为有效激发专精特新企业创业创新活力。知识产权局将“小巨人”企业纳入知识产权优势示范企业培育对象，加大涉及专精特新企业专利侵权纠纷办案力度。四是强化精准服务。深入实施《为“专精特新”中小企业办实事清单》，开展专精特新中小企业专属服务产品征集工作，为专精特新中小企业提供优质高效服务。

下一步，工业和信息化部将会同相关部门进一步完善专精特新企业培育工作体系和政策体系，着力优化促进专精特新企业发展的财税、金融、创新等环境，激发涌现一大批专精特新企业。

三、关于提高金融服务实体经济能力

人民银行、证监会、工业和信息化部等部门高度重视金融服务专精特新中小企业工作，多方面引导加大金融支持力度，缓解专精特新企业融资难问题。一是组织各地梳理收集专精特新金融服务需求，建立重点企业名录库，指导金融机构开发“专精特新贷”等专精特新企业专属金融产品和服务。截至2022年一季度末，“小巨人”企业贷款余额3040亿元，同比增长31.8%；加权利率4.35%，同比下降25个基点。二是拓宽专精特新企业直接融资渠道。深化新三板改革，设立北京证券交易所，探索构建支持专精特新中小企业创新发展的机制。截至 2022 年 4 月末，北交所上市公司 89 家，其中“小巨人”企业占比 21%，省级以上专精特新企业超过一半。组织各地筛选优质中小企业，开展上市辅导培训，举办投融资论坛，促进投融资服务对接。目前，超过 1000 家专精特新中小企业和“小巨人”企业在 A 股上市。三是支持中小企业纾困解难。针对复杂多变的形势，出台小微企业贷款阶段性延期还本付息、信用贷款支持、规范发展供应链金融等政策。对受疫情影响暂时出现生产经营困难的中小微企业，合理采用续贷、贷款展期、调整还款安排等方式予以支持。联合财政部继续实施小微企业融资担保业务降费奖补政策。指导各地加强政企银对接，推动政策精准有效落地。截至 2022 年 6 月末，普惠型小微企业贷款余额 21.77 万亿元，同比增速 22.64%，较各项贷款增速高 11.69 个百分点。2022 年上半年全国新发放普惠型小微企业贷款利率 5.35%，较 2021 年全年下降 0.35 个百分点。

下一步，工业和信息化部与金融机构将进一步健全融资促进体系，完善专精特新企业金融支持政策，用好科技创新再贷款等结构性货币政策工具，将专精特新企业作为提升公司信用类债券市场广度和深度的重要方向，推动优质中小企业对接多层次资本市场。强化对中小企业发展基金的指导，引导基金公司加强对子基金所投企业的分析，发挥好政策平台作用。

四、关于强化人才培育

中小企业走专精特新发展道路，重点在人才，难点也在人才。相关部门多渠道支持专精特新企业引进、培养人才，促进企业持续发展。一是工业和信息化部会同教育部每年组织开展全国中小企业网上百日招聘毕业生活动，面向专精特新中小企业设置独立板块，加强优秀人才与优质中小企业对接。二是教育部会同财政部实施中国特色高水平高职学校和专业建设计划，会同工业和信息化部公布首批现代产业学院名单，助力培育专精特新企业所需技能型人才。三是组织实施企业管理人才素质提升工程，针对专精特新企业特点和需求开设专精特新班，加强专精特新中小企业经营管理领军人才培训。

下一步，工业和信息化部将推动各地建设一批工程师协同创新中心，为企业搭建高层次人才供给通道。教育部、工业和信息化部等将启动实施先进制造业重点领域职业教育现场工程师专项培养计划，探索中国特色学徒制，引导高校和专精特新企业开展产学合作协同育人项目，为专精特新中小企业高质量提供坚实支撑。

感谢你们对中小企业工作的关心和支持。

工业和信息化部

2022 年 8 月 24 日

全国政协十三届五次会议第 03952 号提案

题　　　目：关于鼓励帮扶中小微企业构建数字安全能力的提案
主　　　办：工业和信息化部
会　　　办：中央网信办（国家网信办）　财政部
提 案 形 式：个人提案
第一提案人：周鸿祎
内　　　容：

中小微企业是国家经济的“毛细血管”，既是税收和就业的“半壁江山”，也是产业供应链体系的重要一环。在产业数字化转型的进程中，大量中小微企业积极拥抱数字技术，通过数字化转型提高产品竞争力和运营效率。但是，中小微企业数字安全得不到足够重视，安全基础薄弱，普遍缺乏安全能力，可能成为国家数字安全屏障的短板。

在万物互联时代，中小微企业是供应链攻击的跳板，极有可能成为国家数字安全的缺口。网络战是整体战，不区分大中小微企业，而且中小微企业往往是关键基础设施和大型企业供应链中的一环。如果在数字化的同时，没有补足安全短板，黑客组织就能以中小微企业为跳板，针对大型企业、政府和关键信息基础设施发起供应链攻击，造成重大安全事件。

勒索攻击、数据泄露等安全风险对中小微企业正常经营活动带来极大威胁。中小微企业由于缺乏网络安全防御措施、网络安全设备和专业人，一旦被黑客组织直接攻击或所使用的软件供应商被攻击，就有导致业务停摆的风险。温州一家超市今年年初就受到勒索病毒攻击，黑客向其索要 0.042 枚比特币（总价值约 12000 元）作为赎金，且支付赎金后黑客并未恢复超市数据，严重影响正常运转。

造成中小微企业数字安全能力不足的原因包括三方面，一是重视不足，很多人认为中小微企业不是网络攻击的主要对象，从而忽视中小微企业的安全能力建设；二是投入不足，中小微企业更愿意把资金、人力投在数字化上，在数字安全方面却投入甚少甚至零投入；三是供给不足，市场上的安全产品和服务多数是针对大型客户，专业性门槛高，中小微企业面临不会用、没人用的问题。

建议：

提高中小微企业数字安全能力，在提高重视的同时，需要针对中小微企业提供专门的安全产品和服务，做到“数字安全一个都不能少”，筑牢国家数字安全的整体屏障。

一是建议出台专项政策，明确中小微企业应具备的数字安全能力要求。一方面，把数字安全能力建设纳入中小微企业发展规划，引导中小微企业提高数字安全能力建设；另一方面，有关政府部门、大型企业及关键基础设施在采购政策中明确对供应链中小微企业的数字安全能力要求，在采购中小微企业的数字化产品时，以能力为导向进行数字安全评估，从源头上夯实供应链安全的底座。

二是借鉴免费杀毒的模式，鼓励大型安全企业提供中小微企业的轻量化免费安全服务，让中小微企业数字安全不掉队。建议相关部门以政策鼓励、提供服务补贴、税收减免等方式，鼓励大型企业为中小微企业提供免费或低成本的数字安全 SaaS 服务和相关产品，包括提供终端、网络、软件、数据、资产等全方位安全防护与管理服务，降低中小微企业享受数字安全服务的成本与门槛，为中小微企业向“专精特新”数字化发展提供安全保障。

关于政协第十三届全国委员会第五次会议第 03952 号（工交邮电类 452 号）提案答复的函

周鸿祎委员：

您提出的《关于鼓励帮扶中小微企业构建数字安全能力的提案》收悉，经商中央网信办、财政部，现答复如下：

中小微企业是数字经济发展的主力军，也是数字化转型的主战场。推动中小微企业数字化转型，不仅关乎企业长期竞争优势和发展能力的塑造，也对我国加快建设现代经济体系、推动经济高质量发展具有十分重要的意义。当前，数字技术的融合渗透不断加速，在进一步释放产业创新活力、提升全要素生产率的同时，勒索攻击、恶意软件入侵、数据泄露丢失等风险日益凸显，威胁着中小微企业正常生产运营，甚至挑战国家经济安全和社会稳定。您提出的意见建议，对完善法规政策体系、创新工作举措，进一步促进中小微企业数字安全能力提升具有重要借鉴意义。

促进中小微企业数字安全能力建设是一项创新性强、系统性要求高的工作，既要通过监管压实企业主体责任，也要通过政策激发企业内生动力，通过刚性约束与柔性引导相结合，筑牢中小微企业数字安全底座。近年来，我部等相关部门高度重视中小微企业数字安全能力建设，开展了一系列工作。

一、完善法规制度供给，厘清中小微企业安全主体责任

一是健全国家基础法律制度。国家先后出台《网络安全法》《数据安全法》《个人信息保护法》，明确网络安全、数据安全、个人信息保护的基本原则和要求，为依法落实中小微企业网络和数据安全主体责任提供了法律依据和根本遵循。

二是细化网络和数据安全义务。我部出台《通信网络安全防护管理办法》等多项部门规章，研究制定《工业和信息化领域数据安全管理办法（试行）》《网络产品安全漏洞管理规定》以及风险报送、安全评估、威胁处置、突发事件应急预案等超过20项规范性文件，从安全防护、监测预警、应急处置等方面，细化压实中小微企业网络和数据安全保护主体责任。

三是强化供应链安全管理要求。中央网信办会同我部等推动出台《关键信息基础设施安全保护条例》，制定发布《网络安全审查办法》，明确要求关键信息基础设施运营者应当优先采购安全可信的网络产品和服务，并对重要采购活动和部分重要产品实施安全审查，通过供应链安全责任的层层传导，强化中小微企业网络和数据安全保障要求。

二、强化产业规划引导，提升中小微企业安全保障水平

一是制定网络和数据安全相关产业规划。我部会同相关部门出台《“十四五”大数据产业发展规划》《关于工业大数据发展的指导意见》以及促进网络安全产业发展指导性文件等，着力推进网络和数据安全保障等重点任务，支持和鼓励安全服务企业创新提供云模式网络安全服务，积极打造网络安全运营服务中心，服务中小微企业数字安全能力建设。

二是深入实施企业数字化赋能专项行动。我部印发《中小企业数字化赋能专项行动方案》，明确将“强化网络、计算和安全等数字资源服务支撑”和“加强网络和数据安全保障”纳入专项行动重点任务，着力强化基础网络安全，推进工业互联网安全公共服务平台建设，为中小微企业提供多层次、类型丰富的数字安全技术支持服务和解决方案。

三、加强财税政策激励，支持中小微企业安全能力建设

一是依托政府采购促进企业数字安全能力建设。财政部制定《政府采购促进中小微企业发展管理办法》，通过预留份额、价格扣除、鼓励大企业与中小微企业组成联合体或分包等形式，进一步扩大中小微企业获得政府采购合同份额，促进中小微企业参与政府数字化安全

能力建设。

二是利用税收减免推动质优价廉的安全产品服务供给。我部协调推动出台支持信创产品应用的税收优惠政策，如软件企业销售自行开发生产的软件产品，增值税实际税负超3%部分即征即退；提供技术转让、技术开发和与之相关的技术咨询、技术服务的，免征增值税，鼓励信创企业为中小微企业提供低成本的网络和数据安全产品服务。

四、促进产融供需对接，创新中小微企业安全服务生态

一是推进产融合作提升数字安全风险应对能力。我部积极引导中国太保等战略合作金融机构创新保险服务，探索构建了“企业网络安全保险”“云计算安全综合保险”“防范DDoS攻击保险”“网络安全应急响应保险”“软件首版次应用综合保险”等在内的企业网络安全综合保障体系，累计承保风险保额超过3亿元，通过“保险+服务+风控”模式为中小微企业提供全流程网络安全服务。

二是大力强化数字安全产业链供需对接。我部印发两期《中小微企业数字化赋能服务产品及活动推荐目录》，专门设置网络和数据安全类别，累计遴选15家技术力量强、服务效果好的数字安全服务商，以及16项优秀网络和数据安全产品服务，积极促成中小微企业与安全服务企业的精准对接。

五、下一步工作

针对您提的建议，我部研究认为，出台中小微企业数字安全能力要求的专项政策、鼓励大型安全企业为中小微企业提供轻量化免费安全服务具有很好的借鉴和参考作用。下一步，我部将在巩固深化前期工作成效基础上，会同相关部门重点开展以下四方面工作。

一是强化法规政策要求贯彻落实。深入贯彻《网络安全法》《数据安全法》《个人信息保护法》，组织开展电信和互联网行业网络安全防护检查、工业和信息化领域数据安全检查，督促中小微企业落实网络和数据安全主体责任，及时整改安全风险问题，提高数字安全防护能力。

二是加强安全能力建设引导。编制发布《中小企业数字化转型评价标准及评价模型》《中小企业数字化转型指南》，将中小微企业数字安全水平纳入评价要素，促进中小微企业开展自我诊断、找准问题不足，务实推进数字化安全能力建设。同时，探索一批适合中小企业数字化转型的小型化、轻量化、快部署的方案，加强复制推广。

三是大力发展数字安全产业。抓好促进网络安全产业发展指导性文件落实，研究起草数据安全产业发展指导意见，发展面向中小企业特色需求的精细化、专业型数据安全产品，积极布局安全产业园和创新应用示范区建设，加速集聚一批技术领军人才和创新团队，培育网络和数据安全骨干企业、“专精特新”小巨人和领军企业，壮大服务中小企业的数字安全产业生态。

四是深化现有财税政策措施实施。持续完善软件等信创产品发展和推广应用的财税政策，支持大型企业提供高质量、低成本、集约化的网络和数据安全产品和服务。研究完善关于中小企业数字安全能力要求的政府采购政策，引导企业加强数字安全能力建设。不断拓展与金融机构的战略合作，壮大中小微企业网络和数据安全保险服务，进一步降低企业数字安全风险。

感谢您对促进中小微企业数字安全能力建设工作的关心和支持。

工业和信息化部

2022 年 8 月 15 日

全国政协十三届五次会议第 00692 号提案

题　　　目：关于在政府采购活动中切实降低企业负担的提案
主　　　办：财政部
会　　　办：发展改革委
提 案 形 式：个人提案
第一提案人：丁时勇
内　　　容：

近年来，各级政府机关、事业单位或团体组织的采购，全部或者部分实现在政府公众采购平台上采购，涵盖工程建设、商品货物、商业服务等，极大地提升了企业投标参与的积极性，在统一开放、公平竞争的市场环境建设方面取得了非常好的成绩。但是，在实际操作过程中，参与投标的企业还是普遍感觉程序复杂、负担过重，主要表现为：

一是平台众多分散，增加了企业的时间成本。不同层面的招标单位在不同平台发布招标（或邀标）信息，不利于招标信息的充分曝光，也导致投标参与企业要进入不同的平台，程序烦琐，增加企业负担。从中央到省、市、县各级政府，都有相关的招标平台，而且平台与平台之间进驻模式、送审资格要求、招投标管理办法不尽相同，导致投标企业需要进入不同的招投标平台，管理成本上升，事务性工作增加；一些县区设置的小众平台上发布的招标信息，甚至有人为设置“闭环”招标的嫌疑，不利于招标信息被广泛获取。

二是平台保证金、履约保证金、购买标书等费用的收取，加重了企业的财务负担。政府公众采购平台，基本上由政府部门搭建，或者政府委托第三方机构搭建或者维护运营管理，但是所有的公招平台对入驻企业都要收取保证金；在部分项目的投标上还设置购买标书，部分招投标平台需要支付 300—500 元不等的购买标书费用才能下载查看招标文件；个别招标项目原本是交付给采购方验收合格才支付给投标方相关费用却反过来要求投标方支付中标保证金等，不仅不合理，也加重了投标企业的财务负担。

三是全程可以线上完成的招投标环节，人为设置线下环节，加大了投标企业的投标成本。投标企业获取招标信息、投递标书、签订合同等所有可以在招投标公众平台上通过电子文件完成的环节，被部分招标企业或者代理招标公司人为强制要求线下递交标书、查验企业资质等，无形中增加了投标企业参与投标的办公成本。

为此建议：

一、政府部门应该出台招投标规范性文件，从平台要求、招投标企业资质、评标标准、评标过程的公开公平公正、结果公示等流程规范企业的招投标行为。

二、通过“互联网 +”公众招投标平台，实现招投标全流程电子化，减少投标企业的事务性成本。进一步完善招投标电子交易系统，实现政策法规查询、公告公示信息公开、在线获取招标文件（资格预审文件）、在线投标、在线评标、电子开标、在线视音频监管、合同签订等全过程留痕，既减轻了招投标企业招投标事务负担，又增加了招投标全环节的公开透明。

三、合并或者减少地方、区域招投标平台，降低招投标的社会成本。原则上保留国家级招投标平台和省、市级平台，取消县区招投标平台，或者下级平台自动融入上级平台，各级各类平台互联互通，减少招投标企业入网、找平台、跨平台招投标的时间成本和办事成本。

四、取消招标文件购买费用、各种保证金等，切实降低企业投标财务成本。招标企业发布在采购公众平台上的采购信息，任何拟参与投标企业都可以免费获取；企业信用可以通过“信用中国”或者各级市场监督管理、税务部门等相关政府职能部门网站查询，或者通过第三方机构出具的认证信用，可以作为入驻政府招投标平台的信用保证；工程施工、货物商品、商业服务等履约保证也可以通过电子保函等方式，替代现金担保履约管理，切实减少投标、中标企业资金成本、资金占用和后期退保证金等各项负担。

五、减少或者取消不必要现场环节，降低企业往返跑腿等不必要的事务负担。尤其是在疫情防控常态化的状况下，尽量减少人员流动、减少不必要的人员接触、现场交标、验资等环节，改为线上或者网络等环节实施，既可以减少投标企业事务性工作成本，又能减少疫情传播风险。

关于政协第十三届全国委员会第五次会议第 00692 号（财税金融类 048 号）提案答复的函

丁时勇委员：

您提出的《关于在政府采购活动中切实降低企业负担的提案》收悉，现答复如下：

近年来，财政部认真落实党中央、国务院决策部署，不断完善政府采购法律制度体系，规范政府采购行为，持续优化政府采购营商环境，为企业参与政府采购活动提供便利。

一、关于招投标相关法律法规和规范性文件

关于您提出的“出台招投标规范性文件，从平台要求、招投标企业资质、评标标准、评标过程的公开公平公正、结果公示等流程规范企业的招投标行为”的建议，现行政府采购法律制度确立了政府采购货物、工程和服务的基本规范，在采购环节，明确了供应商资格条件、信息发布要求、采购方式和评审方法等内容，强调公开透明和公平竞争。2017 年，财政部修订印发《政府采购货物和服务招标投标管理办法》（财政部令第 87 号），专门对政府采购货物和服务招标投标行为进行规范，进一步细化了招标程序要求，为政府采购活动的顺利开展提供了制度保障。

二、关于招投标全流程电子化和平台互联互通

财政部高度重视政府采购信息化工作，积极推动政府采购相关信息系统建设，不断加强大数据、云计算、电子商务等新业态、新模式在政府采购领域的应用。关于您提出的“推动招投标全流程电子化，合并或者减少地方、区域招投标平台，促进平台互联互通”的建议，目前全国多数省市已经实现或部分实现在线发布采购公告、提供采购文件、提交投标（响应）文件、电子开标、电子评审等功能，有效推动了政府采购信息交互，简化了采购流程，提升了采购效率。同时，财政部积极推进电子化政府采购平台和电子卖场建设，建立健全统一的技术标准和数据规范，逐步实现全国范围内的互联互通，推动与公共资源交易平台数据共享，提升供应商参与政府采购活动的便利程度。

三、关于落实“放管服”改革优化政府采购营商环境

近年来，财政部不断优化政府采购营商环境，推进落实政府采购领域“放管服”改革。关于您提出的“取消招标文件购买费用、通过电子保函等方式替代现金担保、减少或者取消不必要现场环节”等方面，主要举措包括：一是持续规范保证金收取和招标文件收费行为。政府采购法实施条例明确规定投标、履约保证金应当以非现金形式提交。2019 年，财政部再次印发通知，强调采购人应当允许供应商自主选择以支票、汇票、本票、保函等非现金形式缴纳或提交保证金，不得收取没有法律法规依据的保证金，收取的保证金要按规定及时退还。同时明确，实现电子化采购的，采购人应当向供应商免费提供电子采购文件；暂未实现电子化采购的，鼓励采购人向供应商免费提供纸质采购文件。二是积极推进电子证照在政府采购领域的应用，逐步探索以电子证照信息取代企业相关的证明材料和 CA 证书，切实为企业降成本、增便利。三是统筹疫情防控和政府采购需要，减少现场环节。2020 年，财政部印发通知要求各部门、各地区根据疫情防控和实际工

作需要，科学合理开展政府采购活动，推进采购项目电子化实施，减少人员流动、聚集，降低疫情传播风险。此外，2019 年，财政部、发展改革委等部门分别对政府采购领域妨碍公平竞争的规定和做法、破坏公平竞争的招投标法规政策文件等开展专项清理整治工作，取得较好成效。

目前，财政部正按照中央全面深化改革委员会审议通过的《深化政府采购制度改革方案》要求，积极推进政府采购法修订工作，《政府采购法（修订草案征求意见稿）》已于今年 7 月再次面向社会公开征求意见，您的建议对我们完善政府采购法律制度具有积极的参考价值。下一步，财政部将继续做好修法工作，健全完善政府采购交易制度，持续优化政府采购营商环境，加快构建规则统一的政府采购电子化平台体系，进一步降低企业参与政府采购活动的制度性交易成本。

感谢您对财政工作的关注和支持，欢迎再提宝贵意见。

财政部

2022 年 8 月 17 日

全国政协十三届五次会议第 04398 号提案

题　　目： 关于进一步优化完善营商环境，更大力度激发中小企业发展活力的提案

主　　办： 工业和信息化部

会　　办： 发展改革委　财政部　人民银行　市场监管总局

提案形式： 个人提案

第一提案人： 司马红

内　　容：

中央经济工作会议要求今年经济工作要保持稳中求进的总基调。中小企业是国民经济和社会发展的主力军，在稳增长、保就业、改善民生等方面发挥着重要作用。近年来出台的一系列优化营商环境、助企纾困政策，帮助市场主体特别是中小微企业疫情期间平稳过渡，有效激发了市场主体活力。但也应当看到，受经济下行压力、疫情多点散发等因素影响，企业生产经营分化加剧，抗风险能力较弱的小微企业受影响最为明显，一些影响市场主体活力激发的深层次问题进一步凸显，营商环境有待更大力度优化改善。

当前抑制中小企业发展活力的突出问题包括：一是涉企乱收费依然存在，加重企业负担。近年来国家下大力气整治涉企乱收费取得明显成效，但要警惕涉企乱收费隐蔽化趋势。部分商会协会及受托企业在政府已经简政放权的环节搭售商品、强制入会、强制培训，影响市场准入。部分中介机构利用不对称交易信息、不对等交易地位，收费不规范、不透明，甚至只收费不服务。二是拖欠中小企业账款现象仍较普遍，加剧企业资金链紧张。《保障中小企业款项支付条例》未落

实到位，中小企业账款拖欠现象仍较突出，如一些强势企业使用商业承兑汇票兑现账款，长期压占大量资金。三是地方保护等隐性壁垒依然存在，不利于企业开拓市场。近两年各地出台涉及助企纾困、促进经济发展等涉及市场主体经济活动的政策措施大幅增加，但部分地方沿袭政府强干预的治理老路，隐性门槛、地方保护屡禁不绝，营商环境领域深层次体制机制障碍进一步凸显。四是政策稳定性不足，影响企业经营预期。部分地方在制定环保、节能减排、安全生产等涉企政策，执行时层层加码或者频繁变动，影响企业生产经营预期和投资意愿，与当前宏观经济政策取向未能保持一致。

为此，提出以下建议：

一是多措并举降低企业生产经营成本。保持现有减税降费政策稳定性，进一步精简涉及中小微企业的审批事项，聚焦重点领域、重点行业开展涉企收费清理政治，推行涉企优惠政策“免申即享”。推动《保障中小企业款项支付条例》制度尽快落地，整治利用强势地位强制中小企业接受商业汇票等变相拖欠中小企业账款行为，落实机关、事业单位上一年度未支付中小企业款项公示制度。健全中小企业融资增信体系，引导银行扩大中小微企业信用贷款。

二是深入推进公平竞争政策实施。全面落实公平竞争审查制度，开展营商环境重点领域制止滥用行政权力排除限制竞争专项行动，破除市场准入隐性门槛、地方保护等严重影响市场主体活力的行为，对基于所有制形式、企业规模、营业收入等设置歧视性资质要求、评审标准限制中小企业参加政府采购、招投标等行政行为，要坚决予以纠正，切实降低中小企业市场进入壁垒和制度性成本。提升事中事后监管水平，加强部门联合“双随机、一公开”监管，避免频繁检查、多头执法等对市场主体生产经营的不当干扰。

三是提升政策科学性和稳定性。各地区、各部门出台政策要与宏观经济政策基调保持一致，建立政策后评估制度，确保“六稳”“六保”政策落实到位，对与宏观经济政策不一致的要及时清理纠正。加强公平竞争政策与产业政策协同，推动产业政策向普惠化、功能性转变。提高决策透明度，畅通市场主体、商协会参与政策制定渠道，对涉及企业切身利益特别是影响企业生产计划、经营成本的，要严格遵循目的正当性、政策必要性、手段适当性原则，避免政策执行“零过渡”“一刀切”。

四是升级服务理念，变“企业找政策”为“政策找企业”。加快打造涉企一站式移动服务平台，加快数字化系统开发应用和各类涉企资源集成整合，系统性重塑涉企服务模式，帮助企业了解掌握、用好用足各项惠企政策。大力整治中介机构，在信贷和政策资金申报等方面严禁中介机构介入，使政策红利能直达中小微企业。

关于政协第十三届全国委员会第五次会议第04398号(经济发展类321号)提案答复的函

司马红委员：

您提出的《关于进一步优化完善营商环境，更大力度激发中小企业发展活力的提案》收悉，经商发展改革委、财政部、人民银行、市场监管总局，现答复如下：

党中央、国务院高度重视中小企业发展，近年来，针对新冠肺炎疫情和外部环境对中小企业造成的影响，在帮助企业纾难解困、优化完善营商环境方面出台了一系列政策措施，不断激发中小企业的发展活力。主要开展了以下几方面工作。

一、降低中小企业税费负担

财政部会同相关部门出台了一系列支持中小企业的减税降费政策。如，将小规模纳税人增值税起征点提高到月销售额15万元；对金融机构向小微企业、农户、个体工商户发放小额贷款取得的利息收入免征增值税；对小规模纳税人阶段性减免增值税，允许小微企业和个体工商户延缓缴纳所得税等。2022 年聚焦小微企业纾困解难，延续实施 2021 年底到期的支持小微企业和个体工商户的减税降费政策，并提高减免幅度、扩大适用范围。如，增值税留抵退税优先安排小微企业，对小微企业的存量留抵税额一次性全部退还；将“六税两费”减免范围由小规模纳税人拓展至个体工商户和小型微利企业；延续服务业增值税加计抵扣政策等。

二、降低企业生产经营成本

发展改革委联合工业和信息化部、财政部、人民银行印发《关于做好 2022 年降成本重点工作的通知》，从 8 个方面提出 26 项任务，加大纾困支持力度，提振市场主体信心。会同工业和信息化部、财政部、市场监管总局等部门研究制定了《涉企违规收费专项整治行动方案》，拟在全国范围内集中开展涉企违规收费专项整治行动，针对社会反映突出的利用行政权力、影响力以及市场优势地位的违规收费行为，坚决制止涉企“三乱”行为。工业和信息化部推动出台《保障中小企业款项支付条例》和相关投诉处理办法，牵头开展防范和化解拖欠中小企业账款专项行动，推动各地集中化解存量拖欠，健全长效机制。人民银行针对中小微企业缺乏抵押担保的问题，推出普惠小微企业信用贷款支持计划，引导金融机构增加信用贷款投放。联合银保监会等部门出台《关于进一步强化中小微企业金融服务的指导意见》，要求商业银行减少对抵押担保的依赖，大幅增加小微企业信用贷款。截至 6 月末，普惠小微贷款余额同比增长 23.8%，比各项贷款增速高 12.6 个百分点；普惠小微授信户数 5239 万户，同比增长 36.8%。

三、营造公平竞争市场环境

市场监管总局修订《反垄断法》，修正草案已提请全国人大常委会审议。研究制定《关于强化反垄断深入推进公平竞争政策实施的意见》，为健全公平竞争审查机制提供保障。加强部门联合“双随机、一公开”监管，全面推进企业信用风险分类管理，避免频繁检查、多头执法等对市场主体生产经营的不当干扰。财政部修订印发《政府采购促进中小企业发展管理办法》，进一步扩大中小企业获得政府采购合同份额。开展政府采购营商环境专项清理，严禁以供应商规模条件等对市场主体实行差别待遇或歧视待遇。工业和信息化部开展促进中小企业发展环境第三方评估、减轻企业负担和促进中小企业发展综合督查工作，指导地方结合实际开展本地区评估工作，达到以评促建、以评促改、以评促优的目的。

四、强化为中小企业精准服务

工业和信息化部在全国范围开展以“纾困解难，助力发展”为主题的中小企业服务月活动，同时以“宣传政策、落实政策，纾困难题、促进发展”为主题，深入实施“一起益企”中小企业服务行动，为中小微企业送政策、送管理、送技术。2022 年以来，全国各类服务机构组织开展各类政策宣贯活动 1355 万家（次）。依托工业互联网创新发展工程，发展面向中小企业的工业 APP 和轻量化解决方案，推广低代码开发工具，降低中小企业上平台成本，推动企业上云上平台。发展改革委支持建设国家一体化政务服务平台，进一步推动构建统一规范、多级联动的政务服务“全国一张网”，促进全国网上政务服务体系健康有序发展。

五、提升政策的科学性和稳定性

针对当前经济运行和中小企业发展面临的突出问题，相关部门加强政策预研储备，研究制定了一批增量政策并适时出台实施，着力稳定经济大盘，支持中小企业发展。在政策制定过程中，各部门密切分析研判行业发展形势，兼顾当前和长远，注重保持政策连续性、稳定性、可持续性，不断增强针对性和有效性，并结合实际推动各项政策落地见效。如，2022 年 5 月以来国务院出台的《关于印发扎实稳住经济一揽子政策措施的通知》、国务院促进中小企业发展工作领导小组办公室印发的《加力帮扶中小微企业纾困解难若干措施》，涵盖减税降费、融资支持、稳岗扩岗、政府采购、物流保畅等多个方面，均坚持系统观念和实践标准，充分听取各方面意见，对政策是否符合中央精神、是否可能产生收缩效应、是否对市场预期有不利影响、出台时机是否适宜等进行充分论证评估，确保政策稳健有效。同时，强化政策评估工作，尤其是加强新出台政策的评估分析，广泛听取市场主体意见建议，形成稳增长的政策合力。

下一步，相关部门将坚决贯彻落实党中央、国务院决策部署，多措并举、综合施策，进一步优化中小企业营商环境，支持中小企业健康持续发展。一是加大政策宣传解读力度，指导各地用好用足财税、金融、用工等各项惠企政策，推动政策的落实落地，确保企业“应享尽享”。二是聚焦重点领域，整治涉企乱收费，严厉查处强制收费、搭车收费、不执行政府定价等违规行为，减轻企业负担。三是充分发挥国家一体化政务服务平台作用，加快推进信息共享，为简化审批流程、优化监管和服务提供有力支撑。四是健全完善中小企业服务体系，推广“中小企助查”APP 等政策服务数字化平台，为企业提供权威解读和个性化匹配服务，打通政策落地“最后一公里”。五是关注新问题，研判新趋势，加强政策研究储备，推动适时将部分阶段性惠企政策转化为可长期实施的政策，不断提升政策的连续性、稳定性、可持续性。

感谢您对中小企业工作的关心和支持。

工业和信息化部

2022 年 8 月 23 日

全国政协十三届五次会议第 02505 号提案

题　　目：关于全周期全过程优化营商环境的提案
主　　办：发展改革委
会　　办：工业和信息化部　市场监管总局
提案形式：个人提案
第一提案人：丁佐宏
内　　容：

营商环境是企业生存发展的土壤，更是经济发展的“晴雨表”。近年来，我们国家通过全面深化改革，陆续出台了一系列激励和利好的政策，通过推进“放管服”改革，显著改善了营商环境，充分发挥了广大中小企业在促进经济健康发展和就业稳定中的重要作用，激发了市场活力和社会创造力。

但与此同时，民企发展仍遭遇一些痛点、难点。一些地方对优化营商环境的理解出现走样，在落地执行时出现偏差。

比如说，把优化营商环境简单理解为“创业时的便利化”，对于企业创建后遇到的困难，缺乏协助解决的动力和方法，甚至是对于遇到稍有违规的企业，就一棍子打死。此外，民营企业在经营中经常面临维权困难的问题，吃哑巴亏。在市场准入、补贴等政策层面，民营企业还面临或多或少的歧视现象。种种此类，其实都是政府部门变相的“懒政行为”，与优化营商环境的精神不符。

经济下行压力下，民营小微企业，在企业规模和融资身份歧视的双重劣势下，处境恶劣。优化营商环境，不是一时之计，而是长久之策。为系统提升政府服务效能，持续增强企业获得感，持续优化公平、诚信、透明的营商环境，助推社会经济高质量可持续发展，提出以下几条建议：

一是树立持续优化、全程服务的理念。聚焦企业全生命周期，加强各类要素保障，全链条、全过程、全方位做好服务支持。要健全企业准入、生产、经营、退出、人才引进等全过程全方位的政策，将过往好的经验做法进一步固化细化下来，如“最多跑一次”“线上+线下”“驻企店小二”等实用有效的政策措施要继续全面推广。构建政府和重点企业双向信息交流机制，架起政企沟通的桥梁。

二是持续打造开放包容的市场环境。对于民营企业，要进一步放开竞争准入门槛，包括融资条件、享有的公共服务、税费负担等方面。不断深化“放管服”改革，通过放宽准入门槛，各类市场主体依法平等进入，配合事中事后监管和优化服务改革，着力营造更加稳定、公平、透明的营商环境。

三是营造风清气正的法治环境。充分发挥政企沟通对话机制和共同体联系点工作机制作用。探索试行轻微违法行为首次免罚、触发式监管等包容审慎监管新模式，支持市场主体修复信用；依法审慎办理涉企案件，依法保护各种所有制企业产权、知识产权和自主经营权，开设并用好服务民营企业绿色通道，主动靠前服务；建立健全市场各方主体守信激励和失信惩戒机制，进一步净化市场环境，适时开展相关法律政策宣传教育活动等，聚焦市场主体遇到的法治难题，解决市场主体的“后顾之忧”。

关于政协第十三届全国委员会第五次会议第02505号（商贸监管类106号）提案答复的函

丁佐宏委员：

您提出的《关于全周期全过程优化营商环境的提案》收悉。经商工业和信息化部、市场监管总局，现答复如下。

您在提案中对我国近年来深入推进“放管服”改革、改善营商环境的工作成效给予了充分肯定，同时指出，民营企业发展仍存在一些痛点难点问题，一些地方对优化营商环境的理解跑偏走样，在落地执行时出现偏差。这些问题非常客观，现实中的确存在，我委一直以来高度重视。您提出的建议具有很强的针对性和前瞻性，对进一步优化营商环境、助力高质量发展具有重要参考价值。

一、关于树立持续优化、全程服务的理念

您在提案中建议，聚焦企业全生命周期，加强各类要素保障，全链条、全过程、全方位做好服务支持，将好的经验做法进一步固化细化下来，实用有效的政策措施要继续全面推广。近年来，各地区围绕优化企业服务、加强要素保障等积极开展探索创新，形成了一批行之有效的好经验、好做法。为着力推广这些行之有效、群众满意的优化营商环境举措，我委主要开展了三方面工作：

一是会同京沪两地政府和有关部门，系统梳理北京、上海在参与世界银行营商环境评估中形成的成熟改革举措，报请国务院办公厅印发《关于做好优化营商环境改革举措复制推广借鉴工作的通知》，在全国复制推广借鉴 36 项重点改革举措。

二是通过召开经验交流会、工作推进会、评价培训会，刊发典型经验做法工作简报，推出最佳实践案例和典型对标提升案例等方式，更好发挥标杆引领、示范带动作用。

三是发布《中国营商环境报告 2020》《中国营商环境报告 2021》《优化营商环境百问百答》等系列报告，集中呈现各领域改革方案、路线图、最佳实践，促进各地区相互学习借鉴。不少城市主动对标标杆、复制先进做法，在相关领域改革中已经从追赶者，逐步成为并跑者、领跑者。

下一步，我们将充分吸收借鉴您提出的建议，继续有针对性地开展相关工作，进一步加大优化营商环境先进经验，特别是优化企业服务相关经验的复制推广力度，提高企业满意度和获得感。

二、关于持续打造开放包容的市场环境

您在提案中建议，进一步放宽民营企业准入门槛，特别是融资条件、税费负担等方面，保障各类市场主体依法平等进入。

关于缓解企业融资难题。我委积极推动信用促进融资，提升企业获得感。2021 年 12 月，国务院办公厅印发《加强信用信息共享应用促进中小微企业融资实施方案》，以提升银行等金融机构服务中小微企业和个体工商户能力为出发点，将纳税、社会保险费和住房公积金缴纳、水电气费等 14 类信息纳入共享范围，在保障信息安全和主体权益的前提下向银行开放使用，有效缓解银企信息不对称难题。工业和信息化部积极推动金融监管部门加大对中小企业的融资支持。比如，将 2021 年一季度末到期的普惠小微企业贷款延期还本付息政策和信用贷款支持政策延长至 2021 年底，继续实施小微企业融资担保降费奖补政策，引导地方支持扩大实体经济领域小微企业融资担保业务规模。同时，加强中小企业公共服务平台建设，通过提供信息、融资等各类服务，助力中小企业创业创新和专精特新发展。下一步，我们将会同有关部门继续推动开展信用融资、动产融资等相关工作，切实缓解企业融资难融资贵问题。

关于减轻企业税费负担。工业和信息化部主要开展了两方面工作：一是统一部署，整体推进。组织召开年度国务院减轻企业负担部际联席会议，对全年减轻企业负担工作进行动员部署，并组织成员单位抓好实施。二是部门协同，形成合力。会同相关部门认真落实《政府工作报告》要求，研究完善减税降费政策，实施新的结构性减税。2021 年，全国新增减税降费约 1.1 万亿元。下一步，工业和信息化部将认真贯彻落实中央经济工作会议部署和《政府工作报告》要求，以减轻企业负担工作作为保持经济平稳运行的重要抓手，以更大力度激发市场主体活力、优化营商环境，以更明显的减负成效助力企业轻装上阵。

三、关于营造风清气正的法治环境

您在提案中建议，探索试行轻微违法行为首次免罚、触发式监管等包容审慎监管模式，支持市场主体修复信用，建立健全市场主体守信激励和失信惩戒机制。

关于探索监管新模式。我委积极配合国务院办公厅开展营商环境创新试点有关工作，在首批 10 个方面 101 项改革举措中，就“进一步加强和创新监管”明确提出了 11 项改革举措，其中即包括“探索柔性监管新方式，建立不予实施行政强制措施清单，对违法行为情节显著轻微或者没有明显社会危害，采取非强制手段可以达到行政管理目的的，不采取行政强制措施”。市场监管总局统筹推进“双随机、一公开”监管和信用风险分类管理，持续深入推进市场监管领域“双随机、一公开”监管全覆盖、常态化，指导市场监管系统全面推进企业信用风险分类管理与“双随机、一公开”工作有机结合，运用风险分类结果，提高双随机抽查的精准性。同时，稳步推进涉企信息归集共享工作，推动各级各部门依法依规将涉企信息通过国家企业信用信息公示系统进行归集公示。下一步，我们将认真贯彻落实国务院有关部署，继续支持营商环境创新试点城市抓好相关试点工作，同时，在试点基础上及时总结经验做法，推动在更大范围复制推广。

关于信用修复机制建设。按照党中央、国务院决策部署，近年来，我委会同社会信用体系建设部际联席会议各成员单位，持续完善失信约束和信用修复制度，构建诚信建设长效机制，不断提高社会信用体系建设法治化、规范化水平。为充分保护市场主体合法权益，2020 年 12 月，我委报请国务院办公厅印发《关于进一步完善失信约束制度构建诚信建设长效机制的指导意见》（以下简称《指导意见》），为相关行业主管（监管）部门开展信用修复、依法依规实施失信惩戒提供政策依据。按照《指导意见》要求，我委、人民银行会同相关部门，编制了《全国公共信用信息基础目录（2021 年版）》和《全国失信惩戒措施基础清单（2021 年版）》，确保失信约束措施依法依规、合理适度；研究起草《信用修复管理办法（试行）》，在“信用中国”网站开展行政处罚信息公示和信用修复，推动市场监管、税务、海关等部门出台相关信用修复制度。下一步，我们将按照党中央、国务院关于加强社会信用体系建设的部署要求，进一步完善失信约束和信用修复制度，切实保护民营企业合法权益，更好发挥社会信用体系在营造公平诚信的市场环境和社会环境等方面的积极作用。

感谢您对发展改革工作的关心和支持。

欢迎登录我委门户网站（www.ndrc.gov.cn），了解国家经济和社会发展政策、经济建设和社会发展情况、经济体制改革方面的重要信息。

国家发展改革委

2022年9月23日

全国政协十三届五次会议第 02539 号提案

题　　　目：关于提升上市公司财务信息披露质量的提案
主　　　办：证监会
会　　　办：财政部
提 案 形 式：个人提案
第一提案人：冯艺东
内　　　容：

近几年来，证监会对资本市场违法行为延续“零容忍”态度，严厉打击上市公司财务造假、违规信息披露等证券欺诈行为，资本市场生态得到改善，投资者权益保护力度显著提高。然而由于利益驱动、会计准则导向等复杂原因，上市公司财务舞弊、违规信息披露等现象仍屡禁不止，部分上市公司伪造交易活动虚增收入、发布热点题材等行为，严重误导投资者，侵害投资者合法权益。仅靠事后惩罚难以对违法行为形成有效震慑，应进一步完善各项监管制度，查漏补缺，从源头上杜绝违法违规信息披露行为。

为此，建议：

一、提升上市公司财务信息披露标准

（一）制定分行业上市公司财务报表解释和指引细则

目前我国会计准则已由过去的规则导向逐渐转变为原则导向，在与国际会计准则接轨的同时，也为上市公司财务操纵提供了空间。由于会计准则恢复至规则导向已不现实，建议在原则导向的基础上，由财政部、证监会等主管部门主导，各行业协会制定本行业上市公司财务报表解释和指引细则。要根据行业发展特点，围绕收入确认、成本分摊、资产减值计提、高风险业务公允价值计量等重点领域，细化财务报告标准。

（二）规范中介机构行为，充分发挥中介机构独立审计作用

当前部分中介机构执业时风险意识淡薄，往往由于利益驱动、上市公司压力等出具不客观的报告，给投资者带来潜在损失风险，因此亟须从前端规范中介机构执业行为规范，事中事后提高中介机构的监管力度，加大违法违规处罚力度。建议财政部、中注协主导，建立长效机制，充分发挥会计中介机构的独立审计作用，严格执行会计审计方面的相关规定，督促上市公司规范运作，提高上市公司信息披露质量。

（三）组建专家团队协助会计准则完善

在原则导向下，上市公司利用会计准则打擦边球，进行财务操纵的新手段、新问题层出不穷，财务造假由简单的会计造假转向更具隐蔽性的交易造假。建议借鉴美国财务会计准则委员会的工作经验，由财政部和证监会牵头组织成立新兴问题任务组，吸收业界和学界的专家学者参与，为上市公司财务报表中出现的各类新问题提供专家意见，弥补原则导向的不足。

二、完善上市公司信息披露制度

（一）制定信息披露用语规范

新《证券法》提出了“简明清晰，通俗易懂”的信息披露表述要求，但现实情况与这一要求相差甚远。建议借鉴美国证监会发布的“平实英语”规则，由交易所牵头组织制定我国上市公司信息披露用语规范，推动信息披露简明表述要求变为强制性要求，对上市公司涉嫌存在歧义、含糊等误导投资者的信息披露行为，查实后予以严厉惩罚。

（二）完善上市公司信息披露质量评价体系

信息披露作为“注册制”的核心要义，是投资者对上市公司价值做出准确判断的基本保证，现阶段有必要进一步完善上市公司信息披露质量评价体系，以保障注册制的稳步推进。建议实施信息披露分类评级机制，引入投资者和第三方机构参与评价，定期公布上市公司信

息披露质量得分，推动上市公司接受公众监督，自觉做好信息披露工作。

（三）实施上市公司差异化信息披露指导

进一步完善上市公司信息披露分行业监管机制，细化上市公司差异化信息披露的规范性指导细则，明确要求上市公司充分披露所在行业潜在风险。进一步厘清上市公司必须披露信息的控制标准，既要防止因为信息披露过少或者过于简单而失去信息披露的作用，又要防止信息披露过度导致投资者信息判断困难。做好上市公司信息披露制度规范、基础数据、信息输出的标准化建设工作，有效减少投资者信息成本。

关于政协第十三届全国委员会第五次会议第 02539 号（财税金融类 163 号）提案答复的函

冯艺东委员：

《关于提升上市公司财务信息披露质量的提案》收悉。经认真研究并商财政部，现答复如下：

一、关于制定分行业上市公司财务报表解释和指引细则

以财务会计报告为载体的会计信息是上市公司信息披露的重要内容。我会高度重视上市公司会计信息披露质量，对于上市公司执行会计准则存在的争议及问题，包括收入确认、成本分摊、资产减值计提、高风险业务公允价值计量等会计准则重点难点问题，及各类行业、各类业务模式下会计准则执行的难点问题，以监管规则适用指引、上市公司执行企业会计准则案例解析等形式给出指导性意见。此外，我会和交易所每年定期、分类审阅上市公司年度财务报告，关注各行业上市公司会计准则及相关信息披露规范执行中的重要和疑难问题，每年整理发布《上市公司年报会计监管报告》。

财政部也非常重视各行业会计准则执行应用情况，建立了相关快

速反应机制，充分考虑行业发展特点，及时广泛收集各行业执行会计准则存在的问题，通过在财政部网站发布准则应用案例、实施问答、网民答复等多种灵活形式研究解决，例如对百货零售、酒店服务、运输服务、软件开发等行业的有关收入确认等会计处理，发布多项体现行业特点的准则应用案例，加强准则实施指导等。

下一步，我会将会同财政部继续收集、研究各行业上市公司执行会计准则存在的问题，细化分行业上市公司财务报告披露要求，引导上市公司切实提高财务信息披露质量。

二、关于规范中介机构行为，充分发挥中介机构独立审计作用

2021 年，财政部牵头起草并报请国务院批准，国务院办公厅发布了《关于进一步规范财务审计秩序　促进注册会计师行业健康发展的意见》（国办发〔2021〕30 号，以下简称国办发 30 号文），明确提出遏制财务造假、切实加强会计师事务所监管、促进注册会计师行业健康发展的总体要求、工作原则和具体措施。这是改革开放以来经国务院同意、由国务院办公厅直接印发的指导我国注册会计师行业改革与发展的第一个文件，充分体现了党中央、国务院对新时期注册会计师行业健康发展的关心和重视，影响深远，意义重大。财政部认真落实国办发 30 号文各项重点工作任务，目前已取得阶段性成效。

（一）加快推动相关法律修订工作

一是针对会计违法行为处罚力度偏轻偏软，进一步提高会计信息质量，财政部配合有关立法部门，正在加快推动会计法修订。二是为进一步规范中介机构行为，充分发挥会计师事务所独立审计作用，正在加快推动注册会计师法修订。财政部已将注册会计师法修订列入 2022 年立法工作计划中的“力争年内完成的项目”。下一步，将继续修改完善注册会计师法修订草案，尽快上报国务院审核。

（二）研究起草注册会计师行业基础性制度规范

2022 年 1 月，财政部出台《会计师事务所自查自纠报告管理办法》（财会〔2022〕2 号），强化会计师事务所主体责任，建立自查自纠报

告机制，下一步将按照办法要求组织开展2022年会计师事务所自查自纠报告工作。2022年5月，财政部出台《会计师事务所监督检查办法》（财办〔2022〕23号），进一步优化分级分类监管机制，提高检查频次，明确检查重点。同时，财政部制定了《会计师事务所一体化管理办法》，构建可衡量、可比较的一体化管理指标体系，建立公开、透明、规范的检查评估程序，引导会计师事务所强化内部管理，即将于近期印发实施。

（三）完善审计准则体系和职业道德规范体系

为了回应社会各界对审计质量的关切，防范审计风险，近年来财政部先后修订发布了《中国注册会计师职业道德守则（2020）》、会计师事务所质量管理相关准则及其应用指南，以及五项审计准则问题解答等，以明确执业要求，保证执业质量，切实维护公众利益。

（四）中注协依法履行行业监督管理职责

一是监测年报审计异常行为，开展风险预警，加强事前监管。年报审计工作开始前，实时跟踪资本市场舆情，收集高风险上市公司信息，发出关于做好上市公司年报审计工作的通知，提示高风险行业和重大风险领域。二是以年报审计监管约谈为抓手，创新上市公司年报审计质量事中监管方法。年报审计期间，针对资本市场热点和公众关切，持续关注事务所恶意“接下家”和不正当低价竞争等执业异常行为，针对共性问题开展监管约谈，对同一类型业务的审计风险向全行业做出预警，发挥以点带面的作用。三是拟定并组织实施行业年度自律检查，加大监管处罚力度。中注协按照统一检查计划、统一组织实施、统一规范程序、统一处理处罚、统一发布公告的原则，组织各级注协在配合财政部门检查的基础上，开展行业自律检查。2021年度，各级注协对存在违规问题的199家事务所和465名注册会计师按照惩戒办法实施了行业惩戒，并将检查发现的9个典型案例予以公告。

下一步，财政部将继续完善对会计师事务所的行政管理和监督机制，加强日常监管，建立长效机制，促进行业整体执业质量不断提升，充分发挥会计师事务所独立审计作用。我会将做好配合工作，继续强化对审计机构的日常监管和监督检查力度，压实其证券市场“看门人”职责，督促审计机构持续提升执业水平。

三、关于组建专家团队协助会计准则完善

近年来，我会和财政部高度重视企业会计准则体系的建设完善工作，在服务国内实务和坚持国际趋同的基础上，着力于为资本市场健康发展、保护投资者利益提供支持。

一是持续完善企业会计准则相关规定。财政部在 2006 年发布企业会计准则体系、实现与国际财务报告准则实质性趋同的基础上，2014 年以来先后制定或修订了 18 项具体准则，同时还制定了 15 项准则解释，及时解决上市公司在会计准则实施中遇到的新情况。

二是持续加强对上市公司执行会计准则的指导。我会和财政部、国资委、银保监会等部门建立了企业会计准则实施联席会议机制，会同企业、会计师事务所等实务界建立企业会计准则实施技术联络小组会议机制等，通过准则实施工作机制定期会商，及时了解准则实施效果，切实解决上市公司在会计准则实施中遇到的新问题，并明确有关监管立场。

下一步，我会将会同财政部继续根据上市公司执行会计准则情况，推动企业会计准则体系建设完善，提高实务指导的针对性和可操作性。继续发挥由政府监管部门、企业、会计师事务所、理论学者等多方参与的企业会计准则实施机制的作用，持续为上市公司执行会计准则遇到的新情况、新问题提供指导性意见。

四、关于制定信息披露用语规范

为落实新《证券法》要求，2021 年 3 月，我会对《上市公司信息披露管理办法》进行了修订，新增“简明清晰、通俗易懂”的披露原则要求。今年，我会指导交易所修订股票上市规则，在自律监管层面对上市公司信息披露作出了“简明清晰、通俗易懂”的原则要求，并规定上市公司披露的信息应当客观，使用明确、贴切的语言和文字，不得夸大其词，不得有误导性陈述。为便于上市公司进一步理解、掌握相关具体要求，我会指导交易所整合了现有公告格式，并持续发布新的公告格式，对公司日常使用频率较高的公告格式、用语进行了规范，引导上市公司简明、直观地披露各类重要信息。

下一步，我会将指导交易所进一步提升公告格式简明、清晰、友好程度，持续培育上市公司信息披露用语规范的市场氛围，并加大对各类存在歧义、含糊用语等信息披露行为的监管力度，不断引导上市公司提高信息披露质量。

五、关于完善上市公司信息披露质量评价体系

信息披露评价是督促上市公司及相关信息披露义务人真实、准确、完整、及时、公平披露信息，推动提高上市公司质量的重要举措。一直以来，交易所连续每年开展信息披露评价工作，不断优化信息披露考核评价标准和方式，目前已经分别形成以《上海证券交易所上市公司自律监管指引第 9 号——信息披露工作评价》《深圳证券交易所上市公司自律监管指引第 11 号——信息披露工作考核》为依据的评价制度体系。按照上述规定，每年上市公司年度报告披露工作结束后，交易所都会对上市公司信息披露工作进行考核，考核内容包括上市公司信息披露、投资者关系维护、履行社会责任情况的披露，以及公司是否存在重大负面事项、上市公司及相关方是否被采取自律监管措施或纪律处分情形等方面，考核结束后及时向社会公开考核结果。

通过持续开展上市公司信息披露评价工作，交易所加大对信披质量优秀公司的支持力度，加强对信披较差公司“关键少数”的合规督导，充分发挥信息披露考核的正向引导作用，推动上市公司提升信息披露质量和规范运作水平，努力构建良好的资本市场生态体系。

下一步，我会将指导交易所持续评估现行评价办法的科学性和有效性，不断完善上市公司信息披露考核评价体系。

六、关于实施上市公司差异化信息披露指导

前期，我会通过制定信息披露编报规则对商业银行、保险、证券、

房地产等行业的信息披露作了特别规定，涉及招股说明书、定期报告等披露内容。2021 年 6 月，我会对年报和半年报格式准则进行了修订，本次修订进一步细化了上市公司所在行业情况的披露要求。此外，为避免定期报告信息冗余，突出上市公司信息披露的重要性标准，本次修订还适当简化了定期报告正文披露内容，删除了定期报告摘要中的“经营情况讨论与分析”章节，改为对报告期内重要事项进行分析。

在监管实践的基础上，我会指导交易所不断总结各行业运行规律和特点，近年来先后发布多项行业信息披露指引，基本涵盖所有行业大类，引导上市公司针对所在行业经营特点，从财务与非财务信息、定性与定量、价值与风险等多个角度，对经营变化情况进行针对性分析，并对公司商业模式、所处产业链环节、环境信息、行业风险等关键性信息作出具体披露要求。此外，为规范上市公司信息披露内容和格式，厘清必须披露信息的控制标准，我会指导交易所持续发布各类公告格式，引导上市公司有针对性地披露各类重要信息。

下一步，我会将会同交易所持续完善信息披露规则，优化行业信息披露指引，提高信息披露的针对性、有效性与可读性，着力构建更加科学、简明的法规体系，提升市场规则的友好度，增强市场主体的获得感。

感谢对资本市场发展的关心和支持，欢迎继续提出意见和建议。

中国证监会

2022 年 8 月 11 日

全国政协十三届五次会议第 02755 号提案

题　　　目：关于完善知识产权质押融资风险管控的提案
主　　　办：知识产权局
会　　　办：财政部　人民银行　银保监会
提 案 形 式：个人提案
第一提案人：李志强
内　　　容：

2021 年以来，央行实行两次降准、一次降息，旨在降低金融机构资金成本，引导资金流入实体经济，推动实体经济发展。2021 年中央经济工作会议中提出，“引导金融机构加大对实体经济特别是小微企业、科技创新、绿色发展的支持”。作为我国科技创新的主要载体，科技型企业在促进科技成果转化和产业化、以创新带动就业、建设创新型国家中发挥着重要作用。科技型企业的研发投入大、资金需求强烈，同时实物资产少、无形资产多，面临“轻资产、缺担保”的融资困境，而知识产权质押融资是解决科技型企业这种困境的重要途径。推动知识产权质押融资的发展能够发挥其对企业加大科技研发投入、加强科技成果转化的激励作用，对于推动国家科技创新发展和经济增长具有重要意义。

自 2008 年开展知识产权战略以来，我国在多个地区开启了知识产权质押融资的试点工作，经过多年的探索和发展，现已初步形成了知识产权质押融资的基本模式，但实际业务中的风险管控尚不成熟，具体而言，存在以下问题：

一是担保公司增信作用发挥不足。作为知识产权质押融资业务中的重要中介机构，担保公司能够通过增信在一定程度上分散质押融资的风险。但在实际业务中，尤其是针对中小企业，担保公司开展知识产权质押融资担保的积极性不高，增信作用发挥不显著，且担保费用较高，增加了融资成本。

二是知识产权质押融资风险分散不足。作为知识产权质押融资的债权人，商业银行等金融机构面临债务人无法偿还贷款的风险；同时，债权人在处置质物时还存在变现渠道不顺畅的风险。这两大风险均集中在债权人，风险管控难度大、成本高，影响商业银行开展知识产权质押融资业务的积极性。

三是贷款资金提供主体单一。现阶段提供知识产权质押融资资金的主体主要为商业银行，除商业银行外的银行业金融机构在知识产权质押融资业务领域参与较少。知识产权质押融资的风险较之于不动产抵押、一般动产抵押更难于管控，因此商业银行对待知识产权质押融资的态度较为审慎。贷款资金提供的主体单一且态度谨慎，贷款规模相较于其他类型的融资规模较小。

针对上述问题，建议如下：

一、建立政策性担保机构

建议由政府建立政策性担保机构，为知识产权质押融资提供政府信用担保。政府通过设立知识产权专项基金等方式为担保机构提供担保资金，为知识产权质押融资业务增信，充分发挥政策性担保机构的引导和示范作用。在此基础上，可进一步将政策性信用担保机构市场化，积极组建民营资本参与的科技担保公司。

二、建立合理的政府补偿机制

建议建立合理的政府补偿机制，着重发挥政府的风险分担与损失补偿作用。由中央财政牵头，地方财政配合，按照一定比例设置知识产权质押融资风险补偿基金，当银行等金融机构发放知识产权质押贷款到期后企业不能还款，通过处置质押品不能完全实现其债权时，由专项基金提供知识产权质押融资风险补偿。同时，政府可联合商业银行开发新型知识产权质押融资产品，由政府和商业银行按一定比例承担损失风险。

三、加强政策性银行知识产权质押融资支持力度

建议政策性银行加大对知识产权质押融资的支持力度，协同商业银行共同扩大对知识产权质押融资的资金释放规模。一方面，可由政策性银行设立科技创新知识产权质押专项贷款，重点支持科技型企业的知识产权质押业务，给予贷款利率、期限等差异化优惠政策，开辟授信评审绿色通道，为科技型企业发展注入资金。另一方面，政策性银行可为提供知识产权质押融资服务的商业银行发放转贷款，将资金专门用于投放知识产权质押融资项目，进一步扩大科技型企业的融资规模。

关于政协第十三届全国委员会第五次会议第02755号（财税金融类178号）提案答复的函

李志强委员：

您提出的《关于完善知识产权质押融资风险管控的提案》收悉。结合财政部、人民银行、银保监会意见，现答复如下。

一、关于“建立政策性担保机构”

财政部会同有关部门加快推进政府性融资担保体系建设，设立国家融资担保基金，已初步建立市级机构全覆盖、县级业务全覆盖的政府性融资担保体系。截至2021年底，全国共有政府性融资担保机构1428家，在保余额1.46万亿元。现有政府性融资担保机构可为符合条件的中小微企业提供知识产权质押融资增信支持。

银保监会牵头印发《关于做好政府性融资担保机构监管工作的通知》，引导政府性融资担保机构围绕战略性新兴产业集群，扩大对高成长性、知识密集型企业的融资担保规模，鼓励其积极运用大数据等

现代信息技术手段开发知识产权质押融资等担保产品。同时，积极配合相关部门完善对融资担保机构的财政支持力度，鼓励各地完善风险补偿金管理制度，合理设置托管对象、补偿条件，提高风险补偿金使用效率。

二、关于“建立合理的政府补偿机制”

（一）发挥财政引导的知识产权质押融资风险补偿基金作用。2015 年起，中央财政安排 2 亿元支持辽宁等 4 个试点省份设立知识产权质押融资风险补偿基金，用于补偿金融机构（担保机构）对中小微企业开展质押融资服务政策性担保时产生的风险损失。4 地配套近 30 亿元，5 年累计撬动质押贷款近 700 亿元，惠及企业近 4000 家。多个省市财政设立风险补偿资金，例如，江苏将知识产权质押融资贷款纳入省级风险补偿体系；杭州设立专利权质押融资风险补偿基金；济南将知识产权质押融资风险补偿纳入全市风险补偿资金池，对符合规定的不良贷款项目实行风险补偿。

（二）鼓励开发完善知识产权融资产品。我局深化政银合作，与中国银行推出“惠如愿·知惠贷”专门产品，2021 年贷款超过 1000 户，累计放贷近 100 亿元；与中国建设银行推出基于知识产权大数据“技术流”模型的专属信贷产品“云知贷”，知识产权质押率上限由 30% 调整为 50%，提高风险控制水平。

人民银行指导各地区、各金融机构创新推出多个特色信贷产品和多种服务模式。例如，重庆率先开展知识产权价值信用贷款改革试点，依靠“大数据应用 + 软件化评估”建立知识产权价值信用评价体系；浦发银行与知识产权服务中心、技术交易服务中心等深化三方合作，为科创企业打造“智汇赢”产品，畅通质押物处置渠道。

（三）推动建立多方参与的风险分担机制。2019 年，财政部会同有关方面提请国务院办公厅印发《关于有效发挥政府性融资担保基金作用切实支持小微企业和“三农”发展的指导意见》，提出构建政府性融资担保机构和银行业金融机构共同参与、合理分险的银担合作机制，并明确银行与担保机构之间的“二八分险”原则。北京、吉林等地在设立知识产权质押风险补偿资金时，探索由政府、银行、企业、保险机构、评估机构等多方按比例共担风险。

三、关于“加强政策性银行知识产权质押融资支持力度”

财政部支持政策性银行立足自身职能定位，通过知识产权质押方式为企业提供融资支持。2021 年，进出口银行、农发行分别发放知识产权质押融资贷款 7.14 亿元、24.05 亿元。另外，考虑到政策性银行向企业提供知识产权质押融资支持，还需要结合自身业务范围选择符合条件的项目，并按照财务可持续原则确定融资条件，对于您提到给予科技型企业贷款利率、期限等差异化优惠政策，需要由政策性银行与贷款企业具体协商，合理进行贷款定价，结合项目情况选择适当的贷款方式。

银保监会支持政策性银行创新金融产品，精准支持核心技术攻关，积极探索建立基于发明专利、专有技术等知识产权质押的风险缓释措施，将企业研发成果和无形资产转化为“价值可量化、信贷有共识、标的可流通、收益权可转让”的有效担保措施。已将包括注册商标专用权、专利权和著作权等在内的知识产权标的作为可接受押品纳入押品目录，对一批符合政策和发展方向的知识产权优势企业、高新技术企业等提供授信支持。截至 2022 年一季度末，政策性银行支持制造业贷款余额 2.7 万亿元、战略性新兴产业贷款余额 2.28 万亿元。

下一步，我局将会同相关部门继续完善知识产权质押融资风险分担政策体系，提高财政资金使用效益，引导相关机构在有效防控风险的基础上积极推广知识产权质押融资业务，更好解决科技型企业融资难问题。

衷心感谢您对知识产权工作的关心，希望继续关注知识产权事业发展，对知识产权工作提出更多宝贵意见建议。

国家知识产权局

2022 年 8 月 29 日

全国政协十三届五次会议第 03114 号提案

题　　　目：关于构建金融科技伦理治理体系的提案
主　　　办：人民银行
会　　　办：教育部　银保监会　证监会
提 案 形 式：个人提案
第一提案人：肖　钢
内　　　容：

党中央高度重视科技伦理治理。党的十九届四中全会《决定》提出"健全科技伦理治理体制"。习近平总书记多次强调伦理道德在科技活动中的重要地位，为加强科技伦理治理提供了根本遵循。

当前，金融科技不断创新发展，深刻改变了传统金融服务的方式和业态，极大地提高了服务效率、质量和能力，促进了经济社会发展，同时也衍生出复杂多样的伦理问题与潜在风险，给金融创新、金融监管、金融安全带来一系列新的挑战。与传统金融伦理失范行为相比，金融科技伦理失范主要表现在以下两个方面：

一是数据伦理问题。一些机构和科技人员以牺牲数据隐私为代价，导致客户信息被盗用或出售，对客户绑定的银行卡及账户等敏感信息缺乏保护的信义义务，产生相关的不良交易、限定交易、捆绑销售等行为，导致不公平协议。在居民数字能力存在鸿沟的情况下，有的科技创新活动不尊重不同群体的需求和权利，导致信息红利分配不公问题。

二是算法伦理问题。算法将人们的各种足迹和活动，转变为对人们的各种打分和预测，并进行贷款评估、保险评估，规则代码化会带来不透明、不准确、不公平、难以审查等问题。通过算法可以强化对金融消费行为控制，使消费者实质上处于弱势地位，被深度嵌入一种隐形不自由境地，产生算法控制问题。

金融科技伦理失范，会助长市场垄断和不公平竞争，放大了金融风险，危及公共安全。

产生以上问题的根源在于科技伦理意识较为薄弱，普遍存在重科技、轻伦理，重发展、轻治理的现象。金融科技伦理约束机制尚不健全，伦理治理规则协调与监管合力有待增强，伦理评估评价和审查审计制度仍需完善。因此加快构建金融科技伦理治理体系已势在必行。

近年来人民银行和金融监管部门高度重视金融科技伦理治理工作，采取了一系列措施，取得了积极成效。为进一步增强金融科技伦理治理的系统性、全面性、协同性和有效性，提出以下建议：

一、成立组织。建立由人民银行牵头，组建全国性金融科技伦理委员会，指导和协调推动金融科技伦理治理体系建设。为体现金融科技生态及其多元治理特点，该委员会应由监管部门、自律组织、市场机构以及高校智库等代表组成，凝聚各方力量开展工作。

二、明确原则。金融科技伦理治理需要遵循五项基本原则，即以人为本、公平公正公开、伦理自觉先行、伦理风险可控、敏捷治理。

三、制定规则。制定伦理标准、指南和自律公约，同时，将一些行业普遍公认的底线型伦理要求上升为法制约束。

四、数据治理。深入对金融数据安全分级指南和人工智能算法金融应用评价规范的应用，建立健全金融机构、科技公司及第三方数据服务商的企业数据管理制度。在技术应用方面，进一步有效管理用于机器学习的数据来源和质量，设置偏见控制机制，防止针对特定消费者群体的歧视性服务。保存数据管理过程和建模方法记录，确保可追溯性和可审核性。

五、审查评估。设立评估标准，组织金融机构和科技公司开展自我评估，将伦理道德纳入企业全面风险管理和内部控制流程。同时，建立伦理审计制度与信息披露制度，开展行业互评和监管评估，防止和纠正新产品、新服务“带病上线”。

六、创新试点。鼓励有条件的机构进入金融科技创新监管试点项目库，探索建立“金融科技伦理问题技术纾困”示范工程。将科技伦理风险解决方案纳入创新试点项目和评奖评优环节。

七、人才培养。将金融科技伦理作为高等院校财经类专业的教学内容，研发金融科技伦理通识教材。并要在金融从业人员入职、人才认证等方面，明确嵌入科技伦理要求。鼓励规模较大、技术复杂的金融机构设立“首席伦理官”。引导和督促金融机构开展负责任的科技研究与创新活动。

关于政协第十三届全国委员会第五次会议第 03114 号（财税金融类 207 号）提案答复的函

肖钢委员：

您提出的《关于构建金融科技伦理治理体系的提案》收悉，经商教育部、银保监会、证监会，现答复如下：

一、关于成立组织问题

2021 年 12 月，人民银行出台《金融科技发展规划（2022—2025 年）》（银发〔2021〕335 号），将加强金融科技伦理治理作为金融数字化转型的重点工作之一。目前，正在研究构建金融机构、自律组织、社会公众、高等院校等多元主体共同参与的金融科技伦理治理框架，加强对金融科技活动全流程的科技伦理指导和监督，着力营造求真向善的行业氛围，为金融科技守正创新、良性发展保驾护航。

此外，证监会持续优化新一届全国金融标准化技术委员会证券分委会的专业工作组设置，组建金融科技专业工作组，加强金融科技伦理研究，推动云计算、大数据、人工智能、区块链技术在证券领域应用的标准研究制定，发挥标准的规范和引领作用。

二、关于规则规范问题

人民银行借鉴国际国内经验，立足金融行业实际，加快健全金融科技伦理规则体系，明确开展金融科技创新应遵循的伦理原则及具体要求。一是发布《金融领域科技伦理指引》（JR/T 0258—2022），综合考虑金融伦理、数据伦理、技术伦理、环境伦理等因素，从守正创新、数据安全、包容普惠、公开透明、公平竞争、风险防控、绿色低碳等7方面系统提出行为规范，引导从业机构切实履行科技伦理治理主体责任，落实金融持牌经营要求、秉持科技赋能金融定位、坚守诚信履约行为准则，充分保障各方合法权益，尊重并维护公平市场竞争秩序，切实增强金融科技守正创新能力。二是根据《个人信息保护法》《征信业管理条例》，于2021年9月30日出台《征信业务管理办法》（中国人民银行令〔2021〕第4号），从依法采集、为金融等活动提供服务、用于识别判断企业和个人的信用状况等3个方面界定信用信息，将互联网平台开展的新兴个人征信业务纳入征信监管，依法通过持牌征信机构为金融机构提供服务；建立金融机构、数据服务商与征信机构的数据管理制度，采取有效措施，保障信息质量；征信机构对外提供信用评价类产品和服务，应当做到评价规则可解释，信息来源可追溯，切实保障信息主体的合法权益和信息安全。下一步，人民银行将坚持问题导向、目标导向，加快完善金融科技伦理规则规范体系，进一步细化金融科技伦理治理的具体要求和操作规程，以标准为支撑进一步强化治理力度、引导伦理要求落地见效。

三、关于数据治理与算法管理问题

人民银行从数据分级分类、个人信息保护、算法评价等方面明确金融数据、算法的管理要求，引导金融业规范应用数字技术赋能金融提质增效。一是印发《金融业数据能力建设指引》《金融数据安全　数据安全分级指南》《金融数据安全　数据生命周期安全规范》等标准，引导金融机构不断加强数据治理能力建设，科学开展数据分级分类管理，切实做好数据全生命周期安全管理，在严格遵守国家及金融行业相关要求、充分保障数据主体合法权益的前提下开展数据采集与处理，提升数据安全管理和规范应用水平。二是印发《个人金融信息保护技术规范》标准，明确个人金融信息在收集、传输、存储、使用、删除、销毁等生命周期各环节的安全防护要求，切实保障个人金融信息主体合法权益。三是印发《人工智能算法金融应用评价规范》，引导金融机构全面评估算法安全性、可解释性、精准性和性能，加强算法内控管理，通过设置应急机制、明示使用风险、建立风险赔偿机制等方式切实防范算法道德风险。下一步，人民银行将加快研究制定金融通用元数据、算法信息披露、机器学习等技术规范，持续完善金融数据、算法治理体系，引导和督促金融机构建立健全数据全生命周期安全管理长效机制和防护措施，完整准确披露算法信息、提升算法透明度和可解释性，不断增强数据保护水平与算法规范应用能力。

银保监会制定印发《商业银行互联网贷款管理暂行办法》（中国银行保险监督管理委员会令〔2020〕第9号）、《关于银行业保险业数字化转型的指导意见》（银保监办发〔2022〕2号）等文件，明确风险数据和风险模型管理、客户信息和隐私保护相关规定，要求银行保险机构防范模型和算法风险，加强消费者权益保护。在《商业银行理财业务监督管理办法》（中国银行保险监督管理委员会令〔2018〕第6号）、《健康保险管理办法》（中国银行保险监督管理委员会令〔2019〕第3号）、《互联网保险业务监管办法》（中国银行保险监督管理委员会令〔2020〕第13号）、《理财公司理财产品销售管理暂行办法》（中国银行保险监督管理委员会令〔2021〕第4号）、《保险代理人监管规定》（中国银行保险监督管理委员会令〔2020〕第11号）、《保险中介机构信息化工作监管办法》（银保监办发〔2021〕3号）、《关于进一步促进信用卡业务规范健康发展的通知》（银保监规〔2022〕13号）等相关监管制度中对银行保险机构个人金融信息、数据隐私安全保护等工作提出明确要求。发布《财产保险公司产品费率厘定指引》（保监发〔2017〕2号），明确“保险公司进行费率厘定时应遵循公平性原则。费率水平应与被保险人和保险标的的风险特征相匹配，且不得根据风险特征以外的因素作出歧视性的费率安排”。下一步，银保监会将尽快出台《银行保险机构消费者权益保护管理办法》，强化消费者个人信息保护责任义务，明确防控信息泄露风险有关要求和信息处理使用规则，禁止算法歧视。

证监会积极推进《证券期货业网络安全管理办法》制定，强化数据安全和个人信息保护，从制度机制、行业数据标准、权限管理、质量评估、防范泄露损毁、个人信息保护等方面明确了具体要求，规范核心机构和经营机构数据安全管理，增强金融科技伦理意识。研究编制《证券期货业“十四五”数据治理规划》，加强数据的统一规划管理，统筹数据开发利用与隐私保护，建立数据基础制度和标准规范，提高数据质量和数据安全共享水平。

四、关于审查评估问题

人民银行在《金融科技发展规划（2022—2025 年）》中明确，金融机构应履行金融科技伦理管理主体责任，探索设立企业级金融科技伦理委员会，建立金融科技伦理审查、信息披露等常态化工作机制，提前预防、有效化解金融科技活动伦理风险，严防技术滥用。在金融领域科技伦理指引中提出伦理审查相关要求，引导金融机构建立健全科技伦理管理组织架构与制度规范，压实各方职责，在开展金融科技创新过程中切实做好伦理审查与监督，坚决抵制科研不端行为，更好促进经济繁荣、社会进步与可持续发展。开展大型互联网平台消费者金融信息保护问题研究，联合有关部委进一步规范金融营销宣传行为，依法严格规范金融科技创新行为，不断引导金融科技向有利于金融消费者权益保护的方向发展。下一步，人民银行将加快完善金融科技伦理监管流程与监管规则，引导金融机构将伦理道德纳入企业全面风险管理和内部控制流程，探索通过内外部评估等方式提前发现潜在科技伦理隐患并及时采取整改措施，防止和纠正新产品、新服务“带病上线”。

银保监会印发《关于深入开展人身保险市场乱象治理专项工作的

通知》（银保监办便函〔2021〕477号），组织全系统全行业严肃整治侵害消费者个人隐私等违法违规行为，切实保护消费者金融信息隐私安全。同时在《关于规范保险公司参与长期护理保险制度试点服务的通知》（银保监办发〔2021〕65号）中，明确将“泄露参保群众个人信息”作为监管部门查处的重点。就部分银行侵害消费者个人信息安全事件进行现场调查，并根据调查结果实施行政处罚，严厉打击侵害消费者金融信息隐私的违法违规行为。

五、关于创新试点问题

人民银行坚持安全与创新并重，打造符合我国国情、与国际接轨的金融科技创新监管工具并在全国范围内推广实施，研究设计包容审慎、富有弹性的创新试错容错机制，划定刚性底线、设置柔性边界、预留充足发展空间，引导测试机构在风险可控的真实市场环境中打磨既符合监管要求又满足市场需求的高质量金融科技产品服务。2021年6月，在创新应用声明书中增加了以人为本、公开透明、权益保护、公平普惠、社会责任等伦理承诺，进一步加强金融科技创新的伦理引导。下一步，人民银行将充分发挥金融科技创新监管工具作用，探索开展对测试项目的伦理评估审查，将是否践行“守正向善”伦理理念作为创新测试评价的关键指标，进一步明确金融科技“有所为，有所不为”的伦理边界，引导测试机构强化社会责任与担当，用“负责任”的科技创新打造“有温度”的金融服务，切实维护好消费者合法权益、服务好实体经济。

六、关于人才培养问题

教育部积极推动将金融科技伦理纳入高等教育。一是全面推进课程思政建设。于2020年5月印发《高等学校课程思政建设指导纲要》（教高〔2020〕3号），推动课程思政建设在全国所有高校、所有学科专业全面推进，要求金融学等经济学类相关专业结合不同课程特点、思维方法和价值理念，深入挖掘课程思政元素，帮助学生了解相关专业和行业领域的国家战略、法律法规和相关政策，引导学生深入社会实践、关注现实问题，培育学生经世济民、诚信服务、德法兼修的职业素养。

二是提升专业建设质量。发布金融学本科专业类教学质量国家标准，明确人才培养目标、课程体系、教师队伍、教学条件等方面要求，并引导高校将“金融伦理学”“金融风险管理”“金融机构信用管理”等课程列入相关专业必修课。启动高校科技伦理教育专项，推进科技伦理专题研究、课程建设、教材建设、教师培训等重点工作，构建高质量高校科技伦理教育体系。三是加强产学合作协同育人。支持西北工业大学、辽宁工程技术大学、上海杉达学院等高校的“基于科技伦理的新工科新文科交互发展研究”“基于金融大数据分析的金融风险管理实践基地”“金融科技教学内容与课程体系建设”列入教育部产学合作协同育人项目，推动相关教学内容和课程体系改革。

人民银行推动金融科技师成为新职业并纳入国家职业分类大典，将伦理作为衡量金融科技人才的“定盘星”，强调人才培养要德才兼备、以德为先，着力塑造守正向善的价值风尚。下一步，人民银行将持续健全金融科技人才培养体系，督促从业机构加强入职伦理培训和职业操守教育，将伦理道德作为金融科技人才评价认定与激励中的关键要素。

感谢您对金融工作的关心和支持。欢迎访问人民银行门户网站（www.pbc.gov.cn），了解人民银行最新工作动态及金融领域的相关信息。

人民银行

2022 年 9 月 28 日

全国政协十三届五次会议第 03594 号提案

题　　　目： 关于消弭数字鸿沟，优化数字普惠金融服务的提案
主　　　办： 人民银行
会　　　办： 发展改革委　教育部　工业和信息化部　银保监会
提 案 形 式： 个人提案
第一提案人： 范小云
内　　　容：

近年来，我国金融机构借助高效智能的数字技术系统，重新聚合各类业务要素，大大提升了金融服务的渗透率，数字普惠金融业务得到蓬勃发展。但这一过程中，“数字鸿沟”问题也日益凸显出来。数字技术的不公平使用以及数字技术使用带来不公平后果，是当前我国发展数字普惠金融必须消弭的两种“数字鸿沟”形态。

一、主要问题

1. 数字鸿沟造成数字普惠金融非均衡发展。居民和企业在数据分析能力和使用能力上的明显差距和算法意识不平等、数据不平等，从而数字普惠金融会对社会收入带来“双刃剑”作用，导致普惠金融放大了部分群体和区域的数字不平等。

2. 数字普惠金融的供给侧存在结构性不平衡问题。数字信用基础设施不够完善，金融机构决策时往往存在“数据孤岛”现象，致使普惠金融的覆盖面不够理想，所提供数字普惠金融产品的形式较为单一，创新力度不足；商业银行开展数字普惠金融缺乏内生动力，当前可复制性、可推广性的小微业务经营模式仍然非常有限。

3. 数字鸿沟阻碍了小微企业融资难问题的解决。我国大中型企业

的数字化资源储备充足，数字化技术优化了其经营流程和运营效率，使其更容易借助供应链金融等方式获取产业链内部资金市场的支持。小微企业则由于可使用的数字化工具较为有限，数字转型、智能升级和融合创新的能力较弱，无法充分地获取“数字红利”。研究显示，疫情期间的数字化驱动反而弱化了小微企业获取金融资源支持的能力，表现为企业版的“数字鸿沟”。

4. 我国数字普惠金融发展的区域不平衡现象较为突出。由于数字技术基础设施、信息资源和产业应用的差异，数字普惠金融在不同区域表现出不均衡状态。东部区域省份数字技术设施丰富，对周边区域形成“虹吸效应”，西部地区则长期处于低水平趋势。

二、建议

1. 将数据基础设施建设为公共资源，完善我国“数字经济”发展的顶层设计。数字鸿沟的消弭是系统性工程，涉及社会人口、经济、个人因素、社会支持、技术类型、数字培训和基础设施完善等各项内容。需要将数据基础设施建设为一种公共资源，消除长期存在的部门间的“数据壁垒”和“信息孤岛”。通过构建统一的信用信息共享平台，提高金融数据的通畅性和使用率，进一步提升数字金融的普惠度，确保数字技术包容，推动社会的可持续发展。

2. 加强全民数字技术与金融素养的培训。且应根据不同社会群体的需求归类培训，重点针对老年、女性和经济欠发达地区的居民提高数字金融素养，并探索逐步将数字技术和金融素养课程纳入高等院校文化素质教育课程体系。

3. 注重企业主体经营环境的公平性。目前主要数字平台的规模、利润、市场价值和金融资源等在疫情期间得到加强，应防止其借助数字技术优势地位放大企业间的“数字鸿沟”，并鼓励数字技术雄厚的企业对小微企业做好“技术帮扶”。

4. 鼓励数字普惠金融产品创新，拓展普惠范畴。首先，鼓励多元金融机构更广泛地提供数字金融普惠产品，如鼓励政策性金融机构在更深层次融入数字普惠金融业务发展；其次，强化激励性政策，鼓励金融机构加强数字普惠产品创新和商业模式的探索，提高商业银行开展普惠金融的内在动力；再次，打造体系化的普惠金融产品，满足普惠群体日益多样化的金融需求；最后，依托供应链和产业链进行产品创新，扩大数字普惠金融产品的范畴。

5. 政府要大力推进普惠金融和数字化社会治理相融合，将数据鸿沟的弥合融入社会治理框架内进行统筹。统筹区域不平衡，鼓励各地区积极探索结合自身资源禀赋的数字普惠金融发展路径；将数字经济基础设施纳入区域间公共服务均等化的内容。不断拓展数字普惠金融的业务边界，从金融支持普惠群体发展进一步拓展到社会治理等领域，提高人民群众获得感和幸福感。

关于政协第十三届全国委员会第五次会议第 03594 号（财税金融类 236 号）提案答复的函

范小云委员：

您提出的《关于消弭数字鸿沟，优化数字普惠金融服务的提案》收悉，经商发展改革委、教育部、工业和信息化部、银保监会，现答复如下：

一、关于将数据基础设施建设为公共资源，完善我国“数字经济”发展顶层设计问题

近年来，发展改革委、人民银行认真履行社会信用体系建设牵头部门职责，依托全国信用信息共享平台，建成运营全国中小企业融资综合信用服务平台，加快涉企信用信息共享步伐。一是健全信用信息共享平台机制。印发《关于加强信用信息共享应用推进融资信用服务平台网络建设的通知》（发改办财金〔2022〕299 号文），指导各省（区、市）社会信用体系建设牵头部门依托省级信用信息共享平台设

立省级节点，归集本辖区内涉企信用信息，并联通国家平台和地方各级融资信用服务平台，实现信息“上传下达”畅通无阻。二是加快信用信息共享步伐。在国家层面，持续推动与有关部门信息共享，已同最高人民法院、海关总署、税务总局、市场监管总局、知识产权局实现系统对接。在地方层面，指导各省（区、市）社会信用体系建设牵头部门重点推进本辖区内纳税、生态环境、不动产、行政强制、水电气费和科技研发等信息归集共享。

工业和信息化部不断完善“数字经济”发展顶层设计。联合发展改革委、中央网信办等单位制定出台《“十四五”数字经济发展规划》，推动以国务院名义印发，系统布局产业数字化、数字产业化和数字经济治理体系建设。印发《“十四五”信息通信行业发展规划》《“双千兆”网络协同发展行动计划（2021—2023 年）》《新型数据中心发展三年行动计划（2021—2023）》等文件，指导基础电信企业等建设主体加快 5G 网络、千兆光网、数据中心等新型基础设施建设部署。

下一步，有关部门将继续推动企业征信机构加大采集政府部门、公用事业单位、市场主体掌握的各类信息，加快地方征信平台建设，不断完善征信平台对中小微企业的融资信用信息服务功能，持续提升中小微企业融资效率和便利度；持续贯彻落实有关规划和行动计划，探索建立数字经济部际统筹协调机制，促进数据、技术、人才、资本等要素高效配置，加快推动数字技术与实体经济深度融合发展，提升技术创新和产业发展水平，共同构建数字经济发展良好环境。

二、关于加强全民数字技术与金融素养培训问题

人民银行统筹开展金融消费者教育，提高公众数字金融素养。一是组织开展集中性金融知识普及活动。每年 3 月、6 月、9 月组织人民银行分支机构和金融机构开展“金融消费者权益日”“普及金融知识　守住‘钱袋子’”“金融知识普及月”等集中性普及活动，将农村居民和老年人等列为重点对象，通过线上线下多渠道开展数字金融知识普及，引导公众了解常见数字金融工具，提升农村居民等重点群

体的数字金融风险防范意识和自我保护能力。二是积极推进金融知识纳入国民教育体系。在义务教育新课标修订过程中，人民银行等部门与教育部持续沟通合作，联合研制了金融知识进中小学课程教材框架要点，有机融入核心概念，使金融基本知识系统纳入国民教育体系。指导中国金融教育发展基金会开展“金惠工程”“金育工程”等青少年金融教育品牌项目，直接受益学生达20万人，金融宣教活动覆盖师生达1000万人次，并开发系列金融知识普及读本。三是稳步建设农村金融教育基地。鼓励金融机构在农村地区打造具有金融知识普及、提升金融素养、增强责任意识和风险防范能力等功能的公益性和实践性场所，让农村居民实地感受数字金融的便利性。四是组织开展消费者金融素养问卷调查。组织31家省级分支机构分别于2017年、2019年、2021年在全国范围内开展消费者金融素养问卷调查工作，形成调查分析报告，追踪消费者数字金融素养。

教育部积极推动有关院校加强数字技术和金融素养相关课程建设，加大相关人才培养力度，提高人才培养质量。一是加强相关课程建设。成立大学计算机课程教学指导委员会，充分发挥教指委研究、咨询、指导、评估、服务作用，开展计算机基础课程教学改革，提高相关课程质量。支持高校开设“C语言程序设计”“计算机基础”等公共课程，着力培养大学生计算思维建立和计算机应用能力。实施一流本科课程建设“双万计划”，认定石河子大学、西南石油大学等一批高校的“大学计算机基础”、中国地质大学（武汉）、昆明理工大学等一批高校的“C语言程序设计”、电子科技大学的“金融学基础”、南京审计大学的“金融学”等课程为国家一流课程，引领带动相关课程建设。二是加强相关资源建设。实施“教育数字化战略行动”，打造并推出国家高等教育智慧教育平台，推动数字化时代高等教育的学习范式、教学范式创新，上线“金融学”“金融数据挖掘”“R语言与金融数据分析”等数字技术和金融素养相关优质课程资源200余门，为全国高校师生和社会学习者提供优质课程资源和教学服务。三是强化相关教学内容。

印发《中等职业学校信息技术课程标准（2020年版）》和《高等职业教育专科信息技术课程标准（2021年版）》，将信息技术课程列为职业院校必修公共基础课程，指导院校对照新版课标持续更新教学内容，推动培养学生掌握RPA、人工智能、大数据等通用信息技术，提升学生数字素养。支持浙江金融职业学院、湖南商务职业技术学院等院校建好大数据与财务管理、金融等专业教学资源库，推进金融素养相关知识进课堂。

银保监会持续深入开展消费者教育工作，努力推动居民金融素养提升，重点针对“一老一少”、农户等群体开展教育宣传。一是组织开展银行业保险业教育宣传活动。持续开展银行业保险业金融知识教育宣传，特别注重引导各地区、各机构针对线上金融产品、数字化金融服务等加强知识普及和教育宣传。以农民为重点对象，连续8年组织全国防范非法集资宣传月活动，提升农户金融素养。连续3年拍摄防范非法集资公益广告，将涉农领域涉非风险作为重要内容，在中央电视台等广泛播放，积极利用抖音等新媒体渠道宣传。2021年突出关注“一老一少”，尤其是增加了老年人权益保护内容，广泛宣传“保本高收益就是金融诈骗”，持续围绕理性投资、合理维权开展教育宣传。2022年，以“共促消费公平　共享数字金融”为主题，组织指导银行保险机构聚焦数字金融、共同富裕、理性投资消费者普及金融知识，加强金融风险知识教育宣传，推动弥合“数字鸿沟”，并继续重点面向“一老”人群普及“不乱投”，持续关注“一少”人群倡导“不乱贷”，引导消费者提高金融素养、数字素养。二是创新消费者数字金融教育宣传形式。在官网官微持续发布消费者风险提示，普及互联网金融中侵害消费者合法权益行为，引导消费者增强防范意识。2021年以来，发布《关于防范短信钓鱼诈骗的风险提示》《关于警惕明星代言金融产品风险的提示》等，针对“首月0元”等互联网保险营销乱象、“套路贷”、“套路保”、诱导过度负债等风险隐患主动发声，并积极协调中央媒体、专业媒体、网络财经媒体等转载宣传，形成舆论合力，加强金融风险防范宣导。

下一步，有关部门将持续加大消费者教育知识普及和培训力度，针对普惠金融重点群体开展集中性、针对性金融知识普及活动，弥合“数字鸿沟”，推动提升消费者金融素养；深入开展一流课程建设“双万计划”，打造数字技术和金融素养相关“金课”；加强国家高等教育智慧教育平台建设，推进相关优质资源开放共享；支持有条件的高校将数字技术和金融素养相关优质课程纳入文化素质教育课程体系，不断扩大相关教育覆盖面；推动优化数字资源供给、完善数字环境保障，构建覆盖全民、城乡融合、公平一致、可持续、有韧性的数字素养与技能发展培育体系。

三、关于注重企业主体经营环境公平性问题

人民银行高度关注金融科技发展不平衡不充分问题，不断引导金融机构提升金融服务普惠性、精准性、可得性。一是启动北京、山东、浙江等 14 个省（市）金融数据综合应用试点，探索运用人工智能、大数据、隐私计算等技术加快金融业数据能力建设，推进跨层级、跨领域数据汇聚融合与深度利用，不断提升金融惠民利企水平。二是印发建设方案推动构建金融无障碍服务体系，指导金融机构打造“关怀版”“语音版”“民族语言版”等无障碍金融产品，不断提升金融服务深度、广度和温度。三是会同农业部、商务部等 6 部委在江苏、安徽等 9 省（市）启动金融科技赋能乡村振兴示范工程，因地制宜运用科技手段提升农村金融承载能力、农业产业现代化水平和农民金融服务可得性。

下一步，有关部门将加快推进融资信用服务平台网络建设，加强涉企信用信息共享应用，深化与银行业金融机构合作创新，强化信息安全和主体权益保障，更好发挥信用支持中小微企业和个体工商户融资作用，为中小微企业纾困解难贡献积极力量。

四、关于鼓励数字普惠金融产品创新，拓展普惠范畴问题

人民银行积极引导金融机构发挥科技赋能作用，在依法合规前提下加快推进数字化转型，提升数字化获客能力，运用互联网、大数据、

云计算改造信用评价模型，创新金融产品和服务，满足点多面广的小微企业融资需求。一是运用金融科技手段创新金融产品和服务。人民银行鼓励传统金融机构做好数字化转型，充分发挥大数据、云计算等数字技术在风险定价、精准获客、信用评价、降低服务成本、解决信息不对称等方面的优势，提升“三农”、小微金融服务覆盖面、便捷性和客户体验度，将金融服务下沉到“最后一公里”。同时，注重统筹好实体和数字两种方式，既要有适当的物理网点布局，弥补数字鸿沟带来的问题，又要善用新科技手段提高普惠金融服务水平和风险管控能力。二是鼓励供应链金融服务创新。2020 年 9 月，人民银行联合有关部门出台《关于规范发展供应链金融　支持供应链产业链稳定循环和优化升级的意见》（银发〔2020〕226 号文），鼓励金融机构依托核心企业构建上下游一体化、数字化、智能化信息系统、信用评估和风险管理体系，动态把握中小微企业经营状况。

工业和信息化部鼓励数字普惠金融产品创新。引导金融资源加大对数字技术创新活动和数字经济产业支持力度，推动数字技术在产融合作中的深度应用，利用新一代信息技术手段，搭建国家产融合作平台。通过大数据、人工智能、区块链等金融科技手段，实现产融自动化、智能化、精准化对接。

银保监会积极引导各类普惠金融服务主体借助互联网等现代信息技术手段，延伸服务半径，拓展金融服务的广度和深度。一是积极推动完善数字普惠金融顶层设计，出台“十四五”时期推进普惠金融高质量发展的政策文件，将有序推进数字普惠金融发展作为重点工作举措之一，引导金融机构通过科技赋能推动普惠金融高质量发展。二是持续推广“信易贷”模式，以信用信息共享与大数据开发应用为基础，缓解银企信息不对称难题，提高中小微企业和个体工商户贷款覆盖面、可得性和便利度。三是引导金融机构增强数字普惠金融服务能力。推动政策性金融机构立足自身职能定位和业务特点，提升普惠金融服务水平；督促大型金融机构通过重构业务模式、拓宽数据来源等方式提高服务效率，推动普惠金融服务可得易得；鼓励中小金融机构开展同大型金融机构、优质金融科技公司合作，引入信息科技治理及风控技术，加快推进数字化转型。

下一步，有关部门将进一步推动金融机构依托金融科技，在保持商业可持续前提下，持续优化金融产品和服务，有效降低金融服务门槛和成本，提供价格合理、安全便捷的数字普惠金融服务；拓宽产融合作渠道，推动创新普惠金融服务产品，优化普惠金融资源配置，为数字产业和产业数字化提供全方位、多层次金融支持；继续支持金融机构深化运用互联网、大数据、人工智能、区块链等科技手段，创新普惠金融服务模式，协同有关部门进一步完善数字普惠金融监管体系，有序推进数字普惠金融发展。

五、关于政府要大力推进普惠金融和数字化社会治理相融合，将数据鸿沟的弥合融入社会治理框架内进行统筹问题

人民银行会同有关部委通过区域性改革试点探索可复制可推广的数字普惠金融经验，鼓励和引导金融机构用好数字普惠金融手段，提升服务能力和水平。2016 年，人民银行等部委正式批复在河南省兰考县设立国家级普惠金融改革试验区，建设一平台四体系，即“数字普惠金融综合服务平台，金融服务体系、普惠授信体系、信用信息体系、风险防控体系”。2019 年，人民银行等部委正式批复在浙江省宁波市设立国家级普惠金融改革实验区，充分发挥数字技术在提升金融服务方面的关键作用，更好推动制造业高质量发展和经济转型升级。同时，人民银行深入推进农村信用体系建设，持续推动农村信用信息服务平台建设，不断扩展农户信用信息采集覆盖面，推动农村信用信息共享。截至 2021 年底，全国共建设涉农信用信息系统 276 个，累计为 1.56 亿农户开展信用评定，累计提供 9223 万余次查询服务。同时，大力推进“信用户”“信用村”“信用乡（镇）”的评定和创建。截至 2021 年底，评定信用户 1.07 亿个，信用村 24.5 万个，信用乡（镇）1.29 万个，有条件地区评定信用县 192 个。

下一步，人民银行等部门将继续引导普惠金融改革试验区积极搭建数字普惠金融服务平台，探索数字技术在普惠金融领域应用，并将及时总结各试验区数字普惠金融发展成效，在具备条件地区复制推广；继续鼓励银行保险机构与各级党政部门积极合作，注重农村金融与乡村治理的有效结合，不断拓展普惠金融业务边界，提升人民群众金融服务获得感。

感谢您对金融工作的关心和支持。欢迎访问人民银行门户网站（www.pbc.gov.cn），了解人民银行最新工作动态及金融领域的相关信息。

人民银行

2022年9月28日

全国政协十三届五次会议第 04692 号提案

题　　　目： 关于改革央企国企招投标制度，促进民营经济高质量健康发展的提案

主　　　办： 发展改革委

会　　　办： 国资委　银保监会

提 案 形 式： 个人提案

第一提案人： 梁　伟

内　　　容：

一、目前央企和国企招投标存在的相关问题

招投标制度是规范招投标行为的基础保障，对规范与约束各个领域的有序发展起着重要作用。近年来，我国市场经济水平不断提高，招投标制度也在不断完善，但仍存在部分问题：

（一）低价中标导致行业恶性竞争

近年来随着国家经济建设和基础设施建设步伐不断加快，央企国企对于供应商的产品质量要求也更高。然而对于央企和国企而言，在现行招投标制度下，通常采取低价中标的方式，无疑给产品质量埋下了隐患，同时也扰乱了市场价格体系，导致同行之间恶性竞争，势必损害行业长期稳定健康发展。

（二）大量采取银行承兑汇票和云信方式付款进一步造成民营企业经营困难

以轨道交通行业为例，目前中国中车和铁路总公司在招标采购过程中都遵循较为严格的预算管理制度，支付货款采用银行承兑汇票、商业承兑汇票和云信（由中国中车打造的基于“云链金融”创新推出的云

信）的比例逐年提高，这样对于民营企业来讲势必影响其经营性现金流，再加之日常经营中的工资给付、税费缴纳、支付金融机构贷款利息等都需要现金支付，企业收到的未到期银行承兑汇票要提前兑换为现金须支付3.5%—6%的贴现率，这无疑进一步降低了企业利润并影响现金周转，导致民营企业的日常经营更加困难，只有在及时回款的前提下，企业才能实现正常生产经营，才能从根源上解决资金问题。商业承兑汇票较银行承兑汇票风险更高，商业承兑汇票存在到期无法兑付的风险，如果无法兑付将对民营企业造成经济损失，而且云信这种支付方式对于中国大多数企业是不接受的，进一步加重了民营企业资金紧张的局面。

二、对央企和国企招投标制度的改革建议

为促进民营经济高质量健康发展，建议对央企和国企招投标制度进行改革：

（一）完善招投标制度，遏制低价恶性竞争现象

取消产品招标采用“经评审的最低投标价法”，建议采用“经评审的平均投标价法”，其中技术、服务和品牌的评分占比不低于50%。明确投标人报价明显低于其他投标人的报价，有可能影响产品质量或者不能诚信履约的，且不能证明其报价合理性的，评标委员会应当将其作为无效投标处理。

（二）进一步推动全社会信用体系建设，建立用户评价机制

建议招标人可以对信用良好的投标人或者中标人，减少或减免履约保证金。招标人采用相关信用优惠措施的，应当在招标文件中载明。建立用户评价机制，依托信息化系统，开展对供应商的用户评价，将供应商的信用信息、评价结果作为后续采购的重要依据。

（三）按项目进度支付项目预付款并取消或降低银行承兑汇票、商业承兑汇票和云信的支付比例

在现行央企、国企的招投标项目款支付方式下，民营企业中标项目后，项目回款周期越来越长，建议按项目实施进度分阶段支付项目进度款，并取消或降低银行承兑汇票、商业承兑汇票和云信的支付比例，

以此减轻民营企业在招投标中承受的巨大经济负担，从而进一步优化营商环境。

关于政协第十三届全国委员会第五次会议第 04692 号（财税金融类 317 号）提案答复的函

梁伟委员：

您提出的《关于改革央企国企招投标制度，促进民营经济高质量健康发展的提案》收悉。经商国资委、银保监会，现答复如下。

您指出的部分供应商在招投标活动中采取低价中标方式扰乱市场，部分央企国企在采购中大量采取银行承兑汇票和云信方式拖延付款，造成民营企业经营困难等问题，在实践中确实存在，我委与相关部门都高度重视，积极采取措施加以引导和规范。您提出遏制低价恶性竞争现象、进一步推动全社会信用体系建设等意见，对于改革完善招投标制度具有重要参考价值。

一、关于完善招投标制度遏制低价恶性竞争现象

您在提案中建议，完善招投标制度，明确投标人报价明显低于其他投标人的报价，有可能影响产品质量或者不能诚信履约的，且不能证明其报价合理性的，评标委员会应当将其作为无效投标处理。上述意见聚焦问题导向，针对招投标领域存在的异常低价恶性竞争问题，提出了具体解决方案。

您关于取消产品招标采用“经评审的最低投标价法”，建议采用“经评审的平均投标价法”的意见，我们认为，招标方式的核心机制是“需求明确基础上竞争报价”“符合需求情况下低价中标”。《招标投标法》第四十一条及《招标投标法实施条例》规定的“经评审的最低投标价法”是一种重要评标方法，也是国际通行的确定中标人的方法之一。“经评审的最低投标价法”不等于唯价格论，更不等于接受和纵

容低于成本中标。现行招标投标法律法规对“经评审的最低投标价法”的适用条件有明确规定：这一评标方法一般适用于具有通用技术、性能标准或者招标人对其技术、性能没有特殊要求的招标项目，投标人必须满足招标文件的实质性要求，投标价格不得低于成本。实践中“最低价中标”问题根源在于对可能影响履约的异常低价投标没有有效规制、标后履约管理不到位等。

2018 年以来，我委会同国务院有关部门加快推进《招标投标法》修订工作，《中华人民共和国招标投标法（修订草案送审稿）》（以下简称《修订草案送审稿》）已于 2020 年 7 月上报国务院。此次修法把治理不合理低价中标问题作为重点关注的问题之一，引入国际通行的处理异常低价投标的方法，规定投标人的报价为可能影响履约的异常低价的，评标委员会应当要求投标人在合理期限内以书面形式作澄清或者说明，并提供必要的证明材料。投标人不能说明其报价合理性的，评标委员会可以否决其投标，也可以由招标人按照招标文件规定的标准和方法对投标人履约能力进行审查确认。同时，我们加强合同履行情况监管，防止招标人与中标人不按照合同履行双方义务。

国资委积极运用数字化信息化手段，完善中央企业采购交易在线监管系统，与各中央企业进行全面对接，加强各企业采购交易行为的动态监管，对采用“最低价中标”的招投标项目进行风险提示。稳步建设供应商认证评价系统，推动企业全面加强供应商管理，提升采购产品和服务质量，中央企业供应商动态考评率和质量管控覆盖率达到 97% 和 98%。

下一步，我们将积极吸收您的意见，对《修订草案送审稿》做进一步修改完善，确保治理不合理低价中标问题的相关制度设计尽快落地。同时，我们将更加注重指导和推动中央企业、国有企业规范采购管理，持续完善国有企业招投标制度机制。

二、关于推动社会信用体系建设

您提出的关于招标人可对信用良好的投标人或中标人减免履约保

证金，建立用户评价机制并将投标人的信用信息、评价结果作为后续招投标活动的重要依据等意见，具有很强的实践性、针对性。

近年来，我委会同社会信用体系建设部际联席会议各成员单位，深入推进社会信用体系建设，建成运行全国信用信息共享平台，开通运行“信用中国”网站，探索建立企业信用状况综合评价体系，推动有关部门开展市场主体信用分级分类监管。2022 年 7 月，我委会同有关部门印发了《国家发展改革委等部门关于严格执行招标投标法规制度进一步规范招标投标主体行为的若干意见》（发改法规规〔2022〕1117 号），明确构建以信用为基础、衔接标前标中标后各环节的新型监管机制。近期，我委正在研究起草《关于完善招标投标交易担保制度　进一步降低招标投标交易成本的通知》，在起草过程中积极采纳了您的意见建议，作出鼓励招标人根据项目特点和投标人诚信状况，在招标文件中明确减免保证金的措施，以及鼓励招标人对信用记录良好的投标人给予减免投标保证金相关优惠待遇的制度设计。

下一步，我委将认真研究吸纳您的意见，会同有关部门持续完善包括招投标领域在内的信用监管和信用评价制度，坚持行政监督、社会监督和行业自律相结合，科学建立招投标市场主体信用评价指标和标准，推动信用信息在招投标活动中的合理规范应用。

三、关于项目款支付方式改革

正如您在提案中所指出，实践中确实存在部分产业链条中优势企业借助承兑汇票支付工具，延长付款期限，加剧中小企业回款难、融资难等现象，上述现象也反映出中小企业在产业链中处于弱势地位，缺乏议价权和主动权。经研究，我们认为取消承兑汇票恐难以从本质上解决上述问题，甚至可能还会引发中小企业大量持有应收账款无法流转变现等问题。

《优化营商环境条例》规定，国家机关、事业单位不得违约拖欠市场主体的货物、工程、服务等账款，大型企业不得利用优势地位拖欠中小企业账款。《保障中小企业款项支付条例》规定，机关、事业单位和大型企业使用商业汇票等非现金支付方式支付中小企业款项的，应当在合同中明确并合理约定，不得强制中小企业接受商业汇票等非现金支付方式，不得利用商业汇票等非现金支付方式变相延长付款期限。银保监会指导银行业金融机构严格落实上述要求，按照《票据法》《中国银监会办公厅关于票据业务风险提示的通知》《加强票据业务监管促进票据市场健康发展的通知》等法规制度，持续规范商业银行票据业务，防范相关业务风险。2022 年 1 月，人民银行与银保监会联合发布《关于〈商业汇票承兑、贴现与再贴现管理办法（征求意见稿）〉公开征求意见的通知》，拟将商业汇票的付款期限缩短至不超过 6 个月，以进一步缓解持票企业资金压力、保障中小企业合法权益。

下一步，我们将认真研究和吸纳您的意见，积极营造不同所有制企业一视同仁、公平竞争的市场环境，加强合同履行情况监管，引导和规范招标人根据合同约定及时支付项目款项，整治和遏制大型企业利用优势地位拖欠中小企业账款的现象。

感谢您对发展改革工作的关心和支持。

欢迎登录我委门户网站（www.ndrc.gov.cn），了解国家经济和社会发展政策、经济建设和社会发展情况、经济体制改革方面的重要信息。

国家发展改革委

2022 年 9 月 16 日

全国政协十三届五次会议第 03266 号提案

题　　目：关于加强对民营企业金融支持的提案

主　　办：证监会

会　　办：财政部　人民银行　银保监会

提案形式：个人提案

第一提案人：卞志良

内　　容：

习近平总书记指出："我们鼓励民营企业发展，党和国家在民营企业遇到困难的时候给予支持、遇到困惑的时候给予指导，就是希望民营企业放心大胆发展。"2021 年，我国国内生产总值（GDP）突破 114 万亿元，同比增长 8.1%。我国经济持续稳定恢复，经济发展和疫情防控保持全球领先地位，这份成绩的取得，民营经济功不可没。但由于疫情引发的全球经济动荡衰退，大宗商品原材料、海运费等价格暴涨，人民币汇率大幅变化等诸多不利因素的综合扰动，民营企业也面临着诸多困境。

民营企业普遍存在基础弱、底子薄，抵御外部风险能力差的特点，在当前复杂不利的大环境下处境更加艰难，急需政府多措并举，特别是在财政金融领域持续加大政策扶持力度。建议从以下方面加强财政金融政策扶持：

一、增强信贷支持力度，拓宽企业融资渠道和丰富融资产品

建议综合评估民营企业的行业地位和社会贡献，对具有社会美誉度、代表民族品牌的优秀民营企业，应纳入金融支持的重点支持目标，确保"不抽贷""不断贷"，信贷支持力度"只增不减"，贷款可以

延期还本付息，提高中长期贷款的比重，提供贴息贷款、扶持其做大做强。支持金融机构发行民营企业专项金融债券等金融工具，提供绿色金融，普惠金融、产业链创新融资等各种符合民营企业实际需求的金融产品，丰富可融资工具。实施积极的财政政策，对优秀的制造业民营企业、龙头企业加大财政补贴力度，提供科技扶持基金和奖励基金，数字化转型专项等各种支持基金，加大研发费用的加计扣除等措施。

二、加大政府采购，建立制造业政策性扶持基金

在市场需求低迷的大环境下，要加大政府采购力度，进一步拉动内需，给民营企业“送订单”“送大单”，发挥政府逆周期宏观调控作用，刺激产生有效需求。只要保证了持续的订单需求，就相应产生了生产、采购、就业岗位等等，刺激经济景气度上升，从而实现中央“六稳”“六保”的目标。建议组建国有控股的制造业政策性扶持基金，在国有资产保值的前提下，不以追求盈利为目的，在不改变民企的控股权，不干预日常经营管理、保持民企市场主体的活力的前提下，参与民企混改，纾解资金困难，并在后期根据企业的意愿，考虑适时退出或继续合作。

三、引导扶持优秀民营企业上市，提高直接融资比重

在激烈的市场竞争下，民营企业普遍存在“前求生存，再图发展”的成长历程，建议秉持“完善后符合条件即可”的原则，不过分苛求民企成长过程中的瑕疵，鼓励具有一定规模的民营企业登陆资本市场，通过资本市场给予民营企业合理的商业估值，激发企业市场主体的活力。

关于政协第十三届全国委员会第五次会议第03266号（财税金融类219号）提案答复的函

卞志良委员：

《关于加强对民营企业金融支持的提案》收悉。经认真研究并商财政部、人民银行和银保监会，现答复如下：

近年来，证监会会同财政部、人民银行及银保监会贯彻落实党中央、国务院决策部署，坚持“两个毫不动摇”，通过强化信贷等融资品种供给、加大财政支持力度和支持民营企业开展股权融资等方式，多措并举，服务民营企业健康持续发展。

一、关于增强信贷支持力度，拓宽企业融资渠道和丰富融资产品

一是加大民营企业接续融资支持力度。2019 年 2 月，银保监会出台《关于进一步加强金融服务民营企业有关工作的通知》（银保监发〔2019〕8 号），要求商业银行至少提前一个月主动对接续贷需求，切实降低民营企业贷款周转成本，并持续推进续贷政策落实，督促银行业金融机构加强续贷产品开发和推广，简化续贷办理流程。2020 年 6 月在《商业银行小微企业金融服务监管评价办法（试行）》中设置“小微企业续贷”评价指标，引导银行提升续贷业务占比。2021 年末，非国有企业贷款余额 39.6 万亿元，同比增长 7%。

二是完善民营企业债券融资支持机制。证监会推出科技创新债等创新品种，积极满足民营企业多元融资需求。2022 年上半年，小米通讯等 3 家民营企业发行科技创新债券，实现融资 16 亿元，资金主要投向人工智能、高端制造等前沿领域。2022 年 5 月，证监会推出民营企业债券融资专项支持计划，以中证金融自有资金为基础，联合承销机构共同为民营企业债券提供增信支持。2022 年上半年，专项支持计划累计支持晶科科技、蔚能电池等 8 家民企完成 9 单产品发行，实现融资 66.3 亿元，对于提振市场信心发挥了积极作用。2022 年 7 月，证监会组织沪深交易所、中国结算减免民营企业债券交易结算费用，指导中国结算放宽受专项支持计划保护民企债券的回购融资入库门槛，进一步改善民企债券流动性和市场吸引力。同月，证监会联合国家发展改革委、全国工商联发布《关于推动债券市场更好支持民营企业改革发展的通知》，通过加强联合奖惩激励、市场监管规范和部门协作联动等，推动债券市场更好服务民营企业改革发展。

三是加大创业担保贷款贴息力度。自 2002 年起，中央财政对符合

条件的创业者个人和小微企业申请的贷款，由创业担保贷款担保基金提供担保，由财政部门给予贴息。近年来中央财政不断加大贴息力度，扩大政策支持范围，提高贷款额度上限，放宽贷款申请条件。2021 年中央财政拨付创业担保贷款贴息及奖补资金 63 亿元，同比增长 66%。自 2022 年起，中央财政每年安排奖补资金支持地方打造普惠金融发展示范区，健全民营和小微企业信贷风险补偿机制及融资担保资金补充机制。

二、关于加大政府采购，建立制造业政策性扶持基金

一是加大政府采购力度。财政部 2020 年修订印发《政府采购促进中小企业发展管理办法》，通过预留份额、价格扣除、鼓励大企业与中小企业组成联合体或分包等形式，扩大包括民营企业在内的中小企业获得政府采购合同份额。同时开展政府采购营商环境专项清理，严禁以供应商规模等条件对市场主体实行差别待遇，持续提高政府采购透明度，开展第三方评估督促有关单位依法及时公开政府采购信息，为民营企业获取信息提供便利。此外，明确采购人应自收到发票后 30 日内及时付款，支持政府采购合同融资。目前，全国政府采购授予中小企业的合同金额占全国政府采购规模的 75% 以上。

二是提供专项资金和基金支持企业转型。专项资金方面，2021 年中央财政将新一代信息技术产业链纳入支持范围，支持开展产业链协同创新和公共服务平台建设，发挥好龙头企业的“链主”作用，为企业数字化、智能化转型提供支撑。该资金按照项目法方式分配，由行业主管部门采用“揭榜挂帅”竞争方式确定支持项目，符合条件的企业可积极申报，争取资金支持。政府投资基金方面，中央财政会同社会资本发起设立相关制造业领域政府投资基金，支持对象包括新一代信息技术领域，基金按照市场化方式开展项目投资，民营企业可与基金积极对接、争取合作。

三、关于引导扶持优秀民营企业上市，提高直接融资比重

一是积极支持优质民营企业开展股权融资。证监会科学合理保持

新股发行常态化，在坚持质量第一和确保市场稳定前提下，助力民营企业发展，服务实体经济。2019 年、2020 年，科创板、创业板先后试点注册制，按照市场化、法治化原则，精简优化发行条件，不断深化以信息披露为核心的理念，增加资本市场包容性。近年来，民营企业通过资本市场融资的家数和金额稳步提升。2021 年，近 400 家民营企业完成 IPO，融资金额合计超过 3200 亿元，同比增长 10%。截至 2022 年 3 月底，沪深交易所民营上市公司超 3000 家，占比约 65%。

二是全面深化新三板改革。2019 年设立精选层，推出公开发行、连续竞价和转板机制等一系列改革举措，取得了积极成效。目前全国股转系统存量挂牌公司中民营企业占比九成以上，2021 年以来，累计 700 余家民营企业完成定向发行，募集资金近 240 亿元。2021 年，证监会贯彻落实党中央、国务院决策部署，组建北京证券交易所，定位于服务创新型中小企业，配套形成契合企业特点的制度机制安排。目前北交所民营上市企业市值近 1400 亿元，累计通过公开发行募集资金约 180 亿元。

下一步，证监会将继续按照党中央、国务院的统一部署，会同相关部门落实落细已出台政策，从多方面进一步拓宽民营企业融资渠道，积极满足民营企业合理融资需求，引导撬动金融资源更多流向民营企业，服务民营经济高质量发展。

感谢对资本市场发展的关心和支持，欢迎继续提出意见和建议。

中国证监会
2022 年 8 月 15 日

全国政协十三届五次会议第 04944 号提案

题　　　目： 关于鼓励支持民营资本助力乡村振兴的提案
主　　　办： 乡村振兴局
会　　　办： 财政部　人力资源社会保障部　农业农村部
提 案 形 式： 个人提案
第一提案人： 安润生
内　　　容：

鼓励、吸引和引导民营资本下乡，对推进乡村振兴战略的全面实施具有重要意义。截至 2020 年 12 月底，进入“万企帮万村”精准扶贫行动台账管理的民营企业有 12.7 万家，精准帮扶 13.91 万个村；产业投入 1105.9 亿元，公益投入 168.64 亿元，安置就业 90.04 万人，技能培训 130.55 万人，共带动和惠及 1803.85 万建档立卡贫困人口，取得了良好的政治、经济、社会效益。民营资本下乡不仅为农业农村输入了资金、技术、人才、信息以及先进的管理经验，还激活了农业农村生产要素，在促进农业生产方式发生深刻变革的同时，也有利于助力乡村振兴取得成效。

一、民营资本助力乡村振兴存在的问题

（一）缺乏具体配套措施，政策难以落地。中共中央和国务院发布了《关于实施乡村振兴战略的意见》《关于促进乡村产业振兴的指导意见》等政策，明确提出鼓励引导乡村振兴发展的一系列指导意见，但支持引导民营资本参与乡村振兴政策的具体措施尚未配套，民营资本参与乡村振兴政策引导力度不够，现有政策没有真正落实到位。

（二）基础设施配套不完善，民营资本难以下乡。农村特别是地处偏远的少数民族地区农村牧区自然条件较差，资金投入不足，水、电、路、网等基础设施不完善，一定程度上影响到民营企业参与乡村振兴的积极性。

（三）相关要素资源缺乏，乡村产业受到制约。乡村振兴是一项长期复杂的系统工程，涉及技术、资金、人才、信息、市场、渠道、法律、法规等，项目投资较大、见效较慢、周期较长。农村牧区农牧民与乡村干部大多意识理念比较落后，乡村产业发展的专业素养不高。大多年轻力壮的人离开农村牧区，到大城市打工或经商，剩下的只是一些老弱病残的人，农村劳动力不足，直接制约了农村牧区经济的发展。此外，多数农村牧区土地贫瘠，资源匮乏，也极大地制约了农村牧区乡村产业发展。

（四）农牧民市场经济意识和契约精神存在短板，民营企业有顾虑。在民营资本下乡过程中，由于土地流转服务平台建立、纠纷调解仲裁体系建设等方面缺乏细化、具体的制度规定，个别农户与企业签订了合同，但合同条款不规范、内容过于简单且未经相关部门登记，对双方权利义务、违约责任、赔偿条款等缺乏明确规定，农牧民与企业之间矛盾时有发生，一些民营企业在参与精准扶贫开发行动中有力不从心之感。

二、鼓励民营资本助力乡村振兴的建议

（一）强化政策措施，鼓励民营资本下乡。一是积极鼓励民营企业实施乡村建设行动，参与建设农业现代化示范区，优先安排农业产业化资金，优先安排财政贴息贷款，优先安排土地使用计划，优先享受产业扶持政策，推动一二三产业融合发展，丰富乡村经济业态。二是加大财政投入，出台相关财政政策，着力培育农业新型经营主体，扩大财政扶持的民营资本范围。整合涉农资金，将种养大户、家庭农场、农民专业合作组织、农业龙头企业等农业新型经营主体纳入财政资金扶持范围，对农业企业在新品种和新技术的引进和推广以及农牧民培训、基地认证、基地基础设施建设等方面的投入给予一定的补助或奖励。

（二）整合社会资源，营造投资环境。一是各级政府要加强基础建设的投入，提供技术、资金、人才、信息、市场、渠道等资源，鼓励专业技术人才向农村牧区、基层一线流动，健全完善乡村人才激励保障机制。二是搭建“村企合作”的服务平台，重点搭建产销对接、银企对接、研企对接的平台，促进民营企业与农牧户、金融机构、科研院所的有效对接，实现民营企业与农村牧区资源、社会资源的有效整合。三是组织成立乡村产业龙头企业，推行“公司＋基地＋农户”的模式发展乡村产业。通过土地集约化利用、“政府招工”等形式，解决制约民营企业发展的土地、资金、劳动力等生产要素瓶颈。

（三）规范土地流转，建立健全机制。各县市应制定《土地流转管理实施细则》，对土地流转形式、年限、价格的确定方法、折股量化办法等予以具体明确的规定。完善县市、乡镇、行政村土地流转服务管理体系，建立土地流转招拍挂制度、履约风险保证金制度、监测分级备案制度和鉴证制度。搭建县市、乡镇、村三级土地流转服务平台，建立流转数据库，让供需双方及时准确获取可靠信息。培育土地流转中介机构，鼓励引导企业及民营资本参与土地流转市场。

关于政协第十三届全国委员会第五次会议第04944号（农业水利类404号）提案答复的函

安润生委员：

您提出的《关于鼓励支持民营资本助力乡村振兴的提案》收悉。经商财政部、人力资源社会保障部、农业农村部，现答复如下：

一、关于强化政策措施，鼓励民营资本下乡的建议

近年来，财政部、人力资源社会保障部、农业农村部、国家乡村振兴局等部门高度重视民营资本参与乡村振兴工作，积极出台倾斜支

持政策，鼓励引导民营资本下乡助力乡村振兴。

一是扎实开展“万企兴万村”行动。2021年7月，全国工商联、农业农村部、国家乡村振兴局等6部门联合印发《关于开展“万企兴万村”行动的实施意见》，提出“万企兴万村”行动是全国民营企业参与乡村振兴统一的工作品牌，组织民营企业大力开展“万企兴万村”行动，助力乡村振兴。2021年12月，国家乡村振兴局、全国工商联印发《“万企兴万村”行动倾斜支持国家乡村振兴重点帮扶县专项工作方案》，提出动员引导民营企业与重点帮扶县开展帮扶对接，帮助发展产业，参与乡村建设，促进就业创业，开展消费帮扶，救助困难群众等。同时，明确提出要及时协调解决民营企业支持重点帮扶县专项工作过程中遇到的困难和问题，落实资金扶持、项目配套、贷款融资等优惠政策，优化程序，简化流程，提高效率。

二是加大财政金融投入支持力度。近年来，财政部持续加大财政支持乡村振兴力度，通过贷款贴息、融资担保、奖励补助等方式，鼓励地方因地制宜健全完善信贷风险补偿机制，引导撬动金融资源汇聚小微企业和“三农”主体。2019—2021年，财政部会同有关部门开展了财政支持深化民营企业和小微企业金融服务综合改革试点城市工作，推出三批、179个试点城市，安排资金71.4亿元，支持试点城市因地制宜健全信贷风险补偿和融资担保资金补充机制，探索改善民营企业和小微企业金融服务的有效模式。2021年，中央财政拨付创业担保贷款贴息及奖补资金63亿元，同比增长66%。截至2021年底，全国创业担保贷款余额2349亿元，同比增长6%。

三是积极支持新型农业经营主体高质量发展。近年来，中央财政通过农业生产发展资金大力支持新型农业经营主体高质量发展。重点围绕蔬菜、水果，兼顾地方优势特色品种，采取“先建后补、以奖代补”方式，支持新型农业经营主体重点推进包括通风贮藏库、机械冷库、气调贮藏库，以及预冷设施和配套设施设备等农产品产地冷藏保鲜设施建设。支持县级以上农民合作社和示范家庭农场建设清选包装、烘干等产地初加工设施，提升规模化、集约化、标准化、信息化生产能力。实施新型农业经营服务主体能力提升、种养技能、返乡下乡创业者、乡村治理及社会事业发展带头人和农村实用人才带头人示范等培训，加快培养懂技术、善经营、会管理的高素质农民。

下一步，我们将结合您提出的意见建议，继续配合相关部门，强化政策扶持，为民营资本下乡提供服务保障。一是配合全国工商联等部门，扎实推进“万企兴万村”行动，强化政策保障，优化服务水平，加强调查研究，及时解决民营企业遇到的困难和问题，研究出台全国“万企兴万村”行动五年规划（2022—2026 年），引导民营企业助力乡村振兴取得新成效。二是配合财政部等有关部门，认真贯彻党中央、国务院决策部署，进一步研究完善政策措施，继续支持新型农业主体高质量发展，加快农业现代化步伐。

二、关于整合社会资源，营造投资环境的建议

近年来，农业农村部、人力资源社会保障部、全国工商联、国家乡村振兴局等部门持续加大投入力度，积极整合社会资源，优化服务保障，营造社会资本参与乡村振兴的浓厚氛围。

一是加大人才保障。中央办公厅、国务院办公厅印发《关于加快推进乡村人才振兴的意见》，明确乡村人才振兴的工作重点和工作内容。不断完善农业农村领域高级职称评审申报条件和方式，对乡村振兴急需紧缺人才适当放宽比例限制，支持农民参加职业技能鉴定、职业技能登记认定、职业技能竞赛等多种技能评价。财政部通过安排“三区”科技人才支持计划经费，支持科技部选派优秀科技人才到革命老区、民族地区、边疆地区工作或提供服务，提升“三区”科技创新水平。人力资源社会保障部组织实施高校毕业生“三支一扶”计划，每年选派高校毕业生到基层从事支教、支农等服务。2016—2020 年期间，累计选派高校毕业生 15.5 万名，第四批计划（2021—2025 年）已选派 3.8 万名高校毕业生。同时，加大国务院政府特殊津贴、国家百千万人才工程等项目对乡村人才的支持，建设国家级专业技术人才继续教育

基地，加大培养、培训乡村专业技术人才。

二是打造合作平台。农业农村部办公厅、国家乡村振兴局综合司联合印发《社会资本投资农业农村指引（2022年）》，提出打造一批社会资本投资农业农村的合作平台，明确了完善规划体系平台、构建现代农业园区平台、建设重大工程项目平台、推进项目数据信息共享四项具体的工作举措，为社会资本投向农业农村提供规划、项目信息、融资、土地、建设运营等一揽子、全方位投资服务，促进要素集聚、产业集中、企业集群，实现控风险、降成本、提效率。

三是强化龙头企业示范带动。农业农村部办公厅、国家乡村振兴局综合司联合印发《社会资本投资农业农村指引（2022年）》，提出支持农业产业化龙头企业、农垦企业联合家庭农场、农民合作社等新型农业经营主体、小农户，加快全产业链开发和一体化经营、标准化生产。支持龙头企业下乡进村，建分支机构、生产加工基地等，发挥农业产业化龙头企业的示范带动作用。

下一步，我们将结合您的意见建议，继续配合相关部门，进一步整合社会资源，营造良好的投资环境。一是继续做好“三支一扶”计划和国务院政府特殊津贴、国家百千万人才工程、博士后科研工作站等项目，鼓励引导人才向基层一线流动，健全完善乡村人才激励机制，积极为乡村振兴提供人才支撑。二是充分发挥东西部协作、定点帮扶、“万企兴万村”行动等机制作用，整合资金、项目、人才等帮扶资源倾斜支持帮扶产业发展。推动更多民营企业到西部地区发展，做好宣传动员和跟踪服务，协调解决企业在帮扶过程中遇到的困难和问题，及时总结推广一批可学习、可推广、可操作的先进典型和成功案例，推动开展对先进典型的表彰，让参与行动贡献突出的企业，在社会上受尊重，在事业上有发展，营造向上向善的良好社会氛围。三是进一步加强服务支持。各级乡村振兴部门将为参与“万企兴万村”行动倾斜支持国家乡村振兴重点帮扶县专项工作的企业做好协调服务和倾斜支持。牵头统筹协调县域内资源，主动对接企业需求，不断优化营商环境，完善政策配套保障，提高项目引资质量。对于符合条件的项目，及时纳入县级巩固脱贫攻坚和乡村振兴项目库，跟进支持实施，为企业提供优质高效服务，确保企业的帮扶项目早实施、早见效。

三、关于规范土地流转，建立健全机制的建议

近年来，农业农村部等部门高度重视农村土地流转，不断加强机制建设，助力民营资本更好参与乡村振兴。

一是健全农村土地经营权流转政策体系。2014 年，中央办公厅、国务院办公厅印发《关于引导农村土地经营权有序流转发展农业适度规模经营的意见》，明确土地经营权流转的基本原则、主要目标、发展方向和保障措施，2016 年，中央办公厅、国务院办公厅印发《关于完善农村土地所有权承包权经营权分置办法的意见》对承包土地“三权分置”作出系统全面安排，提出加快放活土地经营权，建立健全土地流转规范管理制度。2016 年，农业农村部印发《农村土地经营权流转交易市场运行规则（试行）》，进一步明确了在流转市场进行交易的相关规程。2019 年，农业农村部会同中央农办印发《关于做好整村流转农户承包地风险防范工作的通知》，建立健全风险防范机制，把选择权交给农民。2021 年，农业农村部修订出台《农村土地经营权流转管理办法》，会同国家市场监管总局印发《农村土地经营权出租合同（示范文本）》，进一步引导和规范农村土地流转。截至 2020 年底，全国家庭承包耕地土地经营权流转面积 5.32 亿亩，全国有 1474 个县和 2.2 万个乡镇建立土地流转市场或服务中心。

二是规范农村产权流转交易市场。党中央、国务院高度重视农村产权交易市场建设，先后作出了一系列部署安排。2014 年，国务院办公厅印发《关于引导农村产权流转交易市场健康发展的意见》，对建立农村产权流转交易市场作出全面部署。2016 年，中共中央、国务院印发了《关于稳步推进农村集体产权制度改革的意见》，指导各地不断拓展服务功能，为农户、农民合作社、农村集体经济组织等主体提供便利快捷的信息传递、价格发现、交易中介等综合服务，积极宣传

推介典型经验做法，不断提升农村产权流转交易规范化水平。

下一步，我们将结合您的意见建议，继续配合相关部门，不断规范土地流转，鼓励引导企业及民营资本参与土地流转。一是指导各地按照《农村土地承包法》《农村土地流转管理办法》要求，推动落实工商资本流转农村土地审查审核和风险防范制度，加强土地经营权合同管理，加快建立健全农村产权流转交易市场体系。二是积极开展农村产权流转交易市场规范化建设试点，鼓励各地研究探索农村集体经营性建设用地进入市场流转交易路径，指导各地做好信息发布、组织交易等基本服务，引导农村集体“三资”流转交易阳光运行，不断推动农村产权流转交易公开、公平、规范运行。

国家乡村振兴局

2022 年 8 月 15 日

全国政协十三届五次会议第 01754 号提案

题　　　目： 关于加快农业设施登记抵押担保融资改革创新的提案
主　　　办： 人民银行
会　　　办： 财政部　农业农村部　银保监会
提 案 形 式： 个人提案
第一提案人： 温　涛
内　　　容：

农业设施登记抵押担保融资是深化农村产权制度改革和金融支持乡村产业振兴的创新举措，有利于缓解农村金融发展“两难一贵”困境。当前，我国多地开展了农业设施登记抵押担保融资试点工作，通过以权属登记为突破口，构建产权估值体系、创新金融产品种类、探索流转与处置机制、强化融资风险控制，初步形成了农业设施及地上种植养殖物登记抵押担保融资机制，一定程度上拓宽了新型农业经营主体的融资渠道。但是，调研发现，伴随着改革试点工作推进，申请登记限制条件较多、手续与流程不够简便、农业设施估值缺乏科学性、供需主体参与积极性不高、相关金融产品开发供需契合度不足、长效处置方案与风险防范机制缺位等一系列难点问题也开始凸显。为此，建议：

一、健全农业设施产权登记制度，全面推进颁证确权工作，盘活农村“沉睡”资产。一是以《民法典》“土地承包经营权”“抵押权”为基准，制定“农业设施物权登记管理办法”，完善农业设施产权登记制度。二是加强组织领导，全面展开实地勘察，分类明确各类农业设施产权，对农业设施确权颁证做到“应确尽确”。三是由区县级不动产中心负责农业设施产权登记，经勘测审核无误后，由农村产权流转交易中心以区县政府名义颁发权证，并进行数字化建库归档。

二、建设现代化农村产权交易中心，搭建数字服务平台，提供农业设施登记抵押贷款“一站式”服务。一是构建多级联网的农村产权交易平台，建立健全农业设施产权信息库。二是完善农村产权交易中心经营管理机制，整合涉农部门的登记抵押职能，打造“农村产权交易信息发布、产权交易鉴证服务、产权抵押贷款服务、农村资产评估、农业投融资服务、政策法规咨询”等一站式服务平台。三是充分运用金融科技，搭建数字金融服务平台，实现服务数字化、交易信息化。

三、加快发展专业涉农资产评估机构，确保评估的客观性与科学性，提升涉农资产抵押融资参与积极性。一是在条件成熟地区培育和发展专业化涉农资产评估机构，交通不便、经济落后地区则可依托地方政府涉农平台公司与专业资产评估机构联合开展评估工作。二是构建涉农资产价值评估规范，制定评估管理办法与技术规范等业务准则，形成标准化的评估流程和框架。三是针对不同类型的农业设施并结合折旧、损耗等因素制定差异化的抵押率。

四、针对性创新贷款产品种类和模式，有效满足不同经营主体的多元化资金需求。一是坚持“目标导向、精准对标、分类施策”等原则，根据各类农业经营主体的融资需求创新农业设施登记抵押贷款产品，探索一次授信、循环使用、不用无息等机制并简化审核程序。二是加大与农业担保公司与保险公司等的合作力度，完善“银行＋农业担保公司”与“银行＋商业保险公司”等模式，通过市场机制分担农业设施抵押担保融资风险。三是严格按照人民银行当月公布的贷款市场报价利率（LPR）加点确定优惠利率水平。

五、加强农村信用信息体系建设，建立农业设施抵押贷款使用的全过程监管机制。一是加快建设农村信用信息体系，协同构建涵盖政府职能部门、市场主体的信息共建共享机制与平台，采用信息技术降低信息搜集成本。二是充分运用金融科技，实现相关数据的动态分析与实时管理，保障数据溯源与防篡改。三是建立贷款资金使用监管机制，制定监管方案，明确各部门职责，通过定期走访等手段动态监测资金去向。

六、建立政府主导下的多层次风险分担机制，推广市场化的应急处置运作。一是构建多方协作工作机制，将农村土地、农村产权、农村金融创新等各项改革相互融合，使其互促互补、互利互惠，不断释放改革叠加效应，最大限度激发农业农村发展活力。二是建立健全利益共享、风险共担机制，开发以农业设施为保险标的的财产险，建立农村产权抵押贷款风险预警机制，实行风险排查常态化。三是建设区域性农村产权交易市场，吸纳社会资本探索组建农村资产收储经营公司，以市场化手段开展涉农不良债权收储、委托租赁等业务，推动抵押物信息在更大市场内流动，提升抵押物处置效率。

关于政协第十三届全国委员会第五次会议第 01754 号（财税金融类 116 号）提案答复的函

温涛委员：

您提出的《关于加快农业设施登记抵押担保融资改革创新的提案》收悉，经商财政部、农业农村部、银保监会，现答复如下：

一、关于健全农业设施产权登记制度的建议

2016 年 12 月，党中央、国务院印发《关于稳步推进农村集体产权制度改革的意见》，提出“3 年基本完成集体资产清产核资、5 年基本完成经营性资产股份合作制改革”的工作目标。农业农村部先后组织开展 5 批试点，指导各地从实际出发，围绕集体资产清产核资、成员身份确认、经营性资产股份合作制改革和发展农村集体经济等重点任务，完善改革措施。截至 2021 年末，全国 31 个省（区市）全部完成农村集体产权制度改革试点，农村集体资产清产核资工作基本完成，共清查核实农村土地资源面积65.5亿亩，农村集体账面资产7.7万亿元，确认集体成员约9亿人。2018年，中央组织部、财政部、农业农村部联合开展扶持村级集体经济发展试点，鼓励各地有序开展经营性资产股份合作制改革，探索农村集体资产收益分配权有偿退出、抵押、担保等，丰富股权设置类型，因地制宜确定股权管理方式。截至2021年末，全国共建立农村集体经济组织约96万个，其中50多万个村完成经营性资产股份合作制改革。

下一步，农业农村部将继续围绕巩固提升农村集体产权制度改革成果，持续深化农村集体产权制度改革，切实加强农村集体资产管理，强化农村集体经济组织法治保障，积极探索新型农村集体经济发展路径。

二、关于建设现代化农村产权交易中心的建议

2016年，农业农村部印发《农村土地经营权流转交易市场运行规范（试行）》（农经发〔2016〕9号文），明确土地经营权在流转交易市场的相关规定。2021年，中央农办、农业农村部等10部门印发《关于扎实做好当前重点工作如期完成农村集体产权制度改革阶段性任务的通知》（中农发〔2021〕9号文），提出激活农村资源要素，鼓励地方特别是县乡依托公共资源交易平台建立农村集体产权交易市场，推动农村集体产权规范流转和交易。截至2021年末，全国已有1200多个县（市、区）、18000多个乡镇建立农村土地经营权流转服务中心，流转家庭承包耕地面积超5.5亿亩。

下一步，农业农村部将会同相关部门，继续支持各地加快推进农村产权流转交易市场建设，因地制宜开展农村产权流转交易市场规范化建设试点，同时，鼓励各地进一步丰富交易品种，研究探索农村集体经营性建设用地进入市场流转交易的具体路径，更好维护和实现农民和村集体财产权益。

三、关于加快发展专业涉农资产评估机构的建议

一是探索开展农村集体资产股份价值评估。2014年，农业农村部

会同相关部门印发《积极发展农民股份合作赋予农民对集体资产股份权能改革试点方案》（农经发〔2014〕13 号文），在 29 个县（市、区）先行开展试点工作；2017 年在全国 100 个县开展农村集体产权制度改革试点；2018 年选择在 3 个省、50 个地市、150 个县开展试点。试点重要内容之一就是赋予集体资产股份抵押权、担保权，探索完善集体资产股份的价值评估机制，为农村集体资产抵质押融资提供便利。截至 2021 年末，全国农村（县及县以下）企业及各类组织涉农贷款余额 22.7 万亿元，同比增长 10.9%。

二是试点开展农村承包土地经营权和农民住房财产权价值评估。2015 年 12 月，全国人大授权国务院在北京市大兴区等 232 个、天津市蓟县等 59 个县（市、区）开展农村承包土地的经营权和农民住房财产权抵押贷款试点（简称“两权”抵押贷款）。2016 年，人民银行会同财政部等有关部门印发《农村承包土地的经营权抵押贷款试点暂行办法》（银发〔2016〕79 号）和《农民住房财产权抵押贷款试点暂行办法》（银发〔2016〕78 号），要求试点地区稳妥开展农村承包土地的经营权和农民住房财产权抵押贷款业务，结合实际建立政府专家评估、专业评估机构评估、双方协商评估、金融机构自主评估等机制，并运用成本法、收益法、市场价格法等多种方法开展评估。人民银行会同相关部门指导各试点地区结合当地实际，探索建立农村承包土地的经营权和农民住房财产权价值评估或分类指导价等制度，为业务开展提供参考。试点期间，试点地区“两权”抵押贷款累计发放超过 1600 亿元，截至 2021 年末，全国“两权”抵押贷款余额 845.5 亿元。

下一步，农业农村部、人民银行将会同相关部门，继续支持各地结合实际，探索差异化的价格评估体系，深入研究集体资产股份的抵押担保贷款办法和价值评估机制，拓宽涉农资产抵押范围，提高各类涉农主体融资便利。

四、关于针对性创新贷款产品种类和模式的建议

人民银行高度重视农村金融产品创新工作。2021 年以来，会同

相关部门印发《关于金融支持新型农业经营主体发展的意见》（银发〔2021〕133 号文）等文件，鼓励引导金融机构创新信贷产品和服务，简化贷款审批流程，在贷款利率、担保条件、贷款期限等方面制定差异化政策，合理增加与需求相匹配的中长期信贷供给，适度提高信用贷和“首贷户”占比；鼓励发展“一次授信、随借随还、循环使用”的小额信贷模式，努力满足各类涉农经营主体多元化融资需求。同时，拓展动产融资统一登记公示系统服务，引导金融机构创新生物活体抵押贷款、农户民宿经营权质押贷款、温室大棚收益质押贷款等特色产品，有效盘活涉农企业资源。强化科技赋能乡村振兴，在江苏、安徽、福建等 9 省（市）开展金融科技赋能乡村振兴示范工程，运用大数据、云计算、第五代移动通信（5G）等新一代信息技术，因地制宜打造惠农利民金融产品与服务，全面提升农业产业现代化水平、农村金融承载能力和农民金融服务可得性。

财政部会同农业农村部等部门大力推进农业信贷担保体系建设，完善贷款担保机制，积极发展农担业务。2021 年全国农担体系新增担保金额 2773 亿元，同比增长 44%；累计担保金额 6896 亿元，在保余额 3215 亿元，累计支持 217 万个新型农业经营主体。农业农村部开展新型农业经营主体信贷直通车活动，为家庭农场、农民合作社等新型农业经营主体提供更为便捷有效的金融服务。截至 2021 年末，全国共有 6.8 万个新型农业经营主体通过直通车提出申请，获得授信 1.9 万笔、138 亿元。银保监会等部门积极引导银行保险机构加强合作与信息共享，持续推进保险产品创新和地方优势特色农产品保险发展，通过保险手段巩固提升特色农业发展水平。

关于合理确定贷款利率水平的建议。2019 年 8 月贷款市场报价利率（LPR）改革以来，LPR 已经成为金融机构贷款利率定价的主要参考基准。金融机构实际发放的贷款利率在 LPR 上加减点形成，具体加减点水平一般综合考虑资金成本、管理成本、风险溢价等因素。

下一步，人民银行将会同相关部门继续完善政策措施，综合运用多种货币政策工具，引导金融机构优化资源配置，创新产品服务，合理确定贷款利率，强化银保银担合作，持续加大有效涉农信贷投放，努力满足不同经营主体的多元化资金需求。

五、关于加强农村信用信息体系建设的建议

人民银行会同相关部门加快推动农村信用信息服务平台建设，不断拓展农户信用信息采集覆盖面，逐步纳入新型农业经营主体相关信息，并依法依规推动农村信用信息共享应用，对于信用评价良好的涉农主体，在授信额度、贷款利率、贷款手续等方面给予倾斜支持。截至 2021 年末，全国共建设涉农信用信息系统 276 个，累计为全国 1.56 亿农户开展信用评定，累计提供 9223 万余次查询服务。同时，积极推进“信用户”“信用村”“信用乡（镇）”的评定和创建。截至 2021 年末，评定信用户 1.07 亿个，信用村 24.5 万个，信用乡（镇）1.29 万个，有条件地区评定信用县 192 个。

下一步，人民银行将持续深入推进农村信用体系建设，完善各级涉农信用信息系统和信用评价体系，创新信用评价结果运用。

六、关于建立政府主导下的多层次风险分担机制的建议

近年来，中央财政综合运用贷款贴息、融资担保、奖励补助等手段，引导撬动金融资源更多流向“三农”主体和小微企业，取得积极成效。

一是充分发挥政府性融资担保增信作用。财政部会同有关部门加快政府性融资担保体系建设，设立国家融资担保基金，初步建成市级机构全覆盖、县级业务全覆盖的政府性融资担保体系。截至 2021 年末，全国共有政府性融资担保机构 1428 家，在保余额 1.5 万亿元。现有政府性融资担保机构可为符合条件的“三农”主体提供融资增信分险支持。

二是探索建立风险分担和风险补偿机制。2019 年，国务院办公厅印发《关于有效发挥政府性融资担保基金作用　切实支持小微企业和“三农”发展的指导意见》，明确提出构建政府性融资担保机构和银

行业金融机构共同参与、合理分险的银担合作机制，确立银担“二八分险”原则和国家、省、市县三级政府性融资担保机构逐级风险分担机制；鼓励有条件的地方探索建立风险补偿机制，对支小支农担保业务占比较高，在保余额、户数增长较快，代偿率控制在合理区间的融资担保、再担保机构，给予一定比例的代偿补偿。此外，对符合条件的新型农村金融机构和西部基础金融服务薄弱地区的银行业金融机构（网点），按照不超过其当年贷款平均余额的 2% 给予补贴，引导金融机构在县域以下下沉网点和服务。

下一步，财政部将会同有关部门，持续推进政府性融资担保体系建设，完善示范区奖补等相关政策，引导更多金融资源服务小微企业和“三农”主体，助力乡村振兴。

感谢您对金融工作的关心和支持。欢迎访问人民银行门户网站（www.pbc.gov.cn），了解人民银行最新工作动态及金融领域的相关信息。

人民银行

2022 年 9 月 28 日

全国政协十三届五次会议第 00387 号提案

题　　　目： 关于金融助力乡村全面振兴的提案
主　　　办： 人民银行
会　　　办： 财政部　农业农村部　银保监会　证监会
提 案 形 式： 个人提案
第一提案人： 廉毅敏
内　　　容：

当前，我国正处在向第二个百年奋斗目标迈进的历史关口，巩固和拓展脱贫攻坚成果、全面推进乡村振兴是“十四五”时期经济社会发展的重要任务。全面推进乡村振兴，需要大量投入，金融大有可为。但是，目前金融服务还不适应，存在一些亟待解决的矛盾和问题。一是供求双方信息不对称的矛盾。金融机构对农户和涉农企业等需求方的资金用途、还款能力、信用状况难以全面把握，农户和涉农企业对金融机构的产品种类和服务范围了解不够。二是抵押物缺乏与风险控制要求的矛盾。涉农贷款缺乏有效抵押物和信用信息，金融机构现有的风险评估程序限制着部分群体的金融需求。三是需求多样性与供给同质化的矛盾。乡村振兴产生多样化、层次性的金融需求，现有金融供给、金融服务尚未完全适应。四是低回报率与金融逐利性的矛盾。小农户经营成本高、收益率较低，而商业银行的经营重点多偏向高回报客户群体，服务“三农”积极性不高。

为进一步提升金融服务乡村振兴质效，助力农业高质高效、乡村宜居宜业、农民富裕富足，提出以下建议：

一、加强顶层设计。对金融机构如何加大资源配置、创新服务方式、加大风险防控、强化差异化监管、加强巩固拓展脱贫攻坚成果与乡村振兴有效衔接等方面给予指导。健全完善法律法规体系，制定《乡村金融法》，为金融服务乡村振兴提供法律支撑。

二、搞好政策引导。从财政补贴、奖励、税收、考核等多方面加强引导。比如，加大财政支持力度，对在服务乡村振兴中做出突出贡献的金融机构通过多种形式给予奖励。在现有金融支持乡村振兴考核体系中，增列农业农村部门为考核金融机构的部门，加强考核结果运用。

三、完善供给体系。针对乡村振兴对金融的需求特点，积极构建银行、担保、保险、证券等多层次、多类型、广覆盖的金融供给体系，为深入推进乡村振兴提供优质高效服务。

四、提升服务水平。引导金融机构有针对性地开发新产品，提供更多个性化服务。比如，积极改进授信流程，合理确定贷款期限，扩大抵押担保物范围，开发以专业大户、家庭农场、农民合作社、农业企业等新型农业经营主体为授信主体的信贷产品。推进银行与担保、保险、期货合作，形成联动机制，更好服务农业产业化，降低农业产业风险。

五、推进场景服务。围绕不同群体特点与需求，构建“金融＋农村场景＋服务”的生态模式，加快县域移动支付场景建设，推动银行与企业、政府、农户日常生活消费场景紧密融合，将金融服务嵌入农村政务、教育、医疗、电商、农资购销、特色产业链群、专业市场等应用场景。

六、深化数字普惠。积极推动金融科技和数字化技术在涉农金融领域的应用。比如，将新技术逐步应用于农村信用体系建设，规范农户、新型农业经营主体的信用信息采集、整理等。充分运用大数据、云计算、人工智能等技术，及时捕捉小微企业融资需求，缓解银企间信息不对称问题。

关于政协第十三届全国委员会第五次会议第 00387 号（财税金融类 029 号）提案答复的函

廉毅敏委员：

您提出的《关于金融助力乡村全面振兴的提案》收悉，经商财政部、农业农村部、银保监会、证监会，现答复如下：

一、关于加强顶层设计问题

（一）关于加强对金融机构指导的建议。近年来，人民银行会同有关部门出台一系列政策文件，加强巩固拓展脱贫攻坚成果与乡村振兴有效衔接，引导和支持金融机构创新金融服务，加大对乡村振兴的支持力度。2021 年 6 月，人民银行联合银保监会、证监会、财政部、农业农村部等部门出台《关于金融支持巩固拓展脱贫攻坚成果 全面推进乡村振兴的意见》（银发〔2021〕171 号文），调整优化金融帮扶政策，明确金融支持巩固拓展脱贫攻坚成果同乡村振兴有效衔接的工作重点和主要举措，健全农村金融组织体系，整合优化金融支农产品，拓宽涉农领域直接融资渠道；强化考核激励约束作用，引导金融机构不断加大对乡村振兴领域金融资源投入。2022 年 3 月出台《关于做好 2022 年金融支持全面推进乡村振兴重点工作的意见》（银发〔2022〕74 号文），指导金融机构围绕粮食安全、重要农产品保供、现代农业基础支撑、乡村产业、乡村建设等领域加大金融支持力度。截至 2022 年 7 月末，金融机构发放涉农贷款余额 47.24 万亿元，同比增长 12.9%。

（二）关于健全完善法律法规体系，制定《乡村金融法》的建议。《乡村振兴促进法》第八章明确规定国家综合运用金融等政策措施，强化乡村振兴金融服务，包括健全多层次资本市场，建立健全多层次、广覆盖、可持续的农村金融服务体系和多层次农业保险体系。人民银行、财政部、农业农村部、银保监会、证监会将按照上述法律规定要求，做好贯彻落实，发挥金融对乡村振兴的支持作用。

下一步，人民银行、财政部、农业农村部、银保监会、证监会等部门将继续推动已出台的各项政策措施落实落地，强化对金融机构的督促指导，引导金融资源向乡村振兴领域倾斜配置，强化差异化监管，加强巩固拓展脱贫攻坚成果与乡村振兴有效衔接。

二、关于搞好政策引导问题

一是落实好财税奖补政策和风险分担机制。财政部会同有关部门推动农业保险扩面、增品、提标，稳定种粮农户收益，保障国家粮食安全。2021 年，中央财政安排农业保险保费补贴 333.45 亿元，为 1.88 亿户次农户提供风险保障 4.78 万亿元。实施中央财政支持普惠金融发展示范区奖补政策，支持地方因地制宜打造各具特色的普惠金融发展示范区。对符合条件的新型农村金融机构和西部基础金融服务薄弱地区的银行业金融机构（网点），按照不超过其当年贷款平均余额 2% 给予补贴，引导金融机构下沉网点和服务至县域以下。

二是开展金融机构服务乡村考核评估。2021 年 6 月，人民银行联合银保监会发布《金融机构服务乡村振兴考核评估办法》（中国人民银行　中国银行保险监督管理委员会公告〔2021〕第 7 号），明确评估对象、评估指标和方法、评估程序、评估结果和运用等内容，包括农业农村部在内的有关部门对各参评金融机构乡村振兴金融服务的评价意见已纳入考核评估指标体系。

下一步，人民银行、财政部、农业农村部、银保监会、证监会将加强政策协同，进一步提升财政、金融、产业政策效能。同时，充分发挥考核评估指挥棒作用，引导更多金融资源助力全面推进乡村振兴。

三、关于完善供给体系问题

一是推动完善银行保险业金融机构服务乡村振兴的供给体系。人民银行、银保监会加强政策指导，鼓励银行业金融机构建立服务乡村振兴的内设机构，督促国有商业银行和股份制商业银行设立专门的乡村振兴金融部或在相关部门下单列乡村振兴金融服务条线。银保监会印发《关于2022年银行业保险业服务全面推进乡村振兴重点工作的通知》（银保监办发〔2022〕35号文），要求银行保险机构把服务乡村振兴与自身发展战略相结合，持续优化多元化、有序竞争、互相补充的涉农金融供给体系。鼓励保险公司开发适合乡村振兴的商业保险产品，引导政策性保险积极争取财政支持政策，完善产品条款，科学拟定费率，更好发挥保险功能作用。

二是发挥政府性融资担保作用。2021年，财政部通过农业生产发展资金安排32.86亿元（较上年增加4.21亿元）支持省级农担公司稳步做大农业信贷担保业务，推动农业信贷担保服务网络向市县延伸，逐步实现重点县网点和业务全覆盖。2021年全国农担体系新增担保金额2773亿元，较上年同期增长44%；累计担保金额6896亿元，在保余额3215亿元，累计支持217万个新型农业经营主体。

三是发挥资本市场融资功能。证监会积极支持符合条件的农业企业首发上市和再融资，延续脱贫地区企业首发上市优惠政策，带动产业链上下游企业协同发展。2021年以来，10家农业企业首发上市，合计融资91.51亿元；17家农业上市公司再融资383.7亿元。

下一步，人民银行、财政部、农业农村部、银保监会、证监会等部门将针对乡村振兴金融需求特点，推动完善银行、担保、保险、证券等多层次、多类型、广覆盖的金融供给体系，进一步提升金融服务乡村振兴能力和水平。

四、关于提升服务水平问题

一是引导金融机构有针对性地开发新产品，提供更多个性化服务。人民银行、银保监会引导银行业金融机构针对新型农业经营主体特点，创新专属金融产品，拓宽农村资产抵质押物范围，简化贷款审批流程，在贷款利率、担保条件、贷款期限等方面制定差异化政策，合理增加与需求相匹配的中长期信贷供给。同时，引导银行业金融机构利用各级农业农村部门定期更新发布的农村合作社示范社、示范家庭农场、规模养殖场和农业产业化龙头企业、农业社会化服务组织名单，积极发展面向新型农业经营主体的首贷、信用贷。银保监会引导银行保险机构加强和政府性融资担保机构之间的合作和信息共享，扩大政府性融资担保覆盖面，注重发挥农业保险保单增信作用，强化新型农业经营主体信贷风险市场化分担。

二是稳步推进“保险＋期货”项目。2021 年，证监会指导 3 家商品期货交易所在 29 个省（区、市）开展 322 个“保险＋期货”项目，涉及生猪、花生等 11 个品种，保障现货规模 456 万吨，承保土地面积 950 万亩，服务农户 68 万户。其中，在广西等 5 省区 30 个国家乡村振兴重点帮扶县开展 47 个“保险＋期货”项目，在促进乡村产业发展、提高农民收入等方面发挥了积极作用，助力巩固拓展脱贫攻坚成果同乡村振兴有效衔接。

下一步，人民银行、银保监会将继续引导金融机构创新金融产品和服务方式，缓解各类新型农业经营主体融资难融资贵问题。证监会将统筹协调各商品期货交易所，继续稳步推进“保险＋期货”项目，完善优化项目模式，更好服务农业产业化，降低农业产业风险。

五、关于推进场景服务问题

一是持续巩固优化银行卡助农取款业务，打通支付服务“最后一公里”。自 2011 年以来，人民银行组织涉农金融机构等有关各方在全国范围内推广并不断巩固优化银行卡助农取款服务，着力解决偏远农村地区取款、汇款、缴费等基础服务难问题。截至 2021 年末，农村地区银行卡助农取款服务点数量达 81.12 万个，以银行卡助农取款服务为主体的基础支付服务基本实现村级行政区全覆盖，农民足不出村便可办理基础支付服务，支付服务可得性和满足感不断提升。

二是推动移动支付便民工程下沉和涉农支付产品创新。人民银行围绕乡村振兴战略规划，打造移动支付引领县，深挖便民服务场景，持续提升农村移动支付服务水平。指导中国银联联合商业银行推出“乡村振兴主题卡”产品，在取款、消费、转账等基本支付功能基础上，附加助农贷款、补贴发放、农产品生产销售、生活服务等特色服务，较好地满足了乡村振兴多样化、多层次金融需求。

三是推进县域基本公共服务与金融服务融合发展。人民银行指导金融机构依托线下网点，积极整合普惠金融、便民服务、农资农技等资源，加快涉农场景建设推广，增强网点综合化服务能力，提升缴费、查询、远程服务等便捷性。进一步加强金融与教育、社保、医疗、交通、社会救助等民生系统互联互通，推进县域基本公共服务便利化。

下一步，人民银行将继续坚持“支付为民”理念，持续深入推进农村支付服务环境建设，巩固优化银行卡助农取款服务，继续推动移动支付服务便民场景，不断夯实农村地区经济社会发展的支付基石，深化县域基本公共服务与金融服务融合发展。

六、关于深化数字普惠问题

一是积极推进金融科技和数字化技术在涉农金融领域的应用。人民银行、银保监会引导银行业金融机构在依法合规、风险可控的前提下，基于大数据和特定场景进行批量获客、精准画像、自动化审批，切实提高农村地区长尾客户服务效率，提升涉农主体融资便利度。银保监会鼓励保险机构探索利用互联网、卫星遥感、远程视频等科技手段，开展线上承保理赔工作，提高农业保险的数字化、智能化经营水平。

二是推动实施金融科技赋能乡村振兴示范工程。2021 年 4 月，人民银行联合农业农村部等部门启动金融科技赋能乡村振兴示范工程，探索运用新一代信息技术因地制宜打造惠农利民金融产品服务，全面提升农业产业现代化水平、农村金融承载能力和农民金融服务可得性。2021 年 9 月，农业农村部启动 2021 年度金融支农创新试点，聚焦新型农业经营主体信用体系建设，探索运用农业农村大数据缓解新型农业经营主体与银行业金融机构之间的信息不对称问题。

三是深入推进农村信用体系建设。人民银行持续推动农村信用信息服务平台建设，不断扩展农户信用信息采集覆盖面，逐步纳入新型农业经营主体相关信息，推动农村信用信息共享。2021 年末，全国共建设涉农信用信息系统276个，累计为1.56亿农户开展信用评定。大力推进“信用户”“信用村”“信用乡（镇）”评定和创建。2021年末，评定信用户1.07亿个，信用村24.5万个，信用乡（镇）1.29万个，有条件地区评定信用县192个。同时，强化信用评价结果运用，对信用评价良好的农村经济主体，在授信额度、贷款利率、贷款手续等方面给予政策倾斜，充分发挥示范效应，带动更多农村经济主体主动守信，营造诚实守信的良好信用环境。

下一步，人民银行将联合农业农村部、银保监会等有关部门，进一步深化金融和数字化技术在涉农金融领域的应用，扩展归集新型农业经营主体信用信息，不断完善信用评价体系，精准识别各类农村经济主体信用状况，提高乡村振兴领域金融资源配置效率。

感谢您对金融工作的关心和支持。欢迎访问人民银行门户网站（www.pbc.gov.cn），了解人民银行最新工作动态及金融领域的相关信息。

人民银行

2022年9月28日

全国政协十三届五次会议第 00344 号提案

题　　　目：关于壮大乡村产业，有效巩固拓展脱贫攻坚成果的提案
主　　　办：农业农村部
会　　　办：发展改革委　自然资源部　乡村振兴局
提案形式：个人提案
第一提案人：李惠东
内　　　容：

产业发展既是我国脱贫攻坚取得伟大成就的重要手段，也是乡村振兴的首要任务。习近平总书记指出："产业兴旺，是解决农村一切问题的前提。"壮大乡村产业，不仅仅是经济能力和经济水平的提升，更重要的是通过产业发展促进乡村发展能力和治理能力的综合提升，进而实现稳定脱贫与乡村振兴有机衔接。

当前，我国在推进巩固拓展脱贫攻坚成果和乡村振兴有效衔接的实践中存在三个突出问题：

一是忽视乡村功能的特殊性。与城市集聚资金、人口、技术、创新等要素的功能不同，乡村更多地承担了保障粮食安全、提供良好的生态产品以及传承传统文化等功能。乡村产业振兴并不是照搬城市的工业化进程，也不仅仅是把城市的低端产业向农村转移的过程，应注重从乡村与城市功能的差异出发，打造乡村特色的产业体系和发展模式。

二是忽视城乡要素的双向流动。乡村产业振兴绝不是单一的乡村发展问题，关键是要考虑双循环格局下城乡如何融合发展的问题。但从现实情况看，土地、人才、技术、资本等要素仍然呈现向城市单向

流动的特点，城乡发展不均衡，农村内在潜力难以充分发挥，亟须产业要素在城乡之间形成双向流动，构建产业发展新格局。

三是忽视农民创新创业能力。农民是乡村振兴的主体，但当前以城市发展的工业化思维追求乡村产业的资本化与规模化，必然会使小农户受到排挤，导致其只能以要素供给者的身份被社会资本吸纳，造成乡村产业的“无根性”。农民的创新创业能力是解决这一问题的关键。

为此，当前应构建以乡村特色为基础、以城乡融合为推力、以农民创业为抓手的乡村产业发展新格局，实现稳定脱贫，推动乡村振兴。具体建议如下：

一、以自然和文化为基础衍生新业态，夯实稳定脱贫和乡村振兴的产业基础。遵循乡村区别于城市的自然和文化功能特点，在“绿水青山就是金山银山”理念引领下，以丰富的自然资源、良好的生态环境和特色的乡村文化为基础衍生新业态，催生带有地域特色的乡村新产业，如特色农产品深加工、依托乡村生态和文化的旅游产业等。同时，促进一二三产融合，建立大中小型产业圈共存的可持续产业体系，形成乡村产业振兴和绿色发展的良性互动，从根本上阻断大规模返贫的可能性。

二、以要素流动为核心促进新融合，形成稳定脱贫与乡村振兴的有效合力。城乡融合带动产业要素的双向流动，才能真正盘活城乡优质产业要素并兼顾脱贫攻坚时期已形成的产业基础，为乡村振兴注入强劲动力。在实践中，要立足当地特色，针对城市市场需求，引导乡村产业生产适销对路、质量上乘的产品；要引入先进技术，适度扩大乡村产业规模，提高生产能力，进而提高农民收入水平；要设计相应的制度和政策，为城市资本“下乡”和农民返乡创业提供产权、利益共享等制度保障。

三、以创业为手段形成新动能，积蓄稳定脱贫与乡村振兴的持续动力。稳定脱贫与乡村振兴要构建可持续发展的乡村产业体系，其主要途径就是鼓励支持农民创新创业，发挥农民主体作用。引导农民与城乡产业要素相结合进而创造新价值，形成产业兴旺的持续动力。脱贫攻坚的胜利为乡村提供了良好的基础设施，在互联网、现代化交通及物流系统的支持下，乡村已具备良好的创新创业基础与条件，以“互联网+”催生农民创业，已有诸多很好的实践。因此，政策设计应充分考虑农民作为创业者的角色，为农民与农村要素相结合实施创业活动提供便利条件。例如，将农村空间治理清理的资源优先提供给农民创业者使用；农村增减挂钩的建设用地指标更多地用于本地乡村创业而不仅只是换取补偿收益；为乡村农民发展庭院经济、新型农业经营主体等创新创业行为提供政策保障等等。

关于政协第十三届全国委员会第五次会议第00344号（农业水利类035号）提案答复的函

李惠东委员：

您提出的《关于壮大乡村产业，有效巩固拓展脱贫攻坚成果的提案》收悉。经商国家发展改革委、自然资源部、国家乡村振兴局，现答复如下：

一、关于以自然和文化为基础衍生新业态，夯实稳定脱贫和乡村振兴的产业基础

近年来，农业农村部会同有关部门，加大工作力度，立足特色、绿色、融合发展，积极拓展农业多种功能、挖掘乡村多元价值，培育壮大乡村特色产业，为巩固拓展脱贫攻坚成果与乡村振兴有效衔接提供了有力支撑。一是加强政策指导。2021年4月，农业农村部会同国家发展改革委、国家乡村振兴局等9部门联合印发《关于推动脱贫地区特色产业可持续发展的指导意见》，提出依托乡村资源优势，培育和支持脱贫地区特色产业发展，依托绿水青山、乡土文化、民俗风情等自然

资源发展新产业新业态，拓宽农民增收渠道。2021 年 11 月，农业农村部印发《关于拓展农业多种功能　促进乡村产业高质量发展的指导意见》，提出围绕食品保障、生态涵养、休闲体验、文化传承等乡村产业四大功能，构建以农产品加工业为“干”贯通产加销、以乡村休闲旅游业为“径”融合农文旅、以新农村电商为“网”对接科工贸的现代乡村产业体系，促进农村一二三产业融合发展。二是强化规划引领。2020 年，农业农村部印发《全国乡村产业发展规划（2020—2025 年）》，提出以农业农村资源为依托，践行绿水青山就是金山银山理念，发展优势明显、特色鲜明的乡村产业。2021 年，农业农村部会同国家发展改革委、自然资源部等 6 部门印发《“十四五”全国农业绿色发展规划》，明确从生产、加工、流通、消费等全链条拓展农业绿色发展空间，打造绿色低碳农业产业链，推动农业绿色发展、低碳发展、循环发展。三是开展试点示范。截至 2021 年底，农业农村部在脱贫地区认定 974 个全国“一村一品”示范村镇，建设 65 个特色农产品优势区，认定 15 个全国休闲农业重点县，树立了一批典型、打造了一批品牌，有力推动脱贫地区立足乡村特色资源，筑牢特色产业基础，丰富乡村经济业态，拓展农民增收空间。

二、关于以要素流动为核心促进新融合，形成稳定脱贫与乡村振兴的有效合力

近年来，农业农村部会同有关部门不断加强指导帮扶，引导各类产业发展要素向脱贫地区集中集聚。一是加大规划引导。2021 年，农业农村部印发脱贫地区特色产业发展指引，组织脱贫县梳理确定“一主两辅”主导产业目录，编制“十四五”特色产业发展规划，引导资金、技术、人才向特色产业建设区聚集。二是加强财政扶持。2017 年以来，农业农村部会同财政部通过实施产业融合项目，支持各地建设 140 个优势特色产业集群，覆盖 261 个脱贫县；建设 250 个国家现代农业产业园，覆盖 58 个脱贫县；建设 1309 个农业产业强镇，覆盖 370 个脱贫县的 400 个乡镇，有效推动了脱贫地区要素集聚、资源整合，促进

了主导产业的转型升级和高质量发展。三是优化金融支持。农业农村部会同有关部门推动延续并完善脱贫人口小额信贷政策，新发小额信贷超过 750 亿元，惠及脱贫户超过 180 万，协调人民银行等部门将产业扶贫贷款调整为产业带动贷款，全国贷款余额超过 1.7 万亿元，带动脱贫人口 584 万人。四是发挥科技支撑。2021 年，农业农村部组织现代农业产业技术体系专家深入脱贫地区开展技术指导，建立了产学研用协同创新工作机制；分产业组建产业技术顾问团队，深入 160 个国家乡村振兴重点帮扶县开展技术帮扶，实现主导产业全产业链技术服务全覆盖。五是加强人才培训。我部组织实施高素质农民培育计划，2021 年为国家乡村振兴重点帮扶县培育 4.7 万名高素质农民，为脱贫地区培育 19.5 万名高素质农民。2022 年，继续推进高素质农民培训向脱贫地区倾斜，重点针对院校毕业生、农民工和退役军人等返乡入乡群体开展创业培训，为脱贫地区发展提供人才保障。六是促进产销对接。农业农村部对脱贫地区申报绿色食品、有机农产品、地理标志农产品优先办理并减免费用。2021 年，支持脱贫地区发展绿色、有机和地理标志农产品 5068 个，减免费用 4078 万元。开展各类产销对接活动，实施政府采购脱贫地区农副产品政策，直接采购和帮助脱贫地区销售农产品超过 750 亿元。

三、关于以创业为手段形成新动能，积蓄稳定脱贫与乡村振兴的持续动力

农业农村部高度重视脱贫地区农村创业创新，加大工作指导，推动巩固脱贫攻坚成果与促进乡村振兴有机衔接。一是积极培育农村创新创业带头人。2020 年，会同国家发展改革委、自然资源部等 8 部门印发《关于深入实施农村创新创业带头人培育行动的意见》，引导返乡农民工，入乡大中专毕业生、退役军人、科技人员，以及在乡能人创业创新。深入实施农村创业创新带头人培育行动，培训各类农村创业人员超 1150 万人次。二是搭建农村创新创业平台。2020 年，会同自然资源部等 6 部门印发《关于推进返乡入乡创业园建设　提升农

村创业创新水平的意见》，指导各地依托现有园区存量资源，配套创业服务功能，在县域建设功能全、服务优、覆盖面广、承载力强、孵化率高的返乡入乡创业园，吸引返乡入乡人员创业创新。农业农村部定期公布《全国农村创业园区（基地）目录》，向社会各界推介2210家农村创业园区（基地）。连续5年举办全国农村创业创新大赛，搭建政策宣讲平台、创意比拼擂台。三是加大农村创新创业资源要素支持。2019年，农业农村部印发《关于积极稳妥开展农村闲置宅基地和闲置住宅盘活利用工作的通知》，指导各地在依法维护农民宅基地合法权益和严格规范宅基地管理的基础上，支持农村集体经济组织及其成员采取自营、出租、入股、合作等方式，发展休闲农业、乡村旅游、餐饮民宿、文化体验等新产业新业态。2021年，自然资源部、国家发展改革委、农业农村部联合印发《关于保障和规范农村一二三产业融合发展用地的通知》，引导盘活存量用地和预留新增用地，向乡村产业项目和乡村产业聚集区倾斜。目前已有20个省份出台一二三产业融合发展用地配套实施细则，保障乡村产业发展合理用地需求。2020年以来，农业农村部连续3年发布《社会资本投资农业农村指引》，将涉农企业纳入经营主体信贷直通车服务范围，鼓励各地设立金融机构支持、社会资金参与、市场化运作的乡村振兴基金，支持有实力的社会资本参与乡村产业发展。四是支持发展农村电商。2019年，农业农村部会同国家发展改革委印发《关于实施"互联网+"农产品出村进城工程的指导意见》，建立健全完善适应农产品网络销售的供应链体系、运营服务体系和支持保障体系。带动发展农村互联网新业态新模式。农业农村部会同有关部门支持电子商务进农村综合示范，健全县乡村三级物流配送体系，拓宽农产品电商销售渠道。2021年，各类涉农电商超过3万家，全国农村网络零售额达到2.05万亿元。

下一步，农业农村部将会同有关部门不断强化政策支持、加强指导帮扶，积极拓展农业多种功能、挖掘乡村多元价值，促进产业发展要素向脱贫地区流动，推动发展特色产业，为巩固拓展脱贫攻坚成果与乡村振兴有效衔接提供有力支撑。

感谢您对我部工作的关心，希望继续对“三农”工作给予支持。

农业农村部

2022 年 8 月 29 日

全国政协十三届五次会议第00667号提案

题　　　目: 关于壮大新型农村集体经济带动乡村振兴的提案
主　　　办: 农业农村部
会　　　办: 财政部　自然资源部　文化和旅游部　乡村振兴局
提 案 形 式: 个人提案
第一提案人: 杨玉成
内　　　容:

习近平总书记指出:“要把好乡村振兴战略的政治方向,坚持农村土地集体所有制性质,发展新型集体经济,走共同富裕道路。”当前,农村集体经济发展还面临诸多困难和问题,主要是集体经济薄弱、产业发展不平衡、三产融合发展不够等,为此,提出如下建议。

一、盘活整合农村集体资产。一是推进农村集体产权制度改革,完善农民资产股份占有、收益、抵押、担保、继承及有偿退出等管理办法。二是加强村级集体资产监管,健全集体资产管理台账,完善登记、保管、使用、处置、清查和定期报告等制度。三是盘活农村资源资产。引入外来优势发展主体以挖掘潜在资源与盘活沉睡资产为重点,开展集体资源资产清查与确权颁证,建立资源资产清单库与信息化平台。四是拓宽发展集体经济的路径。支持有区位优势的城中村、城郊村集体组织建设批发市场、步行街以及蔬菜、果品、小商品等交易市场,发展商贸流通业;鼓励有条件的村集体利用既有商铺、楼宇、物业,开发、培育新的经济增长点。支持村集体创办或领办社会化服务实体,拓展服务增收项目。

二、创新集体经济体制机制。一是健全政策扶持体系。从财政支持“三农”资金中拿出一部分专门用于支持村集体经济项目，对有发展前景的集体经营项目实行贴息、保险补助等。二是探索发展用地机制。完善用地规划，每年从农转用地指标中安排一定比例，用于村级集体经济发展。同时在编制土地规划时，为具备建设条件的工业园区所在的村安排二、三产业发展预留用地，坚持统一规划、集约使用的开发原则，由镇或工业园区集中安排、联合开发，开发收益归村集体所有。三是创新资源流转机制。加快推进土地流转，充分发挥村集体的组织协调作用，鼓励成立农村土地股份合作组织，利用土地流转、出租进行规模化、集约化经营，所得收益由村和农户合理分配，不断增强村级集体经济实力。四是探索项目扶持模式。加大对村级集体经济项目建设的扶持力度，探索对村级集体经济项目扶持模式。鼓励和支持集体经济组织通过成立专业合作社、流转土地发包等方式取得合法收益，农业产业化、造林绿化等项目优先考虑集体经济组织。

三、培育农村新型经营主体。一是实施家庭农场培育计划，把农业规模经营户培育成有活力的家庭农场，并加强示范家庭农场创建引领。二是实施农民合作社规范提升行动，支持农民合作社联合社加快发展。三是完善新型农业经营主体金融保险、用地保障等政策。建立科研院所、农业高校等对接服务新型农业经营主体的长效机制。四是引导农业产业化龙头企业采取兼并重组、股份合作、资产转让等形式，建立大型企业集团，打造知名企业品牌，提升龙头企业在农村集体经济发展的辐射带动作用，探索村企合作新模式，形成乡村产业发展的“新矩阵”。五是推动农业产业化联合体发展，扶持一批龙头企业牵头、家庭农场与农民专业合作社跟进、广大小农户参与的农业产业化联合体，引导形成权利责任明晰、治理结构科学合理的利益联结机制，实现与农村集体经济抱团发展。

四、推进农村一二三产业融合发展。一是依托乡村资源优势，拓展乡村特色产业，根据消费结构升级新变化，开发特殊地域、特殊品种等专属特色产品，以特色资源增强市场竞争力，打造农业全产业链。二是推进乡村休闲旅游新业态。培育多元深度融合新模式，推动大农业与休闲旅游、健康养生、历史文化、农耕体验等深度融合，盘活乡村振兴多元发展要素，创新产业组织形式，壮大产业融合主体。三是发挥乡村资源独特优势，拓展文化创意功能，引领现代农业、乡村服务业和乡村旅游融合发展。根据区位条件和资源禀赋，实现“弱弱抱团”“强弱互补”或“强强联合”，带动区域间的协调发展与共同富裕。

关于政协第十三届全国委员会第五次会议第 00667 号（农业水利类 060 号）提案答复的函

杨玉成委员：

您提出的《关于壮大新型农村集体经济带动乡村振兴的提案》收悉。经商财政部、自然资源部、文化和旅游部、国家乡村振兴局，现答复如下：

一、关于整合农村集体资产，发展壮大农村集体经济

农业农村部指导各地盘活利用资源资产，拓宽集体经济发展路径。2021 年联合财政部等 10 部门印发《关于扎实做好当前重点工作如期完成农村集体产权制度改革阶段性任务的通知》，提出从实际出发探索发展新型集体经济的有效形式，确定主导产业和经营发展模式；建立紧密的利益联结机制和风险防控机制，积极引导社会资本、技术、人才等要素向农村流动。实践中，有的村集体探索利用集体“四荒地”等发展现代农业项目，为农户和各类经营主体提供居间服务；有的村集体盘活利用闲置的集体建设用地、房产设施等，入股、合作开展乡村旅游、电子商务等项目。

下一步，农业农村部将鼓励各地结合实际，制定扶持政策和具体措施，不断盘活农村闲置资源资产，拓宽集体经济发展路径。

二、关于创新集体经济体制机制

2018 年中组部联合农业农村部等部门印发《关于坚持和加强农村基层党组织领导扶持壮大村级集体经济的通知》，2022 年已扶持约 10 万个行政村发展壮大集体经济。2022 年印发《关于推进农业经营主体信贷直通车常态化服务的通知》，明确将农村集体经济组织纳入服务范围，切实做好对农村集体经济组织的金融服务，助力发展壮大农村集体经济。

2017 年财政部联合国家税务总局印发《关于支持农村集体产权制度改革有关税收政策的通知》，明确对农村集体经济组织在农村集体产权制度改革中涉及的契税、印花税予以免征；土地、房屋等确权变更免征不动产登记费。同时，明确符合条件的农村集体经济组织可以按规定适用国家出台的一系列支持三农的税收优惠政策，其中属于小微企业的，还可以适用国家支持小微企业的各项税费优惠政策。

2021 年自然资源部会同国家发展改革委、农业农村部印发《关于保障和规范农村一二三产业融合发展用地的通知》，提出了引导农村产业在县域范围内统筹布局，拓展集体建设用地使用途径，大力盘活农村存量建设用地，保障设施农业发展用地，优化用地审批和规划许可流程，强化用地监督等六方面用地政策。

国家乡村振兴局积极配合农业农村部，落实脱贫地区扶持政策。过渡期内中央财政衔接推进乡村振兴补助资金重点支持产业发展，逐年提高资金占比。脱贫县统筹整合使用财政涉农资金优先支持特色产业发展，东西部协作、定点帮扶等资金重点用于产业发展，并进一步向乡村振兴重点帮扶县倾斜。

下一步，农业农村部将鼓励各地结合实际，制定扶持政策和具体措施，盘活农村闲置资源资产。财政部将积极总结扶持壮大村级集体经济的工作落实情况和政策成效，按程序提出下一阶段工作的政策建议。自然资源部将继续鼓励和引导各地就农村存量建设用地盘活利用进行实践探索和创新，为支持乡村振兴提供用地保障。国家乡村振兴局将立足职能，配合农业农村部继续落实好扶持壮大村级集体经济的政策。

三、关于培育农村新型经营主体

近年来，农业农村部认真贯彻落实党中央、国务院决策部署，采取有力举措抓好农业经营主体发展。一是强化政策支持。2022 年印发《关于实施新型农业经营主体提升行动的通知》，立足“十四五”，对提升新型农业经营主体素质能力、加快推动新型农业经营主体高质量发展作出总体部署，推动新型农业经营主体提升生产经营水平、增强服务带动能力。二是加强试点示范。扎实开展农民合作社规范提升行动，实施家庭农场培育计划，农民合作社质量提升整县推进试点范围扩大到 406 个县（市、区），聚焦发展壮大单体合作社、促进联合与合作、提升县域指导扶持服务能力等试点任务。深入推进示范社（场）创建，目前全国县级及以上示范家庭农场超过 11 万个、示范社达 16.7 万家。三是构建利益联结机制。支持各地整合社会资源，搭建公共平台，持续推进社企对接，满足新型农业经营主体市场营销、品牌培育等共性需求。支持龙头企业与合作社、家庭农场、农户通过股份分红、优先就业等形式，发展农业产业化联合体，构建紧密利益联结机制，带动农户就业增收。

下一步，农业农村部将实施新型农业经营主体提升行动，以加快构建现代农业经营体系为主线，突出抓好农业经营主体发展，着力完善基础制度、加强能力建设、深化对接服务、健全指导体系。

四、关于推进农村一二三产业融合发展

近年来，农业农村部积极推进农村一二三产业融合发展。一是加强政策创设。2020 年印发《全国乡村产业发展规划（2020—2025 年）》，提出以一二三产业融合发展为路径，强化创新引领，突出集群成链，延长产业链，提升价值链，培育发展新动能，大力发展乡村产业。2021 年印发《关于拓展农业多种功能促进乡村产业高质量发展的指导意见》，提出要发挥农业食品保障、生态涵养、休闲体验、文化传承等功能，贯通产加销，融合农文旅，推动乡村休闲旅游高质量发展。二是打造休闲旅游精品。引导各地发展特色景观、农耕文化、乡村风俗等特色突出的休闲旅游精品景点，组织开展中国美丽乡村推介。2021 年印发《农业农村部办公厅关于开展 2021 年中国美丽休闲乡村申报和监测工作的通知》，推介 254 个特色优势明显、服务设施完善、品牌效应明显的美丽休闲乡村。三是认定全国“一村一品”示范村镇。2011 年以来，农业农村部已连续开展 11 批全国“一村一品”示范村镇认定工作。截至 2021 年底，已认定 3673 个村镇为全国“一村一品”示范村镇，引导各村镇聚焦主导产业，推进产村、产镇深度融合。

文化和旅游部积极推动乡村旅游发展。会同农业农村部等部门先后印发出台了《关于促进乡村旅游可持续发展的指导意见》《关于推动文化产业赋能乡村振兴的意见》等文件，鼓励各地充分挖掘农业多重功能，结合文化和自然资源禀赋，培育打造具有地方特色的文化和旅游业态。通过保底分红等方式，确保农民合理分享乡村旅游增值收益。

下一步，农业农村部将支持各地开发优势特色资源，发掘乡村功能价值，促进农村一二三产业融合发展。文化和旅游部将继续推动乡村旅游提质升级，盘活多元发展要素，促进乡村产业融合创新发展。

感谢对我部工作的关心，希望继续对三农工作给予支持。

农业农村部

2022 年 9 月 2 日

全国政协十三届五次会议第 01821 号提案

题　　　目：关于推进新型城镇化与乡村振兴协同发展实现共同富裕的提案

主　　　办：乡村振兴局

会　　　办：发展改革委　教育部　工业和信息化部　人力资源社会保障部　自然资源部　生态环境部　住房城乡建设部　农业农村部

提 案 形 式：个人提案

第一提案人：赵雨森

内　　　容：

党的十九届五中全会提出："优先发展农业农村，全面推进乡村振兴，推进以人为核心的新型城镇化。"城乡关系的调适和发展，是我国社会结构变迁的重要标志，也是我国政策调整的导向。推动形成工农互促、城乡互补、协调发展、共同繁荣的工农城乡关系新格局，是新型城镇化与乡村振兴协同发展的重要任务，是实现共同富裕的有效举措。

当然，推进新型城镇化和乡村振兴及两者的协同都面临着一定的困难和挑战：一是我国农业产业化水平较低，发展能力有限；二是中小城市产业基础薄弱，对乡村带动能力较弱；三是地区间基础设施和公共服务不平衡，乡村水平较低；四是技术性人才短缺与低技能劳动力剩余并存，结构性矛盾突出。

建议：

一是精心打造城乡要素互动交流的新格局。从现实情况看，城镇与乡村没有明确的边界，城镇人口与乡村人口也没有严格的界限，城镇要素与农村要素之间的流动也没有固定屏障，城镇化与乡村振兴之间不存在对立关系。建立以城带乡、以工补农的城乡发展新格局，要从城乡融合的视角来推进新型城镇化与乡村振兴协同发展。要完善城乡产业合作的相关保护政策，构建城乡一体化的生态可持续政策，强化城乡共享的人才激励政策，建立健全城镇化与乡村振兴的法律法规，畅通城乡要素互动交流渠道。

二是不断完善城乡融合发展的新机制。城乡融合发展的核心就是推动城乡基础设施与公共服务均等化，促进乡村振兴。一要构建城乡互联互通的农村基础设施体系。加快补齐农村“水电路讯房”等基础设施短板，综合运用多种技术手段，持续推进农村地区移动和固定宽带网络建设。二要加快城乡社会保障一体化建设。全面推进城乡一体化的居民基本养老保险制度、农村社会救助体系和最低生活保障制度。三要推进城乡教育均衡发展。完善农村义务教育学校布局，提升标准化学校建设水平，着力补齐农村教育短板。

三是认真把握城乡产业互动发展的新机遇。我国实行农村三产融合发展战略，给城乡产业互动发展提供了广阔空间。要完善农村三产融合发展的体制机制，坚持以市场需求为导向，以促进农业提质增效、农民就业增收和激活农村发展动力为目标，以制度、技术和商业模式创新为动能，以产业融合发展为依托，城乡互通互联，打造多业态的经济发展模式。充分利用农业农村的文化资源与生态资源，积极发展休闲农业和乡村旅游业，做大做强龙头企业，形成优势产业集群，增强企业集群效应。

四是积极拓展城乡居民就业的新空间。随着城乡产业的融合发展，使工厂和企业向乡村延伸，城乡居民就业不平等现象逐步消除，城乡劳动力统一的就业市场初步形成，劳动力进一步细分，企业对劳动力的需求更加专业化。要根据劳动力自身条件，有效融合农业、生态、旅游等资源带动农村劳动力差异性就业。通过优化农业生产结构与农村经济结构，发展一村一品的特色农业，增强劳动力在农业农村的内向型就业。积极拓展外向型就业，差异性地向县城、城镇、大中小城市分层次地转移，达到农民就业的多元化发展。

五是努力激发城市农民工参加培训的新动力。各级政府要认真研究经济结构转型升级对城市农民工需求的变化，鼓励和支持农民工向技术性岗位转移，充分发挥职业技术学院的作用，按照企业所需求的技术岗位开展分类与分层的多样化职业技能培训，对与企业签约的技术岗位农民工免学费，由政府支付给职业学院培训补贴。要加强职业技能培训鉴定与工资待遇的联动性，通过培训学习，鉴定专业技术等级与工资待遇挂钩，体现职业技术培训与增加工资收入的正向关系，激发农民工积极参加培训的内生动力。

关于政协第十三届全国委员会第五次会议第 01821 号（城乡建设类 047 号）提案答复的函

赵雨森委员：

您提出的《关于推进新型城镇化与乡村振兴协同发展实现共同富裕的提案》收悉。经商国家发展改革委、教育部、工业和信息化部、人力资源社会保障部、自然资源部、生态环境部、住房城乡建设部、农业农村部，现答复如下：

一、关于精心打造城乡要素互动交流的新格局

党中央、国务院高度重视城乡融合发展，十九届五中全会要求深化以工补农、以城带乡，推动形成工农互促、城乡互补、协同发展、共同繁荣的新型工农城乡关系。

一是健全城乡融合发展体制机制。党中央、国务院印发《关于建立健全城乡融合发展体制机制和政策体系的意见》，要求建立健全城乡要素合理配置、城乡基本公共服务普惠共享、城乡基础设施一体化发展、乡村经济多元化发展、农民收入持续增长等体制机制，明确了

城乡融合发展体制机制改革的总体方向和重点任务，夯实了乡村振兴和农业农村现代化的制度保障。国民经济和社会发展“十四五”规划纲要专设章节，要求建立健全城乡要素平等交换、双向流动政策体系，促进要素更多向乡村流动，增强农业农村发展活力。

二是推进人才下乡。国务院印发《关于支持返乡下乡人员创业创新促进农村一二三产业融合发展的意见》，要求各地可以根据实际，制定管理办法，支持返乡下乡人员依托自有和闲置农房院落发展农家乐，并在符合农村宅基地管理规定和相关规划的前提下，允许返乡下乡人员和当地农民合作改建自住房。

三是强化产业发展用地保障。国家发展改革委等部门印发《关于深入推进农业供给侧结构性改革做好农村产业融合发展用地保障的通知》，支持各地在充分保障农民宅基地用益物权、防止外部资本侵占控制的前提下，探索农村集体经济组织以出租、合作等方式盘活利用空闲农房及宅基地，按照规划要求和用地标准，改造建设民宿民俗、创意办公、休闲农业、乡村旅游等农业农村体验活动场所。

下一步，我们将结合委员所提建议，会同有关部门大力推进城乡要素自由流动、平等交换和公共资源合理配置，构建发展要素在城乡之间互动的新格局。

二、关于不断完善城乡融合发展的新机制

国家不断建立健全城乡融合发展体制机制和政策体系，相关部门协同推进新型城镇化与乡村振兴，近年来主要开展了以下工作。

一是启动城乡融合发展试验区建设。国家发展改革委等 18 部委联合印发《关于开展国家城乡融合发展试验区工作的通知》，推动 11 个地区启动试验区工作，重点围绕建立城乡有序流动的人口迁徙制度、建立农村集体经营性建设用地入市制度、搭建城乡产业协同发展平台等试验任务，探索实践、先行先试。

二是加强基础设施建设指导。住房城乡建设部、农业农村部、国家乡村振兴局印发了《关于加快农房和村庄建设现代化的指导意见》，从选址布局、基础设施、公共服务设施等方面提出了 12 条基本要求，指导各地提高农房品质，加强农村基础设施和公共服务设施建设，改善农民生产生活条件。工业和信息化部先后开展了八批电信普遍服务，累计支持全国 13 万个行政村光纤网络建设和 7 万个农村 4G、5G 基站建设，推动全国行政村历史性实现“村村通宽带”，农村光纤平均下载速率超过 100Mbps，农村及偏远地区“数字鸿沟”显著缩小，为乡村振兴发展提供了坚实的网络基础。

三是推进城乡社会保障一体化建设。自 2014 年国务院印发《关于建立统一的城乡居民基本养老保险制度的意见》以来，人力资源社会保障部在推动制度公平性、统一性、规范性建设的同时，不断加强与社会救助、社会福利等其他社会保障政策相配套，更好地保障参保城乡居民的老年基本生活。人力资源社会保障部等部门印发了《关于切实做好社会保险扶贫工作的意见》《关于巩固拓展社会保险扶贫成果助力全面实施乡村振兴战略的通知》等政策文件，进一步加大对困难群体参加城乡居民养老保险帮扶力度，对参加城乡居民养老保险的低保对象、特困人员等困难群体，由地方人民政府为其代缴部分或全部最低缴费档次养老保险费；在提高最低缴费档次时，对其保留现行最低缴费档次；“十四五”时期中央确定的城乡居民基础养老金最低标准不计入低保家庭、特困人员收入，推动困难人员基本养老保险应保尽保。2021 年，共为 2354 万困难人员代缴城乡居民养老保险费 26.8 亿元，5427 万困难人员参加基本养老保险，其中 2132 万困难老人按月领取养老金，参保率达到 99.9%。

四是推进义务教育均衡发展。坚持补短板、兜底线，实施“全面改善贫困地区义务教育薄弱学校基本办学条件”等重大项目，中央财政累计投入 4000 多亿元，带动地方投入超 1 万亿元，着力解决“乡村弱、城镇挤”问题，缩小城乡学校办学条件差距。2012—2021 年，全国义务教育学校生均教学及辅助用房面积从 3.7 平方米增至 5 平方米，生均体育运动场占地面积从 7.3 平方米增至 8.2 平方米，生均教学仪器设备值从 727 元增至 2285 元，互联网接入率由 25% 提升到近 100%，大班额比例由 17.8% 降至 0.71%，超大班额比例由 6.6% 降至 0.01%。义务教育基本办学条件得到显著改善，危房、大通铺等问题基本解决，特别是许多中西部农村地区学校办学条件实现质的飞跃。截至 2021 年底，全国 2895 个县级行政单位均通过了国家督导评估。

下一步，我们将结合委员所提建议，会同有关部门深化推进城乡融合发展机制建设，加快构建工农互促、城乡互补、协调发展、共同繁荣的新型工农城乡关系。

三、关于认真把握城乡产业互动发展的新机遇

近年来，国家有关部门紧紧围绕乡村发展所需，加强顶层设计，多方位推出举措，推动产业融合发展。截至 2022 年 5 月，累计安排超 180 亿元，在省域建设优势特色产业集群 140 个；累计安排约 170 亿元，在县域建设现代农业产业园 250 个；累计安排约 100 亿元，在镇（乡）域建设农业产业强镇 1309 个；累计认定 3673 个村镇为全国“一村一品”示范村镇，推介中国美丽休闲乡村 1442 个，认定农业产业化国家重点龙头企业 1959 家，县级以上龙头企业超 9 万家，引导组建龙头企业牵头、农民合作社和家庭农场跟进、广大小农户参与的农业产业化联合体 8000 多个。

下一步，我们将结合委员所提建议，会同有关部门多措并举促进农村三产融合发展，全面推动乡村产业振兴。

四、关于积极拓展城乡居民就业的新空间

国家高度重视城乡居民就业，积极采取拓宽外出就业渠道、促进就地就近就业、强化平等服务和权益保障等政策措施，进一步加大就业创业支持力度。

一是拓宽外出就业渠道。全面落实援企稳岗政策，帮助外贸企业纾困解难，加大对住宿餐饮、批发零售等行业的政策扶持。培育经济发展新动能，加快信息网络等新型基础设施建设，支持农业、林业生产端电子商务发展，促进产销对接，拓展农民工就业新领域。支持农

民工通过临时性、非全日制、季节性、弹性工作等多种形式实现灵活就业。支持农民工从事直播销售、网约配送等新就业形态增加收入。

二是促进就地就近就业。支持发展特色种养殖业、农林产品加工和物流、乡村休闲旅游等产业，将带动就业情况作为创建现代农林业产业园的重要考量，加强农村中小型基础设施建设，加大以工代赈投入力度，吸纳更多返乡留乡农民工就业。加强创业服务能力建设，组织成立创业服务专家团队和农村创新创业导师队伍，对符合条件的返乡入乡创业农民工，给予税费减免、创业补贴、创业担保贷款及贴息等创业扶持政策。

三是强化平等就业服务和权益保障。畅通就业求助渠道，失业农民工可在户籍地、常住地、就业地、参保地进行失业登记。

下一步，我们将结合委员所提建议，会同有关部门进一步健全公共就业服务体系，加大政策落实力度，保障农民工平等享受就业服务政策，促进农民工就业创业。

五、关于努力激发城市农民工参与培训的新动力

近年来，国家有关部门不断加大包括城市农民工在内的广大劳动者职业技能培训工作力度，育训并举，帮助劳动者提高职业技能水平，有效支撑稳就业保就业。

一是构建终身职业技能培训体系。《国务院关于推行终身职业技能培训制度的意见》要求，建立并推行覆盖城乡全体劳动者、贯穿劳动者学习工作终身、适应就业创业和人才成长需要以及经济社会发展需求的终身职业技能培训制度。国务院印发《国家职业教育改革实施方案》明确“落实职业院校实施学历教育与培训并举的法定职责”。教育部等 9 部门印发《职业教育提质培优行动计划（2020—2023 年）》，明确“支持职业学校承担更多培训任务，实现优质职业学校年培训人次达到在校生规模的 2 倍以上”。教育部等 14 部门印发《职业院校全面开展职业培训促进就业创业行动计划》，推动各省职业院校发挥优势，提高培训数量。鼓励职业院校积极开发面向新型职业农民、高素质农

民等重点人群的技术技能培训项目。农业农村部等印发《关于推介乡村振兴人才培养优质校的通知》，推介 55 所高职院校、20 所中职校、16 所普通本科高校、7 所农广校和 3 家农业科研机构参加乡村振兴人才培养工作，推动农民培训和学历教育贯通培养，为新型城镇化建设与乡村振兴提供技术技能人才支撑。

二是组织实施职业技能提升行动。2019 年，国务院办公厅印发《职业技能提升行动方案（2019—2021 年）》，人力资源社会保障部积极组织各地实施企业职工技能提升和转岗转业培训，全面推行中国特色企业新型学徒制。聚焦农民工、高校毕业生、退役军人等就业重点群体，大规模开展就业技能培训、创业培训和新业态培训。职业技能提升行动有效提升了包括农民工在内的广大劳动者职业技能水平和就业创业能力，对于稳市场主体保就业、壮大高技能人才队伍、促进科技创新和高质量发展等发挥了积极作用。

三是强化工资收入分配的技能价值激励导向。人力资源社会保障部发布《技能人才薪酬分配指引》，推动企业建立健全体现技能人才特点的工资分配制度，科学确定和合理提高技能人才实行技术创新成果入股、岗位分红等激励方式。试行高技能领军人才年薪制和股权期权激励，鼓励企业设立特聘岗位津贴、带徒津贴等，参照高级管理人员标准落实经济待遇。指导有条件的地区发布不同职业、不同技能等级企业从业人员工资价位信息，为企业合理确定技术工人工资水平提供信息参考。

四是部署“十四五”职业培训工作。人力资源社会保障部会同教育部、发展改革委、财政部印发《“十四五”职业技能培训规划》，提出实施农村转移劳动力等职业技能提升计划，面向农村转移劳动力、返乡农民工、脱贫劳动力，开展职业技能培训和安全知识培训。以输出地为主，组织当地农民工和返乡入乡农民工开展就业创业培训，促进其就近就业创业。以输入地为主，大力开展促进农民工就业的技能培训和新职业新业态培训，提升其就业能力。

下一步，我们将结合委员所提建议，会同有关部门不断完善技能人才培养、使用、评价、激励政策体系，不断激发城市农民工等各类劳动者参加职业技能培训的积极性。

感谢您对乡村振兴工作的关心和支持!

国家乡村振兴局

2022 年 7 月 28 日

全国政协十三届五次会议第 02955 号提案

题　　目： 关于优化高标准基本农田建设投入机制的提案

主　　办： 农业农村部

会　　办： 发展改革委　财政部

提案形式： 个人提案

第一提案人： 张改平

内　　容：

高标准基本农田建设政策实施以来，改善了农业生产条件，加强了耕地保护和利用，提高了农业抵御自然灾害的能力和农业综合生产水平，推动了粮食增产、农业增效、农民增收，促进了经济社会发展。2019 年 11 月，国务院办公厅印发的《关于切实加强高标准农田建设提升国家粮食安全保障能力的意见》明确提出，到 2022 年全国要建成 10 亿亩高标准农田。

在中国工程院院地合作咨询项目的粮食主产区调研中，我们了解到基层农业和自然资源部门均反映高标准农田建设项目推进过程中也存在一些突出问题，主要是亩均投资量过低、地方财政配套负担重、基层建设积极性不高、缺少后期管护投入机制。

《高标准农田建设通则》中明确高标准农田建设中田、水、路、林、土、电、技、管 8 个方面建设的内容及标准。如果严格按照标准建设适应现代农业发展需求的永久性高标准农田，接受调研的平原粮食主产区如山西泽城、河南温县等地反映，亩均投入需要 3000—4000 元；接受调研的贵州安顺、河南商城等丘陵及山区反映，亩均投入需要达到 4000—4500 元。如果建设现代、高效、智慧、生态农田，其投入将会更高，如平原地区河南省尉氏县张市镇万亩高效节水灌溉示范区每亩投资约 4800 元。

目前高标准基本农田建设亩均投资标准为 1500 元，其中中央财政承担 1000 元，省财政和市县财政配套 500 元。在现行这种三级投入机制下，不仅高标准农田建设标准难以保障，而且造成粮食主产区承担高标准农田建设任务越多，对国家粮食安全贡献越大，财政负担越重，这种制度设计明显不利于耕地保护利用和保障国家粮食安全。以为国家粮食安全作出突出贡献的农业和粮食生产大省河南为例，其粮食生产佳绩与耕地保护利用、高标准基本农田建设密不可分。目前，河南正在编制新一轮粮食核心区建设规划，到 2025 年要建成 8000 万亩高标准农田，并打造高标准农田“升级版”，稳定保障 1300 亿斤粮食产能。但仅河南省 2021 年全面完成 750 万亩高标准农田建设任务，省财政就需要配套投入 30 亿元，市县财政需要配套投入 15 亿元。客观地讲，以河南的市县财力而言，完成这种配套无疑是一种较为沉重的负担。

综合调研情况来看，针对高标准基本农田建设存在的问题，提出三项建议：

一是建议国家综合考虑建设成本、物价波动等因素，将高标准基本农田建设投入标准提高到平原农区每亩 3000 元以上、丘陵及山区 4000 元以上，避免建设不达标、功能不到位、利用有困难。

二是建议国家综合考虑粮食主产区财政能力薄弱、基层负担重等情况，取消其省市县高标准基本农田建设财政配套要求。同时加大涉农资金在国家层面上的统筹力度，向高标准基本农田建设任务重的粮食主产区倾斜，破解涉农资金投入与耕地资源禀赋不匹配的难题，努力打破“粮食大省、经济弱省、财政穷省”的怪圈。

三是建议由中央财政定期拨付高标准基本农田建设后期管护资金，同时将管护成效纳入县乡耕地保护目标责任书考核范围，同步完善相应的奖惩配套措施，确保管护到位、利用到位。

关于政协第十三届全国委员会第五次会议第02955号（农业水利类246号）提案答复的函

张改平委员：

您提出的《关于优化高标准基本农田建设投入机制的提案》收悉。经商国家发展改革委、财政部，现答复如下：

近年来，我部会同有关部门认真贯彻党中央、国务院决策部署，以提升粮食产能为首要目标，优化建设布局，加强政策保障，多渠道加大建设投入，大力推进高标准农田建设，完善农田基础设施，改善农业生产条件；截至2021年底，全国累计完成9亿亩高标准农田建设任务。总体上看，全国高标准农田建设为保护农民种粮积极性、连续多年确保全国粮食产量稳定在1.3万亿斤以上发挥了重要支撑作用。

一、关于将高标准农田建设投入标准提高到平原农区每亩3000元以上、丘陵及山区4000元以上

提高高标准农田建设投入标准，这是近年来各地普遍反映和共同关心的一项重要工作。2021年，《全国高标准农田建设规划（2021—2030年）》（以下简称《规划》）经国务院批复实施，提出各地可结合本地区不同区域、不同类型高标准农田的亩均投资水平，支持有条件的地区适度提高亩均投资标准。同时，要求各地应综合考虑建设成本、物价波动、政府投入能力和多元筹资渠道等因素，全国高标准农田建设亩均投资一般应逐步达到3000元左右。近年来，中央和地方持续加强高标准农田建设投入保障。2019—2022年，农田建设中央补助资金连续4年增长。但现阶段，由于财政收支压力较大，全国高标准农田建设任务重，近两年每年建设1亿亩高标准农田，高标准农田建设亩均中央补助仅1000多元，除江苏、江西、四川、上海等省市已将亩均

投入标准提高到 3000 元以上外，多数省份地方财政资金筹措面临较大困难，实际投入与建设需求相比差距较大。

下一步，我部将积极争取加大中央投入，大力实施高标准农田建设。同时，联合有关部门依据《规划》，按照不同区域、不同地形地貌分类加快研究制定相应的高标准农田建设标准和投资补助标准，更好适应高标准农田建设实际需求。继续推动巩固和拓展高标准农田建设筹资渠道，完善多元化筹资机制。鼓励和支持各地通过发行政府债券、完善新增耕地指标调剂收益使用机制、调整完善土地出让收益使用范围等方式，进一步提高高标准农田建设亩均投入标准，进一步强化高标准农田建设投入保障。

二、关于取消粮食主产区省市县高标准农田建设财政配套要求；加大涉农资金在国家层面上的统筹力度，资金向高标准农田建设任务重的粮食主产区倾斜

高标准农田建设是保障国家粮食安全的关键举措，需要在中央和地方两个层面加强高标准农田建设投入保障。农田建设补助资金是中央财政支持各地高标准农田建设的共同财政事权转移支付资金；地方政府应当通过一般公共预算、政府性基金预算中的土地出让收入等渠道，支持本地区高标准农田建设；省级财政应当承担地方财政投入高标准农田建设的主要支出责任。

2017 年，国务院印发《关于探索建立涉农资金统筹整合长效机制的意见》（国发〔2017〕54 号），我部积极配合财政部在中央层面推进涉农资金源头整合，积极推行“大专项＋任务清单”管理，推动实现资金预算、任务清单、绩效目标同步下达，优化资金分配方式，为地方整合涉农资金创造有利条件。2018 年以来，根据国务院机构改革要求，我部会同相关部门按照“大专项＋任务清单”方式，统一部署推进全国高标准农田建设工作，并对高标准农田建设项目实行“五统一管理”（统一规划布局、统一建设标准、统一组织实施、统一验收考核和统一上图入库）。

按照《农田建设补助资金管理办法》（财农〔2022〕5号）（以下简称《资金管理办法》）规定，采用因素法测算下达各省高标准农田建设资金。分配因素包括各省年度高标准农田建设任务（包括新增建设和改造提升任务）、高效节水灌溉建设任务、上一年度高标准农田严重自然灾害损毁情况、上一年度高标准农田建设任务完成情况、上一年度省级财政通过一般公共预算支持高标准农田建设情况等，并可以根据原粮净调出量、粮食产量、绩效评价结果、财政困难程度等因素进行适当调节。2022年，安排13个粮食主产省高标准农田建设的中央补助资金约占全国的七成，突出了对粮食主产省的支持。

下一步，我部将积极配合相关部门督促地方按要求压实地方投入责任，及时落实地方资金；指导地方统筹用好相关涉农资金支持高标准农田建设。同时，继续支持各地深入推进高标准农田建设，重点向粮食主产区倾斜，进一步提升粮食综合生产能力。

三、关于由中央财政定期拨付高标准农田建设后期管护资金，将管护成效纳入县乡耕地保护目标责任书考核范围，同步完善相应的奖惩配套措施

根据《国务院办公厅关于切实加强高标准农田建设　提升国家粮食安全保障能力的意见》（国办发〔2019〕50号）和《规划》提出的要求，各地要建立农田建设项目管护经费合理保障机制，调动受益主体管护积极性。同时，《资金管理办法》规定，地方各级财政应当合理保障高标准农田建后管护支出；地方可以采取以奖代补、政府和社会资本合作、贷款贴息等方式，支持和引导承包经营高标准农田的个人和农业生产经营组织筹资投劳，建设和管护高标准农田。

2022年，我部联合财政部印发《高标准农田建设评价激励实施办法》（农建发〔2022〕2号），将建后管护作为评价指标之一，对地方建立管护制度、落实管护资金、明确管护主体等情况进行评价。财政部按规定对高标准农田建设地方投入力度大、任务完成质量高、建后管护效果好的省（自治区、直辖市）予以激励。

下一步，我部将会同相关部门督促地方明确管护责任、落实管护资金，促进高标准农田工程设施长久发挥效益。

感谢您对我部工作的关心，希望继续对“三农”工作给予支持。

农业农村部

2022 年 8 月 19 日

全国政协十三届五次会议第 00719 号提案

题　　　目： 关于加强农村道路建设和养护的提案
主　　　办： 交通运输部
会　　　办： 财政部　乡村振兴局
提 案 形 式： 个人提案
第一提案人： 冀永强
内　　　容：

“要想富，先修路”，农村道路是连接乡村和城市的纽带。党的十八大以来，党和国家高度重视农村道路建设，制定出台了多项推动农村道路建设发展的政策举措，一条条“四好农村路”通村畅乡，成为农民群众的民生路、产业路、致富路，为农村地区带去了人气、财气，为党在基层凝聚了民心，但农村道路建设在取得显著成绩的同时，当前还面临一些问题和短板：

一是管护资金压力巨大，重建轻养现象比较普遍。国务院明确了以县级政府为主的农村公路管护体制，但由于县级政府的财力与事权不匹配的问题十分突出，县级政府对农村公路管理养护的资金压力巨大，农村公路“重建轻养”“以建代养”的现象非常普遍。管理养护水平低，路面损坏、减速带损毁、护栏扭曲等问题屡见不鲜。以宁夏海原县为例，每年地方公共财政收入只有 2.1 亿元，仅占地方公共财政支出 58.6 亿元的 4%，现有农村道路 2477 公里，其中有约 1000 公里超过了设计使用年限，县级财政支撑农村公路建设养护能力极其薄弱。

二是农村道路建设缺乏系统规划。当前，农村道路建设总体上缺乏系统规划，有些道路是根据当地政府安排资金建设的；有些道路是根据各级政府的配套资金建设的；有些道路是由村里能人争取建设的，存在随意性建设、断头路较多、线路走向不合理、偏远山区农村道路缺口大等问题。

三是农村道路等级偏低，交通安全隐患较多。由于农村道路缺乏统一的建设标准和技术规范，有的地方参照“村村通”建设标准，有的根据建设条件、资金状况、技术力量等情况自行建设，建设质量参差不齐，路基、面层结构简单，道路建设的宽度、厚度及混凝土强度不符合要求，路况普遍不好，交通量大的路段损毁频繁，严重影响农村道路的畅通和安全。

针对农村道路建设存在的突出问题，为乡村振兴战略实施和农业农村现代化提供先行支撑，建议：

一是从“无序建设”向“科学规划”转变，制定全国农村道路建设专项规划。将村内道路建设纳入政府道路建设规划范围，制定全国性的农村道路建设专项规划，指导农村道路建设发展。农村道路建设专项规划要与乡村振兴战略村庄调整布局相衔接，充分考虑东、中、西部地区现有农村道路的基础状况与建设需求，并结合农村的区位特点、地形地貌、资源禀赋、产业发展等因素，统筹优化农村道路整体建设布局，形成具有当地特色、与现实情况和未来发展相适应的农村道路建设路网。通过科学规划，使农村道路对内有合理的路网，对外与城市交通有效衔接。

二是从“重建轻管”向“建管并重”转变，明确各级政府对农村道路管护的责任。明确各级财政投入农村公路养护的具体政策，制定中央、省、市、县四级公共财政用于农村公路管护的投入标准。完善中央对地方转移支付制度，加大中央对西部重点贫困地区的支持力度，将农村道路管理养护纳入一般性转移支付测算因素，解决农村道路管护问题。省市两级政府要为县级政府履行管护主体责任创造更加有利的环境，制定完善含金量更高的支持政策，加大管护补助资金筹集力度，将农村公路管理机构运行经费和人员基本支出纳入一般公共财政预算。按照“县道县管，乡道乡管”的原则，制定县级政府及相关部门、乡镇政府在农村公路管护方面的权利和责任清单，提升农村道路管护水平、安全条件和路域环境。

三是从“标准缺失”向“规范建设”转变，提升农村道路整体建设质量。以农村公路建设标准为参考，制定村内道路建设标准和技术规范，提升农村道路建设等级，通村道路按照“安全、经济、适用、环保”的原则，采用四级公路技术标准建设，优先采用水泥混凝土，对水文地质条件较好的段落可采用沥青路面，对急弯陡坡等特殊路段以及高寒阴湿、牧区有特殊需要的地区，宜选用天然沙砾路面等结构形式；村内巷道硬化以改善群众生产生活条件为目的，按照“宜宽则宽、宜窄则窄”的原则施工建设。改变农村道路“只有路，没有牌”的状况，严格施工验收，配齐道路标识牌、减速带、红绿灯等配套设施，尤其是在急弯陡坡、临水临崖等危险路段，应严格按照相关规定，同步建设安全防护设施和警示标志，使农村道路成为农民群众的安全路。

关于政协第十三届全国委员会第五次会议第00719号（工交邮电类090号）提案答复的函

冀永强委员：

您提出的《关于加强农村道路建设和养护的提案》收悉，现答复如下：

“四好农村路”是习近平总书记亲自总结提出、领导推动实践的一项重要民生工程、民心工程、德政工程。党的十八大以来，习近平总书记站在党和国家事业发展全局的高度，多次对农村公路发展作出重要指示批示。

近年来，我部深入贯彻习近平总书记关于“四好农村路”重要指示批示精神，认真落实党中央、国务院决策部署，坚持将“四好农村路”建设作为服务全面建成小康社会、推进农业农村现代化、让人民共享改革发展成果的重要载体，坚持问题导向和目标导向，精准施策，逐步形成了“政府主导、部门协同、上下联动、运转高效”的农村交通工作大格局。不断完善政策法规体系，加大农村公路政策指导力度，大力推动农村公路立法，加快推进《农村公路条例》制定出台，制定印发《农村公路建设管理办法》《农村公路养护管理办法》等部门规章，印发《关于推动“四好农村路”高质量发展的指导意见》《交通运输部关于巩固拓展交通运输脱贫攻坚成果全面推进乡村振兴的实施意见》等政策性文件，出台了《小交通量农村公路工程技术标准》《小交通量农村公路工程设计规范》《农村公路养护技术规范》等标准规范，从顶层设计层面加大对农村公路工作的指导力度。不断强化示范引领，联合财政部、农业农村部、国家乡村振兴局开展“四好农村路”示范创建工作，带动全国农村公路持续健康发展，促进农村地区交通条件改善。截至 2021 年底，全国农村公路里程已达 446 万公里，全国具备条件的乡镇和建制村全部通硬化路、通客车。农村公路覆盖范围、通达深度、管养水平、服务能力、质量安全水平显著提高，农民群众“出行难”的问题得到历史性解决。农村交通的快速发展，为服务乡村振兴战略实施、助力农民农村共同富裕提供了坚实支撑。

在推动“四好农村路”高质量发展过程中，确实如您所说，还存在农村道路建设缺乏系统规划、建设质量参差不齐、重建轻养等方面的问题，您提出的加强农村公路建设规划、提升建设质量、加强管理养护等有关建议，具有较强的针对性，我们将结合发展实际认真吸收采纳。

一、关于加强农村公路建设规划的建议

我部高度重视农村公路建设规划工作。“十三五”以来，我部联合国家发展改革委、财政部等七部门印发《关于推动“四好农村路”高质量发展的指导意见》，制定出台《农村公路中长期发展纲要》《公路“十四五”发展规划》，指导各地科学编制本地区农村公路规划，统筹考虑城镇和乡村发展，加强与国土空间规划、乡村振兴规划的衔接，注重农村公路与区域干线公路、城市道路有效衔接，兼顾通村公路和村内道路的连接，因地制宜构建层次清晰、功能完备的农村公路网络。“十四五”期间，我部将深入贯彻落实中共中央办公厅、国务院办公厅印发的《乡村建设行动实施方案》，重点组织实施“四好农村路”服务乡村振兴五大工程，指导各地结合乡村产业布局和特色村镇、乡村旅游重点村镇等建设，科学规划和实施农村公路建设，促进农村公路与乡村产业深度融合发展。力争到 2025 年，建成便捷高效、普惠公平的农村公路网络。

二、关于加强农村公路管理养护的建议

我部高度重视农村公路管理养护工作。认真贯彻落实国务院办公厅印发的《关于深化农村公路管理养护体制改革的意见》，联合财政部印发《贯彻落实〈国务院办公厅关于深化农村公路管理养护体制改革的意见〉的通知》，建立健全农村公路管理养护组织保障、资金保障、技术保障、考核保障四个体系。指导县级人民政府按照“县道县管、乡村道乡村管”的原则，建立健全农村公路管理养护责任制，明确相关部门、乡级人民政府农村公路管理养护权力和责任清单，并指导监督相关部门和乡级人民政府履职尽责。中央在均衡性转移支付中进一步考虑农村公路管理养护因素，加大对脱贫地区支持力度，明确地方财政用于农村公路日常养护投入标准，将农村公路养护资金及管理机构运行经费和人员支出纳入一般公共财政预算，将农村公路发展纳入地方政府一般债券支持范围，加快构建以各级公共财政投入为主、多渠道筹措为辅的农村公路资金保障机制。强化省、市两级的统筹和政策引导，建立健全规章制度，筹集养护补助资金，加强对县级的指导监督，切实落实管护主体责任。截至 2021 年底，农村公路列养率达到 99.5%，优良中等路率达到 87.4%。农村公路基本实现“有路必养、养必到位”。

下一步，我部将指导各地进一步落实管养主体责任，健全完善农村公路“路长制”运行长效机制，建立更加稳定的农村公路管养资金投入机制，健全完善农村公路管理养护长效机制，持续加大农村公路管理养护投入和工作力度，确保农村公路网络始终处于良好的路况技术水平，为群众出行提供良好的交通服务。

三、关于提升农村公路建设质量的建议

我部高度重视农村公路建设管理工作。近年来先后出台《小交通量农村公路工程技术标准》《小交通量农村公路工程设计规范》等标准规范，指导各地充分考虑材料、经济、环境、道路功能等因素，合理选择适合本地的路面结构形式。印发《农村公路建设管理办法》《农村公路建设质量管理办法》《关于进一步加强农村公路建设管理更好服务巩固拓展脱贫攻坚成果同乡村振兴有效衔接的通知》，指导各地强化农村公路建设质量监管，严格执行建设、勘察、设计、施工、监理、检测六方质量责任终身制，加快构建以质量为核心的信用评价机制，不断提升农村公路工程质量耐久性和抗灾能力。严格落实“三同时”制度，按照有关标准设置交通安全、防护、排水等附属设施，并与主体工程同时设计、同时施工、同时投入使用。

下一步，我部将指导各地加强项目建设监管，落实“双随机一公开”抽查制度和农村公路建设“七公开”制度，切实落实质量终身责任制，进一步健全农村公路质量监管长效机制。

感谢您对交通运输工作的关心与支持。

交通运输部

2022年6月28日

全国政协十三届五次会议第 04847 号提案

题　　　目：关于提升“质量强国战略”牵引作用的提案

主　　　办：市场监管总局

提 案 形 式：个人提案

第一提案人：白清元

内　　　容：

质量反映一个国家的综合实力，是企业和产业核心竞争力的体现，是推进供给侧结构性改革，构建新发展格局的重要抓手。近年来，党中央高度重视质量工作，下大力气抓质量提升，质量发展的社会环境逐步改善，主要产业整体素质和企业质量管理水平有了较大提高，产品质量明显提升。但是，我国产品质量水平和核心竞争力与世界先进水平相比差距较大，出口产品在国际市场上的竞争力普遍不强，质量声誉不高，这在很大程度上影响了我国的国际形象。尽管党的十八大以来，党中央反复强调要以“提高发展质量和效益为中心”，国务院相关会议文件也多次提出要“大力实施质量强国战略”，但在一些部门和地方，质量强国更多地表现为一种发展理念，甚至是一种口号，质量强国战略在实践层面上还没有很好落实为全社会共同践行的国家战略。

为此建议：

一要深入开展质量强国政策理论研究。切实把质量强国作为支撑国家现代化建设的基础能力，将覆盖产品、工程、服务、环境四大领域的质量统筹谋划、整体研究，形成完善的大质量理论体系和工作体系。

二要进一步完善质量强国战略考评机制。建立起能够有效评价质量工作绩效的考核评价体系，既要突出科学性、导向性，又要做到可量化、好操作、重实效，还要坚持分类指导，综合考虑地区差异。同时，要加大对考核结果的综合运用，压实各级党委、政府的责任，切实推动各级党委、政府加大狠抓质量提升的工作力度。

三要建立形成战略实施的投入保障机制。建议从国家层面出台一批推动质量强国战略的配套政策，建立和落实质量强国资金投入的长效机制，各级政府也要建立与区域经济发展水平相匹配的质量投入机制，形成推动实施质量强国战略的工作合力。

四要健全完善品牌培育和激励机制。建议从国家层面出台一批加强品牌建设的制度文件、激励措施、支持政策等，形成政策叠加效应，促进资本、技术、人才、资源向品牌集聚，下功夫培育一批拥有自主知识产权和核心技术、市场竞争力强的知名品牌。同时，切实加大对自主质量品牌的宣传、推介力度，动员全社会信任品牌、使用品牌，树立“中国制造”的良好形象。

五要全面加强质量基础能力建设。人才不足和技术基础不强是当前质量强国的最大短板。特别是西部欠发达省份，质量基础更加薄弱。建议从国家层面更加重视加大对西部省份的质量基础投入力度，着力提升计量、标准、认证认可检验检测、质量人才等质量保障能力，完善技术支撑体系，积极打造形成一批具有较强影响力和品牌效应的质量技术支撑平台，切实为实施质量强国战略奠定能力基础。

关于政协第十三届全国委员会第五次会议第 04847 号（商贸监管类 178 号）提案答复的函

白清元委员：

您提出的《关于提升“质量强国战略”牵引作用的提案》收悉。现答复如下：

建设质量强国是推动高质量发展、促进我国经济由大向强转变的重要举措，是满足人民美好生活需要的重要途径。党的十八大以来，以习近平同志为核心的党中央高度重视质量工作，将质量强国战略放在更加突出的位置，作出了一系列重大决策部署，推动我国质量发展迈入新时代，质量强国建设取得历史性成效。您提出的提升质量强国战略牵引作用等一系列举措，紧贴时代发展，符合当前实际，我们非常赞同。围绕实施质量强国战略，加快建设质量强国，我们开展了以下工作：

一、已开展的工作

（一）贯彻落实党中央、国务院决策部署，加强质量强国战略引领。坚持以习近平新时代中国特色社会主义思想为指导，围绕质量强国内涵与实施路径，深入开展质量强国战略目标、政策措施等系列课题研究，逐步形成大质量理论体系。其中，“中国经济转型期质量强国战略研究”列入国家社科基金重点项目，研究成果获国务院领导充分肯定。加强质量强国战略顶层设计，“实施质量强国战略”“建设质量强国”相继写入党的十九大报告、国家“十四五”规划纲要、推动高质量发展的意见等重要文件，党中央、国务院专门出台开展质量提升行动的指导意见，对建设质量强国作出顶层设计和系统谋划，质量强国上升为国家战略。加强质量强国战略组织实施，强化部门协同、上下联动，推动质量工作纳入各级党委、政府重要议事日程。引导各地深化质量强省建设，推动质量强市、质量强业向纵深发展。

（二）创新完善质量政策体系，构建大质量工作格局。推进建立中央质量督察机制，研究提出制度设计方案，指导连云港开展党委质量督察实践。完善政府质量工作考核，优化设置 5 个方面 17 项考核要点，创新第三方调查考核手段，突出质量工作实绩，将考核结果作为各级党委、政府领导班子及有关领导干部综合考核评价的重要内容，有效发挥了“指挥棒”作用。将推进质量强国建设成效显著地方纳入国务院督查激励内容，对 40 个地方予以激励支持，推动区域和行业质量水平不断提升。联合 19 个部门共同开展全国“质量月”活动，营造推进质量强国建设的良好氛围。实施国家质量奖励制度，联合 26 个部门开展四届中国质量奖评选表彰工作，累计有 251 家组织和 35 名个人获奖，广泛宣传推广先进质量管理方法，促进各行业加强全面质量管理。加强质量政策与财政、金融、科技等政策协同，推动落实企业质量投入相关税收优惠和金融支持政策。北京、天津、内蒙古等 12 个省份对小微企业质量管理体系认证提升行动、有机产品认证等工作给予财政支持。健全全国质量工作部际联席会议制度和地方质量工作统筹协调机制，初步构建起“党委领导、政府主导、部门联合、企业主责、社会参与”的大质量工作格局。

（三）强化质量品牌建设和保护，提升产品服务供给水平。创新制定全国质量品牌提升示范区管理办法和指标体系，引导产业园区高质量发展，培育区域质量品牌。开展高端品质认证、服务认证和小微企业质量管理体系认证提升行动，累计颁发 5.8 万余张高端品质认证和服务认证证书，帮扶 5639 家小微企业强化质量管理，促进提升企业品牌形象。支持地方政府建立第三方认证评价机制，培育了浙江制造、上海品牌、蒙字标等一批区域质量品牌。加大知识产权保护力度，严厉打击假冒伪劣违法行为，保护创新发展。完善地理标志保护体系，将 2000 多个地理标志产品纳入实施保护范围。充分发挥全国“质量月”和“中国品牌日”平台优势，会同主流媒体开展质量品牌提升专题宣传，引导广大企业树立品牌意识，提升品牌竞争力和影响力。

（四）建设现代化质量基础设施，提升综合服务效能。加快产业计量测试中心建设，在西部地区批准筹建 8 家国家级产业计量测试中心。组织开展“计量服务中小企业西部行”活动，帮助企业解决实际困难。推进西部地区农业标准化区域服务与推广平台建设，为农业标准化提供全方位、多层次、“一站式”技术服务和支持。完善强制性产品认证制度，扩大自我声明适用范围，优化工业产品、食品农产品、服务等认证规则，引导认证从业机构专业化、品牌化发展。推进检验检测中心和公共服务平台建设，在西部地区建设145个国家产品质量检验检测中心。推进质量基础设施“一站式”服务，在全国391个城市建成各类“一站式”服务平台537个，将柳州市等7个西部城市的质量基础设施“一站式”服务模式作为典型案例在全国推广应用。

二、下一步工作

市场监管总局将深入贯彻落实习近平总书记关于质量强国建设重要指示精神，按照党中央、国务院决策部署，加快推进实施质量强国战略，健全质量政策体系，为推动高质量发展提供有力支撑。下一步，我们将重点开展以下几方面工作：

（一）加快推进建设质量强国。按照党中央、国务院关于质量强国建设战略部署，指导各地出台贯彻落实文件并抓好组织实施，掀起质量强国建设的新高潮。完善质量工作考核体系，科学设计考核指标，加强常态化跟踪监测和大数据分析运用。创新中国质量奖评选机制，宣传推广先进质量管理制度、模式和方法，激励和引导全社会加强全面质量管理。组织召开中国质量（成都）大会，展示中国质量成就，推进质量国际合作，促进经济社会高质量发展。

（二）持续加强质量品牌建设。推进全国质量品牌提升示范区建设，规范和引导地方政府运用质量认证手段培育区域质量品牌，促进地方特色产业做优做强。加快转化应用先进国际标准，提升国内国际标准一致性，支撑质量品牌建设。继续开展好全国“质量月”和“中国品牌日”系列活动，加大品牌宣传力度，营造推动自主品牌创新发展的良好社会氛围。开展质量认证助力产业升级行动，积极推广高端品质认证，打造优质产品和服务品牌。开展内外贸产品“同线同标同质”推进行动，维护高端质量品牌信誉。

（三）推进构建高水平质量基础设施。加快构建适配现代经济体系的国家质量基础设施体系，建设全国性质量基础设施综合服务平台，开展“一站式”服务。持续抓好标准化区域服务与推广平台建设，特别是加大对西部地区的标准化能力建设支持力度，不断提升标准化工作总体水平。推动出台认证认可检验检测“十四五”规划，加快修订《认证认可条例》。加强质量认证技术体系建设，加快研制碳排放、智能制造等重点领域认证标准、规则，探索质量认证数字化发展路径。支持西部地区加强检验检测认证公共服务平台示范区等建设，提升服务效能。

衷心感谢您对市场监管工作的关心和支持。

市场监管总局

2022 年 7 月 27 日

全国政协十三届五次会议第 03140 号提案

题　　　目： 关于促进中国老字号企业高质量发展的提案
主　　　办： 商务部
会　　　办： 教育部　文化和旅游部
提 案 形 式： 个人提案
第一提案人： 张震宇
内　　　容：

老字号以其悠久的历史传承、深厚的文化底蕴和独特的工艺配方得到社会的认同和消费者的认可，具有不可估量的品牌价值、经济价值、文化价值。引导老字号利用品牌优势做精做强，是中国走自主创新道路、实施民族名牌战略的重要任务。在中美贸易摩擦、新冠疫情等新的世界环境下，老字号作为长期市场考验形成的优秀民族品牌，理应得到更高的关注和更好的发展。

一、中国老字号企业面临的主要问题

（一）“小”：企业规模普遍较小，缺乏有竞争力的带头企业，缺乏区域品牌的合力效应

目前国家商务部公布的中华老字号上市企业 59 家，平均流动市值约为 101 亿。考虑到以茅台为主的酒类企业的超高市值，一般老字号企业的平均流动市值与全国 A 股 4464 家上市公司 179 亿的平均流动市值更是差距较大，缺乏行业领导者。

（二）“慢”：经营管理模式落后，导致发展缓慢，不能适应快速发展的社会需求

从 2006 年国家商务部开始认定老字号以来，老字号企业虽然进入

了快速发展阶段。但是即使去除高速发展的高科技企业，老字号企业平均增长速度仍然远低于其他类型企业。

（三）“老”：思维老化，对融合新的流行文化、消费文化，以及科技文化对落后观念的置换较为缺乏

过于强调传承，忽略了传承下的创新，不能满足消费升级的新需求。调研发现，84.7% 的老字号企业负责人和管理人员强调传承，但是消费者对老字号老化的打分高达 86.34%。

（四）“断”：人才断层严重，忽视标准化建设，尤其是现代化、精细化指标的控制

多数老字号的传承仍然采取“师傅带徒弟”的模式，易形成传承断层问题。除茅台、泸州老窖、宋河、张弓、宝丰等酒类企业外，大多数老字号都特别强调直系亲属或师徒传承，均出现不同程度的人才断层现象。

（五）“弱”：老字号的品牌拉动效应比较弱

一是没有形成强有力的原产地产业链，拉动原产地原材料生产加工一条龙的区域产业链发展。二是与地域品牌的打造结合不足。与城市品牌建设、乡村振兴、特色旅游结合不够，缺乏对原产地要素的一体化宣传，弱化了品牌的独特性。

二、中国老字号企业高质量发展的建议

（一）提升老字号头雁企业品牌竞争力

首先要深度挖掘品牌历史，重新提炼品牌内涵和理念，重塑品牌形象，加速品牌升级进程；其次要加强政府（行业协会）对地域品牌的管理，可以借鉴一些区域品牌建设经验，培育建设地域品牌，不断提高区域品牌竞争力。

（二）提升老字号企业现代化管理能力

鉴于老字号企业多为小微企业，多采取家庭作坊式的经营，建议由各级政府和行业协会组织，对企业进行现代经营管理模式的培训，包括制度创新、模式创新、管理创新、经营创新等；增强老字号市场

竞争力，出台有针对性的政策，鼓励企业在云计算、大数据、电子商务、网络营销、品牌管理、文化传承等方面深入发展。

（三）提升老字号企业传承与创新能力

建议各级政府或行业协会组织老字号企业多交流，鼓励专家为老字号进行相关培训和会诊，引导和培养企业的创新意识，更多开展营销创新、产品创新、服务创新、融合创新等。运用新媒体多与年轻人互动，运用数字营销技术打造高势能、高颜值品牌，吸引新一批的消费者，让品牌在持续创新中年轻化。

（四）提升老字号企业人才培养能力

鼓励老字号与高校、职业院校合作，开展人才培训和技艺交流，拓宽人才培养模式。通过在高校、职业院校设立传承班、技术培训班等方式，避免出现传承技艺的人才断层。

（五）提升老字号品牌产业链拉动力

许多老字号产品往往也是地域品牌，其诸多原材料往往具有排他性，需要当地原料才能保持原汁原味。政府可以通过支持老字号品牌的发展，建设强化基于老字号品牌的地方产业链；结合老字号特色，打造地域品牌、乡村特色旅游，振兴地方经济。

关于政协第十三届全国委员会第五次会议第 03140 号（商贸监管类 136 号）提案答复的函

张震宇委员：

您提出的《关于促进中国老字号企业高质量发展的提案》收悉，现答复如下：

近年来，商务部坚持以习近平新时代中国特色社会主义思想为指导，认真贯彻落实党中央、国务院决策部署，会同相关部门深入实施中华老字号保护发展工程，着力促进老字号创新发展，老字号发展活力不断增强，品牌影响力持续提升。2021 年，虽受疫情影响，仍有 76% 左右的中华老字号企业处于盈利状态，总体呈现良好发展势头。

一、关于提升老字号头雁企业品牌竞争力

商务部积极挖掘、开发老字号文化价值、经济价值，联合相关部门不断加强老字号与非物质文化遗产、地理标志等工作衔接，持续打造具有地域民俗和地方特色的“区域品牌”，鼓励支持经营业务相近或具有产业关联关系的老字号整合重组，打造老字号企业集团，培育行业龙头企业。在第四届进博会期间成功举办首届中华老字号创新发展大会，组织中华老字号企业代表从多个角度交流创新发展成功经验，促进各地区老字号交流互鉴、互通有无，全面提高品牌竞争力。

二、关于提升老字号企业现代化管理能力

商务部高度重视老字号发展模式创新及企业管理能力培育。2022 年，经国务院同意，联合相关部门印发《关于促进老字号创新发展的意见》，围绕激发老字号创新活力、培育老字号发展动能两方面，明确提出了推动老字号创新产品服务、支持老字号跨界融合发展、引导老字号体制机制改革等重点任务和一系列政策举措，鼓励老字号企业实现制度创新、模式创新、管理创新、经营创新，不断提供适应市场需求的产品和服务。

三、关于提升老字号企业传承与创新能力

商务部积极支持老字号守正创新，鼓励老字号运用新媒体、新技术推动品牌年轻化发展。连续三年组织各地和大型电商平台开展“老字号嘉年华”活动，推动阿里、美团等电商平台设立老字号专区，鼓励老字号建立长期稳定的线上销售渠道，引导老字号探索发展直播带货等新业态新模式。2021 年活动期间，组织开展线上线下活动 147 场，带动线上线下销售 162 亿元，有效助力老字号丰富销售渠道、开拓年轻市场。

文化和旅游部紧密围绕文化技艺传承保护，推动老字号持续优化产品生产技艺。会同有关部门开展中国非遗传承人研培计划、举办 3

期餐饮类老字号非遗项目的试点研修班，有效提升传承人技能艺能。在实施中国传统工艺振兴计划的过程中，积极支持传统公益项目集中地建设传统工艺工作站，引入设计师、院校等优质资源，推动包括老字号在内的传统工艺在材料工艺、设计制作等方面实现提升，鼓励老字号联合有关机构开发文化创意产品，提高产品品质和市场竞争力。

四、关于提升老字号企业人才培养能力

商务部联合相关部门不断加强老字号人才储备及专业能力培养，引导老字号企业与相关院校开展合作，鼓励老字号技艺传承人到院校兼职任教，支持有能力的院校在课程设置中加强相关内容，对符合条件的老字号企业吸纳院校毕业生就业、提供职业技能培训，按规定落实社会保险补贴、职业培训补贴、创业担保贷款及贴息等扶持政策，不断推动老字号队伍发展壮大。

教育部积极促进传统文化技艺交流，持续丰富老字号人才培养模式、提升老字号人才培养能力。支持高校与企业联合开展交流合作，将传统技艺、中医药传统文化、传统手工艺等老字号相关项目列入教育部产学合作协同育人项目。通过联合印发《中国非物质文化遗产传承人研修培训计划实施方案（2021—2025）》、开展现代学徒制试点等，帮助老字号传承人不断提高专业技术能力、提升保护传承水平。

五、关于提升老字号品牌产业链拉动力

商务部始终致力于地域品牌培育，持续保障老字号产业链稳定畅通。积极组织各地老字号参加进博会、服贸会、消博会等重大展会，集中推广老字号产品，助力老字号等优质地域品牌走出地方、走出国门。鼓励支持山东、浙江、上海等地举办老字号展会、论坛、产销对接等展示交流活动，促进老字号与产业链上下游采购商、供应商合作对接。联合相关部门将符合条件的老字号企业纳入旅游路线进行重点推介、鼓励有条件的城市打造老字号集聚区，推动老字号实现商旅文融合发展，进一步拉动地方经济。

下一步，商务部将认真贯彻落实党中央、国务院决策部署，会同相关部门继续深入实施中华老字号保护发展工程，促进老字号加快创新发展，支持一批文化特色浓、品牌信誉高、有市场竞争力的中华老字号做精做强。教育部将充分考虑老字号人才需求，在职业教育专业目录动态修订工作中调整有关专业，鼓励有条件的职业院校增设有关专业点。在 2022 年度产学合作协同育人项目实施过程中，继续支持高校与老字号企业联合开展人才培训和技艺交流。文化和旅游部将继续通过国家非遗保护资金对老字号涉及的传统技艺予以支持，持续实施中国非遗传承人研培计划，支持代表性传承人到高校、职业院校任教，推动老字号优秀文化实现创造性转化、创新性发展。

感谢您对我国商务事业的关心和支持。

商务部

2022 年 8 月 24 日

全国政协十三届五次会议第 01667 号提案

题　　　目： 关于数智赋能我国种业跨越式发展的提案

主　　　办： 农业农村部

提 案 形 式： 个人提案

第一提案人： 黄廉熙

内　　　容：

种子是农业的“芯片”，是促进农业高质量发展、保障国家粮食安全的根本。近年来，中央明确要求“解决好种子问题”。要适应全球种业发展新格局，亟须通过提高数智化水平，加快推动我国种业跨越式发展。

一、我国种业发展形势面临深刻变化

（一）我国种业全面进入产业化时代。种业产业化始于《种子法》和《植物新品种保护条例》的颁布，“良种补贴”和国际种业巨头进入加快了种业产业化进度。目前，国内种业规模在 1200 亿元左右，按照发达国家种子成本占农业产值 6% 左右计算，我国种业规模有望进一步扩容。

（二）全球育种技术迈入智能化升级。全球制种技术迭代更新迅速，杂交育种、分子育种和智能育种共存。美国等发达国家经历数十年的分子育种，正向集成“种质资源 + 生物技术、人工智能、大数据”的智能育种阶段升级，我国仍处在杂交育种为主的发展阶段。

（三）国际种企规模化水平不断提升。世界前 10 大种企的销售额占全球销售额的 90% 以上。全球化种企通过加大投入研发，建立起高技术壁垒护城河。我国种业企业市场销售额仅在全球占比约 10%，需加快扩大规模增强市场竞争力。

二、我国种业跨越发展的数智化制约因素

（一）缺乏统一、完善的数字化种子基因资源平台。作物基因组数据非常庞大。传统的新品种培育通过杂交把不同品种的优良基因组合在一起，在田间需要很长的时间来完成。数字化的基因数据，可快速找到最佳的组配方式。通过建立统一、完善的数字化种子基因资源平台，将作物的基因变成数据存储起来，能让生物育种更精准、更高效。

（二）关键技术和战略性产品研发水平低。发达国家以及跨国企业陆续加大投入开展基因资源挖掘、新技术研发和新品种创制，通过掌握种子资源基因产权、新品种权、关键技术专利等加速对全球种业市场的垄断。我国研发投入水平低，在基因编辑育种、全基因选择算法、合成生物元器件等前沿育种技术应用不足，智慧育种技术等数字化技术应用亟待加强。

（三）种业治理手段和机制不完善。随着国内外种业发展加速，新品种研发入市带动产业蓬勃发展。种业监管力量不足、执法手段和机制缺乏，影响种业发展秩序。例如，基层企业对种子知识产权保护不够重视，侵权现象较为普遍。农作物品种未审先推、销售假劣种子等违法违规行为时有发生。

三、数智赋能我国种业跨越式发展的建议

（一）注重种业数智化顶层设计。政府层面应加强总体指导和统筹协调，推动构建集种质资源保护利用、品种管理、种业监管、种子保供、种业服务等为一体的数字化管理和服务体系。积极探索区域种业数字化发展道路，在浙江等数字经济基础较好省份率先开展试点。

（二）通过数智化助力资源共享。针对种业企业、科研单位、农户等主体的切实需求，加强对分散的种业数据资源进行归集、整合。加快构建基于大数据的统一平台、统一标准的开放共享平台，促进优异资源共享利用。推进登记资源分类赋权，根据种质资源的知识产权属性划分开放等级，在满足安全性前提下，体现市场导向，有偿使用。

（三）通过数智化助力联合攻关。支持创建区域育种科研网络联盟，集中资源形成技术攻关协同效应。适应现代种业数据高度密集的特点，鼓励和支持自主育种软件的开发与应用。通过数字高通量监测和数字管理的跨越建设精准化，推进新品种培育向基因设计、优势预测的室内模拟与田间试验相结合转变，实现从“经验育种”走向“精确育种”和“智能育种”。推动种业全产业链智能化改造，扶持数字化、智能化的种苗工厂。

（四）通过数智化助力协同治理。支持地方打造多跨场景应用，提升种业数字化治理能力和智慧化监管水平。以数字技术提速种业信用体系建设，强化种子生产经营许可管理。支持作物品种权网上交易，提高种业科技成果转化率。

关于政协第十三届全国委员会第五次会议第 01667 号（农业水利类 135 号）提案答复的函

黄廉熙委员：

您提出的《关于数智赋能我国种业跨越式发展的提案》收悉。现答复如下：

一、关于注重种业数智化顶层设计

近年来，我部认真落实党中央、国务院决策部署，加快信息化手段在种业领域的应用，不断提高种业管理信息化水平，推动数字种业建设。2016 年，我部启动中国种业大数据平台整合建设，持续完善种业产业链相关数据信息，加快业务数据融合融通，涵盖线上行政审批、业务办理、监督管理、信息查询等功能。在行业管理方面，建立了标准统一、相对完善的品种保护、品种审定、品种登记、种子进出口、生产经营许可备案等方面数据库，实现了种子许可审批业务的“一网通办”。在公共服务方面，打通了从品种研发到种子销售种业产业链的数据渠道，实现了数据信息的互联互通、信息共享，公众可实时进行查询。下一步，我部将按照种业振兴市场净化行动有关要求，加快信息化、智能化新技术手段的应用，完善中国种业大数据平台，加快构建集种质资源保护利用、品种管理、基地建设、市场监管、行业服务等为一体的数字化种业管理服务体系，探索开展区域种业数字化发展试点，提升育种创新和种业管理支撑能力。

二、关于通过数智化助力资源共享

近年来，我部先后三次组织开展种质资源普查收集，建立健全全国种质资源保护利用体系。目前，已长期保存农作物种质资源52万份。“十三五”期间，国家农作物种质资源库圃共向有关单位和个人分发共享种质资源30.5万份，有力推动了优质种质资源共享利用。依托中国农科院建立种业科技成果交易平台，推动种业资源成果向企业转移转化。下一步，我部将加快推进农业种质资源信息系统构建，建立健全种质资源数据库，支撑资源收集、汇交、保存和开放共享工作，适时向社会发布一批可供利用的农作物种质资源目录，提高资源共享利用效率。

三、关于通过数智化助力联合攻关

去年以来，我部会同有关部门落实中央种业振兴行动部署安排，加快推动种业科技创新。强化种质资源收集保护和精准鉴定，加快推进基因编辑、信息技术、人工智能等新技术手段在育种方面应用，推动从“经验育种”向“精准育种”“智能育种”转变。扎实实施国家育种联合攻关、全国畜禽遗传改良计划，加大重要关键基因挖掘力度，加快培育一批具有自主知识产权的突破性品种。强化政策支持，夯实企业创新主体地位，构建科学高效的商业化育种体系，提高种业自主创新水平。下一步，我部将会同有关部门尽快启动新一轮育种联合攻关，深入推进畜禽遗传改良计划，支持开展种业领域基础性、战略性、前沿性研究，鼓励和引导建立健全商业化育种体系，加快提升育种智能化水平和种业自主创新能力。

四、关于通过数智化助力协同治理

近年来，我部不断加快数字种业建设，完善中国种业大数据平台，加快推动业务数据融合融通，持续完善种质资源、种子生产经营许可、备案、审定品种、登记品种、种子进出口、种子供需、行政处罚、信用情况等数据信息，目前基本实现重点数据实时可查，关键信息全程可追溯，为提高种业管理能力提供有力支撑。今年 4 月，我部依托中国种业大数据平台发布了全国农作物品种 DNA 分子指纹库，集成了玉米、水稻、小麦、向日葵等 1.6 万个农作物品种的 SSR、SNP 指纹数据信息，具备查询、比对、鉴定、分析等 4 大功能，为市场打假、品种管理和育种创新提供有力支撑。完善国家种业科技成果产权展示交易平台，推动授权品种、育种专利和育种材料等科技成果展示推介、转化交易，加快促进种业科技成果转化，增强我国种业科技创新活力。下一步，我部将按照种业振兴市场净化行动有关要求，推动信息化、智能化新技术手段的应用，加快建立以“一品种、一名称、一标样、一指纹”为主要内容的品种身份证制度，实现全程可追溯管理，为实施种业全链条全流程监管和共享服务提供技术支撑，加快提升种业数字化管理能力和水平。

感谢您对我部工作的关心，希望继续对“三农”工作给予支持。

农业农村部

2022 年 8 月 31 日

全国政协十三届五次会议第 05060 号提案

题　　　目：关于加快推进我国香精香料产业发展的提案

主　　　办：林草局

会　　　办：工业和信息化部　财政部　开发银行　农业发展银行

提 案 形 式：党派提案

第一提案人：九三学社中央

内　　　容：

自古以来，香料就是丝绸之路贸易的重要组成部分。我国香精香料产业具有得天独厚的环境优势和资源优势，尤其近年来，香精香料产业已成为我国与“一带一路”沿线国家文化交流、贸易往来和经济合作的重要桥梁和主要出口创汇行业，其中香兰素、芳樟醇、麦芽酚出口量均占全球供应量的 50% 左右。

香精香料具有极高的附加值，尤其中游香精生产环节，毛利高达 60%—180%。香料香精行业科技含量高、配套性强、与其他行业关联度高。据不完全统计，我国香精香料每亿元的销售能够覆盖关联行业达 50 亿元。目前，我国现有香料经济林面积超 4000 万亩，产值超 600 亿元，花椒、八角、茉莉、玫瑰等香精香料经济林草，不仅具有重要的经济功能，而且具有重要的生态功能，还具有提振乡村产业、促进乡村振兴、连接高端消费、促进城乡就业、愉悦身心健康等重要的社会功能。发展香精香料产业有利于推动形成以国内大循环为主体、国内国际双循环相互促进的新发展格局，是“绿水青山就是金山银山”的生动实践，是生态产业化、产业生态化的典型示范，是推动生态产品价值实现的重要方式。

一、我国香精香料产业存在的主要问题

一是产业扶持力度不足。第一，在原料林资源保护、企业梯次构建、龙头企业培养、产品研发和品牌培育、产品质量标准制定和行业监管等方面缺乏高位推动。对涉及原料种植、产品深加工等产业扶持和补助力度不够。第二，标准缺乏，目前包括国家标准、行业标准、基础标准、方法标准在内，我国仅有不足200个关于香精香料的标准，无法适应产业发展的需要，第三，投入不足，近10年来，我国香精香料工业的研发资金投入仅占销售额的1%，而国外著名的十大香精香料公司每年投入的研发经费平均占到销售额的6%—10%。

二是技术创新能力不足。第一，工艺提取方法落后。虽然我国拥有丰富的天然香料资源，但由于工艺提取技术限制，很多植物性天然香料在产品加工方面停留在简单的粗加工上，提取方法主要还是传统的水蒸气蒸馏法和有机溶剂萃取法，没有对天然香料进行深、精加工，未能充分开发天然香料产品的高附加值。第二，我国香精香料产品主要以仿制为主，具有自主知识产权的产品不多，缺乏核心竞争力和创新能力。第三，新品种选育与推广滞后。

三是产业集中度低、同质化严重。当前我国的香精香料生产企业90%以上为中小型企业，经济、技术力量都较薄弱。品牌知名度不高，未能在国际上树立知名的天然香料品牌，没有真正意义上的市场开拓。除了食用香料和添加剂香料市场外，其他市场基本处于发育阶段。

为此，建议：

一是加强高位推动、宏观引导。由国家相关部门牵头，组织制定全国香精香料产业专项规划，并将重点任务列入林业产业发展“十四五”规划，进一步发掘、保护种质资源和新品种定向培育，进一步引种、驯化适生品种和规模化种植。健全香料安全性评定机构，完善产品认证体系，打造服务监管平台，构建深度融合的服务体系。

二是提升我国香精香料生产工艺、香气控制释放与香气数理表达等技术，促进与康养大健康等产业融合发展。推动行业自律和品牌建设，促进行业技术创新，规避低端同质化竞争，加强标准化建设，提升行业整体竞争能力。借助国家林业产业化重点龙头企业评审、林业产业示范创建等工作，网罗一批特色鲜明、拥有核心竞争力、示范作用和辐射能力强的龙头企业，建设产业集群和特色园区，推动打造国家性和区域性交易平台。

三是创新绿色金融产品，加大信贷支持力度。通过“国开行、农发行等国家政策性银行支持林业生态建设”“绿色金融体制机制创新试点”等途径，加大香精香料产业信贷支持力度，增加信贷专项资金投放。通过政府注入引导资金，市场化运作建立产业发展基金，吸引社会资本投入，为香精香料产业发展蓄势蓄能。

关于政协第十三届全国委员会第五次会议第 05060 号（资源环境类 393 号）提案答复的函

九三学社中央：

你们提出的《关于加快推进我国香精香料产业发展的提案》收悉，现答复如下：

一、加强高位推动和宏观引导

近年来，随着林草生态建设快速发展，我国天然香精香料经济林面积增长迅速，产业规模不断扩大，形成了包括松脂、花椒、肉桂、八角、茉莉、玫瑰、桂花、油樟、山苍子等一批独具特色的香精香料规模化生产基地，加工技术不断提升，成为生态美、百姓富的典型示范。但总体而言，我国香精香料经济林产业发展还处在起步阶段，基地建设水平不高，加工利用技术落后，产业发展模式粗放，市场影响力竞争力不强，发展的空间和潜力仍然很大。

国家对天然香精香料产业高度重视，积极推动香精香料产业高质量发展。我局支持中国林产工业协会成立了香精香料分会；印发《全国经济林产业发展指南（2021—2030年）》，指导发展多个重要香精香料树种产业；组织编制《全国香精香料产业发展指南》《花椒产业发展指南》。工信部大力推进香精香料产业数字化、绿色化转型，促进行业创新升级，指导协会制定“十四五”香精香料行业发展规划。通过上述举措，不断强化香精香料产业发展的宏观指导和顶层设计，推动天然香精香料产业健康发展。

二、提升生产工艺和技术

香精香料产业涉及农业、林业、化工、轻工、纺织等众多领域，科技含量高、配套性强、关联行业多、附加值高，相关加香产品年销售额超过10万亿元，在国民经济中具有特殊地位。2021年，我国规模以上香精香料制造业企业339家，营业收入685.1亿元，同比增长11.7%，实现利润96.9亿元，同比增长5.75%，出口交货值1828.9亿元，同比增长12.3%。

国家有关部门坚持多措并举，提升香精香料领域生产工艺和技术。工信部鼓励香精香料龙头企业加快技术升级和产线改造，加大产品研发系统、原料管理系统、成品仓储系统、客户管理系统等一体化、数字化升级，支持建设一批智能化工厂。我局支持符合条件的企业申报国家林业重点龙头企业、国家林业产业示范园区，促进产业集聚发展。同时，工信部等部门加快相关标准制修订，提升标准的国际化水平。截至2021年底，全国香精香料化妆品标委会归口标准206项，其中国家标准48项、行业标准158项，基础通用标准和方法标准采标率达到100%，除部分天然香料因地理、气候、品种差异等因素无法采标外，其他均已对标国际先进标准，为香精香料工艺和技术高水平国际化发展提供了支撑。

三、加大信贷支持力度

提升香精香料产业发展质量，要多渠道加大投入，加强政策支持。我局配合中央财政，通过林业改革发展资金支持造林、森林抚育等，有关地方可在政策框架内将符合条件的香精原料林营造项目纳入支持范围。国开行、农发行在林草领域专门推出了支持国家储备林建设、林业产业发展、林产品加工等信贷产品，支持包括香精香料在内的林业生态建设、产业发展，符合条件的香精香料项目可按规定和程序申请信贷支持。

今后我局将继续强化与有关部门的沟通协调，争取不断完善香精香料产业发展的金融信贷支持政策。

感谢你们对林业和草原工作的关心和支持。

国家林业和草原局

2022 年 8 月 3 日

全国政协十三届五次会议第 01730 号提案

题　　　目： 关于进一步加强产业用纺织品行业战略基础能力建设的提案

主　　　办： 工业和信息化部

会　　　办： 市场监管总局

提 案 形 式： 个人提案

第一提案人： 施卫东

内　　　容：

一、背景情况

产业用纺织品是经过专门设计、具有特定功能的先进纺织材料及制品，是纺织科技创新的重要力量，也是新材料和战略新兴产业的重要组成部分，是医疗卫生、环境保护、基础设施、安全防护、交通工具、航空航天和军民融合等领域的重要结构性、功能性材料，对于增进人民健康福祉、改善环境质量、保障职业安全、提高工程质量、配套国防军工等发挥了重要作用。产业用纺织品相关产品技术在我国历次公共卫生事件、自然灾害治理和预防、国家重点工程和基础设施建设、环境治理中起到了重要战略支撑和物资保障作用，是建设重点领域自主可控、安全可靠产业链、供应链的重要环节。

我国已成为全球产业用纺织品行业门类最为齐全、产品种类最为丰富、产业链最为完整的国家。2021 年，我国产业用纺织品纤维加工总量占纺织工业比重超过三分之一，已成为全球最大的产业用纺织品生产国、出口国和消费国，年出口额超过全球四分之一，国际贸易合作、技术交流不断深化，国际话语权和影响力持续增强。

如，南通大学依托国家地方联合工程中心，重点围绕核生化防护、防辐射、防弹防机械伤害、热防护、医用防护、可穿戴智能设备等领域，在安全防护用特种纤维复合材料的研发与应用方面也取得了很好的成效。另外，由南通大学主持完成的国家重点研发计划项目“建筑用高性能纤维及土工材料的制备与工程应用关键技术研究”，采用纤维增强技术提高沥青混凝土、水泥混凝土路面的耐久性能，有效降低了路面的开裂率，提高了路面的抗变形能力，延长了路面的养护维修周期，减少了养护成本，延长了使用寿命，成果达到国际先进水平，全面提升了我国建筑与工程领域应用水平。

二、存在问题

产业用纺织品产业链长、多学科交叉，科技创新是产业国际竞争的决定因素，标准、认证是行业拓展全球市场的重要抓手。我国已经在高性能纤维、特殊成型技术、功能性整理方面积累了较强的技术、人才优势，但仍然存在自主创新能力弱、重大成套装备较少、核心零部件差距明显、关键共性工艺技术突破不足等问题，与欧美日等发达国家相比在产业用纺织品的高端领域还具有较大的差距，需要在未来重点突破。

三、主要建议

为提高我国纺织产业的国际地位和全球竞争优势，应进一步加强产业用纺织品行业战略基础能力建设，完善相关政策措施，引导和支持行业快速发展。

（一）进一步加强产业用纺织品行业标准化建设

在产业用纺织品行业快速发展过程中，标准化工作的支撑作用日益突出，与相关下游应用领域及行业间的沟通协调难度也在不断增大，很大程度上制约了产业用纺织品标准化工作的开展。建议成立全国产业用纺织品标准化技术委员会，进一步加强产业链上下游和行业间的协调和交流，建立跨部门、跨行业协调机制，突出产业用纺织品在产业链中的标准化地位，强化产业用纺织品标准体系建设，通过标准引领促进产业用纺织品行业及相关配套产业的高质量发展。

（二）亟须成立先进技术纺织品国家制造业创新中心

近年来，发达国家积极推动新兴技术与制造业融合发展，推动工业制造技术的高端化与智能化。建议成立先进技术纺织品国家制造业创新中心，提高产业用纺织品装备制造和生产工艺的自主创新能力，突破产业用纺织品制造业发展瓶颈，显著增强行业核心竞争力，加强产业前沿和关键技术研发、加快技术突破和产业化应用，保障产业链安全，更好地服务国家战略。

（三）支持行业协会学会参与行业科技创新公共服务平台建设

建议将具备条件的行业协会学会评定的科技创新平台纳入国家认可的创新平台体系。支持和鼓励行业协会学会发挥熟悉行业科技、人才情况的优势，统筹行业科技创新资源，以制约行业发展的重大关键技术为突破口，以提高行业科技创新能力和竞争力为目标，参与行业科技创新公共服务平台的整体规划与布局。

关于政协第十三届全国委员会第五次会议第 01730 号（工交邮电类 212 号）提案答复的函

施卫东委员：

您提出的《关于进一步加强产业用纺织品行业战略基础能力建设的提案》收悉，经商市场监管总局，现答复如下：

产业用纺织品是战略性新材料的组成部分，是纺织科技创新的主要方向，包括医疗卫生、基础设施、交通工具、航空航天等领域的重要结构性、功能性材料。您提出的建议，对培育纺织产业发展新动能、保障国家战略安全、更好满足经济社会发展具有建设性意义。我部和相关部门将持续推进产业用纺织品行业稳步发展，提高行业创新能力和竞争能力。

一、关于进一步加强行业标准化建设

我部和相关部门高度重视纺织领域国际标准化工作。组织全国纺织品标准化技术委员会产业用纺织品分技术委员会（TC209/SC7）开展产业用纺织品等专业领域标准化工作，已发布《儿童口罩技术规范》《纤维绳索术语》《一次性卫生用非织造材料的可冲散性试验方法及评价》等国家标准 58 项。围绕织物性能、织物覆盖、织材应用等重点领域，发布《冲击摆锤法织物撕裂仪》《聚酯纤维形态记忆织物》等 19 项行业标准。

全国纺织品标准化技术委员会下设 10 个分技术委员会，与《国民经济行业分类》（GB/T 4754）中的纺织品分类基本对应，产业用纺织品作为国民经济行业分类中的纺织品子类，也对应设置了分技术委员会。分会现有委员 85 人，包括企业、科研院所、高校、监测机构等各方代表。目前该领域国家标准制修订边界清晰，申报渠道畅通，基本可以满足实际需求。

下一步，我部和相关部门将按照《全国专业标准化技术委员会管理办法》规定，综合考虑现有技术组织体系的覆盖度、业务范围边界的清晰性、与国际标准技术组织的对应关系等多方面因素，在深入开展调研论证、广泛听取各方意见的基础上，适时推进相关技术组织的建设工作。

二、关于成立产业用纺织品国家制造业创新中心

国家级制造业创新中心建设工作启动以来，我部印发《制造业创新中心建设工程实施指南》《省级制造业创新中心升级为国家制造业创新中心条件》等文件，启动创新中心建设工作。截至目前，已批复组建 21 家国家制造业创新中心和 2 家国家地方共建制造业创新中心。为提升纺织行业技术创新水平，我部 2019 年、2020 年分别在江苏苏州、山东泰安批复组建国家先进功能纤维创新中心和国家先进印染技术创新中心。创新中心围绕纺织行业发展急需，汇聚产业链上下游创新力量和资源，攻克了一批制约产业发展的关键共性技术瓶颈，为纺

织行业高效、绿色、创新发展提供坚实支撑。

下一步，我部将加强对国家先进功能纤维创新中心和国家先进印染技术创新中心的考核管理，推动创新中心不断提升行业引领带动能力，指导有产业基础的地方建设产业用纺织品省级制造业创新中心。

三、关于支持行业协会学会参与行业科技创新公共服务平台的建设

我部持续加强产业技术基础公共服务平台建设。遴选中纺标检验认证股份有限公司等单位作为我部产业技术基础公共服务平台，为行业提供标准、计量、认证认可、检验检测、试验验证、产业信息、知识产权、成果转化等公共服务。支持行业协会建设“纺织服装行业数字化转型公共服务平台”，现已汇集100余个数字化转型方案，为中小企业提供数字化诊断咨询和解决方案精准推荐。支持行业协会建设“纺织行业智能制造标准试验验证公共服务平台”，为行业智能制造提供公共服务。

下一步，我部将进一步统筹产业技术基础公共服务平台建设，完善行业、地方、企业平台梯次布局，促进技术基础要素体系融合发展，为纺织行业提供更加优质的公共服务。

感谢您对纺织行业的关心和支持。

工业和信息化部

2022年8月25日

全国政协十三届五次会议第01201号提案

题　　　目： 关于促进工业数据开发利用，助力制造业“数智化”转型的提案
主　　　办： 工业和信息化部
会　　　办： 财政部　市场监管总局
提 案 形 式： 个人提案
第一提案人： 沈南鹏
内　　　容：

数据是制造业与信息技术融合的重要基础资源。近年来，我国在工业大数据引领和催化方面发展迅速，在集成应用和生态培育等多领域成效初现。但相对于为制造业切实解决问题和创造价值的高阶目标，当前工业数据的开发利用仍存在不少挑战：

一、从基础层来看，工业数据的采集和如何形成闭环支持生产流程，仍是限制数据价值释放的重要短板：工业制造会生产大量数据，然而工业设备种类众多，工业数据来源和制式更为复杂，数据多源异构、通信协议兼容性不足，导致大量数据沉睡在“哑”设备内难以采集；采集到的数据也难以形成闭环反馈到企业的生产调度中，对生产线上的设备控制、参数调节、物料调度等优化工艺和排产的实质性支撑不足。

二、从平台层来看，工业制造的领域知识和智能建模等数据处理能力的提供者存在脱节，专家经验无法有效固化到软件平台：作为制造过程中的副产品，数据本身并不能创造价值，只有打通数据与制造知识的链路，解决“发生了什么、为什么发生、下一步发生什么、如何改进优化”的真实业务问题，才能满足工业企业的需求。这就要求

数据背后的专家知识和机理分析共同发力，构建有利于算法识别的特征。当前制造企业虽拥有较为丰富的工业制造专家知识，但数字化机理模型更多产生于高校、研究所的实验室，与工业知识缺乏融合，导致许多模型难以满足实际应用需求。

三、从应用层来看，多集中在“可见”场景，对“不可见”的复杂、不确定性工业场景应对不足：工业中的问题可被分为可见与不可见两类，当前大多数的数据功能实现都聚焦在解决可见问题，如设备定期维护保养、产品质量抽检等，对设备关键组件衰退、非预期停机、工艺过程与质量关系不清晰等隐性问题缺少量化显现，难以满足工业应用对象差异大，工况管理、资源匹配不确定等具体场景化管理的要求。

当前工业大数据价值创造还处在起步阶段，服务制造业快速迭代、持续优化潜力巨大。为更好解决工业企业实际问题，进一步提升制造业数智化水平，建议如下：

一、加快推动工业传感器和通信协议兼容适配，以技术改造和新技术强化数据支撑能力

1. 建议工信部和国家标准委牵头，支持解决异构数据联网的技术试点示范，鼓励优先在增量国产工业设备中推动不同协议和接口兼容。

2. 在重点制造行业遴选一批智能示范工厂，推动以关键工序数控化、生产线柔性适应等技术改造工程，组织发布以智能调度和精准控制促进生产制造等业务流程改进的优秀案例集。

3. 整合行业资源，推进数据脱敏、差分隐私、同态加密等隐私计算技术在工业数据安全共享的落地应用。

二、以专精特新企业为依托，探索数字科技与工业制造知识融合推动数智化的新路径

1. 工业互联网产业集聚区优先探索设立专项资金，以政府购买服务、制定推荐目录等方式，为辖区内的专精特新企业精准诊断数智化需求。

2. 支持专精特新企业独立或联合设立研发机构，条件成熟地区可采取定向委托等形式，组织专精特新企业参与共性基础技术软件化、复用化攻关。

3. 扩大工业互联网技术转化和场景应用的专项，组织高校和专精特新企业共同申请，结题考核加入转化预设计、商用效果评估等环节。

三、基于真实企业需求场景，降低开发成本和培育壮大数字科技服务商

1. 优化工业大数据应用试点示范的审评标准，支持能解决实际问题（如工艺改进、节能降耗、订单增加）和具备细分行业经验知识软件化的企业入选。

2. 培育适合中小企业特点的数字科技服务商，通过遴选基础共性工业 APP 和征集发布轻量级数字化解决方案等，降低多场景应用的开发和部署成本。

3. 鼓励金融机构为制造业数智化转型提供精准服务，为转型中的工业企业和提供数智化服务的数字科技公司提供适当的金融支持。

关于政协第十三届全国委员会第五次会议第 01201 号（工交邮电类 151 号）提案答复的函

沈南鹏委员：

您提出的《关于促进工业数据开发利用，助力制造业“数智化”转型的提案》收悉，经商财政部、市场监管总局，现答复如下：

我部高度重视工业数据资源要素在工业领域的战略资源作用，大力推进工业数据汇聚共享、深化数据融合创新、提升数据治理能力、加强数据安全管理，着力打造资源富集、应用繁荣、产业进步、治理有序的工业大数据生态体系，通过完善政策体系、遴选试点示范、推动标准建设等工作举措，持续推动制造业数字化转型。

一、关于加快推动工业传感器和通信协议兼容适配，以技术改造和新技术强化数据支撑能力

一是政策带动。出台《关于工业大数据发展的指导意见》，推动工业通信协议兼容统一，打破数字沟壑，形成完整贯通的数据链。发布《“十四五”信息化和工业化深度融合发展规划》，加快推动工业芯片、智能传感器等融合支撑产业培育和发展壮大。

二是标准先行。指导全国信息技术标准化技术委员会大数据标准工作组（SAC/TC 28/WG 22）开展相关标准研制，指导发布《信息技术　大数据　工业应用参考架构》《信息技术　大数据　工业产品核心元数据》等 24 项国家标准，推动立项《信息技术　工业大数据　术语》《信息技术　大数据　数据治理实施指南》等 13 项国家标准，助力解决工业设备、企业间的数据沟通难题。

三是示范引领。2021 年，我部会同发展改革委、财政部、市场监管总局开展智能制造试点示范行动，揭榜遴选智能制造示范工厂 110 家，凝练优秀场景近 1200 个，发挥先进典型标杆作用，带动实现制造技术突破、工艺创新、场景集成和业务流程再造，加速新技术、新装备、新模式推广应用。

四是安全保障。研究制定《工业和信息化领域数据安全管理办法（试行）》，明确数据全生命周期安全保护要求，督促工业企业等数据处理者落实数据安全保护责任和义务，促进行业数据安全有序流通和开发利用。推动工业行业企业实施数据分类分级、重要数据识别备案、分级防护、安全评估等试点任务。印发《企业数据管理国家标准贯标工作方案》，组织开展数据管理能力国家标准贯标工作试点，引导企业提升数据管理能力，提高数据要素供给质量。

下一步，我部将聚焦重点领域，围绕数据互认、智能制造、工业数据安全等，持续开展以下工作。一是依托工业互联网建设推动数据互认机制，统一工业数据、算法模型、微服务等调用接口。制定工业互联网平台互联互通数据字典，推动平台间数据互理解。二是落实

《“十四五”智能制造发展规划》，建设智能制造示范工厂，培育系统解决方案供应商，加快构建智能制造发展生态。三是推动出台《工业和信息化领域数据安全管理办法》，强化数据安全关键技术和产品供给，促进行业数据开发利用，推动行业数据安全管理工作不断走深向实。

二、关于以专精特新企业为依托，探索数字科技与工业制造知识融合推动数智化的新路径

一是推进产融合作。发挥产融合作平台作用，丰富企业标签库和项目库，开设工业互联网、供应链金融等专区，鼓励企业开展线上融资，加强与地方数据平台对接。成立国家集成电路产业投资基金、国家制造业转型升级基金，聚焦集成电路产业链条、新一代信息技术、人工智能等领域，加快数字化产业化发展，推动制造业向数字化、网络化、智能化方向转型。

二是推动中小企业融通发展。联合十部门组织开展大中小企业融通创新“携手行动”，开展智能制造进园区活动，研制中小企业数字化转型水平评价标准及评价模型、中小企业数字化转型指南，引导中小企业深化转型理念、明确转型路径、提升转型能力。鼓励中小企业参与科技重大项目，加强共性技术研发。组织“专精特新”中小企业针对产业链薄弱环节和大企业配套需求开展技术攻关和样机研发。

三是实施重点工程。瞄准高端化、智能化、绿色化发展方向，持续实施重大技术改造升级工程，连续发布企业技术改造升级导向计划，引导企业加大技术改造和设备更新投入，提升企业数字化、智能化水平。

下一步，我部围绕制造业数字化转型，促进数字技术与实体经济融合发展，继续开展以下工作。一是完善国家产融合作平台建设，深化与金融机构战略合作，加快推进“科技产业金融一体化”专项和“补贷保”联动试点，推动优化金融资源配置，扩大金融产品和服务供给。二是发挥政府引导作用，带动社会资本支持软件中小企业创新发展。遴选中小企业数字化转型示范标杆，鼓励“专精特新”中小企业开展

数字赋能，将数字化指标纳入“专精特新”评价体系，加快中小企业数字化发展。三是发挥好现有专项资金作用，一体化推进工业互联网创新发展，促进工业互联网赋能区域高质量发展。

三、关于基于真实企业需求场景，降低开发成本和培育壮大数字科技服务商

一是打造数据产业标杆示范。组织开展 2021 年大数据产业发展试点示范，在工业、金融等领域遴选 204 个行业标杆，上海、天津、河南等 20 多个地方对示范项目予以配套财政资金支持，并在各类大会和活动中加强推广宣传，推动大数据相关技术工程化，促进各类成果产业化。

二是提升企业数据管理能力。开展《数据管理能力成熟度评估模型》（DCMM）国家标准宣贯推广，指导有关单位完善《DCMM 工作管理办法》，编制《DCMM 最佳实践案例集》《数据管理能力白皮书》等，依托若干试点地区和评估机构举办系列论坛峰会，完成数百家单位的评估贯标工作。

三是培育系统解决方案供应商。依托工业互联网创新发展工程，持续加强工业互联网平台工业机理模型、边缘计算、工业 APP 等关键技术突破，推进工业互联网平台应用创新推广中心、实训基地、测试床等公共服务平台建设。培育主营业务收入超 10 亿元的智能制造系统解决方案供应商 60 余家，针对中小企业典型应用场景，推动开发轻量化、易维护、低成本的解决方案，加快工艺流程优化、技术装备升级。

四是发挥政府性融资担保增信作用。会同有关方面加快政府性融资担保体系建设，推动国家融资担保基金发挥体系引领和逆周期调节作用，大幅拓展政府性融资担保覆盖面并明显降低费率，更好为中小企业融资增信。继续实施小微企业融资担保降费奖补政策至 2023 年，引导地方继续扩大小微企业融资担保业务规模，降低担保费率。

下一步，我部将在培育壮大数字技术服务上，持续开展以下工作。一是持续开展大数据发展试点示范，加大成果宣传，鼓励各地方在政策、

资金等方面给予配套支持。二是持续推进企业数据管理成熟度评估贯标，完善 DCMM 评估体系，培育壮大 DCMM 评估队伍，鼓励各地方在资金补贴、人员培训、贯标试点等方面加大支持力度。三是培育发展优秀数字化解决方案，指导第三方机构建立数字化解决方案服务能力评估体系，遴选优秀数字化解决方案服务商，搭建解决方案服务商资源库，开展供需对接活动。四是加强财政金融政策协同，探索改善中小企业金融服务的有效模式，对符合奖补条件并积极开展数字化转型的中小企业以及从事数字化服务的数字服务商提供支持，引导更多金融资源更好地服务中小企业高质量发展。

感谢您对我部工作的关心和支持。

工业和信息化部

2022 年 8 月 23 日

全国政协十三届五次会议第 04500 号提案

题　　　目： 关于加强智能网联汽车生产制造安全与数据安全标准建设的提案

主　　　办： 工业和信息化部

会　　　办： 中央网信办（国家网信办）　发展改革委　市场监管总局

提案形式： 个人提案

第一提案人： 严望佳

内　　　容：

一、问题及原因分析

当前大量具有辅助驾驶（L2 级）功能的车辆已进入市场，根据《交通强国建设纲要》及《智能汽车创新发展战略》，中共中央、国务院明确要求加强智能网联汽车研发，形成完整自主可控产业链，到 2025 年实现有条件自动驾驶（L3 级）汽车达到规模化生产，高度自动驾驶（L4 级）汽车在特定环境下市场化应用。

伴随汽车智能化应用场景不断丰富，智能网联汽车安全问题呈扩大趋势。近年来汽车网络与数据安全事件频发，主要体现在非授权滥采数据、用户隐私泄露、车辆远程非法控制、汽车功能失效等。一旦大范围联网车辆及数据遭遇攻击、窃取和滥用等安全问题，会给国家安全、交通安全和用户隐私安全等造成重大影响，当前智能网联汽车安全主要存在以下难题：

（一）智能网联汽车生产制造安全相关标准缺乏统筹协调

从国内协调看，智能网联汽车相关安全标准规范丰富，但起草单位视角不同，要求实现方式也不尽相同。例如安全行业与汽车工业界提出标准，多是从自身产业角度出发，其中部分标准要求内容交叉，落实指导意见存在较大差异，结果是导致安全企业与智能网联汽车生产制造企业标准执行难，相关标准公信力下降。

从国际国内协调看，联合国世界车辆法规协调论坛作为国际汽车技术法规的协调与统一机构，已制定智能网联汽车安全条例，对信息安全、软件升级、自动车道保持等提出要求，对于我国出口境外的车型车辆，自 2022 年 7 月起即要满足该标准，但目前国内尚未形成符合我国国情的，能够与我国法律法规相适应的权威安全强制标准。

（二）智能网联汽车数据安全标准落地实施困难

区别于传统汽车仅有本身车辆数据的情况，智能网联汽车通过车内外传感器采集大量行驶数据、环境数据和行为数据，还采集海量操作系统的用户行为数据，已逐渐成为产生与连接海量数据的中枢。一辆 L4 高等级自动驾驶汽车每日产生约 10TB 数据，是传统汽车的近 10 倍。

目前针对智能网联汽车数据安全，多部门数据安全监管侧重点不同，使车企在合规时面临资源重复投入。现行法律法规尚未规范不同数据处理者的责任边界，由车企背负了较重的汽车数据安全合规主体责任。在企业执行层也面临诸多难题，如“数据脱敏处理原则”影响自动驾驶技术进步，“车内处理原则”实现难度高，“个人单独授权原则”给用户使用带来不便等。

二、具体建议

平衡发展与安全，统筹协调汽车研发、生产、通信、安全监管、信息化等各领域主管部门和业内优秀企业，从汽车设计、电子系统零部件生产、集成、通信、网络、虚拟化等行业领域，形成覆盖智能汽车应用场景下的权威安全标准体系及建设指南。

（一）统筹制定智能网联汽车生产制造权威安全标准

加快建立汽车生产制造信息安全体系指导标准，覆盖汽车整车及零部件生产、设计、制造企业的信息安全组织管理、生产制造过程管理，以及新车型的安全功能及特征要求。建立相应的检测评估机制，明确安全风险闭环和漏洞定级标准，对我国境内生产、开发、设计制造的零部件、电子系统、整车，以及境外生产出口到我国的汽车及零部件、电子系统等形成评估、检测、认证、管理机制。

（二）兼顾创新与安全形成智能网联汽车数据安全标准

着眼标准统一性、协调性、落地性，建设适合汽车行业的数据分类分级标准，特别是在具体场景当中涉及的身份数据、服务内容数据、信息安全数据等，为车辆数据安全管理提供支撑。建立覆盖各类数据处理活动全生命周期的具体技术标准。当前信安标准发布了 TC260—001《汽车采集数据处理安全指南》，但在数据供给、开发利用、流通等环节存在缺失。

关于政协第十三届全国委员会第五次会议第 04500 号（工交邮电类 504 号）提案答复的函

严望佳委员：

您提出的《关于加强智能网联汽车生产制造安全与数据安全标准建设的提案》收悉，经商中央网信办、发展改革委、市场监管总局，现答复如下：

随着新一代科技革命和产业变革加速推进，电动化、网联化、智能化成为汽车产业发展的潮流和趋势。随着汽车与电子、信息、通信等领域深度融合，车辆电子电气系统架构日益复杂，网联通信设备的搭载率持续攀升，汽车信息安全、数据安全、汽车用户个人信息保护等问题日益凸显，受到社会各界广泛关注。我部赞同您提出的建议，按照党中央、国务院统一部署，加强部门协同，完善政策环境，加快制定出台技术标准，科学高效开展汽车信息安全与数据安全监管，为智能网联汽车发展营造良好政策环境。

一、关于统筹制定智能网联汽车生产制造权威安全标准

我部高度重视汽车信息安全标准化工作，主要开展了以下工作：一是加强标准统筹规划。2017 年，联合市场监管总局、公安部、交通运输部等部门发布《国家车联网产业标准体系建设指南》系列文件，协同推进智能网联汽车、信息通信、电子产品与服务、智能交通和车辆智能管理等方面标准研制。二是推进重点标准研制。积极推进汽车信息安全标准体系建设，已发布实施《电动汽车远程服务与管理系统信息安全技术要求及试验方法》（GB/T 40855—2021）、《车载信息交互系统信息安全技术要求及试验方法》（GB/T 40856—2021）、《汽车网关信息安全技术要求及试验方法》（GB/T 40857—2021）和《汽车信息安全通用技术要求》（GB/T 40861—2021）等 4 项推荐性国家标准，指导企业进行产品安全开发，满足产业发展过程中对于关键系统部件类信息安全标准的迫切需求。正在组织制定《汽车整车信息安全技术要求》《汽车软件升级　通用技术要求》2 项强制性国家标准和 13 项推荐性国家标准，覆盖了企业管理层、整车层、核心系统与部件层、基础共性技术层等不同层级的汽车信息安全要求，对提升我国汽车产品的信息安全水平具有重要意义。

下一步，我部将加强与市场监管总局、中央网信办、发展改革委等部门的沟通，注重国际标准法规制定与协调，加快推进整车信息安全、信息安全工程等重点标准研制，为整车信息安全和汽车用户个人隐私防护提供有力支撑。

二、关于兼顾创新与安全形成智能网联汽车数据安全标准

我部高度重视智能网联汽车数据安全问题及标准化工作，主要开展了以下工作：一是加强标准统筹规划。联合有关部门编制发布《国家车联网产业标准体系建设指南》《关于加强车联网网络安全和数据安全工作的通知》《车联网网络安全和数据安全标准体系建设指南》《智能汽车创新发展战略》等文件，指导智能网联汽车网络安全、数据安全标准体系建设。二是推进重点标准研制。市场监管总局发布实

施《信息安全技术个人信息安全规范》（GB/T 35273—2020）、《信息安全技术个人信息安全影响评估指南》（GB/T 39335—2020）、《信息安全技术个人信息去标识化指南》（GB/T 37964—2019）等多项国家标准，规范了个人信息安全要求、影响评估、去标识化等要求。同时，我部正在组织研制《智能网联汽车数据通用要求》等国家标准，规范了汽车数据分类分级的基本原则，为智能网联汽车数据管理提供支撑。中央网信办正在组织研制《信息安全技术　汽车数据处理安全要求》推荐性国家标准，规范了个人信息主体单独同意、车外个人信息匿名化处理、数据存储时间等方面内容，有助于解决汽车数据在收集、传输等数据处理活动出现的个人信息或重要数据泄露、滥用等安全问题；指导研制《汽车采集数据处理安全指南》（TC260—001），规定了汽车采集数据在传输、存储和出境等处理活动的安全要求。

下一步，我部将联合有关部门根据行业管理及应用需求，加快重点急需标准研究制定，充分发挥标准在数据安全方面的规范和引领作用，支撑智能网联汽车产业高质量发展。

感谢您对智能网联汽车产业发展的关心和支持。

工业和信息化部

2022 年 8 月 11 日

全国政协十三届五次会议第 04321 号提案

题　　　目：关于破解科技成果转化落地难的提案
主　　　办：知识产权局
会　　　办：科技部
提 案 形 式：个人联名提案
联 名 人 数：6
第一提案人：王　静
联名提案人：宋建朝　陈萌山　陈晓华　孙宝国　乔晓玲　朱水芳
内　　　容：

科学技术是第一生产力，创新是引领发展的第一动力，科技成果转移转化水平是一个国家科技实力的重要体现。全国人大常委会于 2015 年 8 月 29 日修订通过了《中华人民共和国促进科技成果转化法》；我国"十四五"规划和 2035 年远景目标中明确提出"加强知识产权保护，大幅提高科技成果转移转化成效"；2021 年 12 月 24 日，修订通过了《中华人民共和国科学技术进步法》，期望通过健全保障措施、完善创新体系、破除创新障碍等推动我国实现高水平科技自立自强。

我国科技创新近年来取得长足进步。以专利为例，2021 年授权发明专利 69.6 万件，实用新型 312.0 万件，PCT 国际专利申请 7.3 万件，专利数量连续十年全球第一。但我们必须清醒地认识到，我国专利数量存在严重"虚胖"，质量堪忧。2020 年我国有效发明专利产业化率 34.7%，其中，企业有效发明专利产业化率 44.9%，科研院所 11.3%，高校 3.8%（与美国相比相差 15—20 倍），这一结果与智力资源集中、科研经费充足、科技成果丰硕的科研院所和高校形成巨大反差，急需深入研判高校和科研院所成果转化效率低下的深层次原因。

在中国政府十分重视成果转化的今天，科技成果产业化率低已然不是政策扶持不够、企业创新意识不足、成果需求不旺的问题。在调研和实践中发现，科技成果转化的现实困难和障碍仍突出，主要表现在：一是对知识产权价值认知不足，专利权主体缺少市场化前瞻性。专利申请重数量不重质量，有产业化价值的专利占比低，甚至为了科研项目结题单纯“制造成果”，这样的“成果”自然难逃被市场淘汰的命运。二是成果培育和转化机制不完善，缺乏技术工程化途径。科研院所和高校的现有科研评价体系中，在职称晋升、科技成果奖励时，普遍只看第一单位、第一作者，导致科研工作者或团队缺乏与他人合作的动力，不愿意坐“冷板凳”，大都做自己能独立完成的短平快“小”成果。虽常有某一科研领域“点”的突破，但缺乏技术工程化、系统化和供应链整合的平台和能力，难以跨越技术到商品的死亡鸿沟，导致大部分“高新成果”束之高阁。三是成果转化队伍与机构建设不能满足实际需要，在成果转化过程中，既懂科技创新规律，又懂市场商务实践，且懂法规制度的“专业人”“明白人”稀缺。要实现成果转化，往往要把科研人员“逼成”专业转化人员，试错成本奇高，甚至有牢狱之灾。这些问题使很多科研人员对成果转化只能一再观望、望而生畏、望而却步。

对此，结合实际，提出如下建议：

一、提高专利质量，让成果真正“值得转”

加强对科研院所和高校行政管理人员、科研人员在知识产权保护方面的专业培训，常设包含专利申请、挖掘布局、侵权分析和商业化实践案例解读的系统课程。提高知识产权申请质量，对国家级的技术应用类研究项目承接科研团队提供知识产权保护辅导，破除仅把专利证书当“考核指标”和“荣誉证书”的错误导向，回归专利以公开换保护的本质。

二、鼓励协同创新，完善知识产权确权制度，提供技术成果工程化的种子基金，实现第一步的“如何转”

破除阻碍科研人员合作创新的考核机制，规范科研成果完成人署名，允许科研人员自行约定知识产权权属比例。鼓励科研院所和高校使用科研经费或者社会捐赠设立成果产业化种子基金或创业投资基金，用以扶持技术工程化、规模化、产品化验证，提高科技成果技术到商品的转化效率。

三、设立各级或第三方技术评估和转移转化机构或平台，让科研单位“敢于转”

科研人员大都是“专才”，不是“全才”，需组建由技术、法律、金融、管理等方面专业人才组成的机构或平台，负责科技成果转移转化指导和管理，提供精准全方位的服务，降低行政管理人员和科研人员的法律和商业风险，扭转专利所有权人怕承担风险而“不敢转”的局面，走通科技成果转化最后一公里。

关于政协第十三届全国委员会第五次会议第 04321 号（科学技术类 196 号）提案答复的函

王静等 7 位委员：

你们提出的《关于破解科技成果转化落地难的提案》收悉，结合科技部意见，现答复如下。

今年，你们的提案被列为全国政协重点督办提案，我局高度重视提案办理工作，集中力量重点办理。分管领导主持召开了创新主体知识产权转化运用座谈会，邀请第一提案人王静委员、协办单位科技部有关同志以及来自高校、科研院所、企业、服务机构等单位的 11 位专家参会，从知识产权视角，就科技成果转化中的政策创新、机制协同、平台支撑、工具指导等方面进行面对面交流探讨。并会同全国政协提案委员会办公室、科技部赴江苏无锡、苏州等地开展知识产权转化运用工作专题调研，充分了解高校和科研院所在提升专利产出质量、促进专利技术商业化、创新专利转化体制机制等方面的经验做法和工作成效，以及企业利用专利解决技术难题，推动创新发展的典型做法，实地了解剖析“不能转”“不愿转”“不会转”等问题原因，广泛听取意见建议，共同研究破解举措，切实提高提案办理工作的实效性。

一、关于“提高专利质量，让成果真正‘值得转’”

（一）树立质量导向。我局联合教育部、科技部、中科院等部门分别印发实施推动高等学校、科研组织知识产权工作高质量发展的一系列政策文件，鼓励高校和科研院所坚持质量优先，突出转化导向，完善知识产权管理体系，建立健全重大项目知识产权管理流程、专利申请前评估制度和职务科技成果披露制度，加强专业化机构和人才队伍建设。同时，会同教育部开展高校知识产权试点示范工作，共确定110所试点示范高校，其有效发明专利拥有量占全国高校的60.5%，发挥引领带动作用。

（二）优化考核评价。科技部推动印发《国务院办公厅关于完善科技成果评价机制的指导意见》，明确提出坚持科技创新质量、绩效、贡献为核心的评价导向，坚持科学分类、多维度评价，解决分类评价体系不健全以及评价指标单一化、标准定量化、结果功利化的问题。会同教育部、财政部等9部门开展科技成果评价改革试点工作，推动试点单位强化担当意识，建立健全多元分类评价体系，坚决扭转简单量化、重数轻质的评价倾向，更好激发科技人员积极性和创造性。在联合教育部和我局印发的提升高等学校专利质量政策文件中，要求高等学校优化考核评价体系，将专利质量和转化运用等指标作为职称晋升、绩效考核、岗位聘任等重要依据。

（三）加大培训力度。我局加强知识产权培训基地建设，重点依托高校在全国19个省（自治区、直辖市）布局建设26家国家知识产权培训基地，面向高校、科研院所、企业等创新主体需求，有针对性地开展专利申请、专利运营、知识产权创新与保护等培训，以及产学研联合培养等工作。加强知识产权培训精品课程建设，2019 年至今，每年录制精品课程 20 余门，涵盖专利商标实务、知识产权保护与运用等内容，累计上线远程精品课程 70 余门，向高校和公众免费开放，为高校知识产权人才培养提供课程资源支持，有效提升知识产权综合能力。

二、关于“鼓励协同创新，完善知识产权确权制度，提供技术成果工程化的种子基金，实现第一步的‘如何转’”

（一）完善知识产权确权制度。我局推动完成第四次《专利法》修改，明确“单位可以依法处置其职务发明创造申请专利的权利和专利权，促进相关发明创造的实施和运用”，新增“国家鼓励被授予专利权的单位实行产权激励”的条款，强化对创新者的产权激励。联合教育部、科技部出台《产学研合作协议知识产权相关条款制定指引（试行）》，引导各方在产学研合作之初就明晰知识产权归属和权益分配，降低产学研合作的知识产权权属纠纷风险。

科技部推动完成《科技进步法》修订，明确“按照国家有关规定推进知识产权归属和权益分配机制改革”。会同我局等 8 部门开展职务科技成果赋权改革试点工作，分领域选择 40 家高等院校和科研机构开展为期 3 年的试点，赋予科研人员对专利等职务科技成果的所有权或长期使用权，更大力度激发科技成果转化的内在动力。

（二）提供引导基金支持。为进一步加强对科技创新和科技成果转化的直接融资支持，2015 年，科技部、财政部设立国家科技成果转化引导基金，通过设立创业投资子基金的方式引导带动金融资本和民间投资向科技成果转化集聚。转化基金坚持“投早、投小、投硬科技”的原则，要求子基金以不低于转化基金出资额 3 倍且不低于子基金总额 50% 的资金，投资于转化利用财政资金形成科技成果的企业，其他投资应投向国家重点支持的高新技术领域。截至 2021 年底，转化基金已批准设立 36 只子基金，总规模达 624.30 亿元，其中转化基金认缴出资 148.54 亿元，财政资金一层放大比例为 1∶4.2。子基金已累计投资 291.46 亿元，带动社会资本同步投资 846.42 亿元，投资 536 家企业，转化 864 项财政资金支持形成的科技成果，已投企业中已有 26 家企业科创板上市，4 家创业板上市，1 家港股上市。

（三）畅通转化运用渠道。新修订的《专利法》创设专利开放许可制度，为专利转化运用提供新途径、新模式。我局扎实推进专利开放许可制度落地实施，印发专利开放许可试点工作方案，指导多个省份开展先行探索。截至 2022 年 8 月，共组织筛选 4000 多件有市场化前景的专利试点开放许可，精准匹配推送至近 2 万家中小微企业，促成许可项目 600 余项。印发《关于促进和规范知识产权运营工作的通知》，提出深化知识产权运营体系建设的系列措施，推动畅通知识产权转化运用渠道。联合财政部实施专利转化专项计划，先后支持 16 个成效突出的省份，推动高校和科研院所专利技术向中小企业转化实施。据统计，2021 年，全国高校和科研院所向中小企业转让许可专利次数增长率达到 33%，增速是专项计划开展前一年的 2.6 倍；16 个重点省份高校和科研院所专利转让许可次数、向中小企业转让许可的次数和惠及企业数均占全国的九成左右，引导作用和实施成效明显。

三、关于“设立各级或第三方技术评估和转移转化机构或平台，让科研单位‘敢于转’”

（一）支持建设技术转移机构平台。我局会同科技部、证监会，重点支持中国技术交易所、上海技术交易所、深圳证券交易所等机构建设国家知识产权和科技成果产权交易机构，在全国范围内开展知识产权转让、许可等运营服务，加快推进知识产权交易服务。科技部持续优化布局技术转化服务网络，截至目前，全国已建设 11 家国家技术转移区域中心、420 家国家技术转移（示范）机构、1500 余家省级技术转移示范机构，以及 40 余家市场化技术交易市场（所），基本形成覆盖全国县级及以上地区的技术转移服务网络。

（二）强化高校和科研院所专业机构建设。我局会同教育部推动

110所知识产权试点示范高校发挥引领带动作用，强化知识产权管理运营机构设置和专业人员配备，切实加大政策支持、资金投入和条件保障力度，有效提升高校知识产权机构和人员的专业化能力，以专业的指导和服务解决“不敢转”的后顾之忧。科技部、教育部印发《关于进一步推进高等学校专业化技术转移机构建设发展的实施意见》，并开展首批20家高校试点工作，推进高校技术转移机构高质量建设和专业化发展。

下一步，我局将会同科技部等相关部门，围绕破解科技成果转化难题，不断完善政策、健全机制、强化指导、优化服务，着力提高专利质量、运用效益和服务能力，促进更多科技成果向现实生产力转化。

衷心感谢你们对知识产权工作的关心和支持，希望继续关注知识产权事业发展，提出更多的宝贵意见和建议。

国家知识产权局

2022年8月31日

全国政协十三届五次会议第 03614 号提案

题　　　目： 关于加强基础教育教科研院所信息化建设的提案

主　　　办： 教育部

提 案 形 式： 个人提案

第一提案人： 韩宝生

内　　　容：

教科研工作是保障基础教育质量的重要支撑。长期以来，教科研工作在推进课程改革、指导教学实践、促进教师发展、服务教育决策等方面，发挥了十分重要的作用。进入新时代，面对发展素质教育、全面提高基础教育质量的新形势新任务新要求，教科研院所的信息化建设和信息化水平相对不足的问题，急需加以解决。

一、案由

《教育部关于加强和改进新时代基础教育教研工作的意见》（教基〔2019〕14 号）指出，进一步完善国家、省、市、县、校五级教研工作体系，积极探索信息技术背景下的教研模式改革。

《教育部关于加强新时代教育科学研究工作的意见》（教政法〔2019〕16 号）指出，充分运用认知科学、脑科学、生命科学等领域最新成果和研究方法，综合运用人工智能等新技术开展教育研究，深入探讨人工智能快速发展条件下教育发展创新的思路和举措，不断拓展教育科研的广度和深度。

当前，随着基础教育学校信息化的高质量建设和发展，各级教科研院所的信息化程度已大幅落后一线学校的信息化水平，制约了教科研事业的发展。

二、建议

（一）加强教科研信息化平台建设

建设国、省、市、区（县）、校远程教研及教学智能分析平台，实现远程听评课和远程教研；建设省、市教育质量综合评价系统和教育质量监测系统，实现综合评价、增值性评价和过程性评价的综合运用；建设录播直播室，提升教研员课堂教学水平，便于学科活动开展；建设市级教科研管理平台，促进规划课题、教学成果进一步提炼，提升区域教科研信息化管理水平。

（二）加强教科研院所专用场室建设

建立学科专业实验室和研训室，开展实践教学研究，支撑教育实证研究。如，科学实验室、物理实验室、化学实验室、生物学实验室、跨学科综合实验室、创新实验室、数字化地理专用教室、信息科技实验室、人工智能实验室、STEAM 中心、科创空间、艺创空间、视听空间、微课制作室、心理咨询室、家庭教育研究室等。

关于政协第十三届全国委员会第五次会议第 03614 号（科学技术类 170 号）提案答复的函

韩宝生委员：

您提出的《关于加强基础教育教科研院所信息化建设的提案》收悉，现答复如下：

教育科学研究是教育事业的重要组成部分，对教育改革发展具有重要的支撑、驱动和引领作用。您对基础教育教科研院所信息化建设的问题分析和建议有针对性，对开展教科研院所信息化建设具有借鉴意义。

关于加强教科研信息化平台建设。2019 年 10 月，教育部印发《关于加强新时代教育科学研究工作的意见》（教政法〔2019〕16 号）中提出完善全国教育科学规划管理平台，统筹管理和使用各级各类教育科学规划课题成果，指导各地各校创新科研范式和方法，综合运用人工智能等新技术开展教育研究，深入探讨人工智能快速发展条件下教育发展创新的思路和举措，不断拓展教育科研的广度和深度。同年 11 月，教育部又印发《关于加强和改进新时代基础教育教研工作的意见》（教基〔2019〕14 号）指导各地要深化教研工作改革，创新教研工作方式，因地制宜采用区域教研、网络教研、综合教研、主题教研以及教学展示、现场指导、项目研究等多种方式，提升教研工作的针对性、有效性和吸引力、创造力。特别提出要积极探索信息技术背景下的教研模式改革，部分省市已经探索建设教育质量综合评价系统和教育质量监测系统，实现综合评价、增值性评价和过程性评价的综合运用。各地各校普遍建设了录播直播室，教研员指导教师加强课堂教学，开展各类学科活动。部分信息化实验区建设了教科研管理平台，主要用于规划课题调度、教学成果提炼，进一步提升了区域教科研信息化管理水平。

关于加强教科研专用场室建设。2016 年 7 月，教育部印发《关于新形势下进一步做好普通中小学装备工作的意见》（教基一〔2016〕3 号），2019 年 11 月，教育部印发《关于加强和改进中小学实验教学的意见》（教基〔2019〕16 号）都明确提出要求各地加强设施建设，支持探索建设综合实验室、特色实验室、学科功能教室、教育创客空间等教育环境。鼓励对现有教室进行多功能技术改造，建设复合型综合实验教学环境，适应学生学习需求，保障实验教学条件。

下一步，教育部将大力实施国家教育数字化战略行动，并积极支持鼓励各地利用信息化手段不断提升基础教育教科研水平。

感谢您对教育工作的关心与支持！

教育部

2022 年 10 月 23 日

全国政协十三届五次会议第 01622 号提案

题　　　目： 关于建议科研业务费中允许支付数据共享相关费用的提案

主　　　办： 财政部

会　　　办： 科技部　中科院　自然科学基金委

提 案 形 式： 个人提案

第一提案人： 薛勇彪

内　　　容：

我国各类科研项目主要由科技部、中科院、国家自然基金委等各部委设立批复，并拨付相关科研经费，支持科研活动中涉及的各类科研业务、国际合作交流、劳务支出等。此类财政经费的投入切实推动了我国基础科学与技术的快速发展，并产生了大规模的科学数据。例如，在生命科学领域，各类研究产出的数据已呈指数增长态势，这些数据包括基于测序技术的基因序列、基于实验大田的表型数据、基于显微 /CT 等技术的影像数据、基于电镜等方法的结构数据等等。自 2019 年起，国家重点研发计划逐渐实行科学数据汇交制度，这对推动科学数据的有序管理和开放共享起到重要促进作用。然而，数据汇交共享是一个比较复杂的流程。尤其在当前及未来数据量日益增大的趋势下，研究人员需要花费较多的时间和精力完成数据汇交，有时甚至需要雇用专业数据管理人员从事该任务。在目前的科研项目预算科目中缺少相应的条目支持，所以对绝大部分科研人员来说汇交共享数据是一个负担因而不愿意积极实施。同时，对于国家数据中心来说，越来越多的数据汇集将逐渐成为数据中心沉重的包袱，长期稳定运行的成本和压力巨大。

为解决上述困境，建议各部委批复的各类科研项目，允许将科研业务费中的一部分用于支付数据汇交共享相关的费用，并通过政策引导，树立科学数据与论文产出同等重要的意识，建立一线科研工作者与“国家科学数据中心建设主体”之间的联系，推动我国科研产出数据向国家数据中心汇聚，促进数据共享与应用，为“数字中国”建设奠定基础。

此外，该建议的实施有助于科研人员根据实际科研需求支出课题经费，助力项目申请者厘清研究内容及课题设计、规划数据产出及汇交管理、解决科研数据零散丢失无积累等各类实际问题。同时，可更好将“项目经费管理者—科研工作者—科学数据中心主体”形成闭环管理，切实推动我国科学数据中心的建设与发展。

关于政协第十三届全国委员会第五次会议第 01622 号（科学技术类 083 号）提案答复的函

薛勇彪委员：

您提出的《关于建议科研业务费中允许支付数据共享相关费用的提案》收悉，现答复如下：

科学数据是信息时代传播速度快、影响面宽、开发利用潜力大的战略性、基础性科技资源。随着科研投入不断增加，越来越多的科学数据被采集、获取和积累起来，及时汇交和共享这些数据资源，有利于更好支撑国家科技创新、经济社会发展和国家安全。近年来，我国着力加强科学数据汇交共享。2018 年，国务院办公厅印发《科学数据管理办法》（国办发〔2018〕17 号），要求科技计划项目产生的科学数据应按照有关规定予以汇交，并通过科学数据中心规范管理和长期保存。根据《科学数据管理办法》有关要求，科技部先后制定了《国家科技资源共享服务平台管理办法》（国科发基〔2018〕48 号）、

《国家重点研发计划项目综合绩效评价工作规范（试行）》（国科办资〔2018〕107号）等制度，推动相关科学数据向科学数据中心汇交，促进科学数据共享应用。2021年，标准委印发了《科技计划项目形成的科学数据汇交技术与管理规范》《科技计划项目形成的科学数据汇交通用数据元》《科技计划项目形成的科学数据汇交通用代码集》3项国家标准，明确了科学数据汇交原则、管理主体与职责、主要内容、工作流程，规范了通用数据元和通用代码集，夯实了科技计划项目科学数据汇交工作基础。同时，财政部支持依托高校、科研院所建设了20个国家科学数据中心，并根据国家科学数据中心服务绩效安排后补助经费，支持科学数据共享。

关于您关心的科研项目中发生的科学数据汇交共享相关费用列支问题，根据《国务院办公厅关于改革完善中央财政科研经费管理的若干意见》（国办发〔2021〕32号），直接费用分为设备费、业务费、劳务费，在实际工作中，可根据科研项目的科学数据汇交共享支出具体情况，在相关科目中予以列支。如，根据《国家自然科学基金资助项目资金管理办法》（财教〔2021〕177号）有关规定，业务费是指项目实施过程中消耗的各种材料、辅助材料等低值易耗品的采购、运输、装卸、整理等费用，发生的测试化验加工、燃料动力、出版/文献/信息传播/知识产权事务、会议/差旅/国际合作交流等费用，以及其他相关支出。根据实际研究需要的数据汇交共享可能发生的数据收集、加工、整编、汇交、存储和共享等相关费用，可在业务费科目中列支。又如，劳务费是在项目实施过程中支付给参与项目的研究生、博士后、访问学者和项目聘用的研究人员、科研辅助人员等的劳务性费用，以及支付给临时聘请的咨询专家的费用等。在科研项目实施过程中，与数据汇交工作相关的工作人员劳务费，可以在符合劳务费相关管理规定的情况下，在劳务费科目中列支。

随着数据密集型科研范式快速发展，科学数据的收集、整理、分析、挖掘与利用发挥的作用日益显著，加强科学数据汇交是做好科学研究与技术创新的重要抓手。您的建议十分重要，财政部将会同科技部等相关部门，一是进一步加强政策宣传培训，让科研机构和科研人员充分了解数据汇交共享相关费用的列支政策；二是强化政策引导，推动科研机构、科研人员高度重视数据汇交和共享工作，促进科学数据共享与应用。

感谢您对财政工作的关心和支持，欢迎再提宝贵意见。

财政部

2022 年 8 月 4 日

全国政协十三届五次会议第03172号提案

题　　目： 关于做好稳外贸工作的提案

主　　办： 商务部

会　　办： 人民银行　银保监会

提案形式： 个人联名提案

联名人数： 1

第一提案人： 徐葵君

联名提案人： 王美华

内　　容：

2021年，我国出口持续超预期增长成为我国经济增长的重要支撑。全年货物和服务净出口对GDP的贡献率达到20.9%，拉动GDP增长1.7个百分点。现阶段我国经济仍面临需求收缩、供给冲击、预期转弱三重压力，2022年出口形势关系到经济运行和就业稳定，因此从2021年出口高增长下的贸易结构、需求来源和拉动因素来判断出口支撑因素在2022年的变化，为稳定外贸发展提供对策建议。

一、2021年出口情况

2021年我国出口持续超预期高增长是一个亮点，出口规模达3.36万亿美元，创下历史新高，同比增长29.9%，两年平均增速为16%。同时，我国出口质量提升、结构优化。一方面，从出口产品结构看，在机电产品出口占主导的同时，防疫产品、居家办公和生活用品、房屋装饰产品出口均保持较高增速。另外，2021年全球经济复苏加快，大宗商品需求增长、价格持续上涨带动我国钢铁出口额大幅增长，同时2020年相关产品出口基数较低、2021年我国调整钢铁出口退税政策等对 2021 年的出口增长也有明显影响。另一方面，贸易伙伴更趋多元化。对“一带一路”沿线、拉美、非洲等新兴贸易市场出口保持高增长，对美国、欧盟、东盟等传统贸易伙伴的出口也增势良好。2021 年，我国出口额同比增加 7740.1 亿美元，其中欧盟、美国、东盟分别贡献率分别为 16.3%、16.1% 和 12.7%，对我国外贸高增长起到重要作用。

二、2022 年面临挑战

受海外需求走弱、高成本、高基数等因素影响，预计 2022 年我国全年出口增速将稳中回落。从外需端看，首先，主要经济体货币政策转向将带来投资放缓，总需求逐渐回归常态，难现 2021 年需求爆发式的增长。其次，疫情反复将继续冲击工业生产、削弱投资需求，对我国资本品、中间品出口产生不利影响。最后，通胀压力短期难以缓解并将侵蚀消费者信心和购买力。受疫情反复影响，航空、港口等物流从业人员染病缺勤增加，或使全球供应链紧张情况加重，同时能源、劳动力供给紧张也带来持续的通胀压力，从而导致消费者为商品和服务支付更高价格的意愿将会降低，消费者信心逐步下滑。从供给端看，我国外贸企业面临物料、人力、物流成本压力，人民币汇率持续走强挤压外贸利润空间，同时，在 2021 年高基数上继续高增长的难度进一步加大。

三、做好稳外贸的政策建议

（一）加大外贸市场开拓，积极培育外贸新业态新模式

一是充分发挥 RCEP 协议生效的带动作用。支持我国外贸企业和品牌深入开拓 RCEP 大市场，加强国内外在原材料、劳动力、技术等方面的互补合作，密切双边多边经贸关系。二是加快推动“一带一路”外贸市场发展。利用中欧班列优势，促进内外贸融合发展，推动内陆省份地区拓展“一带一路”沿线市场。三是加快发展外贸新业态新模式。扎实推进跨境电商综合试验区建设，提升市场采购贸易方式便利化水平；加大支持海外仓建设，完善智慧物流平台建设。

（二）加大财税金融支持，助力外贸企业保订单、稳预期

一是加强外贸信贷投放。鼓励金融机构继续用好普惠小微贷款支持工具，加大对中小微外贸企业的信贷支持力度，发展供应链金融产品。二是提升出口信用保险作用。扩大出口信用保险对中小微外贸企业承保的覆盖面和规模，加大对跨境电商、海外仓等新业态的保险支持力度，结合企业需要，创新保单融资等产品。三是继续引导金融机构向实体经济让利，落实好国家减税降费的政策。

（三）加强缓解供应链紧张问题

保障外贸产业链供应链稳定畅通，缓解外贸企业物流成本压力，一是加强国际合作，推动完善海运日常监测和应急调度机制，增强港口间协同配合，加强国际海运领域监管，依法打击违法违规收费、哄抬运价等行为。二是进一步提升国内通关效率，加快货物查验，减少货物在口岸的停留时间。三是鼓励外贸企业与航运企业签订长期协议，降低运价波动。

关于政协第十三届全国委员会第五次会议第 03172 号（商贸监管类 137 号）提案答复的函

徐葵君等委员：

你们提出的《关于做好稳外贸工作的提案》收悉，现答复如下：

2022 年以来，外贸面临国际国内多重因素冲击，风险和不确定性明显增多，形势复杂严峻。商务部、人民银行、银保监会等部门坚决贯彻落实党中央、国务院决策部署，把稳外贸作为重中之重，迅速采取有力措施，多措并举帮扶企业，抓好政策落实落地，全力以赴推动外贸保稳提质。1—7 月，货物进出口总额 23.6 万亿元，同比增长 10.4%。其中出口 13.4 万亿元，增长 14.7%；进口 10.2 万亿元，增长 5.3%。

一、出台一系列稳外贸政策措施

商务部认真贯彻落实党中央、国务院决策部署，按照中央经济工作会议精神，靠前发力、适时加力，会同发展改革委、财政部、人民银行等20余个部门和单位先后报请国务院出台《国务院办公厅关于做好跨周期调节进一步稳外贸的意见》（国办发〔2021〕57号）和《国务院办公厅关于推动外贸保稳提质的意见》（国办发〔2022〕18号）两轮28条稳外贸政策措施。商务部会同有关部门和单位狠抓落实，从加强外贸企业生产经营保障、加大出口信用保险支持、加大进出口信贷支持、加强对中小微外贸企业金融支持、加快出口退税进度、促进加工贸易稳定发展等方面切实帮助企业纾困解难，降低企业综合成本，稳定企业生产经营。

二、积极助力外贸企业拓市场

一是高质量实施《区域全面经济伙伴关系协定》（RCEP）。商务部会同相关部门印发《关于高质量实施RCEP的指导意见》并加大推进落实力度，将RCEP生效实施作为稳外贸的重要抓手，用足用好市场开放承诺和规则，扩大原产地区域累积规则的综合效应。开展专题培训，推动企业抢抓协定发展机遇，更大程度拓展区域和全球市场，参训企业覆盖全国并深入县及县以下，截至6月底，已有超过25万人次参加。

二是持续深化“一带一路”经贸合作。深挖与共建国家的贸易潜力，鼓励优质产品进口，发展贸易新业态，“丝路电商”成为新亮点，一批海外仓在沿线国家建成投运。推进陆海新通道建设，中欧班列通达欧洲23个国家、180多个城市。2022年上半年，我与“一带一路”沿线国家贸易额达6.3万亿元，同比增长17.8%，占我国外贸总值的比重提高到31.9%。

三是进一步发挥新业态新模式带动作用。商务部会同相关部门报请国务院先后分六批在全国设立132个跨境电商综合试验区，指导各综试区建设“六体系两平台”（信息共享、金融服务、智能物流、电商诚信、统计监测和风险防控体系，线上综合服务平台和线下产业园区平台）。利用外经贸发展专项资金和服务贸易创新发展引导基金等资金渠道，支持物流企业、跨境电商平台和大型跨境电商卖家建设海外仓。指导有条件的地方和企业建设海外智慧物流平台，提升供需对接能力。针对市场采购贸易方式量身定制支持政策，采取简化申报，允许小单集货拼箱拼柜等创新性便利化措施。

三、加大金融支持力度

一是加大外贸企业融资支持。持续释放贷款市场报价利率（LPR）改革红利，2022 年 6 月企业贷款利率 4.16%，创改革开放以来最低水平。用好普惠小微企业贷款延期支持工具和信用贷款支持计划两项直达工具。2022 年，采用市场化方式对两项直达工具进行接续转换，将普惠小微企业贷款延期支持工具转换为普惠小微贷款支持工具，按照普惠小微贷款余额增量的 1% 提供资金，增加普惠小微贷款。扩大保单融资规模。商务部、银保监会等部门积极鼓励银行与出口信保机构加强对接，通过“政府 + 银行 + 保险”“再贷款 + 保单融资”等方式，提供更多融资便利，更好满足外贸企业资金需求。在真实交易背景下，引导金融机构向大型骨干外贸企业的上下游企业提供供应链金融产品。

二是提升出口信用保险作用。商务部会同财政部、银保监会等部门加大出口信用保险支持力度，推动出口信用保险机构在去年基础上进一步扩大对中小微外贸企业的承保覆盖面和规模，继续优化承保和理赔条件，缩短理赔时间。截至 5 月底，中信保公司承保规模突破 3500 亿美元，同比增长 12.7%，服务外贸企业 14.9 万家，同比增长 7.5%。商务部、中国出口信用保险公司联合印发《加大出口信用保险支持　做好跨周期调节进一步稳外贸的工作通知》，要求在依法合规、风险可控前提下，加大对传统外贸企业、跨境电商和物流企业等建设和使用海外仓的承保支持。

三是提升金融机构服务外贸企业能力。人民银行、外汇局联合印发《关于做好疫情防控和经济社会发展金融服务的通知》《关于支持外贸新业态跨境人民币结算的通知》，银保监会印发《关于2022年进一步强化金融支持小微企业发展工作的通知》，上述文件针对稳定外贸发展、支持银行和支付机构更好服务外贸新业态、加强中小微外贸企业金融服务等方面提出多项具体举措。商务部会同相关部门，积极鼓励金融机构围绕外贸行业特点，开发针对性产品和服务，提升外贸企业金融服务可得性。如进出口银行推出小微外贸企业风险共担转贷款政策性产品，为政策性金融支持外贸小微企业开创新路径。银保监会加强金融服务收费治理，针对银行保险机构服务中的收费情况，加大检查、处罚、通报力度。

四、保障外贸产业链供应链稳定畅通

一是帮助受疫情影响的外贸企业尽快复工达产。在国务院外贸外资协调机制领导下，充分发挥各级稳外贸稳外资工作专班作用，及时推动协调解决外贸外资企业实际困难。国务院物流保通保畅工作领导小组制定印发多份文件，将外贸货物运输列入重点保障范围，保障重要物资运输车辆优先通行。建立完善“白名单”制度，促进产业链供应链稳定。

二是着力提升口岸运行和通关效率。商务部会同交通运输部等部门多次与地方会商，有力有效疏通海空港集疏运，4月长三角、珠三角等地外贸企业物流难题得到较快缓解。国务院联防联控机制综合组印发《关于进一步优化进口物品新冠肺炎疫情防控工作的通知》，要求各地调整进口非冷链物品静置存放规定，不得层层加码，进口物流效率得到提高。

三是缓解企业国际物流压力。商务部会同相关部门在G20经贸部长会、金砖峰会等多双边场合呼吁共同畅通国际物流，维护产业链供应链稳定。引导全球10余家主要班轮公司在我国至欧美重点航线上加大舱位投入。指导班轮公司合理收费，规范市场经营。鼓励地方搭建供需对接平台，引导班轮公司主动送服务上门，与外贸企业商签长期运输合同，通过直客对接、完善网上订舱平台等多种方式保障中小外贸企业运力需求。

下一步，我们将坚决贯彻党中央、国务院决策部署，加强横向协作与纵向联动，继续狠抓各项稳外贸政策落实，切实降低外贸企业特别是中小微外贸企业综合成本，稳住企业预期、信心。加强政策宣传解读，确保企业应知尽知、应享尽享。继续贯彻稳健的货币政策，保持流动性合理充裕，引导融资成本进一步下降，加大对外贸企业的金融支持。

感谢你们对我国商务事业的关心和支持。

商务部

2022 年 8 月 22 日

全国政协十三届五次会议第 01309 号提案

题　　　目： 关于提升中欧班列外联内畅水平的提案

主　　　办： 国铁集团

会　　　办： 工业和信息化部　交通运输部　商务部　海关总署　银保监会　铁路局

提 案 形 式： 个人提案

第一提案人： 王济光

内　　　容：

中欧班列运行十多年来，取得了长足进步，在推动“一带一路”建设、应对新冠疫情冲击、保障国际物流畅通等方面发挥了重要作用，在探索陆上贸易规则、打造对外开放新高地方面取得了重大进展。

但是，在构建国内国际双循环新发展阶段，中欧班列正面临着国际经济形势加速衰退、地缘政治格局动荡不定、国内区域经济协同存在短板以及多式联运组织效率有待提高、市场化运营创新思维和方式亟待突破等新的压力。应当全面审视中欧班列的发展战略，对下一步发展目标、阶段任务、重点工作进行综合统筹、多管齐下、协同发力，全面提升中欧班列外联内畅、安全高效的质量和水平。

为此建议：

一、围绕国家“一带一路”倡议目标，打造对外开放新高地

梳理国内沿线物流分拨需求，根据当地产业与经济发展情况，优化布局沿线节点，加快推动以铁路物流为核心的现代多式联运产业发展，构建“铁＋水＋海＋空＋公”多式联运运输体系，做实中欧班列集结中心示范工程，着力建成“陆海公空内外联动、东西南北多向互济”

的国际国内物流大通道，打造若干联通国内国际双循环的战略枢纽，逐步将中欧班列建设成为有世界影响力的国际化物流贸易大通道。

二、围绕中欧班列国际化需求，培育国际通道互联畅通安全高效新平台

完善欧亚地区线路网络，加强与陆海新通道、长江黄金水道、空中丝绸之路的服务对接，强化联运大通道配套内贸班列建设，提高通道物流网络化协同水平和规模效应。加强通道货源集结和组织运营，探索建立多式联运标准体系，加强与通道沿线境内外节点城市物流枢纽合作，共建物流集结分拨中心、海外仓、物流和运营组织中心等功能平台。加强中欧班列信息化合作，逐步实现在线订舱、综合服务等业务功能，适时推动组建中欧班列联盟，实现平台专业化、数据电子化、信息共享化、服务智能化。深化投融资模式创新，探索设立国际物流投资基金开展国内外物流兼并重组，鼓励交叉持股、共同投资等资本合作，形成一批具有一定实力的区域性物流公司、基地型物流公司。加快由班列运营企业向供应链服务企业转型，创新“物流＋贸易＋金融＋产业”运行模式，推动物流及配套产业、运贸一体化和衍生产业发展，形成通道畅达、辐射内陆、联通全球的国际物流分拨中心。

三、围绕中欧班列转型升级，着力促进通道物流及其延伸服务的协调发展

加快中欧班列多元化业态探索，积极开行冷链物流、特种集装箱等高附加值班列，推动建立国际铁路物流服务标准，提升班列运行时效，促进班列运输结构实现双向平衡，加快建立铁路国际运输服务标准，提升中欧班列市场竞争力。深化资源优化整合，提升集装箱管理数字化水平，推动集装箱租赁、报关、拖车、货代仓储等运输配套业务发展，加快海外仓布局，拓宽海外仓功能，不断完善配套业务体系，提升铁路物流配套业务对班列运输主业发展支撑能力。

四、围绕业态多元化发展，积极探索运贸一体化及衍生业态

强化与市内产业园区、国内外贸易企业运贸一体化合作，大力培

育物流金融、物流大数据等衍生产业，打造中欧班列发展新增长点。按照“以运带贸、运贸结合”的思路，立足国内民生消费、产业发展对各类商品、原料和工业品的需求，积极探索“班列 +”模式，推动产品采购、运输、加工、销售一体化发展，增强区域产业发展带动能力。围绕物流供应链全流程，加强与物流金融平台的合作，积极开展仓单融资、保理、融资租赁、结算等金融增值服务，提升物流供应链的金融服务能力。以打造中欧班列物流信息集成平台为契机，开展供应链大数据服务和物流大数据服务，推动中欧班列由国际物流服务升级为国际物流平台运营，重点推进发展物流供应链大数据服务和拓展物流大数据服务领域。

关于政协第十三届全国委员会第五次会议第 01309 号（工交邮电类 165 号）提案答复的函

王济光委员：

您提出的《关于提升中欧班列外联内畅水平的提案》收悉，经商工业和信息化部、交通运输部、商务部、海关总署、银保监会、国家铁路局，现答复如下：

一、关于围绕“一带一路”倡议，打造对外开放新高地

2016 年，原铁路总公司、国家发展改革委牵头编制并由推进“一带一路”建设工作领导小组办公室印发了《中欧班列建设发展规划（2016—2020 年）》，在全国范围内规划布局了西、中、东 3 条中欧铁路运输通道以及内陆货源地、铁路枢纽、沿海港口、沿边陆路口岸等 4 类 43 个中欧班列枢纽节点，并对围绕中欧班列枢纽节点打造多式联运功能的大型综合物流基地提出明确要求。2018 年，国家发展改革委、交通运输部编制印发了《国家物流枢纽布局和建设规划》，规划布局了 127 个国家物流枢纽承载城市，并明确提出促进国家物流枢纽

与中欧班列融合发展，提高枢纽国际货运规模化组织水平。2020年，为优化中欧班列布局，促进中欧班列高质量发展，国家发展改革委选取重庆、成都、郑州、西安、乌鲁木齐等5个区位条件优越、设施基础良好、运营规范有潜力的城市，开展了中欧班列集结中心示范工程建设，支持其做大做优做强。下一步，国铁集团将会同国家有关部门，不断优化中欧班列发展顶层设计，强化对地方产业与经贸发展的支撑，加强与港口、机场、公路货运站以及产业园区的统筹布局和联动发展，加快中欧班列集结中心示范工程建设，逐步将中欧班列建设成为有世界影响力的国际化物流贸易大通道，推动共建“一带一路”高质量发展。

二、关于围绕中欧班列国际化需求，培育国际通道互联畅通安全高效新平台

为扩大中欧班列服务范围和保障通道畅通，国铁集团不断优化完善中欧班列境外通道布局，目前在境外已初步形成北、中、南三大通道。北通道为经二连、满洲里、绥芬河等铁路口岸联通蒙古、俄罗斯、白俄罗斯宽轨铁路，通过波兰铁路通达欧洲其他各国，辅以俄罗斯—芬兰、乌克兰—斯洛伐克/匈牙利、俄罗斯加里宁格勒—波兰、俄罗斯加里宁格勒—德国海铁联运等支线；中通道为经阿拉山口、霍尔果斯铁路口岸等联通哈萨克斯坦铁路，在俄罗斯境内与北通道汇合；南通道为经阿拉山口、霍尔果斯等铁路口岸，联通哈萨克斯坦、里海轮渡、阿塞拜疆、格鲁吉亚宽轨铁路，通过伊朗、土耳其铁路或黑海海铁联运通达欧洲其他各国。同时，中欧铁路通道不仅直接联通了中国与欧洲及沿线国家，而且在东方，通过海铁联运、长江黄金水道、公铁联运、中老铁路等方式联通了韩国、日本等东亚国家，以及越南、老挝、泰国等东南亚国家；在西方，通过波罗的海、黑海、地中海海铁联运，莱茵河水铁联运等方式联通了英国、北欧各国、希腊等地中海沿岸各国以及欧洲大陆腹地。为推进中欧班列安全稳定高质量发展，国家有关部门制定了中欧班列“1+N+X”政策文件，对中欧班列境外通道及节点布局、海外仓建设、信息化发展、开发性金融等作出了具体安排和

实施方案，目前各项工作正在稳步推进中。

三、关于围绕中欧班列转型升级，着力促进通道物流及其延伸服务的协调发展

中欧班列有效促进了亚欧间铁路运输和经贸合作发展，2017 年中国、白俄罗斯、德国、哈萨克斯坦、蒙古国、波兰、俄罗斯七国铁路部门成立了中欧班列运输联合工作组，标志着中国铁路倡导和推动的中欧班列国际铁路合作机制正式建立，近年来在合作机制框架内推动签署了中欧班列运输、服务和技术标准等一系列制度办法，同时积极拓展冷链物流、特种集装箱、液体集装袋等高附加值货源，推动中欧班列回程货源品类不断丰富，2022 年上半年中欧班列回程 / 去程比达到 86%，双向货源日益均衡。在提升中欧班列物流配套业务方面，国铁集团建设了铁路货运电子商务平台，在用户注册、证书申请、运单提报流转、费用支付、领货理赔以及专用线交接等业务环节都已实现网上办理，建设了集装箱运输信息系统，实现了场站作业全流程信息贯通和全过程追踪，同时可通过多式联运数据交换平台，与港口、船公司实现铁水联运 EDI 信息交换；商务部报请国务院办公厅印发了《关于加快发展外贸新业态新模式的意见》，鼓励引导传统外贸企业、跨境电商企业等加快在中欧班列沿线国家重点市场建设海外仓，支持跨境电商通过中欧班列运输。

四、关于围绕业态多元化发展，积极探索运贸一体化及衍生业态

银保监会等部门高度重视中欧班列和跨境陆路贸易工作，积极开展专项政策研究，推动银行保险机构加大对中欧班列及相关贸易的支持。2019 年，银保监会、商务部、外汇局印发了《关于完善外贸金融服务的指导意见》，明确提出银行保险机构要加大对中欧班列发展和铁路运单物权化等贸易新业态、新领域的支持力度，综合运用支付结算、融资融信、出口信用保险等产品服务，加大对外贸企业的支持。目前，重庆、四川、河南等多地银行机构基于铁路运单、多式联运提单等中欧班列运输单证，为相关外贸企业提供信用证开立、进口押汇

等融资支持，有效缓解了外贸企业财务压力。下一步，国家有关部门将制定完善相关监管政策，持续推动银行保险机构在风险可控的前提下，加大对中欧班列和跨境陆路贸易的支持。为加快中欧班列信息化发展，2021 年，国铁集团启动建设中欧班列信息集成平台项目，近期主要建设内容和任务包括开通中欧班列门户网站，打造信息数据发布、境内外全程物流业务受理、客户服务的重要窗口，实现与政府部门、各地平台公司、境外铁路 / 货代 / 港口等中欧班列相关主体间信息互联互通，为客户提供“一站式”综合服务等；远期将深化国际合作，创新信息服务增值，与制造业、商贸服务业、金融服务业等行业深度融合，支撑全流程智慧决策效率与精准度不断提高和服务供应链管理水平明显提升，推动数据驱动、系统支撑、网络协同的中欧班列平台经济持续发展。

感谢您对铁路工作的关心和支持。

国铁集团

2022 年 7 月 29 日

全国政协十三届五次会议第 03480 号提案

题　　　目： 关于规范招标代理机构健康发展的提案

主　　　办： 发展改革委

会　　　办： 教育部　财政部

提 案 形 式： 个人提案

第一提案人： 郑　军

内　　　容：

随着“放管服”改革的深入推进，2014 年财政、住建、商务、工信及发改委等部门陆续取消了各行业招标代理机构的资质行政审批，招标代理行业门槛大幅降低，招标代理机构数量急剧增加。蓬勃发展的同时，招标代理行业也出现诸多问题。

一是招标代理机构及其从业人员业务能力良莠不齐。招标代理门槛降低，招标代理机构违规成本低，招标师职业水平考试取消，从业人员没有专业要求，大多数半路出家，专业素养偏低，无法为招标人提供精准的法律服务，无法替招标人管控风险。

二是招标代理服务费收取标准混乱问题。2015 年招标代理服务费实行市场调节价后，多数招标代理机构收费标准明显混乱，恶意竞争层出不穷。代理机构收费巧立名目，如代理机构向招标人收取工程量清单及控制价编制费、专家评审费等，甚至强制找投标人收所谓的“会费”。

三是投标保证金监管问题。一些省份停止收取政府采购工程投标保证金及履约保证金，但大量非政府采购项目仍由招标代理机构代收取投标保证金，而招标人缺乏对投标保证金监管，保证金清退不及时或挪用现象时有发生。

四是与招标人、投标人合谋问题。招标人为规避风险，大小业务均通过招标代理机构代理，体现名义上的公平公正，但是有些招标代理机构法制观念不强、职业道德低下，而失信惩戒制度不完善、违法成本低，为招标代理机构及从业人员违法违规提供了可乘之机。

建议：

一、完善招投标法律法规体系

目前《招标投标法》《政府采购法》以及配套法律法规对招标采购行为有规定，但对于操作的细节及标准并未到位，招标人监管意识薄弱、手段缺乏，过度依靠行政部门监管，造成实际监督工作效果不明显，有必要建立事前审查、事中监督及事后监管的全流程监督管理法律体系。

二、建立健全招标代理机构信用评价管理体系

代理机构资质要求取消之后，对其信用评价管理成为监管主要方式之一。目前，全国各地一方面极力完善监管措施，一方面共同面临量化标准、评价周期及失信惩戒不统一等问题。主管部门应建立全国统一的招标代理机构信用评价管理体系，科学制定评价标准，评价结果全国共享互认。建立全国信用信息公示及查询平台一体化系统，改变目前多平台各自为政的局面。对从业人员建立相应的信用评价体系，将招标代理行业进行从上至下、分层监管，形成个体与企业互相成就、互相促进的联动机制。

三、加强对代理机构及其从业人员的培养及考核

在高等院校开设招投标专业，或在相关专业建立并开设相应课程体系，提高招标代理行业人才队伍建设基础水平。建立招标从业人员从业资格认证及培训考核管理制度，从业人员通过职业考核后上岗。

四、规范招标代理机构代理行为

建立信用评价一体化平台，加大审查招标代理机构的频次及违法违规惩戒力度，对招投标活动各方主体违规违法行为形成有力震慑，

切实有效规范招投标行为。在招标活动中确有必要收取投标人投标保证金的，禁止收取现金或直接转账至招标代理机构账户，可采用出具银行保函、设置第三方监管账户等形式，防范投标保证金被挪用风险。

五、积极发挥社会组织作用，加强行业自律管理和服务

目前我国招标投标行业协会自律的法律规范不够全面和完善，公信力及威慑力有限，无法在行业规范、行业标准、行业伦理道德、行业惩戒等方面发挥更有效的作用。政府应加强对招标行业协会章程与规范审查的监督和指导，建立健全招标投标协会对行业规范制定、惩戒措施设置、行业惩戒与行政处罚有机结合措施等一系列行业监管机制，通过对招投标协会惩戒权的合理配置提高社会对其认知及认可度，实现高水平行业自律管理和服务，使其真正成为政府行政监管的重要补充。

关于政协第十三届全国委员会第五次会议第 03480 号（商贸监管类 147 号）提案答复的函

郑军委员：

您提出的《关于规范招标代理机构健康发展的提案》收悉。经商教育部、财政部，现答复如下。

您提出的招标代理机构及其从业人员业务能力良莠不齐、招标代理服务费收取标准混乱、保证金清退不及时或挪用、招标代理机构与招标人及投标人合谋等问题在实践中确实存在，我委与有关部门都高度重视。您提出的完善招投标法律法规体系、建立健全招标代理机构信用评价管理体系、加强代理机构及其从业人员的培养及考核、规范招标代理机构代理行为、积极发挥社会组织作用等建议，具有很强的针对性和可操作性，对于改革完善招投标制度具有重要参考借鉴价值。

一、关于完善招投标法律法规体系

您提出的建立事前审查、事中监督及事后监管的全流程监督管理法律体系的建议，从问题导向出发，有利于解决当前部分招标投标法规制度执行不到位的问题，也有利于整治招标投标领域违法违规问题。

2018 年以来，我委会同国务院有关部门加快推进《招标投标法》修订工作，《中华人民共和国招标投标法（修订草案送审稿）》（以下简称《修订草案送审稿》）已于 2020 年 7 月上报国务院。此次修法针对招投标监管方式滞后、监管手段薄弱、违法成本低等问题，加强招投标信用体系建设，强化标后履约管理，完善异议、投诉、举报处理程序；赋予行政监督部门更充足的执法权限和手段，大幅提升对违法行为的行政处罚额度，通过一揽子制度设计加大监管力度，营造公开、公平、公正和诚实信用的招投标市场环境。

下一步，我们将积极吸收您的建议，对《修订草案送审稿》做进一步修改完善，确保加强和改进招投标监管的相关制度设计尽快落地。同时，我们将更加注重加强招投标全链条监管，进一步健全招投标监管机制，加快推进“互联网 + 监管”，充分发挥当事人相互监督和社会监督作用，持续规范招投标主体行为。

二、关于建立健全招标代理机构信用评价管理体系

您提出的建立全国统一的招标代理机构信用评价管理体系，科学制定评价标准，评价结果全国共享互认的意见，具有很强的针对性和现实意义。

此次修法过程中，加强招标代理机构和从业人员管理是一项重要内容。《修订草案送审稿》中明确规定，国家建立招标代理机构信息统一登记制度。2022 年 7 月，我委会同有关部门印发了《国家发展改革委等部门关于严格执行招标投标法规制度进一步规范招标投标主体行为的若干意见》（以下简称《若干意见》），明确坚持行政监督、社会监督和行业自律相结合，科学建立招标投标市场主体信用评价指标和标准，推动信用信息在招标投标活动中的合理规范应用。

下一步，我们将积极吸纳您的意见，在研究起草招标投标领域信用监管文件时作出相应制度设计，并探索依托招投标公共服务平台等公开市场主体招投标信用信息，稳妥推进招标代理机构信用评价和从业人员专业技术能力评价有关工作，为招标人选择招标代理机构提供参考。

三、关于加强对代理机构及其从业人员的培养及考核

您提出的在高等院校开设招投标专业或开设相应课程体系，建立招标从业人员从业资格认证及培训考核管理制度等建议，对于增强招标代理机构和从业人员素质、提升招标代理服务能力具有积极意义。

近年来，教育部积极支持高校依法自主设置工程管理、工程造价等相关本科专业。目前，工程管理、工程造价等相关本科专业布点数为 830 余个，高职专科设置了建设工程管理、建筑经济信息化管理等专业，高职本科设置了建设工程管理专业，2022 年相关专业布点 1000 余个。

高校申请设置尚未列入专业目录的新专业，要明确该专业与所属专业类中其他专业的区分情况和专业基本要求，需对新专业的科学性、可行性以及专业名称规范性进行论证，经高校申报，教育部组织专家评议，符合相关条件后予以设置。下一步，教育部将积极支持有条件的高校依法设置招投标相关专业，加强相关课程和教材建设，持续加大招投标领域相关人才培养力度，为促进招标代理行业健康发展提供人才和智力支撑。我委将会同有关部门，按照深化“放管服”改革的要求，进一步规范招投标从业人员的管理，建立健全与国际接轨的招投标专业技术人员职业制度。

四、关于规范招标代理机构代理行为

您提出的加大审查招标代理机构的频次及违法违规惩戒力度、防范投标保证金被挪用风险等建议，针对性和可操作性很强，对于规范招投标活动具有重要参考价值。

我委会同有关部门联合印发的《若干意见》中对招标代理行为规

范提出明确要求，并规定行政监督部门应当加强对在本地区执业的招标代理机构及从业人员的动态监管，将招标代理行为作为“双随机、一公开”监管的重点内容，纳入跨部门联合抽查范围，对参与围标串标等扰乱市场秩序的行为严格依法实施行政处罚，并按照规定纳入信用记录。近期，我委正在研究起草《关于完善招标投标交易担保制度 进一步降低招标投标交易成本的通知》，在起草过程中积极采纳了您的意见建议，作出规范保证金退还的制度安排，明确任何单位不得非法扣押、拖欠、侵占、挪用保证金。

下一步，我们将积极采纳您的意见，持续加强对招标代理机构及从业人员的动态监管，全面推行保函（保险）替代现金缴纳投标、履约、工程质量等保证金，组织开展清理历史沉淀保证金专项行动，全面清理各种原因造成的历史沉淀保证金，做到“应退尽退”。

五、关于加强行业自律管理和服务

您提出的加强对招标行业协会的监督和指导，建立健全行业监管机制的建议非常中肯，有利于促进招标代理行业健康发展。

《若干意见》明确，加强招标代理行业自律建设，鼓励行业协会完善招标代理服务标准规范。下一步，我们将认真落实《若干意见》要求，充分采纳您提出的意见，加强对中国招标投标协会等有关行业协会的指导和督促，充分发挥行业协会作用，引导和规范招标代理机构及其从业人员依法依规、诚信自律经营，营造健康规范的行业生态。

感谢您对发展改革工作的关心和支持。

欢迎登录我委门户网站（www.ndrc.gov.cn），了解国家经济和社会发展政策、经济建设和社会发展情况、经济体制改革方面的重要信息。

国家发展改革委

2022年9月21日

二、政治建设

全国政协十三届五次会议第 04784 号提案

题　　　目： 关于优化司法确认制度，促进诉调精准对接的提案
主　　　办： 最高人民法院
提 案 形 式： 个人提案
第一提案人： 郭景平
内　　　容：

随着多元化纠纷解决机制改革的深入推进，司法确认具有的强制执行力使其在众多非诉调解方式中脱颖而出，作为诉讼与非诉衔接的重要一环，有助于在前端化解纠纷，加强诉源治理。经调研天津地区法院情况，发现司法确认案件受理数量基本呈逐年增长趋势，2016—2020 年司法确认案件在 5 年间增长了 7.6 倍，说明司法确认制度实践已有一定进展。但仍然存在冷热不调和运行失范的问题。

一、主要问题

一是各法院受理案件数量不均衡，总体偏低。适用范围领域狭窄，公众知晓度低，制度优势未充分发挥。目前主要适用领域集中在医疗纠纷、交通事故、物业合同、商品房预售和民间借贷纠纷等。

二是调解主要依托于法院诉前调解，部分人民调解组织的调解功能未能充分释放。以天津为例，由法院诉前联合调解机构调解的案件占总数的 62%，其中具有权威性的调解机构如交通、医疗调解委员会促成的调解比例远高于村委会、居委会、企业等调解委员会。

三是虚假调解协议司法确认防范难。调解、司法确认均不收取费用，且对抗性较弱，较传统虚假诉讼成本低、收益高，成为新的虚假诉讼集中点。民间借贷、劳动争议等是虚假司法确认的主要案件

类型，由于当事人恶意串通，隐蔽性强，识别难度大。虚假的认定标准较高，存在“当事人主张多、法官认定少”的困境，法院多以证据不足、真实性无法确认为由不予确认或驳回申请，回避了对虚假诉讼行为的正面直接认定。

二、主要原因

一是制度规定尚需细化统一。司法确认相关司法解释和改革文件在适用范围、审查方式、审查期限、管辖法院等方面，存在一些不协调之处，有待进一步细化统一。

二是激励机制有待充实完善。按照现行绩效管理模式，司法确认案件往往被作为简单案件计入权重。司法确认作为调解的后续环节，部门调解工作质量不高，增加法官审查协议的时间成本，投入与产出失衡，法官更倾向于以考核权重较高的调解结案方式间接确认。在司法责任制背景下，虚假协议确认加大了法官的职业风险。

三是相关主体认知存在偏差。很多当事人不知悉司法确认可以强制执行的制度优势。在对当事人申请司法确认低迷原因的调查中，发现 58% 的当事人不知道司法确认程序及其内容流程、误以为程序复杂，收取费用等。有些调解员认为，达成调解协议就已经解决纠纷，无须告知当事人可以申请司法确认，导致信息壁垒。有些法院认为司法确认制度将已非诉分流的案件导入法院，增加法官工作量，态度消极。

三、相关建议

一是加强顶层统筹规划。立足司法确认性质定位，进一步统一法律规范，理顺细化救济程序。为适用范围做“加法”，纳入特邀调解、行政调解、行政磋商协议；为适用范围做“减法”，剔除业已履行完毕等不具给付内容的调解协议以及当事人自行达成的协议。

二是扩大案件管辖法院。鉴于中级法院和专门法院已开展诉前调解，可总结民事诉讼程序繁简分流改革的试点效果，将司法确认案件管辖扩大至中级法院和专门法院，从而减少当事人的解纷成本，优化司法资源配置。

三是提高调解协议质量。把调解员“请进来”，着力推进一站式多元解纷和诉讼服务体系建设，统筹调配特邀调解资源，加强考核力度。推动法官“走出去”，充分发挥审判权规范、引导和监督作用，协助调解机构开展“要素式调解”，规范调解协议，引导加强调解标准化建设。健全调解机构与法院沟通协作机制，建立联席会议，加强情况通报，促进信息共享。

四是继续推广线上确认。深化智慧法院建设，丰富司法确认供给形式，实现线上线下司法确认互动，做到“让数据多跑路、让当事人少跑腿”，促进矛盾纠纷化解驶入“快车道”。

五是加强虚假协议确认风险管理。强化风险等级识别，提高发现的可能性，根据虚假协议司法确认高发领域和特点，划分案件风险等级，采取类型化防范策略。健全诚信诉讼承诺制度，降低证据证明标准，加强关联案件检索，强化裁判文书说理，提升虚假协议确认处罚的概率。提高违法成本，形成公检法防范和打击虚假诉讼的合力，建立全国法院虚假诉讼黑名单，强化联合惩戒。

六是加大宣传告知力度。发布典型案例，明确调解机构的告知责任，引导当事人算好金钱账、时间账，减少信息不对称。

关于政协第十三届全国委员会第五次会议第 04784 号（政治法律类 343 号）提案答复的函

郭景平委员：

您提出的《关于优化司法确认制度，促进诉调精准对接的提案》收悉，现答复如下：

2019 年以来，为贯彻落实习近平总书记关于“要坚持把非诉讼纠纷解决机制挺在前面”重要指示精神和党中央重大部署要求，人民法院立足国家治理体系和治理能力现代化、建设更高水平的平安中国的政治高度，将建设中国特色一站式多元纠纷解决机制作为弘扬新时代“枫桥经验”的重要载体，为不同需求的当事人提供多样化“菜单式”纠纷解决服务，创造了特色鲜明的多元纠纷解决中国方案，真正让老百姓解决纠纷更多元可选、更便捷高效、更普惠均等。

一是加强机制对接。先后出台《关于人民法院进一步深化多元化纠纷解决机制改革的意见》《关于进一步完善委派调解机制的指导意见》《关于人民法院深化“分调裁审”机制改革的意见》《关于深化人民法院一站式多元解纷机制建设推动矛盾纠纷源头化解的实施意见》和《人民法院在线调解规则》，对于诉前调解与诉讼对接的方式要求、组织形式、工作机制、程序安排等作出规范，建立诉前调解自动履行激励机制，优化司法确认程序，让大量矛盾纠纷通过诉前多元调解及时高效、低成本、不伤和气地得到解决。

二是加强平台对接。以人民法院调解平台为主渠道，实现与中央台办、全国总工会、中国侨联、全国工商联、人社部、退役军人事务部、中国人民银行、银保监会、证监会、国家知识产权局、国家发改委价格认证中心、中小企业协会等 12 家单位“总对总”在线诉调对接，同时邀请各类社会主体入驻平台，提供委派调解、司法确认、立案、速裁快审等全流程、菜单式、集约化“一网通调”解纷服务。目前，人民法院调解平台入驻调解组织 7.3 万家、调解员 32 万名，其中三成以上为律师和行业专业调解员。自 2018 年 2 月至 2022 年 6 月 28 日，累计诉前调解纠纷 2300 万件，调解成功率达 65%。

三是加强人员对接。各级人民法院指派专人负责诉调对接工作，及时加强沟通，协同推进工作。开展“量体裁衣”式培训指导，最高人民法院去年以来共举办调解直播培训 14 场，累计培训调解员 18.97 万人次，最多一场培训人数达 2.85 万人，有力提升参与法院调解人员能力水平。

四是加强保障对接。建立覆盖全面、衔接紧密、运转顺畅的保障机制，加强在线司法确认，2021 年当事人通过调解平台在线申请司法确认 685007 件，大大提高司法确认质效。

您在提案中对诉前调解，特别是司法确认工作中存在的问题和原因进行了深入分析，您提出的专业行业调解力量不足、虚假调解防范难等问题确实在一定程度上影响一站式多元解纷机制健康运行。推进诉前多元调解工作是一项系统工程，需要依靠党委领导、政府主导，社会各界积极参与和大力支持，同时有赖于立法、执法、司法、守法等各环节的协同推进。对提出的相关建议，我们将认真吸收借鉴，不断改进工作，更好为人民群众提供一站式解纷服务。

一、关于加强顶层统筹规划的建议

您在提案中建议要立足司法确认性质定位，进一步统一法律规范，理顺细化救济程序。新修改的《中华人民共和国民事诉讼法》已经将司法确认程序适用范围从原来的仅限于“人民调解协议”，扩展至依法设立的调解组织调解达成的调解协议，为其他依法设立的调解组织参与调解提供有力保障。其中，第二百零二条区分不同情形对申请司法确认调解协议作出新的规定。2022 年 1 月 1 日正式施行的《人民法院在线调解规则》，对诉前在线调解达成的调解协议进行司法确认作出进一步规范明确，为推进这项工作提供政策指引。下一步，最高人民法院将严格按照《中华人民共和国民事诉讼法》《人民法院在线调解规则》等规定，指导各级人民法院规范司法确认工作。

二、关于扩大案件管辖法院的建议

新修订的民事诉讼法第二百零一条对申请司法确认调解协议的管辖作出明确规定：经依法设立的调解组织调解达成调解协议，申请司法确认的，由双方当事人自调解协议生效之日起三十日内，共同向下列人民法院提出：（一）人民法院邀请调解组织开展先行调解的，向作出邀请的人民法院提出；（二）调解组织自行开展调解的，向当事人住所地、标的物所在地、调解组织所在地的基层人民法院提出；调解协议所涉纠纷应当由中级人民法院管辖的，向相应的中级人民法院提出。上述规定明确调解协议所涉纠纷应当由中级人民法院管辖的，应当向中级人民法院提出，可以说经过人民法院长期实践后，通过立法形式明确了中级人民法院可以受理调解协议司法确认申请。

三、关于提高调解协议质量的建议

最高人民法院高度重视调解规范化建设，探索建立双向交流机制。一方面，各地法院通过参与矛盾纠纷诉源治理、调解平台进乡村、进网格、进社区等工作，加强对行政机关、社会力量和基层组织调解的指导，目前全国9500多家人民法庭与5.5万多家基层治理单位进行对接，通过视频系统或到现场以联合调解方式进行指导。另一方面，在人民法院诉讼服务中心建立类型化调解室，邀请各类社会力量入驻法院，并将调解员纳入法院速裁团队，通过全流程指导，促进提升社会各类主体化解矛盾纠纷能力，提高调解质量。在此基础上，创新建立司法联络员制度，各基层治理单位、专业行业调解组织通过指派司法联络员与人民法院开展诉源治理对接工作，有效开展沟通交流，共同推进矛盾纠纷源头治理和多元化解工作。

四、关于继续推广线上确认的建议

目前，人民法院调解平台已经与在线服务、律师服务、委托鉴定等其他服务平台打通，实现一个入口服务当事人和调解员，方便一站式在线开展咨询评估、调解申请、委派委托调解、音视频调解、司法确认、网上立案等事务。今年，我们将以《人民法院在线调解规则》为指引，全面升级人民法院调解平台，推进司法确认工作线上、线下良性互动，让人民群众更加便捷高效地解决矛盾纠纷。

五、关于加强虚假协议确认风险管理的建议

人民法院高度重视虚假诉讼、实施虚假调解行为的防范工作。《人民法院在线调解规则》专门对实施虚假调解行为作出规制，明确人民法院在审查司法确认申请或者出具调解书过程中，发现当事人可能采取恶意串通、伪造证据、捏造事实、虚构法律关系等手段实施虚假调解行为，侵害他人合法权益的，可以要求当事人提供相关证据，当事人不提供相关证据的，人民法院不予确认调解协议效力或者出具调解书；经审查认为构成虚假调解的，依照《中华人民共和国民事诉讼法》等相关法律规定处理；发现涉嫌刑事犯罪的，及时将线索和材料移送有管辖权的机关。下一步，最高人民法院将继续深化一站式建设，充分发挥立案辅助系统等信息化手段自动识别、预警虚假诉讼、滥用诉权作用，加大虚假调解预警管理和制裁力度，促使当事人诚信诉讼。

六、关于加大宣传告知力度的建议

为引导人民群众选择非诉讼方式及时高效化解纠纷，人民法院通过召开新闻发布会、制作动漫小视频、在诉讼服务大厅张贴调解指引等方式，积极宣传推广调解工作的优势特点。2022 年 2 月 24 日，最高人民法院举办《人民法院一站式多元纠纷解决和诉讼服务体系建设（2019—2021）》新闻发布会，通报涉及劳动争议、婚姻家庭、证券期货、金融保险、知识产权、价格争议、涉侨等 8 件在线多元调解案例，充分展现通过“法院 + 社会各界”在线多元解纷机制，有效发挥行业解纷优势和司法保障作用。下一步，我们将继续联合中央部委加强在线调解案例宣传，并在“全国法院一站式建设优秀改革创新成果”评选活动中，多渠道收集调解典型案例，全媒体进行发布工作，吸引更多群众选择诉前调解方式解决纠纷。

感谢您对人民法院工作的关心和支持。

最高人民法院

2022 年 7 月 1 日

全国政协十三届五次会议第 00614 号提案

题　　　目： 关于加快国家社会信用立法的提案

主　　　办： 发展改革委

会　　　办： 人民银行

提 案 形 式： 个人提案

第一提案人： 杨维刚

内　　　容：

人无信不立，业无信不兴。诚信建设是实现中华民族伟大复兴的精神力量，是提升治理体系和治理能力现代化的重要保障。党的十八大以来，以习近平同志为核心的党中央高度重视社会信用体系建设。习近平总书记主持召开中央深改组会议多次研究社会信用体系相关议题，经中央深改组会议审议通过印发了七个具有顶层设计意义的改革性文件。李克强总理多次在国务院常务会议和全国深化“放管服”电视电话会议上指出，社会信用体系建设要坚持应用导向、立法先行。

经过多年实践，我国社会信用体系建设在增强社会诚信意识、支撑“放管服”改革、优化营商环境、提升金融服务实体经济水平、推进国家治理体系和治理能力现代化等方面取得了显著成效。比如，信用法规制度逐步完善，统一社会信用代码实现全覆盖，信用信息共享水平显著提高，信用承诺广泛应用，“信易贷”为信用服务实体经济开展积极探索，信用分级分类监管不断拓展范围，严重违法失信问题治理工作成效显著。

随着社会信用体系建设深入推进，信用意识深入人心。与此同时，当前社会信用体系建设存在的一些重点难点问题，亟待通过提高法律层级方式予以解决。一是“社会信用”“社会信用信息”的概念尚未从法律层面进行明确界定，导致全社会无法形成统一认识，阻碍了社会信用体系建设。二是各地“社会信用信息”的分类标准不一致。从各省区市出台的社会信用条例看，有的省份将社会信用信息分为公共信用信息和市场信用信息；有的省份将社会信用信息分为公共信用信息和非公共信用信息。由于全国没有明确非公共信用信息的采集、披露与应用的统一标准，各地采集、披露与应用非公共信用信息时，存在较大差异性。有的地区担心数据安全问题，选择不归集相应信息。三是由于缺乏法律依据，无法对信用服务机构实施失信惩戒。部分信用服务机构借信用修复之名行骗、在线兜售信用评级证书等违法违规行为；部分互联网企业通过网络抓取信用网站公示信息，却不遵守最长公示期、信用修复等要求，通过胁迫企业谋取利益。

当前，加快构建新发展格局和高质量发展对社会信用体系建设提出了新要求。进一步完善社会信用体系，推动市场主体守信履约、相互信任，降低制度性交易成本，有利于加快形成以国内大循环为主体、国内国际双循环相互促进的新发展格局。深入推进社会信用体系建设，将推动我国形成高效规范、公平竞争、充分开放的市场，形成市场化、法治化、国际化的营商环境高地，降低全社会交易成本，实现经济循环流转和产业关联畅通。而上述目标和要求的实现，有赖国家层面的社会信用立法予以保障和规范。

十三届全国人大常委会立法规划中，社会信用方面的立法项目列为第三类，属于立法条件尚不完全具备、需要继续研究论证的立法项目。截至 2021 年底，据不完全统计，已有 41 部法律、49 部行政法规专门写入了信用条款。在地方性法规中，陕西、湖北、上海等近 20 个省（区、市）出台了省级社会信用地方性法规，10 多个省（区、市）已提请审议或列入立法计划。

综上所述，加快出台国家社会信用法其时已至，其势已成。为此，建议全国人大常委会加快立法步伐，尽早出台社会信用法。

关于政协第十三届全国委员会第五次会议第 00614 号（政治法律类 042 号）提案答复的函

杨维刚委员：

您提出的《关于加快国家社会信用立法的提案》收悉。经商人民银行，现答复如下。

习近平总书记指出，社会主义市场经济是信用经济、法治经济，要完善信用体系等方面的法律制度。《中华人民共和国国民经济和社会发展第十四个五年规划和 2035 年远景目标纲要》明确提出，“建立健全信用法律法规和标准体系”。《法治中国建设规划（2020—2025 年）》《法治社会建设实施纲要（2020—2025 年）》等文件也明确提出“加快推进社会信用立法”。《中共中央 国务院关于加快建设全国统一大市场的意见》提出，要加快推进社会信用立法。2022 年 3 月，中办、国办印发《关于推进社会信用体系建设高质量发展促进形成新发展格局的意见》（中办发〔2022〕25 号，以下简称《意见》），进一步要求加快推动出台社会信用方面综合性、基础性法律。2018 年，全国人大常委会将社会信用立法纳入了立法规划第三类立法项目。您提出的加快推进国家层面社会信用立法的建议具有很强的针对性和重要参考意义，我们将会同有关部门认真研究采纳。

一、有关立法工作进展情况

按照党中央、国务院决策部署，我委和人民银行会同社会信用体系建设部际联席会议成员单位加快推进有关立法工作，深入开展立法前期调研，认真研究起草《信用建设法》草案文本（暂定名，以下简称草案稿），已先后多轮征求各地方、各有关部门意见。主要开展了以下几方面工作：

（一）深入开展立法前期调研

组织召开数十场社会信用立法研讨会，广泛听取有关地方、部门、信用服务机构和专家学者意见建议。先后赴北京、天津、吉林、上海、江苏、浙江、福建、山东、河南、湖北、广东、云南等12个省（区、市），就信息共享、失信惩戒、信用修复、权益保护等重大问题进行专题调研。委托地方召开社会信用立法座谈会50余场，更大范围听取专家学者、企事业单位、行业协会商会的意见建议。

（二）组织开展重大问题研究

我委组建了包括法学专家、信用专家、公职律师的立法研究工作专班，深入开展立法涉及的重大问题调查研究。委托中央党校、华东政法大学等单位，围绕社会信用立法的基本理念、立法模式、与现有法律法规的衔接等重点难点问题开展专题研究。系统梳理国际信用立法有关经验，为起草《信用建设法》形成参考。与北京大学合作开展国家社科基金重大项目“社会信用体系的法律保障机制研究”。

（三）积极推动重点领域信用措施入法

据不完全统计，截至目前，已有《民法典》《公务员法》《保障农民工工资支付条例》等50部法律、59部行政法规中专门写入了信用条款。例如，《民法典》规定，“名誉是对民事主体的品德、声望、才能、信用等的社会评价”“民事主体可以依法查询自己的信用评价；发现信用评价不当的，有权提出异议并请求采取更正、删除等必要措施”。修订后的《公务员法》增加了“被依法列为失信联合惩戒对象的”不得录用为公务员的条款。《保障农民工工资支付条例》规定，“用人单位拖欠农民工工资，情节严重或者造成严重不良社会影响的，有关部门应当将该用人单位及其法定代表人或者主要负责人、直接负责的主管人员和其他直接责任人员列入拖欠农民工工资失信联合惩戒对象名单”。这些专业领域的立法实践为制定综合性的《信用建设法》奠定了重要基础。

（四）认真梳理总结地方信用立法经验

在地方层面，目前，已有陕西、湖北、上海、河北、浙江、辽宁、河南、山东、天津、广东、内蒙古、青海、重庆、江苏、海南、吉林、甘肃、江西、黑龙江、湖南、山西等21个省（区、市）出台专门的社会信用相关地方性法规，且都以专章形式对信用信息管理、守信激励和失信惩戒、信用主体权益保护等重要内容进行了规定，具有很强的指导性、规范性和操作性，也具有很好的示范效应。贵州省的社会信用条例已进入人大审议阶段，另有6个省（市）已将信用相关条例纳入地方人大常委会立法计划。地方立法的先行先试充分贯彻了《意见》中关于“鼓励各地结合实际在立法权限内制定社会信用相关地方性法规”的要求，有利于探索解决社会信用体系建设中的重大理论及实践问题，为国家层面信用立法积累有益经验，提供有力支撑。

二、社会信用立法的思路和主要内容

在深入调查研究、充分参考专家建议、借鉴国内外信用立法经验的基础上，我委牵头于2019年6月起草形成草案稿，历经80余次修改，主要内容包括总则、政务诚信建设、商务诚信建设、社会诚信建设、司法公信建设、信用信息管理、征信业发展与监管、褒扬诚信与惩戒失信、权益保护、法律责任和附则。从立法思路和涵盖内容上看，草案稿与您所提建议基本一致。

（一）关于社会信用法的调整范围

按照党中央、国务院决策部署，社会信用体系建设涵盖政务诚信、商务诚信、社会诚信和司法公信建设，涉及各类社会信用主体。《信用建设法》调整范围拟涵盖境内开展信用建设的各项活动，包括政务、商务、社会、司法等领域，并对信用信息处理、征信业发展、信用奖惩、权益保护等方面内容进行了明确和规范。

（二）关于与信息安全方面法律法规的衔接

近年来，社会各方高度关注信息安全问题，尤其是涉及商业秘密、个人隐私等敏感信息的处理，与市场主体和个人权益息息相关。国家已经出台了包括《民法典》《个人信息保护法》《数据安全法》等多部法律法规，加大对相关主体信息的保护力度。草案稿与这些法律法规做了充分衔接，进一步规范信用建设中关于信用信息的使用处理，强化对各类信用主体的权益保障。

（三）关于信用主体权益保护

《国务院办公厅关于进一步规范失信约束制度　构建诚信建设长效机制的指导意见》（国办发〔2020〕49号）明确，要严格依法依规实施失信惩戒，坚决防止不当使用甚至滥用，确保过惩相当，切实保护信用主体合法权益。草案稿在思路上一脉相承并进一步细化，明确规定国家机关对信用主体实施信用惩戒措施的，应当与信用主体违法、违约行为的性质、情节和社会危害程度相适应，不得超越法定的许可条件、处罚种类和幅度，并告知实施的依据和理由。草案稿还对严重失信主体名单制度进行了专项说明，拟进一步统一规范严重失信主体名单设列、认定、惩戒和修复的程序和标准等内容。同时，草案稿专章明确了权益保护有关事宜，要求保护信用主体的知情权、查询权、异议权，并对信用修复的渠道和相关程序进行了说明。

（四）关于社会信用体系建设职责分工

《国务院关于同意调整社会信用体系建设部际联席会议职责和成员单位的批复》（国函〔2012〕88号）明确，社会信用体系建设部际联席会议牵头单位为我委、人民银行。《国务院办公厅关于加快推进社会信用体系建设　构建以信用为基础的新型监管机制的指导意见》（国办发〔2019〕35号）明确，负有市场监管、行业监管职责的部门要切实承担行业信用建设和信用监管的主体责任。在总结既有实践基础上，草案稿拟进一步厘清中央和地方人民政府、有关部门在社会信用体系建设中的职责。

下一步，我们将以习近平新时代中国特色社会主义思想为指导，深入贯彻党的十九大和十九届历次全会精神，按照党中央、国务院的部署，充分吸收采纳您所提意见建议，加快推动社会信用立法进程，为社会信用体系建设高质量发展提供有力法治保障。

感谢您对发展改革工作的关心和支持。

欢迎登录我委门户网站（www.ndrc.gov.cn），了解国家经济和社会发展政策、经济建设和社会发展情况、经济体制改革方面的重要信息。

国家发展改革委

2022年9月16日

全国政协十三届五次会议第 01163 号提案

题　　目： 关于就进一步加强裁判文书释法说理的提案
主　　办： 最高人民法院
提案形式： 个人提案
第一提案人： 李大进
内　　容：

最高人民法院曾发布《关于加强和规范裁判文书释法说理的指导意见》；2021 年 1 月 19 日，该院又发布了《关于深入推进社会主义核心价值观融入裁判文书释法说理的指导意见》，目的在于通过阐明裁判结论的形成过程和正当性理由，使裁判文书真正起到定纷止争和价值引领的作用。

但实践中，裁判文书释法说理不规范、不充分的问题还普遍存在。例如：

1. 在最高人民法院提出了“统一法律适用、加强类案检索”指导意见的情况下，一些刑事裁判文书对于辩护人、代理律师提供的检索案例仍不予置评、发表的辩护意见不予分析直接不予采纳。

2. 对辩护人、诉讼代理人提出的对于鉴定意见的质证和反驳意见不予回应。

3. 对大部分行政诉讼裁判文书不进行证据认定说理，有些行政诉讼裁判文书仅总括性地陈述对证据的采纳和采信情况，对双方所提出的质证意见不予回应，导致了行政诉讼过程中当事人的举证和质证程序流于形式；法院对行政机关提供的证据极少进行实质审查，对原告所提的质证意见也往往不予明确反馈，习惯默认接受行政机关提供的证据，偏向于忽视原告所提的质证意见。

为此，建议：

一、由最高人民法院制定颁布裁判文书释法说理的实施细则，加强释法说理的可操作性和制度刚性。细化法律文书的说理范围、程序、方式和要求。针对繁简不同的案件，制定相对统一又有针对性的要求，明确在文书的哪一部分说理，在对争议焦点问题全面分析回应的同时，尤其要注重程序部分、适用法律部分等容易被忽视的释法说理，制度性地避免“没有事实和法律依据”等形式化、格式化的说理模式。

二、把法律文书释法说理作为案件质量评查、法官业务考核的重要标准之一。继续推进裁判文书上网公开，通过良好的释法说理履行普法责任，同时倒逼司法人员主动提高文书质量，建立优秀裁判文书选评机制的同时，也要有对不合格文书的审查和公示机制，并纳入考核中，还可引进第三方评价机制，对法律文书的说理进行专门的评价监督。

三、把培养提高司法人员释法说理的能力和技巧、方法当作必修课，确保法律文书的质效。应当注重释法说理能力和法官逻辑思维能力、综合分析能力以及语言表达能力的培养实践，把裁判文书释法说理的能力纳入法官入额遴选的条件中。

在判决文书中强化释法说理，是让公平正义看得见、说得出的必要环节，对于培育公民的法治意识、弘扬和培育社会主义核心价值观具有重要意义。

关于政协第十三届全国委员会第五次会议第01163号（政治法律类072号）提案答复的函

李大进委员：

您提出的《关于就进一步加强裁判文书释法说理的提案》收悉，

现答复如下：

您的提案针对性很强，对进一步加强和规范人民法院裁判文书释法说理工作，提高释法说理水平和裁判文书质量，提升司法公信力和司法权威具有重要的积极意义。

裁判文书释法说理是否恰当、充分、透彻，直接关涉到裁判行为的公正度和透明度，关涉到人民群众对裁判结果的接受度和满意度，并进而关涉到司法公信力和司法权威。对此，最高人民法院高度重视，近年来先后出台了《关于加强和规范裁判文书释法说理的指导意见》《关于统一法律适用加强类案检索的指导意见（试行）》《关于深入推进社会主义核心价值观融入裁判文书释法说理的指导意见》等规范性文件，细化、完善了裁判文书释法说理的基本要求、主要方法、内容范围及说理类型等，为法官释法说理、确保法律适用统一提供了有力指引。

裁判文书释法说理是考验法官司法能力的重要环节。为进一步规范审判权行使，提高法官释法说理能力，最高人民法院在全国范围内开展调研，全面、深入了解各级人民法院开展此项工作存在的问题，及时分析原因，广泛总结经验，多措并举完善制度。比如，加强案件质量评查工作，增加释法说理评查项目，并将案件评查结果与绩效考评考核、评优评先挂钩。2021 年 10 月出台的《关于加强和完善法官考核工作的指导意见》，明确规定将释法说理作为法官办案质量考核的重点内容，进一步强化考核“指挥棒”作用。又如，开展“全国法院百篇优秀裁判文书”“全国法院百场优秀庭审”及典型案例的评选发布工作，充分发挥优秀裁判文书、庭审和典型案例的示范引领作用，同时加强裁判文书上网公开，倒逼法官提高办案质效。再如，开展释法说理相关理论研究，加强法官业务培训，促进法官释法说理能力提升，等等。地方各级人民法院也都根据各自的工作实际，通过司法大数据研判释法说理情况，细化裁判文书释法说理规则，积极探索激励机制、文书反馈机制等配套制度，并采取举办专题讲座、典型经验交流、案例评析会等多种形式加强教育培训，有效提高了法官释法说理的意识和能力，增强了释法说理工作的规范性和可操作性。

由于人民法院普遍面临“案多人少”矛盾、部分法官释法说理意识和能力还有待提高等原因，司法实践中仍存在释法说理不规范、不充分等问题，一定程度上影响了人民群众对法院审判工作的接受度和满意度。下一步，最高人民法院将结合您提出的意见，继续有针对性地开展裁判文书释法说理运用等领域的专题调研，落实好释法说理各项制度，明晰释法说理考核评价标准，完善文书公开、反馈等配套机制，进一步提高裁判文书释法说理水平，为确保司法公正公开和促进社会和谐稳定作出新的贡献。

感谢您对人民法院工作的关心和支持。

最高人民法院

2022 年 6 月 2 日

全国政协十三届五次会议第02011号提案

题　　目：关于修改完善政府采购法的提案

主　　办：财政部

会　　办：发展改革委

提案形式：个人提案

第一提案人：迟日大

内　　容：

我国政府采购规模巨大、品类众多，对市场主体革新技术、提高质量、降低成本、树立品牌、开拓市场具有明显的带动作用，对经济社会的发展具有强大的促进作用。现行的政府采购法是2002年出台的，经过二十年的实践，我国政府采购的法治化、规范化水平显著提高，政府采购的带动效应进一步凸显，市场主体参与政府采购活动的积极性和获得感不断提升。同时应当看到，当前我国的政府采购规模和客观环境均发生了较大的变化，特别是针对后疫情时代的国际国内经济形势和构建“双循环”新发展格局的内在要求，有必要适时对我国现行的政府采购法作出进一步的修改完善。具体建议如下：

一是加快政府采购法修订进程，适时将其纳入全国人大立法规划。财政部于2020年12月4日将《中华人民共和国政府采购法（修订草案征求意见稿）》面向社会公开征求意见。政府采购法作为一项规范政府采购行为、促进市场主体有序参与政府采购活动的重要法律，在其修改过程中遵循审慎原则是非常必要的。尽管如此，从政府采购法修订草案征求意见稿引发社会各界广泛关注和积极建言献策不难看出，公众对于政府采购法的修改完善具有较高期待。因此，建议加快政府采购法修订进程，适时将政府采购法修改纳入全国人大立法规划。

二是在修法过程中，应细化绿色采购原则。民法典的亮点之一，就是其确立了绿色原则。依据政府采购法的规定，“政府采购合同适用合同法”，因此政府采购法中关于采购合同的法律规范是民法典“合同编”的特别法，其必然受民法典绿色原则的调整。但纵观我国现行的政府采购法律规范，当前我国政府绿色采购制度仍多为原则性规定，缺乏具体的适用规则。因此，建议在政府采购法修改过程中，应细化绿色采购原则，创设具体的绿色采购制度。例如，基于碳达峰、碳中和目标，应增加对可降解生物基材料产品的采购力度，以减少对石化资源的消耗；贯彻实质性绿色理念，在服务采购过程中合理设置采购目标和采购标准，实现服务成果、服务报酬、服务成本相适应，避免人力资源的浪费；实现采购程序绿色化，落实疫情常态化防控要求，充分运用“互联网+”、大数据、区块链、云计算等技术，提高电子采购、网上采购比率，减少纸质化采购文件的打印、节约采购所需的物质和人力成本，实现信息多跑路、采购双方少跑腿等等。

三是在修法过程中，应完善中小企业扶持政策。党中央高度重视并一直在想办法促进中小企业发展，只有这样才能够真正使我国经济全面发展、科学发展、高质量发展。推动中小企业广泛参与政府采购活动，有助于最大限度地挖掘中小企业在创造就业岗位、产品技术发展创新等方面的潜力，对国民经济发展具有重大而深远的意义。2020年，财政部、工业和信息化部联合印发了《政府采购促进中小企业发展管理办法》，在政府采购法及其实施条例规定的中小企业扶持原则下初步建立了具体的配套制度。但同时也应当看到，与我国的政府采购规模相比，当前政府采购法中关于中小企业扶持的相关配套政策仍然存在数量较少、法律位阶较低、规定相对粗浅等特点。因此，在政府采购法修改过程中，应进一步完善中小企业扶持政策。例如，在不影响采购效果的前提下，将采购项目合理分为小包，或允许主承包商合理分包，或允许符合条件的中小企业组成联合体参与政府采购活动，以实现中小企业的实质性参与；通过保函代替保证金、电子化招投标、中小企业免费获取招标采购文件、预付部分采购价款等方式，降低中小企业参与政府采购活动的经济负担；通过简化投标文件编制要求、预留足够时间编制标书、给予中小企业培训和指导等方式，减轻中小企业参与政府采购活动的事务性工作负担等。

关于政协第十三届全国委员会第五次会议第 02011 号（政治法律类 166 号）提案答复的函

迟日大委员：

您提出的《关于修改完善政府采购法的提案》收悉。经研究，现答复如下：

诚如您所言，现行政府采购法是 2002 年出台的，经过二十年的实践，我国政府采购的法治化、规范化水平显著提高，政府采购的带动效应进一步凸显，市场主体参与政府采购活动的积极性和获得感不断提升。但随着实践发展和形势变化，特别是针对适应国际国内经济形势和构建新发展格局的内在要求，有必要适时修改完善政府采购法。我们赞同您提出的加快政府采购法修订进程、在修法过程中细化绿色采购原则并完善中小企业扶持政策等建议。这些建议对于进一步完善政府采购法律制度、发挥政府采购政策功能，具有重要的参考价值。

一、关于加快政府采购法修订进程，适时将其纳入全国人大常委会立法规划

为创新解决政府采购实践中的突出问题，优化政府采购法律制度体系，打造市场化、法治化、国际化营商环境，财政部正按照中央全面深化改革委员会会议审议通过的《深化政府采购制度改革方案》，

从推进国家治理体系和治理能力现代化的高度，立足于顶层制度设计，积极推动政府采购法修订工作，努力提升政府采购法律制度的系统性、整体性和协同性。《中华人民共和国政府采购法（修订草案征求意见稿）》（以下简称《征求意见稿》）已向社会公开征求意见。下一步，我们将继续积极推动政府采购法修订工作，并根据修法进程，推动适时将政府采购法修订纳入全国人大常委会立法规划。

二、关于在修法过程中细化绿色采购原则

政府采购是宏观调控的重要政策工具，财政部高度重视运用政府采购政策促进绿色发展，自2004年实施政府绿色采购政策以来，政策措施和执行机制不断优化和完善。一是对节能环保产品实施强制和优先采购。制定发布了节能环保产品品目清单，属于品目清单范围的节能环保产品，只要通过国家相关认证，即可享受政府强制采购、优先采购政策支持。目前，节能环保产品政府采购规模占同类产品政府采购规模的比例达到85%以上。二是大力推广绿色建筑、绿色建材。在南京等城市的新建政府采购工程项目开展试点，在采购需求中提出使用绿色建材、钢结构、装配式等要求，探索制定不同建筑类型的绿色建筑、绿色建材政府采购需求标准。三是压实采购人的绿色采购责任，鼓励采购人综合考虑节能、节水、环保、循环、低碳、再生、有机等因素，参考相关国家标准、行业标准或团体标准提出相关绿色采购要求，通过需求管理和履约验收等措施，落实绿色采购政策目标。四是逐步构建政府绿色采购需求标准体系。发布商品包装、快递包装等政府绿色采购需求标准，指导采购人在采购需求中明确对包装的循环、有机、可再生等要求。同时，视市场成熟度和产品应用情况，研究制定其他产品的政府采购需求标准。五是加大对重点产品的采购力度，在海南省试行强制采购清洁能源汽车，并逐步推进在全国范围内机要通信等公务用车原则上全部采购新能源汽车。在家具、印刷、汽车维修等采购中，明确要求使用低挥发性原辅材料，促进空气质量改善。此外，财政部积极推进电子化采购工作，部分省份已实现全流程不见面交易，从信息发布、投标响应、开标、采购评审到合同签订、资金支付都在线运行。

目前，在《征求意见稿》“政府采购政策”一章中，已经对绿色采购有所规定。下一步，我们将积极推动在修法过程中进一步细化绿色采购相关内容，强化政府采购政策功能。同时，我们将进一步完善政府采购信息化工作的顶层设计，促进政府采购与互联网深度融合，更好利用科技手段，提高政府采购效率、透明度和监管效能。

三、关于在修法过程中完善中小企业扶持政策

财政部高度重视运用政府采购政策支持中小企业发展。一是完善有关政策规定。在2012年实施政府采购支持中小企业政策的基础上，2020年，财政部、工业和信息化部联合发布了《政府采购促进中小企业发展管理办法》（财库〔2020〕46号），该文件对《政府采购促进中小企业发展暂行办法》（财库〔2011〕181号）进行了修订，完善了相关政策措施，通过预留采购份额、价格评审优惠、优先采购等措施，提高中小企业在政府采购中的份额。2022年，财政部发布了《关于进一步加大政府采购支持中小企业力度的通知》（财库〔2022〕19号），积极做好财政政策支持中小企业纾困解难工作。二是优化中小企业参与政府采购活动的市场环境。开展专项清理，严禁以供应商规模条件等对市场主体实行差别待遇或者歧视待遇，依法保障包括中小企业在内的各类市场主体平等参与政府采购活动。推进政府采购透明度评估，督促有关单位依法及时公开各类政府采购信息，为中小企业获得政府采购信息提供便利。三是降低中小企业参与政府采购活动成本。明确供应商在政府采购活动中可自主选择以支票、汇票、本票、保函等非现金形式缴纳或提交保证金。要求采购人对于满足合同支付条件的采购项目应当自收到发票后30日内及时向供应商付款。支持中小企业开展政府采购合同融资。据统计，2017—2021年全国政府采购授予中小微企业合同金额占全国政府采购规模的75%左右。

目前，在《征求意见稿》“政府采购政策”一章中，已经对促进

中小企业发展有所规定。下一步，我们将积极推动在修法过程中进一步完善中小企业扶持政策，强化政府采购政策功能。

感谢您对财政工作的关心和支持，欢迎再提宝贵意见。

财政部

2022 年 7 月 25 日

全国政协十三届五次会议第 00226 号提案

题　　目： 关于加快推进无障碍环境建设立法的提案

主　　办： 全国人大常委会办公厅

会　　办： 住房城乡建设部　交通运输部　中国残联

提案形式： 个人联名提案

联名人数： 11

第一提案人： 王先进

联名提案人： 胡剑江　苏　洵　夏照帆　曹阿民　刘　焱　孟青录　苏权科　郭继孚　唐江澎　费　薇　肖新月

内　　容：

一、情况

我国是世界上人口最多的国家，具有庞大的现实和潜在障碍人群。目前有 60 周岁及以上老年人 2.64 亿人，残疾人数量超过 8500 万，如包括孕妇、婴幼儿和病患群体，潜在障碍人群达 5 亿人以上。无障碍环境建设旨在方便残疾人等社会成员自主安全地通行道路、出入相关建筑物、搭乘公共交通、交流信息、获得社区服务所，这是推进基本公共服务均等化、全面建成小康社会的内在要求。

2012 年国务院颁布《无障碍环境建设条例》，同年出台《无障碍设计规范》，对无障碍设施的设计要求做出规定，为无障碍环境建设快速发展奠定了基础。党的十八大以来，无障碍环境建设纳入各类国民经济和社会发展五年规划，无障碍环境建设政策标准逐步完善，创建城乡无障碍环境建设示范活动持续推进。

二、问题

（一）社会公众对无障碍理念认识不足。“通用设计、人人适用、服务你我”的无障碍理念尚未得到广泛认同，或片面认为无障碍环境建设仅为方便残疾人使用，而忽视每个人在人生的一定阶段都存在无障碍设施需求。建设全龄友好的无障碍环境，可使每一个社会成员受益。

（二）无障碍环境建设法制保障有待完善。《无障碍环境建设条例》作为专门法规，原则性、倡导性要求较多，强制性条款较少，且缺乏无障碍信息交流、社会服务和监督管理机制等方面的内容。既有的民法典、残疾人保障法、老年人权益保障法等法律对无障碍的相关规定也相对零散和碎片化，缺乏有效衔接。因此，有必要出台《无障碍环境建设法》，通过立法强化无障碍环境建设的系统性、协同性，促进无障碍环境建设高质量发展。

（三）无障碍设施建设有待加强。无障碍设施覆盖率不足、发展不平衡、设施不合标准、工程质量差等问题较为突出。据中国消费者协会发布的《2017 年百城无障碍设施调查体验报告》显示，全国无障碍设施整体普及率仅有 40%。既有无障碍设施存在人行道缘石坡道过陡、盲道设置不连续、过街天桥的无障碍电梯设置率较低或故障频发、缺乏无障碍卫生间和厕位等问题。

（四）无障碍设施使用监管亟待加强。由于缺乏日常监管，无障碍设施被挤占、损坏的情况较多，部分地区占用盲道设摊、停车等现象较常见，造成盲道无法正常使用，一些无障碍卫生间被长期锁闭或变为杂物间。由于无障碍电梯等设施维护具有专业性要求，实际操作中对无障碍设施的维护缺乏专人或专门培训，导致设施设备损坏后维修不及时，长期无法使用而成为摆设。

三、建议

（一）加快推进无障碍环境建设立法。将既有《无障碍环境建设条例》上升为《无障碍环境建设法》，进一步提高无障碍相关法律法规的层级，保障无障碍环境建设高质量发展。同时，根据新形势新要求，在立法中明确完善无障碍设施建设、信息交流、社会服务、监督管理机制、法律责任等方面的内容规定。

（二）加强无障碍文化理念宣传。立法设立无障碍宣传日，开展无障碍理念的宣传引导，普及通用设计和全龄友好的无障碍理念，将无障碍与适老化、适儿化协同推进，鼓励社会力量为无障碍环境建设提供志愿服务。

（三）加强无障碍设施监管和维护。立法强化对现有城市无障碍设施运行维护的有效监督和管理，明确责任主体，完善社会监督、投诉处理、公益诉讼等相关机制，严肃处理无障碍设施被非法占用、破坏等行为。强化对无障碍设施设备日常巡查、检修制度落实，确保设施正常使用。

关于政协第十三届全国委员会第五次会议第00226号（政治法律类012号）提案答复的函

王先进委员：

您和其他委员联名提出的《关于加快推进无障碍环境建设立法的提案》收悉，现答复如下：

无障碍环境是保障全体社会成员平等参与、平等发展权利的重要条件，是促进人的全面发展和全体人民共同富裕取得实质性进展的重要内容，是衡量国家和社会文明进步程度的重要标志。近年来，在党和国家高度重视下，在政府职能部门、残联组织积极推进和社会各界大力支持下，我国无障碍环境建设法规政策和标准规范体系不断完善，无障碍设施建设、无障碍信息交流和无障碍社会服务的水平不断提高，为包括残疾人、老年人在内的全体社会成员参与融入社会生活、共享改革发展成果发挥了重要作用，也从一个侧面展示了我国经济社会发展和人权保障的成就。但总体来说，当前我国无障碍环境建设整体水平距离经济社会发展仍有较大差距，尚存在许多亟待解决的困难和问题。

全国人大常委会适应现实需要，积极回应社会关切，已将无障碍环境建设立法列入常委会 2022 年度立法工作计划。目前，全国人大社会建设委员会已牵头启动无障碍环境建设立法工作，争取年内提请审议。提案中提出的加快推进无障碍环境建设立法、加强无障碍文化理念宣传、加强无障碍设施监管和维护等建议，对解决当前无障碍环境建设领域中的突出问题、建立健全基本制度和机制具有重要参考价值，也是我们在立法过程中重点关注的内容。

下一步，全国人大有关方面将继续加强对无障碍环境建设有关问题的研究，认真研究、积极采纳提案提出的宝贵建议，进一步完善相关制度措施，增强法律的可操作性。

感谢您对我们工作的关注与支持！

全国人大常委会办公厅

2022 年 8 月 23 日

全国政协十三届五次会议第 01787 号提案

题　　　目：关于制定《反家庭暴力法》司法解释的提案
主　　　办：最高人民法院
会　　　办：全国妇联
提 案 形 式：个人联名提案
联 名 人 数：1
第一提案人：严慧英
联名提案人：杨　佳
内　　　容：

自 2016 年 3 月 1 日《反家庭暴力法》正式实施至今已经 6 周年，反家庭暴力工作也取得了一定成效，但与反家暴工作的要求以及现实需求相比来说存在一定的不足。《反家庭暴力法》相关制度的规定较为原则，可操作性不够，导致反家暴的司法实践面临诸多挑战，比如在司法审判中对家庭暴力的认识不统一，全国涉家暴案件裁判对家庭暴力的认定比例偏低（相关数据显示不到 20%），人身安全保护令的证据标准过高，申请数和签发数与家庭暴力的发生率相比仍处于很低的水平等。

因此，为推动《反家庭暴力法》得到有效执行，建议最高法出台司法解释对司法审判中存在的困难和问题进行回应，结合《反家庭暴力法》6 年的司法实践，希望司法解释主要就以下问题进行完善：

一、完善家庭暴力的定义

《反家庭暴力法》关于家暴定义中列举的家暴方式不足以涵盖目前常见家庭暴力的形式，建议扩大列举家庭暴力的形式，包括侮辱、诽谤、威胁、跟踪、骚扰、性暴力、经济控制等方式。并明确对无民事行为能力人和限制行为能力人的忽视和照料不周也属于家暴行为。

二、完善家庭暴力证据制度

家庭暴力案件有其特殊性，比如长期性、隐蔽性、暴力周期性等，因此举证难是司法实践中最大的挑战之一。如果仅适用《民事诉讼法》中的证据规则，受害人的合法权益很难得到有效保护，因此完善家庭暴力证据制度具有必要性。一是建议增加并列举证据种类，包括（不限于）：公安机关出警记录、告诫书，伤情鉴定意见，未成年子女与其年龄智力精神状况相适应的证言，医疗机构诊疗记录，村（居）民委员会、妇女联合会、社会工作服务机构等组织相关投诉或到访记录等。二是建议明确受害人陈述的证明力高于施暴人，明确优势证据原则以及举证责任转移的情形等。

三、有效区分加害人

司法实践中存在双方当事人都指控对方施暴的情况，这时候就要有效地区分加害人，才能保护真正受害人的合法权益。建议综合考量的因素包括：1. 双方的体能和身高等身体状况；2. 双方对事件经过的陈述; 3. 伤害情形和严重程度对比; 4. 双方或一方之前曾有过施暴行为; 5. 亲友邻居及子女的证人证言等。

四、明确涉家暴离婚案件调解的原则与方法

离婚调解是法律规定的必经程序，但涉家暴离婚案件中，受害人为了摆脱暴力关系不得已会做很多让步甚至答应对方的无理要求，一味主张调解往往是不利于家暴受害人的。因此建议涉家暴案件的调解应遵循双方自愿原则、受害人无过错原则、有保留的中立原则、背靠背调解等原则。此外，在涉家暴离婚案件调解中，应明确人民法院可以就婚姻关系和涉及的财产与抚养权等问题进行调解，不得就家庭暴力事实的有关问题进行调解。

五、完善人身安全保护令制度

进一步完善人身安全保护令的具体措施，如增加禁止被申请人与申请人通话、通信或其他非必要的联系；禁止被申请人在申请人的住所、学校、工作单位或者申请人经常出入的其他场所内从事可能影响申请人生活、学习、工作的活动；禁止被申请人查阅申请人及其未成年子女户籍、学籍、收入来源等相关信息；责令长期施暴的被申请人依法接受心理疏导或行为矫治等内容。

六、完善相关法律责任

明确和细化法律责任能更加有效地推动预防和制止家庭暴力工作。人民法院依法受理家庭暴力人身伤害刑事案件，在该刑案发生之前公安机关对加害人进行过告诫的，可以作为人民法院处理该刑事案件的酌定从重情节；被申请人违反人身安全保护令的，除依法处罚外，可以由人民法院纳入失信被执行人员名单，实行失信联合惩戒；对故意杀人、故意伤害、虐待、遗弃等家庭暴力犯罪，应当根据犯罪的事实、犯罪的性质、情节和对社会的危害程度，严格依照刑法的有关规定判处，避免罪轻化处理。

七、明确以暴制暴案件的处理原则。对家庭暴力受害人因长期遭受家庭暴力而对加害人实施的以暴制暴案件，构成犯罪的，应当免除、减轻或者从轻处罚；在服刑期间，确有悔改表现的，可以根据其家庭情况，依法放宽减刑的幅度，缩短减刑的起始时间与间隔时间；符合假释条件的，应当假释。

关于政协第十三届全国委员会第五次会议第 01787 号（政治法律类 137 号）提案答复的函

严慧英、杨佳委员：

你们提出的《关于制定〈反家庭暴力法〉司法解释的提案》收悉，经商全国妇联，现答复如下：

自 2016 年 3 月 1 日《中华人民共和国反家庭暴力法》（以下简称

反家庭暴力法）实施以来，各级人民法院积极贯彻落实反家庭暴力法规定，充分发挥司法职能，截至2021年12月31日，共作出人身安全保护令10917份，有效保护了家庭暴力受害人的人身安全和人格尊严。

诚如您所言，因反家庭暴力法的规定较为原则，反家庭暴力工作还存在一些问题亟待解决。为此，2021年，最高人民法院就人身安全保护令制度实施中的问题在全国范围内进行了专项调研。2022年3月3日，最高人民法院以调研成果为基础，联合全国妇联、教育部、公安部、民政部、司法部、卫生健康委共同发布了《关于加强人身安全保护令制度贯彻实施的意见》，明确部门职责划分，加强部门协同，对家庭暴力的发现机制、证据收集机制和执行联动机制等作出进一步的细化和完善。为统一法律适用标准，明晰裁判规则，最高人民法院于2022年7月15日又发布了《最高人民法院关于人身安全保护令案件适用法律若干问题的规定》（以下简称《规定》）。

一、关于完善家庭暴力定义

除了反家庭暴力法第二条列举的家庭暴力形式外，实践中还存在其他暴力形式。《规定》对家庭暴力行为种类进行了扩充，明确冻饿以及经常性侮辱、诽谤、威胁、跟踪、骚扰等属于家庭暴力。性暴力和经济控制作为家庭暴力的形式在理论上争议不大，司法解释之所以没有明确列举，主要是实践中因性暴力、经济控制等原因提出人身安全保护令的案件数量较小，目前的样本数量无法为制定此类行为的科学判断评估方法提供支撑。在行为特点、表现方式缺乏客观、可操作的判断标准的情况下，将性暴力、经济控制纳入家庭暴力范围，会给司法实践带来不确定性，可能产生不利于家庭暴力受害人权益保护的反向效果。该类行为可以留待司法实践继续探索。

二、关于家庭暴力证据制度

举证难是反家庭暴力工作中最为突出的问题之一，主要集中在两点：一是哪些证据可以作为认定家庭暴力的证据；二是人身安全保护令案件中应该采取什么样的证明标准认定家庭暴力。结合家庭暴力一般发生在家庭内部，具有隐蔽性的特点，我们在《规定》中明确规定人民法院在法定情形下应当调查收集证据，扩充了认定家庭暴力的10种证据形式，其中包括公安机关出具的告诫书、决定书、出警记录、笔录、回执等，明确人身安全保护令案件以较大可能性为证明标准，更加贴合人身安全保护令的预防性特点，大大降低了人身安全保护令案件申请人的举证难度。

三、关于涉家暴离婚案件调解的原则和方法

我们同意您的观点。离婚调解的目的，是通过第三方力量的介入，帮助夫妻双方沟通，缓解矛盾，化解纠纷，不能为了调解而调解，也不能将调解作为结案的手段。家庭暴力作为一种法律事实，同时是民法典规定的法定离婚事由和离婚损害赔偿事由，与当事人权利息息相关。对此类事实问题，不适宜进行调解。

四、关于人身安全保护令的措施和法律责任

我们同意您关于增加人身安全保护令措施和完善法律责任的建议，这对于真正为家庭暴力受害人提供法律保护具有积极意义。在《规定》中，我们对反家庭暴力法第二十九条规定进行了扩大解释，包括禁止涉及侮辱、诽谤、威胁等的通信联系，禁止从事特定活动等。还将代为申请的对象扩大到因年老、疾病、重病等原因无法申请人身安全保护令的人，将代为申请主体扩大到近亲属、公安机关、民政部门、妇女联合会、居民委员会、村民委员会、残疾人联合会、依法设立的老年人组织、救助管理机构等。

五、关于刑事处罚

您的建议非常具有针对性，我们同意该建议。2015年，最高人民法院、最高人民检察院、公安部、司法部曾联合发布《关于依法办理家庭暴力犯罪案件的意见》，其中明确规定，要充分考虑案件中的防卫因素和过错责任。对于长期遭受家庭暴力后，在激愤、恐惧状态下为了防止再次遭受家庭暴力，或者为了摆脱家庭暴力而故意杀害、伤害施暴人，被告人的行为具有防卫因素，施暴人在案件起因上具有明显过错或者直接责任的，可以酌情从宽处罚。对于因遭受严重家庭暴力，身体、精神受到重大损害而故意杀害施暴人，或者因不堪忍受长期家庭暴力而故意杀害施暴人，犯罪情节不是特别恶劣，手段不是特别残忍的，可以认定为刑法第二百三十二条规定的故意杀人“情节较轻”。在服刑期间确有悔改表现的，可以根据其家庭情况，依法放宽减刑的幅度，缩短减刑的起始时间与间隔时间；符合假释条件的，应当假释。被杀害施暴人的近亲属表示谅解的，在量刑、减刑、假释时应当予以充分考虑。

全国妇联提供会办意见表示，反家庭暴力法出台以来，最高人民法院第一时间明确申请人身安全保护令不收取诉讼费用，也无须提供担保，最大限度保障当事人能够及时、便捷地获得司法保护。提案中提到的人民法院在涉家暴民事、刑事审判中存在的问题，特别是离婚诉讼中对家庭暴力的认定比例偏低、对涉家暴离婚案件进行调解、对涉家暴刑事案件罪轻化处理等情况，应当予以重视。有关列举家庭暴力表现形式以完善家暴定义、增加证据种类和明确举证规则、有效区分加害人、离婚案件中不得就家暴事实进行调解、增加责令施暴人接受行为矫治措施、对家暴犯罪追究刑事责任，以及明确以暴制暴案件的处理原则等建议，对进一步做好反家暴司法审判工作和相关司法解释制定具有借鉴参考价值。

最高人民法院将持续关注反家庭暴力法及相关司法解释的实施情况，积极配合立法机关及其他相关部门推进反家庭暴力法的完善和贯彻落实，为家庭暴力受害人合法权益提供更加有力的司法保障。

感谢你们对人民法院工作的关心和支持。

最高人民法院

2022 年 8 月 29 日

全国政协十三届五次会议第 02528 号提案

题　　　目： 关于加快自动驾驶相关立法的提案
主　　　办： 工业和信息化部
会　　　办： 中央网信办（国家网信办）　公安部　交通运输部　银保监会
提 案 形 式： 个人提案
第一提案人： 王一鸣
内　　　容：

当前，自动驾驶已成为全球主要国家科技和产业竞争的制高点。从国际上看，2016 年 3 月《维也纳公约（道路交通）》中有关自动驾驶汽车内容的修正案正式生效，签约国涵盖大部分欧美国家。该修正案规定，在符合联合国车辆管理条例和相关条件的情况下，自动驾驶技术可以被应用到交通运输中。2016 年美国交通运输部颁布《联邦自动驾驶汽车政策指南》，首次将自动驾驶汽车安全监管纳入联邦法律框架。2017 年美国众议院通过《自动驾驶法案》，首次对自动驾驶汽车的生产、测试和发布进行规制。2020 年初美国白宫和交通运输部公布了最新自动驾驶汽车准则 4.0，明确自动驾驶的十大原则。与此同时，2017 年德国通过了允许 L3 级自动驾驶汽车上路的《道路交通法第八修正案》，规定配有自动驾驶系统的汽车需安装类似“黑匣子”的装置，记录系统运作、要求介入和人工驾驶等不同阶段的具体情况，以明确交通事故责任。2021 年，德国通过《自动驾驶法》，允许 L4 级自动驾驶汽车上路，使德国在无人驾驶领域有机会领跑全球。

我国已经进入自动驾驶汽车道路测试与应用的关键阶段，即无人化探索阶段。北京、上海、广州、深圳等地方政府也陆续出台自动驾驶商业化政策，但我国自动驾驶立法和政策创新仍明显滞后，特别是无人驾驶上位法缺失，导致高级别（L4级）自动驾驶汽车仍面临不能入市、不能上牌、不能运营收费、发生交通事故时责任难以认定等诸多法律问题，制约了技术突破和产业发展。加快自动驾驶立法进程，对于提升我国无人驾驶技术国际竞争力、抢占国际竞争制高点、推动自动驾驶汽车规模化商用和无人化运营，都具有十分重要和紧迫的作用。为此，提出以下建议：

一、加快《道路交通安全法》的修订和发布实施

《道路交通安全法》是自动驾驶的上位法。没有道路交通安全法的修订，自动驾驶就缺少法律支撑，相关技术创新就缺乏稳定预期。立法修订既需要慎重严谨，也不宜拖沓迟缓、贻误时机。应加快《道路交通安全法》的修订进程，在立法中明确规定L4级自动驾驶车辆可以上路行驶的条件及规则，为高级别自动驾驶规模化商用提供法律依据和稳定预期。

二、加快制定自动驾驶运营管理办法和相关保险、事故处理等法规

在完善自动驾驶车辆可以上路的规则基础上，加快制定自动驾驶车辆“上牌”的规章制度，为符合要求的车辆发放正式号牌，参照有人驾驶的汽车加强一体化的车辆运营管理，形成自动驾驶全链条的服务运营体系。

三、鼓励部分地区先行先试

允许有条件的城市打造全无人自动驾驶汽车的载人运营先行先试区，支持全无人自动驾驶车辆在有条件区域为民众提供常态化服务，让真正无人的智能网联汽车尽早行驶在中国道路上。

四、积极探索以规模化商用引领科技创新

引导和鼓励各地推进自动驾驶规模化商用，推动自动驾驶系统车辆的测试结果、测试牌照、测试数据等跨省市政策互认，进一步降低企业运营成本，为推进无人驾驶技术持续创新提供持续动力。

五、完善标准规范和基础设施等配套环境

加快推进自动驾驶汽车相关标准规范研制，作为法律法规及规章的配套文件，为自动驾驶研发及应用提供技术规范。支持第三方机构、行业组织等加强测评能力建设，为企业无人化测试、示范和商业化应用提供技术服务。同时，加大5G网络覆盖、路侧设施和智慧交通等基础设施建设，为无人化提供测试应用运行环境，提升自动驾驶车辆交通安全性。

六、强化安全监管能力建设

严守安全底线，始终将安全放在首位，贯穿于自动驾驶汽车研发、测试、示范及商用的全周期，加强运营过程中的安全监管、检查与考核。加大网络和数据安全防护，加强对物理环境、软硬件、网络等方面的风险防范。

关于政协第十三届全国委员会第五次会议第02528号（政治法律类205号）提案答复的函

王一鸣委员：

您提出的《关于加快自动驾驶相关立法的提案》收悉。经商中央网信办、公安部、交通运输部、银保监会，现答复如下：

智能网联汽车是全球汽车产业发展的未来方向，也是我国汽车产业转型升级发展的战略选择。作为汽车行业主管部门，工业和信息化部高度重视智能网联汽车产业发展，会同相关部门共同推动产业发展取得积极成效，主要车企已实现L2级（组合辅助驾驶）智能网联汽车规模量产，2021年搭载L2级辅助驾驶系统乘用车新车销量约476万辆，市场渗透率达到23.5%。工业和信息化部赞同您所提关于加快自动驾驶相关立法的建议，已联合相关部门积极开展各项工作，不断完善相关法律法规政策，为智能网联汽车产业发展营造良好环境。

一、关于加快《道路交通安全法》的修订和发布实施

目前，公安部正在积极配合国家立法机关修订《道路交通安全法》，修订草案送审稿已对具有自动驾驶功能的汽车进行道路测试、上路通行、交通违法处理、交通事故责任分担等问题作了原则性规定，目前正在履行审议程序。

下一步，公安部将会同工业和信息化部、交通运输部等部门推动加快修订《道路交通安全法》，增加具有自动驾驶功能汽车上路测试和道路通行等相关要求，为智能网联汽车产业发展提供更加有力的法律保障。

二、关于加快制定自动驾驶运营管理办法和相关保险、事故处理等法规

为支持智能网联汽车加速进入市场，相关部门已积极开展以下工作。一是加强产品准入管理。工业和信息化部 2021 年 7 月印发《关于加强智能网联汽车生产企业及产品准入管理的意见》，明确汽车数据安全、网络安全、功能安全、预期功能安全、在线升级等管理要求，支持搭建不同等级自动驾驶功能的智能网联汽车进入市场。二是加快修订《道路运输条例》。2021 年 3 月，交通运输部报送国务院审议的《道路运输条例（修订送审稿）》明确，积极推进自动驾驶等技术在道路运输领域的发展和应用，同时鼓励、支持和引导地方积极探索在封闭场景先行研究出台自动驾驶具体管理办法，为相关立法工作提供实践借鉴。三是完善保险等支持政策。2020 年 9 月，银保监会印发《关于实施车险综合改革的指导意见》，指出加强对车联网、新能源、自动驾驶等新技术新应用的研究，提升车险运行效率，夯实车险服务基础，优化车险发展环境，促进车险创新发展。根据《机动车交通事故责任强制保险条例》第 2 条和第 10 条规定，机动车所有人或者管理人应当按照《道路交通安全法》有关规定投保交强险，且被选择的保险公司不得拒绝或者拖延承保，因此智能网联汽车在投保交强险上不存在法律障碍。银保监会还积极鼓励保险公司深入研究智能网联汽车的风险

保障需求，根据智能网联汽车示范运营、道路测试等实际场景开发商业车险创新产品，积极支持智能网联汽车示范运营。

下一步，工业和信息化部将联合相关部门加快推进智能网联汽车产品准入试点工作，配合交通运输部等推进《道路运输条例》修订，配合银保监会指导保险公司根据自动驾驶等新兴技术需求研究新的保险产品，为智能网联汽车产业发展提供良好的发展环境。

三、关于鼓励部分地区先行先试、积极探索以规模化商用引领科技创新

为深入推进智能网联汽车道路测试示范，加快智能网联汽车技术创新和产业化进程，相关部门主要开展了以下工作：一是 2021 年 7 月工业和信息化部联合公安部、交通运输部发布《智能网联汽车道路测试与示范应用管理规范（试行）》，进一步明确道路测试与示范应用主体、驾驶人及车辆、道路测试申请、示范应用申请、道路测试与示范应用管理、交通违法与事故处理等要求，支持更大范围更多场景的测试示范，支持北京、长沙等地开展高速公路实车测试。二是支持建设 17 个国家级智能网联汽车测试示范区，推动全国 26 个省（市）出台管理细则，开放 3200 多公里测试道路，发放 700 余张测试牌照，支持上海、北京、长沙等地开展载人载物示范试点。三是住房城乡建设部、工业和信息化部联合开展智慧城市基础设施与智能网联汽车协同发展试点，2021 年 4 月、12 月先后分两批支持北京、无锡、广州、深圳等 16 个试点城市，加大城市基础设施投入、加快智能化设备部署进程，提供更多、更好的车辆网联功能应用示范环境，鼓励更多车型示范应用。四是支持上海市编制《上海市浦东新区促进智能网联汽车与无人驾驶装备创新应用管理条例》，与上海市相关部门共同研究推动自动驾驶落地应用的政策路径。在自动驾驶先导应用试点中，支持各地在确保合规、安全可靠的前提下，多元探索自动驾驶技术应用方案，为自动驾驶法规制修订提供实践参考。

下一步，工业和信息化部将联合公安部、交通运输部、住房城乡

建设部等部门，指导更多地方先行先试、进一步扩大测试道路范围，在确保合规、安全可靠的前提下，选择有条件的典型地区，探索智能网联汽车全区域、多场景应用，加速推动智能网联汽车产业化进程。

四、关于完善标准规范和基础设施等配套环境

为加快完善智能网联汽车标准体系，有序推进基础设施建设，相关部门已开展系列工作。一是建立完善技术标准体系。2017 年工业和信息化部、国家标准委编制发布国际上首个系统谋划智能网联汽车领域标准化工作的指导性文件——《国家车联网产业标准体系建设指南（智能网联汽车）》，提出分两个阶段建立适应我国国情并与国际接轨的智能网联汽车标准体系。截至目前，已顺利实现《建设指南》第一阶段任务目标，初步构建起能够支撑驾驶辅助及低级别自动驾驶的智能网联汽车标准体系，并持续加速建设自动驾驶、信息安全、网联功能与应用等标准子体系。交通运输部同步推动网联基础标准化工作，在公路工程标准体系“公路运营”板块中增加了“车路协同”模块，主要包括路侧智能设施设置、车路交互通信、安全预警等技术标准。二是加快推进急需标准制修订。工业和信息化部已累计研制完成通用要求、车载信息交互等 40 多项国家及行业标准，启动整车信息安全、软件升级、自动驾驶数据记录系统等 3 项强制性国家标准制定，还在开展 40 余项标准的预研工作。三是加快基础设施建设。截至 2021 年底，全国建成 5G 基站 142.5 万个，部署智能化路侧基础设施 3000 多套。住房城乡建设部、工业和信息化部联合开展智慧城市基础设施与智能网联汽车协同发展试点，支持试点城市加大基础设施投入、加快智能化设备部署进程，提供更多、更好的车辆网联功能应用示范环境。

下一步，工业和信息化部将会同相关部门持续完善智能网联汽车标准体系，加快完成整车信息安全、汽车软件升级、自动驾驶数据记录系统等三项强制性国家标准制定，推动先进驾驶辅助系统、自动驾驶功能要求、信息安全等重要标准制定，有效支撑行业管理工作。同时，以推进智慧城市基础设施与智能网联汽车协同发展试点城市建设为契

机，围绕智能化基础设施、新型网络设施、“车城网”平台等重点任务，加快数字化设施建设部署，探索形成统一的智慧城市网联基础设施标准体系，推动实现城市全面感知和车城互通互联，支持智能网联汽车产业快速发展。

五、关于强化安全监管力建设

按照中央有关工作部署，中央网信办会同相关部门抓紧研究制定汽车数据安全法规标准，加强汽车数据全面管理。一是为规范汽车数据处理活动，保护个人、组织的合法权益，维护国家安全和社会公共利益，2021 年 10 月制定出台《汽车数据安全管理若干规定（试行）》，明确汽车数据处理者的责任义务，提出重要数据风险评估、数据出境安全评估等监管措施。二是指导信安标委秘书处发布《汽车采集数据处理安全指南》技术文件，形成《汽车采集数据的安全要求》《网络预约汽车服务数据安全指南》国家标准报批稿，规范汽车采集数据传输、存储和出境等处理活动。

下一步，中央网信办将持续推进贯彻落实《汽车数据安全管理若干规定（试行）》，防范化解汽车数据安全风险，促进智能网联汽车产业健康有序发展。

感谢您对智能网联汽车产业发展工作的关注与支持。

工业和信息化部

2022 年 8 月 18 日

全国政协十三届五次会议第 03301 号提案

题　　　目： 关于完善离婚“冷静期”制度配套措施的提案

主　　　办： 民政部

会　　　办： 司法部

提 案 形 式： 个人提案

第一提案人： 郑建闽

内　　　容：

《中华人民共和国民法典》于 2021 年 1 月 1 日起正式施行，民政部门对婚姻登记程序进行了调整，在离婚程序中增加“30 天冷静期”，以防止冲动型离婚、轻率型离婚等非理性离婚行为。以福建省为例，截至 2021 年 12 月 31 日，全省共受理离婚申请 98748 对，正式办理离婚登记 54827 对，主动撤回 788 对，过期自动撤回 35338 对，撤回率达 36.6%，近四成夫妻冷静期后放弃离婚登记，离婚率明显回落，对拯救感情尚未破裂的婚姻以及维护家庭和谐起到积极作用，但在实际执行中也存在需要进一步解决的新问题。

一、“冷静期”的适用范围不明确

《民法典》未对哪些情形不适用“冷静期”作出明确规定，即所有的协议离婚都须经历“冷静期”，存在一刀切现象。

二、“冷静期”可能变成危险期

破裂婚姻中处于弱势或被欺压的一方，如家暴、赌博、吸毒的受害者，在“冷静期”内可能再次受到伤害，甚至催生悲剧。另外，也存在一方当事人利用“冷静期”恶意转移夫妻共同财产或者恶意借债，侵犯另一方合法权益的情形。

三“冷静期”内的调解介入不够

离婚“冷静期”内及时有效的矛盾调解和心理疏导不可或缺。民政部门婚姻登记机关受到编制、场地等因素限制，无法主动对每一对申请离婚的当事人进行离婚调解。

四“冷静期”到期后若无法及时办理离婚登记，需要重新申请

离婚“冷静期”到期后的30日内，当事人由于疫情等不可控因素无法及时办理离婚登记，需要重新申请离婚，再经历一次“冷静期”，给离婚意愿迫切的当事人增加离婚的时间成本，甚至造成其他损失。

建议：

一、明确“冷静期”的适用范围和监督辅助措施

离婚“冷静期”设置的初衷是依法拯救感情尚未破裂的婚姻，为未成年子女健康成长提供和谐的家庭环境。为保护婚姻中处于弱势的一方，应当完善法规和司法解释，将一些明显不适用“冷静期”，可能催生暴力、引发悲剧的情形，如家暴、赌博、吸毒等排除在适用范围之外。同时，建议民政部会同有关部门进一步完善相关监督配套措施，防止财产转移和恶意制造夫妻共同债务，侵害当事人合法权益。

二、加强“冷静期”内的调解辅导

在“冷静期”内及时对当事人进行心理疏导与情感修复，促使离婚“冷静期”成为感情修复期。一方面，推进县级以上婚姻登记机关设置婚姻家庭辅导室，鼓励有条件的婚姻登记机关设立社会工作和志愿服务站点，扩大服务范围，延伸辅导内容；另一方面，构建以社区、人民调解组织等多方联合的调解回访机制，在“冷静期”内跟踪情感修复状况，避免矛盾激化。

三、明确无法及时办理离婚登记的帮助渠道

明确规定“冷静期”到期后30天无法及时办理离婚登记的帮助措施和适用条件，并健全完善具体实施办法或操作规程，在当事人提供充分证据的情况下可适当延长期限。

关于政协第十三届全国委员会第五次会议第03301号(政治法律类256号)提案答复的函

郑建闽委员：

您提出的《关于完善离婚“冷静期”制度配套措施的提案》收悉。经商司法部，现答复如下：

民法典第一千零七十七条规定：“自婚姻登记机关收到离婚登记申请之日起三十日内，任何一方不愿意离婚的，可以向婚姻登记机关申请撤回离婚登记申请。自离婚冷静期期限届满后三十日内，双方应当亲自到婚姻登记机关申请发给离婚证；未申请的，视为撤回离婚登记申请。”这是我国法律第一次对离婚冷静期作出具体规定。为确保离婚冷静期制度顺利实施、发挥实效，民政部多措并举，提升政策温度，把离婚冷静期变成“离婚关怀期”。主要开展了以下工作：

一、依法组织实施离婚冷静期制度

一是及时印发《关于贯彻落实〈中华人民共和国民法典〉中有关婚姻登记规定的通知》，及时调整婚姻登记程序，并要求各地区及时修订本地区的婚姻登记工作规范，编制婚姻登记办事指南，确保制度有效衔接。二是通过编制解读材料、举办示范培训班等形式组织全国婚姻登记机关干部职工深入学习领会民法典的新理念、新精神、新规定，确保婚姻登记依法依规开展。三是通过召开新闻发布会、专题研讨会加强宣传引导，组织专家进行政策解读，引导群众正确理解离婚冷静期制度的立法目的和婚姻稳定的重要意义，为离婚冷静期制度的实施创造良好的舆论环境。

二、部署开展婚姻家庭辅导服务

一是会同全国妇联印发《关于加强新时代婚姻家庭辅导教育工作

的指导意见》，要求地方各级婚姻登记机关深化离婚冷静期内的婚姻家庭辅导服务。目前，全国共有婚姻家庭纠纷人民调解组织 7100 余个，70.2% 的县级以上婚姻登记机关设置了婚姻家庭辅导室。各地普遍通过公益创投、政策扶持、经费补贴、政府购买服务等途径引导各方力量发挥积极作用，免费为有需求的离婚当事人提供情感辅导、心理疏导、危机处理等服务，减少冲动离婚行为。二是指导各地积极探索创新，不断拓展辅导内容，延伸服务范围，提高群众的获得感和幸福感。三是指导各地开展婚姻家庭教育进家庭、进社区、进村庄、进校园、进企业活动，善于用身边人、身边事、身边榜样来化解矛盾、和睦家庭。

三、深入推进婚姻领域移风易俗

一是印发《关于开展婚俗改革试点工作的指导意见》，分两批确定了 32 家全国婚俗改革实验区，指导省、市、县三级民政部门共确定了约 300 个试点单位。各试点地区充分发挥试点示范作用，大力推进婚姻领域移风易俗，创新载体，丰富内容，传承发展中华优秀婚姻家庭文化，加强新时代公民道德建设，形成良好社会风尚。二是探索将结婚颁证仪式引入结婚登记流程并实现颁证常态化，通过引导婚姻当事人宣读结婚誓言、领取结婚证，让当事人感悟铭记婚姻家庭蕴含的责任担当。三是指导各地开展高价彩礼、大操大办、铺张浪费等不正之风的整治，营造风清气正的婚俗新风。四是指导各地广泛开展家庭文明建设活动，推动广大家长以身作则、言传身教，营造良好的家庭环境，形成良好的家庭氛围。

下一步，民政部将深入学习贯彻习近平总书记关于注重家庭家教家风建设重要论述和党中央、国务院决策部署，加强与司法部、全国妇联等部门的沟通协调，立足自身职能，完善配套政策，采取有效措施，加快推进新时代和谐婚姻家庭建设。

一是完善离婚冷静期相关配套政策措施。推动《婚姻登记条例》修订，修订《婚姻登记工作规范》，将离婚冷静期制度实施的有效经验和成功做法纳入其中。扩大婚姻登记“跨省通办”试点范围，在第一批7省2市试点基础上，再选择部分省份纳入试点范围，为更多的婚姻当事人提供便利。继续加大离婚冷静期制度的宣传引导和政策解读，凝聚社会共识，营造良好氛围。

二是持续深化婚姻家庭辅导服务。指导各地打造集婚姻登记、婚姻家庭辅导、婚俗文化展示等功能为一体的综合性婚姻家庭服务指导中心，尽快实现县级以上婚姻登记机关婚姻家庭辅导室全覆盖。进一步加强婚姻家庭纠纷调解工作，扎实做好离婚“冷静期”内婚姻家庭纠纷的排查化解和跟踪回访工作。创新开展婚姻家庭辅导服务，持续健全服务体系和长效机制，助力婚姻家庭和谐稳定。

三是持续深化婚姻领域移风易俗。深化婚俗改革试点工作，组织开展婚俗改革理论研究和经验交流，宣传推广婚俗改革创新成果，积极倡导具有中华文化特色的婚俗礼仪，推动形成爱国爱家、相亲相爱、向上向善、共建共享的社会主义家庭文明新风尚。

民政部

2022年6月27日

全国政协十三届五次会议第 00895 号提案

题　　目： 关于人民政协专门协商机构制度建设亟待完善的提案
主　　办： 全国政协办公厅
提案形式： 个人提案
第一提案人： 戴秀英
内　　容：

党的十九届五中全会通过的《中共中央关于制定国民经济和社会发展第十四个五年规划和二〇三五年远景目标的建议》明确提出，要加强人民政协专门协商机构建设，发挥社会主义协商民主独特优势，提高建言资政和凝聚共识水平。习近平总书记在中央政协工作会议暨庆祝中国人民政治协商会议成立 70 周年大会上，特别指出“发挥人民政协专门协商机构作用，需要完善制度机制”。人民政协是我国社会主义协商民主的重要渠道和专门协商机构。加强人民政协专门协商机构制度体系建设，是巩固、完善和发展我国社会主义民主政治的重要内容和途径。

在实践中，人民政协专门协商机构在推进协商中存在以下问题：一是主动协商意识不强。协商本为两个主体，但现实是政协一家主动，没有做到实实在在的协商。如年度协商计划，多由政协组织提出，没有严格按照由党委、政府和政协进行前期沟通商讨过程，其课题协商内容与党委政府工作契合度不够。协商活动组织基本是政协在“操刀”，很多情况下变成了政协体制内部的协商。二是协商制度不完善。2015 年中共中央印发的《关于加强社会主义协商民主建设的意见》和《关于加强人民政协协商民主建设的实施意见》，为政协发挥专门协商机构作用提供了很好遵循。现实中，由于协商工作缺乏具体的实施细则和操作规程，政协在协商过程中没有遵循。三是协商成果转化不理想。政协重点协商活动实施情况没有列入政府督查事项和考核体系，协商成果的采纳、落实和反馈机制没有建立，导致协商成果转化、协商效果大打折扣。

人民政协专门协商机构制度建设亟待完善：

一是完善协商计划制度，真正做到协商于决策之前和决策实施之中。习近平总书记明确指出："要坚持党委会同政府、政协制定年度协商计划制度，完善协商于决策之前和决策实施之中的落实机制，对明确规定需要政协协商的事项必须经协商后提交决策实施。"贯彻落实习总书记讲话精神，进一步落实协商于决策之前和决策实施之中的原则，做到凡纳入协商计划的必须到政协协商。党委政府作出的事关全局的重大问题要尽可能地提交到政协协商。

二是制定协商工作规则，保障专门协商机构有效运行。汪洋主席强调指出，要"建立健全以协商工作规则为主干，覆盖人民政协履职工作、组织管理、内部运行等各方面的制度机制。"制定协商工作规则，注重程序性制度建设，围绕协商议题确定、协商活动安排、协商意见的报送、处理和反馈等，对协商民主活动的基本程序、工作流程等方面作出明确具体规定。加强顶层设计，由中央层面制定出台统一的政协协商工作规则，地方政协制定相应配套措施。

三是建立协商保障制度，提高协商议政质量和水平。加强委员队伍建设，引导委员遵守协商规则，做到懂政协、会协商、善议政。研究制定科学的协商人员遴选办法，根据议题明确遴选参加协商的委员。健全参政议政人才库，注重从高等院校、科研院所、企事业单位等各方面遴选专家学者参与协商。

四是健全协商衔接制度，推动协商更富有成效。建立党委、政府、政协联合发布年度协商计划制度；建立政协重大协商议题同党政综合部门会商制度；建立委员知情明政制度等。推动健全协商成果采纳落实机制，将政协重点协商成果办理列入党政部门督查事项和考核体系，定期向政协反馈，促进协商成果的采纳、落实。健全全国政协与省市县政协联系指导制度，完善重大协商议题的协同调研、联动协商机制，提升专门协商机构的制度效能。

关于政协第十三届全国委员会第五次会议第 00895 号（统战政协类 033 号）提案答复的函

戴秀英委员：

您提出的《关于人民政协专门协商机构制度建设亟待完善的提案》收悉，现答复如下：

习近平总书记在中央政协工作会议暨庆祝人民政协成立 70 周年大会上的讲话强调，发挥人民政协专门协商机构作用，需要完善制度机制。我们认为，您提出的人民政协专门协商机构制度建设亟待完善的提案，对于进一步落实完善相关制度建设，具有重要参考价值。

中央政协工作会议以来，全国政协高度重视加强专门协商机构制度建设，不断建立健全以政协章程为基础，以协商制度为主干，覆盖政协党的建设、履职工作、组织管理、内部运行等各方面制度，逐步形成权责清晰、程序规范、关系顺畅、运行有效的制度体系，专门协商机构制度不断丰富和完善。

一、关于完善协商计划制度，真正做到协商于决策之前和决策实施之中

目前，全国政协年度协商计划由全国政协办公厅组织起草，在充分征求中共中央办公厅、国务院办公厅、中央和国家机关有关单位、各民主党派中央、全国工商联、有关人民团体、各省级和副省级市政协、全体全国政协委员、有关新闻媒体等各方面意见基础上，遴选出年度协商议题，重点议题报请中共中央审批通过后实施。协商内容紧扣经

济社会发展的重大问题和涉及群众切身利益的实际问题。协商计划确定后，按照计划安排认真抓好落实。为切实制定好协商计划，办公厅印发了《关于制定全国政协年度协商计划的办法》，对年度协商计划的总体思路、重点议题和协商形式、制定年度协商计划的主要步骤进行了规范，推动协商计划制度不断健全完善。全国政协正在完善以全体会议为龙头，以专题议政性常委会会议和专题协商会为重点，以协商座谈会、远程协商会、对口协商会、提案办理协商会等为常态的协商议政格局，通过各种会议形式，就协商议题同党政有关部门会商，部分重点议题邀请中共中央、国务院领导同志与委员面对面协商。

二、关于制定协商工作规则，保障专门协商机构有效运行；加强顶层设计，由中央层面制定出台统一的政协协商工作规则，地方政协制定相应配套措施

为更好发挥人民政协作为专门协商机构在国家治理体系中的重要作用，2021 年 3 月，政协第十三届全国委员会常务委员会第十五次会议审议通过了《中国人民政治协商会议全国委员会协商工作规则》，明确了协商内容、协商形式、协商原则等各方面要求，为专门协商机构建设提供了有力的制度保障。2022 年 6 月，中共中央印发《中国共产党政治协商工作条例》。坚持和加强党对政治协商工作的领导，提高政治协商工作科学化制度化规范化水平，是做好政治协商工作的基本遵循。下一步，我们将按照文件要求认真抓好贯彻落实。

三、关于建立协商保障制度，提高协商议政质量和水平

在加强委员队伍建设方面，2020 年 11 月，政协第十三届全国委员会常务委员会第十四次会议审议通过了《全国政协关于加强政协委员责任担当的意见》，着眼发挥委员作用，引导委员勤学习、勇担当、善履职提出具体举措，对提高委员履职尽责本领、加强委员联系界别群众和做好委员履职服务管理作出明确规定，引导落实“懂政协、会协商、善议政，守纪律、讲规矩、重品行”责任。关于研究制定科学的协商人员遴选办法。《中国人民政治协商会议全国委员会协商工作

规则》在协商程序中除对各种协商形式的参加对象作出一些明确规定外，还专门强调“在相关协商活动中，探索以委员自主报名，邀请议题相关方、利益相关方代表和有关专家”等方式研究确定参加人员。关于健全参政议政人才库。全国政协办公厅于2020年2月出台《建设参政议政人才库工作方案》，明确了建设人才库的总体要求、组成规模、人选条件等，要求吸收各方面专业人才开展课题研究，进一步提高跨领域交叉研究问题水平和协商议政能力。4月，全国政协办公厅印发了参政议政人才库特聘专家名单，首批特聘专家共有99名，以京内专家为主，有88名，京外11名。关于提高协商议政质量。根据《全国政协关于进一步提高协商议政质量的意见》和《全国政协协商议政质量评价工作办法》要求，在办公厅成立协商议政质量评价工作领导小组，制定具体工作方案保障落实。

四、关于健全协商衔接制度，推动协商更富有成效

建立与国务院办公厅会商机制。近年来，国务委员兼国务院秘书长率国务院办公厅有关同志，每年两次到全国政协机关，就全国政协重点协商议题、政协有关会议期间国务院办公厅有关人员听取意见建议安排、提案办理、政协民主监督等工作，与全国政协办公厅进行会商，效果很好。关于推进建立委员知情明政制度。办公厅每半年告知委员重要会议活动安排，便于委员知情出力；专门出台《全国政协重点关切问题情况通报会工作方案》，通过召开重点关切问题情况通报会通报情况互动交流，搭建委员知情明政平台。关于推动健全协商议政成果采纳落实机制。在协商工作规则中，对促进成果转化运用作出了制度性规定；建立专门委员会与有关部门沟通机制，对协商议政成果转化情况进行跟踪；出台《全国政协委员议政建言成果反馈工作办法》，对纳入集中发布范围的议政建言成果，要求通过委员移动履职平台每季度发布1次等；《中国共产党政治协商工作条例》要求，政协党组按照规定梳理形成人民政协政治协商活动成果，重要协商活动成果报送党委，同时党委和政府办公厅加强对协商成果的督促检查。关于健

全全国政协与省市县政协联系指导制度。每届全国政协均召开 1—2 次全国地方政协工作经验交流会，每年召开全国地方政协秘书长工作交流座谈会，运用《办公厅简报》《值班日报》等载体交流工作信息，为全国政协与地方政协交流工作搭建了平台。2021 年，中共中央办公厅印发《关于加强和改进新时代市县政协工作的意见》，明确提出新时代加强和改进市县政协工作的总体要求、重点任务和保障措施，为做好市县政协工作提供了重要遵循。我们将认真落实文件要求，进一步加强对地方政协的联系指导，不断提升专门协商机构制度效能。

加强专门协商机构制度建设是学习贯彻习近平总书记关于加强和改进人民政协工作的重要思想的实际行动必然要求，是贯彻落实习近平总书记在中央政协工作会议上的重要讲话精神的必然要求，也是十三届政协全国委员会工作的着力重点和重要成果。希望能继续得到您的关注和支持，多提宝贵意见。

专此函复。

政协全国委员会办公厅

2022 年 8 月 30 日

全国政协十三届五次会议第02423号提案

题　　　目： 关于在横琴粤澳深度合作区探索法治创新强化法治保障的提案

主　　　办： 最高人民法院

会　　　办： 司法部　港澳办

提 案 形 式： 个人提案

第一提案人： 黄　武

内　　　容：

粤澳两地存在着两种不同的法律制度和由此形成的不同的规则体系，如何坚守“一国”之本，善用“两制”之利，需要以创新思维的方式，解决好粤澳两地的规则衔接和机制对接，补足机制短板，为推动横琴粤澳深度合作区（以下简称“横琴深合区”）的发展提供法治保障。由于横琴深合区建设尚处于起步阶段，在司法、法律机制方面还存在着需要进一步完善和创新探索的问题：一是多元化民商事纠纷解决机制不完善，横琴深合区内已建立的10多家调解机构，基本上是行业性的小微调解机构，横琴法院、珠海国际仲裁院设立的调解中心仅仅是诉讼、仲裁程序的延伸，民商事纠纷调解平台（中心）建设不完善，调解与诉讼、仲裁之间的高效顺畅的衔接机制尚未形成；二是作为葡语地区，横琴深合区内葡语国家（地区）的法律查明和咨询服务机构仍是空白，难以适应横琴法院审判案件的需要；三是横琴法院和澳门法院之间的司法协助事项需层报广东省高院审查、转递，司法效率低；四是横琴法院的管辖范围、当事人选择适用法律或仲裁机构等还有待探索；五是两地法律界、司法界的交流合作仍处浅疏水平，精通葡语和两地法律人才十分缺乏等。

建议：

一是粤澳整合分散的调解资源，共建一个综合性、高水平、规则相衔接的民商事纠纷调解平台（中心），提升港澳籍特邀调解员的参调率；把横琴深合区内澳籍居民与内地居民的民事纠纷纳入人民调解范围，充分发挥澳门街坊总会的调解作用；建立集在线咨询、评估、调解、仲裁诉讼等于一体的服务平台，提升跨境纠纷解决的便捷性。

二是依托澳门专业机构，在横琴深合区内设立域外法查明中心，为有需要的当事人提供包括葡语国家、澳门特别行政区法律及其他域外法律查明在内的法律服务，实现域外法律查明与适用标准化、规范化、便利化。

三是简化粤澳司法协助程序，提高司法协助效率。建议最高法院授权横琴法院与澳门法院之间建立直接委托送达司法文书和调取证据机制。建立包括文书转递、跨境立案、案件查询、证据交换、跨境庭审、信息通报等的电子平台，实现区际司法协助全流程在线办理。推动在横琴深合区简化粤澳两地法院判决和仲裁裁决相互认可和执行的程序。

四是在横琴深合区范围内，率先试点探索法治创新。包括：扩大横琴法院涉澳民商事案件的管辖范围，探索允许横琴法院受理没有法定连接点但当事人双方自愿约定由横琴法院管辖的案件；扩大澳门法律的适用范围，探索允许横琴深合区内的民商事主体与对方当事人约定选择澳门法律作为解决争议的依据；探索允许横琴深合区内的民商事主体之间，不论是否具有涉澳因素，均可自愿约定将争议提交澳门仲裁机构进行仲裁；探索允许澳门法官在横琴法院审理涉及澳门法律适用的案件时，由广东省人民法院核准作为合议庭成员直接参与审判活动；探索对来自澳门的诉讼主体在横琴法院进行诉讼时，采取与内地居民相同的资格认证和授权手续。上列法治创新、涉及部分上位法的修订，建议由全国人大常委会授权广东省开展试点探索。同时全国人大常委会加快制定《横琴粤澳深度合作区条例》，为横琴深合区建设提供全面的法治保障。

五是大力加强粤澳两地法律界交流合作。设立专项培训计划，定期选送内地司法人员和律师赴澳门学习精修澳门法律和司法制度；加强粤澳两地司法人员、仲裁员、律师、调解员之间的交流；深化法律与教育资源共享，联合培养高层次法律人才。

澳门与内地均适用成文法，与香港相比，澳门的法律文化、司法实践与内地相似度更高，加上澳门区域小，人口少，产业单一，政治敏感度低，因而在横琴深合区内先行先试开展相关的法治探索，打造大湾区不同法律制度下规则衔接与机制对接示范区更具可行性。

关于政协第十三届全国委员会第五次会议第 02423 号（政治法律类 196 号）提案答复的函

黄武委员：

您提出的《关于在横琴粤澳深度合作区探索法治创新强化法治保障的提案》收悉，经商司法部、国务院港澳事务办公室，现答复如下：

一、关于完善多元化民商事纠纷解决机制的建议

党的十八大以来，习近平总书记从推进国家治理体系和治理能力现代化、建设更高水平平安中国的高度，就正确处理人民内部矛盾、加强和创新社会治理、预防和化解社会矛盾等提出一系列新理念、新思想、新战略。最高人民法院坚持把非诉讼纠纷解决机制挺在前面，不断加强诉讼与仲裁等非诉讼解纷方式衔接，完善人民调解、司法调解联动工作体系，为群众提供方便快捷、诉非衔接的多元化纠纷解决方式。

关于整合分散调解资源、建立统一服务平台的建议。2019 年以来，人民法院致力于建设一站式多元解纷和诉讼服务体系，取得了阶段性的成果。目前，一站式平台与全国总工会、中国侨联、全国工商联、

国家发展改革委、人力资源社会保障部、中国人民银行、银保监会、证监会、国家知识产权局、中国中小企业协会等单位建立起“总对总”诉调对接，已汇聚调解组织6.1万余家，调解员25.5万余名。为推动港澳台侨在线调解工作，我院已与中央台办联合印发《最高人民法院办公厅　中共中央台湾工作办公室秘书局关于建立“总对总”涉台纠纷在线诉调对接机制的通知》，80多名台湾同胞调解员入驻调解平台。目前，我们正在与国务院港澳办、香港中联办等加强沟通，探索邀请港澳地区的调解组织和调解员入驻人民法院调解平台，推动粤港澳大湾区在线多元解纷工作。

关于提升港澳调解员参调率、发挥澳门街坊总会等调解组织作用的建议。为加强粤港澳大湾区调解平台建设，司法部指导广东省司法厅与香港律政司、澳门行政法务司共同建立粤港澳大湾区调解工作委员会，已发布《调解员资格资历评审标准》《调解员专业操守最佳准则》等，并就制定粤港澳大湾区跨境争议统一的调解规则进行深入研究，支持粤港澳商事调解协同发展，为纠纷多元化解提供更多选择。广东省高级人民法院建立粤港澳大湾区跨境商事纠纷特邀调解员机制，目前已有61名港澳特邀调解员纳入统一名册，可参与全省法院跨境商事纠纷调解工作，在调解领域开拓规则衔接新局面。我们也将继续推进在横琴粤澳深度合作区共商共建共管共享的新体制下，支持港澳特邀调解员、调解组织参与多元解纷工作，为保障跨境矛盾纠纷多元化解、服务经济社会发展贡献力量。

二、关于依托澳门专业机构建立域外法查明中心的建议

最高人民法院与澳门特别行政区签署的《关于内地与澳门特别行政区法院就民商事案件相互委托送达司法文书和调取证据的安排》第二十三条规定，“受委托方法院可以根据委托方法院的请求代为查询并提供本辖区的有关法律。”据此，内地与澳门法院间建立了通过司法协助查明法律的机制，并已开展多年的司法实践。

随着粤港澳大湾区建设逐步推进，内地与港澳人员和经贸往来愈

加频繁，跨境民商事纠纷日益增多，对港澳法律查明需求迫切。2021年，最高人民法院与澳门特别行政区签署《关于进一步加强司法法律交流合作的会谈纪要》，其中规定：“双方同意加强法律查明方面的合作。推动建立高效专业权威的跨境法律查明机制，探索共建法律查明资源库和法律查明案例库。优化法院间依据司法协助安排相互提供法律查明协助机制；支持内地与澳门有关法律专家、法律查明服务机构、专家委员会委员等，通过向两地法院提供法律资料及专家意见等多种方式协助查明域外法，充分保障当事人依法选择适用域外法的权利。”《最高人民法院关于支持和保障横琴粤澳深度合作区建设的意见》也规定：“完善域外法查明和适用机制。支持在横琴粤澳深度合作区人民法院（以下简称横琴法院）设立域外法查明机构，重点加强包括葡语系国家（地区）、澳门在内的域外法查明服务，支持境内外法律专家在横琴法院出庭提供法律查明协助。”

目前我们正在积极推进有关工作，拟与澳门大学开展合作，推动建立“中国—葡语国家司法法律研究中心”，完善涉澳及涉葡语国家的法律查明机制。同时，我们也在积极探索与港澳建立法律查明合作机制，依托广东法院已经建立的“域外法查明通”等在线平台，力争为当事人提供更全面、系统、便捷的域外法在线查明服务。

三、关于简化司法协助程序提升司法协助效率的建议

澳门回归祖国以来，最高人民法院积极与澳门有关方面推进司法协助安排商签，提升司法协助质效，不断丰富“一国两制”在司法领域的实践。目前，最高人民法院与澳门共签署了5项司法协助安排，实现了“一国两制”下司法协助的多项突破。

关于区际司法协助全流程在线办理的建议。最高人民法院与澳门特别行政区于2020年签署《关于内地与澳门特别行政区法院就民商事案件相互委托送达司法文书和调取证据的安排》的修改文本，建立司法协助网络平台，运用信息化手段提升司法协助质效，与澳门法院共享智慧法院建设成果。2020年3月1日平台正式开通，实现了两地送

达取证案件的全流程在线转递、在线审查、在线办理和在线追踪，有效提升司法协助案件办理质效，案件平均办理周期缩短至原来的五分之一。

关于授权横琴法院与澳门建立直接委托协助机制的建议。2022 年 1 月 13 日，最高人民法院已下发通知，授权横琴粤澳深度合作区人民法院等三家法院自当年 2 月 1 日起，可以直接与澳门终审法院相互委托送达司法文书和调取证据，推动横琴与澳门法院民商事司法协助提速增效。

关于简化判决和仲裁互认与执行机制的建议。最高人民法院与澳门特别行政区于 2006 年签署《关于内地与澳门特别行政区相互认可和执行民商事判决的安排》，建立涵盖两地全部民商事案件的互认与执行机制；2007 年签署《关于内地与澳门特别行政区相互认可和执行仲裁裁决的安排》，并于 2022 年 2 月签署《关于内地与澳门特别行政区就仲裁程序相互协助保全的安排》，实现内地与澳门仲裁领域相互协助的全面覆盖，促进仲裁在解决跨境争议方面更好发挥作用，支持澳门仲裁业发展。目前相关协助机制运转良好，我们会进一步加强调查研究，坚持问题导向，不断提升相关机制的运行质效，高效化解跨境纠纷。

四、关于在横琴粤澳深度合作区探索法治创新的建议

建设横琴粤澳深度合作区是习近平总书记亲自谋划、亲自部署、亲自推动的重大决策，是丰富“一国两制”实践的新示范。《横琴粤澳深度合作区建设总体方案》提出，要“研究强化拓展横琴新区法院职能和作用，为合作区建设提供高效便捷的司法服务和保障。”2021 年 12 月 17 日，珠海横琴新区人民法院更名为横琴粤澳深度合作区人民法院。

关于扩大澳门法律适用范围以及简化认证手续的建议。2022 年 1 月 17 日最高人民法院发布《关于支持和保障横琴粤澳深度合作区建设的意见》，明确提出“支持横琴法院申请授权试点探索域外法适用机

制，在不违反我国法律基本原则或者不损害国家主权、安全和社会公共利益的前提下，允许在横琴合作区注册的港资、澳资、台资及外商投资企业协议选择域外法解决合同纠纷，或者适用国际条约、国际惯例和国际商事规则化解纠纷。”“简化涉港澳案件诉讼程序。支持横琴法院简化港澳诉讼主体资格司法确认、授权委托见证、送达程序及诉讼证据审查认定。”我们将继续指导横琴粤澳深度合作区人民法院坚守“一国”之本，善用“两制”之利，开拓创新，服务粤澳共商共建共管共享新机制，促进粤澳法治融合发展。

关于扩大横琴法院涉澳民商事案件管辖范围、允许澳门法官参与审判等建议。我们将继续加强对《中华人民共和国民事诉讼法》第三十四条“实际联系”等问题的研究，支持横琴粤澳深度合作区人民法院发挥先行先试优势，探索允许当事人将与合作区虽无连接点但约定管辖的涉港澳民商事争议提交合作区人民法院审理，稳定合作区内投资者对于纠纷化解成本和法律适用的预期；同时更加积极推动任命澳门人民陪审员等工作，支持澳门同胞参与人民法院审判工作。

五、关于加强粤澳两地法律界交流合作的建议

澳门有“联结东西、面向世界”的优势，是国家双向开放的桥头堡。近年来，内地与澳门司法法律界交流合作的广度与深度不断拓展，特别是粤澳两地文化同源、人缘相亲，司法交流合作不断深化。最高人民法院通过举办海峡两岸暨香港澳门司法高层论坛，邀请澳门司法高层作为中方代表参与中华司法研究会、海上丝绸之路司法合作国际论坛、数字经济法治论坛等活动，交流司法经验、凝聚司法共识；通过举办五期澳门特别行政区司法范畴培训班，圆满实现澳门现职法官的首轮全员内地研修，不断增强内地与澳门司法法律界的联系。广东法院也充分发挥地缘优势，通过举办粤港澳大湾区司法案例研讨会等，深化粤澳司法交流与合作。

此外，国家法官学院自 2021 年开始建立了与澳门大学的合作培养机制，目前已选派 20 余名内地法官参加硕士、博士培养项目。司法部

连续三年组织港澳青年律师、青年委托公证人来内地访问培训，加强粤澳两地调解组织、律师之间的交流合作。下步我们将继续拓展内地与澳门司法交流与合作的广度与深度，支持内地青年法律人才到澳门学习深造，为澳门青年法律学生来内地实习就业等提供更好的支持和保障。

感谢您对人民法院工作的关心和支持。

最高人民法院

2022 年 7 月 15 日

全国政协十三届五次会议第00897号提案

题　　　目：关于鼓励和支持香港青年到大湾区创业和工作的提案
主　　　办：广东省政府
会　　　办：港澳办　共青团中央
提 案 形 式：个人提案
第一提案人：龙子明
内　　　容：

一、香港一直都与珠三角有很紧密的合作，整个珠三角在过去40多年改革开放，香港也扮演了很重要的角色，香港既是国家改革开放的“参与者”“贡献者”，同时亦是“受惠者”。现在面对粤港澳大湾区发展，香港应把握机遇，令香港发展得更好。香港现在处于第五波疫情，压倒一切的任务是尽快稳控疫情，动员一切可以动员的力量和资源，采取一切必要的措施，确保香港市民的生命安全和身体健康，确保香港社会大局稳定。但是，香港疫情终会有控制住的一天，应该未雨绸缪，提前为鼓励和支持香港青年到大湾区创业和工作做好各方面的准备。

二、疫情对香港毕业生的影响是非常大的，根据香港教资会公布的数据，香港八大毕业生2020年失业率2.9%，也是11年来的新高。许多香港高校毕业生就业前途渺茫，成为困扰香港大学生的问题。要鼓励和支持香港高校毕业生把握粤港澳大湾区的机遇“走出去”到“粤港澳大湾区”创业和工作，拓展香港高校毕业生就业空间，增长香港大学毕业生创新能力，为粤港澳大湾区注入生机勃勃的人力资源。

三、调查发现，香港青年考虑到粤港澳大湾区发展时，最重视收入水平。香港大学毕业生平均年薪从30万下降至29万港币，香港中文大学更是下跌了近5万元至26.8万港币。此前，许多香港青年在大湾区的收入水平已经追上香港。建设大湾区是一个长远的规划发展，希望香港青年可以将目光放远，为自己计划一个更长远及适合自己的生涯规划蓝图，与国家共同创建更美好的前景。

四、建议将粤港澳大湾区建设网站打造成一站式平台，提供就业和生活信息，建立人才数据库和拟订优质企业名单，以提供就业配对服务。在大湾区网站及各城市的政府服务综合中心的办公室提供解决职场及生活疑难、持续进修及升学途径、住宿和聘请家佣等信息。

五、建议在就业及规划方面，与在港有业务的优质企业沟通先聘请青年在港工作，然后派驻大湾区工作。帮助香港青年在港及内地城市两边发展的安排，检视当中提供的行业及职位，再与人才数据库进行配对，提供青年长远的生涯规划支持，协助他们长远规划事业发展。

六、香港青年除关注个人在大湾区内地城市的发展外，也会担心返回香港后的前景。有见及此，推动青年“出口”到大湾区内地城市及“回流”香港的政策建议应双管齐下，打造一个“高流动”大湾区各城市青年人才循环不息的景象，有利大湾区各城市的发展。

关于政协第十三届全国委员会第五次会议第00897号（统战政协类034号）提案答复的函

龙子明委员：

您提出的《关于鼓励和支持香港青年到大湾区创业和工作的提案》收悉。经会同国务院港澳办、共青团中央认真研究办理，现答复如下：

一、关于帮助香港高校毕业生拓展就业空间、增强创新创业能力等方面的意见建议

（一）完善支持港澳青年就业创业政策制度。全面落实取消港澳

居民在我省就业许可制度，消除就业流动制度性障碍，畅通港澳居民来粤就业渠道。推动实现港澳居民与本地户籍劳动者同等享受各项就业创业扶持政策，支持配合香港特区政府实施“大湾区青年就业计划”，对参加计划的香港青年按每人每月不超过1000元标准给予生活补助，激发港澳居民来粤就业热情。

（二）搭建港澳青年就业创业服务和信息对接平台。2021年9月，人力资源社会保障部、国务院港澳办等国家四部门联合印发《关于支持港澳青年在粤港澳大湾区就业创业的实施意见》，从拓宽就业渠道、支持创新创业、提升创业能力、优化就业服务等方面进一步完善港澳青年在大湾区就业创业支持体系和便利举措。我省结合实际，于今年4月制定了配套的实施细则，明确具体政策标准。创新实施“大湾区职场导师计划”和购买港澳就业创业服务，支持港澳青年在粤就业创业。全面实施“展翅计划”港澳台大学生实习专项行动工作，创新采用“先摸清需求、后开发配岗”工作模式广泛挖掘企业、科研院所、社会组织等资源，5年内为港澳青少年提供3万个赴内地交流机会、1.5万个实习岗位、1.2万个就业岗位。举办2021年粤港澳大湾区大学生就业实习双选会，通过整合湾区企业招聘信息、提供政策解读和就业辅导，促进港澳青年在大湾区实习就业。

（三）搭建港澳青年创新创业服务平台。持续举办“创青春”粤港澳大湾区青年创新创业大赛暨交流营，举办港澳地区选拔赛，累计动员545个港澳创业项目参与大湾区竞赛交流。构建以粤港澳大湾区（广东）创新创业孵化基地为龙头、以12个重点基地为骨干、以各地特色基地为基础的“1+12+N”联动发展格局，鼓励和支持各基地引入港澳服务机构和港澳创业导师，有效形成功能完善、特色明显、成效突出的港澳青年创新创业支撑体系。目前已有12家重点建设的港澳青年创新创业基地投入运营，带动珠三角9市建成N系列港澳青年创新创业基地57家，可为港澳青年创业提供场地保障、培育孵化、展示对接等服务。

二、关于服务香港青年融入大湾区城市发展等方面的意见建议

（一）积极打造“一条热线、一批家园、一份指南、一个枢纽”等服务平台。建设 38 家粤港澳大湾区青年家园，为在大湾区就业创业的香港青年提供信息咨询、社会融入、实习就业、成长发展、情绪支援、期望管理、公益志愿等服务。开通运行 12355 港澳台青年服务热线，编撰发布《粤港澳大湾区青年资讯通》，系统梳理广东省涉港澳台青年的政策措施及实用信息，涵盖社保、医疗、教育、人才、就业、创业、住房等 14 个领域，为港澳台青年来粤发展提供精细化服务。联合香港青联、澳门青联等发行大湾区青年卡，通过开发金融保险、公共交通等实用功能，助力港澳青年轻松畅行大湾区。

（二）积极出台政策为港澳青年提供住房保障。实施“青年安居计划”高校应届毕业生住房保障服务行动，通过“实物保障 + 货币补贴、社会化补充、信息化建设、行业规范”，推动保障性住房、人才房、青年驿站建设，并联合有关机构推出优惠住房，聚焦服务内地高校港澳生、港澳高校赴大湾区内地城市求职应届毕业生等青年群体。

下一步，我省将坚持以习近平新时代中国特色社会主义思想为指导，深入贯彻落实《粤港澳大湾区发展规划纲要》部署要求，持续优化便利港澳青年在大湾区就业创业政策环境，吸引更多香港青年在大湾区内地城市就业创业。

专此答复。诚挚感谢您对我省工作的关心和支持。欢迎登录我省政府门户网站（www.gd.gov.cn），了解我省经济和社会发展政策、经济建设和社会发展方面的重要信息。

广东省人民政府

2022 年 7 月 18 日

全国政协十三届五次会议第04681号提案

题　　　目：关于建议设立对民营企业家国家级荣誉的提案
主　　　办：全国工商联
提 案 形 式：个人提案
第一提案人：刘振东
内　　　容：

长期以来，党和国家高度重视民营经济的发展，对民营企业和民营企业家给予了充分肯定，民营企业已经成为经济社会发展中不可或缺的力量，在稳定增长、促进创新、增加就业等方面发挥了极为重要的作用。国家有关部门和地方各级政府及商会、企业协会等社会各有关方面给予了民营企业家一定的荣誉。

为了更好地在全社会形成尊崇实干、鼓励创新、尊重企业家的良好氛围，激励民营企业家群体高举习近平新时代中国特色社会主义思想伟大旗帜，弘扬正能量、唱响主旋律，增强社会责任感和使命感，始终勇立潮头、担当公理大义，更好地服务经济社会发展大局，为此建议：

研究设立关于对优秀民营企业家在国家层面的表彰和荣誉，更好地促进民营企业家奋进新时代，为党和国家事业发展作出更大贡献！

关于政协第十三届全国委员会第五次会议第 04681 号（统战政协类 135 号）提案答复的函

刘振东委员：

您提出的《关于建议设立对民营企业家的国家级荣誉的提案》收悉，现答复如下：

您提出的研究设立关于对优秀民营企业家在国家层面的表彰和荣誉等建议，有利于弘扬优秀企业家精神，为企业家成长树立良好导向；有利于凝聚崇尚创新创业正能量，营造尊重企业家价值、鼓励企业家创新、发挥企业家作用的舆论氛围，助力民营经济创新转型高质量发展。

党和国家高度重视民营经济发展和企业家成长。党的十六大首次提出坚持“两个毫不动摇”，明确了民营经济在我国社会主义经济制度中的地位作用。党的十八大以来，以习近平同志为核心的党中央高度重视民营经济发展，印发《关于营造企业家健康成长环境弘扬优秀企业家精神更好发挥企业家作用的意见》，首次以文件形式对企业家精神进行肯定，民营企业家受到极大鼓舞。党的十九大把“两个毫不动摇”写入新时代坚持和发展中国特色社会主义的基本方略，作为党和国家一项大政方针进一步确定下来。习近平总书记在民营企业座谈会、企业家座谈会等会议发表重要讲话，充分肯定民营经济的重要地位和作用，大力支持民营企业发展壮大，进一步指出要把支持民营企业发展作为一项重要任务，保护和激发市场主体活力，弘扬企业家精神。

民营企业家群体已经纳入国家级荣誉的评选表彰范围。“全国劳动模范”是党中央、国务院授予在社会主义建设事业中作出重大贡献者的荣誉称号。自2005年起，民营企业家开始被纳入“全国劳动模范”评选范围。2018年改革开放40周年之际，党中央、国务院对改革开放中作出杰出贡献的100名个人进行表彰，授予“改革先锋”称号，颁授改革先锋奖章，14位民营企业家获此殊荣。2020年，党中央、国务院、中央军委表彰在抗击新冠肺炎疫情斗争中涌现出的先进个人和集体，33位民营经济人士荣获“全国抗击新冠肺炎疫情先进个人”称号，21家民营企业和2家商会组织荣获“全国抗击新冠肺炎疫情先进集体”称号。2021年，党中央、国务院表彰在打赢脱贫攻坚战中作出突出贡献的先进个人和集体，156位民营企业家荣获“全国脱贫攻坚先进个人”称号，107家民营企业荣获“全国脱贫攻坚先进集体”称号。

党和国家有关部门多次开展民营企业和民营经济人士先进典型表彰活动，部分活动已经形成机制。2004年，中央统战部、全国工商联等相关单位联合在全国非公有制经济人士中开展“优秀中国特色社会主义事业建设者”评选表彰，迄今已经成功组织5届，一大批在推动经济社会发展、保障和改善民生、促进社会和谐中作出重要贡献的优秀非公有制经济人士受到表彰。在庆祝改革开放四十周年之际，中央统战部、全国工商联共同推荐宣传改革开放40年百名杰出民营企业家，展示民营企业家中国特色社会主义建设者风采，大力弘扬优秀企业家精神，营造民营企业家健康成长的良好环境。近年来，全国工商联还通过举办全国“万企帮万村”精准扶贫行动现场交流会暨先进民营企业表彰会、对1000家“抗击新冠肺炎疫情先进民营企业”给予表扬、与有关单位联合举办“全国抗击新冠肺炎疫情民营经济先进个人”表彰活动、“全国就业与社会保障先进民营企业暨关爱员工实现双赢表彰大会”、开展“光彩事业国土绿化贡献奖”表彰等多种形式，在全社会树立和宣传民营企业家先进典型，加强民营经济正面舆论宣传，营造支持民营经济发展的良好氛围。

下一步，我会将结合工作实际，持续做好民营经济领域先进典型的培养选树、评选表彰工作，广泛宣传报道民营企业和民营经济人士实现高质量发展、推动共同富裕的先进事迹，努力营造良好舆论氛围。

中华全国工商业联合会

2022 年 7 月 31 日

三、文化建设

全国政协十三届五次会议第 01389 号提案

题　　　目： 关于树立文化自信，强化本土品牌软实力和时尚话语权建设的提案

主　　　办： 工业和信息化部

会　　　办： 发展改革委

提 案 形 式： 个人提案

第一提案人： 杨　勋

内　　　容：

近日，有主流媒体报道指出，某企业的工装招标文件中对服装面辅料有明确规定，要求指定日本宾霸里布及意大利进口面料。该事件引起行业巨大反响——值得注意的是，“洋品牌”获得“超国民待遇”并非个案。产业链和供应链是构建双循环的核心，此举势必将违背以国内大循环为主体、国内国际双循环相互促进的“双循环”发展新格局，不利于提振自主品牌对扩大内需、提升文化自信的重要作用。

当前，中国纺织工业正在积极对标“国民经济和社会发展的支柱产业、解决民生和美化生活的基础产业、国际合作与融合发展的优势产业”新定位。一方面，行业在整个国民经济体系中的角色地位需要得到新重视，对国民经济体系其他行业的溢出效应需要得到更深层次的认同；另一方面，在全球时尚经济体系中，行业实现高质量发展，需要进一步自然、自觉、自信地面向国外市场，构建、阐释、充弥自身的文化价值主张，强化本土品牌软实力，提升时尚话语权。

基于此，特提出以下五点建议提案：

一、从需求管理入手，倡导公平竞争，提升国货采购意识，提升本土品牌软实力

长久以来，我国纺织企业面对国际资本和进口商品的猛烈冲击。国内企业在采购面料时指定国外面料的做法，不利于构建公平竞争的市场秩序，更不利于本土品牌实现健康与可持续的发展。因此，建议从需求端入手，强化需求管理，规范需求行为，提高采购方的国货意识，引导消费善待国货，改变“洋品牌”的“超国民待遇”，为国内面料企业的健康发展，赢得参与公平竞争的机会，提升本土文化自信，开辟更广阔的市场发展空间。

二、从源头塑造入手，强化产业链上游“中国面料”品牌培育与时尚话语权塑造

从评价认定、财税支持、潮流消费研究、创意设计能力提升、品牌文化内涵建设等着手，认定一批具有潜在时尚文化影响力的中国面料品牌作为重点培育对象，加大高质量发展的关键资源供给；基于面料技术与艺术结合的“艺技融合”视角，从源头打造中国面料时尚的原创性优势，扶持具有独特技艺与时尚影响力的面料设计大师走向世界，支撑时尚产业链的综合配套、协同开发与系统运营能力；研究出台将企业技改投资按一定比例抵免所得税的政策措施，进一步提高研发费用、品牌宣传费用税前加计扣除比例；设立“中国面料”品牌软实力发展基金，展现东方技艺，融合东方美学，向全球时尚消费终端进行有效渗透。

三、从平台建设入手，推动本土纺织工业设计的平台构建与设计价值的市场转换

鼓励推进工业设计中心、国际合作平台与国际技术合作体系的建设，提升纺织工业设计的创意文化内涵与国际化水平；依托平台建设，加大纺织工业设计在智能制造、绿色制造、纺织新材料等重点领域的专项支持；鼓励本土品牌围绕纺织工业文化在市场应用层面的流行趋势与生活方式研究，重点发挥数字经济对时尚文化的赋能作用，加快

类人视觉、听觉、语言、思维等智能技术在纺织工业创意文化领域内的创新应用。

四、从精神内涵入手，深入弘扬纺织工业文化的时代新精神与发展新典型

围绕“大师、大事、大牌”，联动本土企业文化与纺织家国情怀，深入挖掘中国纺织工业文化的特色故事，弘扬新时代的纺织工业特色精神，围绕纺织工业的精益制造与工匠精神、积极创新与劳模精神、知行合一与诚信精神、生态文化与绿色精神、班组文化建设与协作精神以及艺技融合与美育精神，树立行业发展典型，输出行业发展样板，塑造行业发展核心价值观，为行业的软实力构建和时尚话语权建设，奠定思想内涵，培育根植性力量。

五、从文化生态入手，鼓励加强中国纺织时尚的大众消费认知与话语体系

建立“纺织时尚融媒体”发展基金，制定有序的全球纺织工业文化推广传播计划，鼓励行业加强与融媒体平台、数字文化企业合作，整合文学、艺术、影视、音乐创作等文化资源的全方位配套，引导国际国内消费对中国纺织工业文化“科技、时尚、绿色”的价值认可与美誉度认同；依托纺织工业博物馆、纺织工业文化旅游，促进纺织工业文化持续向大众消费终端的渗透，引导纺织工业文化在新一代年轻消费群体内的审美教育与情感归属。

关于政协第十三届全国委员会第五次会议第 01389 号（经济发展类 086 号）提案答复的函

杨勋委员：

您提出的《关于树立文化自信，强化本土品牌软实力和时尚话语权建设的提案》收悉，经商发展改革委，现答复如下：

品牌是企业乃至国家竞争力的综合体现，是高质量发展的重要象征。党中央、国务院高度重视品牌发展。习近平总书记多次对加强品牌建设作出重要指示，强调要“推动中国制造向中国创造转变、推动中国速度向中国质量转变、推动中国产品向中国品牌转变”“实现技术自立自强，做强做大民族品牌”，为品牌建设指明努力方向。近年来，在全社会共同努力下，我国品牌建设取得显著成效，培育出一批知名度高、美誉度好的自主品牌，但与国际先进水平相比，品牌建设仍存在一定差距。您的提案对于进一步提升纺织服装企业创意设计能力、营造良好市场环境、助力品牌文化传播、促进本土品牌培育、推动品牌强国建设具有重要参考意义。围绕纺织服装品牌建设，我部会同发展改革委等部门主要开展了以下工作：

一、制定政策措施促进品牌建设

2009 年，我部联合发展改革委等七部门印发《关于加快推进服装家纺自主品牌建设的指导意见》，大力培育具有国际影响力的服装家纺自主品牌。2016 年，《国务院办公厅关于开展消费品工业“三品”专项行动营造良好市场环境的若干意见》明确提出，在纺织服装产业等消费品工业领域开展增品种、提品质、创品牌“三品”专项行动，改善营商环境，提高纺织服装有效供给能力和水平。2022 年，我部联合商务部等 5 部门印发《数字化助力消费品工业“三品”行动方案（2022—2025 年）》，以消费升级为导向，以数字化为抓手，推动包括纺织服装产业在内的消费品工业“三品”战略迈上新台阶。

二、举办专项活动推广国货品牌

2017 年，国务院批准将每年 5 月 10 日设立为“中国品牌日”，发展改革委牵头举办中国品牌日活动，通过召开中国品牌发展国际论坛、举办中国自主品牌博览会、设置自主品牌消费品体验区等，传播品牌发展理念，凝聚品牌发展共识，讲好中国品牌故事。2020 年起，我部配合商务部每年举办“双品网购节”，协调京东、阿里等电商为消费品企业入驻平台提供便利，鼓励纺织服装企业通过线上渠道开展品牌建设和促销活动。持续支持行业协会、地方政府等举办时装周、时尚节、博览会等活动，搭建交流合作品牌，宣传推介国货精品，展示时尚品牌魅力，增强消费者自主品牌情感。

三、开展认定示范提升创意设计水平

设计能力是品牌建设的重要支撑。为提升制造业设计能力和水平，我部完善了工业设计中心培育认定工作体系，持续组织开展国家级工业设计中心认定，指导地方开展省级工业设计中心认定，认定五批共298家国家级工业设计中心，其中纺织服装领域有25家国家级工业设计中心，全国31个省级及计划单列市工业和信息化主管部门结合地方实际，共认定3515家省级工业设计中心。2016年以来，我部每年组织开展纺织服装创意设计园区试点示范，2016—2020年公告5批共54家试点园区，涉及21个省市，共入驻设计机构7000余家，聚集设计师近2.7万人，孵化品牌超过1000个，服务纺织服装企业约3.7万家。2021年，我部在前期5批试点园区中选出9家园区列入“纺织服装创意设计示范园区（平台）名单（第一批）”，以更好集聚创意设计资源、助力产业提质升级、服务时尚城市建设。

四、弘扬工业文化培育纺织服装品牌

2016年，我部与财政部联合印发《关于推进工业文化发展的指导意见》，2021年，我部与发展改革委等八部门联合印发《推进工业文化发展实施方案（2021—2025年）》，将传承和培育中国特色工业精神，弘扬工业文化价值内涵作为主要目标和任务。近年来，我部支持中国纺织工业联合会开展工业文化助推纺织行业发展、纺织工业文化与纺织工业现代产业融合等课题研究，探索纺织工业文化赋能产业发展路径，助力纺织工业软实力提升。2012年以来，我部组织开展纺织服装品牌建设情况调查，每两年动态调整重点跟踪培育纺织服装品牌企业名单，要求地方相关部门支持企业品牌创建。2020年，我部在调查基础上公告80家重点跟踪培育纺织服装品牌企业名单，其中终端消费品牌企业50家，加工制造品牌企业30家，为纺织服装品牌企业发展集聚优质资源。2012 年至 2021 年，我部支持行业协会发布“中国纤维流行趋势”，引领中国纤维在科技创新、绿色发展、时尚跨界、国际影响力等方面全方位提升，让“中国纤维”这一品牌在国际市场上的整体竞争力大大提高。

下一步，我部将会同发展改革委等部门深入贯彻党中央、国务院关于品牌工作决策部署，认真落实国务院以及各部门印发的“三品”战略、品牌建设、工业文化等系列政策文件，在全社会进一步增强品牌意识，营造自主品牌企业良好发展环境，推动工业文化赋能产业发展，加强数字技术在纺织服装领域的融合应用，打造更多纺织服装名优品牌。完善工作机制，创新方式方法，持续办好中国品牌日活动。深入实施《制造业设计能力提升专项行动计划》，加强国家级工业设计中心服务和管理，鼓励纺织服装行业符合条件的单位申报国家级工业设计中心。开展纺织服装创意设计园区试点示范工作，加强对重点纺织服装品牌企业的培育，不断提升纺织服装企业创意设计水平和品牌建设能力。积极协调有关部门，在财税金融等领域加大对品牌企业的支持力度。支持有关地方、行业协会举办时装周、博览会等各类展览展会，会同有关地方和协会办好 2022“三品”全国行活动，进一步宣传推广自主品牌，提振自主品牌消费信心。

感谢您对我部工作的关心和支持。

工业和信息化部

2022 年 8 月 29 日

全国政协十三届五次会议第 03717 号提案

题　　目：关于加强中医药文化国际传播的提案

主　　办：中医药局

会　　办：教育部　文化和旅游部

提 案 形 式：个人提案

第一提案人：印　顺

内　　容：

中医药是中华优秀传统文化的重要组成部分，在最能代表中国文化的元素中排名第二，仅次于中餐。因此，中医药是讲好中国故事、传播好中国声音的有效载体。

自《中医药“一带一路”发展规划（2016—2020）》实施以来，我国与“一带一路”国家合作共建 30 个中医药海外中心，开展 56 个中医药对外交流合作基地建设。截至 2021 年底，中医药已传播到世界 196 个国家和地区。

但调研发现，“十三五”期间，我国中医药文化国际传播呈现国内热、国际冷，传播方热、接受端冷的总体态势，严重影响着中医药走出去战略的实施效果，主要表现在以下几个方面：

（一）系统性、协同性的传播机制不健全。现阶段，我国中医药文化国际传播仍以个体传播为主，缺乏系统性；国内中医药行业及各地、各有关部门的传播活动也表现出各自为政、单打独斗的特点，力量分散，协同性不强。

（二）科技人文差异提出严峻挑战。一是认知差异。国际社会普遍只具有科学认知信念，很难理解中医药蕴含的科技和人文双重内涵，进而出现“中医药传播中的文化折扣”。二是检测认定差异。中药一般是多种成分的混合物，化学成分和作用机制并不明确，无法在西方现有的理论下检测其药理毒理，进而导致中方派出的中医师在当地仅能提供指导，不能合法执业；中药也难以通过外国药品审批、获得国际注册药品市场认可。三是语言文字差异。中医药知识翻译中经常会出现一种术语多种译法的现象，加之既具有中医药知识又具有外文知识的中医药翻译人才匮乏，在很大程度上阻碍了中医药文化的国际交流和传播。

（三）传播区域分布不均衡。据统计，西方媒体、东方（特别是东盟国家）媒体对中医药报道较多，非洲和拉美媒体对中医药报道相对较少，传播的区域分布失衡，较严重地影响了中医药知识的普及推广。

为此建议：由国家中医药管理局牵头，联合有关部门，全面贯彻习近平总书记关于共建“一带一路”的倡议和中医药工作的重要论述，大力实施《推进中医药高质量融入共建“一带一路”发展规划（2021—2025年）》，探索中医药文化走出去的新路径，为推动构建人类卫生健康共同体贡献力量。

（一）建立协调协作机制。要树立跨文化传播的全局意识和战略意识，秉持“中医药产品走出去，必须中医药文化先走出去”的理念，建立医、教、研、产等机构协调协作机制，凝聚传播力量和智慧，系统性提升传播效益。

（二）开展科技人文深度交流。一是加强中医药文献信息支撑。加快《中医藏》的整理进程，出版多语种中医药理论研究和临床实证研究书刊，开展相关知识产权保护，提高我国中医药国际话语权。二是开展中医药文化特色外交。在华人圈、华人社区传播的基础上，主动与当地政府、主流社群加强沟通，与当地医疗和教育机构开展合作，在不同的文化、意识形态、风俗习惯中寻求“健康生活”最大公约数，逐步消除中医药服务贸易壁垒。三是打造中医药文化国际传播人才队伍。要开展课程设计改革，专业核心课程设置应“守正”，专业方向课程设置应“创新”，其余课程和环节设置应“优化”，努力培养具有合理中医药学科素养、强烈的传播中医药文化的历史责任感和优秀的跨文化传播能力的复合型英语专业人才。要强化师资基础，一方面着力继续提升“内部”师资的文化学、传播学素养，另一方面适时引入“外部”相关高校传播学专业师资，整体提升中医药文化国际传播人才的培养能力。

（三）补短板、强弱项、固优势。要优化中国文化中心布局，更好推动中医药文化国际传播均衡发展。要发扬中非医疗合作优良传统，提高中医药文化在非洲的影响力。要巩固中国与东盟国家中医药文化互动优势，总结可复制、可推广的经验，发挥引领示范作用。

关于政协第十三届全国委员会第五次会议第 03717 号（文体宣传类 309 号）提案答复的函

印顺委员：

您提出的《关于加强中医药文化国际传播的提案》收悉，现答复如下：

一、相关工作进展

（一）完善中医药文化“走出去”顶层设计

在中共中央宣传部指导下，加强顶层设计，探索推动中医药文化国际传播新路径，将中医药文化海外传播纳入《推进中医药高质量融入共建“一带一路”发展规划（2021—2025 年）》等行业规划重点推进。

（二）推进中医药教育国际合作

一是强化相关学科专业建设。支持有条件的高校设置中医药国际传播相关二级学科，增设相关硕士专业学位授予点，培养高层次国际化中医药复合人才，支持有条件的中医药院校设置外国语言文学类专业，培养兼具中医药专业知识和外语能力的复合型人才，开展一流本科专业建设“双万计划”，支持各中医药院校依托中医特色基础，加强英语一流专业建设，引导高校紧扣中医药文化国际传播需求，持续提升中医药与英语的复合型人才培养质量。二是推进相关课程与教材建设。支持建设全英文慕课“An Understanding on TCM”等中医药国际教育相关课程 27 门；支持建设教育部来华留学英语授课品牌课程“推拿学”，以及“中医基础理论”“中医诊断学”“经络腧穴学”等 20 余门上海高校外国留学生英语授课示范性课程，支持“杏林探宝——认知中药”“中医传统功法学”等 8 门全英文慕课在“爱课程”平台上线。支持出版各类中医药类英文教材 25 部，英文专著 24 部；出版《中医临床中英手册》《中医特色技术操作规范（英文版）》《临床中医英语》《中药英语教程》《中医英语视听说》等相关教材，为培养中医药文化国际传播人才提供优质的教学资源。

（三）深化中医药文化国际交流

一是充分发挥在共建“一带一路”国家建设的 30 个较高质量的中医药海外中心作用，在当地开展中医药文化宣传和科普活动，不断提升境外民众对中医药的了解与认同。支持开展“一带一路”中医针灸风采行、中医药海外惠侨行动等高水平海外文化传播项目，通过中医药文化展览、义诊、健康讲座等活动加强中医药普及与知识宣传。二是充分利用“教育援外基地”“中国—东盟教育培训中心”“孔子学院”等平台开展中医药领域文化传播，中西医药学术交流。推动中医药院校与“一带一路”国家高校联合培养中医药人才，派遣中医教师赴外国院校授课，与外国中医药协会、研究机构、医院签署合作备忘录，加强与“一带一路”相关国家中医药教育合作。三是持续推进中医药国际教育，鼓励有关高校招收中医药专业留学生，强化“一带一路”国际中医药师资培养。推动中医药院校与“一带一路”国家高校联合培养中医药人才，派遣中医教师赴国外院校授课，与外国中医药协会、研究机构、医院签署合作备忘录，加强与“一带一路”相关国家中医药教育合作。

二、下一步工作计划

我局将继续会同教育部，贯彻落实《推进中医药高质量融入共建“一带一路”发展规划（2021—2025年）》，深化文化交流合作，着力增强中医药影响力：一是加强中医药对外宣传，讲好中医药故事，不断提升对中华文化的理解。加强已纳入人类非物质文化遗产代表作名录中医药项目的保护和传承。二是将中医药纳入国家重大对外文化推广活动，深入开展中医中药海外行、“一带一路”针灸风采行等系列活动，发展中医药对外文化产业。三是优化相关专业布局，强化课程和教材建设，加强中医药教育领域国际合作交流，提升学生国际事业和跨文化交流能力，打造中医药文化国际传播人才队伍，促进中医药文化国际传播。

国家中医药管理局

2022年10月16日

全国政协十三届五次会议第 01432 号提案

题　　　目：关于在统筹江海发展中重视文化遗产保护的提案

主　　　办：江苏省政府

会　　　办：住房城乡建设部

提 案 形 式：个人提案

第一提案人：心　澄

内　　　容：

江苏依水而生、因水而兴，长江、大运河以及沿海地区水文资源十分丰富，江苏人文荟萃、文化底蕴深厚，经济社会得到很好的发展。2021 年 12 月 17 日，国务院批复同意了《江苏沿海地区发展规划（2021—2025 年）》（以下简称《规划》），对指导和推动江苏沿海地区发展具有重大意义。《规划》强调了“五个着力”，即着力推动江苏沿海地区经济高质量发展，着力塑造滨海城乡特色风貌，着力夯实绿色发展生态本底，着力完善现代基础设施体系，着力培育双向开放新优势。其中提出的“着力塑造滨海城乡特色风貌，着力夯实绿色发展生态本底”，为江海统筹发展中文化遗产保护提供了新的契机。

目前存在的主要问题有：在区域规划设计中侧重经济发展，文化保护意识有待进一步提升。为促进区域经济发展，对具有一定历史文化价值的“老破小”建筑、庙会民俗、民间及宗教信仰常采取一刀切，或拆除，或取缔，造成地方文化特色的消解。有的甚至在拆除原有的旧建筑后，为配合地区规划和发展，又建造了新的仿旧建筑，缺少历史人文底蕴。

建议：

一是在统筹江海地区系统规划中，做好各类文化遗产及非物质文化遗产，包括乡镇文化、民俗文化、宗教文化等的保护。把文化遗产保护放到江海发展整体布局中来谋划，系统规划，统筹推进，在加大基础设施建设、城镇建设的同时，兼顾历史文化、信仰需求，避免为片面追求发展而忽略文化遗产保护，努力彰显人文江苏、绿色江苏、生态江苏的魅力。

二是应以高质量发展的眼光全盘考虑。站在可持续发展的高度，进一步优化文化遗产空间格局。对于具有一定价值的文化遗产，地方政府在统筹经济发展的过程中应慎重对待，经过专家评估，坚持以保护利用为主，合理修缮，突出江苏的人文特色。避免拆旧建新，杜绝重复建设、先发展再治理、边发展边治理的错误想法。

三是因地制宜彰显地方特色。江苏沿海地区资源禀赋不同，各地应发挥各自优势，结合地方实际进行特色发展，切勿“复制粘贴”、千篇一律无助于经济社会发展。要利用好大运河沿线文化遗产的保护、传承和利用。在发展沿江、沿海地区特别是乡村文旅的同时，需着眼于地方文化遗产的保护，对于在当地历史上具有一定影响的佛、道教及民间信仰的寺院、宫观、土地庙等，应以合理保护、恢复和规范，彰显地方特色文化，发挥在当代社会的价值。

关于政协第十三届全国委员会第五次会议第 01432 号（文体宣传类 119 号）提案答复的函

心澄委员：

您提出的《关于在统筹江海发展中重视文化遗产保护的提案》收悉，经商住房和城乡建设部，现答复如下：

江苏地处中国东部沿海地区中部，长江下游，是全国唯一同时拥有大江大河大湖大海的省份。近年来，省委、省政府深入贯彻习近平总书记关于历史文化保护传承的重要论述，认真落实党中央、国务院决策部署，把文化遗产保护作为推动沿江沿海高质量发展的重要抓手，不断加强我省历史文化保护传承工作，彰显江苏文化独特魅力。

一、加强规划引领。《江苏省国民经济和社会发展第十四个五年规划和二〇三五年远景目标纲要》将“完善优秀传统文化保护传承体系”作为重要内容，明确提出实施文化遗产分类保护工程等重点任务。制定实施《关于贯彻落实〈江苏沿海地区发展规划（2021—2025 年）〉的实施方案》《江苏省全面推进落实长江经济带高质量发展战略任务行动方案》，对沿江沿海地区文化遗产保护传承工作作出安排。积极推进大运河文化带和大运河、长江国家文化公园建设，编制实施覆盖全省的大运河文化带建设系统规划，编制大运河、长江国家文化公园江苏段建设保护相关规划，为沿江沿海文化遗产保护提供有力支撑。细化编制“十四五”文化发展、文化和旅游、文物事业等专项规划，落实一系列文化遗产保护具体措施。

二、系统保护利用。深入贯彻中办、国办《关于加强文物保护利用改革的若干意见》，全面落实政府主体责任。国土空间规划方面，编制《江苏沿海地区国土空间规划》，出台《大运河江苏段核心监控区国土空间管控暂行办法》，划定历史文化保护线，明确各类历史文化遗产的保护范围和要求。城乡建设方面，制定出台《关于在城乡建设中加强历史文化保护传承的实施意见》，启动编制省级城乡历史文化保护传承体系规划，推进文化遗产分类保护，开展历史建筑保护利用试点，推动转变城市开发建设方式，坚持“留改拆”并举、以保留利用提升为主，防止大拆大建。文化旅游方面，深入挖掘沿江沿海地区各类特色资源，制定世界级运河文化遗产旅游廊道、滨海生态旅游廊道建设实施方案，构建“两廊两带两区”特色文旅空间体系，注重自然山水、风景名胜与城市布局形态有机融合，突出滨水环境塑造，打造具有世界影响力的旅游景观带。

三、深入挖掘资源。建立健全历史文化遗产资源资产管理制度，推动文物、非物质文化遗产、历史建筑和传统村落等历史文化遗产资源调查研究。全面摸清文物资源底数，先后完成全国第三次不可移动文物普查和第一次可移动普查，开展革命文物资源调查，启动江苏地域文明探源工程。指导沿江沿海地区申报历史文化名城名镇名村、划定历史街区、确定历史建筑，编制相关保护规划。做好世界文化遗产申报和管理工作，支持沿江沿海有关设区市牵头联合申遗，开展海上丝绸之路相关史迹调查研究，南京、南通等设区市加入“海上丝绸之路保护和联合申遗城市联盟”。截至目前，沿江沿海地区共有世界文化遗产 3 处，世界自然遗产 1 处，全国重点文物保护单位 225 处，省级文物保护单位 614 处，18 项考古发现入选“全国十大考古新发现”；国家级历史文化名城 11 座、名镇 31 个、名村 12 个，省级历史文化名城 4 座、名镇 6 个、名村 6 个。

四、推进重点项目。建立省“十四五”时期文化保护传承利用工程项目储备库，编制“十四五”时期大运河文化带、长江国家文化公园建设重点项目表，将一批沿江沿海项目纳入其中。持续强化文物保护力度，先后实施镇江焦山定慧寺、南通大生纱厂修缮等沿江沿海地区省级以上文物保护工程 287 项，南京长江大桥公路桥维修保护项目被评为第五届“全国优秀古迹遗址保护项目”。把博物馆建设作为江海文化遗产保护重要载体，着力提升博物馆展陈水平和服务能力，新增国家等级博物馆 45 家，建成开放扬州中国大运河博物馆、盐城市博物馆新馆，全省博物馆接待观众突破 1 亿人次，连续多年居全国首位。强化沿江沿海地区非物质文化遗产区域性整体保护，开展“非限定空间非遗进景区”“非遗购物节”等系列活动，让非遗走进百姓生活。“十三五”以来，共投入省级以上文物保护资金 10.52 亿元、省级历史文化名城名镇名村保护专项资金 3.28 亿元，支持沿江沿海地区保护修缮文化遗产、完善公共基础设施配套。

下一步，我省将认真研究、充分吸收您在提案中提出的合理建议，全面贯彻党中央、国务院决策部署，深入落实全国文物工作会议精神，在住房和城乡建设部等国家部委指导下，进一步统筹做好沿江沿海地区文化遗产保护传承利用工作。重点抓好以下几个方面：

一是坚持统筹谋划推进。把文化遗产保护放到江海发展整体布局中来谋划，结合长江经济带、大运河文化带和大运河、长江国家文化公园建设等国家战略，引导各地系统保护盐垦、海防、工业、农业等具有地方特色的文化遗产。指导沿江沿海地区在编制和实施国土空间规划过程中，加强对文化遗产及其整体环境的保护管控，科学划定历史文化保护线，强化历史文化保护类规划编制的审批管理，严格历史文化保护相关区域的用途管制和规划许可。结合“两廊两带两区”特色文旅空间布局，加强跨区域文化遗产整体保护利用，整合沿江沿海各类历史文化资源要素，打造“水韵江苏”跨区域文化廊道和历史文化线路。

二是持续深化资源调查。持续调查梳理沿江沿海特色文化资源，从历史、文化、艺术、科学等多重价值维度，开展科学评估、认定、登记、公布工作。加快建立省、市、县三级保护对象名录和分布图，系统完整保护各时期、各类型文化遗产。推行历史文化遗产保护告知书制度，建立健全历史文化资源调查评估长效机制。支持沿江沿海有条件的地区申报历史文化名城名镇名村，推动修编 2035 版历史文化名城名镇名村保护规划。

三是推进重大项目建设。以省“十四五”时期文化保护传承利用工程项目储备库项目为重点，多渠道筹措资金，在沿江沿海地区持续开展历史文化遗产资源保护、环境整治、景观塑造、展览展示等工作。加快推进“十四五”时期大运河文化带、长江国家文化公园重点项目建设，加大资源保障力度，实施重大项目年度滚动管理。

四是深入推动活化利用。深化历史文化遗产保护传承工作，支持沿江沿海地区文物保护单位、历史建筑等活化利用，推动考古成果转化和遗址公园建设。结合老城保护、城市更新、乡村建设，鼓励采用“绣花”“织补”等微改造方式，保留有保护价值的老建筑、老树老井老桥老码头等环境要素，延续历史文脉和传统风貌。加强非物质文化遗产保护传承能力建设，推动非遗走进现代生活。

五是加大宣传教育力度。着力提升全社会历史文化保护意识，按规定组织开展传统节庆活动、纪念活动等，创新丰富表达方式，积极融入传统文化元素，引导群众自觉参与文化遗产保护传承。加强干部教育培训，提高各级领导干部保护传承历史文化的意识和能力。

感谢您对江苏省政府工作的关心和支持！

江苏省人民政府

2022 年 7 月 29 日

全国政协十三届五次会议第 04074 号提案

题　　　目： 关于加强非物质文化遗产活化利用的提案

主　　　办： 文化和旅游部

会　　　办： 农业农村部　乡村振兴局

提 案 形 式： 个人提案

第一提案人： 王爱琴

内　　　容：

党的十九大报告将“加强文物保护利用和文化遗产保护传承”作为一项重要内容，提出“推动中华优秀传统文化创造性转化、创新性发展”的要求。2021 年 8 月中共中央办公厅、国务院办公厅印发了《关于进一步加强非物质文化遗产保护工作的意见》，非遗保护传承发展更是提到了新的历史高度，迎来了前所未有的时代机遇。

目前，对非遗的保护传承还处于初级阶段，具体表现为：

一是重申报轻保护。一些地方对非遗的文化属性认识肤浅，申报目的存在功利性和盲目性。一味追求数量，对如何有效保护缺乏制度和措施保障。

二是创新不足，传承人队伍后继乏力。现有队伍中，多数传承人过于依赖传统的传承方式，对当代审美、艺术潮流缺乏敏感与认知，市场意识较弱，创新精神不足，开放度不够，活态传承能力不强。受限于年龄老化、市场化程度不高、文化自觉意识薄弱等问题，一些老手艺传承乏人，存在“人亡艺绝”风险。

三是开发热市场冷。非遗项目向市场化、商业化、产业化转化的“开发热”不断升温，非遗和各业态融合看似表面红红火火，但市场冷热不均。一方面各项目间发展状况不平衡，另一方面政府和文化企业对非遗的市场开发越来越重视，市场上“元素”“概念”越来越多，但“叫好不叫座”的现象较为普遍。在“非遗热”现象下，传承人参与度反而不高，不少项目“传承人不传承”或没有力量传承。

非遗是以传承人为重要核心的活态传承，只有让非遗融入现代生活，成为人们日常生活的重要组成部分，才能更好地实现保护与传承。为此提出如下建议：

一是促进非遗保护与公共文化服务保障工作融合发展。各级政府要将具有地方特色、适宜普及推广的非遗代表性项目纳入基本公共文化服务目录，合理规划和利用现有场馆，在公共文化设施中设立专门区域，用于非遗项目的收藏、展示、传承、传播和研究。

二是建立对非遗项目的多元化资金扶持体系。在加大政府投入，用好用足财政资金的基础上，积极吸纳非政府组织和社会资金参与非遗保护。鼓励企业及社会力量投入资金，广泛参与非遗保护，“认领”非遗创新孵化项目，尝试和探索将传承人利益捆绑的多元主体开发和绩效管理机制，加大非遗产品的市场流通活力。推动金融机构、专项基金助力非遗，建立研究与实践相结合的运行机制，连接两个资源。

三是强化非遗保护传承利用在乡村振兴中的作用。73%的非遗项目在我国的乡村，非遗是乡村振兴的最好的抓手之一。2022年中央一号文件中提到的：“要深入挖掘、继承创新优秀传统乡土文化，把保护传承和开发利用结合起来，赋予中华农耕文明新的时代内涵。”建议出台扶植政策，发现、重估、修复乡村的文化价值，重建乡村文化。一方面以成立工作站等形式为乡村输入外来人才和资源，大力发展乡村旅游，搭建文创平台。另一方面完善村史馆、文化礼堂、村（社区）综合文化服务中心等设施，展现传承乡村文化。支持成立农民合作社，推广“非遗工坊”“一村一品”等模式，大力扶持传统手工艺加工，农副产品生产，加大对乡村小戏、曲艺等公共文化产品的政府购买力度，巩固脱贫成果，解决乡村剩余劳动力就业等问题。

四是加大非遗传承后备力量培养力度。通过设立国家或地方奖项对具有卓越贡献的非遗代表性传承人（群体）予以奖励，增加保护经费和生活补助，让其安心开展非遗技艺的传帮带。继续实施传承人的研培计划，探索推进非遗与学历教育结合，制定具有激励性的人才培养机制，带动和吸引更多的社会力量加入非遗人才的储备建设中。

五是增强数字赋能非遗传播利用

充分利用非遗数字化常态保护实现非遗活化再现，搭建国家和省市县联动的非遗线上平台，实现非遗数字化共享。鼓励互联网企业、各类文化企业建设线上线下联动的非遗体验馆，开发非遗沉浸式体验产品。

关于政协第十三届全国委员会第五次会议第 04074 号（文体宣传类 338 号）提案答复的函

王爱琴委员：

您提出的《关于加强非物质文化遗产活化利用的提案》收悉。经商农业农村部、国家乡村振兴局，现答复如下：

我们非常赞同您在提案中提出的关于加强非物质文化遗产（以下简称“非遗”）活化利用的建议。非遗是中华优秀传统文化在当代社会的活态呈现。加强非遗保护传承，促进非遗活化利用，推动非遗创造性转化、创新性发展，对于继承和弘扬中华优秀传统文化，培育和践行社会主义核心价值观，具有重要意义。

一、关于促进非遗保护与公共文化服务保障工作融合发展

近年来，我部不断健全现代公共文化服务体系，统筹加强软硬件设施建设，推动非遗保护与公共文化服务保障工作融合发展。一是指导各级文化和旅游行政部门，依托公共图书馆、文化馆等各级各类公共文化设施积极参与非遗的整理、研究、学术交流和非遗代表性项目

的宣传、展示，为人民群众了解、观摩、学习非遗提供便利。二是积极推进县级文化馆图书馆总分馆制建设，发挥县级公共文化机构辐射作用，实现农村、城市社区公共文化服务资源整合和互联互通，全国2578个县（市、区）建成文化馆总分馆制，2397个县（市、区）建成图书馆总分馆制，建成分馆数量均超过2万个。

下一步，我部将继续深入推进县级文化馆图书馆总分馆制建设，指导各级公共文化设施结合地方实际，积极开展非遗的收藏保护、展览展示等相关工作，鼓励有条件的地方将非遗传习场所纳入新型公共文化空间建设。

二、关于建立对非遗项目的多元化资金扶持体系

2006年起，中央财政设立国家非遗保护资金，主要用于补助国家级非遗代表性项目、国家级非遗代表性传承人、国家级文化生态保护区等开展保护传承活动支出。截至目前，中央财政累计投入国家非遗保护资金96.5亿元。我部积极鼓励企业及社会力量投入资金，广泛参与非遗保护，促进非遗产品的市场流通，连续3年支持有关网络平台、企业和各地在“文化和自然遗产日”期间举办“非遗购物节”。2022年，全国共有150余个地级市组织开展线上线下非遗购物活动，涉及各级非遗项目4000余项，6月10日至13日，各电商平台3万余家非遗店铺成交单数约1300万单，销售额达9亿元。此外，支持中国光彩事业基金会与中国非遗保护协会合作开展“全国青年非遗传承人扶持计划”，项目执行期间将累计投入4500万元，面向青年非遗传承人举办人才培训、品牌扶持等活动。

下一步，我部将在持续加大政府投入基础上，进一步鼓励引导更多企业、社会组织等投入资金支持非遗保护传承，形成多元化的非遗保护资金投入体系。

三、关于强化非遗保护传承利用在乡村振兴中的作用

在人才培养方面。自2016年3月起，我部支持有关企业、高校、机构先后设立了18个传统工艺工作站，邀请设计师、营销人员等乡村

外来人才与当地传承人开展对话交流，推动传统工艺产品的设计、制作、品牌建设等得到明显提升，传统工艺的整体品质和市场竞争力显著增强。

在设施建设方面。2021 年 6 月，我部印发《“十四五”公共文化服务体系建设规划》，提出因地制宜建设文化礼堂、文化广场、乡村戏台、非遗传习场所等主题功能空间，支持非遗等中华优秀传统文化在乡村传承发展展示利用。目前，全国累计建成村级综合性文化服务中心超过 57 万个。

在就业扶持方面。“十三五”期间，我部会同原国务院扶贫办共同开展非遗助力精准扶贫工作，累计建设近 1000 家非遗扶贫就业工坊（后改为“非遗工坊”），实现了扶贫就业、产业发展、文化振兴的多赢和共赢。2021 年 12 月，文化和旅游部办公厅、人力资源社会保障部办公厅、国家乡村振兴局综合司共同印发《关于持续推动非遗工坊建设助力乡村振兴的通知》，以乡村振兴重点帮扶县、易地扶贫搬迁安置区为重点，将符合条件的非遗工坊纳入县级巩固拓展脱贫攻坚成果和乡村振兴项目库。截至 2021 年底，各地设立非遗工坊近 1100 家，在带动当地群众就近就业、灵活就业方面发挥了积极作用。

下一步，我部将进一步发挥非遗来自乡村、贴近群众的特点，加强非遗传承，推动巩固拓展脱贫攻坚成果同乡村全面振兴有效衔接。

四、关于加大非遗传承后备力量培养力度

传承人是非遗保护传承的关键。2007 年以来，我部先后认定了五批共 3068 名国家级非遗代表性传承人，各省（区、市）公布了 16000 多名省级非遗代表性传承人，形成了以国家级、省级非遗代表性传承人为引领，地市级、县级传承人为骨干，一般传承人为基础，梯次合理的非遗传承人群队伍。中央财政按照每人每年 2 万元的标准，对国家级非遗代表性传承人开展传承活动予以补助。从 2022 年起，传承活动评估结果为优秀的国家级非遗代表性传承人，补助经费将适当上浮。各省（区、市）也安排了专门经费支持省级非遗代表性传承人开展传承活动。

2015年起，我部会同教育部启动实施“中国非物质文化遗产传承人群研修研习培训计划”（后改为“中国非物质文化遗产传承人研修培训计划”，以下简称“研培计划”）。截至2021年底，研培计划共计培训传承人3.8万余人次，加上各地延伸培训，总覆盖人数超10万人次。2021年10月，文化和旅游部、教育部、人力资源社会保障部联合印发《中国非物质文化遗产传承人研修培训计划实施方案（2021—2025）》将进一步帮助学员强化对中华优秀传统文化和所持有技艺的把握，拓宽眼界和知识面，提高传承实践能力。

在研培计划的带动下，高校非遗学科建设取得新进展。2021年2月，教育部正式将“非物质文化遗产保护”专业列入普通高等学校本科专业目录，全国11所高校已正式备案开设非遗保护本科专业。2022年4月，文化和旅游部、教育部联合印发了《关于促进新时代文化艺术职业教育高质量发展的指导意见》，就非遗相关专业建设和人才培养作出部署。

下一步，我部将进一步加大保障力度，支持优秀传承人做好非遗传帮带，丰富拓展非遗人才培养机制，通过师徒传承、短期培训、学历教育等方式，加强非遗人才储备建设，共同推动非遗有序传承。

五、关于增强数字赋能非遗传播利用

文化数字化，是中华优秀传统文化“活起来”“火起来”的重要途径。近年来，我们大力推进非遗保护领域的数字技术应用与推广工作。一是支持中国艺术研究院（中国非遗保护中心）建设中国非遗网·中国非遗数字博物馆，全面展示我国丰富多彩的非遗资源和全国非遗保护实践，其中开设的展览、影音、图集等特色栏目，通过多种形式方便公众了解欣赏非遗项目。二是支持各省（区、市）非遗保护中心对1805名国家级非遗代表性传承人开展记录，用数字多媒体手段，记录和留存传承人所承载的独到技艺和文化记忆，逐步推动优秀记录成果的研究利用、社会共享和大众传播。三是在举办中国非遗博览会、中国成都国际非遗节、全国非遗曲艺周、中国原生民歌节等全国性非遗活动时，同步在网络平台开展线上展示和直播活动。四是2020年至2022年连续三年在“文化和自然遗产日”期间支持有关网络平台举办“云游非遗·影像展”，汇集非遗影像资源、非遗纪录片在线公益性集中展播，广大人民群众足不出户即可领略非遗魅力。五是2021年、2022年连续两年在春节、元宵节期间举办“文化进万家——视频直播家乡年”活动，在抖音、快手等平台集中开展年俗非遗短视频展播、直播互动等。经过这些年社会各界的共同推动，网络平台上的非遗数字资源呈指数级增长，非遗在互联网上的可见度越来越高，越来越受到社会公众的关注，网络平台已成为宣传展示和传承弘扬非遗的重要阵地。

下一步，我部将进一步推进非遗领域的数字技术应用与推广工作，让非遗借助现代科技优势，进一步融入当代生活，绽放出更加迷人的光彩。

感谢您对文化和旅游工作的关心与支持！

文化和旅游部

2022年8月15日

全国政协十三届五次会议第 01731 号提案

题　　　目： 关于支持纺织非物质文化遗产助力乡村振兴的提案

主　　　办： 文化和旅游部

会　　　办： 国家民委　乡村振兴局

提 案 形 式： 个人提案

第一提案人： 施卫东

内　　　容：

一、背景情况

乡村振兴是党和国家推进建设社会主义现代化国家和实现中华民族伟大复兴的重大战略部署。习近平总书记说过“民族要复兴，乡村必振兴”。党的十九届六中全会通过的决议，在经济建设领域再次强调了乡村振兴的重大意义。乡村振兴是一项系统工程，其中产业振兴是关键和基础。纺织非物质文化遗产与乡村经济社会和文化发展有着十分紧密的血脉关系，其传承发展能够纳入乡村振兴发展大局，必将有利于促进中华优秀传统文化和传统工艺振兴。

目前，纺织非遗助力乡村振兴具备良好的条件。纺、染、织、绣、印和民族服饰等非遗项目资源在国内数量多、分布广，是我国非遗大家庭中的重要成员，其中 70% 集中在西部少数民族和经济欠发达地区。近十年来，在各级政府支持下纺织非遗开始形成了一定的产业基础，出现了不少手工坊、合作社和少数的规模以上生产企业，为增加乡村就业、脱贫攻坚做出了积极贡献。2021 年 8 月，中办、国办印发了《关于进一步加强非物质文化遗产保护工作的意见》。党的十八大以来，习近平总书记多次考察和指导乡村非遗工作并发表重要讲话，各地也陆续出台规划和政策，支持非遗事业发展，为纺织非遗助力乡村振兴提供了难得的历史性机遇。

南通大学长期以来一直致力于非物质文化遗产和传统文化人才的培养，是全国第一个把国家级非遗项目及非遗传承人引入大学的高校。成立了南通大学非遗研究院、蓝印花布艺术研究所。承担了国家社科基金重点课题、国家艺术基金非遗培训项目，并被列为文化和旅游部、教育部非遗传承人群研培院校。人社部颁发的国家级非遗传承人、中国工艺美术大师吴元新的国家级技能大师工作室也落户我校。

二、存在问题

然而，纺织非遗在助力乡村振兴中仍然面临着传承人技艺过于传统、生产组织形式落后、缺乏完整市场化产业链、行业服务水平亟待提高、纺织等行业乡土人才待遇偏低等问题。

三、主要建议

（一）努力提升传承人的技艺能力

非遗助力乡村振兴的因素十分重要。要引导掌握纺织传统工艺的传承人群从自己的生活视野中走出来，在保护好传统文化基因条件下，提高专业素养和适应现代市场消费的意识和技艺能力，要积极鼓励在乡村培养一批纺织非遗产业带头人、经营管理者队伍，成为发展产业的中坚力量，带动传承人群走向产业化、市场化道路。

（二）优化生产组织和布局结构

纺织非遗在各地乡村小而散的弱点比较突出，可以借鉴沿海地区产业集群方式予以调整，应用优惠税收和土地政策，吸引国有央企或者社会资本到纺织非遗资源密集的民族地区，投资建立特色小镇和产业园区，逐步形成完整产业链，构筑纺织非遗产业聚集优势和区域品牌化发展格局。

（三）健全传承发展创新发展链条

应用政策和市场机制把在乡村的纺织非遗传承人与设计师、制造商、品牌商、渠道商链接起来，发挥各自优势和形成完整的传承发展链条，实现利益均衡机制，鼓励都市建立商业空间专营纺织非遗产品，反哺纺织非遗传承人，使其有经济回报并获得尊重和精神愉悦。

（五）充分发挥行业组织作用

大力支持行业组织发挥协调纺织非遗资源的服务优势，引导各类资源向乡村和民族地区配置，并提供培训、设计、工艺、传播、营销等服务，让纺织非遗产业形成属地化发展格局，真正融入乡村振兴发展大局。

（五）提高纺织等行业乡土人才待遇

乡土人才作为扎根于基层劳动者的特殊性人才类型，他们对于乡村振兴、民族文化振兴有着重要意义，人才兴，则乡村兴。对于已认定的乡土人才要提高经济待遇；从乡土人才队伍中优先推荐选拔两代表一委员或基层干部，提升其政治待遇；各地在发放人才卡时应与其他高层次人才同等待遇。此外，还应多组织乡土人才培训研修班等社会性教育活动，要形成“养成人才”的社会风尚，打好乡土人才队伍壮大的“组合拳”。

关于政协第十三届全国委员会第五次会议第 01731 号（文体宣传类 146 号）提案答复的函

施卫东委员：

您提出的《关于支持纺织非物质文化遗产助力乡村振兴的提案》收悉，经商国家民委、乡村振兴局，现答复如下：

纺染织绣等纺织类非物质文化遗产与人民群众的日常生活联系紧密，是非物质文化遗产（以下简称“非遗”）的重要内容，是中华优秀传统文化的重要组成部分。文化和旅游部高度重视对纺织类非遗的保护，积极推进相关工作。

一、关于提升传承人技能

多年来，我部会同教育部、人力资源社会保障部以传统工艺为重点共同实施中国非遗传承人研修培训计划（以下简称“研培计划”），组织传承人到高校学习，提升技能艺能。2021 年 10 月，文化和旅游部、教育部、人力资源社会保障部联合印发《中国非物质文化遗产传承人研修培训计划实施方案（2021—2025）》，明确提出将非遗工坊、合作社人员纳入培训范围。截至 2021 年底，各参与院校依托纺织类非遗项目累计开展研培近 300 期，培训学员约 1.2 万人次。一批优秀学员返乡开展培训，创办合作社，成为当地非遗保护传承的领军人物和中坚力量，呈现出“培训一人，带动一片”的良好局面。同时，国家民委支持举办了 5 期“民族地区文化创意与可持续发展文创班”，持续为民族地区培训包括纺织类非遗在内的非遗传承人。

下一步，文化和旅游部等部门将继续实施研培计划，持续完善人才培养体系，推动非遗学科专业建设，鼓励传承人群参与院校学习和企业生产，提升创新创造活力和传承发展能力。

二、关于优化生产组织和结构布局

2017 年以来，我部会同相关部门积极实施《中国传统工艺振兴计划》，会同工业和信息化部联合发布国家传统工艺振兴目录，明确对 14 类 383 个面广量大、传承人群较多，有助于发挥示范带动作用，形成国家或地方品牌的传统工艺项目予以重点支持，其中纺织类项目有 104 项。同时，会同相关部门开展非遗助力乡村振兴工作，支持中西部脱贫地区依托富有特色、具备一定群众基础和市场前景的传统工艺等非遗资源，建设了近 1100 家非遗工坊，对符合就业帮扶车间条件的非遗工坊按规定给予税费减免、场地安排等政策支持，在推动相关产业发展方面发挥了积极作用。2022 年 3 月，文化和旅游部等 6 部门印发《关于推动文化产业赋能乡村振兴的意见》，将“手工艺赋能”作为重点领域，支持各地纺织类非遗相关产业集聚化发展。2022 年 6 月，文化和旅游部等 10 部门印发《关于推动传统工艺高质量传承发展的通知》（以下简称《通知》），明确提出支持打通传统工艺产业链，培育形成传统工艺优势特色产业带或产业集群。

下一步，文化和旅游部等部门将深入实施《通知》，推动民族地区、乡村地区特色文化产业高质量发展；持续推动非遗工坊建设，促进传统工艺保护传承及相关产业发展。

三、关于健全发展链条

文化和旅游部支持相关部门和各地在实践中不断推动非遗实现创造性转化、创新性发展。支持拥有较强设计能力的企业、高校和相关单位到传统工艺项目集中地设立了18个传统工艺工作站，工作站积极举办培训、开展设计和展销等工作，推动当地传统工艺产品在材料、工艺、设计、制作等方面实现了显著提升，培育了鸽子花、萨日朗、尼木古宝等一批具有社会知名度的非遗相关产品品牌。支持在中国成都国际非遗节、中国非遗博览会等重要展会活动中为纺织类非遗产品提供展示展销、交流推介平台。支持举办非遗品牌大会、“非遗购物节”、杭州工艺周、上海手造博览会、非遗传统织绣印染技艺精品展等活动，展示展销纺织类非遗。《通知》明确提出加强品牌建设，支持在文化和旅游消费聚集区、旅游度假区、旅游休闲街区等建设中，为传统工艺产品提供贸易机会。

下一步，文化和旅游部等部门将持续推动传统工艺创造性转化、创新性发展，解决纺织类非遗传承发展中的材料、工艺、设计等技术难题，促进纺织类非遗产品的广泛应用，持续拓宽产品销售渠道。

四、关于充分发挥行业组织作用

《中国传统工艺振兴计划》将加强行业组织建设作为重点工作任务。文化和旅游部支持中国纺织工业联合会举办了五届中国纺织非遗大会，通过推选中国纺织非遗推广大使、发出纺织类非遗保护倡议书等方式，有效带动众多社会力量参与到纺织类非遗的保护传承中来，提升了纺织类非遗的可见度和影响力。同时，中国纺织工业联合会以潮州刺绣为重点，依托纺织行业资源优势和产业基础，推动潮州传统工艺工作站建设，充分发挥当地龙头企业的示范引领作用，开展了相关技艺研究、技能培训、展示展销、宣传推广等工作。

下一步，文化和旅游部等部门将继续支持行业组织深入纺织类非遗资源密集的乡村和民族地区，为传承人、小微企业等提供设计资源和产业链对接；支持定期召开中国纺织非遗大会解决纺织类非遗发展中的突出问题。

五、关于提高纺织等行业乡土人才待遇

文化和旅游部积极支持纺织类非遗代表性传承人开展保护传承工作。中央财政按照每人每年2万元的标准，对国家级非遗代表性传承人开展传承活动予以补助，全国绝大多数省（区、市）也安排了专门经费支持省级代表性传承人开展传承活动。文化和旅游部通过研培计划、非遗助力乡村振兴等工作，培养了一批非遗乡土人才队伍，涌现出苏晓莉、石丽平、乔进双梅等一批在非遗助力精准扶贫工作中发挥积极作用的“全国脱贫攻坚先进个人”，以及成新湘、宋水仙、孙艳玲等全国人大代表和政协委员。《通知》明确提出建立职称评审向优秀人才倾斜机制，支持选拔培养青年人才，优先推荐他们参评乡村文化和旅游带头人、乡村工匠等。

下一步，文化和旅游部等部门将继续通过国家非遗保护资金对纺织类非遗国家级代表性传承人予以补助；鼓励纺织类非遗传承人参加竞赛、展示、交流活动，推荐他们参加乡村人才先进典型评选，持续壮大非遗乡土人才队伍。

感谢您对文化和旅游工作的关注与支持！

文化和旅游部

2022年8月15日

全国政协十三届五次会议第 02028 号提案

题　　　目： 关于推进城乡公共文化服务一体建设，促进人民精神生活共同富裕的提案

主　　　办： 文化和旅游部

会　　　办： 乡村振兴局

提 案 形 式： 党派提案

第一提案人： 民进中央

内　　　容：

公共文化服务一体建设是促进人民精神生活共同富裕的根本保障。近年来，各地积极推进城乡公共文化服务体系一体建设，有力促进了城乡文化交流互动、融合发展、共同繁荣。但与群众多样化、多层次、多方面的精神文化需求相比较，城乡公共文化服务一体建设还存在一些不足。

一是城乡公共文化服务设施等硬件分布存在一定差距。经过“十三五”时期的发展，我国县级公共文化服务设施有较大改善，基本已补上“历史欠账”，而乡（镇）、行政村（社区），公共文化服务设施建设总量不足，设备水平相对落后，不少地方存在“乡镇文化站站不起来”现象，公共文化服务“最后一公里”难以打通。此外，受限于乡（镇）、行政村（社区）的硬件条件，县级总分馆体系的常态运行存在较大难度，仅在一些经济发达地区运行良好。

二是城乡公共文化服务设施的运维存在一定差距。对于一些基本公共文化服务建设基础较差的县域来说，为达到国家标准、省域标准，绝大部分专项资金都用于基本公共文化服务设施的新建和扩建上，设

施建成后续的运维管理没有跟上，特别是运维管理资金没有纳入预算。比较突出的是，不少地方政府“运动式”建设城市书房，片面追求数量和覆盖面，建成后后续运维经费没着落或者难以为继。此外，乡镇文化员“空心化”问题突出，不少乡镇文化员“在编不在岗”“在岗不在位”，据调查，一般乡镇文化员专职做文化时间占整体工作不到30%，大量时间被挤占用于其他基层事务。通过购买公共文化服务提升基层文化设施的方式还需规范。

三是基层公共文化服务的数字化程度存在一定差距。目前，县级公共文化服务数字化建设已走上正轨，数字图书馆、文化馆数字化建设近年发展较快，但基层特别是农村公共文化服务数字化建设明显滞后，且城乡成果共享不及时。基层缺少相应的数字化设备，县级公共文化服务数据平台架构无法深入基层，数字化赋能乡村文化振兴尚有较大空间。

建议：

一是加大对乡（镇）、村级公共文化设施投入。进一步统筹推进城乡公共文化服务均衡发展，按照打造实用性强、覆盖面广、融入自身特色的嵌入式公共文化空间原则，侧重将资源资金投入乡（镇）、行政村（社区）等基层。合理、高效配置区域内公共文化资源，形成大集中、小分散，各尽其能、各取所需，相互依存、相互合作的资源共建共享体系。继续探索总馆带分馆帮扶制度，主动“下沉”县级优质公共文化服务资源，强化乡镇文化站在县域公共文化服务联通县—村的“桥头堡”功能，搭建统一入口的县级公共文化服务一站式数字化平台，打破公共文化机构数字“孤岛”。

二是优化公共文化服务管理能力。坚持“小政府、大服务”理念，通过财政补贴、税收优惠、荣誉激励等方式激发社会力量参与公共文化服务项目。重点培育文化志愿者、乡贤和文化能人、非营利文化组织等主体力量，鼓励并依托社区机构、志愿者等群众参与基层公共文化建设管理。鼓励举办区域性公共文化产品和服务采购大会，建设线上线下相结合的交易平台，促进供需对接。构建公益性和市场性相互促进渠道，引导帮助各种文化服务企业开发公共文化产品并提供社会公共服务，以推动企业发展和城乡公共文化服务的互惠共赢。

三是活用数字技术资源和设施。健全公共数字文化服务体系，提高基本公共文化服务的覆盖面和适用性，提升公共服务均等化、普惠化、便捷化水平。加强 5G、区块链、大数据、云计算、VR/AR/MR、物联网、人工智能等高新技术的应用，探索发展数字文化大众化实体体验空间，加强数字艺术、沉浸式体验等新型文化业态在乡镇、行政村（社区）的应用场景建设，增加大众普及型数字文化体验服务项目，推动数字图书馆、文化馆等项目在乡（镇）、行政村（社区）落地生根。

关于政协第十三届全国委员会第五次会议第 02028 号（文体宣传类 164 号）提案答复的函

民进中央：

你们提出的《关于推进城乡公共文化服务一体建设，促进人民精神生活共同富裕的提案》收悉，经商国家乡村振兴局，现答复如下：

习近平总书记强调，要促进人民精神生活共同富裕，不断满足人民群众多样化、多层次、多方面的精神文化需求。公共文化服务是人民享有基本文化权益的重要保障，是促进人民精神生活共同富裕的重要手段。近年来，文化和旅游部会同有关部门，坚持以习近平新时代中国特色社会主义思想为指导，全面贯彻中共中央、国务院决策部署，深入落实新型城镇化、乡村振兴等重大战略，在统筹推进城乡公共文化服务体系一体建设、缩小城乡区域文化发展差距上持续发力，城乡基本公共文化服务标准化、均等化水平显著提升，人民群众文化获得感不断增强。

一、完善城乡公共文化服务制度

近年来，公共文化领域的两部重要法律《中华人民共和国公共文化服务保障法》《中华人民共和国公共图书馆法》相继颁布实施，为城乡公共文化服务体系建设提供了法律依据。2019 年，中共中央宣传部会同文化和旅游部等 17 个部门联合印发了《推进乡村文化振兴工作方案》，对宣传文化领域贯彻落实乡村振兴战略作出具体安排。2021 年以来，文化和旅游部联合有关部门印发《关于推动公共文化服务高质量发展的意见》《“十四五”公共服务规划》《国家基本公共服务标准（2021 年版）》，编制印发《“十四五”文化和旅游发展规划》《“十四五”公共文化服务体系建设规划》，将“推进城乡公共文化服务体系一体建设”作为重要目标任务加以谋划，在深入推进标准化建设、以文化繁荣助力乡村振兴、完善城乡公共文化服务协同发展机制等方面作出具体部署。

二、统筹推进城乡公共文化设施建设

截至 2021 年底，全国共有公共图书馆 3215 个，群众文化机构 43531 个（其中乡镇文化站 32524 个），在村（社区）建设集宣传文化、党员教育、科技普及、普法教育、体育健身于一体的综合性文化服务中心 57.54 万个，以上设施均实行免费开放。指导各地推广适合本地实际的文化馆图书馆总分馆制建设模式，促进公共文化资源向基层特别是农村倾斜，截至 2022 年 6 月，全国分别有 2675、2643 个县（市、区）建立了文化馆、图书馆总分馆制。2021—2022 年，开展乡镇文化站等基层公共文化设施运行管理情况专项治理，指导各地开展问题排查，切实加强整改，提高服务效能。创新拓展城乡公共文化空间，“城市书房”“文化驿站”“乡村文化礼堂”等一批群众喜爱的新型文化场所不断涌现。这些新型公共文化空间打破了行政区域界限，打破了事业产业界限，打破了政府社会界限，成为城乡文化发展的新亮点。

三、不断丰富城乡公共文化服务供给

繁荣农村文艺精品创作，推出《一号村台》《沁岭花开》《马向阳下乡记》《陈奂生的吃饭问题》等一批优秀农村题材剧目。发挥国家级群众文艺奖项“群星奖”引导示范作用，组织第十八届、十九届“群星奖”评奖，获奖作品质量明显提升。积极推动文明乡风建设，开展“新时代乡村阅读季”、城乡对口帮扶“结对子、种文化”活动。实施“戏曲进乡村”项目，自2017年起，每年组织各级各类戏曲演出团体，为中西部地区1.3万个乡镇配送约7.8万场戏曲演出。2021年，围绕庆祝中国共产党成立100周年主题，组织开展了“唱支山歌给党听”大家唱群众歌咏活动，带动全国开展歌咏活动28079场，参与人次超1.7亿。组织开展“欢乐过大年·喜迎冬奥会——我们的美好生活”2022年全国“村晚”示范展示活动，各地组织“村晚”约1.2万场，参与人次约1.18亿，使乡村小舞台变成社会大舞台、惠民好舞台。

四、创新城乡公共文化管理和服务模式

深化供给侧结构性改革，完善“订单式”“菜单式”“预约式”服务机制。加强公共文化数字化建设，策划实施“全国智慧图书馆体系建设项目”和“公共文化云建设项目”。打造“云上村晚”“云上广场舞”，为中西部脱贫县（团场）建设“公共文化云基层智能服务端”。截至2021年底，中央财政累计支持全民阅读资源2497.98TB，涵盖电子书218.1万种，视频资源19.9万小时，音频资源192万首，累计支持建设全民艺术普及资源1346TB，涵盖视频资源10.7万小时，音频资源9.3万小时。指导各地举办区域性公共文化和旅游产品采购大会，搭建社会力量参与乡村公共文化服务供给的平台。加强基层文化队伍建设，实施基层文化队伍培训项目、乡村文化和旅游能人支持项目。广泛开展文化志愿服务，形成了“春雨工程”“阳光工程”“圆梦工程”等一批志愿服务品牌，2019—2021年，各地、各单位共实施“春雨工程”项目631个，动员16.5万名专业志愿者走边疆、下基层。截至2021年底，全国成立文化和旅游志愿服务队伍9.4万支，文化和旅游志愿者人数达到413万余人。

在推进城乡公共文化服务体系一体建设，促进人民精神生活共同富裕方面虽然取得了一定成效，但是当前仍然存在城乡公共文化服务发展均等化程度有待提高，基层公共文化服务品质有待提升，公共文化服务保障力度有待加强等问题。提案提出的关于加大对乡镇、村级公共文化设施投入，优化公共文化服务管理能力，健全公共数字文化服务体系等建议，对于我们研究进一步加强城乡公共文化服务体系一体建设政策举措，推动公共文化服务高质量发展具有重要借鉴意义。

下一步，我部将认真研究吸收相关意见建议，重点做好以下几方面工作：一是开展基本公共文化服务达标行动。指导和推动地方落实《国家基本公共服务标准（2021 年版）》和各地实施标准，确保内容无缺项、人群全覆盖、标准不攀高、财力有保障、服务可持续，以标准化促进均等化。二是实施公共文化服务品质提升行动。继续指导各地稳步推进县级文化馆图书馆总分馆制建设，创新打造一批新型城乡文化业态。开展基层公共文化服务高质量发展典型案例遴选，推广一批城乡公共文化建设优秀典型。三是实施群众文化活动品牌提升行动。做强全民艺术普及、全民阅读等重要文化品牌，坚持以群众为主体，持续开展村晚、大家唱、广场舞等示范性文化活动，培育形成特色鲜明的城乡文化品牌。进一步突出文化和旅游志愿服务内容和制度创新，促进志愿服务常态化、特色化开展。四是实施公共文化服务能力提升行动。加强基层文化人才培养。继续实施乡村文化和旅游能人支持项目和基层文化队伍培训计划。大力培育乡村文艺团队，引导带动群众在文化生活中当主角、唱大戏。推动全国智慧图书馆体系建设和公共文化云建设，加大公共数字文化资源向农村地区推送力度。构建开放发展格局，推动社会力量参与基层公共文化服务建设。

感谢你们对文化和旅游工作的关心和支持！

文化和旅游部

2022 年 8 月 15 日

全国政协十三届五次会议第 03124 号提案

题　　目：关于深化全民阅读的提案

主　　办：中央宣传部

会　　办：中央和国家机关工委　教育部

提案形式：个人提案

第一提案人：胡旭晟

内　　容：

阅读，是一个民族凝聚力和创造力的重要源泉。近年来，随着“书香社会”“书香中国”等重点阅读活动的持续开展，全民阅读热潮喷涌，多读书、读好书、善读书已成为新的社会风尚。但通过调研发现，促进全民阅读工作还存在一些短板和不足。一是国家层面制度化推进力度不够，法制化建设进程不快。二是党政机关阅读组织化程度不高，示范带动效果待加强。三是校园阅读服务体系不完善，学生阅读质量效果难保证。四是城乡发展不平衡，农村阅读设施建设和图书更新相对滞后等。

建议中：

一、加强“全民阅读”顶层设计

一是写入党的二十大报告部署。建议把全民阅读作为贯彻习近平新时代中国特色社会主义思想和加强社会主义精神文明建设的重要举措写入党的二十大报告，作为一项国家战略工程来推进，纳入国民经济和社会发展规划。二是提升组织领导规格。在由宣传部门牵头负责的联席会议制度的基础上，设立国家全民阅读指导委员会，建议由国家主席担任委员会名誉主任，中共中央或国务院相关领导同志担任委员会主任，相关部门共同参与，办公室设中央文明办。三是加速法制化建设进程。组织指导各省市区及设区的市出台地方性法规全覆盖，加快推进国家层面立法，为促进全民阅读提供法律保障。

二、推进“书香机关”示范性创建

一是构建常态化阅读机制。由各级各部门机关党委牵头负责成立“机关读书会”，建立党员领导干部带头读书用书荐书机制，定期开展主题演讲、经典诵读、读书交流及征文等活动。二是建好标准化阅读场所。以升级改造为主、新建为辅，建好用好党建书屋、职工书屋等阅读场所，配套提供集图书检索、自助借还、新书推荐、在线阅读等功能于一体的服务平台。三是提供个性化阅读服务。支持党政机关与新华书店等实体书店合作，鼓励采买图书、书香卡等，并可从工会经费中支出，促进阅读需求与供给快速对接，为“书香机关”创建提供定向服务。四是建立多元化评价机制。建立示范性“书香机关”建设评价标准，规范化组织评审授牌，总结推广典型经验，不断扩大社会影响，全面带动书香系列品牌建设。

三、健全“书香校园”阅读服务体系

一是开展示范阅读服务指导。教育部门要组织指导学校分级分类制定与学生成长相适应的阅读计划、推荐优秀读物，加强对教师和监护人阅读指导技能培训，充分利用课堂阅读、课后服务、亲子阅读等开展示范阅读，促进良好阅读习惯养成。二是完善基本阅读制度保障。以农村留守、城市流动、低收入家庭、孤残儿童等为重点，支持机关企事业单位与出版发行单位和学校协同开展出版物捐赠、阅读课程下乡、示范阅读辅导等线上线下结合的助学助读活动，建立保障弱势群体基本阅读的长效机制。三是探索延伸阅读跟进服务。在充分尊重兴趣爱好的基础上，为学生提供以信息技术为基础的延伸阅读跟进服务，引导扩大阅读面、增强深阅读。

四、构建城乡一体化阅读生态

一是打造城市阅读文化功能区。根据人口分布、服务需求等，科学规划、合理布局全民阅读公共服务设施，构建以“党建书屋”“共享校园书屋”“城市实体书店”等为载体的“十分钟阅读圈”。二是支持城乡实体书店创新发展。落实《关于支持实体书店发展的指导意见》，加大资金扶持力度，鼓励整合资源调整经营模式，构建全场景实体书店网络体系，推动大力发展新兴业态。三是推进农村发行网点建设。完善农村地区图书、报刊、音像资料等出版物补充更新机制，推进“农家书屋”建设升级，实现农村借阅、发行、上网、讲座、培训等一站式服务，打造引领乡村振兴的“文化粮仓”。四是完善全民阅读在线服务。推进公共图书数字资源、阅读信息服务资源、中小学阅读服务管理平台等共享网络建设，鼓励和支持各类数字化阅读新技术的开发和应用，促进全民阅读多元化发展。

关于政协第十三届全国委员会第五次会议第 03124 号（文体宣传类 258 号）提案答复的函

胡旭晟委员：

您提出的《关于深化全民阅读的提案》收悉，现答复如下：

今年 4 月 23 日，习近平总书记在致首届全民阅读大会的贺信中指出，阅读是人类获取知识、启智增慧、培养道德的重要途径，可以让人得到思想启发，树立崇高理想，涵养浩然之气。总书记勉励广大党员干部要带头读书学习，修身养志，增长才干；鼓励孩子们养成阅读习惯，快乐阅读，健康成长；希望全社会都参与到阅读中来，形成爱读书、读好书、善读书的浓厚氛围，充分体现了以习近平同志为核心的党中央对推动全民阅读的高度重视，为深入推进新时代全民阅读工作指明了前进方向、提供了根本遵循。

自 2006 年中宣部等 11 个部门联合发出《关于开展全民阅读活动的倡议书》以来，我们不断加大工作力度，完善工作措施，大力推动全民阅读。

一是持续完善全民阅读工作机制。近年来，我们大力配合、积极推动全民阅读法律法规支撑和有关机制保障工作。《中华人民共和国国民经济和社会发展第十四个五年规划和2035年远景目标纲要》中明确提出："深入推进全民阅读，建设'书香中国'。"《中华人民共和国公共文化服务保障法》《中华人民共和国公共图书馆法》等法律，对促进全民阅读作出了规定。2020年10月，中宣部发布《关于促进全民阅读工作的意见》，对全民阅读年度工作作出了细化部署。目前，各省区市都已经成立了全民阅读工作组织领导机构，将全民阅读纳入本地发展战略，在制定规划、配置资源、组织活动、宣传推广等方面不断加大保障力度，全国有17个省区市及地级市先后颁布了促进全民阅读的地方性法规。各地各部门相互配合，形成了党委部门引导，各方协同配合的工作合力。

二是持续加大优质内容供给。我们以重点出版物出版规划、重大出版工程为牵引，组织实施了优秀通俗理论读物出版工程、优秀原创文学出版工程、优秀青少年读物出版工程、优秀科普读物出版工程、有声读物精品工程等工作，推出了一批学习宣传习近平新时代中国特色社会主义思想读物、一批弘扬社会主义核心价值观、中国梦读物，一批党史、新中国史、改革开放史、社会主义发展史等重点出版物，持续推动优化出版结构、提高出版质量。我们开展"五个一工程奖""中国出版政府奖""中华优秀出版物奖"以及"中国好书"等推荐活动，向社会推荐了一大批弘扬主旋律、传播正能量的精品出版物，更好地满足人民群众美好生活新期待。

三是持续做好重点人群阅读服务。针对党员干部群体，我们大力倡导读书学习，激发广大党员干部的读书学习热情。中宣部、中央和国家机关工委组织的"强素质·作表率"读书活动已经连续开展13年，先后举办150多期主题读书讲坛，覆盖中央和国家机关78个部门998个党支部、116个青年理论学习小组，成为中央和国家机关广大党员干部读书学习、思想交流的重要平台。针对青少年群体，积极开展向青少年推荐百种优秀出版物活动，配合教育部组织全国中小学生阅读指导目录工作，引导青少年读好书、读经典。针对残疾人、老年人、外来务工人群等有特殊阅读需求的人群，加大阅读保障和引导，发挥工会、共青团、妇联、残联等群团组织紧密联系和服务群众的特点，组织实施盲文出版工程、向全国老年人推荐优秀出版物活动等，为不同群体提供更多优质内容、更好阅读服务。

四是持续推动阅读基础设施建设。我们积极配合相关部门推动城乡阅读基础设施建设，各地公共图书馆、农家书屋、社区书屋、职工书屋、乡镇综合文化站、实体书店、阅报栏等全民阅读基础设施规模不断扩大、数量不断增加，内容资源和设备不断升级，阅读公共服务网络初具规模，县级融媒体中心、新时代文明实践中心拓展阅读功能，城市书吧等新型阅读空间建设不断推进。目前，全国 3212 个公共图书馆图书总藏量达 11.79 亿册，2636 个县（区、市）建立图书馆总分馆制，优质内容资源直接触达基层；农家书屋已覆盖全国 58 万个行政村，先后配置 12 亿册图书，构筑了全民阅读星罗棋布的网点、阵地，更好地满足人民群众阅读需求。

您提出的“加强顶层设计、推进书香机关创建、健全书香校园阅读服务体系、构建城乡一体化阅读生态”等建议，对我们深入推动全民阅读工作很有价值。下一步，我们将以习近平总书记致首届全民阅读大会贺信精神为指引，深入推进全民阅读工作。一是加强对全民阅读工作的组织领导，积极制定全民阅读工作发展战略和规划，推动出台促进全民阅读的政策，配合全国人大开展全民阅读立法调研论证工作，进一步建立健全制度化、长效化的工作机制。二是开展全民阅读理论研究，建立专家智库，为全民阅读工作提供科学咨询、智力支持和决策服务，不断完善全民阅读工作顶层设计。三是继续做好关键人群阅读推广工作，引导党员干部带头读书，发挥示范表率作用；抓好青少年阅读工作，提供更多寓教于乐的读物，开展形式多样、内容丰富的校园阅读、家庭阅读、亲子阅读活动，帮助孩子们爱读乐读。四是继续完善公共服务体系，加快建设覆盖城乡的全民阅读设施，配合相关部门加快实体书店、公共图书馆、县级图书馆总分馆建设，不断扩充城市书房、文化驿站、社区书屋、职工书屋、乡镇综合文化站等阅读空间，为人民群众阅读创造更便捷条件，提供更优质服务。

感谢您对宣传思想文化工作的关心和支持!

中共中央宣传部

2022 年 9 月 30 日

全国政协十三届五次会议第 03995 号提案

题　　　目： 关于大力加强小型体育场地建设的提案

主　　　办： 体育总局

会　　　办： 发展改革委　自然资源部　住房城乡建设部

提案形式： 个人提案

第一提案人： 徐　星

内　　　容：

新中国成立以来，党和政府一直重视全民体育，从 20 世纪耳熟能详的口号"发展体育运动，增强人民体质"，到 2009 年开始设立的每年 8 月 8 日的"全民健身日"和 2020 年 10 月出台的《关于全面加强和改进新时代学校体育工作的意见》。近年来，党和政府越来越强调全民体育的重要性，从大量新的体育场地和设施的建设，到一系列政策和举措的出台，我国的体育事业进入了一个新的发展时期。特别需要指出的是，习近平总书记就体育的重要性和发展战略有系统的重要论述，当前发展体育事业成为国家发展战略的一个重要组成部分。

尽管如此，我们的体育事业依然存在一些问题，比如，相对各类大型体育场馆的建设，更加亲民的小型体育场地的建设尚显不足；已有的小型体育场地和设施更多是简单的健身器材，传统的体育项目，尤其是篮球、足球和排球等集体性运动的场地相对较少；现有中小型体育场地或者为单位所有，或者是高价的商业场地，或者远离居民区，从便利性和经济性等角度，公众无法利用。为解决以上问题，特此提出以下建议：

一、在未来的城镇建设规划中，增加中小型体育场地和设施，尤其是中小型足球、篮球和排球场地的建设；中小型体育场地安排建设在居民区附近，甚至大型居民区中；新建公园和街边绿地中应该尽量考虑包含小型足球、篮球和排球场地。

二、已有中小型体育场地和设施，尤其是国有单位拥有的足球、篮球和排球场地，免费对公众开放；已有的商业性中小型体育场地和设施，采用部分财政补贴，降价运营。

大力鼓励广大人民群众，尤其是青少年积极参与体育活动，尤其是积极参与篮球、足球和排球等集体性体育运动，不仅有助于增强人民体质，有助于培养公众团结向上的精神，还有助于为竞技体育提供人才资源。为公众提供容易使用和经济上能够承受的体育场所和设施，是推动全民积极参与体育运动的有效手段，将会极大助力我国体育强国战略的实现。

关于政协第十三届全国委员会第五次会议第 03995 号（文体宣传类 331 号）提案答复的函

徐星委员：

您提出的《关于大力加强小型体育场地建设的提案》收悉，现答复如下：

近年来，体育总局会同发展改革委、自然资源部、住房城乡建设部等部门积极推动中小型体育设施规划建设，满足广大群众日益增长的体育健身需求。

一、加强政策法规顶层设计，推动中小型健身设施规划建设

一是印发《关于印发〈省级国土空间规划编制指南（试行）〉的通知》（自然资办发〔2020〕5 号）、《关于印发〈市级国土空间总体规划编制指南（试行）〉的通知》（自然资办发〔2020〕46 号）等文件，

指导地方科学编制各级国土空间规划，结合不同尺度的城乡生活圈，优化公共服务设施用地布局，合理安排体育设施，保障体育用地需求。

二是推动印发《体育强国建设纲要》《关于加强全民健身场地设施建设发展群众体育的意见》《全民健身计划（2021—2025年）》《关于构建更高水平的全民健身公共服务体系的意见》等政策文件，就建设贴近社区、方便可达的中小型全民健身设施，打造“15分钟健身圈”等工作提出新政策举措。

三是修订发布《城市居住区规划设计标准》（GB50180—2018），提出15分钟、10分钟、5分钟生活圈配置体育设施的方案、占地建议以及建设全民健身中心、多功能运动场等便民体育设施种类等要求，明确足球场、篮球场等各类全民健身场地设施分级配套要求。

四是印发《关于开展城市居住社区建设补短板行动的意见》（建科规〔2020〕7号）、《完整居住社区建设标准（试行）》，要求居住社区至少有一片公共活动场地，新建居住社区建设一片不小于800平方米的多功能运动场地，配置足球、篮球、乒乓球等球类场地。

五是发布《社区生活圈规划技术指南》，将体育健身作为社区服务的八项要素之一，提出中小型多功能运动场、小型体育公园、体育中心等在城镇、乡集镇、村／组等各个层级的配置标准和布局要求，建设全年龄友好健康城市，以社区生活圈为单元补齐体育服务设施短板，满足群众需要。

六是发布《园林绿化工程项目规范》（GB55014—2021），要求在综合公园、社区公园、游园和郊野型公园中设置健身活动场所，建设开放共享的健身场地设施。

二、推动健身设施建设，补齐中小型健身设施短板

体育总局会同有关部门积极推动中小型健身设施建设。一是推动新建居住区和社区严格落实“按室内人均建筑面积不低于0.1平方米或室外人均用地不低于0.3平方米的标准配建全民健身设施”“社区健身设施未达到规划要求或建设标准的既有居住小区，要紧密结合城

镇老旧小区改造，统筹建设社区健身设施。不具备标准健身设施建设条件的，鼓励灵活建设非标准健身设施”，补齐社区健身设施短板。2020 年出台《关于加强全民健身场地设施建设发展群众体育的意见》（国办发〔2020〕36 号），从摸清底数短板、制定行动计划、规范审核程序、挖掘存量建设用地潜力、推动设施开放等方面推动健身设施建设和开放利用。二是会同有关部门利用中央资金支持引导地方建设完善群众身边的健身设施，支持建设健身步道、县级公共体育场、全民健身中心、足球场、多功能运动场等群众身边的场地设施，组织实施行政村农民体育健身工程，支持新建和维修改造行政村项目，引导推动各地在建设项目中配置适宜青少年、老年人使用的设施器材。

住房城乡建设部大力推进城市社区足球场地设施建设，加大小型体育场地设施建设力度。一是分两批组织武汉、大连等 9 市开展城市社区足球场地设施建设试点。指导各地复合利用城市空闲地、边角地、公园绿地、路桥附属用地、厂房等空间，建成一批社区足球场地。会同体育总局印发《关于全面推进城市社区足球场地设施建设的意见》（建科〔2020〕95 号）、《城市社区足球场地设施建设技术指南》、《城市社区足球场地设施建设试点示范图集》，明确社区足球场地设施建设工作要求、技术指引和示范样板，全面推进城市社区足球场地设施建设。二是深入推进城镇老旧小区改造等工作，复合利用小区及周边土地、房屋等存量资源建设全民健身场地设施。指导各地因地制宜新建或改扩建健身设施、社区活动广场、社区公园、社区运动场地等各类社区活动场地，满足青少年、儿童、老年人等人群健身需求。

发展改革委会同体育总局实施全民健身设施补短板工程，2021—2022 年安排中央预算内投资支持体育公园、健身步道、全民健身中心、公共体育场、社会足球场建设。

三、推动健身设施开放，为群众提供更优质的公共服务

一是支持符合条件的公共体育场馆向包括青少年在内的广大群众免费或低收费开放。自 2014 年以来，体育总局会同财政部利用公共体

育场馆向社会免费或低收费开放补助资金，支持提升公共体育场馆使用效率和服务水平。二是积极落实公共体育设施开放政策。印发实施《全民健身基本公共服务标准（2021 年版）》《公共体育场馆基本公共服务规范》，提出“公共体育设施低收费开放时对老年人、残疾人、学生、军人、消防救援人员和公益性群众体育赛事活动提供更优惠服务，收费标准一般不超过半价；公休日、国家法定节假日和学校寒暑假期间，每天免费或低收费开放时间不少于 8 小时”等要求。印发实施《公共体育场馆免费低收费开放服务评价指引》，对公共体育场馆为中小学和公益性青少年体育俱乐部提供服务提出具体要求。三是推动社会足球场开放。印发《关于加强社会足球场地对外开放和运营管理的指导意见》，提出到 2025 年，社会足球场地全面开放，初步形成制度完备、权责明确、主体多元、利用高效的社会足球场地长效运营管理机制；强调政府投资和享受政府补助的社会足球场地在工作日、节假日的非高峰时段应免费或低收费开放。印发《关于贯彻落实〈体育总局发展改革委关于加强社会足球场地对外开放和运营管理的指导意见〉的通知》，组织各地研究制订加强社会足球场地开放运营管理实施方案，要求各地向社会公示社会足球场地开放运营信息，进一步推动社会足球场对外开放。四是积极推动学校等国有单位向社会开放体育场地。推动落实《公共文化体育设施条例》关于“国家鼓励机关、学校等单位内部文化体育设施向公众开放”。落实《关于构建更高水平的全民健身公共服务体系的意见》提出的“已建成有条件的学校要进行‘一场两门、早晚两开’体育设施安全隔离改造，新建学校规划设计体育设施要符合开放条件”，推动学校体育设施向社会开放。五是着手研制政府购买全民健身公共服务规范性文件，对政府向社会力量购买场地设施等方面的全民健身公共服务事项进行指导规范。

四、下一步工作计划

结合您的建议，体育总局将深入贯彻落实习近平总书记关于体育的重要论述精神，创新思路、创新手段，将群众喜闻乐见的篮球、足球、排球等体育项目和赛事活动推介给广大群众，吸引包括青少年在内的更多群众参与到全民健身中来，增强体质、强健体魄，推动全民健身成为一种健康的生活方式。会同有关部门，持续支持指导各地进一步加大中小型全民健身场地设施建设力度：优化中小型体育场地设施的用地和空间布局，保障其建设的合理空间需求；组织实施“十四五”全民健身设施补短板工程，建设全民健身场地器材补短板乡镇/街道项目，指导推动地方建设体育公园、全民健身中心（小型体育综合体）、公共体育场、社会足球场、多功能运动场地等项目，结合实际配置适宜青少年人、儿童、老年人等群体使用的场地设施，为构建更高水平的全民健身公共服务体系、建设体育强国打下坚实基础。

感谢您对体育事业的关心和支持。

体育总局

2022年8月19日

全国政协十三届五次会议第 04473 号提案

题　　　目: 关于巩固“三亿人上冰雪”冬奥成果，持续推动青少年冰雪运动发展的提案

主　　　办: 体育总局

会　　　办: 教育部

提 案 形 式: 个人提案

第一提案人: 杨　扬

内　　　容:

北京冬奥会不仅为世界奉献了一届无与伦比的奥运盛会，而且成功实现了三亿人参与冰雪的宏伟目标，催生和带动了冰雪产业的发展，激发了广大青少年儿童参与冰雪运动的热情。国务院办公厅印发的《体育强国建设纲要》明确指出校园冰雪运动是“落实全民健身国家战略，助力健康中国建设”的重要内容，是建设体育强国的重要抓手。截至 2020 年底，我国已认定 835 所“奥林匹克教育示范学校”，遴选冰雪特色学校 2062 所。冰雪运动进校园极大地促进了青少年冰雪运动的发展，取得了丰硕的成果。

但要看到，这些成果的取得，在很大程度上是依赖于国家政策的支持。《“带动三亿人参与冰雪运动”统计调查报告》数据显示，全国冰雪运动参与人数达到 3.46 亿人，其中 18 岁以下居民的冰雪运动参与率为 15.62%，并不是 3.46 亿人中的“主力军”。青少年学生持续参与是冰雪运动可持续发展的基石。主要依靠政策推动，并由政府部门主导推进的青少年冰雪运动，势必会在冬奥会后受到一定影响。因此建议，多措并举，巩固并扩大冬奥会取得的成果，持续推动青少年

参与冰雪运动。具体如下：

一、确保现有青少年冰雪运动相关政策的延续性和长期性，出台持续推动的新政策。

冬奥会筹办以来，国家和各级政府都出台了一系列关于推动青少年儿童参与冰雪运动的支持性政策，极大推动了学校、家长、冰雪教培机构和人员等各方面的投入、参与和积极性。政策延续相当于定心丸，能让参与青少年冰雪运动的利益相关方更有信心持久投入与参与。

二、持续推动各级学校冰雪运动社团建设，出台鼓励性政策，探索包括学校、家长、俱乐部等多方投入参与的可持续校园冰雪社团建设模式。

持续推动打造冰雪运动特色校，助推更多有条件的学校建立冰雪运动俱乐部（社团）。由于目前绝大部分的校园冰雪课程、冰雪社团建设和推广活动都是由政府主导、政府投入，因此极易受到政策影响，并且成为政府的财务负担，不可持续，因此建议在有条件的地方和学校，可以探索一条由政府引导、学校支持、政府和家长共担成本、冰雪运动俱乐部负责服务的多方参与模式，从而确保可持续性。

三、建立完善小学、初中、高中到大学的冰雪运动联赛体系，为参与冰雪运动青少年提供持续参与渠道和平台。

要建立和健全从小学到中学、高中、大学的一条龙各级比赛体系，通过比赛带动冰雪运动扎根校园、提升冰雪运动的参与度并丰富校园体育文化。

四、完善和发展各级冰雪运动协会体系，培养冰雪运动教练人才，完善行业标准，保障冰雪运动健康有序发展。

完善和发展国家和地方冰雪运动协会，做好相关运营和教学标准，促进社会化俱乐部等冰雪运动体育社会组织建设，加大冰雪运动教学和教练人才的培养，解决师资不足等问题，保障冰雪运动健康有序地发展。

五、借助数字化工具，持续打造适合青少年群体的冰雪运动文化，开发适合学生群体的线上冬奥文化产品和体验性活动，从“体育育人”层面定位冰雪运动的教育本质，将冰雪运动的教育价值融入学校教育理念。

关于政协第十三届全国委员会第五次会议第 04473 号（文体宣传类 375 号）提案答复的函

杨扬委员：

您提出的《关于巩固“三亿人上冰雪”冬奥成果，持续推动青少年冰雪运动发展的提案》收悉，现答复如下：

体育总局、教育部等部门深入学习贯彻习近平总书记在北京冬奥会、冬残奥会总结表彰大会上的重要讲话精神和给中国冰雪健儿重要回信精神，按照《中共中央办公厅国务院办公厅关于全面加强和改进新时代学校体育工作的意见》《冰雪运动发展规划（2016—2025 年）》要求，继续巩固和扩大“带动三亿人参与冰雪运动”成果，持续推动青少年参与冰雪运动。

一、持续强化青少年冰雪运动的政策实施

青少年是实现“带动三亿人参与冰雪运动”宏伟目标的重点人群。近年来，体育总局、教育部等部门聚焦制度建设，共同印发《北京 2022 年冬奥会和冬残奥会中小学生奥林匹克教育计划》《冰雪运动发展规划（2016—2025）》《关于加快推进全国青少年冰雪运动进校园的指导意见》等文件，为青少年参与冰雪运动提供了政策保障，推动青少年积极参与冰雪运动；同时，相关政策文件也对冰雪运动项目的普及推广、教学训练、赛事活动、文化建设、资源开发与研究及国际交流等方面进行了系统的设计与规划。

习近平总书记在北京冬奥会、冬残奥会总结表彰大会上提出，“北京冬奥会、冬残奥会是在全党全国各族人民向第二个百年奋斗目标迈进的关键时期举办的重大标志性活动。我们要积极谋划、接续奋斗，管理好、运用好北京冬奥遗产。”我们将认真按照习近平总书记的嘱托，巩固并扩大冬奥会、冬残奥会取得的成果，持续推动冰雪运动普及发展，强化战略规划布局，充分挖掘利用冬奥文化资源，丰富群众性冰雪赛事活动，把青少年参与冰雪热情保持下去，让更多的青少年参与冰雪运动。

二、建立健全青少年冰雪运动推广普及体系

一是联合教育部门共同构建“冰雪进校园”推广体系。推进全国冰雪传统特色学校建设工作，在全国遴选建设冰雪运动特色学校2062所，着力提高青少年学生参与冰雪运动的比例，遴选一批校园冰雪运动教育工作先进典型，不断丰富体育教学活动内容，构建具有中国特色的冰雪运动教学、训练、竞赛和条件保障体系。现已逐步形成“冬季奥林匹克教育示范学校＋冰雪运动特色学校＋高校高水平冰雪运动队＋冰雪运动试点县（区）”的校园冰雪运动推广体系。二是推动冰雪项目组织建设。引导并支持社会力量创建各类青少年冰雪运动俱乐部、青少年校外冰雪活动中心等组织，推动在学校成立冰雪运动俱乐部，支持冰雪项目退役运动员从事教育培训工作。以政府购买服务方式，支持各地体育部门和社会组织开展冰雪运动技能培训。三是以后备人才培养推动冰雪运动项目普及。强化冰雪运动后备人才培养力度，加大对开设冰雪项目体校的扶持力度，丰富全国体校U系列比赛中冰雪运动设项，鼓励社会俱乐部培养输送人才，并在第一届全国学生（青年）运动会上设立公开组，鼓励社会俱乐部组队参赛，调动社会力量培养冰雪项目后备人才的积极性。继续推动高校高水平冰雪运动队建设，鼓励有条件的高校申请组建冰雪运动队，招收高水平冰雪运动员。鼓励各地建立和完善适合地方发展的校园冰雪竞赛体系，通过比赛及活动项目，吸引更多的青少年学生参与到冰雪运动中。

三、建立完善冰雪运动赛事活动体系

一是广泛开展青少年冰雪活动。举办以冰雪运动为主题的冬令营、世界雪日等活动，组织开展全国青少年冰雪项目U系列赛事、中国青少年滑雪大奖赛等，推动和引导各地开展以冰雪运动为主题的夏（冬）令营、冰上亲子、冰上龙舟、雪地足球等活动。二是教育部、体育总局、冬奥组委共同举办“筑梦冰雪·相约冬奥”全国学校冰雪运动竞赛暨冰雪嘉年华，开展冰雪运动系列赛事、冰雪嘉年华、全国校园冰雪创意设计大赛、冰雪传统特色学校文化展等活动。三是推动各地建立和完善适合地方发展的“校内竞赛—校际联赛—选拔性竞赛”的校园冰雪课余训练和小学、初中、高中、大学四级联赛体系，并与专业化青少年冰雪训练竞赛体系有机衔接、深度融合。四是深化体教融合，统筹现有投入渠道，积极支持校园冰雪运动。优化经费支出结构，鼓励有条件的地区加大对冰雪运动的支持，将冰雪运动器材纳入中小学体育教学器材配备标准目录。整合社会资源，鼓励有条件的学校与冰雪场馆或冰雪运动俱乐部建立合作。

四、加强冰雪运动人才队伍建设

一是联合教育部门制定《全国体育传统项目学校师资培训计划》，将冰雪项目列入传统学校体育师资培训的内容，丰富冰雪运动教学资源，提高冰雪项目教练员、教师教学能力，促进学校体育课堂教学质量提升。二是开展滑雪项目职业社会体育指导员教材修订、职业技能鉴定工作，实施冰雪项目“精英教练员百人计划”“国际组织人才百人计划”选拔工作，推动冰雪项目运动员退役后投身群众性冰雪运动和冰雪产业。三是推动地方体育行政部门和教育部门合作，建立冰雪专家人才信息库，成立专家讲师团，分阶段、分步骤、分层次举办示范性体育教师冰雪运动培训班。鼓励各地依托高校和科研机构培养、引进冰雪人才，支持有条件的高等学校和职业学院设置和发展冰雪运动相关专业。四是加强冰雪运动的国际合作力度，积极引进符合资质的高水平教师、教练员来华任教，鼓励国内有关人才赴国外攻读冰雪项目相关专业的硕士、博士学位。

五、持续打造数字冰雪运动文化

一是组织开展百城千校“爱冰雪、迎冬奥”全国青少年主题推广活动，制定冰雪项目技能等级标准，制作《中国冰雪大扩列》动漫宣传片，开展“冰雪知识微课堂”、“滑向2022线上接力赛”、《冬奥知识小百科》等科普作品，以青少年喜闻乐见的形式普及冰雪运动知识，宣传冰雪项目文化。二是搭建“学习强国”冬奥板块信息发布平台，加大与新闻媒体的合作，共同推出冰雪运动文化节目、冰雪项目动漫宣传片等，加大对冰雪运动和体育精神的宣传推广力度。三是利用国家智慧教育公共服务平台，补充北京冬奥精神专题资源，持续向广大学生讲好冬奥故事、传播冬奥声音，弘扬“胸怀大局、自信开放、迎难而上、追求卓越、共创未来”的北京冬奥精神。

下一步，体育总局、教育部将继续会同有关部门，认真研究借鉴您提出的建议，以促进青少年身心健康、体魄强健为目标，聚焦后冬奥时期冰雪运动高质量发展，巩固并扩大冬奥会取得的成果，持续推动青少年参与冰雪运动。

感谢您对体育事业的关心和支持。

体育总局

2022年9月15日

全国政协十三届五次会议第 05000 号提案

题　　　目：关于实施“国家品牌赛事”战略，加快体育强国进程的提案

主　　　办：体育总局

提 案 形 式：个人提案

第一提案人：姚　明

内　　　容：

8 年前的“两会”上，申办 2022 年冬奥会成为有争议的话题，因为距离举办 2008 年夏奥会仅仅 6 年，而且我们的冬季运动冰强雪弱，并不平衡。如今双奥成功，我们看到了习近平总书记和中央当年的高瞻远瞩，成功举办冬奥会在国家政治、经济、文化、外交等层面都发挥了重要的战略性作用。

中国的体育发展在不同的历史阶段有不同的战略目标。建国到改革开放，毛主席提出了“发展体育运动，增强人民体质”的总目标；改革开放之初，是升国旗、奏国歌，展示国家形象；1995 年以后三次颁布《奥运争光计划纲要》，奥运争光成为以竞技体育为代表的中国体育最高战略；2008 年北京奥运会后，中央提出要进一步推动我国由体育大国向体育强国迈进，体育被赋予了竞技、健身、文化、产业、外交等多元价值。

正是奥运争光战略的指导和延续，我们成功举办了 2008 年夏奥会和 2022 年冬奥会，并且取得金牌的历史性突破。

如今，在“后双奥时代”，在国际形势错综复杂、与日俱变的背景下，中国体育的发展战略目标是什么？体育应该在新的历史阶段扮

演什么角色?

在我看来，中国体育的奥运成绩已经达到并相对稳定在了世界一流，我们不缺少争金夺银的“奥运国家队”，但是我们缺少自主产权的“国家品牌体育赛事”。

品牌赛事在体育行业中的中心地位就像太阳，所有的资源、人才和关注度都像行星一样围绕它运转。体育的任何功能和价值都依托赛事，赛事是撬动全民健身、体育产业、文化和外交的最重要的杠杆。赛事的社会价值越高，影响到的“行星”就越多，文化、经济和社会影响力也越大。

世界上有影响力的品牌赛事，比如美国四大职业体育联盟，欧洲的五大足球联赛、印度的板球超级联赛等等，都具有历史悠久、国际影响力强的特点，堪称联赛所在地的国家级和地域级的品牌赛事，一定程度上代表国家符号。对于吸引青少年、培养优秀人才、传播体育和民族文化、输出价值观、拉动产业发展、促进国际交流等发挥了巨大作用。

根据2021—2022赛季的统计，美国职业篮球联盟NBA拥有来自39个国家和地区的109名国际球员，在全球215个国家和地区，用47种语言进行电视和网络播出。被誉为美国“春晚”的橄榄球超级碗2022年吸引了全球1.17亿观众，创历史纪录。在2020年东京奥运会上只获得一枚金牌，拥有14亿人口的印度，板球超级联赛的品牌价值超过了奥运会和足球世界杯。而且这些赛事正在凭借超强的国际影响力，加速全球扩张。

这些国家级品牌赛事就是国家体育和文化的核心竞争力，其价值和影响力远远超出了竞技水平和赛事本身范畴。虽然2008年以来我们国内赛事增长迅速，但多是授权或承办的“别人家”赛事，其中包括夏奥会和冬奥会，缺少中国自主产权的“国家品牌赛事”。我们亟须从“奥运争光”为战略目标的“金牌体育”层面，上升到“国家品牌赛事”的长远发展战略层面，以同步于中国快速发展的国际影响力、经济实力和体育消费需求。所以要像当年提出举办冬奥会那样，不失时机地开始打造自己的“国家赛事品牌计划”。

改革开放40年来，市场领域的每个国家品牌都是我国经济转型、技术创新、文化传播、产业发展、国际外交等的重要载体，是我们成为世界强国的支撑点。同样，体育也需要有“国家品牌赛事”这样的载体和支撑，才能加快实现“体育强国”的战略目标。而这一目标，从2008年奥运会总结大会上提出，如今已经过去了14年。

培育国家品牌赛事，首先要坚持独立自主，掌握赛事产权及相关核心资源，有规划地重构中国体育格局，做到内循环畅通。同时坚持开放、创新，打通国际外循环。相较于中国经济的发展，中国体育长期以来偏重竞技成绩。因此高品质的“国家品牌赛事”要再次解放思想、打破壁垒，构建更加开放、创新的生态系统，与其他行业和领域深度融合，最终完成中国体育由金牌大国向品牌强国的演进。

关于政协第十三届全国委员会第五次会议第05000号（文体宣传类411号）提案答复的函

姚明委员：

您提出的《关于实施“国家品牌赛事”战略，加快体育强国进程的提案》收悉，现答复如下：

体育总局高度重视品牌赛事建设工作。经过多年的培育和发展，全国运动会、全国冬季运动会以及中国男子篮球职业联赛、中国足球协会超级联赛等比赛已成为我国拥有自主赛事产权且具有较大影响力的品牌赛事。环青海湖国际公路自行车赛、环海南岛国际公路自行车赛分别于2002年和2006年创办，经过多年发展，已成为影响力较大的公路自行车赛事。

品牌赛事具有较强的竞技性、观赏性、产业性等特点，已成为展示国家形象、传播中国文化以及促进承办地经济社会发展的重要方式。

对比世界知名品牌赛事，我国自有赛事存在着制度体系有待健全、文化内涵有待丰富、关注度有待提高、辐射带动作用有待加强等短板，具有较大的上升空间。

《“十四五”体育发展规划》明确提出要加快构建自主品牌体育赛事活动体系，打造100个具有自主知识产权的体育竞赛表演品牌。体育总局将在借鉴国外品牌赛事办赛经验的基础上，立足我国实际，加快自主创新，做大做强国家品牌赛事，加快体育强国建设。

一、加强顶层设计。抓紧制定品牌赛事建设发展长远规划，找准赛事定位、明确发展路径、培育赛事文化，进一步健全品牌赛事组织管理、运营推广、产业支持等发展体系。高度重视赛事徽标、吉祥物、口号等知识产权保护，突出中国特色、民族特点，形成具有中国风范和世界影响力的品牌赛事体系。

二、注重制度建设。品牌赛事的建立需要有健全的法规制度加以护航，体育总局将加大工作力度，进一步完善品牌赛事竞赛组织、赛风赛纪、反兴奋剂、安全保障、市场开发、宣传推广、电视转播等制度措施，推动赛事安全可持续发展。

三、探索建立产业融合发展模式。体育赛事除了竞赛本身外，带动装备制造、场馆运营、体育培训、健身休闲、旅游文化等产业发展的辐射作用强。体育总局将进一步健全“体育+”融合发展模式，紧扣赛事特点，打造“体育+旅游”“体育+生态”“体育+文化”的新业态新模式，通过赛事推动经济社会发展、传播体育文化、凝聚人心汇聚力量，不断满足人民群众对高品质赛事的需求，助力体育强国建设。

感谢您对体育事业的关心和支持。

体育总局

2022年8月31日

全国政协十三届五次会议第 00825 号提案

题　　　目：关于加强青少年体育赛事发展的提案
主　　　办：体育总局
会　　　办：教育部
提 案 形 式：党派提案
第一提案人：农工党中央
内　　　容：

我国青少年体育事业发展迅速，但是在发展中也存在一些新问题亟待解决。一是各级各类青少年体育竞赛活动赛事少，分学段、跨区域的比赛数量不多，尤其是高质量青少年体育竞赛活动匮乏。高水平青少年赛事活动和大规模的赛事相对较少，故参加人员也少，而女性参赛人员则更少。二是学校体育教育缺位。我国教育在长时间的发展中，形成了以学习科学系统知识为主的教育模式。部分学校为应付考试将体育课挪用，青少年体育运动时间严重不足，只能参加校外训练指导。三是赛事举办缺乏经费以及基础设施差。国内的青少年比赛，收入主要靠政府拨款。而且存在比赛场地少，训练基础设施不足等现象，青少年体育竞赛活动设施平均值仍然很低。体育运动缺乏，是我国青少年体质健康主要指标连续多年下降，视力不良率居高不下，城市超重和肥胖青少年的比例明显增加的重要原因之一。

为此，建议进一步贯彻落实好《中共中央国务院关于加强青少年体育增强青少年体质的意见》精神和《国家学生体质健康标准》要求，推动青少年体育赛事发展。

一是增加青少年体育竞赛活动。体育主管部门应联合教育部门整合学校比赛，细分各级、各类体育赛事活动，建立分学段（小学、初中、高中、大学）、跨区域的国家、省（区、市）、市、县四级青少年体育赛事活动体系。利用课余、周末、假期时间组织校内、校际、跨区域及全国性比赛。鼓励各运动项目创办高水平青少年赛事活动。充分利用冬夏令营活动，开展体育运动技能培训，从而使更多青少年加入体育赛事当中。

二是加强体教融合。学校在不影响学生日常学习任务前提下，科学制定全年训练参赛计划，做到课业学习和训练参赛两不误。因地制宜、因项目制宜举办各级各类青少年体育赛事，不断增强赛事影响力和吸引力，不断强化青少年体育培养后备人才主阵地、主渠道作用。不断融合观念、有效整合资源实现最优配置，建立青少年体育人才培养通道，从而提高赛事质量。

三是引入社会化资本、加大政府资金扶持。对于青少年赛事可引入社会化资本，加快发展以自主品牌为主的体育赛事体系，培育形成具有社会影响力的联赛，赞助商收入可以包括参赛费、观赛门票、比赛周边活动、摄影服务、赛事衍生品售卖等，从而吸引更多赞助商投资。可以北京 2022 年冬奥会为契机，加强青少年冰雪运动赛事进校园，加大政府对相关赛事资金扶持，完善运动配套实施，从而使青少年体育赛事不断发展，提升我国青少年体育事业发展水平。

四是青少年体育教练职业化。对教练员进业务培训，定期开设知识更新轮训班，优化课程设置、丰富课程内容，聘请知名专家教授进行授课，以科学性、实用性为原则，讲授当前青少年训练的最新理念、训练方法、训练康复、运动损伤的预防与处理措施、运动选材和结合青少年的生理特征科学安排训练等诸多授课内容。在每年年底对学校教练员进行全面考核，分别评出优秀、良好和不及格。教练员积极融入学校体育课程，负责体校运动队日常训练，同时也可以聘请优秀教练员任教，通过教练工作职业化，提高教练员整体素质，从而推动青少年竞技体育后备人才储备，最终推动我体育事业的发展。

关于政协第十三届全国委员会第五次会议第 00825 号（文体宣传类 063 号）提案答复的函

农工党中央：

你们提出的《关于加强青少年体育赛事发展的提案》收悉，现答复如下：

经中央全面深化改革委员会第十三次会议审议通过的《关于深化体教融合促进青少年健康发展的意见》（以下简称《体教融合意见》）为推动体教深度融合、加强青少年体育赛事发展提供了政策支撑。体育总局与教育部密切沟通配合，联合各地方共同抓好体教融合落实工作，不断丰富和完善青少年体育赛事体系建设，帮助青少年在体育锻炼中享受乐趣、增强体质、健全人格、锤炼意志。

一、关于“增加青少年体育竞赛活动”的建议

《体教融合意见》对“完善青少年体育赛事体系”作出了明确部署要求，按照“一体化设计、一体化推进”的原则，体育总局、教育部正积极推进青少年体育赛事融合与体系设计。目前，以足球为试点，体育总局、教育部、中国足协正积极组织开展中国青少年足球联赛，比赛已于 7 月 10 日正式启动，受到社会广泛关注和一致好评。赛事面向全体青少年开放，打破参赛壁垒，兼顾普及与提高，体校代表队、学校代表队、俱乐部青训梯队、社会青训机构等球队均可自由参赛，不设任何参赛限制。同时，体育总局对青少年赛事作出相关部署，要求各项目在青少年 U 系列赛事中设计和组织体教融合赛事，有关项目中心（协会）加强与大、中体协的战略合作，共同推进体教融合工作。体育总局坚持“开放办体育”的改革理念，出台了《体育总局办公厅关于进一步放开全国青少年体育比赛参赛资格限制的通知》，面向全体

青少年“开放办赛、开门办赛”，接纳大、中学生体协运动员参照赛事水平参加各类赛事，也鼓励专业运动员代表院校等单位参加相关赛事，满足青少年的参赛需求。

教育部坚持在深入开展丰富多彩的课余训练和竞赛活动方面扩大覆盖面，在校内竞赛和校际体育比赛方面提高参与度，积极健全、丰富完善学校体育竞赛体系建设，建立“校内竞赛—校际联赛—选拔性竞赛—国际交流比赛”为一体的小学、初中、高中、大学竞赛体系，构建校、县、市、省、国家五级学校体育竞赛制度，切实增强学校体育活动质效，开创青少年文化学习和体育锻炼协调发展的崭新局面。

下一步，体育总局、教育部将继续加强协作，不断完善青少年竞赛体系，以组织筹办第一届全国学生（青年）运动会为重要契机，进一步拓宽和畅通青少年参与体育赛事的渠道和机会，推动竞技体育后备人才培养工作全面、协调、可持续发展。

二、关于“加强体教融合”的建议

《体教融合意见》的出台，为青少年体育发展作出了系统谋划，对深化体育改革、促进青少年健康成长具有重要意义。工作机制方面，国家层面建立了青少年体育工作部际联席会议制度，由国务院办公厅、体育总局、教育部牵头，中央宣传部、发展改革委、民政部、财政部等15个部门单位共同组成，统筹协调推进青少年体育工作；体育总局层面成立了青少年体育工作领导小组，由局长任组长，其他党组成员为副组长，10个部门主要负责同志为成员，定期研究、系统推进青少年体育工作。贯彻落实方面，体育总局、教育部等相关部门积极配合，注重发挥各自优势，协同推进青少年教学、训练和竞赛体系建设，加强体校、学校、社会俱乐部三大阵地建设，进一步夯实竞技体育后备人才培养基础。体育总局内部进行了详细分工，明确时间表、路线图，全力推进，各运动项目中心（协会）、各省（区、市）体育局积极落实体教融合工作，研究制定意见方案，并作为“十四五规划”重点工作来抓，列入政府重点考核事项。截至目前，全国已有30个省（区、市）出台配套文件。

教育部积极推进学校体育教学改革，聚焦学生核心素养，不断完善“健康知识＋基本运动技能＋专项运动技能”教学模式。2021年印发《关于加快推进学校体育美育教学改革的通知》《〈体育与健康〉教学改革指导纲要（试行）》，指导各地开足开齐上好体育与健康课，不断丰富体育实践活动，加快推进学校体育教学改革。2022年印发《义务教育体育与健康课程标准（2022年版）》，聚焦学生核心素养，明确学业质量标准，培养学生运动能力、健康行为和体育品德。强化体育课程开设刚性要求，严禁削减、挤占体育课时间，义务教育阶段体育与健康课时占总课时比例为10%—11%。鼓励基础教育阶段学校每天开设1节体育课，鼓励高校和科研院所将体育课程纳入研究生教育公共课程体系，着力保障学生每天校内、校外各1小时体育活动时间。印发《关于新冠肺炎疫情期间进一步做好高等学校体育课程在线教学的指导意见》，激励大学生积极参加居家体育课程学习，切实保证体育教学质量和成效。

三、关于“引入社会化资本、加大政府资金扶持”的建议

体育总局将协同配合有关部门，根据青少年体育发展实际情况，做好资金保障工作，同时有效引导市场机制和社会力量服务体育事业发展，实现规范、有序、良性的补充。充分挖掘、利用好各类体育场地场馆设施，完善青少年体育赛事服务保障；以“中国青少年足球联赛”为标杆和试点，加强体育赛事体系的研究、设计和建设，积极打造品牌化、精品化体育赛事活动，针对有条件的项目，培育有影响力、可持续化、良性循环的联赛；加强体育赛事尤其是青少年体育赛事的商务开发和品牌赞助，带动体育赛事这一重要体育产业板块不断发展。

四、关于“青少年体育教练职业化”的建议

教练员与体育教师在体育工作中发挥着关键作用，师资力量、教学水平、训练方法等直接关系着青少年运动习惯的养成、运动技能的提升。体育总局、教育部将进一步加强政策研究、实现资源共享，促

进教练员职业化、专业化发展。

一是推动完善顶层设计。体育总局、教育部就《新时代基础教育强师计划》进行专题研究，明确写入“加强音体美等紧缺学科教师补充力度”等相关表述。体育总局、教育部、发展改革委印发《关于提升学校体育课后服务水平促进中小学生健康成长的通知》，明确“各地体育部门要会同教育部门遴选推荐一批思想品质优秀、热爱教育事业的优秀运动员、教练员、退休体育教师和大学生志愿者等，按照双向选择原则，由义务教育学校根据需要自主选聘为兼职教练员”。二是积极推动各级体育部门组织遴选教练员队伍进入当地中小学校，提供体育课辅助教学、课后体育活动指导、体育兴趣班教学、学校运动队训练等服务，补齐学校体育教师短板。积极组织引导有资质、高水平的社会体育组织进入学校，运用社会资源补充学校体育师资，满足学生多元运动需求。三是继续加强全国各级各类体校教练员队伍建设。体育总局研究制定了《全国各级各类体校教练员人才教育培训规划（2018—2022）》，对全国 2.2 万余名基层教练员进行轮训，采取线上、线下相结合的方式，进一步更新教练员知识理念和训练方法，提升业务能力和执教水平。四是积极推动学校设立教练员岗位，进一步促进学校体育高质量发展，对学校体育师资力量形成有效补充。部分地区体育部门拓展思路、创新做法，通过创设平台汇聚退役运动员，为学校提供体育师资资源。五是开展异地支教等活动。针对“老少边穷”地区存在的体育师资薄弱、体育教师引进难等问题，体育总局组织中央民族大学、北京体育大学和武汉体育学院等高校师生组成“体教融合走基层体育支教团”，前往陕西省平利县，贵州省织金县、普安县等地开展为期 2 个月的支教活动，弥补偏远地区基层体育教师不足，帮助高校师生了解基层体育教育现状，校准服务基层、服务乡村振兴的职业规划准星。

下一步，体育总局将继续与教育部、人力资源社会保障部等部门密切协调，推动体教融合深入实施，在全国范围内推动教练员岗位制度尽快落地。全面梳理统计有意愿进校任教的退役运动员信息，指导各级体育部门积极与当地教育部门对接，更好满足学校体育师资需求。同时，加强对各地指导力度，支持有条件的地方通过政府购买俱乐部服务等方式，为缺少体育师资的中小学提供体育教学和教练服务。

感谢你们对体育事业的关心和支持。

体育总局

2022 年 9 月 15 日

全国政协十三届五次会议第 02743 号提案

题　　目：关于进一步加强中小学生党史教育的提案
主　　办：中央宣传部
会　　办：教育部
提案形式：个人提案
第一提案人：俞光耀
内　　容：

习近平总书记指出，学习党史是坚持和发展中国特色社会主义、把党和国家各项事业继续推向前进的必修课。2021 年，党中央以党的百年诞辰为契机，在全国党员中开展了党史学习教育，成效显著。作为一项长效措施，党史宣传教育工作还需要向全社会尤其是中小学生延伸。中小学生是国家的未来和民族的希望，在百年未有之大变局和中华民族伟大复兴的宏观背景下，进一步增进中小学生对国家和民族的认同感，树立中小学生从小听党话跟党走的信念，具有深远的历史意义。近年来，在加强中小学生党史教育方面，国家教育部门和学校做了很多探索，取得了积极效果，但还存在不足，主要是：党史教育课程设置比较分散，现有阅读量显得单薄；教育方式相对单一，实地实践教育分量不够；党史教育社会资源优势未能有效发挥。

建议：

一、进一步凸显教育内容，让党史教育主题“亮出来”

党史教育的目的在于培养学生对国家政党政治制度的认同感。西方发达国家普遍重视对公民的历史教育，美国中小学生教育中强调，没有历史，一个社会就没有对自己的历史起点、核心价值观和重大历史事件的共同记忆。我们应该从筑牢国民教育、文化自信和政治认同基础的高度，从中华民族伟大复兴的高度来看待中小学生党史教育的重要性。现行教材设计中，道德与法治、语文、历史等课程中包含党史教育的相关内容，但内容比较分散，总体阅读量偏少。建议在现有教材的基础上，增设一本党史教育的辅导读本，进一步丰富党史教育的阅读内容，更系统地适应中小学生学习党史需要。在内容的编排上，小学阶段以人物、重大事件为重点，将党史发展的内容编成系列故事，增强对低龄学生的吸引力；在中学阶段，以对重大历史事件的分析为重点，增加重大事件发生期的国际国内背景资料，在培养学生历史分析、鉴往知来素养的同时，进一步增进学生对中国社会发展历史的理解。

二、进一步创新教育方式，让党史教育形式“更鲜活”

在教育方式上，既要有课堂课本教育，更要有课堂外形式多样、生动鲜活的体验式、沉浸式教育，比如英国的体验式学史教育，在“罗马日”人人都穿古罗马的衣服上学，体验模拟情景。建议依托本地红色场馆资源，在“五四”“七一”等重大纪念日组织开展中小学生党史教育现场情景教学；进一步丰富拓展型课程内容，以学习党史知识为主题，开展系列主题班会、征文和演讲比赛等活动，通过校报校刊、校内广播和宣传画廊等渠道宣传党史知识；邀请革命军人和先进模范走进校园开展互动式教育，让中小学生在亲身参与、潜移默化中了解党史知识，感悟近代以来中华民族的不屈奋斗历程和伟大建党精神，增强爱党爱国情感。

三、进一步形成多方合力，让党史教育资源“可共享”

去年庆祝建党百年主题系列活动开展以来，中央和各地方挖掘开发了一大批优质党史教育、红色教育资源，但中小学校在开展学生党史教育的过程中，适合中小学生的红色教育资源不足，特别是现有红色资源共享不畅。部分学校组织学生在 APP 上观看新拍摄的红色动漫影片时，还需要付费。建议文化、宣传、教育部门和社会各方形成合力，加大红色资源开发力度并建立共建共享机制。要充分运用互联网平台和数字化手段，建设适应中小学生年龄特点的网络平台和主流 APP，利用短视频、动漫和网络竞赛等呈现方式，精心制作中小学生乐于接受的党史教育作品，实现精准推送、公益共享。对于一些市场化运作的优质党史教育资源，可以通过政府补贴、政策支持等方式，让中小学生免费共享。

关于政协第十三届全国委员会第五次会议第 02743 号（文体宣传类 227 号）提案答复的函

俞光耀委员：

您提出的《关于进一步加强中小学生党史教育的提案》收悉，现答复如下：

中宣部、教育部等有关部门高度重视加强中小学生党史学习教育，通过加强宣传引导、开展主题教育活动、推出优秀作品等多种方式营造党史学习教育的浓厚氛围，引导中小学生在回望历史、观照现实、开创未来中成长成才，坚定不移听党话、跟党走。

一是做好顶层设计。以中共中央、国务院名义印发《关于新时代加强和改进思想政治工作的意见》，对加强党史学习教育提出明确要求，引导包括中小学生在内的全体人民深刻认识红色政权来之不易、新中国来之不易、中国特色社会主义来之不易。以中共中央办公厅名义印发《关于推动党史学习教育常态化长效化的意见》，对坚持不懈把党史作为必修课常修课、特别是发挥好党史立德树人的重要作用等提出明确要求，持续增强中小学生学党史用党史的思想自觉和行动自觉。发布中国共产党人精神谱系第一批伟大精神，在全社会大力弘扬伟大建党精神、深入宣传中国共产党人精神谱系，将其作为党史学习教育和“四史”宣传教育的重要内容，更好地鼓舞激励包括中小学生在内的全体人民弘扬光荣革命传统、赓续红色血脉。

二是统筹编写有关教材。组织编写修订《中国近现代史纲要（2021版）》等高校思想政治理论课教材，坚持唯物主义和正确党史观，及时充分体现习近平总书记“七一”重要讲话精神等中央最新精神，突出党的历史发展的主题主线、主流本质，引导青少年强化历史认知、筑牢历史记忆、坚定历史自信。统一组织道德与法治、语文、历史三科教材编写工作，为中小学生学习党史提供权威读物，强化党史有关内容，讲述中国共产党领导全国人民进行革命、建设、改革，为实现中华民族伟大复兴不懈奋斗的光辉历程，让学生深刻认识到没有共产党就没有新中国。

三是开展主题宣传教育活动。印发《关于在全社会开展党史、新中国史、改革开放史、社会主义发展史宣传教育的通知》，在全社会广泛开展“四史”宣传教育，组织开展读书学史、基层宣讲、学习体验、致敬革命先烈、学习先进模范等活动，引导广大青少年增进对党的感情和信赖，在学习实践中受教育、长才干、作贡献。在全国中小学部署“从小学党史，永远跟党走”主题教育活动，组织“图话百年”宣传教育活动、“学习新思想，做好接班人”阅读活动、“童心向党”班会活动等系列活动，指导各地各中小学结合国旗下讲话、专题演讲、交流分享、研学实践等活动，将主题教育融入课堂教学、校园文化、团队活动等，充分调动和激发学生积极性、主动性。

四是创新教育方式。中宣部、教育部、中央广播电视总台共同制作《开学第一课》，以“理想照亮未来”为主题，讲述建党百年来一个个可歌可泣的故事，用榜样的力量激励青少年坚定理想、发愤图强。在国家中小学智慧教育平台专门设置“党史学习”专栏，分设“图说百年”“话说百年”“动听百年”“数风流人物”等栏目，遴选上线一批优质教育资源，供全国各地中小学生使用。指导国家广电总局制定《“十四五”中国电视剧发展规划》，进一步把党的光辉历史和精神谱系、人民群众伟大实践等作为重点选题领域。发挥影视作品在党史学习教育中的重要作用，梳理遴选出《觉醒年代》《长征》《跨过鸭绿江》等党史学习教育题材电视剧，推荐中央广播电视总台及各级电视台播出。举办以“光影百年致初心　伟大精神代代传”为主题的第四届全国中小学生电影周，组织观看党史优秀人物、时代楷模和革命传统教育主题影片，激励学生学习英雄模范、汲取前进力量。

五是加强新闻报道。组织媒体持续深入做好党史学习教育宣传报道，挖掘新闻中蕴含的红色资源，结合重大时政活动和重要节点，如建党 101 周年、建军 95 周年等制作推出重要专题报道，精心制作重点面向青少年群体的新闻报道和新媒体产品，引导广大青少年深刻感受百年党史的非凡魅力。加强舆论引导，做好涉党史类新闻报道和舆论言论的内容审查，对涉历史虚无主义、侮辱英烈等有害信息进行及时处置，并第一时间公布有关情况，为青少年学习党史营造风清气正的舆论氛围。

下一步，我们将进一步加强思想政治引领，组织开展形式多样的群众性主题宣传活动，推出适合青少年特点的党史题材文艺作品，推动中小学生党史学习教育常态化。

感谢您对宣传思想文化工作的关心和支持！

中共中央宣传部

2022 年 9 月 30 日

全国政协十三届五次会议第02180号提案

题　　　目： 关于提升青少年网络素养的提案

主　　　办： 共青团中央

会　　　办： 中央宣传部　中央网信办（国家网信办）　教育部

提 案 形 式： 个人提案

第一提案人： 陈　虹

内　　　容：

中国互联网协会发布的《中国互联网发展报告（2021）》显示，截至2020年底，我国网民规模为9.89亿人，互联网普及率达到70.4%，特别是移动互联网用户总数超过16亿。其中，我国网瘾青少年约占青少年网民总数的13.2%，总人数约为2400万。未成年人沉迷网络游戏，会对学习生活和身心健康造成严重的负面影响，世卫组织已将游戏成瘾列入《国际疾病分类》中。我国一些未成年人对电子产品和网络的依赖不断加深甚至成瘾，青少年网瘾问题需要引起政府和全社会高度关注，提升青少年的网络素养迫在眉睫。

为了改善青少年、儿童沉迷网络、手机游戏的现象，国家推出了一系列防治政策，如2021年8月30日发布了《关于进一步严格管理　切实防止未成年人沉迷网络游戏的通知》，严格限制向未成年人提供网络游戏服务的时间；2021年6月1日新修订的《未成年人保护法》规定，未经学校允许，未成年学生不得将手机等智能终端产品带入课堂，带入学校的应当统一管理；要求部分游戏平台设置“防沉迷系统”等。但“上有政策，下有对策”，现实中仍出现规避现象，必须引起社会和相关监管部门的高度关注，寻求解决办法。

2021年3月6日，习近平主席看望参加全国政协会议的医药卫生界教育界委员时指出：“不仅是沉迷网络游戏的问题，网络上还有很多乌七八糟的东西，未成年人心理发育不成熟，容易受到不良影响。这些问题属于社会性问题，需要社会各方面、各有关部门共同努力，研究解决。”习主席对青少年的身心健康十分关注，少年强则国强，做好青少年网络素养教育工作是各级部门在新时期的重要责任与使命。

为此，建议：

一、督促网游企业及网络短视频行业积极履行社会责任

网企平台越大，应承担的社会责任和道德责任也就越大，业界须积极履行社会责任，为下一代的健康成长负责。2021年6月新修订的未成年人保护法设有“网络保护”章节，明确提出网络服务提供商应当针对未成年人使用其服务设置相应的时间管理、权限管理、消费管理等功能。现时各个网络平台推出的“青少年模式”仍有不完善的地方，建议有关部门加强对网游及短视频等平台的监管和技术措施控制，促进业界积极履行社会责任。此外，各级政府相关部门须加强对网络不良信息和游戏的巡查监管，共同完善未成年人防上网络沉迷的系统建设，保障青少年的身心健康。

二、把网络素养教育纳入基础教育各阶段

网络素养是运用计算机及网络资源的能力来定位、组织、理解、估价和分析信息。未成年人应具备网络信息辨别能力和网络规范及道德修养等网络素养。网络素养是一种适应网络时代的基本能力，有必要从国家层面构建符合未成年人生理心理特征、满足个人发展和社会化需要的网络素养教育体系。为提高青少年的网络素养，建议把网络素养教育纳入基础教育各个阶段，使之成为青少年儿童的必修课，并大力研发教材，完善师资力量，从网络知识、技能、安全、创新等各方面增强青少年儿童的网络评价和使用能力，以抵御网络不良信息的影响，引导青少年合理使用网络，远离网络沉迷的陷阱。对已形成网瘾的孩子，政府机关单位应形成一套宣传教育及心理辅导的机制和指

引，让学校和家长遇到相关问题时能及时让专业的医学专家介入成瘾孩子的诊治。

三、加强家长在网络素养教育中的引导和监督责任

2021 年 10 月 23 日，十三届全国人大常委会第三十一次会议表决通过了《中华人民共和国家庭教育促进法》，意味着家庭教育从此有了法律依据。家长作为养育孩子的第一责任人，必须清晰了解自身对孩子的教育责任和义务。为防止未成年人沉迷网络游戏，需要广大家长配合政府政策及学校措施，履行对孩子的监护教育职责，切实承担起保护未成年人的法律责任，引导孩子们形成良好生活习惯和使用互联网习惯。建议各级教育部门加强对家长家庭教育的培训及宣传工作，促进家长落实网络素养教育的责任，共建和谐亲子关系。

关于政协第十三届全国委员会第五次会议第 02180 号（文体宣传类 179 号）提案答复的函

陈虹委员：

您提出的《关于提升青少年网络素养的提案》，由共青团中央会同中央宣传部、中央网信办、教育部办理。经认真研究，提出答复意见如下：

当代青少年是互联网的“原住民”，呈现出“无人不网、无处不网、无时不网”的上网用网态势。然而部分青少年沉迷于网络游戏、短视频等，给身心健康和学业发展带来很多负面影响，亟须采取有效措施加以应对。正如您在提案中所言，青少年网瘾问题需要引起政府和全社会高度关注，提升青少年的网络素养迫在眉睫。

近年来，相关部门高度重视青少年网络素养教育，制定实施了一系列支持措施。中央宣传部始终把防沉迷工作作为重中之重，印发相关文件，对网络游戏用户实名注册以及登录、时段时长和消费金额作

出明确规定，严格压实企业防沉迷主体责任，建成国家级防沉迷平台，发动社会进行防沉迷监督，依法依规严肃处理未落实主体责任的企业。中央网信办开展专项整治活动，聚焦软色情表情包、自杀约死、祖安黑界、网络沉迷等涉未成年人的突出问题，重点针对直播、短视频、社交、在线教育、动漫动画、网络游戏和电商平台等大力整治违规信息。已要求主要电商平台全面下架以“无时间限制”“防沉迷破解”等为噱头，向未成年人提供网络游戏账号租售服务的商品，及时处置违规店铺。教育部遵循教育规律和学生身心发展特点，从小学到高中进行一体化设计，组织修订义务教育、普通高中课程标准，通过独立开课和有机融入的方式全面提升儿童青少年网络素养，与此同时印发系列政策文件，引导学生正确对待网络世界，倡导绿色文明上网。共青团中央高度重视未成年人网络保护相关工作，2018 年以来，全面实施“青年大学习”行动，平均每期在线学习人数超过 5000 万，累计点击量 85.8 亿人次。2020 年以来，推出“红领巾爱学习”网络队课，平均每期浏览量达 2500 万次，总浏览量超 10.6 亿次。精心制作并发布《团团微课：青少年网络素养公开课》系列动漫教育短片，引导青少年安全健康地上网用网，在团属新媒体平台点播量达 267.3 万次。这些举措均汇聚社会各界力量，加强提升青少年网络素养的科学普及和宣传教育，共同营造全员育人的良好氛围。

结合您的建议，我们将重点做好以下工作：

一是加强教育引导。共青团中央将主动适应新时代未成年人保护工作新格局，顺应新时代未成年人身心发展新特征，立足共青团职责定位，充分发挥共青团优势，找准切入点和发力点。下一步，将继续配合做好《未成年人网络保护条例》等法律法规的制定工作，认真履行国务院未成年人保护工作领导小组成员单位职责，聚焦推动实施《中长期青年发展规划（2016—2025 年）》，找准青少年权益保护的“小切口”，办好青少年有感的“关键小事”，努力在服务成长中引领思想。

二是加强正能量内容供给。教育部已在国家中小学智慧教育平台开设专栏，专设“网络安全”相关内容，还将进一步丰富专栏内容，更好指导中小学生合理使用网络，预防网络沉迷，提升网络素养。共青团中央将面向社会各领域青年群体推出丰富多彩的活动，围绕弘扬时代新风、创作网络精品、活跃文化活动、守望网上阵地、参与网络治理等主题征集优秀故事，举办分享活动。

三是发挥家校协同育人机制。教育部、共青团中央将进一步指导各地学校充分利用相关资源，积极开办“家庭课堂”“亲子课堂”等，传授家庭教育指导方法，帮助家长关注子女上网行为，加强与学校沟通联系，引导家长用正确的方式与孩子进行交流，家长切实肩负起对子女在家庭和校外上网安全监督与引导的责任与义务。

感谢您对青少年工作的关心，希望在今后的工作中继续得到您的指导和支持。

共青团中央

2022 年 8 月 31 日

全国政协十三届五次会议第 04465 号提案

题　　　目： 关于禁售添加口味电子烟，保护青少年远离电子烟危害的提案

主　　　办： 烟草局

会　　　办： 市场监管总局

提 案 形 式： 个人提案

第一提案人： 雷　杰

内　　　容：

我国“十四五”规划纲要中指出，全面推进健康中国建设，重视青少年身体素质和心理健康教育。近两年，济南市政协连续开展“青春版”商量，通过“商量”这一济南市政协创办的特色协商平台，围绕促进青少年健康成长开展调研协商，并举办青少年模拟政协委员提案活动，其中发现，电子烟已成为危害青少年健康的迫切问题，其多种添加口味尤其吸引青少年，然而目前相关立法、监管等力度不足，应引起高度重视。

一、电子烟的危害及青少年消费现状

我国电子烟市场逐年扩大，2020 年市场规模增至 83.8 亿元。电子烟含有尼古丁、羰基化合物、挥发性有机化合物等多种有害物质。吸电子烟可能导致呼吸系统疾病、尼古丁成瘾、影响青少年神经系统发育等。

世卫组织数据显示，目前市场上的电子烟大约有 1.6 万种口味，包括水果味、糖果味、甜品味等，例如常见的橙子味、巧克力味等电子烟对青少年具有巨大吸引力，并且电子烟外壳普遍设计成青少年喜

欢的炫丽样式，在青少年中越来越流行。相较于传统香烟，青少年往往误认为电子烟无害，电子烟丰富的口味、外形也更易被青少年接受和喜欢，吸食久了可能造成上瘾。中国疾控中心发布的 2019 年中国中学生烟草调查结果显示，过去 5 年初中生吸卷烟比例明显下降，但使用电子烟比例显著上升。国家卫生健康委发布的《中国吸烟危害健康报告 2020》指出：使用电子烟可能致人更容易使用卷烟，这一现象在青少年中尤为明显；电子烟调味剂加热后可产生有害物质，电子烟中调味剂的不合理使用，会增加对电子烟使用者的危害。

2021 年 11 月 10 日，国务院公布修订后的《中华人民共和国烟草专卖法实施条例》，增加了“电子烟等新型烟草制品参照本条例卷烟的有关规定执行”的规定。2021 年 11 月 30 日，国家烟草专卖局公布电子烟管理办法（征求意见稿），其中指出“普通中小学、特殊教育学校、中等职业学校、专门学校、幼儿园周边不得设置电子烟产品销售网点”“禁止向未成年人出售电子烟产品”“禁止销售添加大麻等容易诱导未成年人吸食的调味电子烟和可自行添加烟液的电子烟”。但目前相关政策文件对电子烟添加口味仍缺乏规范。同时，调研发现，仍有很多商家在电商平台和社交平台上销售电子烟，通过消除关键词，改变电子烟名称、用途等方式打擦边球躲避审查，且销售无核验年龄步骤；电子烟广告主打酷炫、可爱等，变相吸引青少年。

二、加强电子烟管控的建议

（一）从立法高度禁售添加口味电子烟

建议从立法高度提高对电子烟添加剂的管控，明确禁售所有添加口味的电子烟，从源头上减少电子烟对青少年的吸引力，保护青少年远离电子烟危害。

（二）规范电子烟生产销售企业的经营行为

一是依据卷烟征税策略，对电子烟征收高税额，提高购买电子烟的价格门槛。二是将电子烟广告列入烟草广告的范畴予以规范，禁止一切形式的电子烟赞助和促销。三是落实明示承诺制度、实名购买及年龄核验措施，对于违规出售的商家加大惩处力度。四是相关部门发布全面、严格的禁烟令。在中小学周边等未成年人集中区域广泛张贴相关通告，在销售电子烟实体店及烟酒商店全面张贴“禁止向未成年人销售电子烟”等警示标语及举报投诉电话。五是连续开展专项检查行动，全面净化市场。对学校周边电子烟销售的综合治理不停步、不松劲，加大互联网平台电子烟销售排查和惩处力度，特别注意加大产品上架审查，杜绝改换名头销售电子烟的产品出现在互联网平台上。

（三）全方位加强宣传教育和引导

一是加大宣传电子烟危害。建立全渠道宣传，加强全民对电子烟危害性的认识。二是通过各种志愿活动，营造全社会拒绝吸食烟草的浓厚氛围。三是加强长效教育机制，将禁止电子烟纳入全市中小学教育乃至大学教育体系。

关于政协第十三届全国委员会第五次会议第 04465 号（商贸监管类 169）提案答复的函

雷杰委员：

您提出的《关于禁售添加口味电子烟，保护青少年远离电子烟危害的提案》收悉，现答复如下：

一、立法已明确禁止销售除烟草口味外的调味电子烟

2022 年 3 月 11 日，我局公布了《电子烟管理办法》，其中明确规定禁止销售除烟草口味外的调味电子烟和可自行添加雾化物的电子烟，电子烟广告的监督管理适用关于烟草广告的规定，普通中小学、特殊教育学校、中等职业学校、专门学校、幼儿园周边不得设置电子烟产品销售网点，电子烟经营者应当在显著位置设置不向未成年人销售电子烟的标志，对难以判明是否是未成年人的，应当要求其出示身份证件等。4 月 8 日，国家市场监督管理总局（国家标准化管理委员会）

发布《电子烟》国家标准，其中明确规定不应使产品特征风味呈现除烟草外的其他风味。《电子烟管理办法》和《电子烟》国家标准的出台，为依法加强电子烟监管、保护未成年人远离电子烟危害构筑了可靠制度保障。

二、持续开展电子烟监管工作并取得了积极成效

近年来，我局以保护未成年人为宗旨，开展了一系列综合治理，取得了积极成效。2018 年、2019 年我局联合国家市场监督管理总局先后下发了《关于禁止向未成年人出售电子烟的通告》《关于进一步保护未成年人免受电子烟侵害的通告》，敦促电子烟相关市场主体关闭电子烟销售网站、店铺、链接或客户端，撤回互联网电子烟广告。2020 年 7 月至 9 月、2021 年 6 月至 9 月，我局联合市场监督管理总局先后开展了电子烟市场专项检查行动和保护未成年人免受烟侵害“守护成长”专项行动，全面清理校园周边售烟（含电子烟）网点及自动售卖机，大力整治“线上引流、变相销售”等突出问题，严格查处向未成年人售烟违法行为。同时，强化日常监管，建立互联网涉电子烟信息监测处置机制，敦促互联网平台建立自主清理机制；严防非法提取烟碱流入电子烟生产企业；清理中小学幼儿园周边电子烟商户并劝导持有卷烟零售许可证的零售户下架电子烟；加强售烟网点法律宣贯，监督电子烟经营者严格落实警示标志设置和身份证件核验规定，联合教育部门积极开展电子烟危害宣传进校园活动，开展中学生网上问卷调查宣传，增强未成年人识别抵制电子烟意识和能力。

三、多措并举继续做好电子烟的监管工作

电子烟监管取得了积极成效，但一些电子烟市场主体逃避监管的方式“花样翻新”，仍然需要破解许多新难题解决许多新问题。今年 2 月份，公安部、国家烟草专卖局、国家市场监督管理总局、教育部四部委联合发布了《清理整治向未成年人销售电子烟严厉打击涉电子烟违法犯罪专项工作方案》，再次释放了依法严格监管的强烈信号，重点清理中小学校园周边电子烟销售网点及电子烟自动售卖机，删除

网上销售电子烟信息，查处向未成年人售卖电子烟等违法案件，侦破添加合成大麻素等“上头电子烟”新型毒品违法犯罪典型案件，有效保障和维护未成年人和消费者合法权益。随着《电子烟管理办法》等有关政策规定的陆续实施，电子烟逐步纳入法治化、规范化轨道，我局将切实依法履行监管职责，积极回应社会关切，与有关部门密切配合，持续强化线上线下一体化监管，依法依规查处销售调味电子烟等各类涉电子烟的违法违规行为，有力保护人民群众健康安全，特别是未成年人健康成长。

再次感谢您对电子烟监管工作和保护未成年人远离电子烟的关注和支持。

国家烟草专卖局

2022年5月25日

全国政协十三届五次会议第 02250 号提案

题　　目： 关于把创新素养教育作为中小学智育教育重要内容的提案
主　　办： 教育部
提案形式： 个人联名提案
联名人数： 10
第一提案人： 崔　波
联名提案人： 杨培君　金群华　戴秀英　李保平　姚爱兴　马秀珍　马宗保　冀永强　赵庆丰　朱奕龙
内　　容：

习近平总书记强调："要把创新摆在国家发展全局的核心位置，让创新贯穿国家一切工作，让创新在全社会蔚然成风。"当今世界，创新已成为大国竞争的核心要素。我国作为世界第二大经济体，与美国的差距既表现在经济上，更体现在创新上。人才是创新的根基，教育是创新的源泉。我国教育总体发展水平已处于世界中上行列，但与西方发达国家相比，对学生创新素养培养不够是突出短板。教育理应直面钱学森之问，在完善创新素养教育培养体系、造就创新型人才上下功夫。

研究表明，人的创新能力的大小，很大程度上取决于早期开发，开发得越早，发展潜力越大。儿童和青少年时期是创新素养养成和发展的重要启蒙期和关键成长期。错失这个黄金期，到高校再开展创新素养教育，只能事倍功半。智育教育应该包括智力的开发、兴趣的培养、创造的唤醒，而不仅仅只是知识的灌输。因此，把创新素养教育作为中小学智育教育的重要内容，是完善创新人才培养体系，培养创新型人才的基础性、先导性工作。

我国已开启了第二个百年奋斗目标新征程，距离2035年基本实现社会主义现代化远景目标，尤其是“进入创新型国家前列”，仅有13年时间，任务十分繁重、时间十分紧迫。今天的少年儿童，即是明天担当民族复兴大任的主力军，形势逼人，耽误不起，我们必须牢固树立“创新从孩子抓起”的理念，加快步伐、加大力度，把创新素养教育贯穿教育活动全过程，鼓励学生善于奇思妙想并努力实践，以创造之教育培养创造之人才，以创造之人才造就创新之国家。

在中小学智育教育中开展创新素养教育，符合党的教育方针，符合教育规律和人才成长规律，并不是要另搞一套，而是立足于国家现行课程方案，把创新素养融入各学科教学之中，结合各学科特点，改进课堂教学方法，完善评价体系，培养学生的创新人格、创新思维、创新方法，更好地落实“五育并举”要求，提升学生智育水平。2016年，宁夏出台了《关于在初中以下学段推进创新素养教育试点指导意见（试行）》，围绕创新人格、创新思维、创新方法三要素，明确了学前以培养幼儿好奇心、直观具体思维和初步动手能力为主，小学以关注和鼓励儿童好奇心、培养兴趣爱好和动手能力为主，初中以培养敢于质疑问难思想和责任担当精神为主的创新素养教育培养目标。6年来，组织全区各中小学校，在变革课堂教学方法、丰富课程教学资源、树立科学评价导向等方面积极探索实践，形成了一批初步成果，得到了师生家长社会的广泛认可。实践证明，创新素养教育对于提升中小学生智育水平有极大的促进作用，也切实可行。

宁夏在推进创新素养教育过程中也遇到了一些困难问题，比如，创新素养教育缺少明确的顶层设计，融入国家课程、教材还不够；学科教师实施创新素养教育的专业能力有限，在教学内容、创新实践活动中体现创新素养教育不充分；教育评价受中高考影响，测评学生创新思维、创新能力的考核方式方法有待完善，等等。为此，建议教育部强化以下四个方面的工作：

一是把创新素养教育作为智育教育的重要内容，指导各地深入开展面向中小学生的创新素养教育，通过深化教育教学改革，探索创新素养教育新机制、新模式、新路径。

二是更加突出创新素养评价导向，完善《义务教育质量评价指南》，将创新素养纳入《学前教育质量评价指南》，指导各地深化中考、高中学业考试命题改革，发挥考试评价指挥棒作用。

三是在部属师范类高校设置创新素养教育通识课程，从源头上培养教师实施创新素养教育的专业能力。将创新素养教育纳入中小学教师“国培计划”，加强在职教师培训。

四是结合区域发展因素，从东、中、西部遴选一批市、县（区）作为中小学创新素养教育试验区，统筹教科研各方面专家团队力量开展专业指导，支持试验区探索可借鉴、可复制的经验模式。

关于政协第十三届全国委员会第五次会议第 02250 号（教育事业类 218 号）提案答复的函

崔波等 11 位委员：

你们提出的《关于把创新素养教育作为中小学智育教育重要内容的提案》收悉，现答复如下：

创新是一个民族进步的灵魂，是一个国家兴旺发达的不竭动力。实践创新是中国学生发展核心素养之一，教育部高度重视，多措并举，不断提升创新素养教育实效。

一是加强创新素养教育课程建设。教育部积极发挥中小学课堂教学主阵地作用，将创新素养教育纳入课程建设、融入课堂教学。义务教育和普通高中课程方案中明确把培养学生创新素养和能力作为培养目标要求。普通高中课程方案（2017 年版 2020 年修订）提出要培养学生具有一定的创新精神和实践能力，课程内容中充实丰富了培养学生社会责任感、创新精神和实践能力的相关内容。新修订的义务教育课程方案（2022 年版）提出要培养学生探究能力和创新精神，并将科学、综合实践活动起始年级提前至一年级。2017 年，教育部印发《中小学综合实践活动课程指导纲要》（教材〔2017〕4 号），要求全面实施综合实践活动课程，以培养学生综合素质为导向，着力发展学生核心素养，特别是社会责任感、创新精神和实践能力。

二是开展各类创新素养教育活动。教育部会同中国科协等部门组织开展了全国青少年科技创新大赛、“明天小小科学家”奖励活动、中国青少年机器人大赛、青少年科学调查体验、青少年高校科学营、院士科普公开课等活动。国家中小学智慧教育平台开设科普教育专栏，提供大量优质的科普教育资源供青少年学生学习。2022 年 4 月，党中央、国务院审议通过了《关于加强基础学科人才培养的意见》，从规模、结构、选拔、培养、评价、使用、保障等方面，对基础学科拔尖人才培养进行了全方位的谋划和部署，着力在拔尖创新人才培养上争取突破。通过一系列科普教育、创新活动、培养项目等，营造了浓厚的创新教育氛围，广大中小学生的科学兴趣、探究意识，以及创新精神和创造能力不断得到锻炼和提升。

三是提升教师创新素养教育能力。2015 年，国务院办公厅印发《关于深化高等学校创新创业教育改革的实施意见》，提出要增强学生的创新精神、创新意识和创新创业能力。各师范院校认真贯彻落实，将创新教育作为师范生课程教学的重要内容。教育部在实施“国培计划”和“全国中小学教师信息技术应用能力提升工程”等工作中，也将创新素养教育纳入培训内容，为中小学培养了一批创新教育“种子”教师。2022 年 5 月，教育部办公厅印发《关于加强小学科学教师培养的通知》（教师厅函〔2022〕10 号），从源头上加强高素质专业化小学科学教师供给，提升教师实施创新素养教育的能力与水平。

四是突出创新素养教育评价导向。2021 年 3 月，教育部等六部门印发《义务教育质量评价指南》（教基〔2021〕3 号），将创新精神纳入学生发展质量评价指标中，要求积极参加学校兴趣小组社团活动，有小制作、小发明、小创造等科学兴趣特长。2021 年 12 月，教育部印发《普通高中学校办学质量评价指南》（教基〔2021〕9 号），要求学生要具有创新精神，有自主探究和发现问题、提出问题、解决问题的意识与能力。2022 年，教育部又颁布《幼儿园保育教育质量评估指南》（教基〔2022〕1 号），要求充分尊重和保护幼儿的好奇心和探究兴趣，最大限度地支持和满足幼儿通过直接感知、实际操作和亲身体验获取经验的需要。

下一步，教育部将会同有关部门加大对创新素养教育的支持力度，加强对广大中小学生创新素养和创新能力的培育，努力促进学生全面发展，为培养创新型人才，建设创新型国家奠定坚实基础。

感谢你们对教育工作的关心和支持！

教育部

2022 年 10 月 19 日

全国政协十三届五次会议第 03413 号提案

题　　　目： 关于促进青少年法治教育实践基地及法治教室建设落地推进的提案

主　　　办： 教育部

会　　　办： 司法部　最高人民法院　最高人民检察院

提 案 形 式： 个人提案

第一提案人： 曹义孙

内　　　容：

一、政策背景

提高青年的法治素质是将新时代中国青年培养成为中国特色社会主义事业接班人的内在要求。习近平总书记明确指出，“中华民族伟大复兴的中国梦终将在一代代青年的接力奋斗中变为现实”，“青年兴则国家兴，青年强则国家强”。

党的十八大以来，党中央高度重视青年法治教育对实现中华民族伟大复兴的重要意义。十八届四中全会首次提出“把法治教育纳入国民教育体系，从青少年抓起，在中小学设立法治知识课程”，2016 年，教育部、最高人民法院、最高人民检察院、公安部、司法部、全国普法办、共青团中央联合印发《关于加强青少年法治教育实践基地建设的意见》。2021 年 1 月中共中央印发《法治中国建设规划（2020—2025 年）》要求加强青少年宪法法律教育。

二、成效与问题

为落实中央要求，2021 年 11 月教育部印发《全国教育系统开展法治宣传教育的第八个五年规划（2021—2025 年）》，把法治教育纳入中小学课后服务范围，将青少年法治教育实践基地（法治资源教室）纳入社会综合实践活动场所范围。全国青少年普法网按照《青少年法治教育大纲》编制了大量多种多样的教学内容，并对普法教育的落地载体——法治教育实践基地以及法治教室进行统一的规范和建设，取得了显著的成效。

与此同时，相对于全国50万所中小学、2亿左右的学生而言，其覆盖面和影响力还仅仅是万里长征开了个头。为了更广泛、长期地推进青少年法治教育，还有许多制度与实际工作亟待加强与完善。调研表明，当前青年法治教育存在如下主要问题：

一是法治教育目标不明确。将法治教育简单理解为普及法律常识和规范行为习惯，忽视了法治精神的培育。二是法治教师水平参差不齐。目前学校法律知识的普及主要由其他任课老师担任或利用宪法日活动，零星地邀请法律专业人士来校参加活动的方式开展。缺乏专业的培训和系统性的学习。三是法治教育形式单一。《道德与法治》课程是最主要的法治教育手段，但形式陈旧，难以激发学生学习热情。四是法治教育效果难以量化追踪。无法及时评测，难以发现法治教育的问题。

三、加快完善推进落实的建议

一是加强学校的教育教学能力的提升。根据各地不同的条件，以市、县区一级的法治教育实践基地建设为引领，有条件的学校以法治教室建设为带动。围绕《青少年法治教育大纲》，充分利用教育部全国青少年普法网云平台，统一发放、更新内容，保证法治教育资源的正确性、科学性、权威性、时效性和公平性。在物理空间上营造和保证宪法学习的仪式感、严肃性；在技术手段上带来学习的趣味性和参与感。

二是强化建设资金保障。设立法治基地（法治教室）建设专项经费，制定长期建设规划、因地制宜地做到校校有法治教室，实现集课程、教材、专业图书以及学具、教具和辅助技术于一体的法治教育教学环境。各省市应明确学校的法治教室建设经费可优先从现有的“义务教育薄弱环节改善与能力提升补助资金”中列支。

三是多部门联动，全社会参与。人民法院、人民检察院、司法局、律师协会充分利用“宪法日”、六一、七一、国庆等节日，结合中小学的社会实践课活动等，与学校联合开展形式丰富多样的普法教育活动，让有代表性、教育意义的司法活动生动地走进校园。

四是完善绩效考评。切实落实好《中华人民共和国教育部令第52号》所做出的相关规定，切实落实开展好校长、教师的法治教育“国培计划”。

关于政协第十三届全国委员会第五次会议第03413号(教育事业类340号)提案答复的函

曹义孙委员：

您提出的《关于促进青少年法治教育实践基地及法治教室建设落地推进的提案》收悉。经商司法部、最高人民法院、最高人民检察院，现答复如下：

近年来，教育部会同司法部等相关单位坚持以习近平新时代中国特色社会主义思想为指导，深入学习贯彻党的十九大和十九届历次全会精神，认真贯彻落实习近平法治思想和习近平总书记关于教育的重要论述，深入推进开展青少年法治宣传教育，着力提升青少年普法教育的针对性和实效性，取得了新的进展。

一、着力提升课堂教学的质量和水平

将宪法法治教育纳入国民教育体系，充分发挥课堂教学主渠道作用，注重培育法治精神。一是坚持正确方向。编制使用《习近平新时代中国特色社会主义思想进课程教材指南》，编写大中小学《习近平新时代中国特色社会主义思想学生读本》等，推动习近平法治思想融入学校教育各环节。二是坚持系统推进。推进大中小学法治课程科学有序衔接，制定发布《青少年法治教育大纲》，在义务教育阶段设立

“道德与法治”课程；普通高中思想政治课程设置法治教学模块；中职和高校开设法律基础课程。强化评价考核，将法治内容纳入中考、普通高中学业水平考试范围，把学生遵纪守法表现记入综合素质档案，作为高校招生录取的重要参考。三是着力提升法治教育师资队伍水平。鼓励支持师范院校法学院（系）培养更多更专业的法治教育师资后备力量。加强教师法治教育培训，组织实施“中小学法治教育名师培育工程”，举办“国培计划”法治专项培训，开展教师网络法治教育培训，努力推动地方让每位中小学教师每年接受不少于一定课时的法治教育培训。

二、组织开展全国学生“学宪法　讲宪法”系列活动

不断创新法治教育内容和形式，提升法治教育的吸引力和感染力。自 2016 年开始，每年组织开展全国学生“学宪法　讲宪法”系列活动，通过网络在线学习、实践行动计划、主题演讲等形式，引导广大青少年学生认真学习宪法和相关法治知识。2021 年，参与宪法网络学习的学生人次达到 83 亿，经过学习测评产生了 1.5 亿多名“宪法卫士”。自 2014 年开始，每年在国家宪法日举办教育系统“宪法晨读”活动，由教育部负责同志在主会场领读宪法部分条款，各地教育部门和学校师生通过网络连接同步参与诵读。2021 年，全国近 30 万所学校 8000 多万名师生参与活动。在学校日常教学中，将宪法法治教育内容融入升旗仪式、开学毕业典礼、主题党团日和班会等活动，努力让“每一天都是宪法日”。

三、深入推进“互联网 +”法治教育

充分利用现代信息技术，丰富拓展法治教育的内容、形式和渠道，推动优质法治资源共建共用共享。一是搭建青少年普法网络资源平台。打造专门面向青少年学生的专业化、公益性法治宣传教育网站，集合图片、视频、动画、课件等资源，设置动漫视频、微电影、在线学习测评、法治知识游戏等栏目，为中小学师生提供多方位支持和帮助。二是设立网络“青少年宪法课堂”。组织专家录制涵盖 500 个宪法知

识点的121集微视频，设置3000多道练习题。推动开发网络教学资源，广泛征集法治教育教学课件，遴选出优秀作品长期在网上免费展示。三是创新普法形式，不断增强法治教育吸引力和感染力。打造官方普法形象“小治”，开发了“小治学习篇”微信卡通表情。创作宪法主题歌曲《宪法伴我们成长》并录制MV，已在全国许多学校唱响。鼓励地方组织创作法治漫画、故事、微视频等，推动用法治文艺作品引导人、熏陶人、影响人。

四、着力健全青少年法治教育实践基地建设

会同司法部、最高人民法院、最高人民检察院等单位制定发布了《关于加强青少年法治教育实践基地建设的意见》，统筹社会资源开展参与式、互动式、体验式法治实践教育。会同司法部建设全国青少年学生法治教育实践示范基地，建成集学习、实践、互动为一体的5000平方米智慧场馆，为学生打造智能化、信息化的法治实践教育体验空间。教育系统“八五”普法规划提出，建立健全青少年法治教育实践基地标准，完善相关组织保障机制。通过政策支持、政府投入、社会参与等多种方式，推动设立一批布局合理、功能完备、运作规范的青少年法治教育实践基地，鼓励有条件的县（区）建设青少年法治资源教室。

五、切实加强青少年普法工作的组织保障

加强组织领导，推动地方将普法工作摆到重要位置，科学研究制订普法工作方案。健全保障机制，鼓励地方和学校将普法经费纳入本单位年度预算，设立普法专项经费；推动法治宣传教育纳入政府购买服务指导性目录，鼓励引导社会力量支持青少年法治教育。优化考核评价，推动地方和学校将法治宣传教育纳入政府履行教育职责评价、教育督导评估和综合绩效考核等重要范围，把依法履职能力作为干部考核考评的重要内容。健全合作机制；完善与相关部门协同合作的工作机制，增强学校与地方各级人大、人民法院、人民检察院、公安机关、司法行政机关等单位交流沟通；制定发布《中小学法治副校长聘任与管理办法》，进一步优化法治副校长来源结构，完善法治副校长制度。

配合推进社区和家庭青少年法治教育，加强对社会力量参与教育系统法治宣传教育的指导和管理，助力法治资源共建共享。

下一步，教育部将深入学习贯彻习近平法治思想和习近平总书记关于教育的重要论述，根据国家和教育系统“八五”普法规划要求，坚持以宪法教育为核心内容，以民法典为重点内容，着力提升课堂教学质量和水平，持续开展全国学生“学宪法　讲宪法”系列活动和国家宪法日教育系统“宪法晨读”活动，深入开展青少年法治实践教育，推动构建社会多方参与的普法工作新格局，进一步提升青少年法治教育的针对性和实效性。

感谢您对教育事业的关心与支持！

教育部

2022 年 6 月 23 日

全国政协十三届五次会议第 04857 号提案

题　　　目：关于切实缓解“双减”给家长带来的焦虑的提案

主　　　办：教育部

会　　　办：人力资源社会保障部　全国妇联

提 案 形 式：个人提案

第一提案人：李有毅

内　　　容：

2021 年，被称作“双减”元年。伴随“双减”政策的落地，教育的重心重新回归到了学校。表面上看，家长的负担减轻了不少，可内心的焦虑却越来越多了。其主要原因：一是家庭教育讲座缺乏系统性和连续性。二是班主任缺乏家庭教育的专业指导能力。三是家长缺乏教育规划意识，育儿盲目。那么，如何科学安排学校教育教学把“双减”真正落到实处，切实缓解家长的众多焦虑呢？依我三十多年的一线教学和校长经历，特提出如下对策：

一、学校作为“双减”政策的执行者，首先要通过多种途径给家长“讲清楚、说明白”，落实“双减”是为了彻底扭转“教育资源不均衡严重制约了学生的个性发展、自由发展和全面优质发展的空间”的客观事实。同时，以成长之名，筑和谐“家校共育”共同体。

二、采用行之有效的活动形式，引导家长们切实担负起家庭教育的责任与义务，共同分担落实“双减”的任务。引导家长切忌把自己未能成功或实现的愿望强加给孩子，要让家长明白，孩子将来的幸福或不幸与读多好的大学、挣多少钱以及多高的职位并没有特别的正相关，要重视对孩子个性特长和兴趣培养的支持。

三、国家劳动人事和教育主管部门，一方面要不断扩大中、高职及技能院校的招生规模，力求人人有适合的学校上，有适合的工作就业。另一方面，要以时不我待的坚定意志和决心，发展高层次职业教育；再者，切实解决好招录、招聘存在学历歧视的普遍现象。

四、学校要竭力倡导家长与孩子一起读书，培养孩子阅读的好习惯。从某种意义上说，阅读公平是实现教育公平的最佳途径。指导家长们慎重地给孩子们选择一些正能量的课外读物，和孩子们一起读好书、赏名画、听名曲，使家长们不仅可以享受到难得的亲子阅读时光，而且还可以与孩子一起迈进高雅的艺术殿堂，欣赏美、发现美、创造美。

五、学校要切实聚焦课堂教育教学，紧扣“彰显人民教师育人境界和课程文化精神”的高尚、“遵循教学基本规律与学习活动机制”的本真、“确保课程育人目标与学生学习过程”的丰富、“追求教学结构设计与教学策略选择”的灵动，突出课堂主阵地提质增效，努力做到课堂教学“应教尽教、教足教好”，确保“减负”不减质，“减负”不减责，保障学生“学足学好”。

六、精准施策，强化作业的科学管理。学校应根据教育部、各省、市教育主管部门下发的有关“双减”政策，建立作业日布置登记制度，落实年级班级作业协调责任人，负责把关各学科作业数量和质量，设置精品型、发展型、创新型、特色型作业，满足不同层次学生的需求。

七、彻底扭转功利化评价，以科学评价引领高质量基础教育。应当把评价的重点放在“办学方向、课程教学、教师发展、学生发展”上，以素养型评价作为支点，撬动课堂教学改革；以差异化评价作为架构，促进学生真实发展；以嵌入式评价为机制，完善过程评价管理。

关于政协第十三届全国委员会第五次会议第 04857 号（教育事业类 499 号）提案答复的函

李有毅委员：

您提出的《关于切实缓解“双减”给家长带来的焦虑的提案》收悉，经商人力资源社会保障部和全国妇联，现答复如下：

“双减”政策实施一年以来，教育部始终将落实“双减”作为重大政治任务，不断完善各项政策措施，进一步强化学校教育主阵地作用，坚持一手抓减负，一手抓提质增效，在学校“双减”工作落地见效的同时，着力缓解家长教育焦虑情绪。

一、加大宣传解读力度，促进“双减”政策落地

教育部和各地各校高度重视“双减”政策的宣传解读。一方面，教育部面向社会召开 8 次专题新闻发布会、通气会，协调中央电视台、人民日报、新华社等中央主流媒体，多角度、多层次宣传学校“双减”政策和进展成效。另一方面，面向家长宣传“双减”，学校通过专题家长会、家长学校、家访等多种渠道，深入宣传科学教育理念，引导家长转变教育观念，全方位理解落实“双减”对孩子全面健康成长的重要意义。据了解，“双减”以来，广大学校、教师更加注重实施素质教育、促进学生全面发展，广大家长逐步树立“健康第一”育儿理念，许多家长转变了过去让孩子拼时间、多刷题、盲目报班的行为。有关调查显示，72.7% 的家长反映教育焦虑有所缓解。

二、加强家庭教育指导，凝聚家校育人合力

2021 年，教育部与中央宣传部、全国妇联等 7 部门共同印发《关于进一步加强家庭家教家风建设的实施意见》（文明办〔2021〕18 号），对健全学校家庭社会协同育人机制等问题提出具体落实举措。

近年来，教育部指导各地推动学校将家庭教育指导服务纳入学校工作计划，建立健全教育部家庭教育指导委员会，通过家长学校、家委会、学校公开日、家长会、家访等多种行之有效的活动形式，开展中小学心理学知识普及、个性化家庭教育咨询和指导等服务，帮助家长掌握正确家庭教育理念和科学方法，切实减轻孩子过重的作业负担和校外培训负担，合理树立教育预期目标，构建和谐的亲子关系。同时，注重引导家长和孩子选择好的阅读书目，教育部组织研制了《中小学生阅读指导目录（2020年版）》，根据青少年儿童不同时期的心智发展水平、认知理解能力和阅读特点，精心遴选出300种图书，引导学生和家长积极开展亲子阅读，读好书、读经典，建设书香家庭。

三、拓宽升学就业出路，做好职业院校招生就业工作

多样化的升学就业机会对于缓解家长焦虑具有重要意义。一方面，完善学历教育与培训并重的现代职业教育体系，扩大中高职及技能院校招生规模，不断加大技术技能人才供给。近年来，高职院校响应国家号召，3年累计扩招413.3万人，2021年高职学校招生557万人，相当于十年前的1.8倍；2021年，中职学校（不含技工学校）招生489万人，招生规模企稳回升；技能院校招生人数从2018年的128.5万人增长至2021年的167.2万人，累计增长30.1%。另一方面，着力解决招录、招聘中存在的学历歧视问题，职业教育和普通本科教育具有同等重要地位，中共中央、国务院印发的《深化新时代教育评价改革总体方案》明确提出，职业学校毕业生在落户、就业、参加机关事业单位招聘、职称评聘、职务职级晋升等方面，与普通高校毕业生应同等对待。

四、聚焦校内教育主阵地，提升课堂教学质量

“双减”政策颁布后，围绕“教师应教尽教、学生学足学好”目标，各地各校进一步强化课堂主阵地作用，狠抓课堂教学质量。一方面，不断加强教学管理，21个省份制订了分学科的课堂教学基本要求，强化了校本教研，99%以上的学校建立健全了教学管理规程，普遍做到

起始年级“零起点”教学，普遍建立学习困难学生答疑辅导制度。另一方面，不断优化教学方式，积极探索基于情境、问题导向的启发式、互动式、探究式、体验式教学和跨学科、综合化教学，突出课堂教学主阵地作用，确保“减负”不减质，努力做到教师应教尽教，促进学生学足学好。同时，2022 年 3 月，教育部改版升级了国家中小学智慧教育平台，内容涵盖德育、课程教学、课后服务等 10 大类 3.4 万余条资源，其中课程教学资源覆盖各年级、各学科，涉及 30 个教材版本、共 1.9 万课时，将名师课堂传递到每一位学生，支持共享优质教学资源。

五、科学做好作业管理，提升作业设计水平

作业是学校教育教学管理工作的重要环节，是课堂教学活动的必要补充。“双减”实施一年来，22 个省份专门出台了作业管理文件，各地各校普遍（99% 以上）制订了比较完善的作业管理办法，建立了作业公示制度，学校作业总量和时长调控基本达到了规定要求，在规定时间内完成书面作业的学生占比由“双减”前的 46% 提高到目前的 90% 以上。指导各地创新作业类型方式，鼓励教师根据学情布置分层作业、弹性作业和个性化作业，探索跨学科综合性作业，因材施教满足不同层次学习的需求。为进一步提高各地作业设计质量，教育部组织研制了《学科作业体系设计指引》及 8 个学科 24 册基础性作业，供全国中小学参考使用。

六、不断深化评价改革，促进基础教育高质量发展

2020 年，中共中央、国务院印发了《深化新时代教育评价改革总体方案》，对各级各类教育评价改革作出系统部署。2021 年，教育部印发了《义务教育质量评价指南》（教基〔2021〕3 号）和《普通高中学校办学质量评价指南》（教基〔2021〕9 号），积极构建以发展素质教育为导向的科学评价体系，着力扭转唯分数、唯升学的不良倾向。同时，教育部还举办了全国基础教育质量评价改革专题培训班，推动各地各校切实做好对标研判、依标整改，引领提高办学质量水平，不断推动基础教育高质量发展。

下一步，教育部将会同有关部门，继续做好“双减”落实工作，营造良好的社会氛围，多措并举缓解家长焦虑情绪。一是指导各地各校进一步加大面向家长宣传解读“双减”政策的力度，会同全国妇联等有关部门，不断提升家庭教育指导服务水平，增强家校社育人合力，切实缓解家长焦虑情绪；二是指导各地根据办学条件、生源规模和行业企业用工需求等实际情况做好中高职院校招生工作，确保招生规模稳定，会同人力资源社会保障部门积极保障职业院校学生享有公平就业机会和同等权利；三是继续把落实“双减”摆在突出位置，作为学校工作的重中之重，按照巩固、深化、防风险的思路，聚焦减负、提质、增效，不断提高作业设计水平、课后服务水平和课堂教学质量；四是进一步督促各地全面落实中央关于教育评价改革的决策部署，落细《义务教育质量评价指南》和《普通高中学校办学质量评价指南》，充分发挥评价结果对促进基础教育质量发展的引领和促进作用。

感谢您对教育工作的关心与支持！

教育部

2022年10月23日

全国政协十三届五次会议第 02620 号提案

题　　　目： 关于加强紧缺型中学教师队伍建设的提案
主　　　办： 教育部
会　　　办： 人力资源社会保障部
提 案 形 式： 个人提案
第一提案人： 陈文华
内　　　容：

教师是教育工作的中坚力量，教师队伍素质直接关系教育发展质量。近几年，随着化解大班额、大校额和中高考改革的深入推进，全国各地特别是中西部省份出现了教师队伍招聘困难、优秀教师严重不足现象。以江西省新余市为例，2020 年各类教师招聘岗位缺额比例达 16.95%，仅市直学校缺额比例达 21.66%，即便 2021 年放宽招聘要求后，各类教师招聘缺额比例仍然高达 18.56%，市直学校缺额 24.8%，少数紧缺学科如物理老师已连续 6 年未招满。

分析这些现象背后的原因，一是学科岗位需求差异凸显。一方面是高考人数和大学生毕业人数连创新高，另一方面则是因中学教师岗位待遇相对较低、工作压力大而多年来成为高考填报志愿容易被“遗弃”的专业、毕业时容易转岗改行的职业。二是教师人才培育有所缺位。高考制度改革的全面展开，新选科模式使得一些学科岗位需求激增，师范院校招生计划却未能紧跟基础教育改革步伐，以某师范大学为例，每年招聘的物理老师仅为 5—60 人，人才培养与社会需求契合度不高，导致一些学科所急需的教师无法得到满足。三是沿海地区虹吸效应明显。随着全国各地化解大校额、大班额力度不断加大，近几年对中小学教师的需求持续旺盛，人才不断从欠发达地区向沿海地区聚集，加剧了欠发达地区教师特别是优秀教师的紧缺现象。为此建议：

一、优化师范院校人才培养

紧紧围绕基础教育改革和发展对教师人才培养的需求，动员师范院校大力培养造就高素质专业化教师队伍。一是要优化高校专业结构及招生计划。建议教育部每年组织对各地教师实际需求进行摸底调查，真正掌握社会需求，根据需求及时统筹调整各高等院校招生计划、优化专业结构，加快培养紧缺专业教师人才。同时，扩大紧缺专业公费和定向委培师范生的招生指标。二是要建立健全招生、培养与就业联动机制。充分发挥毕业生就业状况反馈作用，不断提高人才培养和社会需求的契合度。引导各师范院校与本省或有需求的各中小学建立实习基地，让师范生能与各中小学开展教育实习、顶岗试岗，让学校能尽早挖掘和培养优秀的教师。三是加强毕业生就业培训指导。进一步完善师范院校培养体系，激发教师立德树人的内在动力，着力引导教师积极投身教育事业发展中去。加强就业指导工作，通过组织政策解读宣讲、一线优秀校长教师报告会、优秀师范生谈体会等多种形式，开展生动有效的政策宣传，营造师范生投身教育事业氛围。

二、创新教师招聘方式

在当前人才流动常态化的时代背景下，紧紧围绕“留住专业人才”这一准则充实教师人才队伍。一是简化教师招聘方式。赋予省、市重点中学更多自主权，允许其对教育部直属师范院校和本省师范院校的毕业生及紧缺专业人才实行“现场面试、现场签约”的一站式高效招聘方式，让学校及时招聘到需要人才。二是给予本土人才政策倾斜。允许中西部省份对紧缺专业毕业生适当放宽招聘政策，尽量留住本土人才返乡投入教育事业。出台政策允许在外教师调回原籍工作。三是严禁抢挖中学教师。督促各地严格按照国家有关规定和程序办理教师流动手续，教师遴选制度可参照公务员执行，仅在本省范围内统一遴选。

三、进一步提高教师待遇

着力健全以事业留人、感情留人、待遇留人、环境留人的良好干事创业环境。一方面继续完善中小学教师待遇保障机制。健全中小学教师工资长效联动机制，切实提高教师待遇。对于从业教师在当地就业一定年限的参照享受人才优待政策，如给予购房货币化补贴，紧缺急缺教师再提高一定的补助标准，确保人才引得进来，也留得住。另一方面健全中西部地区教师激励机制。进一步提高中西部地区中学的中、高级教师岗位比例，并适当对紧缺岗位、优秀人才进行倾斜。在职称评聘方面给予高学历教师人才更多的政策支持。

关于政协第十三届全国委员会第五次会议第 02620 号（教育事业类 261 号）提案答复的函

陈文华委员：

您提出的《关于加强紧缺型中学教师队伍建设的提案》收悉，经商人力资源社会保障部，现答复如下：

一、关于优化师范院校人才培养

近年来，国家持续加大对教师教育的投入力度，师范院校的办学水平、保障水平不断提高，教师人才培养力度不断加大。2018 年，《国务院办公厅关于转发教育部等部门〈教育部直属师范大学师范生公费教育实施办法〉的通知》提出，公费师范生毕业后一般回生源所在省份中小学任教，并承诺从事中小学教育工作 6 年以上，到城镇学校工作的公费师范生，应到农村义务教育学校任教服务至少 1 年，国家鼓励公费师范生长期从教、终身从教。截至 2021 年，部属师范大学累计招收公费师范生 12.3 万人。

2021 年 7 月，教育部等九部门启动实施“优师计划”，每年为

832 个脱贫县和中西部陆地边境县定向培养 1 万名左右本科层次师范生。各地各校积极落实相关工作部署，2021 年，考生报考踊跃，生源质量良好，85 所院校积极探索，积累了一定培养经验。2022 年 4 月，教育部等八部门印发《新时代基础教育强师计划》，立足“十四五”、面向 2035，提出新时代建强基础教育教师队伍的思路举措，将“优师计划”作为加强中西部欠发达地区教师队伍建设、推动师资优质均衡的重要措施之一。

二、关于创新教师招聘方式

为规范事业单位招聘行为，《事业单位人事管理条例》《事业单位公开招聘人员暂行规定》等法规政策规定，事业单位实行公开招聘制度，并明确了公开招聘程序。经过多年实践，公开招聘“公开、平等、竞争、择优”原则已经深入人心，在从源头上确保人员高素质、专业化方面发挥了不可替代的作用。

2016 年 11 月，为完善和落实引导包括教师在内的各类人才向基层和艰苦边远地区流动的激励政策，人力资源社会保障部会同中央组织部印发《关于进一步做好艰苦边远地区县乡事业单位公开招聘工作的通知》（人社部规〔2016〕3 号），规定艰苦边远地区包括中学在内的事业单位可以适当放宽年龄、学历、专业等招聘条件，拓宽招聘渠道，可以拿出一定数量岗位面向本县、本市或者周边县市户籍人员（或者生源）招聘。人力资源社会保障部会同教育部先后印发《关于做好 2020 年中小学幼儿园教师公开招聘有关工作的通知》（人社部发〔2020〕28 号）和《关于做好 2021 年中小学幼儿园教师公开招聘工作的通知》（人社厅发〔2021〕27 号），要求落实基层事业单位公开招聘倾斜政策，进一步鼓励和引导更多高校毕业生到中西部地区基层中学任教，全面加强教师队伍特别是基层教师队伍建设。

三、关于完善中小学教师待遇保障机制

《义务教育法》明确规定，义务教育教师平均工资水平应当不低于当地公务员平均工资水平。按照现行政策，包括教师在内的事业单位工作人员实行统一的岗位绩效工资制度，工资收入由岗位工资、薪级工资、绩效工资和津贴补贴组成。其中，岗位工资和薪级工资为基本工资，执行国家统一的政策和标准。国家建立了基本工资标准正常调整机制，2014 年、2016 年、2018 年、2021 年先后四次调整了基本工资标准，对教师出台一系列倾斜政策。一是基本工资给予更多倾斜。从 1987 年起，中小学教师基本工资标准可在事业单位其他人员工资标准基础上再提高 10%。二是实施乡镇工作补贴。从 2015 年起，对包括乡村教师在内的乡镇机关事业单位工作人员实施乡镇工作补贴，补贴水平不低于月人均 200 元。三是实施乡村教师生活补助。从 2013 年起，对连片特困地区乡村教师实施生活补助，重点向村小和教学点倾斜、向条件艰苦地区倾斜。四是建立高海拔折算工龄补贴。2012 年起，对海拔 355 米以上地区的机关事业单位工作人员实施高海拔地区折算工龄补贴。五是绩效工资核定给予倾斜。主管部门在核定学校绩效工资总量时对农村学校特别是条件艰苦学校给予倾斜。此外，符合条件的教师还可享受艰苦边远地区津贴、教龄津贴等其他工资倾斜政策。

四、关于提高中西部地区中学中高级教师岗位比例

为进一步促进中小学教师人才队伍建设，目前人力资源社会保障部正会同教育部研究修订中小学岗位设置指导意见，适当提高中小学专业技术中、高级岗位比例。同时，支持基层中小学科学规范设置“定向评价、定向使用”岗位，拓展中小学教师职业发展空间，稳定基层教师队伍，促进教育事业发展。

五、关于中学教师职称评审

2015 年，人力资源社会保障部、教育部印发《关于深化中小学教师职称制度改革的指导意见》，在全国范围全面推开中小学教师职称制度改革：一是进一步完善评价标准，对长期在农村和艰苦边远地区工作的中小学教师，放宽学历要求，不作论文、职称外语和计算机应用能力要求，对在乡村学校任教 3 年以上，经考核表现突出并符合具体评价标准的老师，同等条件下优先评聘。二是创新评价机制，鼓励

有条件的地区单独建立农村和艰苦边远地区评委会或评审组，单独评审。三是合理调整评审指标权重，加大对一线教师的倾斜力度。

下一步，教育部将认真学习吸收您的建议，优化师范院校人才培养体系，持续推进强师计划落地实施，着力培养高素质教师人才；进一步探索完善体现中学特点的公开招聘方式，鼓励引导人才向中西部地区教育事业流动；指导地方认真落实教师的各项工资政策，加大对各地督促检查力度，保障和逐步提高教师的合理工资待遇，特别是逐步提高乡村教师待遇，吸引优秀青年到乡村从教；督促各地落实好中小学教师职称评定政策，做好交流轮岗教师职称评定工作，促进城乡义务教育优质均衡发展。

感谢您对教育工作的关心和支持!

教育部

2022 年 10 月 20 日

全国政协十三届五次会议第03048号提案

题　　　目： 关于逐步实施“普职分流”后移，扩大普通高中入学率的提案

主　　　办： 教育部

提 案 形 式： 个人提案

第一提案人： 裴长洪

内　　　容：

目前九年义务教育后的“普职分流”政策，导致普通高中供给稀缺，就连深圳这样经济发达的大城市，初升高（不含职业高中）的学生比例也不到50%，全国只有近半数初中毕业生能够享受到普通高中教育，远不能满足人民群众盼望子女有更长时间享受国民教育的美好愿望。这既是我国经济社会发展不充分的重要表现，也与广大民心民意相违背。

九年义务教育后的“普职分流”政策大体适应20世纪经济社会发展状况和人民群众对教育的需求，但进入21世纪后，愈来愈暴露出它的缺陷：首先是不适应经济结构高级化对劳动力结构的要求。原来初中毕业生或进入社会、或经过职业技术教育阶段进入社会，大体能适应20世纪中国的经济结构对劳动力素质的需求；随着中国经济结构高级化，产业数字化、网络化和智能化，对人力资本的需求越来越高，许多简单劳动岗位被淘汰，需要具有更多专业知识和技能的劳动者，需要劳动者用更长时间受教育来积累人力资本。其次是不能满足广大人民群众的家长对子女享受更长时间教育成长的美好愿望。城乡多数群众对子女早就业早养家的想法已经成为历

史，特别是大城市的多数家长不甘心自己的子女才 15 岁就进入职业教育，十八九岁就进入职业社会，而希望延长享受教育的年限而使子女有更好的职业前景。因此对现行“普职分流”政策都很不满意，亟盼得到改革和完善。

近几年，社会上出现的一些负面现象，不同程度与现行“普职分流”政策有相关性。第一是过度竞争，学生苦不堪言。课程多、考试多，北京初一学生就有语文、数学、英语、道德与法律、历史、地理、生物、体育等 8 门课，门门考试，3 天必有一考，书包重达 10 公斤。第二是直接刺激了社会教育培训机构野蛮生长。为了引诱初中生能考上普通高中，各类以提高应试能力为招牌的教育培训机构大量涌现，2021 年被取缔后，仍然以分散形式存在，因为有强大的社会需求支撑。第三是直接刺激了国际学校的发展。许多家长在子女中考落选后，并没有让子女进入职业高中，而是选择上国际学校。粗略统计，截至 2021 年全国国际学校已达 907 所，在校生 61 万人，2021 年全国就读国际学校和国际班的学生数比 2019 年上升了 28.6%。这些学校以适应国外教育为目标，其过度发展不利于中国教育资源的合理配置。第四是国际学校的大量生长又间接刺激了出国留学。根据 2021 年 11 月 16 日发布的《2021 年度全国留学报告》，在疫情肆虐欧美的情况下，我国出国留学人数不降反升，当年申请去美国留学 28490 人，比上年增长 16.6%，申请去英国留学 9660 人，是上年的 2.5 倍。美国哈佛、麻省理工等名校的申请者都是空前增长。毋庸置疑，这种现象蕴含某些不合理的成分：从教育结构上看，为什么我们可以对人民群众选择国际学校和出国留学比较宽容，而对于人民群众希望在国内上高中的愿望却不宽容呢？从经济上看，为什么我们宁可让人民群众在国际学校和出国留学上多花钱，而不愿意让他们在国内上高中少花些钱呢？从文化现象上，为什么我们一直强调文化自信，而在教育上宁可让人民群众对教育不自信呢？

建议改革完善九年义务教育后的“普职分流”政策，在不同地区因地制宜和因城施策，将“普职分流”后移到普通高中毕业，扩大普通高中入学率（扩大或普及，但可以非义务），并采取措施将一部分中等职业技术学校提高发展为大专水平的技术学校，让更多学生享受普通高中阶段教育后再实行普职分流，即一部分上普通大学，一部分上大专水平的职业技术学校。

关于政协第十三届全国委员会第五次会议第03048号（教育事业类302号）提案答复的函

裴长洪委员：

您提出的《关于逐步实施“普职分流”后移，扩大普通高中入学率的提案》收悉，现答复如下：

多样化发展是世界高中阶段教育发展的共同趋势，也是我国“十四五”时期高中阶段教育的发展目标。中等职业教育作为高中阶段教育的重要组成部分，肩负着推动高中阶段教育多样化发展的重任。中等职业教育和普通高中教育协调发展可以满足不同禀赋和潜能学生的学习需求，提供多样化成长成才的空间和通道，同时可以在扩大就业、推动区域经济发展、改善民生等方面作出积极贡献。教育部采取一系列措施，推动中职教育高质量发展，取得一定成效。

一是服务人才培养，为更多学生提供优质教育资源。中等职业学校发展规模结构不断优化，办学条件不断改善，全国已建成近千所国家中等职业教育改革发展示范学校，2000所中等职业学校达到省级骨干学校建设标准，国家级、省级示范（骨干）学校等优质资源覆盖1/2以上的在校生。2012年以来，累计为国家输送近7000万高素质劳动者和技术技能人才。

二是服务产业需求，为经济社会发展提供有力支撑。全国中等职业学校专业共设置19个专业大类358个专业，覆盖了国民经济各行各业，专业设置契合经济社会发展需求。特别是在加工制造、高速铁路、城市轨道交通运输、电子商务、现代物流等快速发展的行业中，新增从业人员大部分来自职业学校。职业学校毕业生已经成为产业大军的主要来源。

三是服务稳定就业，为促民生保稳定发挥积极作用。自 2006 年以来，中职毕业生就业率保持在 95% 以上，对口就业率在 70% 以上。中职毕业生就业呈现去向多元、渠道多样、实体经济供不应求、区域差距明显缩小等特点。现代制造业、新兴产业，新增从业人员普遍受过职业技能培养训练，具有一定技术技能的高素质劳动者成为支撑中小企业集聚发展、区域产业迈向中高端的产业生力军。

四是服务脱贫攻坚与乡村振兴有机衔接，促进教育公平。中职学生 70% 以上来自农村和城市困难家庭，中职免学费、助学金分别覆盖超过 90% 和 40% 的学生，约 70% 学生在县市就近就业，中等职业教育为广大青年提供了职场成功、人生出彩的机会。

2022 年 5 月 1 日新修订的《职业教育法》开始施行，规定“国家优化教育结构，科学配置教育资源，在义务教育后的不同阶段因地制宜、统筹推进职业教育与普通教育协调发展”。这是对我国义务教育后普职协调发展作出的与时俱进的更加科学和规范的表述，它体现了各级各类教育优质均衡发展的理念，也为我国高质量的教育多样化发展提供了法律依据。下一步，教育部将积极推动各地根据区域社会发展程度、本地产业发展需要、现代职教体系建设情况等因素，合理规划中职学校和普通高中招生规模。

一是提升办学条件。加大经费投入力度，扎实推进中职、高职办学条件达标工程，加快补齐办学条件短板。启动实施中等职业教育“双优计划”，集中力量建成一批具有示范引领作用的优质中等职业学校和优质专业。

二是畅通升学渠道。高质量发展本科层次职业教育，完善职教高考制度，扩大职业本科、应用型本科在职教高考中的招生计划，构建纵向贯通、横向融通的现代职教体系，满足中职学生接受高层次教育的需求。

三是优化办学定位。中等职业教育将按照升学与就业并重的办学定位，注重基础知识和技能，注重为高等职业教育输送合格的生源，为学生提供升学、就业、职普融通等多种发展路径。

感谢您对教育工作的关心与支持!

教育部
2022 年 9 月 20 日

全国政协十三届五次会议第 03417 号提案

题　　　目：关于加快发展职业本科教育的提案
主　　　办：教育部
提 案 形 式：个人联名提案
联 名 人 数：9
第一提案人：许　玲
联名提案人：胡剑江　陈式海　鲁修禄　吕子军　刘　林　满开宏
　　　　　　鲁晓明　夏　宁　高融昆
内　　　容：

职业本科教育作为现代职业教育体系的重要组成部分，加快发展职业本科教育，是满足经济社会发展对高层次技术技能人才的需要，也是完善应用型人才培养体系的客观要求，还是增强职业教育吸引力和适应性的重要举措。

一、存在的问题

（一）职业教育办学层次偏低，人才培养层次与社会需求存在偏差

目前，我国已经建成了世界上最大规模的职业教育体系，职业教育培养规模世界最大，其体量已与普通教育“基本相当”。截至 2021 年，全国共有中等职业学校 7294 所，在校生 1311.81 万人；高职（专科）学校 1486 所，高职（专科）在校生 1590.10 万人；本科层次职业学校 32 所，职业本科在校生 12.93 万人。总体上看，我国职业教育培养层次以中职和高职为主，职业教育办学及人才培养层次偏低；职业教育的主体由中等职业教育向高等职业教育转变的趋势愈发明显，经济社会和产业发展对本科层次职业教育人才需求不断增加。

（二）职业本科教育试点院校数量较少，经费及政策投入较为不足

《国家职业教育改革实施方案》提出，开展本科层次职业教育试点;《关于推动现代职业教育高质量发展的意见》明确提出，到2025年，职业本科教育招生规模不低于高等职业教育招生规模的10%。我国职业本科学校现有32所，其中民办22所、公办10所，2021年招生4.1万人、在校生数量12.9万人。职业本科学校数占高职（专科）学校总数的比例仅2.15%；招生规模占比仅0.74%，离“职业本科教育招生规模不低于高等职业教育招生规模的10%”的要求相差较远。职业本科教育试点院校数量较少，对职业本科教育的经费及政策投入亟须加强。

（三）职业本科教育人才培养的相关标准缺失，社会认知度不够

职业本科教育作为职业教育一种新的教育模式，发展时间较短、制度积累不够，与其相匹配的政策制度体系尚未完全形成，在“职教高考”制度设计、人才培养标准、专业建设标准、课程与教材标准及评价体系标准等方面仍需进一步实践探索，推动职业本科教育办出特色，与普通本科教育实现差异化发展。目前开展职业本科教育试点的高校数量较少、办学实力普遍不够强，并且其中绝大多数还是民办院校，以及社会对职业教育都是专科的固有“偏见”，造成职业本科教育对考生报考的吸引力不足，当前社会特别是用人单位对其认知度仍然不够。

二、对策与建议

（一）加大对公办职业本科院校的政策资金支持力度

职业本科院校办学水平和专业建设水平的高低，对职业本科教育人才培养质量具有直接的、决定性的影响。目前职业本科院校整体办学水平有待提升、办学条件有待完善，专业建设水平有待提高；与普通本科相比，职业本科教育更突出职业技能和实践能力的培养，其培养成本相对较高，生均拨款应适当提高；同时，职业本科教育无论在试点院校数、专业数量及培养规模等方面，都处在高速增长期。建议

对公办职业本科院校加强政策支持并加大资金投入，有力推动其内涵提升、体制机制改革、师资队伍建设、课程体系建设、教学条件改善等，高标准建设职业本科院校和专业，发挥其示范引领作用，提高职业本科教育人才培养水平和质量。

（二）进一步优化全国职业教育本科院校及专业布局

统筹规划全国职业教育本科院校布局，逐步增加试点院校数量、优化试点院校布局、提高公办试点院校占比。强化人才需求导向和产业发展导向，在粤港澳大湾区、京津冀、长三角等产业较为发达地区，扩充职业本科教育试点学校数量，打造区域职业本科教育示范高地；引导和鼓励高水平专科层次公办高等职业学校、应用型普通本科高校及职业技术师范院校，精准对接区域产业和企业技能人才需求，开设面向战略性新兴产业集群等的职业本科专业，试办职业本科教育。

（三）建立完善职业本科教育的各类标准体系

针对职业本科教育独特的特点和优势，加快建立和完善关于职业本科教育的相关制度和标准体系，特别是加强“职教高考”制度建设、专业建设标准、人才培养标准、课程与教学标准、实践教学标准、职业培训标准及评价体系标准等系列标准建设，逐步构建较为完备的标准体系。以标准为引领，进一步明晰职业本科教育的办学定位、培养目标、培养模式和办学体制，避免与普通本科同质化发展，更加突出和彰显职业本科教育的人才培养特色，推进现代职业教育高质量发展。

关于政协第十三届全国委员会第五次会议第 03417 号（教育事业类 341 号）提案答复的函

许玲等 10 位委员：

你们提出的《关于加快发展职业本科教育的提案》收悉，现答复如下：

发展职业本科教育是畅通技术技能人才培养的重要措施，是完善现代职业教育体系的关键一环。2021 年 4 月，习近平总书记对职业教育工作作出重要指示，强调要“稳步发展职业本科教育”，稳步发展职业本科教育已纳入《中华人民共和国国民经济和社会发展第十四个五年规划和 2035 年远景目标纲要》。2022 年 5 月 1 日起新修订的《中华人民共和国职业教育法》开始施行，首次赋予本科层次职业教育法律地位。教育部将积极贯彻落实习近平总书记重要指示精神和新职业教育法的规定，稳步推进职业本科教育发展。

一、职业本科教育发展现状

自 2019 年教育部批复设置本科层次职业学校试点以来，目前已批准设置有 32 所职业本科学校，在校生人数 12.93 万人，2021 年招生 4.14 万人。2021 年教育部印发了《职业本科教育专业目录（2021 年）》，出台了《本科层次职业学校设置标准（试行）》《本科层次职业教育专业设置管理办法（试行）》《关于做好本科层次职业学校学士学位授权与授予工作的意见》和《本科层次职业学校本科教学工作合格评估指标和基本要求（试行）》。2022 年新修订并开始施行的《中华人民共和国职业教育法》明确“高等职业学校教育是高等教育的重要部分，由专科、本科教育层次的职业高等学校和普通高等学校实施”“设立实施本科层次教育的职业高等学校，由国务院教育行政部门审批；专科层次职业高等学校举办的培养高端技术技能人才的部分专业，符合产教深度融合、办学特色鲜明、培养质量较高等条件的，经国务院教育行政部门审批，可以实施本科层次的职业教育”，为发展职业本科教育提供了法律依据。

为进一步规范和加强现代职业教育质量提升计划资金管理，提高资金使用效益，经商财政部，2021 年教育部对《现代职业教育质量提升计划资金管理办法》进行了第三次修订，完善了资金支持方向，扩大了资金支持范围，明确高等职业学校奖补资金可用于支持职业本科学校。根据资金管理办法，“提升计划资金”主要用于支持各地落实高等职业学校（含高职专科和职业本科学校）、中等职业学校生均拨款制度，并鼓励各地探索建议基于专业大类的差异化生均拨款制度。2022 年，中央财政安排“提升计划资金”302.57 亿元，比上年增长 25.66 亿元，增幅 9.27%。

二、稳步发展职业本科教育

下一步，教育部将进一步贯彻落实新修订的职业教育法相关规定，按照高起点、高标准、高质量的要求，稳步发展职业本科教育，落实好《中共中央办公厅　国务院办公厅关于推动现代职业教育高质量发展的意见》提出的“到 2025 年，职业本科教育招生规模不低于高等职业教育招生规模 10%”的发展目标。

第一，加快完善制度标准体系。一是完善职业本科教育标准体系，包括专业教学标准、顶岗实习标准、实训教学条件建设标准、评价标准、质量保障标准等，指导学校制订好人才培养方案，引导学校在内涵上下功夫。二是完善顶层设计，明确生均拨款标准、主体、激励办法和要求等，明确职业本科学校发展路径，引导不同来源、不同形式职业本科教育坚持类型定位、突出办学特色，提升办学质量。

第二，稳步扩大规模。坚持分批分类发展，统筹考虑重点产业领域、行业产业基础、教育基础等情况，支持以优质的高职专科学校为基础设置一批职业本科学校；支持符合产教深度融合、办学特色鲜明、培养质量较高的专科层次高等职业学校，选择有条件的部分专科专业，举办职业本科教育。

第三，打造示范标杆学校。教育部将以部省合建方式“小切口”“大支持”，建设高水平职业本科教育示范学校，打造标杆、提振信心、改变形象、蹚出路子，力争让更多的职业学校毕业生接受高质量的职业本科教育。

同时，教育部也将落实新修订的职业教育法规定，不断完善“职教高考”制度，扩大职业本科、职业专科学校通过“职教高考”招录学生比例，使“职教高考”成为高等职业教育招生，特别是职业本科学校招生的主渠道，力争让更多的职业学校毕业生接受高质量的职业本科教育。

感谢你们对教育工作的关心与支持！

教育部

2022年10月13日

全国政协十三届五次会议第 04245 号提案

题　　目： 关于加强应用型本科高校建设的提案
主　　办： 教育部
提案形式： 个人提案
第一提案人： 梁丽萍
内　　容：

应用型本科院校，是以应用型为办学定位，以应用型本科教育为主的本科院校。2017 年我国启动应用型本科高校建设，全国有约 200 所高校在进行这方面的试点。经过几年的努力，试点学校人才培养模式呈多元化趋势，产教融合逐步向纵深发展，应用型高校联盟合作办学逐步深化。但总体上，我国应用型本科高校建设刚刚起步，其内涵建设和规范发展还有很大差距。

建议

一、进一步完善应用型本科高校建设的相关政策

截至 2021 年，全国共有普通本科学校 1238 所，除去“双一流”建设高校（定位于研究型大学，以培养学术型人才为主）147 所，其余 1091 所高校主要定位于应用型，占比高达 88%。因此，建议出台《应用型本科高校办学标准》和相关政策，明确应用型本科高校的基本指标体系，为应用型本科高校建设提供遵循。实施应用型本科高校建设专项，切实解决应用型本科高校基础设施较差、建设资金短缺的问题。

二、进一步规范应用型本科高校人才培养模式

建议在目前已有专业教学质量国家标准的基础上，探索建立应用型本科教育专业规范，科学指导应用型本科教育教学规范化建设，提

高人才培养质量。

三、进一步健全应用型本科高校评价体系

建立涵盖分类评价目标、分类评价指标、分类评价过程和分类评价结果的特色化、专业化的应用型本科高校评价体系，解决目前我国高校评价指标和体系同质化的问题。同时，建立评价监督反馈机制，及时矫正应用型本科高校建设中的偏差，指导应用型本科高校始终沿着正确的方向前进。

关于政协第十三届全国委员会第五次会议第 04245 号（教育事业类 422 号）提案答复的函

梁丽萍委员：

您提出的《关于加强应用型本科高校建设的提案》收悉，现答复如下：

为推动人才培养模式改革，更好地服务国家战略，教育部等 3 部门于 2015 年联合印发《关于引导部分地方普通本科高校向应用型转变的指导意见》（教发〔2015〕7 号），对高校转型改革进行了顶层设计，提出了本科高校转型发展的主要任务，为应用型本科高校发展指明了方向。

“十三五”以来，国家发展改革委等部门和各地运用项目建设、试点遴选的方式，充分发挥试点高校的示范引领作用，激发高校向应用型发展的内生动力与活力。各省市积极响应国家政策，出台相应文件，落实应用型本科高校发展任务，部分省市还从简政放权、专业设置、招生倾斜、编制管理、教师聘任、分类评价等方面出台了相关政策，引导和支撑应用型本科高校发展。2020 年教育部、国家发展改革委、财政部印发《关于加快新时代研究生教育改革发展的意见》（教研〔2020〕9 号），明确提出探索高水平应用型本科高校申请开展专业学位人才培养，积极推动应用型本科高校提升办学层次。

《中华人民共和国国民经济和社会发展第十四个五年规划和2035年远景目标纲要》明确提出，建设高质量本科教育，推进部分普通本科高校向应用型转变。按照《中华人民共和国国民经济和社会发展第十四个五年规划和2035年远景目标纲要》要求，教育部将会同相关部门积极在政策制定、资金支持等方面对应用型高校建设发展予以关注和支持。在构建分类评价制度体系方面，《“双一流”建设成效评价办法（试行）》《关于深入推进世界一流大学和一流学科建设的若干意见》（教研〔2022〕1号）等政策文件，强调开展分类评价，引导特色发展，探索建立院校分类评价体系，鼓励不同类型高校围绕特色提升质量和竞争力，在不同领域和方向建成一流，对促进应用型高校高质量发展具有积极引导作用。

下一步，教育部将积极吸收借鉴相关建议，会同国家发展改革委、财政部，研究进一步推动具备条件的普通本科高校向应用型转变的综合政策举措，做好顶层设计，加大支持力度，努力完善高层次应用型人才培养体系。

感谢您对教育工作的关心与支持！

教育部
2022年10月13日

全国政协十三届五次会议第 02315 号提案

题　　　目： 关于加强统筹，更好推进高等教育数字化转型的提案

主　　　办： 教育部

提 案 形 式： 个人提案

第一提案人： 汪小帆

内　　　容：

习近平总书记多次强调数字中国建设的重要意义。高等教育数字化转型既是疫情防控常态化下的现实需求，更是深入推动高等教育整体性转变、全方位赋能和革命性重塑、培养引领时代发展的创新人才的大势所趋。2020 年，面对突如其来的新冠肺炎疫情的严峻挑战，我国高校成功开展了史无前例的大规模线上教学活动。疫情终会退去，但教育不能简单回到从前。

近年来，我国高等教育信息化建设取得显著成就。一个高校大概有多少个信息化系统？每天大概要采集多少数据？不少人往往难以给出较好的估计。以我所在的上海大学为例，通过归类后的 45 个信息化系统（例如把 400 多个网站归为一个网站群平台系统），每天日常产生的数据量大概为 100T，大体相当于学校图书馆的所有藏书所占的数据。也就是说，每天产生的数据相当于在学校新建一座图书馆。以往由于缺乏系统治理，多个统计部门、多种统计口径、多个业务平台、多种数据接口等带来一系列问题。近期，以“数据打通，一网通办”为抓手，通过构建统一数据平台，打通数据孤岛，显著提升了师生获得感。例如，以前师生抱怨较多的就是经常有各种各样的表要填，现在学校的 OA&PIM 平台上已经集成各类流程。几年前新进教师办理报

到手续需要跑多个部门，现在通过云报到即可快速实现涉及 12 个部门 16 个事项的线上办理。

2021 年更是我国高等教育信息化建设加快推进的一年。3 月，教育部印发《高等学校数字校园建设规范（试行）》和《关于加强新时代教育管理信息化工作的通知》；7 月，教育部等六部门发布《关于推进教育新型基础设施建设构建高质量教育支撑体系的指导意见》。在教育部发布的《教育部 2022 年工作要点》中，明确把实施教育数字化战略行动作为一项重点工作。近日，怀进鹏部长在教育部教育信息化辅导报告会上讲话指出，要把教育信息化作为发展的战略制高点。要实现这一目标，还需要努力克服一些不足之处。

一、学习、研究、认识、素养上的不足

近年在信息化培训方面做了不少努力，但这些不足依然是教育行政部门和高校的许多同志在教育信息化方面不同程度存在的问题。不少人还没有真正转变理念，没有充分认识到数字化转型不仅仅是数字设备更先进、信息系统更好用、网络速度更加快，还要深入推动教育理念、治理模式、教学手段与思维方式等变革。

二、统筹、指导、服务、落实上的不足

尽管国家和地方出台了不少与教育信息化相关的文件，但各个高校信息化建设各自为政现象严重，缺乏有效统筹和具体指导。由于各校管理水平和资源条件不同，信息化建设水平参差不齐，缺乏统一的数据标准；高校各自招标采购，导致财政资金浪费，甚至有些高校花了不少冤枉钱，教学和科研管理等系统依然质量较差。此外，系统安全和数据保护等问题也不容忽视。

建议：

一、进一步把全面提升信息化素养落到实处

省市教育行政部门可学习教育部的专题辅导做法，制定计划带头加强对于教育信息化的学习研究和认识。建议出台更为有效的培训方案，对高校领导进行系统培训和考核，并指导制定高校教职员工信息化素养提升计划。特别地，要加强对于高等教育数字化转型的研究与学习，统一思想认识，及时总结和发布典型案例。

二、进一步加强高等教育信息化建设的统筹和指导力度

不同高校有自己的办学特色和办学条件，因此无论是信息化基础设施还是系统建设，以及通过数字化转型推动管理模式和教育教学模式改革等都不可能要求同步和一致。另一方面，高等教育有其自身的共性规律，在教学科研管理以及师生服务方面也有不少共性需求，为避免高校各自为政所带来的问题，建议组织编写较为详细的“高校信息化建设指导性建议方案”，并且定期总结最新经验加以更新。鼓励和支持各高校在该方案基础上结合学校特点加以实施。

三、进一步加强信息化队伍建设和资源保障

编制少、收入低、评职称难、资源难以保障等导致不少高校信息化队伍人数少且难以吸引和留住优秀人才。建议考虑信息化人才特点，出台并落实加强高校信息化队伍建设的实施办法。建议考虑类似总会计师岗位一样，探索在高校试点设立专职 CIO 并明确职责，从制度上进一步保障信息化建设推进力度。

关于政协第十三届全国委员会第五次会议第 02315 号（教育事业类 228 号）提案答复的函

汪小帆委员：

您提出的《关于加强统筹更好推进高等教育数字化转型的提案》收悉，现答复如下：

教育数字化行动是国家层面的战略行动，我国教育信息化正迈向数字化转型新阶段。教育部深刻认识到，高等教育数字化战略不是一般的策略问题，而是影响甚至决定高等教育高质量发展的重大问题，是实现高等教育学习革命、质量革命和高质量发展的战略选择和创新

路径。目前，教育部正在扎实推进高等教育数字化战略行动，不断完善教育信息化顶层设计和体制机制，以高水平的教育信息化引领教育现代化，推动教育高质量发展。

一、在全面提升教育信息化素养方面

正如您所说，要进一步把全面提升信息化素养落到实处。近年来，教育部积极引导教育系统干部投入数字化战略行动，要求在政治站位上再提高、理解把握上再深化、工作目标上再聚焦，切实推进数字化战略行动深入实施。

一是推动教育数字化能力提升。2021 年召开“全国教育信息化工作会议”，研究部署了“十四五”教育信息化工作，推进构建高质量教育支撑体系。2022 年，先后举办教育数字化能力提升专题培训班和国家智慧教育平台试点专题培训班，教育部机关司局、直属单位和各省级教育行政部门负责同志分别参训。

二是重视高校领导信息化培训。教育部高度重视在高校领导人员选配、领导班子分工和干部教育培训等方面注重加强统筹，针对性部署。加强直属高校领导人员和干部队伍教育培训，统筹各类资源，将落实教育数字化战略行动作为培训重点内容。

三是鼓励推动教师教研信息化。2021 年，为加强基层教学组织建设，教育部启动虚拟教研室建设试点推荐工作，建设虚拟教研室信息平台，支撑教师创新教研形态、加强教学研究、共建共享教研资源、开展教师培训。目前，平台已搭建 657 个虚拟教研室，覆盖文理工农医经管法等多个学科门类及交叉学科，参与教师超过 3.9 万人，共享 1.3 万份教研资料，开展教研会议 1900 余场，产生各类教研活动记录 5 万余条，为提升教育教学质量增强底部支撑。

二、在加强教育设施信息化建设方面

教育部会同多部门积极推进高等教育信息化建设，加强建设统筹和指导力度，强化需求牵引，深化融合、创新赋能、应用驱动，积极发展“互联网 + 教育”。

一是与工业和信息化部联合组织开展“5G+智慧教育”应用试点项目，已遴选一批共109个利用5G网络的教育信息化最佳实践方案，推进5G与教育的双向赋能和融合创新，推动教育模式变革和教育生态重构。二是启动“智慧教育示范区”创建工作，已遴选出两批共18个创建区域和2个培育区域，探索推动教育数字转型和智能升级，助力教育高质量发展。三是与中央网信办等9部门联合组织开展IPv6技术创新和融合应用试点申报工作。

三、在推动数字化资源建设与应用方面

教育部按照“应用为王、服务至上、示范引领、安全运行”的总要求，坚定推进国家教育数字化战略行动，以信息化支撑引领教育现代化，积极推动高等教育发展变革。

一是建设国家高等教育智慧教育平台。为加速优质教育资源开放共享与应用，教育部组织建设了作为国家智慧教育公共服务平台重要组成部分的国家高等教育智慧教育平台，于2022年3月28日正式上线。目前，平台汇聚了众多高水平大学、名师大家的优质资源，资源覆盖高等教育全部14个学科门类、92个专业类，面向高校师生和社会学习者提供2.7万门优质慕课，以及6.5万余条教材、课件、案例等各类教与学资源及信息。实现了德智体美劳五育并举，课内教育与课外教育横向联通，本科教育与研究生教育纵向贯通。上线三个月来主平台与子平台访问总量超过180亿人次，其中高校师生占90%，社会学习者占10%，国际用户覆盖146个国家和地区。

二是深入实施“慕课西部行计划”。教育部指导实施的“慕课西部行计划”已为725所西部高校提供近17万门慕课及订制课程服务，帮助西部地区高校开展混合式教学261万门次，参与学习的学生超过3.3亿人次，西部高校教师接受慕课应用培训达167万人次。智慧高教平台着力推动“慕课西部行计划”的深入实施，开设“慕课西部行”“虚拟教研室”等栏目，为东西部高校教师跨学科、跨校、跨区域开展教研活动开辟了新渠道，实现示范引领、技术赋能、连接东西、“强强联合”、“以强带弱”。

三是加强在线开放课程教学管理。为进一步规范高校在线开放课程教学管理，教育部联合中央网信办、工业和信息化部、公安部、市场监管总局发布《教育部等五部门关于加强普通高等学校在线开放课程教学管理的若干意见》（教高〔2022〕1号）。文件重点从强化高校主体责任、提升教师教学质量、严格学生学习和考试纪律、加强平台监督管理、开展联合治理等五个方面提出相关举措，保障线上教学与线下教学实质等效，助力在线教育行稳致远。

下一步，教育部将深入研究您提出的意见建议，继续与有关部门密切配合，加快实施国家教育数字化战略行动。建好用好国家智慧教育平台，开展暑期教师研修等活动，服务教师教学能力提升。加强对高校信息化建设的统筹和指导，不断推进试点省份、高校资源建设和平台应用，上下联动，因校制宜，更好推进高等教育数字化转型。

感谢您对教育工作的关心和支持！

教育部
2022年7月25日

全国政协十三届五次会议第 04264 号提案

题　　　目：关于建立国家英才教育体系，培育拔尖创新人才的提案
主　　　办：教育部
提 案 形 式：个人提案
第一提案人：朱永新
内　　　容：

案由：

英才儿童是指同龄人中表现出高成就或有着取得更高成就潜能的儿童。与同龄人相比，他们具有更大的发展潜能，学得快、学得好，更容易早成才、成大才，是人力资源储备中的“富矿”。按照国际通用人群前 1%—10% 的比例测算，我国大概有 200 万—2000 万英才儿童需要纳入英才教育体系服务范围内，这是我国最为宝贵的财富。

英才儿童是一个国家的战略资源和稀缺资源，能否开发好、利用好，涉及国家的核心利益，也直接影响到我国建设创新型国家，推进创新驱动发展战略，提升国际科技竞争力的成效。

从国际范围来看，美、英、德、俄、澳、韩、日、新加坡、以色列、新西兰等都建立了完备的国家英才教育体系，重点大国还上升到立法层面对英才早期开发予以保障。相对而言，我国英才教育远远滞后于发达国家，一方面是缺乏从低年龄段开始直到高等教育阶段的英才教育完整体系，另一方面是面向部分学业优异青少年开展英才教育的重点校、重点班培养方向出现严重偏差。

建议：

一、走出观念和认识误区，为英才教育正名

英才教育并不违背教育公平原则，英才儿童在认知特征和人格特征方面与常态儿童具有显著差异，英才教育作为因材施教的一种形式，反映了因材施教的教育规律，体现了教育的差异性公平。

二、加强英才教育政策的顶层设计

要改变我国英才教育支离破碎、散兵游勇的状态，政府必须发挥主导作用，从组织规划、机构设置、课程开发、教学改进、管理制度保障等多个角度，对英才教育政策所涉及的各种问题进行系统规划与整体改进。参照各国模式和我国具体国情，建立“国家指导、省级统筹、学校实验”的英才教育管理体系。在教育部基础教育司下设英才教育管理处，在各省市教育部门设立省级英才教育管理机构，统筹推进英才教育。制定“全国英才教育发展规划”，从政府管理、财政支持、英才甄选程序、英才教育体系结构、课程开发、教师培训、项目评估等各个方面，整体设计、全面规划我国英才教育的政策体系。按照先试点再推广方式，开展多样化英才教育实验项目，鼓励探索。

三、健全英才教育体系与教育模式

建立起“小学—初中—高中—大学”相贯通的英才教育系统，为不同教育阶段的英才儿童提供“全覆盖”的特殊教育服务。

借鉴香港地区资优教育的三层模式：第一层，采用普通班的融合—充实教育模式，英才儿童与普通儿童同处一个教室内学习，但课内可运用富挑战性的教学方法，有针对英才儿童的区别性拓展内容；第二层，在校内有适合英才儿童的选修课程；第三层，对于特别突出的英才儿童，教育主管部门组织专家团队，为其提供校外专门的项目支持（包括学习资源、心理支持等）。这种组织形式不仅有利于英才儿童智力因素或某些专项才能的发展（如数学、科学、创新科技、音乐或更小众的兴趣如考古等等），也有利于特别照顾其与智能发展步伐不一样的非智力因素和社会技能的发展。在高中阶段，可综合运用加速/充实、集中/融合等多种培养模式组合，以使英才教育能满足英才儿童对于教学进度、深度和广度的特殊需求，该阶段还可以建立一些专门的英才学校，重点培养不同领域的英才。

四、建立英才教育研究与资源支持体系

建立国家级英才教育研究机构，提供专业支持。系统筛查英才儿童群体，摸清我国英才儿童的底数，建设全国英才教育数据库，追踪英才学生的成长、发展；制定英才教育总体方案，开发英才教育课程、教材与评价工具；将英才教育内容纳入教师培养培训体系，提高教师的英才教育专业化水平；进行英才教育的国内外学术交流。选择一批英才教育实验学校，建立英才教育师资培训基地。进行英才教育的资源支持体系建设，推动国家重点实验室等资源向英才儿童有序开放。

关于政协第十三届全国委员会第五次会议第 04264 号（教育事业类 428 号）提案答复的函

朱永新委员：

您提出的《关于建立国家英才教育体系，培育拔尖创新人才的提案》收悉，现答复如下：

探索建立拔尖创新人才培养的有效机制，促进拔尖创新人才脱颖而出，是建设创新型国家、实现中华民族伟大复兴的历史要求，也是当前对教育改革的迫切要求。教育部一直高度重视，不断探索，努力营造各类人才辈出、拔尖创新人才不断涌现的良好局面。

一是积极探索拔尖创新人才培养路径。2009 年，教育部联合中央组织部、财政部启动基础学科拔尖学生培养试验计划（简称“珠峰计划”）。2013 年，教育部和中国科协开展中学生科技创新后备人才培养计划（简称“英才计划”）。2018 年，教育部等六部门联合印发了《关于实施基础学科拔尖学生培养计划 2.0 的意见》（教高〔2018〕8 号），提出要进一步拓展范围、增加数量、提高质量、创新模式，形成拔尖人才培养的中国标准、中国模式和中国方案。2020 年，教育部印发《关于在部分高校开展基础学科招生改革试点工作的意见》（教学〔2020〕1 号），在部分高校开展基础学科招生改革试点（也称强基计划），服务国家重大战略需求，加强拔尖创新人才选拔培养。全国各地也纷纷通过联合高校协同培养、开设高中特色实验班、实施初高中贯通培养项目等方式，加快探索青少年拔尖创新人才早期培养。

二是努力健全拔尖创新人才培养机制。《“十四五”教育发展规划》提出，要逐步完善面向超常儿童的特殊教育服务机制，探索超常儿童特殊教育途径，建立健全由国家统一实施、普通学校随班就读、特殊课程教学、灵活学制和个别化教育方案的超常儿童发现、培养与评估制度。2022 年，中共中央办公厅、国务院办公厅印发了《关于加强基础学科人才培养的意见》，提出要深入实施“英才计划”“强基计划”“基础学科拔尖学生培养计划 2.0”等项目，研究建立基础学科英才超常规选鉴机制，进一步对基础学科拔尖人才培养进行了全方位的部署，努力探索形成中国特色、世界水平的基础学科拔尖创新人才培养体系。

下一步，教育部将委托有关科研单位对我国拔尖创新人才早期培养情况进行系统研究，积极借鉴和吸收国外有关经验做法，加快探索建立符合中国国情的拔尖创新人才培养模式，推动拔尖创新人才培养科学化、制度化、规范化实施。

感谢您对教育工作的关心和支持！

教育部

2022 年 10 月 19 日

全国政协十三届五次会议第04717号提案

题　　　目：关于着力提升基础教育阶段科学教育水平，培育创新后备人才的提案

主　　　办：教育部

会　　　办：科技部　共青团中央　中国科协

提 案 形 式：个人联名提案

联 名 人 数：3

第一提案人：杨承志

联名提案人：王永良　李美华　唐江澎

内　　　容：

建设世界科技强国，是党中央在新的历史起点上作出的重大战略决策。为加快世界科技强国建设进程，增强以自主创新能力为核心的科技实力，确保我国在日趋激烈的国际竞争中立于不败之地，科技创新人才的培养需要从娃娃抓起。从长远看，加强基础教育中创新能力的培养，有助于我国未来科技创新人才资源储备。

一、青少年科普及科技创新素养现状分析

青少年的科普及科技创新素养不容乐观。近几年，某高中多次邀请我给学生作科技创新方面的专题讲座。讲座之余，我和学生做了很多交流，发现学生普遍对考纲之外的科普知识漠不关心，比如仅有极少学生对人工智能、大数据、物联网、空间站等科普知识有一点的了解，鲜有对科技创新感兴趣的学生。

二、提升基础教育阶段科学教育几点建议

1. 转化观念：深刻认识基础教育在创新人才培养中的奠基性作用。

中小学阶段是学生发展的黄金时期，是思维方式、学习方式、学习习惯、学习兴趣、科学素养的培养与形成的关键期，基础教育阶段科学素养、创新思维和能力培养对学生后续发展有着深刻影响。基础教育不仅是要教授学生基础学科知识，为进入后续教育阶段做准备，更重要的是在促进学生全面发展、培养创新人才方面的奠基作用，发现学生的个体独特性，激发学生的主体能动性和创造性，促进学生创新思维和能力的培养，提升学生科学素养。

2. 齐抓共管：加强青少年科普及科技创新教育。科普和科技创新要从娃娃抓起。科普教育对象的重中之重应该是青少年。一是青少年担负未来科技创新的使命任务，科学探索和科技创新需要一代又一代的科技人才传承，才能支撑我国由科技大国向科技强国迈进，支撑强国梦和复兴大业的实现。二是青少年都是集中在学校学习，容易实施系统与统一性的科普教育和科技创新培育。

3. 人才先行：加强基础教育教师队伍科技创新能力建设。创新人才的培养，需要加强基础教育教师队伍科技创新素养建设。首先，提升教师待遇，吸引具有优秀科研创新能力的人才从事基础教育事业；其次，提升基础教育教师的科技创新能力的入职门槛，提升基础教育教师学科和科技创新综合能力要求；第三，建立教师科技创新资格动态认证制度，促进基础教育教师持续学习、提升专业能力；第四，加快推进一流的综合性大学办师范教育；第五，加强科技教育名师、专兼职科技创新辅导员等师资力量的培养。

4. 顶层推进：整体提升基础教育阶段创新能力教育水平。基础教育阶段是一个人基本常识和思维方式形成的关键期，青少年的科学素养、科学精神、科技能力的培养，对于培养未来创新型人才至关重要。因此，建议从国家层面加强顶层设计，建立政府、学校、社会、家庭共同参与的青少年科技创新工作新体系，建立青少年全面发展的科教融合运行机制，形成全社会关注科技、注重创新的科教融合新局面，推广科学普及等工作。各级教育、科技、科协等部门进一步加强协作、相互配合，共同做好青少年的科技创新教育工作，探索、建立有效的合作机制。

5. 经费保障：加大资金投入，推进科教融合工作。各级教育、科协等部门要切实保障青少年科技创新工作经费。各中小学要保证学校科技教育经费足额用于青少年科技创新活动，并在学校公用经费中每年按照一定的比例，用于添置更新青少年科技创新活动必要的教学设备、实验仪器、图书资料，推动青少年科技创新活动的开展。积极引导、鼓励社会力量支持和资助青少年科学教育活动，多渠道加大科学教育经费投入。

6. 资源设施：积极开发科教融合创新教育精品课程资源，构建中小学学校与本地高校、科研院所、企业“三位一体”的科教融合教育基地，建设科教融合创新实验室、创客实践室等；利用创新教育基地拓展课程资源，发挥各行业开展创新教育的社会资源优势，形成教育合力。依托本地科技馆等校外科技教育阵地加大 STEAM 教育研究与实践，开发 STEAM 课程体系，促进科学、技术、工程、艺术和数学知识的融合，引导学生以创新应用为导向，在观察、提问、设想、实验等探究过程中，形成良好的创新素养。

7. 组织赛事：组织筹划国家、省、市、县等多层级的科技创新竞赛机制，实施“少年科学家”计划，发现并开发一批批小“马斯克”。

关于政协第十三届全国委员会第五次会议第 04717 号（教育事业类 482 号）提案答复的函

杨承志等 4 位委员：

你们提出的《关于着力提升基础教育阶段科学教育水平，培育创新后备人才的提案》收悉，经商科技部、共青团中央和中国科协，现答复如下：

科学教育是立德树人工作的重要组成部分，是提升全民科学素质、建设创新型国家的基础。一直以来，教育部高度重视。

一是加强顶层设计。2021 年 6 月，国务院印发《全民科学素质行动规划纲要（2021—2035 年）》，提出在“十四五”时期实施青少年科学素质提升行动，将弘扬科学精神贯穿于育人全链条，提升基础教育阶段科学教育水平，推进高等教育阶段科学教育和科普工作，实施科技创新后备人才培育计划，建立校内外科学教育资源有效衔接机制，实施教师科学素质提升工程等六个方面提出具体的要求，激发青少年好奇心和想象力，增强科学兴趣、创新意识和创新能力，培育一大批具备科学家潜质的青少年群体，为加快建设科技强国夯实人才基础。

二是加大科普宣传。教育部会同科技部、中国科协等部门，在全国百个城市组织开展“科教资源共建共享”“科技活动进校园”“科教阵地协同育人”等科普行动，弘扬科学家精神，涵养优良学风，激发中小学生的学习兴趣，让更多的青少年投入科学实验和科技制作的探究实践活动中。

三是完善课程设置。修订的普通高中课程方案和课程标准已印发实施，其中物理、技术必修学分 6 个，化学、生物、地理必修学分 4 个，还设置了选择性必修学分以及选修学分；独立设置信息技术、通用技术课程。2022 年印发了新的义务教育课程方案和课程标准，其中一至九年级均开设科学（初中阶段可选择分科开设物理、化学、生物学），独立设置信息科技、劳动课程。与之前相比，小学科学（1—6 年级）与初中科学（或物理、化学、生物学）的总课时占比由 7%—9% 增至 8%—10%。

四是加强教师培养。2022 年 5 月，教育部办公厅发布《关于加强小学科学教师培养的通知》（教师厅函〔2022〕10 号），从建强科学教育专业扩大招生规模、加大相关专业科学教师人才培养力度、优化小学科学教师人才培养方案、创新小学科学教师培养协同机制等方面提出具体举措，进一步优化小学科学教师培养，并要求省级教育行政部门要专题调研省域内小学科学教师配置情况，加强小学科学教师队伍需求测算，结合师范生公费教育、“优师计划”、“特岗计划”等，加大小学科学教师定向补充力度。

五是利用各类资源。2021 年，教育部会同中国科协印发《关于利用科普资源助推“双减”工作的通知》（教基厅函〔2021〕45 号），指导各地采取“请进来、走出去”的方式，有效开展科普教育活动。要求学校加强与科技馆和各类科普教育基地工作对接，经常性组织学生开展研学实践活动。要求各科普教育基地积极利用自身的资源和平台优势，开发场景式、体验式、互动式、探究式的活动项目，提升青少年科学素养、提高创新能力，推动青少年全面发展。鼓励有条件的学校探索编程教育、创客教育和人工智能教育等。

六是开展活动竞赛。“十三五”期间，利用中央专项彩票公益金先后支持了 622 个全国中小学生研学实践教育基（营）地，支持各地青少年校外科技场所建设，服务青少年科学实践活动；在面向中小学开展的“圆梦蒲公英”主题活动中设置科技教育专题；会同中国载人航天工程办公室和科技部等部门，开展神舟十三号飞行任务太空授课科普教育活动；开展全国青少年高校科学营活动，培养学生对科学研究的兴趣；支持举办自然科学素养类青少年科技竞赛，在公布的《2022—2025 学年面向中小学生的全国性竞赛活动名单》中，超二分之一竞赛为自然科学素养类。

下一步，教育部将联合科技部、共青团中央、中国科协等部门，加强合作，建立从小学到大学，从家庭到社会，全员关注、全员参与的多维立体工作体系，推动我国科学教育的发展，培育科技创新人才。

感谢你们对教育工作的关心与支持！

教育部

2022 年 10 月 23 日

全国政协十三届五次会议第 04882 号提案

题　　　目: 关于深入实施新时代人才强国战略，培养高素质技术技能人才的提案

主　　　办: 教育部

会　　　办: 发展改革委　财政部

提 案 形 式: 个人提案

第一提案人: 苏　华

内　　　容:

习近平总书记指出：人才是衡量一个国家综合国力的重要指标。国家发展靠人才，民族振兴靠人才。坚持面向世界科技前沿、面向经济主战场、面向国家重大需求、面向人民生命健康，深入实施新时代人才强国战略，对于加快建设制造强国、科技强国，实现第二个百年奋斗目标具有十分重要的意义。然而，在高素质人才培养方面我国还存在结构性矛盾，还不能适应新时代的要求。据人社部数据显示，我国制造业高技能人才只占技能人才总量的 28%，与发达国家相比仍然有较大差距。据《制造业人才发展规划指南》预测，2025 年我国制造业 10 大重点领域人才缺口约 3000 万，缺口率达 48%。高端装备关键基础材料和核心基础零部件等受制于人，高端芯片长期依赖进口，有的企业陷入“要卖包子先种麦子”的被动局面。如何破解“卡脖子”现象，如何实现中国产品向中国品牌、中国制造向中国创造转变，如何突破高素质技术技能人才培养的瓶颈，是我们职业教育面临的时代挑战。

职业教育肩负着培养高素质技术技能人才，传承技术技能的重要

职责，是加快建设制造强国的主力军。一步走不出两个脚印，单键弹不出七个音符。只有“政府、行业、企业、学校”四轮驱动，校企协同育人，推动现代职业教育高质量发展，才能谱写出人才强国的和谐乐章。建议：

一、稳步发展职教本科，促进应用本科转型

扩大职教本科规模，加快本科层次职业教育试点，优先遴选符合条件的“双高计划”高职院校建成职教本科学校，加快推进地方普通本科学校向应用本科学校转型，积极鼓励独立学院转设，建设一批职教本科学校和应用本科学校。中央财政和各省市地方财政共同承担地方院校向职教本科学校升格、向应用本科学校转型的经费，职教本科学校和应用本科学校生均经费财政拨款应达到普通高校的 1.5 倍，增加“双师型”教师队伍建设和实训基地建设专项经费。

二、深化职教高考改革，畅通人才上升通道

完善“知识 + 技能”考试办法，将职业技能考试成绩权重提高到 50% 以上，职教本科学校和应用本科学校应直接面向中职学校招生。国家每年职教高考和普通高考本科招生计划的占比，应按照当年中职毕业生和普通高中毕业生的数量之比确定，职教高考本科招生比例应逐年提高，最终实现职教高考和普通高考在本科招生计划上大体相当，吸引更多优秀学生报读职业院校。在关键领域，重点行业，实施“能工巧匠、大国工匠”培养计划，加大专业学位研究生培养力度，构建职业教育人才成长“立交桥”，为高素质技术技能人才成长奠定坚实基础。

三、搭建技术创新平台，大力推进产教融合

坚持以产业发展战略需求为导向，围绕高端装备、国防军工、航空航天等产业，深化产教融合，建设产学研一体化的职教联盟、行业技术中心、重点实验室、工程技术研究中心等平台。校企联合组建科研技术服务团队，为行业企业新产品、新技术、新工艺研发，成果转化等提供技术支撑，加快实现技术技能创新重大突破。创新产教融合体制机制和人才培养模式，落实企业和学徒补贴政策，落实产教融合型企业“金融 + 财政 + 土地 + 信用”组合式激励和相关税费政策，加快实现高素质技术技能人才培养重大突破。

牢固树立人才是第一资源理念，深入实施新时代人才强国战略，加快构建现代职业教育体系，完善高素质技术技能人才培养体制机制，促进教育链、人才链与产业链、创新链深度融合，实现政府、行业、学校、企业同心同德“大合唱”，培养更多高素质技术技能人才、能工巧匠、大国工匠，为涌现更多中国好制造、中国高质量、中国大品牌夯实人才基础。

关于政协第十三届全国委员会第五次会议第 04882 号（教育事业类 503 号）提案答复的函

苏华委员：

您提出的《关于深入实施新时代人才强国战略，培养高素质技术技能人才的提案》收悉，经商国家发展改革委、财政部，现答复如下：

一、稳步发展职业本科教育

自 2019 年教育部批复设置本科层次职业学校试点以来，目前已批准设置有 32 所职业本科学校，在校生人数 12.93 万人，2021 年招生 4.14 万人。2021 年教育部印发了职业本科教育专业目录，出台了《本科层次职业学校设置标准（试行）》《本科层次职业教育专业设置管理办法（试行）》《关于做好本科层次职业学校学士学位授权与授予工作的意见》和《本科层次职业学校本科教学工作合格评估指标和基本要求（试行）》。2022 年新修订并开始施行的《中华人民共和国职业教育法》明确“高等职业学校教育是高等教育的重要部分，由专科、本科教育层次的职业高等学校和普通高等学校实施”“设立实施本科层次教育的职业高等学校，由国务院教育行政部门审批；专科层次职业高等学校举办的培养高端技术技能人才的部分专业，符合产教深度融合、办学特色鲜明、培养质量较高等条件的，经国务院教育行政部门审批，可以实施本科层次的职业教育”，为发展职业本科教育提供了法律依据。

2021 年为进一步规范和加强现代职业教育质量提升计划资金管理，提高资金使用效益，经商财政部，教育部对《现代职业教育质量提升计划资金管理办法》进行了第三次修订，完善了资金支持方向，扩大了资金支持范围，明确高等职业学校奖补资金可用于支持职业本科学校。根据资金管理办法，“提升计划资金”主要用于支持各地落实高等职业学校（含高职专科和职业本科学校）、中等职业学校生均拨款制度，并鼓励各地探索建议基于专业大类的差异化生均拨款制度。2022 年，中央财政安排“提升计划资金”302.57 亿元，比上年增长 25.66 亿元，增幅 9.27%。

下一步，教育部进一步贯彻落实新修订的职业教育法的相关规定，按照高起点、高标准、高质量的要求，稳步发展职业本科教育，落实好两办提出的“到 2025 年，职业本科教育招生规模不低于高等职业教育招生规模 10%”的发展目标。会同财政部，按照全国职业教育大会精神及中共中央办公厅　国务院办公厅印发的《关于推动现代职业教育高质量发展的意见》要求，结合新修订的职业教育法的相关规定，继续加大对职业教育投入力度，引导各地结合自身财力，加大统筹力度，充分发挥财政资金激励引导作用，支持现代职业教育高质量发展。

第一，加快完善制度标准体系。一是完善职业本科教育标准体系，包括专业教学标准、顶岗实习标准、实训教学条件建设标准、评价标准、质量保障标准等，指导学校制订好人才培养方案，引导学校在内涵上下功夫。二是完善顶层设计，明确生均拨款标准、主体、激励办法和要求等，明确职业本科学校发展路径，引导不同来源、不同形式职业本科教育坚持类型定位、突出办学特色，提升办学质量。

第二，稳步扩大规模。坚持分批分类发展，统筹考虑重点产业领域、行业产业基础、教育基础等情况，支持以优质的高职专科学校为基础设置一批职业本科学校；支持符合产教深度融合、办学特色鲜明、培养质量较高的专科层次高等职业学校，选择有条件的部分专科专业，举办职业本科教育。

第三，打造示范标杆学校。教育部将以部省合建方式“小切口”“大支持”，建设高水平职业本科教育示范学校，打造标杆、提振信心、改变形象、蹚出路子，力争让更多的职业学校毕业生接受高质量的职业本科教育。

二、深化产教融合

一是不断完善产教融合的体制机制。2017 年以来，先后出台《建设产教融合型企业实施办法（试行）》《国家产教融合建设试点实施方案》《职业学校校企合作促进办法》等系列政策措施，激励更多企业深度参与职业教育，积极推动校企双方资源、人员、技术、管理、文化全方位融合，促进产教供需双向对接，促进企业需求融入人才培养环节，提高人才培养质量，创新职业教育办学模式。

二是创新技术技能人才培养培训模式。全面推进学徒制试点工作。教育部按地市级政府、行业、企业、职业学校四种类型，分三批布局了 558 个现代学徒制试点单位，覆盖 2100 多个专业点，惠及学生超过 13 万人，参与企业 4700 多家，参与人才培养的企业师傅近 3 万人，校企共建以现代学徒制培养为主的特色学院 650 多个，有力推动了校企合作“双元”育人。持续深化 1+X 证书制度。推进培训评价组织及合作企业在学生实习、就业等环节对考取 X 证书的学生优先录用，提高 X 证书的社会认可度、含金量。征集和宣传相关典型案例，发挥 X 证书在服务就业、提高就业质量方面的作用。

三、深化职业教育考试招生制度改革

职业教育考试招生制度是现代职业教育体系的重要组成部分，是牵引职业教育改革、优化类型定位、畅通学生升学通道、缓解教育焦虑的关键。

一是加快建立职教高考制度。2014年9月，国务院印发《关于深化考试招生制度改革的实施意见》，明确“加快推进高职院校分类考试”改革任务。《教育部关于积极推进高等职业教育考试招生制度改革的指导意见》明确提出面向中职毕业生的技能考试招生、中高职贯通培养招生、技能拔尖人才免试招生等六类招生形式。2019年1月国务院印发的《国家职业教育改革实施方案》明确提出：建立“职教高考”制度，完善“文化素质+职业技能”的考试招生办法，提高生源质量，为学生接受高等职业教育提供多种入学方式和学习方式。2021年，中共中央办公厅、国务院办公厅印发《关于推动现代职业教育高质量发展的意见》提出“加快建立‘职教高考’制度，完善‘文化素质+职业技能’考试招生办法，加强省级统筹，确保公平公正”要求。新《职业教育法》明确“国家建立符合职业教育特点的考试招生制度”“高等职业学校和实施职业教育的普通高等学校应当在招生计划中确定相应比例或者采取单独考试办法，专门招收职业学校毕业生”。

二是不断优化完善普通高校专升本考试招生工作。2021年10月，印发《教育部办公厅关于做好2022年普通高等学校专升本考试招生工作的通知》（教学厅〔2021〕8号），指导各地做好专升本考试招生工作。一方面，合理安排专升本高校及专业招生计划。要求省级教育部门结合本地经济社会发展需要，统筹安排专升本招生计划，主要安排职业教育本科和应用型本科高校承担专升本招生任务；另一方面，科学制定专升本考试招生工作方案。要求各地在深入总结评估本地专升本政策实施效果的基础上，坚持目标导向和问题导向相结合，健全省级统筹的专升本考试招生工作机制。结合不同专业人才培养要求，完善“文化素质+职业技能”的评价方式，科学制订专升本考试招生办法，鼓励采取省级统一考试。

下一步，教育部将在总结地方实践经验基础上，按照考试招生制度改革总体部署，加快推进职业教育考试招生制度改革，统筹各级各类职业教育发展：一是加强考试制度和标准建设，确保考试严谨有序、安全规范、公平公正。二是优化“文化素质＋职业技能”结构比例和组织方式，为学生接受高等职业教育提供多种入学方式和学习方式。三是扩大职业本科、职业专科学校通过“职教高考”招录学生比例，使“职教高考”成为高等职业教育招生，特别是职业本科学校招生的主渠道。

感谢您对教育工作的关心与支持！

教育部

2022 年 9 月 20 日

社会管理（337）

全国政协十三届五次会议第 03552 号提案

题　　　目：关于加快乡土人才队伍建设全面推进乡村人才振兴的提案

主　　　办：农业农村部

会　　　办：教育部　民政部　文化和旅游部　银保监会　乡村振兴局

提 案 形 式：个人联名提案

联 名 人 数：5

第一提案人：龚胜生

联名提案人：王先进　洪佳林　王焰新　童金南　洪　洋

内　　　容：

“全面推进乡村振兴”是在迈向“第二个百年”奋斗目标新征程时党中央做出的重大战略部署。

人才是创新的第一动力，发展的第一资源。乡村振兴的关键在人才。人才振兴本身就是乡村振兴的要义之一，产业、文化、生态、组织的振兴，都有赖于人才的振兴。

乡村振兴不同阶段有不同的人才需求。在乡村振兴试点阶段，主要是通过“输血”方式，委派外援人才去开启乡村发展的“钥匙”；在全面推进乡村振兴阶段，则主要通过“造血”方式，造就一支熟悉家乡、热爱家乡、奉献家乡的乡土人才队伍来驱动乡村振兴的“大车”。乡土人才是乡村振兴最基础、最持久、最可持续的力量，现在是加快乡土人才队伍建设的时候了！

存在的问题：

一、乡土人才存量不够，满足不了乡村振兴的总体需求

全面建成小康社会后，广大乡村刚从“脱贫攻坚”转到“乡村振兴”，

农村青壮年外出打工现象依然普遍，乡土人才“空心化”依然比较严重。农村特色种养殖、农产品加工、农村物流与电商、非物质文化遗产传承等各方面乡土人才都严重不足。

二、乡土人才结构不全，满足不了乡村振兴的类型需求

据对传统村落调查，现有乡土人才存在严重的结构缺陷：乡土人才从事第一产业的多，从事第二、三产业的少；从事传统种养殖业的多，从事特色种养殖业的少；职称等级普遍偏低，无职级者占 63.23%，高级技师仅占 5.83%；非遗传承、文旅开发、网络电商等人才严重缺乏。

三、乡土人才培养不够，满足不了乡村振兴的持续需求

目前乡土人才培养方式主要有学校教育、政府培训、民间传承，但大多还是享受脱贫攻坚时职业培训的红利，并没有形成专门的乡土人才培养体系。

建议：

一、厚植乡土人才生发土壤，使乡土人才脱颖而出

要使乡土人才如雨后春笋般从乡村的土地上涌现出来，必须厚植乡土人才孕育、生发的“营养基”，包括营造崇尚乡土人才的文化环境，建设争当乡土人才的社会环境，建立激励乡土人才的政策环境。因此，要加大各行各业乡土人才典型的宣传，宣传他们热爱家乡、建设家乡、奉献家乡的家乡情怀，发挥他们在乡村人才振兴中的示范作用和带头作用。

二、优化乡土人才成长环境，使乡土人才茁壮成长

乡土人才从小苗长成大树需要良好的成长环境，地方政府和村级组织要为乡土人才解决后顾之忧，为乡土企业提供融资、土地、水电、税收等方面的方便，及时化解“红眼病”和“仇富心”造成的矛盾，为他们的合法生产和经营保驾护航。对乡土人才做出的重大贡献要及时宣传、表彰，激发他们的积极性和创造性。加强乡土人才的政治培训，不断提高他们的思想境界、人品修为和事业视野，提升他们的社会担当。

三、发挥乡土人才独特作用，使乡土人才人尽其才

乡土人才不是通才，不能对他们求全责备，而是要充分发挥他们的特长。调研中发现，有的乡村干部只热衷于乡贤、能人为乡村振兴做公益，根本没想为他们发挥特长提供用武之地。乡镇政府和村级组织要建立“乡土人才信息库”，通过政策吸引、资金支持、情怀感召等方式吸引乡土人才返乡创业；要通过立标杆、树典型、评模范的办法，激发乡土人才的自我成长、自我提档、自我升华；要完善乡土人才激励机制，确保乡土人才能谋事干事成事。

四、建立乡土人才培养机制，使乡土人才源源不断

建立乡土人才培养的长效机制是乡村振兴的根本之策。学校职业教育要增强针对性，加强校企联动，建立产—教—学融合的乡土人才培养模式。政府专项培训要突出精准性，开展特色种养殖、特色农产品加工、土特产品电商销售、非遗传承展演、古建筑维修等的精准培训，技能大赛、远程教育、农业技校也要适应乡村振兴需求，有计划地开展乡土人才培养。民间艺人传承也要纳入乡土人才培养体系加以规范，革除只限家族内部传承的陋习，实现非遗传承人才的振兴。

关于政协第十三届全国委员会第五次会议第 03552 号（社会管理类 337 号）提案答复的函

龚胜生等 6 名委员：

你们提出的《关于加快乡土人才队伍建设全面推进乡村人才振兴的提案》收悉。经商教育部、民政部、文化和旅游部、银保监会、国家乡村振兴局，现答复如下。

一、关于厚植乡土人才生发土壤，使乡土人才脱颖而出

近年来，有关部门加大工作力度，强化政策扶持，出台支持人才投身乡村振兴的系列政策制度，持续厚植人才生发土壤。一是加强乡

村人才振兴顶层设计。2021 年，中共中央办公厅、国务院办公厅印发《关于加快推进乡村人才振兴的意见》，坚持把乡村人力资本开发放在首要位置，健全乡村人才工作体制机制，加快农业生产经营、农村二三产业发展、乡村公共服务、乡村治理等人才培养，为促进人才投身乡村振兴提供指导和保障服务。二是编制农业农村人才专项规划。2022 年，农业农村部编制印发《“十四五”农业农村人才队伍建设发展规划》，加强农业农村人才政策统筹谋划和系统创设，构建各类人才融入乡村、服务乡村、发展乡村的体制机制，为人才在乡村振兴中充分发挥支撑保障作用提供有力的制度和政策保障。三是创设具体领域支持政策。2021 年，中共中央办公厅印发《关于向重点乡村持续选派驻村第一书记和工作队的意见》，进一步加强一线帮扶力量，全国 18.6 万名驻村第一书记、56.3 万名工作队员全部选派到位。同年，农业农村部联合国家乡村振兴局等 15 部门印发《关于促进退役军人投身乡村振兴的指导意见》，通过财税优惠、用地等政策支持，引导退役军人返乡创业就业、参与乡村建设和基层治理等工作。

下一步，农业农村部将会同有关部门，大力抓好《“十四五”农业农村人才队伍建设发展规划》落实，围绕全面实施乡村振兴战略和加快农业农村现代化需求，坚持“干说并举”，大力营造人才工作良好环境，为人才生发创造条件，不断使乡土人才脱颖而出。

二、优化乡土人才成长环境，使乡土人才茁壮成长

近年来，有关部门落实党中央、国务院相关部署，加大支持力度，推进措施落实，不断优化乡土人才成长环境。一是强化金融产品创新与服务。农业农村部与中国农业银行开展合作，为农村创业创新带头人提供金融支持，开展创业基金模式研究，探索农村创业创新基金设立方式。银保监会印发《关于 2022 年银行业保险业服务全面推进乡村振兴重点工作的通知》，要求银行机构重点围绕农民工创业就业、退役军人返乡入乡创业等关键领域，创新专属金融产品，简化贷款审批流程，合理增加中长期信贷供给，持续加大信贷资源投入。二是扎实

开展农业信贷直通车活动。2021 年，农业农村部贯彻落实党中央“我为群众办实事”实践活动部署要求，组织开展新型农业经营主体信贷直通车活动，通过打造“主体直报需求、农担提供担保、银行信贷支持”的直通车模式，主要针对 10 万—300 万信贷需求，联合六大国有商业银行等提供低利率信贷产品服务。为提升“新农人”、农村实用人才等各类乡土人才金融支持，通过信贷直通车专门开展金融支持高素质农民专项行动和“头雁”信贷服务专项行动，帮助乡土人才解决农业生产经营过程中的融资难、融资贵问题。三是不断强化综合措施保障。国家乡村振兴局会同人力资源社会保障部、教育部、财政部等部门先后印发《关于切实加强就业帮扶巩固拓展脱贫攻坚成果助力乡村振兴的指导意见》《关于做好 2022 年脱贫人口稳岗就业》《“雨露计划 +”就业促进行动实施方案》等文件，进一步整合小额信贷、税收减免、就业帮扶、消费帮扶等政策，落实脱贫家庭青年、大学生、退役军人等返乡创业人员创业担保贷款贴息等金融支持、城建税等创业税收优惠和返乡创业用地优先保障等扶持政策。2021 年，农业农村部等 16 部门联合印发《关于促进退役军人投身乡村振兴的指导意见》，提供财税优惠、金融服务和用地政策等综合支持，引导退役军人投身乡村振兴。

下一步，农业农村部将立足部门职能，积极配合相关部门，充分发挥熟悉三农领域优势，参与农村金融政策制定，提升政策支持覆盖面和精准性、可持续性，助力乡土人才培育发展壮大，为全面推进乡村振兴、加快农业农村现代化提供有力人才支撑。

三、发挥乡土人才独特作用，使乡土人才人尽其才

近年来，农业农村部落实党中央、国务院相关部署，加强指导服务、推进措施落实，通过育主体、搭平台、强服务、树典型，促进各类人才返乡入乡创业创新，推动人才发挥作用，实现人尽其才。一是培育农村创业创新主体。2020 年，与国家发展改革委等 8 部委印发《关于深入实施农村创新创业带头人培育行动的意见》，争取

到 2025 年，培育农村创业创新带头人 100 万以上，基本实现农业重点县的行政村全覆盖。2022 年起，会同财政部启动实施乡村产业振兴带头人培育“头雁”项目，力争用 5 年时间培育一支 10 万人规模的乡村产业振兴带头人“头雁”队伍，带动全国新型农业经营主体形成“雁阵”，夯实乡村振兴人才基础。二是搭建农村创业创新平台。公布《全国农村创业园区（基地）目录（2021）》，向社会各界推介了 2210 家承载力强、功能全面、服务优质的农村创业园区（基地），吸引更多人员返乡入乡创业。开展全国农村创业园区（基地）观摩交流活动，提高园区（基地）服务能力。2017—2021 年，连续五年举办全国农村创业创新项目创意大赛，搭建了政策宣讲平台、成果展示舞台、励志故事讲台、创意比拼擂台。三是强化农村创业创新服务。发挥县乡行政服务大厅就业创业服务窗口和政府门户网站作用，为返乡创业人员提供政策清单、申办流程等“一站式”服务。充分利用互联网开展农村创业创新线上培训，通过线上线下两类培训渠道，培训各类农村创业人员超 1150 万人，创业技能得到显著提升。四是加强典型选树，拓展人才评价激励平台。开展“全国农业农村劳动模范和先进工作者”评选表彰、“全国十佳农民”遴选资助等活动，激励广大农业农村人才奋发有为、干事创业。组织举办全国农业行业职业技能大赛，搭建农业技能全国性竞赛平台，创新赛项设置，带动更多劳动者学习技能、掌握技能，着力挖掘培育乡村能工巧匠。

下一步，农业农村部将深入实施农村创业创新带头人培育行动和乡村产业振兴带头人培育“头雁”项目，培育一批扎根乡村、服务农业、带动农民的人才队伍。精准实施人才评选表彰、遴选资助，加强人才典型选树和宣传引导，激励引导更多人才投身乡村振兴，服务三农发展。

四、建立乡土人才培养机制，使乡土人才源源不断

近年来，有关部门持续加大工作力度，创新培养模式，完善培养

机制，不断推进乡村人才振兴落实落地。一是实施百万高素质农民学历提升行动计划。2019 年，农业农村部联合教育部印发《关于做好高职扩招培养高素质农民有关工作的通知》，针对引导农民参加高职扩招明确了一系列支持政策，为乡村一线在岗从业者在更高层次接受系统职业教育提供了便利。截至 2021 年底，全国 150 家涉农职业院校共培训高素质农民 5.8 万人。二是推介乡村振兴人才培育优质校。2021 年，农业农村部联合教育部从全国遴选推介百所乡村振兴人才培养优质校和农业科研院所，82 所涉农高职、中职院校进入推介名单。各优质校聚焦乡村人才振兴需求，优化学科专业布局结构，创新人才培养模式，形成与产业链紧密联系的技术技能人才培养培训机制，为乡村振兴人才培养做出积极贡献。三是深化产教融合，建立中国现代农业校企联盟。2014—2015 年，教育部配合原农业部在全国范围内筹建、创建中国现代农业校企联盟，先后成立了由国内著名涉农企业、涉农高职双牵头的五大职教集团。其中，现代农业职教集团已有 110 多家单位加入，其中的 26 家国家级龙头企业和 15 家上市企业是中国现代农业的领军企业。现代农业装备职教集团，目前已有 40 家企业、48 所院校、4 家科研院所单位加入。四是突出特色，精准培育适应乡村振兴需求的人才队伍。教育部精准定位产业升级需要和人才培养需求，印发《职业教育专业目录（2021 年）》，设置新型农业经营、家庭农场生产经营等专业，对接加快培育新型农业经营主体。农业农村部通过发掘认定中国重要农业文化遗产和农耕文化展示传播，加强优秀农耕文化保护传承，大力培育文明乡风。文化和旅游部开展非遗代表性传承人认定，会同教育部实施中国非遗传承人研培计划，培育优秀非遗传承人才，着力加强乡村文化旅游人才队伍建设。民政部通过连续举办易地扶贫搬迁安置社区治理示范培训班、全国“村官大讲堂”、推进建设乡镇（街道）社会工作站等，推进民政领域乡村人才队伍建设。农业农村部联合腾讯公司实施“耕耘者”振兴计划，探索治理人才培训的新方式，加强和改进乡村治理。

下一步，农业农村部将会同有关部门，继续加强农业农村人才政策创设，强化人才培养模式创新，深化人才培养体制机制改革，围绕全面推进乡村振兴、加快农业农村现代化需求，以乡村产业带头人等为重点，统筹抓好农业农村主体人才队伍建设，推动实现“乡土人才源源不断”。

感谢你们对我部工作的关心，希望继续对“三农”工作给予支持。

农业农村部

2022 年 8 月 31 日

四、社会建设

全国政协十三届五次会议第 00082 号提案

题　　　目: 关于加快解决保险机构参与长期护理保险服务的提案
主　　　办: 医保局
会　　　办: 工业和信息化部　民政部　银保监会
提 案 形 式: 个人提案
第一提案人: 周延礼
内　　　容:

我国老龄人口规模大，老年人护理服务供给总体不足与需求不断增长之间的矛盾日渐突出，加快解决保险机构参与长期护理保险问题，弥补供给不足的短板，切实提升老年人群的生活质量，是急需解决的问题，需要政府部门高度关注。

为应对人口老龄化带来的老年护理保障问题，发达国家陆续建立护理保险制度化解长期护理负担风险。20 世纪 70 年代中期，美国开展了商业性的长期护理保险业务以减轻个人护理费用支出压力。德国和日本先后于 1993 年和 2000 年颁布护理保险法，通过立法的形式将长期护理保险纳入社会保障制度框架。虽然我国陆续开展长期护理保险试点政策，但由于没有制定统一的商业保险机构参与的制度框架，各试点城市在保障范围、受益人群、保障水平、评估标准、筹资渠道、筹资标准、服务项目、经办管理等方面存在一定差异性，制度公平性和持续性问题突出。

老年人养老方式和失能状态的复杂性决定了其护理服务需求的多样性。根据中国保险行业协会和中国社会科学院人口与劳动经济研究所联合发布的《2018—2019 中国长期护理调研报告》，调查发现：

60%—70% 的失能老人需要对住宅进行适老化改造，或配备生活辅具；中度失能老人最短缺的第三方服务包括协助服药、护理尿管、按摩推拿等医疗护理服务，以及做饭和送餐服务；重度失能老人购买第三方服务的意愿也十分强烈。但目前专门提供养老护理服务的机构较少，存在服务面窄、设施数量不足、服务资质低等问题，同时由于服务专业标准和操作规范不完善，具有长期护理资质的专业护理人员更是匮乏。为此，建议如下：

一、加快制定商业保险参与长期护理保险的制度规范

促进养老护理体系与经济社会的协调发展，需从国家战略层面统筹解决关系老年人护理的问题。具体建议：

一是参考日本、德国将长期护理保险纳入社会保障制度框架，相关政府部门尽快研究出台相关制度规范，明确长期护理商业保险参与的制度、定位与发展方向。

二是建立全国统一的等级评定和需求评估标准，管理规范，逐步完善多渠道筹资机制，扩大保障范围，保证其可持续发展。

三是鼓励商业保险机构参与养老护理产业发展，逐步提高商业保险服务老年护理问题的能力，满足老龄化现象带来的长期护理保险需求。

二、不断完善保险机构参与养老护理服务体系

借鉴各国先进经验和模式，探索分级养老护理机制，逐步形成以“居家护理为基础，社区服务为依托、机构护理为补充”的无缝衔接养老护理服务体系，商业保险机构可探索参与相关领域的服务。具体建议：

一是对健康老人，采用居家养老方式，以自理和家庭照顾为主，社会组织服务为补充；

二是对部分失能、但有一定自理能力的老人，采用社区养老护理方式，由政府搭建社区服务网络，社区服务组织上门提供专业化的生活照料与护理服务，协助家庭照顾护理；

三是对丧失自理能力的老人，采用机构养老护理方式，入住专业

老年护理机构，并由专业护理人员提供生活照料、医疗、护理、康复、精神慰藉等全面服务。

三、推动科技 + 保险服务智慧养老护理服务

按照“政策引导、政府扶持、社会兴办、市场推动”原则，促进护理产业发展。保险机构可探索基于数字化、智能化、网络化等技术手段创新养老护理产业的新模式，提高护理服务的便捷性和针对性。

一是将护理设备研发、生产纳入国家重点支持的产业目录，鼓励护理设备和技术的更新；

二是大力支持发展各类养老护理服务机构，通过政策引导，鼓励社会资本投资兴办以老年人为对象的护理服务业务；

三是加快培养专业的护理人员，鼓励下岗、失业人员参与养老护理工作；

四是推动智慧养老护理，促进人工智能等新一代信息技术和智能硬件等产品在养老护理领域深度应用。

关于政协第十三届全国委员会第五次会议第 00082 号（财税金融类 007 号）提案答复的函

周延礼委员：

您提出的《关于加快解决保险机构参与长期护理保险服务的提案》收悉，经商工业和信息化部、民政部、银保监会，现答复如下：

一、稳步推进长期护理保险制度试点

为积极应对人口老龄化，妥善解决失能人员长期护理保障问题，按照党中央、国务院决策部署，2016 年起启动长期护理保险制度试点，2018 年国家医保局成立后，继续抓好试点工作，重点围绕政策体系、标准体系、管理办法、运行机制等方面探索建立适应我国国情的长期护理保险制度。目前试点工作进展顺利，取得阶段性成效，切实减轻

了失能人员家庭经济和事务负担，促进了养老产业和健康服务业发展，推动了劳动力供给侧改革，社会各方对试点总体评价良好。截至2022 年 6 月底，长期护理保险制度试点覆盖 49 个城市、1. 45 亿人，累计有 178 万人享受待遇。

关于制度定位。在试点起步阶段，就着眼于建立独立险种，探索建立以互助共济方式筹集资金、为长期失能人员的基本生活照料和与之密切相关的医疗护理提供服务或资金保障的社会保险制度。遵循大数法则、互助共济、责任共担等社会保险制度基本原则开展制度设计。在具体探索中，坚持国家层面明确制度探索方向，做好顶层设计，各地在制度框架内因地制宜做好探索。

在多渠道筹资机制方面，试点之初我们就致力于建立互助共济、责任共担的多渠道筹资机制。国家试点政策明确职工人群筹资以单位和个人缴费为主，原则上按同比例分担；探索通过财政等其他筹资渠道，对特殊困难退休职工缴费给予适当资助；提出建立与经济社会发展和保障水平相适应的筹资动态调整机制。实践中，试点城市结合自身实际，初步探索建立了单位、个人、医保基金、财政等多渠道筹资机制，形成了基本稳定的资金来源，并明确了各方筹资责任分担。

在推进标准体系建设方面，您提出建立全国统一的等级评定和需求评估标准体系的建议，也是我们研究推进的重要工作内容。2021 年7 月国家医保局会同民政部研究出台了《长期护理失能等级评估标准》，2022 年 1 月印发配套的《长期护理保险失能等级评估操作指南》，建立了涵盖日常生活活动能力、认知能力、感知觉与沟通能力等方面的综合评估指标体系，对评估指标、评估实施和评估结果判定做了统一规定，推动建立全国统一的长期护理保险失能等级评估标准。我们正在研究长期护理保险失能等级评估管理办法，进一步规范失能评估主体、人员、流程和具体要求，探索建立全国统一的护理需求认定标准，建立失能等级、护理服务项目与待遇支付间的关联，实现精准支付，最大限度发挥基金购买效能。

在鼓励商业保险业参与方面，作为一项公共服务，积极引入社会力量参与是试点探索的重要内容和方向。在确保基金安全和有效监管的前提下，鼓励发挥商业保险机构在服务网络、专业队伍、管理手段等方面优势，承担具体经办服务，提升经办服务能力。实践探索中，大多数试点城市委托商业保险公司参与经办，并在政策制定、经办信息系统建设等方面协同发挥积极作用。

二、鼓励商业保险业参与养老护理服务体系建设

银保监会持续推进以下工作：一是鼓励支持商业保险公司参与整合护理产业链。护理产业上下游链条多、涉及面广，为打通不同链条间的相互孤立、分割状态，保险公司积极探索通过投资设立、兼并收购、战略合作等多种方式涉足护理产业相关领域，带动老年医疗、护理服务、老年科技产品等产业发展。二是加快商业长期护理保险创新试点，开展寿险责任与护理保险责任相互转换机制研究，拓宽护理资金来源。三是推进将商业长期护理保险纳入税优健康保险范畴，提升商业长期护理保险吸引力，扩大商业长期护理保险产品的市场供给。四是鼓励保险公司研究开发适合居家、社区及机构护理等与护理服务相结合的商业长期护理保险产品，满足参保人多样化需求。

三、推动养老产品及服务创新应用

工业和信息化部会同相关部门加强顶层政策设计，推动智慧健康养老产业创新发展。一是 2021 年 10 月部门联合印发《智慧健康养老产业发展行动计划（2021—2025 年）》，明确重点提升智慧健康养老产业的产品供给能力、数据应用能力、健康管理等能力。2021 年 12 月印发《“十四五”医疗装备产业发展规划》，将保健康复装备作为重点发展领域之一，并提出要推进居家社区、医养康养一体化发展，将推进居家社区级新型医疗装备发展、促进医养康养有机结合、提升老年人医疗健康服务保障能力等作为重点内容。二是 2020 年编制发布《智慧健康养老产品及服务推广目录（2020 年版）》，共遴选出智慧健康养老产品 118 项，涉及自助式健康检测设备、穿戴健康管理类设

备等，遴选出智慧健康养老服务 120 项。三是开展智慧健康养老应用试点示范工作，近年来共创建了 202 家示范企业、342 个示范街道（乡镇）、86 个示范基地和 2 个示范园区，推动智慧健康养老产业形成应用示范效应。下一步，工业和信息化部将会同相关部门编制《智慧健康养老产品及服务推广目录（2022 年版）》，重点拓展健康管理类、康复辅助器类等智能产品的供给水平，打造智慧健康养老新产品、新业态、新模式。持续推进居家社区级新型医疗装备研发生产和推广应用等。

您的建议具体明确，对我们工作具有指导意义。下一步，国家医保局将贯彻党中央、国务院决策部署，会同有关部门加大探索力度，进一步深化试点，加强总结评估，形成可复制、可推广的经验，力争“十四五”期间基本形成适应我国经济发展水平和老龄化发展趋势的长期护理保险制度框架，推动多层次长期护理保障体系建设，促进护理服务体系协同发展。

感谢您对医疗保障工作的关心和支持。

国家医疗保障局

2022 年 9 月 16 日

全国政协十三届五次会议第 02802 号提案

题　　　目： 关于进一步优化完善生育保险待遇的提案
主　　　办： 医保局
会　　　办： 人力资源社会保障部　国家卫生健康委　全国总工会
全国妇联
提 案 形 式： 个人提案
第一提案人： 徐　英
内　　　容：

2021 年 8 月 20 日全国人大常委会修订《人口与计划生育法》，明确了国家将采取财政、税收、保险、教育、住房、就业等支持措施，减轻生育负担。生育保险制度是社会保障制度体系中的重要组成部分，机关事业单位和企业职工已全部纳入生育保险保障范围。然而目前各地生育保险多与女职工基本医疗保险合并，并存在保障政策落实不到位和部分保险待遇亟待优化等问题。一是生育津贴、孕期医药费报销程序多、时限长。二是现行生育保险待遇难以满足实际需求。生育保险待遇目前只针对女职工个体设立，缺少婴儿、家庭和围产期的医疗保健津补贴。孕期检查保健实行最高限额政策，个人付出占比较大。农村妇女、部分灵活就业女职工尚无生育保险保障。三是因人而异的补偿报销政策体现不充分。生育保险与基本医疗保险合并，保证了分娩期间医疗服务的费用按照单病种报销结算，但忽略了孕期检查期间育龄妇女的个体差异。如生理缺陷防治费用没有专门报销政策。

为此建议：

一、依法保障，维护育龄妇女权益。一是完善《中华人民共和国女职工劳动保护特别规定》，将女职工参加生育保险作为用工单位尤其是民营企业的强制要求。二是地方要及时跟进修订符合本地区的《人口与计划生育条例》，保障优生优育、孕检、胎检及生理缺陷防治政策的贯彻落实。三是强化用人单位和女职工的法律维权意识，提高对维护育龄妇女合法权益、促进国家人口长期发展的重要性和紧迫性的认识。

二、顶层设计，构建完善生育保障机制。一是逐步扩大生育保障覆盖范围。从与用人单位建立了劳动关系的职工扩展到所有医保参保人群，设立省市试点，尝试生育保险与单纯的生育保障待遇条件脱钩，将产前检查、住院分娩和计划生育手术三项基本保障待遇都纳入医疗保险统筹支付。对农村、灵活就业育龄妇女可借鉴养老保险、医疗保险的征缴和保障经验，逐步与城乡居民医疗保险整合缴纳。二是优化生育保障福利领取流程。借鉴上海等地做法，减少审批环节，提高审批效率。三是督导民营企业关爱女职工，加强对女职工从业单位生育保险的征缴和产假、津贴等生育保障措施的落实。

三、统筹推进，提升育龄妇女的生育体验。推动卫健、医保、人社、妇联等部门实现信息共享、协同联动、共同促进优化生育保险待遇。一是结合第七次人口普查情况，进一步摸清育龄妇女底数，了解孕产妇心理、经济状况以及生育愿望。二是梳理论证适应新时期需求的孕期检查、筛查及生理缺陷防治等筛查项目，优化就诊流程。三是医保价格部门要深入调研，精准了解把握孕期筛查、基因检测等孕检项目的价格合理性，规范收费标准；详细测算孕检期间的诊疗费用，科学制定生育保险待遇政策。

四、精准施策，优化生育保险待遇。一是适度提高孕检报销限额，减轻孕妇的产检经济压力。将非孕妇主观因素，如胎停育、胎儿生理缺陷、外伤等导致的终止妊娠，纳入孕检费用报销范畴。二是强化生理缺陷防治。将胎儿生理缺陷筛查列为各级政府支持优生优育的民生实事之一，扩大免费项目种类和地域，探索施行 35 岁以上高龄育龄妇女全部筛查项目免费。三是扩大生育保险的保障范围，增加新生儿和围产期的医疗保健津补贴。建议增加围产期女职工两个月工资，作为孕产妇恢复体能、照护新生儿的母婴护理保健津贴。

关于政协第十三届全国委员会第五次会议第 02802 号（社会管理类 256 号）提案答复的函

徐英委员：

您提出的《关于进一步优化完善生育保险待遇的提案》收悉，经商人力资源社会保障部、国家卫生健康委、全国总工会、全国妇联，现答复如下：

一、关于依法保障育龄妇女权益

国家高度重视妇女权益保障工作。劳动法、就业促进法、社会保险法、妇女权益保障法、《女职工劳动保护特别规定》等法律法规明确规定了女职工依法享有的各项劳动保障权益，对女职工生育及产假期间的权益提供了较为完善的法律规定，各级人力资源社会保障部门依法对用人单位落实女职工劳动权益保护情况开展监督检查，严厉查处侵害女职工权益违法行为。2021 年 8 月，人力资源社会保障部联合国家卫生健康委、国家医保局和中华全国总工会组织开展了为期三个月的女职工产假等权益专项执法行动，共同聚焦女职工产假、哺乳时间等权益问题，排查化解突出矛盾，纠正违法行为，切实维护女职工合法权益，取得了良好效果。全国妇联立足职能，从源头参与修订完善相关法律，大力宣讲女性劳动权益法律法规政策，宣法普及妇女合法权益，为妇女就业营造公平的社会环境。国家卫生健康委组织开展第七次全国生育状况抽样调查和全国人口与家庭动态监测追踪调查，深入分析群众婚育意愿和生育行为变化，充分利用调查和各类报送数据，及时掌握出生人口数、育龄妇女数等关键指标，动态分析研判我国人口发展趋势，为三孩生育提供政策支持。

二、关于完善生育保险保障机制

根据社会保险法和生育保险有关规定，生育保险覆盖用人单位及其职工，用人单位按工资总额的一定比例缴纳生育保险费，职工个人不缴费。无论机关、社会团体和企业，招录男女职工，均应为其依法参加生育保险。生育保险通过将单个用人单位因雇佣女职工产生的生育相关费用支出在全体用人单位间分担，降低用人单位用工成本，减轻用人单位雇佣女职工的顾虑，促进男女公平就业。生育保险制度建立以来，参保规模逐步扩大，截至 2021 年底，全国参加生育保险 23752 万人，是 2012 年参保人数的 1.54 倍。从实践情况看，生育保险制度对维护职工生育保障权益、均衡用人单位负担发挥了重要作用。

对您提出的逐步扩大生育保障覆盖范围的建议，我们做了认真研究。目前，女职工、灵活就业女性和未就业女性的生育医疗费用都有相应的保障政策，女职工通过生育保险解决，灵活就业和未就业女性通过参加基本医保解决；女职工在产假期间还可以享受生育保险生育津贴待遇，作为替代性工资收入。灵活就业妇女没有稳定的劳动关系，不在生育保险的法定覆盖范围，但也要看到生育后其产后恢复客观上需要一个过程，劳动就业收入会受到影响，将其纳入生育保险范围有助于缓解其后顾之忧，目前已有地方就将其纳入生育保险参保范围开展了相关探索，今年我们已在会同国家卫生健康委等部门共同印发的《关于进一步完善和落实积极生育支持措施的指导意见》中提出有条件的地方可探索参加职工基本医疗保险的灵活就业人员同步参加生育保险。下一步，我们将加强地方经验梳理总结，积极完善生育保险政策措施，指导相关地方进行探索。

三、关于优化生育保障待遇

生育保险待遇包括生育医疗费用待遇和生育津贴。在生育津贴方面，参保女职工生育享受产假、享受计划生育手术休假期间，按规定享受生育津贴，计发标准按照所在用人单位上年度职工月平均工资确定。在生育医疗费用方面，参保女职工产前检查、住院分娩和计划生育手术等相关费用由生育保险基金按规定支付。灵活就业和未就业妇女可按规定参加职工医保或城乡居民医保，其符合规定的住院分娩等医疗费可享受基本医保相应待遇。生育保险和基本医保实行属地管理，地方按照保基本的原则，结合实际确定了相应的待遇保障水平，总体上看，能够满足参保群众的基本保障需求。同时我们也看到，随着经济社会的发展，医疗新技术快速进步，包括生育在内的医疗费用增速较快，我们将按照中央《关于优化生育政策促进人口长期均衡发展的决定》要求，研究进一步加强生育医疗费用保障，减轻妇女生育医疗费用负担。

四、关于优化经办服务流程

生育保险待遇由医疗保险经办机构办理的项目包括产前检查费、生育医疗费、计划生育医疗费、生育津贴 4 项。按照《国家医疗保障局关于印发全国医疗保障经办政务服务事项清单的通知》（医保发〔2020〕18 号）（以下简称《通知》）要求，生育保险经办所需材料和办理时限在全国已经统一规范。多数地方已实现生育保险待遇中产前检查费、计划生育手术医疗费和生育分娩住院医疗费实时结算，生育津贴通过线上申领。异地发生的生育医疗费报销按参保地要求办理，经审核无误后将政策范围内生育医疗待遇拨付至个人银行账户或参保单位账户。为提高群众办事效率，在保证基金安全的条件下，2022 年底将实现全国范围内生育保险待遇核定与支付的“跨省通办”，申请人可异地申请报销生育医疗费用，申领生育津贴，办理业务不受地域限制。

五、关于加强优生优育保障

国家高度重视优生优育工作，积极推进孕产妇及新生儿疾病筛查，健全出生缺陷防治网络，统筹推进落实出生缺陷三级防治措施。一是大力推进新生儿疾病筛查工作，为新生儿开展两种遗传代谢病（苯丙酮尿症和先天性甲状腺功能减低症）筛查、听力筛查和先天性心脏病筛查。2020 年，全国两种遗传代谢病和听力障碍筛查率分别为 98.58% 和 94.56%。截至 2021 年，新生儿先天性心脏病筛查项目覆盖

28个省（区、市），项目地区筛查率达到94.53%。各地还因地制宜，根据实际情况增加本行政区域内新生儿疾病筛查病种。二是积极推进出生缺陷综合防治工作。印发《全国出生缺陷综合防治方案》，指导各地构建覆盖城乡居民，涵盖婚前、孕前、孕期、新生儿和儿童各阶段的出生缺陷防治体系。目前全国已基本形成以基层医疗卫生机构为基础，妇幼保健机构及妇女儿童专科医院为骨干，大中型综合医院和相关科研院所为支撑的出生缺陷防治网络。全国婚前医学检查率、孕前优生健康检查率、产前筛查率、新生儿遗传代谢病筛查率、听力障碍筛查率分别达到68.4%、96.4%、81.1%、98. 6%和94.7%。三是推动完善医疗服务价格项目规范。按照以服务产出为导向、医疗人力资源消耗为基础、技术劳务与物耗分开的原则，根据孕产期诊疗和生理缺陷防治的需求和特点，完善现有相关价格项目，同时指导地方按照改革要求，优化新增价格项目管理，丰富包括孕产期诊疗在内的各类相关价格项目，保障患者及时获得更具有临床价值和成本效益的医疗服务。

您的提案内容丰富，针对性强，对我们工作很有参考价值。在当前人口老龄化程度加剧、总和生育率持续下降的大背景下，促进人口长期均衡发展，要综合施策、协同发力，完善相关法律法规，构建积极生育支持政策体系。下一步，我们将按照党中央、国务院有关决策部署，进一步完善生育保险政策措施，巩固扩大生育保险覆盖面，健全制度机制，同时积极配合相关部门深入普法宣传，引导女职工提升维权意识和维权能力，严格贯彻落实法律法规中关于女职工权益保护相关规定，切实依法维护好生育女职工产假等各项权益，促进生育政策和相关经济社会政策的配套衔接。

感谢您对医疗保障工作的关心和支持。

国家医疗保障局

2022年9月23日

全国政协十三届五次会议第 02634 号提案

题　　　目: 关于加大家政服务业发展力度的提案
主　　　办: 商务部
会　　　办: 教育部　人力资源社会保障部
提 案 形 式: 个人提案
第一提案人: 李青山
内　　　容:

随着我国经济社会的高速发展及老龄化加快，家政服务的供需矛盾十分突出。主要表现在我国家政服务的需求量日益增大，数量和质量无法满足人们日益增长的需求，月嫂保姆护工等家政工作人员难找，一直困扰着很多家庭，已引起了社会的高度关注。尽管 2020 年我国新增家政相关企业超过 79 万家，比 2019 年增长了 200%，从业者的数量也在增加，但家政服务的供需矛盾却没有缓解，主要原因有:

一是家政服务需求量较大。根据我国第七次人口普查显示，我国总人口达 141178 万人，共有家庭户数 49416 万户；其中 0—14 岁人口为 25338 万人，占 17.95%；60 岁及以上人口为 26402 万人，占比 18.70%。全国低龄、老龄人口共占比 35.8%，我国家政服务整体需求量巨大。

二是家政服务供需缺口大。我国百万以上资产的家庭有 7000 万，千万资产家庭有 400 万，亿万资产家庭有 15 万多，我国现在家政服务人员有 3000 多万，距离百万以上资产家庭的需求，供需缺口就达 3000 多万，中高端家政服务消费市场潜力巨大。

三是家政服务人员专业性较差。目前，全国 88.6% 的家政人员来自农村，普遍文化水平偏低，年龄偏大，虽在上岗前，经过一定的技能培训，但大部分从业者的专业能力偏低，80 后的从业者不足 20%，高学历高素质年轻金牌家政相当匮乏。美国有 3800 多所大学，其中 700 多所大学设有家政专业，每年有数百万年轻人在各大院校接受家政方面的训练，但我国仅有 122 所院校开设了 125 个家政相关的专业，家政专业在校生仅为 1300 多人。

建议：

一、提高行业的社会认可度。通过政策引领，规范服务，改变家政服务低人一等的错误思想观念，引导公众从专业的视角看待家政工作，彼此尊重，增加对整个行业的认可，缓解家政市场的供需矛盾，吸引更多不同学历、不同年龄、不同专业的人走进家政行业。

二、制定家政人才培养中长期规划，以应对老龄化问题。尤其是要在各大院校增设家政相关专业并扩大招生，特别是职业类院校，更要细化专业，培育高质量的家政人才队伍；要持续搞好对来自农村的文化程度较低的家政服务人员的职业培训，重视对家政服务人员的职业道德教育，培植高品质的家政人才市场。

三、健全从业者相关保障权益。出台家政行业应相应的地方法规，保障家政服务从业者的社会保障和养老保险，有收入、有保障、有尊严，才能有更多的人，尤其是更多的年轻人从事家政服务。

四、尽快出台家政服务行业标准，推动家政服务标准化。加强家政行业规范发展，规范服务价格秩序，促进家政行业协会发展。2021 年 11 月国家发展改革委、商务部、教育部等 15 部门联合印发《深化促进家政服务业提质扩容“领跑者”行动三年实施方案（2021—2023 年）》，将家政行业标准化列入其中，标准化的发展有待科学权威的行业标准尽快出台。

五、家政服务行业要推广实行职业技能等级评定，按级定酬，调动家政服务从业者积极学习，不断提高专业技能的积极性，以满足市场高品质的需求。

关于政协第十三届全国委员会第五次会议第02634号（社会管理类241号）提案答复的函

李青山委员：

您提出的《关于加大家政服务业发展力度的提案》收悉，现答复如下：

家政服务对促就业、保民生、扩消费具有重要意义。近些年来，家政服务业总体上保持较快发展，但仍存在一些短板。商务部、教育部、人力资源社会保障部等部门高度重视家政服务业工作，认真贯彻落实《国务院办公厅关于促进家政服务业提质扩容的意见》要求，多措并举推动家政服务业高质量发展。

一、推动提升家政服务行业认可度

商务部等14部门联合印发《家政兴农行动计划（2021—2025年）》（商服贸函〔2021〕512号），会同发展改革委发挥促进家政服务业提质扩容部际联席会议机制作用，多措并举提高家政行业社会认可度，带动劳动力从事家政服务。一是推动表彰奖励优秀家政从业人员。推动省级以上工会、共青团、妇联设立的评选表彰注重选树家政从业人员特别是脱贫人口、防止返贫监测帮扶对象、农村低收入人口。鼓励各地、各有关行业协会开展家政领域职业技能竞赛。鼓励各地将符合条件的获奖家政从业人员纳入高技能人才范围，并在积分落户等方面给予照顾。二是加强宣传引导。指导各地挖掘家政从业人员优秀事迹，通过各类媒体渠道持续进行宣传报道，提高家政职业美誉度和家政从业人员荣誉感。推动相关部门开展最美家政人评树等活动，邀请新闻媒体报道先进事迹。

下一步，商务部将会同相关部门加强对优秀家政服务员的表彰奖励和宣传，提高家政行业社会认可度。

二、提升家政从业人员职业技能

（一）加强技能培训。人力资源社会保障部高度重视家政服务人员培养培训和技能评价工作。一是指导各地人力资源社会保障部门贯彻落实《职业技能提升行动方案（2019—2021 年）》《关于实施康养职业技能培训计划的通知》等文件要求，加大家政服务人员职业技能培训工作力度，强化实际操作技能训练、综合职业素质培养，并将法律知识、职业道德、从业规范、质量意识、健康卫生等要求和心理学、营养学等方面的内容贯穿培训全过程，全面提升家政服务人员职业技能水平。二是建立职业技能等级制度，在家政服务行业推行职业技能等级认定，畅通从业人才职业发展通道。三是引导家政企业按级定酬。发布《技能人才薪酬分配指引》，指导员工制家政企业完善符合技能人才特点的工资收入分配制度，建立健全基于岗位价值、能力素质、业绩贡献的工资分配机制，强化技能价值激励导向。积极推行工资集体协商，引导员工制家政企业工资分配向养老、育婴、保洁等一线劳动者倾斜。教育部开展“学历证书 + 若干职业技能等级证书”（简称 1+X 证书）试点，遴选一批家政服务领域职业教育培训评价组织，发布“家务管理”“家庭保健按摩”“产后恢复”等职业技能等级证书，目前已有 14 万余名学生参与家政相关领域职业技能等级证书试点。商务部会同人力资源社会保障部、教育部等部门推进实施家政兴农行动，要求各地加大对大型家政企业和培训机构开展家政技能培训的支持力度，对补贴性职业技能培训实施目录清单管理，落实职业技能培训补贴，推动以市场需求为导向加强从业人员技能培训。

（二）强化人才培养。教育部积极出台家政领域人才培养政策，优化专业设置和教学标准，强化家政人才培养。一是积极推动将家政等人才培养写入新修订的《中华人民共和国职业教育法》，明确“国家采取措施，加快培养托育、护理、康养、家政等方面技术技能人才”。二是印发《关于教育支持社会服务产业发展　提高紧缺人才培养培训质量的意见》（教职成厅〔2019〕3 号）、《职业院校全面开展职业培训促进就业创业行动计划的通知》（教职成厅〔2019〕5 号），提出以养老、家政等紧缺领域为重点，扩大技术技能人才培养培训规模。三是持续优化专业设置。印发《职业教育专业目录（2021 年）》，新增母婴照护、婴幼儿托育等中职专业，现代家政服务与管理、婴幼儿托育服务与管理等高职专科专业，以及智慧健康养老管理、医养照护与管理等高职本科专业。指导职业院校增设家政、养老、托育等相关专业，高职专科养老服务领域、托育领域、家政领域相关专业布点数 5000 余个。2020 年以来已支持哈尔滨商业大学、无锡太湖学院等高校增设家政学本科专业。目前，全国普通高校共设有社会工作本科专业点 360 余个，家政学本科专业点 20 余个。四是完善专业教学标准。加强职业教育国家教学标准体系建设，陆续发布中等职业学校幼儿保育专业实训教学条件建设标准，高等职业学校护理、家政服务与管理、健康管理等专业教学标准。目前，正在根据新版《职业教育专业目录》修（制）订专业简介、专业教学标准、岗位实习标准等相关配套标准。五是推动课程教材体系改革。完成首届全国教材建设奖（职业教育与继续教育类）评选工作，遴选一批家政服务领域优秀教材，为职业院校、广大师生和社会学习者提供优质教学资源。实施一流课程建设“双万计划”，认定华中师范大学、龙岩学院等高校的“家庭社会工作”“家庭教育学”等相关课程为国家级一流本科课程。人力资源社会保障部指导技工院校开设家政服务专业，深入开展校企合作、产教融合，着力培养家政服务高技能人才。2018 年颁布《全国技工院校专业目录（2018 年）》，明确技工院校培养家政服务专业高技能人才的培养目标、职业能力和主要教学内容等。

下一步，教育部将继续履行法定职责，深化职业教育改革，加大托育领域技术技能人才培养力度；会同有关部门协同优化家政领域人才培养结构，引导普通高校和职业院校持续扩大专业布点和人才培养规模，分期分批发布相关专业简介和专业教学标准，遴选首批“十四五”

职业教育国家规划教材，支持各地有条件的院校面向家政领域人群广泛开展培训。人力资源社会保障部将继续指导各地技工院校做好相关专业的设置、招生和教学工作，提高办学质量，着力培养相关专业技能人才；引导家政服务企业积极开展职工培训；支持家政服务企业开展自主评价，征集遴选社会培训评价组织面向社会提供职业技能等级认定服务；指导各地在员工制家政企业落实《技能人才薪酬分配指引》，积极推动家政从业人员报酬待遇合理增长。

三、保障家政从业人员权益

人力资源社会保障部表示，按照我国现行法律规定，家政企业与从业人员建立劳动关系的，企业应依法为其缴纳养老保险费；未建立劳动关系的从业人员可自愿以灵活就业人员身份参保缴费，并且在制度设计上对该群体进行了倾斜，对选择缴费基数、缴费比例、缴费方式作了特殊规定，在待遇上保障其与参保职工享受同等权益。商务部、人力资源社会保障部等 14 部门联合印发《家政兴农行动计划（2021—2025 年）》（商服贸函〔2021〕512 号），要求各地规范员工制家政企业用工，按规定落实社保补贴等支持政策和新就业形态劳动者劳动保障政策，研究推进家政领域平台灵活就业人员职业伤害权益保障工作。鼓励有条件的地方为家政服务员提供心理咨询、法律援助等服务，改善家政从业人员居住条件。

下一步，人力资源社会保障部将持续推进养老保险制度改革，完善基本养老保险制度激励约束机制，公平有效地保障各类参保人员养老权益。商务部将继续会同相关部门实施家政兴农行动，推动加强家政从业人员劳动权益保障和关心关爱，优化家政服务员从业环境。

四、促进家政服务业规范发展

（一）完善标准规范。商务部相继制定了《家庭母婴护理服务规范》等十余项行业标准，会同相关部门加强标准宣贯，推动各地制定家政服务领域地方标准 200 余项。会同相关部门建立家政服务员分类体检制度，分类别明确了家政服务员体检的标准、项目和体检责任。发展改革委、商务部会同有关部门实施促进家政服务业提质扩容领跑者行动，印发《深化促进家政服务业提质扩容“领跑者”行动三年实施方案（2021—2023年）》，鼓励领跑城市制定家政领域地方法规标准，探索和总结有益经验。

（二）建立健全信用体系。2019年6月以来，商务部会同相关部门印发《关于建立家政服务业信用体系的指导意见》，建设全国家政服务信用信息平台，推出“家政信用查”手机应用程序并上线国务院客户端及微信和支付宝平台，会同财政部利用中央服务业资金支持各地家政服务业信用体系建设，归集家政企业信用信息和家政服务员信用信息，供消费者、家政服务企业及服务员依规查询，支持家政企业和家政服务员展示良好形象，规范家政市场秩序。

下一步，商务部将会同相关部门完善行业标准体系，加快推进家政服务业信用体系建设，促进家政服务业规范发展。

感谢您对我国商务事业的关心和支持。

商务部

2022年8月15日

全国政协十三届五次会议第 04136 号提案

题　　　目：关于健全残疾人等弱势群体社会补充保障体系的提案

主　　　办：银保监会

会　　　办：财政部

提 案 形 式：界别提案

第一提案人：农工界

内　　　容：

我国现有残疾人 8500 多万，持证残疾人 4300 万，城镇残疾人占 46%，残疾人直系亲属 2.8 亿多人，残疾人总数约占全国人口的 6% 左右，残疾人近亲属约占全国总人口的 21% 左右。近年来，残疾人事业在康复、教育、就业、社会保障、扶贫开发、服务设施等方面都取得了巨大成就。但由于种种原因，商业保险对残疾人的覆盖面还很窄，还没有充分发挥补充保障作用。残疾人群体购买力普遍偏低，理赔风险较其他人也偏高。因此，保险公司大多不愿接纳残疾人参保，即便一些商业保险允许残疾人购买，往往也会要求残疾人加费承保，或在合同中加入责任免除条款。据相关调研测算，残疾人及残疾人近亲属一般保险需求的市场份额即可达到 2800 亿左右，而目前的保险覆盖率不足 5%。尽管早在 2016 年，国务院就印发了《“十三五”加快残疾人小康进程规划纲要》，明确支持商业保险机构对残疾人实施优惠保险费率，鼓励开发适合残疾人的补充养老、补充医疗等商业保险产品，但从现状看，国内保险机构在残疾人商业保险的险种开发、购买渠道、顺利理赔等诸多方面仍有巨大提升空间。

近年来，社会各界都在对弱势群体商业补充保险进行积极探索。例如，中国残疾人联合会就在2020年与中国电子商会联合提出设立弱势群体专业性保险公司的方案：由中国残联在特需保险产品设计上给予指导，提高保险公司承保意愿；中国电子商会会员企业作为发起人，在智慧无障碍设备、智能化投保、智能化核赔等方面打造数字型保险公司。该方案同时也得到了地方政府的支持，但一直未得到主管部门的审批。

建议：

一是鼓励社会各机构积极设立以弱势群体为主要客群的专业性保险机构。专业性保险公司在产品、投保程序上可满足弱势群体的特殊需求，他们提供特需保险服务。如：特殊护理与长期护理保险、残疾人自主就业责任保险、监护人责任保险、新生儿残疾预防、精神残疾第三者伤害责任保险、残疾人人身与财产信托保险等等，并为残疾人提供专门的投保、报案、勘察、理赔及其他附加服务。建议中国银保监会对于针对弱势群体的保险机构及其特需保险产品加大支持力度，在机构设立审批、产品创新设计等环节给予优先审批、绿色通道等支持，促进保险机构为弱势群体提供更多更好的特需保险服务。

二是各级政府对弱势群体特殊保险提供适度补贴。各地可根据实际情况，对弱势群体保险公司、残疾人保险品种进行补贴、实施税收优惠等政策。如将购买特殊保险服务资金纳入年度预算，政府加强跨部门沟通，或采用保险公司优惠和弱势群体个体自付相结合的方式，加强政府购买服务的同时，最大限度缓解各地财政压力。

三是鼓励保险机构提供针对弱势群体的无障碍化、适老化服务。目前市场上大部分养老服务机构以活力老人为主要客群，针对残疾人、失能/半失能老人的专门化服务及配套设施还有所欠缺，难以实现无障碍化、适老化的全覆盖，建议鼓励保险机构利用自身资金及服务优势，针对弱势群体提供精细化适老服务。如全面提供无障碍生活设施、无障碍信息获取、园区内无障碍出行、提供无障碍设施人身保险等，最终达到硬件设施、软件服务全覆盖。让弱势群体也能享受与健全人同样的适老化服务，融入社会生活。

关于政协第十三届全国委员会第五次会议第 04136 号（社会管理类 392 号）提案答复的函

农工界：

你们提出的《关于健全残疾人等弱势群体社会补充保障体系的提案》收悉。结合我会工作，经商财政部，现答复如下：

一、关于鼓励社会各机构积极设立以弱势群体为主要客群的专业性保险机构的建议

保险是市场化的风险管理手段和机制，加强包括残疾人、老年人在内的特定群体的商业保险供给，健全弱势群体社会保障体系，是贯彻以人民为中心发展思想的重要体现。我会赞同您提出的健全残疾人等弱势群体社会补充保障体系的建议。从未来市场需求看，提升保险在专业风险领域的保障服务能力，满足人民群众日益增长的保障需求，其实现方式可以多样化，具有广阔发展空间。目前，保险法未对人身保险公司类别作出规定，人身保险公司经批准可以从事人寿保险、健康保险、意外伤害保险等有关人身保险业务，广泛服务于一般客户和特殊人群，包括残疾人、老年人等特定群体。同时人身险公司经营存在其客观规律，难以在短期内实现盈利，投资人需具有良好的持续出资能力并对市场可行性进行充分论证。因此，对设立专业服务弱势群体保险公司的建议，需在市场定位、经营可持续性、与法律法规协调一致等方面积极做好进一步研判。

二、关于各级政府对弱势群体特殊保险提供适度补贴、鼓励保险机构提供针对弱势群体的无障碍化、适老化服务的建议

银保监会坚持以习近平新时代中国特色社会主义思想为指导，认真贯彻落实党中央、国务院决策部署，以深化供给侧结构性改革为主线，

关注人民群众所需所盼，引导行业回归保障本源，加快开发适合残疾人和老年人等特定人群的保险产品，进一步满足人民群众健康、养老保障需求。

（一）持续提升弱势群体保障服务能力。银保监会高度重视对弱势群体的保险保障，积极支持和鼓励商业保险机构参与大病保险承办、基本医保经办服务、基金监管以及长期护理保险等工作，探索开展商业医疗保险产品与基本医疗保险、城乡居民大病保险、医疗救助等“一站式”结算工作，开发了涵盖疾病保险、医疗保险、护理保险、失能收入损失保险、医疗意外保险等 5 大类健康保险业务，在满足弱势群体多层次、多样化的健康保障需求方面发挥了积极作用。截至 2021 年末，健康保险保费收入 8803.6 亿元，同比增长 7.72%，为参保人积累了 1.3 万亿元的长期健康险风险准备金；共有 22 家保险公司在 25 个省（区、市）先后参与了 232 个长期护理保险制度试点项目，覆盖人群超过 1.47 亿，累计为超过 82.13 万失能人员提供了长期护理待遇。银保监会支持保险业大力发展商业健康保险，为包括残疾人在内的参保群众提供健康风险保障。

（二）持续加大财政支持弱势群体保障力度。近年来，我国不断健全扶残助残政策体系，提高对弱势群体的帮扶保障水平。福利补贴方面，已实现老年人福利补贴制度省级全覆盖，截至 2021 年底，387.6 万特困老年人被纳入政府供养范围。医疗保障方面，已建立起以职工医保、城乡居民医保为主体，企业补充医疗保险、城乡居民大病保险为补充，城乡医疗救助为托底的基本医疗保障制度体系，残疾人等弱势群体参保即可获得基本医疗保险。在此基础上，城乡居民大病保险对参保居民因大病发生的经基本医保报销后需个人负担的合规高额医疗费用给予补偿，同时财政部鼓励地方探索向困难群体适当倾斜的具体办法。养老保障方面，已建立起地方政府为重度残疾人等弱势群体代缴城乡居民基本养老保险费的制度。在残疾人康复等方面，中央财政通过残疾人事业发展补助资金（含中央专项彩票公益金），支持地方开展残疾人康复、托养、家庭无障碍改造等扶残助残工作。其中，2021 年下达资金 37.95 亿元，2022 年下达资金 38.49 亿元。下一步，财政部将在工作中统筹研究相关政策，进一步助力支持完善弱势群体保障体系。

（三）持续完善服务弱势群体相关制度。银保监会引导保险业深化供给侧结构性改革，出台《中国银保监会办公厅关于进一步丰富人身保险产品供给的指导意见》（银保监办发〔2021〕107 号），指导行业深入服务社会生产生活各领域，增强个性化、差异化、定制化产品的开发能力，进一步丰富优质人身保险产品供给，不断满足人民群众多样化保险保障需求。支持保险业为康复辅助器具研发和使用提供保障，在新修订的《健康保险管理办法》（中国银行保险监督管理委员会令 2019 年第 3 号）中，医疗保险的支付范围从过去的"医疗费用支出"修改为"医疗、康复费用支出"，支持保险公司创新产品设计，将康复辅助器具配置费用纳入支付范围，减轻包括困难残疾人在内的参保人群医疗负担。加强与国家卫生健康委、国家医保局等部门的沟通配合，加快商业长期护理保险创新试点，开展寿险责任与护理保险责任相互转换机制研究，积极推动保险行业参与长期护理保障体系建设，参与修订完善全国统一的失能鉴定和等级评定标准、护理服务标准规范和评价体系等相关标准，共同推动形成符合我国国情的长期护理保险制度框架。

下一步，银保监会将进一步认真贯彻落实党中央、国务院决策部署，有效防范化解风险，激发市场活力，依法推进法人机构准入，完善行业主体结构，推动保险业为进一步助力完善弱势群体社会保障机制贡献力量。

感谢你们对银行业保险业监管工作的关心与支持！

中国银保监会

2022 年 7 月 22 日

全国政协十三届五次会议第 03807 号提案

题　　　目： 关于建立交通工具上医疗急救的常态化机制的提案
主　　　办： 交通运输部
会　　　办： 国家卫生健康委　铁路局　民航局　国铁集团
提 案 形 式： 个人提案
第一提案人： 敖虎山
内　　　容：

近年来，飞机、高铁等交通运输工具上时有乘客突发疾病，承运方经常会紧急广播寻找医师乘客进行协助。有的时候能找到医师乘客开展急救，有的时候找不到医师乘客，或者找到的医师乘客不是突发疾病的专业领域。这种做法有很多不确定性，给突发疾病的乘客生命安全带来较大风险。

法律规定承运人在运输过程中的救助义务。

《民法典》第八百一十九条规定：承运人应当严格履行安全运输义务，及时告知旅客安全运输应当注意的事项。旅客对承运人为安全运输所做的合理安排应当积极协助和配合。

《民法典》第八百二十二条规定：承运人在运输过程中，应当尽力救助患有急病、分娩、遇险的旅客。

《民法典》第八百二十三条规定：承运人应当对运输过程中旅客的伤亡承担赔偿责任；但是，伤亡是旅客自身健康原因造成的或者承运人证明伤亡是旅客故意、重大过失造成的除外。

如果承运人对患有急病 、分娩、遇险的旅客不予救助，因其不作为即可被要求承担民事责任。以上同时也是承运人的安全运送任务，即运输合同生效后，承运人负有将旅客安全送达目的地的义务，即在运输中承运人应保证旅客的人身安全。对旅客在运输过程中的伤亡，承运人应承担损害赔偿责任。但伤亡是旅客自身健康原因造成的或者承运人证明伤亡是旅客故意、重大过失造成的除外。这种免责事由的规定，说明承运人应对旅客的人身伤亡承担无过错责任。

因此，从更好地保障乘客生命安全角度，建议建立交通工具上医疗急救的常态化机制。

一是做好急救用品配备。交通运输管理部门应会同卫生健康部门，明确规定承运方应配备常用的、必需的急救设备、器械、药品等具体目录，建立配备制度，督促检查落到实处，并能定期更新维护，以便随时应急之用。

二是做好人员培训。承运方相关工作人员应定期接受正规的医疗急救培训和考核，掌握必备的急救知识和技术。同时要进行定期复训，避免因技术生疏而影响救助。

三是设置专业急救岗位。建议在交通工具中设置急救岗位，可由安全保卫人员同时兼任急救人员。该人员必须经过严格的专业化的急救培训，不仅能科学施救，同时在紧急时刻能最快组织整个急救工作，包括调配人员组织急救、安排转运、联络急救中心等。

四是建立急救志愿医师制度。建立全国范围内的急救志愿医师制度，对愿意参与现场急救的医师的基本情况、擅长的专业等进行注册备案和签订协议，颁发志愿医师证。并与交通运输部门实现信息共享。承运方能及时了解每个航班、车次上是否有、有多少志愿医师情况，便于遇到紧急情况能准确地通过信息共享平台定位到人。参加该制度的志愿医师在每次出行时要随身携带简单的急救工具，承运方也要允许志愿医师携带急救工具。同时交通运输管理部门给予志愿医师一定的积分、打折、升舱等奖励措施作为鼓励。

关于政协第十三届全国委员会第五次会议第 03807 号（工交邮电类 424 号）提案答复的函

敖虎山委员：

您提出的《关于建立交通工具上医疗急救的常态化机制的提案》收悉。我部高度重视，经会商国家卫生健康委、国家铁路局、中国民用航空局，中国国家铁路集团有限公司，现答复如下：

按照党中央、国务院关于全面推进健康中国建设、加快建设交通强国的决策部署，我们始终坚持人民至上、生命至上，加快推进建设与经济社会发展水平及人民出行健康需求相适应的交通运输行业应急救护能力，助力健康中国建设，努力建设人民满意交通。在交通工具医疗急救机制建设方面，我部将“推广普及交通医疗急救箱伴行计划”列入了 2021 年交通运输更贴近民生实事，联合国家卫生健康委、中国红十字会总会等 8 部门发布《关于推广普及交通医疗急救箱伴行计划的指导意见》（以下简称《指导意见》）。在《指导意见》推动下，按照属地主导、行业推进的原则，地方政府发挥主导作用，交通运输部、国家卫生健康委等部门加快业务指导，交通运输医疗急救工作取得了阶段性成果。

急救用品配备：

一是按照《指导意见》的工作目标及重点任务分工，2021 年 12 月我部联合国家卫生健康委印发《交通医疗急救箱配置标准指导目录（试行）》，明确了公众型、专业基础型和专业加强型三类急救箱的标准、使用场景、人员及环境等，逐步推进实现国内省会城市主要铁路客站、一级汽车客运站、高速公路服务区和收费站、中心城市轨道交通车站（不含有轨电车车站）、全国日均客流量 2000 人以上的港口客运站，以及渤海湾、琼州海峡、长江三峡库区水域省际客运航线客（滚）船，各类交通执法车（船）按照实际配置不同类型的医疗急救箱。二是2020年国家卫生健康委联合我部等8部门印发了《关于印发进一步完善院前医疗急救服务指导意见的通知》（以下简称《通知》）明确提出要提高自动体外除颤器（AED）配置水平，完善公众急救支持性环境。同时，2021年国家卫生健康委印发《公共场所自动体外除颤器配置指南（试行）》，从技术层面明确了AED规划配置、安装要求，为科学规范铺设提供技术依据。三是健康中国行动推进委员会办公室于2022年5月联合我部、教育部等13部门印发了《关于开展“关爱生命救在身边”活动的通知》，提出到2022年底，机场、客运列车、地铁站等场所急救箱配备全覆盖，AED、救护一体机等配备率持续提升。四是民航行业依照《大型飞机公共航空运输承运人运行合格审定规则》（交通运输部令2021年第5号）明确了机载应急医疗设备配备包括急救箱、应急医疗箱、卫生防疫包等，并对每种设备规格及使用方法提出了要求。五是铁路行业已在各站车单位配置了红十字药箱。

人员培训及专业急救岗位设置：

一是按照《指导意见》精神，各地卫健部门与红十字会协调配合，统一急救知识与技能培训要求，统筹安排培训任务。目前已分级分批启动客流密集交通运输场站的人员应急救护技能培训。二是《通知》明确提出各地要建立辖区公众急救培训管理体系，整合急救中心、红十字会、公立医院及社会化培训机构等多方力量，开展针对社会公众的心肺复苏等基本急救技能培训。探索将急救常识和基本急救技能培训内容纳入公共交通等重点工作人员在岗培训。同时，国家卫生健康委通过视频课程、组织专家力量在各类媒体平台持续宣传院前急救知识与基本技能，加强公众急救知识技能普及。三是健康中国推进委员会办公室《关于开展“关爱生命救在身边”活动的通知》明确了关于交通运输从业人员应急救护培训，壮大群众性应急救护志愿队伍的活动目标。四是道路运输方面，我部联合公安部等部门印发了《道路旅客运输企业安全管理规范》（交运发〔2012〕33 号），明确客运企业客运驾驶员岗前培训主要内容包括伤员急救常识等安全与应急处置知识。同时，联合公安部修订发布《机动车驾驶培训教学与考试大纲》，进一步明确了紧急情况应急处置知识教学要求。此外，我们组织编写配套规范化系列教材《安全驾驶从这里开始》，明确了伤员急救知识等。2017 年我部印发《城市公共汽车和电车客运管理规定》（交通运输部令 2017 年第 5 号），明确运营企业应对城市公共汽电车客运驾驶员、乘务员进行有关安全防范和应急处置等基本知识与技能的培训和考核。五是民航行业依据《大型飞机公共航空运输机载应急医疗设备配备和训练》（AC–121–102）制定机组成员对紧急医学事件的处置程序和训练大纲并开展训练。经训练的机组成员在飞机上出现紧急医学事件时，可有效配合专业医务工作者进行应急处置工作。六是铁路行业已在各站车单位配置了红十字应急救护员，定期开展岗前培训、复训和应急演练。对患病旅客尽最大可能提供应急救护、协调转运绿色通道，配合现场寻找医生抢救，在前方有条件车站下交 120 救护车送院治疗。

建立急救志愿医师制度：

《指导意见》、健康中国推进委员会办公室《关于开展“关爱生命救在身边”活动的通知》都明确提出了实现应急救护志愿服务队伍不断发展壮大的工作目标。一是民航部门指导航空公司自主开展了相关有益探索。例如东方航空公司自 2017 年在上海市人民政府的关心及民航华东地区管理局、上海市卫计委、团市委等各方支持下，与上海医师志愿者联盟签署共建合作协议，启动“东航空中医疗专家”项目，目前已拥有超过 800 名医疗急救工作者，多次及时对途中突发急病及受伤的旅客提供医疗救助服务。中国南方航空公司也开展了“南航机上医疗志愿者计划”，并对注册参与计划的医务工作者赠送南航明珠会员里程。其他航空公司也结合实际积极开展了相关工作。二是急救志愿医师制度建立仍存在信息共享技术、志愿医师出行携带医用设备与运输安全管理规定冲突、施救者获奖励后救助责任豁免等方面问题需联合多部门进行较为深入、审慎的研究。

感谢您对交通运输工作的关心和支持。对于上述工作，我部将继续加强与有关部门的沟通和协调，不断推进。

交通运输部

2022 年 6 月 20 日

全国政协十三届五次会议第 00616 号提案

题　　目： 关于提升我国城市地下半地下空间灾害防救能力的提案
主　　办： 应急部
会　　办： 住房城乡建设部
提案形式： 个人联名提案
联名人数： 8
第一提案人： 张利荣
联名提案人： 程仕鹏　王光贤　陈　霞　刘　宁　黄浩涛　徐洪刚　余兴安　张顺洪
内　　容：

地下半地下空间是人工在地表下开创的新空间，是城市巨大的特殊空间资源，国内外都大力开发利用。我国从 20 世纪 50 年代起步，随城市化呈规模发展态势，截至 2020 年底，城市地下空间累计建设 24 亿平方米，仅 2020 年新增就达 2.59 亿平方米，占同期城市建筑竣工面积约 22%，下穿式立交桥占已建立交桥的 75%以上，业已成为地下半地下空间开发利用大国。

一、地下半地下空间是灾害多发领域

地下半地下空间是一个建置在地基之中的特殊空间，易发生地质灾害、火灾、水灾、施工事故、中毒窒息等灾害。建设阶段，由于水文地质、地下结构、地面建筑交互作用及受力变化复杂等影响，易发生安全生产事故。运营阶段，一方面是受洪涝、地质灾害和地震等自然灾害威胁，另一方面是存在结构失效、渗透破坏、火灾、电力中断、有害气体及设备设施运行失控等安全事故隐患。2020 年，仅地下空间就发生灾害与事故237起，导致89人死亡、77人受伤。由于城市地下半地下空间快速增长，“十三五”期间其灾害与事故呈小幅上升趋势。

特别的是，地下半地下空间是城市的新洼地，易受暴雨洪涝灾害侵袭，济南“7·18”、北京“7·21”、郑州“7·20”等特大暴雨，都致使地铁、下穿式立交等地下半地下空间大量积水，引发城市大面积瘫痪和重大人员伤亡。

二、我国地下半地下空间致灾主要原因

一是灾害规律不识。我国开发利用地下半地下空间时间不长，对其遭受灾害的特点规律认识不深，部分工程设计灾害防救考虑不充分，运营管理应急能力建设有缺失。

二是安全权责模糊。我国地下半地下空间产权属性及管理主体多元化，致使安全管理责任主体不明确。同时，地下半地下空间安全管理法律法规还不健全。

三是抢险救援困难。地下半地下空间相对封闭隐蔽、情况复杂，进出通道有限、交通困难，灾害扩散迅速，灾情侦测难度大，通信不畅，抢险救援困难。救援人员触电身亡不是孤例。

四是应急准备不足。地下半地下空间的灾害救援专业特性很强，目前其救援预案、监测预警、快速响应、救援力量、救援技术、救援物资等方面都存在缺项或不足。

五是防灾培训不够。地下半地下空间运管关键人员缺乏应对灾害的专项培训，市民自救互救能力不强，有的不能果断在暴雨积水路段弃车逃生。

三、提升地下半地下空间灾害防救能力的建议

（一）提高认识，将地下半地下空间作为城市灾害防救的重要领域。坚持统筹安全与发展，推进安全型地下半地下空间建设，推动由末端救灾向前端防治转变。健全完善地下半地下空间管理法规制度体系，明确安全责任主体，解决管理缺位等问题。

（二）深化研究，提高地下半地下空间工程防灾标准。加强地

下半地下空间灾害特点规律研究，提高其防灾标准，规范其应急通道和安全警示设置，提升工程自身抗灾和应急能力，努力实现本质安全。如提高地下半地下空间进入通道的防汛标准，提高防水排涝设施能力和可靠性；如在下穿式立交桥底部醒目位置，标志谨慎行驶的黄色水位线和弃车逃生的红色水位线，并增设人员转移通道和高位避险区域。

（三）加强建设，提升地下半地下空间应急救援能力。加强属地救援队伍地下半地下空间救援能力培训，让其成为第一时间到达的救援力量；打造地下半地下空间抢险救援的战略机动队伍，让其成为驰援攻坚的专业力量。配备地下半地下空间抢险救援特种物资装备，提高救援效率。建立地下半地下空间灾害监测预警系统，提升预警能力和响应能力。

（四）强化培训，提高全民地下半地下空间应急能力。把地下半地下空间灾害防救作为应急教育的重要内容，提高群众在地下半地下空间特殊环境下的自救互救能力。加强对地下半地下空间管理使用关键人员（如地铁车长、驾驶员、安全员等）的安全技术技能培训，让其成为地下半地下空间应急处置的“第一响应人”。

关于政协第十三届全国委员会第五次会议第 00616 号（城乡建设类 014 号）提案答复的函

张利荣等 9 位委员：

你们提出的《关于提升我国城市地下半地下空间灾害防救能力的提案》收悉，经商住房城乡建设部，现答复如下：

地下半地下空间易受地震、地质灾害、洪涝、火灾和建筑施工、有毒气体等灾害事故影响，近年来，应急管理部、住房城乡建设部等相关部门将地下半地下空间防灾救灾作为重点工作之一，持续健全完善公共安全体系，制定实施法规制度、标准规范，统筹加强应急救援力量建设，强化宣传培训，提高公众防灾救灾意识，努力提升城市防灾救灾和防洪排涝能力，有效防范化解地下半地下空间重大安全风险。

一、关于将地下半地下空间作为城市灾害防救的重要领域

应急管理部通报全国防汛抗旱行政责任人名单，进一步压实城市防洪责任，目前全国 31 个重点防洪城市的行政责任人均由城市人民政府主要负责同志担任。指导各地加强城市洪水调蓄空间维护和城市河道清疏，加大城市防洪工程和防涝设施建设力度，修订完善防灾救灾预案和行动方案，做好救援物资装备准备。国家防汛抗旱总指挥部办公室指导各地深刻吸取河南郑州“7·20”特大暴雨灾害教训，对城市可能遭受的洪涝、台风、山洪等灾害防范准备工作组织汛前重点检查，及时查漏补缺、改进完善。住房城乡建设部印发《“十四五”全国城市基础设施建设规划》《建设工程消防设计审查验收管理暂行规定》，指导各地健全地下基础设施统筹规划、建设和管理机制，明确地下半地下建设工程消防技术标准，及时排查和消除安全隐患。

下一步，应急管理部将会同住房城乡建设部抓好已有政策规定的落实，协同有关部门指导督促地方推进安全型地下半地下空间建设和综合性城市基础设施安全运行监测系统建设，持续健全完善地下半地下空间管理法规制度体系，落实安全主体责任，筑牢安全管理防线。

二、关于提高地下半地下空间工程防灾标准

住房城乡建设部针对地下半地下空间工程建设运行特点和防灾减灾救灾工作要求，先后制定发布《城市地下空间规划标准》《城市地下道路工程设计规范》《地下结构抗震设计标准》《城乡排水工程项目规范》等一系列标准规范，对灾害事故防护应对提出明确技术要求，规范了地下半地下空间建筑物相关建设内容。目前，正在组织编制《城市地下空间利用协调通用规范》，拟对地下空间设施的规划、设计、施工、验收、运行、维护等方面作出强制性规定。

下一步，住房城乡建设部将督促各地抓好规范标准具体落实，进一步提高地下半地下空间防灾标准，不断增强抗灾能力。

三、关于提升地下半地下空间应急救援能力

应急管理部对标“全灾种、大应急”任务需要，督促指导各地加强地下半地下空间应急救援能力建设。一是抓好预案编制和训练演练。指导修订完善城市排水与内涝防范等应急预案和行动方案，开展针对性训练演练，联合河南省人民政府举办郑州应对特大暴雨灾害应急演练，会同吉林省防汛抗旱指挥部在长春市举办2022年城市防汛应急实战演练，进一步提高北方城市防范应对极端暴雨洪涝灾害的能力。二是健全完善监测预警机制。持续推进灾害综合风险监测预警系统建设，健全会商研判机制，协调相关部门加强城市内涝监测预警，及时准确发布灾害预警信息，为有力有序开展地下半地下空间灾害事故风险防范应对工作奠定基础。三是强化救援装备物资配备。指导各地按需配备移动泵车等专用防汛设备和水域抢险物资，指导开展人装协同训练，提升城市防洪应急管理水平。四是加强基层防范应对极端暴雨工作。国家防汛抗旱总指挥部办公室印发《关于加强基层防范应对极端暴雨工作的指导意见》，对防范极端暴雨灾害提出具体要求。

下一步，应急管理部将持续指导相关应急救援队伍配齐配强装备物资器材，加强训练演练，提升灾害事故救援响应能力和救援效率；指导地方应急管理部门建立健全灾害综合风险监测预警体系，完善信息共享和会商研判机制，推动建立完善灾害预警和响应衔接工作方案，强化应急协同联动，为防范应对地下半地下空间灾害事故提供有力支撑。

四、关于提高全民地下半地下空间应急能力

应急管理部高度重视安全宣传教育，结合全国防灾减灾日、安全生产月、全国消防日等，加大灾害事故应对知识宣传力度，编发地下半地下空间发生的典型灾害事故案例制定专项宣传方案，推动各地将地下半地下空间应急科普内容纳入科技馆常态展教内容或各专题展区。

下一步，应急管理部将以推进安全宣传“五进”为契机，加强科普教育引导，加大地下半地下空间应急能力等安全常识的宣传力度，进一步增强社会公众的安全知识和应急避险能力，最大限度保护人民群众生命财产安全。

感谢你们对应急管理工作的关心和支持！

应急管理部

2022 年 9 月 19 日

全国政协十三届五次会议第 02036 号提案

题　　　目：关于以医防融合服务为基础，提升基层公共卫生服务能力的提案

主　　　办：国家疾控局

会　　　办：教育部　国家卫生健康委

提 案 形 式：党派提案

第一提案人：民进中央

内　　　容：

新冠肺炎疫情对基层公共服务能力带来巨大考验，显示出我国部分地区基层公共卫生服务方面仍有很大不足。“医”“防”两条线、“医”“防”均弱，二者融合形神不兼备，临床与公共卫生协同不畅，严重影响基层公共卫生服务能力建设。具体表现在：

一是基层公共卫生人力资源构成欠佳。基层医疗卫生机构的公共卫生人员数量较少，且公共卫生专业人员较缺乏；从事公共卫生服务人员以初级职称为多，以中专、大专学历为主。人力资源质量不高、综合水平较低，缺乏业务熟练、经验丰富的中坚骨干力量。

二是基层公共卫生从业者存在知识与技能短板。目前大多数基层医疗卫生机构中，兼职从事公共卫生工作的护理、临床人员缺乏基础公共卫生知识的学习条件和氛围，而公共卫生专业人员又缺乏基本的临床医学知识和技能。

三是公共卫生服务与临床医疗服务信息分离。目前基层医疗卫生机构的公共卫生服务和临床医疗服务采用各自独立的信息系统，导致信息重复录入和资源浪费；基层与省、市级医疗机构也未实现信息互

联互通，部分向上转诊就医患者信息无法及时反馈至基层，影响大病、慢病的及时管理。建立统一的医防信息平台缺乏专项经费支持，无法从基本公共卫生服务经费中列支。

建议：

一、加强公共卫生专业人员队伍建设

一是设置公共卫生医师配备标准。根据基层医疗卫生机构类型及服务人口等因素，灵活设置公共卫生医师配备标准，配备相应数量的公共卫生医师。二是鼓励公共卫生人员下沉基层。建立机制鼓励和吸引专业公共卫生机构公卫医师下沉到基层医疗机构，参与基本公共卫生服务、家庭医生签约服务的工作。建立公共卫生人员驻点制度。三是加强全科医师培养。在基层建立相应的社区或乡镇示范性全科医师服务中心；联合医学高校、医学科学研究所、医学中心成立全科医学培训中心。采用多种途径分层次推进全科医师人才的培养。

二、提升基层公共卫生专业复合能力

一是加强公共卫生人员和临床人员的交叉培训。公共卫生人员加强临床医学知识的学习，应具备诊断、治疗、管理基层常见病、多发病的基本能力。临床医生应学习公共卫生知识，培养在临床中预防为主的意识和能力。建立交叉互训机制，探索临床医生在专业公共卫生机构、公共卫生人员在医疗机构的培训内容、时间、形式等。二是破除临床医学与公共卫生专业背景限制，允许公共卫生医师在一定范围获得临床处方权。三是培养基层临床和公共卫生复合型人才。鼓励高职院校与重点院校、医疗机构、专业公共卫生机构进行合作，利用好定向医学生培养制度，为基层医疗卫生机构量身定制培养既懂预防医学又懂临床医学的基层医生。四是探索专业公共卫生机构参与基层公共卫生服务。专业公共卫生机构人员可定期参与基层医疗卫生机构的基本公共卫生服务工作，如肺结核患者健康管理、突发公共卫生事件报告和处理、卫生计生监督协管等项目，以提升基本公共卫生服务的专业性。立足有效应对重大传染病和突发公共卫生事件，探索让疾控机构与医疗机构建立工作衔接联动、服务整合连续、人员柔性流动等机制，让疾控人员参与基本公共卫生服务、家庭医生签约服务，与团队人员享受同等待遇，服务收入纳入疾控机构收入。

三、加强信息化融合建设

加强信息系统改造，将医院信息系统（HIS）、电子病历、公共卫生服务、家庭医生签约、远程影像诊断等信息系统进行整合，通过统一数据标准、格式、架构、统计指标等，解决信息系统中基本医疗和基本公共卫生服务的“孤岛”现象。统筹整合医疗服务、医疗保险和公共卫生信息资源，推进基本公共卫生、基本医疗卫生服务、医疗保障待遇费用和个人健康状况等数据互联互通，为患者双向转诊、资金监管、疾病监测、群体公共卫生风险预警等提供信息支撑。

关于政协第十三届全国委员会第五次会议第 02036 号（医疗卫生类 179 号）提案答复的函

民进中央：

你们提出的《关于以医防融合服务为基础，提升基层公共卫生服务能力的提案》收悉，经商教育部、国家卫生健康委，现答复如下：

习近平总书记在全国卫生与健康大会上要求，坚定不移贯彻预防为主方针，坚持防治结合、联防联控、群防群控，努力为人民群众提供全生命周期的卫生与健康服务。2020 年 6 月，习近平总书记在北京主持召开专家学者座谈会上强调，要加强疾控人才队伍建设，建立适应现代化疾控体系的人才培养使用机制，稳定基层疾控队伍。总书记作出的一系列重要论述和指示批示，为加快推进公共卫生人才培养体系建设，推进基层公共卫生能力提升指明了方向。

一、工作进展和关于所提建议的答复

（一）关于加强公共卫生专业人员队伍建设。一是公共卫生医师配备标准。《事业单位人事管理条例》（国务院令第652号）规定，事业单位根据职责任务和工作需要，按照国家有关规定设置岗位。据此，公共卫生事业单位在备案岗位总量和结构比例内，可以按照科学合理、精简效能的原则自主设置岗位。二是鼓励公共卫生人员下沉基层。《关于改革完善全科医生培养与使用激励机制的意见》（国办发〔2018〕3号）明确规定对经住院医师规范化培训合格到农村基层执业的全科医生，可实行“县管乡用”（县级医疗卫生机构聘用管理、乡镇卫生院使用），对经助理全科医生培训合格到村卫生室工作的助理全科医生，可实行“乡管村用”（乡镇卫生院聘用管理、村卫生室使用）。中共中央办公厅《关于鼓励引导人才向艰苦边远地区和基层一线流动的意见》明确试行卫生领域引进人才“县管乡用”。三是加强全科医师培养。在高职专科医学类国控专业审批上，把面向基层培养作为增设医学类专业点的重要条件。高职专科临床医学专业顶岗实习内容包括基本医疗和基本公共卫生服务等。《普通高等学校本科专业类教学质量国家标准》明确要求医学生掌握全科医学基本知识。《关于加强医学教育创新发展的指导意见》（国办发〔2020〕34号），明确提出培养防治结合全科医学人才。

（二）关于提升基层公共卫生专业复合能力。一是为基层医疗卫生机构培养所需人才。有关部门相继印发《关于进一步做好农村订单定向医学生免费培养工作的意见》（教高〔2015〕6号）、《关于加强医教协同实施卓越医生教育培养计划2.0的意见》（教高〔2018〕4号）、《国务院办公厅关于改革完善全科医生培养与使用激励机制的意见》（国办发〔2018〕3号）、《关于做好农村订单定向免费培养医学生就业安置和履约管理工作的通知》（国卫科教发〔2019〕56号）等文件，明确提出实施农村订单定向医学生免费培养，推进基层医学全科人才培养。二是着力提高职业能力。《教育部关于职业院校专业人才培养方案制订与实施工作的指导意见》（教职成〔2019〕13号）推动职业院校开设公共卫生服务领域相关课程。三是开展疾控机构公共卫生医师规范化培训试点工作。印发试点方案和做好2018年试点有关工作的通知，启动公共卫生医师规范化培训项目，联合高校、疾控机构、医疗机构、行业协会等发挥各自优势，培养复合型人才。

（三）关于加强信息化融合建设。一是规范公共卫生信息化标准化建设。国家卫生健康委先后印发《关于加强全民健康信息标准化体系建设的意见》（国卫办规划发〔2020〕14号）和《全国公共卫生信息化建设标准与规范》（国卫办规划发〔2020〕21号），对公共卫生信息化、标准化建设提出具体要求，强化电子病历和电子健康档案标准化共享，保障医院和基层医疗卫生机构数据上报满足公共卫生信息系统需求，推动公共卫生服务与医疗服务高效协同、无缝衔接，健全科学研究、疾病控制、临床治疗的有效协同机制。依托区域便民健康信息平台，积极推动二级及以上医院、基层医疗卫生机构和各级疾病预防控制中心等专业公共卫生机构间的信息系统互通共享，建立健全基层医疗卫生机构与上级医院的联动机制，全面提升医疗卫生机构对新发传染病的预警、预测、治疗和康复能力。二是加强医疗卫生机构信息化建设标准。国家卫生健康委先后印发《医院信息平台应用功能指引》（国卫办规划函〔2016〕1110号）、《医院信息化建设应用技术指引》（国卫办规划函〔2017〕1232号）、《全国医院信息化建设标准与规范（试行）》（国卫办规划发〔2018〕4号）、《全国基层医疗卫生机构信息化建设标准与规范（试行）》（国卫规划函〔2019〕87号）等文件，明确医院与基层医疗卫生机构信息化建设标准。

二、下一步工作目标和计划

国家疾控局将会同有关部门进一步加强基层公共卫生专业人才队伍建设，不断提升基层公共卫生能力。一是加强高职层次基层医生免费订单定向培养，通过继续教育等途径，鼓励基层公共卫生人员提升学历。二是落实中央财政支持中西部农村订单定向免费本科医学生招生培养有关要求，持续为中西部乡镇卫生院补充全科医学人才。三是鼓励普通本科高校、职业院校、医疗卫生机构利用优质教育资源参与基层乡村医生从业人员教育培训，提升基层医疗卫生服务能力和执业水平。四是全面推进公共卫生信息化建设。推进公共卫生信息系统与全民健康信息平台联通，强化与相关部门的信息联通共享，与医院、基层医疗卫生机构实现数据对接共享，提高医防信息融合水平。

感谢你们对我们工作的关心和支持。

国家疾控局

2022 年 6 月 28 日

全国政协十三届五次会议第 02745 号提案

题　　　目：关于提升人民群众医疗质量获得感的提案

主　　　办：国家卫生健康委

提 案 形 式：个人提案

第一提案人：俞光耀

内　　　容：

一、背景情况

医疗质量关系到人民群众的生命安全、身心健康和生活品质。习近平总书记指出，要坚持提高医疗卫生服务质量和水平。近年来，医疗卫生事业快速发展，看病难、看病贵有所缓解。医疗卫生需求持续增长并呈现多样化、多层次特点，患者诊疗体验成为评价医疗质量的重要指标，已有城市发布医院满意度调查信息。

至 2020 年底，全国各类医疗卫生机构超过 102 万家，其中医院占 3.5%，基层医疗卫生机构占 94.8%。全国 3.5 万多家医院，民营医院占 66.5%，未定级医院占 27.5%。等级医院仅占全国医疗卫生机构的 2.5%，但诊疗人次约占 30%，入院人数占比超过 75%。医疗机构质量管理水平参差不齐是造成医疗服务不平衡不充分和诊疗体验不佳的重要原因。

人民群众对医疗服务质量的获得感与美好生活的需求存在较大差距。政府监管难以顾及全面，亟须发挥社会力量参与医疗质量共治作用，助力各类医疗机构提升以患者为中心的质量意识和全面质量管理水平，提升人民群众医疗质量的获得感。

二、主要问题

（一）全面质量管理体系建设不平衡并存在短板

医疗机构管理与监管仍侧重于规模与设施、医疗水平、诊疗质量等方面，与患者体验和满意度相关的质量目标在等级医院尚未得到充分体现，基层医疗机构以患者为中心的质量意识与能力薄弱。全面质量管理体系尚未有效覆盖全要素、全流程和全周期，未统筹兼顾诊疗质量、过程质量和体验质量。医护人员质量素养、专业化质量人才、质量管理工具应用程度参差不齐，难以促进各类医疗机构全面持续提升医疗质量。

（二）质量标准覆盖面存在缺失

行业主管部门先后建立和实施了等级医院评审等制度和标准，发布了《医疗质量管理办法》，医院质量安全管理团体标准体系正在加快建设，但尚未建立具有行业特色的医疗机构全面质量管理体系国家标准或团体标准，基层医疗机构质量管理和提升缺乏标准有效支撑，无法全面、科学地对各类医疗机构医疗质量进行评价和对比分析。

（三）质量监督与评价机制不完善

医院评审制度在提高等级医院医疗技术和管理水平等方面发挥了不可替代作用，但存在对患者主观感受关注不够和医疗机构覆盖面不足等问题，医疗资源和需求进一步向三级医院和公立医院集中。缺乏基于全面质量的需求引导机制，社会力量参与不足，第三方评价机制不完善，不利于构建分级诊疗体系、发挥医疗资源综合效能、提升诊疗体验与满意度。

三、建议

（一）加强医疗机构全面质量管理体系与能力建设

建议按照高质量发展、健康中国战略等要求，积极开展行业与国际对标，大力推进以患者为中心的全面质量管理体系建设，鼓励导入卓越绩效等先进质量管理模式。持续提高医疗技术水平；加强医护人员全面质量管理普及教育、规范诊疗行为；加强质量专业人才与复合型人才队伍建设，推广先进适用的质量管理工具方法应用；大力推进数字化与智慧医疗建设，持续提升各类医疗机构质量管理水平。

（二）完善和实施以患者为中心的质量标准

建议政府相关部门参考国际质量管理标准，借鉴发达国家医疗服务和我国相关行业质量管理标准，总结部分地区的典型经验，结合我国实际，以满足患者需求为导向，健全患者体验质量标准，加快医疗机构全面质量管理标准体系建设。面向医护和相关人员大力推进标准宣贯，让标准成为习惯，让习惯符合标准。开展标准实施效果评价，持续提高标准的科学性、实用性和先进性。

（三）发挥社会力量和专业机构作用，完善第三方评价机制

落实“放管服”要求，统筹有为政府和有效市场作用，重视发挥社会力量作用。支持专业组织开展标准化、质量培训、咨询、评价和改进等服务。逐步完善第三方评价机制，评价结果为政府采信并逐步向社会公开，促进医疗质量和监管效能提升。

通过上述措施，促进各类医疗机构高质量发展，不断提升人民群众医疗质量的获得感。

关于政协第十三届全国委员会第五次会议第 02745 号（医疗卫生类 247 号）提案答复的函

俞光耀委员：

您提出的《关于提升人民群众医疗质量获得感的提案》收悉，现答复如下：

一、工作现状和进展情况

我委高度重视医疗质量和医疗技术能力提升工作，努力构建优质高效医疗卫生服务体系，以满足人民群众对多层次的医疗服务需求。先后印发《医疗质量管理办法》《医疗质量安全核心制度》《医疗技

术临床应用管理办法》等文件，逐步健全医疗质量管理制度体系、组织体系、指标体系、监测反馈体系，为医疗质量持续改进奠定基础。在政府主导、行业推动和医务人员的不懈努力下，我国医疗质量水平和医疗技术能力不断提高，人民群众医疗质量获得感得到稳步提升。

二、关于所提建议的答复

（一）关于加强医疗机构全面质量管理体系与能力建设

2016 年，我委以部门规章形式印发《医疗质量管理办法》，完善医疗质量管理顶层设计，在国家层面建立神经系统疾病、肿瘤等 40 多个专业的国家级质控中心，国家、省、地市三级质控网络初具规模，逐步健全涵盖医疗机构、临床专科、重点病种及医疗技术的质量控制指标体系，并将相关质控指标纳入《三级医院评审标准（2020 年版）》，推动医疗质量管理工作步入制度化、专业化管理轨道。此外，我委根据质量安全整体情况，按年度发布国家医疗质量安全改进目标，指导医疗机构聚焦当前医疗质量管理领域的重点问题，开展精准改进。

（二）关于完善和实施以患者为中心的质量标准

“以患者为中心”是医疗管理工作的出发点和落脚点，我委高度重视相关工作，将“以患者为中心”的理念融入各项政策。在医院评审、公立医院绩效考核、民营医院管理年等工作中充分借鉴国际先进理念和地方先进工作经验，纳入相关要求，指导医疗机构通过加强医疗质量管理、优化诊疗服务流程、提升医疗技术能力等工作改善患者就医体验，提升人民群众的获得感、幸福感。

（三）关于发挥社会力量和专业机构作用，完善第三方评价机制

第三方评价对促进医疗机构提升医疗服务能力和医疗质量安全具有重要作用，我委积极支持第三方依法依规参与医疗评价工作。目前行业学协会、大学、研究机构以及部分国际组织已经在我国开展了丰富的医疗评价相关工作。但是，相关评价结果的科学性、准确性、权威性参差不齐，需要进一步加强管理。我委将指导相关第三方评价组织和机构，依法依规科学开展工作，逐步提升第三方评价结果的可信度，

为相关结果的应用提供保障。

三、下一步工作目标和计划

我委将认真研究、充分吸收采纳您的建议，进一步完善医疗质量管理体系建设，指导医疗机构以人民健康为中心，以满足患者需求为导向，不断提升医疗质量，满足人民群众多层次、多样化的医疗需求。

感谢您对卫生健康工作的关心和支持。

国家卫生健康委

2022 年 7 月 22 日

全国政协十三届五次会议第02801号提案

题　　　目：关于完善野生药材资源保护管理工作的提案

主　　　办：药监局

会　　　办：市场监管总局　林草局　中医药局

提 案 形 式：党派提案

第一提案人：民革中央

内　　　容：

野生药材资源是中医药生存和发展的物质基础，也是保障中药资源进化潜力、防范种质退化带来生产风险的“源头活水”。但长期以来，各地片面迎合市场需求，对合理开发利用野生药材资源重要性认识不足，无序开采导致大量野生药材资源加速耗竭，不少种类产藏量下降，有的品种甚至濒临灭绝，重产业发展、轻资源保护的问题亟待解决。造成这种现状的主要原因有：

一是有关法律体系不够健全。目前野生药材资源保护管理工作主要依据的法规是1987年国务院颁布的《野生药材资源保护管理条例》，同时《中华人民共和国野生植物保护条例》《中华人民共和国野生动物保护法》《中华人民共和国陆生野生动物保护实施条例》《国家重点保护野生动物名录》《国家重点保护野生植物名录》《国家重点保护野生药材物种名录》等也有相关规定。但这些多为行政法规和部门规章，整体法律位阶低，执行后未见明显成效，且制定时间较早，其内容已不适应当前需要。

二是现有管理模式影响保护工作效能。按照现行法规，野生动植物及药材资源的采猎、生产、经营和使用的主管部门是医药、工商行政管理部门，而保护工作则由林业、农业行政管理部门主管。产业发展与保护分属不同职能部门，而相关部门之间尚未形成联动机制，导致部分法规在实施中难以落地。

三是主管部门部分职责重叠或缺失。各主管部门分工不清晰，存在部分职能交叉、重复和遗漏现象，造成“多头管理”和“无头管理”问题。如《野生药材资源保护管理条例》中明确了国家医药管理部门、工商行政管理部门的相关职责，但国家医药管理部门已分为国家药品监督管理局和国家中医药管理局，工商行政管理部门已合并入市场监督管理局，这些调整造成部分管理职责缺失，部分地区存在药材收购商、药农无处申请野生药材资源《采药证》《收购许可证》《运输证明》等情况。

建议：

一、健全相关法律法规，确保有法可依。坚持保护与利用并重原则，健全完善野生药材资源保护管理工作法规体系。建议加快启动野生药材资源保护和开发利用的专项立法，补足环境资源保护类法律体系的短板。尽快修订《野生药材资源保护管理条例》，针对近年来政府部门调整，明确有关行政管理工作的主体，制定明晰的惩罚性条款。充分利用第四次中药材资源普查的成果，根据实际资源状况，对受保护的野生药材品种范围进行必要调整，及时增补“国家重点保护野生动（植）物名录”“国家重点保护野生药材物种名录”。

二、加强部门协调统筹，形成工作合力。强调政府主体责任，督促有关行政管理部门各负其责、密切配合，抓好工作落实。成立工作领导小组，以生态环境、自然资源、农业农村、市场监督管理、卫生与健康、工业与信息化等管理部门为成员，形成多部门联动统一的管理机制，以更好适应野生药材资源保护管理工作的需要。

三、完善工作组织体系，理顺管理职能。进一步明确相关行政管理部门在野生药材资源保护管理各环节的责任，避免部门职能相互交叉。重新明确哪些部门承担以往由“国家医药管理部门”“工商行政管理部门”承担的管理责任，避免在野生药材采猎、经营和交易等方面执法主体的缺位。

关于政协第十三届全国委员会第五次会议第02801号(医疗卫生类255号)提案答复的函

民革中央：

你们提出的《关于完善野生药材资源保护管理工作的提案》收悉，现会同市场监管总局、国家林草局、国家中医药局答复如下：

一、健全相关法律法规，确保有法可依

国家药监局高度重视中药材资源的保护和可持续利用。相继发布《中药资源评估技术指导原则》《中药新药用药材质量控制研究技术指导原则（试行）》《中药材生产质量管理规范》等相关技术文件，明确要求应处理好药材合理利用与资源保护的关系，开展资源评估，保证药材资源的可持续利用，使用源自野生动植物的药材，应符合国家关于野生动植物管理的相关法规及要求。严格限定中药新药使用源自野生动物的药材，原则上不使用源自珍稀濒危野生动植物的药材，如确需使用，应严格要求，尽早开展种植养殖或野生抚育研究，保证资源可持续利用。对于已上市中药，生产企业应重视药材资源的可持续性，推动相关药材种植养殖的研究和应用。同时，国家药监局积极推进《中药品种保护条例》《野生药材资源保护管理条例》修订，配合相关部门完善配套法规制度。

国家林草局作为野生动植物保护主管部门之一，一直十分重视法律法规建设工作，确保野生动植物保护管理有法可依。2018年10月，国家林草局发布修订后的《中华人民共和国野生动物保护法》，2021年2月和9月，国家林草局分别发布修订后的《国家重点保护野生动物名录》《国家重点保护野生植物名录》，为依法保护濒危野生中药材资源提供有力依据。国家林草局还会同相关部门发布了《关于进一步加强麝类资源保护管理工作的通知》《关于进一步加强麝、熊资源保护及其产品入药管理的通知》《关于加强赛加羚羊、穿山甲、稀有蛇类资源保护和规范其产品入药管理的通知》，会同农业农村部启动《中华人民共和国野生植物保护条例》（以下简称《条例》）修订工作，目前已完成《条例》修订草案的起草工作，下一步国家林草局将持续推进《条例》修订等相关工作，适时调整《国家重点保护野生动（植）物名录》，为濒危药用动植物资源保护提供法制保障。

国家中医药局通过开展第四次全国中药资源普查，基本摸清中药资源家底。国家中医药局将在前期工作基础上，加强与相关部委沟通协作，根据工作安排做好《野生药材资源保护管理条例》《国家重点保护野生动（植）物名录》《国家重点保护野生药材物种名录》修订工作。

近年来，市场监管总局会同国家林草局等部门持续开展以打击破坏野生动植物资源违法犯罪活动为主要内容的"清风行动"，全面禁止野生动植物非法交易，对非法从事野生动植物交易等行为，坚决依法查处。市场监管部门依据职能职责，督促和指导市场开办单位、网络交易平台落实野生动植物交易管控责任，依法依职责清理整顿野生动植物交易、经营利用场所和单位，按照职责分工依法查处非法出售、收购、运输、经营利用野生动植物行为。

二、加强部门协调统筹，形成工作合力

提案中关于加强部门协调统筹，完善工作组织体系等建议具有积极意义。野生药材资源的保护管理工作涉及农业农村、林草、市场监管以及药监等多个部门，需要建立保护工作的长效机制，形成监管合力。

近年来，为积极发挥国务院中医药部际联席会议作用，结合落实《中共中央　国务院关于促进中医药传承创新发展的意见》等任务分工，国家中医药局加强与有关部委协作，依托国家重点实验室、国家工程研究中心以及我局重点研究室等科技创新平台，在相关科研项目中布局珍稀濒危中药材人工繁育、野生抚育等相关研究和成果转化，并为相关部门政策和文件制定提供参考。国家林草局、国家中医药局、市场监管总局及国家药监局将继续按照国务院中医药工作部际协调小组、《促进中医药传承创新发展的意见》《关于加快中医药特色发展若干政策措施的通知》的分工方案和有关要求，完成部门职责，同时与其他部门形成合力，积极配合主管部门加快修订和完善野生药材保护管理有关法规，切实推行中药材产业发展工作，共同为我国中医药发展营造良好环境，提供有力支撑。

三、完善工作组织体系，理顺管理职能

《野生动物保护法》规定“国务院林业草原、渔业主管部门分别主管全国陆生、水生野生动物保护工作”，“野生动物及其制品作为药品经营和利用的，还应当遵守有关药品管理的法律法规”。《野生植物保护条例》规定“国务院林业行政主管部门主管全国林区内野生植物和林区外珍贵野生树木的监督管理工作。国务院农业行政主管部门主管全国其他野生植物的监督管理工作”。通过修订《野生药材资源保护管理条例》，进一步明确主管部门及相关管理要求，并与相关法律法规做好衔接，可避免缺位、越位等，更好促进药用野生动植物资源保护和利用。

下一步，国家药监局、市场监管总局、国家林草局、国家中医药局将按照国务院的分工方案和有关要求，根据各局工作职责，配合有关部委推进相关工作。同时依托打击野生动植物非法贸易部际联席会议制度，将野生药材资源保护管理工作与野生植物保护结合起来，实现保护与利用并重，守护好珍稀濒危野生中药材资源。

国家药监局

2022 年 7 月 12 日

全国政协十三届五次会议第 03872 号提案

题　　　目： 关于深入挖掘整理民间中医药瑰宝的提案

主　　　办： 中医药局

提 案 形 式： 个人提案

第一提案人： 董　瑞

内　　　容：

民间中医药主要指流传在民间，有一定临床实践经验积累，但未形成理论体系、未被典籍所录载、未被主流医疗体系认可，具有独特疗效的中医诊疗技术、方法、方药、文献文物和器械等。在中医药学科体系中，民间中医药是重要的组成部分，承载了民间医学的智慧结晶，以其简便易操作、成本低廉、针对性强等特点，在基层特别是广大农村的医疗实践中发挥着独特作用。

在我四十多年的从医实践中，曾拜访过近百名国医大师、全国名中医及民间老中医，他们都有一些没有记录在医学典籍中的“绝活儿”，一根银针，一把草药，一个手法，一柱艾灸便能解决很多常见病地方病，甚至疑难病。

然而近年来，民间中医药传承却陷入困境，大量民间验方和绝活儿失传，很多民间中医后继无人。主要原因如下：

一、民间中医大多文化水平不高、医学知识不系统，依靠祖传手艺治疗单个疾病，使得他们难以取得行医资格。在现代化医疗越来越普及的今天，生存空间不断萎缩，很多时候无病人可医。

二、民间中医药大多讲究父子、师徒代代相传，改革开放后我国高等教育普及率不断提高，年轻人倾向于在高校接受医学教育，愿意师承、父子传承的人越来越少，很多民间中医家里找不到愿意学习家传医术的人。

三、民间验方多为经验积累而来，缺乏药理方面的依据，加上对民间验方的收集、整理、研究力度不足，使得很多民间中医药成果无法登公立医院的大雅之堂。

党的十八大以来，以习近平同志为核心的党中央高度重视中医药事业的发展，多次作出重要指示批示，中医药守正创新，传承发展迎来了历史黄金期。特别是习近平总书记去年 5 月在河南省南阳市考察时指出，要发展中医药，注重用现代科学解读中医药学原理，走中西医结合的道路，更是为中医药事业现代化发展、走向世界把了准脉、辨了明症，开了高方。

因此，加大对民间中医药的挖掘、整理、研究、应用，传承好这一民族医药文化瑰宝，是中医药人义不容辞的责任。建议：

一、加强顶层设计，做好系统规划

要加强顶层设计，进一步明确民间中医药验方、偏方、治疗方法等在中医药学科系统中的定位，制定中长期发展布局与短期规划，细化任务举措，特别是要由各级中医药管理部门牵头成立民间中医药传承委员会，统一领导挖掘、抢救民间中医药瑰宝之工作。

目前，北京市中医管理局关于已经开始依托首都医科大学附属北京中医医院成立了北京市中医药特色技术和方药筛选评价中心，受理民间中医药特色技术和方药的挖掘、整理、筛选、评价、保护、规范和推广等工作。通过这项工作，将对北京市民间中医药进行摸底调查，形成北京市民间中医药特色技术和方药目录，命名一批特色技术医疗机构和持有人，建立一批北京市民间特色技术和方药传承基地，并开展产权保护、深入研究和传承推广工作。我感到，这一组织基本具备了专门民间中医研究机构的基础，是值得复制和推广的案例。

二、多措并举，加大民间中医药挖掘整理力度

1. 组织专家对民间中医诊所、一技之长的民间中医药工作者统一摸

底梳理，编纂有关民间中医药成果集锦，作为后续研究的基础性资料。

2. 对于确有疗效，特别是有大量案例积累、有代际传承的民间中医药工作者，在取得合法行医资质方面进行扶持。如，可由相关政府部门牵头举办专班进行培训指导，或进入专业院校进修取得毕业证书，让他们能够取得合法行医资质。

3. 研究出台民间中医药工作者献方献技的奖励政策。使他们有经济和荣誉上的获得感，真心献真方、献真术、真传承。

4. 为民间中医工作者搭建传承平台。如在部分中医医疗机构为民间中医药工作者开放专科门诊平台，确定传承人，加大抢救整理的力度。

关于政协第十三届全国委员会第五次会议第 03872 号（医疗卫生类 358 号）提案答复的函

董瑞委员：

您提出的《关于深入挖掘整理民间中医药瑰宝的提案》收悉，现答复如下：

民间医药是我国中医药的组成部分。我国民间医药源远流长，是中华民族长期以来生活实践和与疾病做斗争中积累的防病治病经验，不仅是中医药学形成的重要来源，而且不断丰富着中医药学的内容，为保障我国各族人民健康发挥了重要作用。加强民间医药工作，做好民间医药挖掘整理和总结利用，对于丰富中医药诊疗技术手段，发展中医药理论与实践，提高中医药临床疗效，将中医药原创优势转化为知识产权优势，更好地发挥中医药特色优势，更好地满足广大人民群众日益多元化多层次的中医药服务需求，都具有十分重要的意义。

一、关于“加强顶层设计，做好系统规划”的建议

《国务院关于印发中医药发展战略规划纲要（2016—2030 年）》

指出“开展对中医药民间特色诊疗技术的调查、挖掘整理、研究评价及推广应用”。《中共中央　国务院关于促进中医药传承创新发展的意见》指出“收集筛选民间中医药验方、秘方和技法，建立合作开发和利益分享机制”。“优化人才成长途径，完善确有专长人员考核办法，加大中医（专长）医师培训力度，支持中医医院设置中医（专长）医师岗位，促进民间特色技术疗法的传承发展。”《中医药法》对中医医术确有专长人员开辟了通过考核方式取得行医资格的新渠道，并将中医诊所由许可管理改为备案管理。

二、关于“多措并举，加大民间中医药挖掘整理力度”的建议

（一）高度重视民间中医药的挖掘整理。一是2011年我局印发《关于加强民间医药工作的意见》，旨在挖掘整理流传在民间、尚未得到政府指定机构认证的诊疗技术、方法、方药和器械，并加以总结规范和推广利用，设立了“民间医药现状调研与整理利用研究”项目，是以民间中医药技术调研为主，收集民间中医药技术的相关信息，重在民间医药的搜集、调查工作，建立相关数据库；二是2015年设立了“中医药传统知识保护和技术挖掘”项目，对6种民间医技的有效性开展了评价工作，重在建立民间医技规范的临床评价方法和体系；三是2017年设立了“民间中医技术及秘方调查、挖掘与整理”项目，全面开展民间中医技术及秘方的搜集、调查、考察、访谈、专家评审、临床评价及成果推广转化工作，进一步完善民间中医技术及秘方调查、挖掘整理、评审评价及转化应用的程序和方法；四是2020年，我局通过中央对地方转移支付资金1860万元，支持开展中医药传统知识收集整理工作，加快建设中医药传统知识保护数据库，起草保护名录，并向科技部推荐，将抢救性调查、挖掘民间中医特色诊疗技术及方药工作纳入2021—2025年国家科技基础资源调查专项重大需求。

（二）加强基层中医适宜技术推广。我局高度重视加强基层中医适宜技术推广。目前已建立基层常见病多发病中医适宜技术推广

省级基地 32 个，县级基地 1820 多个，并依托基地加强对基层卫生技术人员适宜技术推广培训。截至 2020 年，能够提供 6 类以上中医药技术方法的社区卫生服务中心和乡镇卫生院占同类机构总数的比例分别为 86.04%、81.03%；能够提供 4 类以上中医药技术方法的社区卫生服务中心和村卫生室占同类机构总数的比例分别为 70.94%、46.22%。

（三）积极推进中医医术确有专长人员医师资格考核、注册和执业工作。原国家卫生计生委相继以第 14 号令、第 15 号令形式发布《中医诊所备案管理暂行办法》《中医医术确有专长人员医师资格考核注册管理暂行办法》，我局联合原国家卫生计生委配套印发了《中医诊所基本标准》和《中医（综合）诊所基本标准》。中医医术确有专长的人员可按照相关规定参加省级中医药主管部门组织的中医医术确有专长人员医师资格考核，考核实行专家评议方式，突出对实践技能及效果考核。中医医术确有专长人员经考核取得医师资格后，即可在注册的执业范围内，以个人开业的方式或者在医疗机构内从事中医医疗活动。一是通过督导和培训，所有省份已启动中医医术确有专长人员医师资格考核工作，截至目前，累计考核合格 6381 人，职业注册共 1658 人。二是 2022 年 7 月，国家卫生健康委、国家中医药局联合印发《关于进一步做好中医（专长）医师电子化注册管理等工作的通知》。目前，国家电子化注册系统已经开放卫生健康委审批端、机构端和个人端权限，中医（专长）医师可在国家电子化注册系统查询信息、申请注册。三是指导安徽、江西、河南、广西、四川、贵州等 6 个省份探索开展中医医院设置中医（专长）医师岗位试点工作。四是为解决尚未纳入国家执业医师资格考试的少数民族医人员的合法行医资格问题，在贵州等省份开展探索，通过中医医术确有专长人员医师资格考核，解决部分少数民族医人员行医资格。

下一步，我局将继续推进民间中医现状调查，提出解决措施，持续加大中医适宜技术的推广力度。配合国家卫健委做好《传统医学师承和确有专长人员医师资格考核考试办法》《中医医术确有专长人员医师资格考核注册管理暂行办法》修订工作，做好民间医药的挖掘整理和总结利用，加强中医药传统知识的保护和传承。

国家中医药管理局
2022 年 10 月 24 日

全国政协十三届五次会议第 03636 号提案

题　　　目：关于开展农村心理帮扶，助力乡村振兴战略的提案

主　　　办：乡村振兴局

会　　　办：教育部　民政部　国家卫生健康委

提 案 形 式：个人联名提案

联 名 人 数：5

第一提案人：黄晓娟

联名提案人：韩鲁佳　盛颂恩　唐江澎　王本朝　赵进东

内　　　容：

心理帮扶是乡村振兴整体规划中的薄弱点，需加强落实。坚持调动广大贫困群众积极性、主动性、创造性，激发脱贫内生动力，是脱贫攻坚取得胜利的宝贵经验之一。

推进乡村振兴意义重大，在时间节点上正当其时，“十分紧迫，没有退路”。

一、问题与挑战

（一）心理帮扶工作亟须顶层设计

调研发现，农村地区对心理帮扶有着较大的需求，也在实际工作中有一些有益探索。但由于缺乏国家层面宏观规划、顶层设计的支持，缺乏相关考核指标的“指挥棒”作用，没有相关的“蓝图”与“路线表”，无论是脱贫攻坚还是乡村振兴缺乏直接明确的“心理帮扶”的内容。各级政府部门及领导对农村心理帮扶工作重视程度、推进信心与决心不一。

（二）缺少心理帮扶专项政策的支持

各部门领导与基层扶贫工作者普遍反映，当前工作中缺乏与心理

扶贫相关的政策指导、支持和保障，心理扶贫工作缺乏具体的制度指标。同时，心理帮扶工作缺少必要的资金支持，地方整体财力紧张，具体各部门缺乏专项资金来购买外界专业机构的服务。

（三）心理帮扶工作缺少人才队伍和平台

“巧妇难为无米之炊。”农村贫困地区心理服务资源匮乏，平台设备方面主要表现在基层医院缺乏心理服务机构、学校缺乏心理健康教育设备、社区缺乏社会工作室等。人才队伍方面主要表现为基层农村工作者中基本没有心理工作人员、农村中小学缺乏心理健康教师、农村地区缺乏心理帮扶人员与社会工作人员等。

（四）缺少对基层农村工作者培训等能力提升举措

从农村贫困人口工作需要而言，缺乏有关心理健康知识、国家政策方针、工作沟通技巧等全方位的深度培训，在一定程度上致使基层农村工作者心理健康素养不高，工作手段较为简单有限，群众工作的心理效应不足，无法识别与应对有心理服务需要的人员，精准帮扶的效率和质量有待进一步提高。

二、政策建议

（一）加强顶层设计，将心理帮扶纳入乡村振兴总体战略

从宏观规划与顶层设计的高度将心理帮扶明确为与“两不愁、三保障”同等重要的层次，将心理帮扶作为乡村振兴的重要内容、目标与考核指标，出台明确直接的具有引导性、鼓励性、指导性的文件与纲要。

（二）围绕重点人群，及时推出可落地、见效快、实效高的具体心理帮扶项目

目前心理帮扶的主要面向是脱贫人口。但不同的脱贫人口（如妇女、老年人、儿童、家中劳动力、易地搬迁人口等）的心理需求与特点不尽相同。因此心理帮扶应该分割受众，避免一刀切，推出不同重点群体的心理帮扶项目。提炼和推广已被证明有效地促进内生动力和心理健康提升的项目，如提升贫困人口内生动力的“爱心超市”项目、

改变贫困人口及子女固有心智模式的“成长型思维”项目等。

（三）加强农村地区心理服务资源建设，建立“永不撤退”的农村心理服务队伍

建议加强基础队伍建设，确保教育局乡镇中心小学以上学校至少配备 1 名专（兼）职心理健康教师，卫健局保障公立医疗机构至少配备 1 名精神卫生医生或培训 1 名精神卫生医务人员，在各区县（市）至少建设 1 所精神专科医院，民政局则加强完善社工队伍建设；建议组建由社会心理服务专家团队、专兼职心理服务队伍和心理服务志愿者队伍等构成的多位一体的先锋队伍，培育社会队伍，支持培育专业化、规范化的农村地区心理咨询辅导机构；建议加大对乡镇村一级心理帮扶硬件平台建设的投入力度。鼓励有条件的地方先行开展心理服务网络建设，如在乡镇试点建设心理服务室，在村试点建设心理服务站，建立农村心理服务热线，形成线上线下相结合的指导和联动网络。可依托村（社区）综治中心、社会工作室、留守儿童之家、农村学校心理辅导室等，不重复建设，重在功能集成，将心理服务平台建在老百姓的家门口，只要有需要，马上能服务；建议实施“百千万”培训计划等专项行动（即百个农村心理健康服务的督导，千个心理健康服务“种子”人才，万个能开展基本心理健康服务的人才），推进农村基层心理帮扶队伍的专业化培训，为当地培养能开展心理帮扶和心理健康素质提升的“永不撤退”的心理服务队伍。

关于政协第十三届全国委员会第五次会议第 03636 号（医疗卫生类 320 号）提案答复的函

黄晓娟等 6 位委员：

你们提出的《关于开展农村心理帮扶，助力乡村振兴战略的提案》收悉。经商教育部、民政部、国家卫生健康委，现答复如下。

一、关于加强顶层设计，将心理帮扶纳入乡村振兴总体战略

全面推进健康乡村建设是巩固拓展脱贫攻坚成果、全面推进乡村振兴的重要内容。《中共中央 国务院关于实施乡村振兴战略的意见》明确指出，强化农村公共卫生服务，加强慢性病综合防控，大力推进农村地区精神卫生、职业病和重大传染病防治。2019年，国务院成立健康中国行动推进委员会，负责统筹推进《健康中国行动（2019—2030年）》组织实施、监测和考核相关工作。相关部门印发了《关于加强心理健康服务的指导意见》《“十四五”城乡社区服务体系建设规划》等政策文件，对心理健康教育、心理健康帮扶、专业人才培养和精神卫生服务等方面工作进行了部署。

下一步，国家相关部门将进一步加强心理帮扶工作研究，完善顶层设计，健全健康教育体系，大力开展心理健康促进行动，推进以治病为中心向以健康为中心转变，指导各地加强包括农村人口在内的心理健康服务工作。

二、关于围绕重点人群，及时推出可落地、见效快、实效高的具体心理帮扶项目

国家相关部门高度关注各类重点人群心理健康问题，在心理健康和精神卫生服务领域开展多项工作。

（一）推进重点人群社会心理服务。2018—2021年组织开展全国社会心理服务体系建设试点，在各省份试点城市探索社会心理服务模式和工作机制，促进全人群身心健康，对包含农村人口在内的重点人群提供心理辅导、情绪疏解等社会心理服务。2020年，国家卫生健康委印发《社会心理服务体系建设试点地区基层人员培训方案（试行）》，拍摄培训视频，组织试点地区开展培训工作，提升试点地区基层人员心理服务能力和服务质量。落实国家基本公共卫生服务，为4—6岁儿童每年提供一次包括心理行为发育评估在内的健康管理服务，在发现有心理行为发育偏异情况时及时转诊并随访转后结果，配备接受过严重精神障碍治疗管理培训的专（兼）职人员，对严重精神

障碍患者提供健康管理服务。

（二）加强农村中小学心理健康教育。教育部将农村中小学心理健康教育作为教育工作的重要内容，推动各地深入落实《中小学德育工作指南》《中小学心理健康教育指导纲要》《教育部办公厅关于加强学生心理健康管理工作的通知》等政策文件要求。一是发挥课堂教学主渠道作用。推动各地各校将心理健康教育纳入教育教学计划，列为地方课程和校本课程。中小学心理健康教育内容主要融入道德与法治（思想政治）、体育与健康等必修课程中，在道德与法治课程设置“健康、安全地生活”“我的健康成长”“成长中的我”等专题内容，在中小学体育与健康课程中对小学、初中、高中各学段心理健康教育内容要求做了系统设计。二是加强队伍建设。指导各地各校重视心理健康教育教师队伍建设，配备专职或兼职心理健康教育教师，逐步增大专职人员配比。推动每所中小学至少配备1名专职心理健康教育教师。为帮助农村中小学心理健康教师提高专业能力和水平，在每年举办全国中小学心理健康教育骨干教师示范培训班、全国中小学心理健康教育教师网络培训班时，培训名额分配都向农村中小学倾斜。三是丰富教育渠道。注重网络新媒体传播渠道的应用，在国家智慧教育公共服务平台置顶开设“心理健康”专题，分“精品课程”“心理微课”“心灵驿站”“援助热线”四个板块进行建设，上线一批优质资源供全国师生家长学习使用，并推荐提供免费心理援助服务。针对中小学生身心特点，在国家中小学智慧教育平台设置“心理健康”专栏，从情绪调适、人际交往、学会学习、生命与成长等多个方面进行指导，帮助正确对待学习压力，客观分析挫折和逆境，促进学生身心健康成长。建立“教育部华中师范大学心理援助热线平台”“教育部华东师范大学心理援助热线平台”为全国青少年提供免费心理援助服务。四是密切家校协作。研制《家庭教育指导手册》《心理健康教育指导手册》，指导各地各校做好家校沟通工作，帮助家长树立科学的育儿理念，掌握一定心理疏导知识，帮助学生学会化解学习生活压力造成的负面影响，树立正确的世界观、人生观、价值观。指导各地各校通过家长委员会、家长学校开展中小学心理学知识普及、个性化家庭教育咨询和指导等服务，帮助家长掌握正确家庭教育理念和科学方法，营造良好家庭氛围，构建良好亲子关系。

（三）推广运用积分制。2020年，中央农办、农业农村部印发《关于在乡村治理中推广运用积分制有关工作的通知》，明确了积分制的管理方式和机制手段。2021年，农业农村部办公厅、国家乡村振兴局综合司印发《乡村治理典型方式工作指南》，进一步明确积分制基本逻辑、运用领域、运行流程、注意事项等。通过在乡村治理中推广运用积分制，进一步激发群众内生动力、养成良好健康卫生习惯。

下一步，国家相关部门将认真总结和推广心理帮扶成功经验做法，针对性研究推出更多的心理健康帮扶项目，加强农村中小学生、脱贫人口、防止返贫监测对象等重点群体心理健康教育和心理疏导，促进农村全人群身心健康。

三、关于加强农村地区心理服务资源建设，建立“永不撤退”的农村心理服务队伍

（一）提升农村地区精神卫生服务能力。一是加强精神医学专业人才培养。支持中西部省份开展精神科医师转岗培训，将精神医学专业人才培养作为“补短板、强弱项”的重要内容，将精神科专业纳入住院医师规范化培训专业目录，启动精神科住院医师规范化培训重点专业基地遴选建设工作。自2015年起，每年举办至少1期精神卫生援藏、援疆培训班，对精神卫生和心理健康相关工作人员进行培训。2019—2021年，每年举办对山西、陕西等省的精神卫生防治培训班，对当地精神卫生医疗机构、精防机构负责同志进行培训。二是加大公共卫生工作经费保障力度。中央补助地方公共卫生资金精神卫生项目，支持各地开展严重精神障碍管理治疗、社会心理服务体系建设试点和农村癫痫防治工作。国家实施基本公共服务项目，严重精神障碍患者管理作为其中的一项重要内容，可以免费获得健康管理服务。

（二）加强农村地区社会工作者队伍建设。一是实施革命老区、民族地区、边疆地区（以下简称“三区”）社会工作专业人才支持计划和社会工作服务机构“牵手计划”，通过人才选派、对口帮扶等形式，引导社会工作专业人才到“三区”和中西部的农村地区开展专业服务，充实受援地区社会工作专业人才队伍，提升社会心理服务水平。二是加强社会工作者专业培训，每年面向“三区”、定点帮扶县、西藏等地举办社会工作者能力提升培训班，在开展社区工作者大讲堂、村官大讲堂等各种示范培训时，加强对心理帮扶方面的知识培训，为开展心理帮扶提供专业人才支撑。三是推动加强社会工作专业人才激励保障，指导各地积极引导村干部、年轻党员等参加社会工作者职业资格评价，鼓励地方对通过考试的城乡社区工作者给予职业津贴，提高社会工作者到农村工作的积极性。

（三）加强农村地区心理服务平台建设。一是推进乡镇（街道）社工站建设。通过召开全国推进会、调度会、调研督导，指导各地加紧研究制定政策文件、强化资金保障、加强社会工作者使用，目前全国已建成乡镇（街道）社工站 1.8 万余个，4.7 万余名社会工作者驻站开展服务，其中大部分为乡镇（街道）本地人才，为面向农村地区开展心理服务提供了平台和人才基础。二是支持各类专业组织、机构在村（社区）综合服务设施开展社会心理服务。截至 2021 年底，全国农村社区综合服务设施覆盖率达到 76.7%，很多地方依托社区综合服务设施建设了心理咨询室，为居民提供心理帮扶。三是指导各地认真贯彻落实《关于加强社会工作专业岗位开发与人才激励保障的意见》，加大城乡社区工作岗位设置和社会工作服务机构培育力度，积极引导广大社会工作者和社会工作服务机构面向农村地区提供专业服务。

（四）发挥驻村干部宣传引导作用。2021 年，中央办公厅印发《关于向重点乡村持续选派驻村第一书记和工作队的意见》，要求对脱贫村、易地扶贫搬迁安置村（社区）等继续选派第一书记和工作队。截至 2021 年底，全国在岗驻村工作队 17.2 万个，驻村干部 56.3 万人。

驻村第一书记和工作队利用村民会议、群众培训、入户走访等时机，积极宣传健康知识，开展基本心理健康服务，帮助群众加快转变健康认知，形成更加健康的生活方式。

下一步，相关部门将继续做好社会心理服务体系建设有关工作，加大对心理健康和精神卫生服务相关工作支持力度，加强基层医疗卫生机构心理健康和精神卫生服务人员配备，发挥社会工作者、乡村干部、驻村干部等乡村人才作用，不断加强农村心理帮扶力量。

感谢您对乡村振兴工作的关心和支持。

国家乡村振兴局

2022 年 8 月 25 日

全国政协十三届五次会议第 00797 号提案

题　　目： 关于尽快制定我国儿童用药分剂量管理办法的提案
主　　办： 药监局
会　　办： 国家卫生健康委　医保局
提案形式： 党派提案
第一提案人： 农工党中央
内　　容：

儿童属于特殊群体，由于生理状况、代谢等方面的差异性，导致儿童用药与成人用药有很大区别，并且这种区别也表现在不同年龄段的儿童之间，特别是低龄儿童的用药剂量往往仅需成人的 1/3、1/5、1/7，甚至是十几分之一。“用药靠掰、剂量靠猜”的问题一直长期困扰患儿家长以及儿科医生、药师，严重影响儿童用药剂量准确，影响治疗效果，一些儿童高警示药品及治疗窗狭窄药品，如左甲状腺素钠片、华法林片、氯硝安定等，用药剂量不准确甚至有可能导致对儿童的药物伤害。

目前，国内 90% 以上的儿童用药为非儿童专用药品，儿童适宜剂型和规格严重缺乏。在药品规格不能满足临床使用时，医师、药师只能选择分剂量药品为患者使用。分剂量药品在儿童医院使用广泛，但由于缺乏相应管理办法，各地区、各医院儿童用药分剂量水平参差不齐，大部分停留在手工操作阶段。主要存在以下问题：

一是手工拆分剂量准确性难以保证。由于大部分药片、所有胶囊没有分剂量标识，特别是 1/3、1/5、1/7 等分劈属不规则分劈，更不容易把握剂量，而低于 1/5 片的分劈也不好操作，且分剂量越小结果偏差也越大，治疗效果可能受到影响，不良反应发生率也随之升高，如是高警示药物，潜在风险更高。

二是分剂量后影响药物理化性质，导致药品吸潮结块、溶出度变化，暴露不良味道，影响儿童服药依从性。由于药物分剂量后，特别是药物碾碎后，稳定性下降，再加上存储不当，容易变质、失效，影响治疗效果，对一些特殊剂型如肠溶衣片、糖衣片、缓、控释制剂等不适宜分剂量的药品分剂量后，会影响药物疗效。

三是导致药品浪费与污染环境。由于儿童药分剂量后存在大量药品结余，造成剩余药品及药品包装浪费，处理不当可能会污染土地和水源，对生物链造成不利影响，同时有流向社会，被不法分子重新贩卖的风险。

四是缺乏儿童药分剂量操作室建设标准和操作培训标准，对操作者保护不到位。目前各医院硬件、软件设施配备参差不齐，大部分缺乏洁净室、生物安全柜、粉剂分包机、3D 打印等专业设备；分剂量操作人员培训不规范，目前分剂量操作人员有药师、护师、患儿看护人等，国内尚无相关培训规程；尚未出台配套管理制度，2011 年卫生部《医疗机构药事管理规定》中提出单剂量配发药品，但未进行释义，目前仅是医疗机构对分包岗位的职责与管理要求，缺乏分剂量操作调剂 SOP 及分剂量后的药品质量标准。绝大部分患儿家长缺乏分剂量防护知识，如自行分剂量时易吸入粉尘或直接接触皮肤和黏膜，特别是拆分抗肿瘤等细胞毒性药物时，可能引起职业伤害。

五是现有药品流通政策限制。目前，国内不允许制剂中间体流通，需成品流通交易，这给大型儿童专科医院增加了大量人力成本，医药企业增加了大量包装、生产成本。

建议：

一是国家药监局、国家卫健委、国家医保局等部门尽快联合制定出台《儿童用药分剂量管理办法》。在加大研发儿童药适宜品种、剂型的同时，确保儿童用药分剂量药品准确性、稳定性，推动国内儿童用药个性化，调剂标准化、规范化、同质化。

二是借鉴国外经验，突破现有政策限制，探索药品流通使用新模式。建议制定相关配套政策允许制剂中间体、药品大包装在医疗机构使用，方便医院药品分剂量。

三是明确儿童用药调剂费，并纳入医保付费项目。由于儿童用药分剂量在国内儿童医院、综合性医院普遍存在，在药品零差价销售，无药事服务费现状下，建议制定儿童用药调剂费，纳入医保付费项目，体现专业服务价值和医院分剂量成本支出。

四是在儿童用药集中采购、价格谈判、医保准入等方面把儿童药适宜剂型、规格纳入权重系数。引导企业研发、生产适宜儿童的药物剂型、规格，从源头上减少不必要的分剂量操作，方便临床使用。

关于政协第十三届全国委员会第五次会议第 00797 号（医疗卫生类 073 号）提案答复的函

农工党中央：

你们提出的《关于尽快制定我国儿童用药分剂量管理办法的提案》收悉，现会同国家卫生健康委和国家医疗保障局答复如下：

一、关于儿童用药医保准入和集中采购

国家医保部门高度重视儿童用药保障工作。一是及时将符合条件的儿童药纳入医保药品目录。为适应儿科临床诊疗水平的提升和参保患者用药需求的变化，自 2018 年国家医保局成立以来，连续 4 年开展医保药品目录调整，及时将符合条件的儿童药按程序纳入医保药品目录。按通用名称计现行目录内儿童药总数约 600 种，覆盖肿瘤、抗感染、消化等多个治疗领域，基本能够满足参保儿童的临床用药需求。二是持续开展药品目录准入谈判，提高儿童用药可及性。支持将符合条件的儿童独家药品纳入谈判范围，阿加糖酶 α 、诺西那生钠等多个儿童用药以谈判准入的方式纳入医保目录，平均降价超 50%。通过谈判降价和医保报销，切实减轻了参保儿童的经济负担。国家医保局成立以来，积极推进药品集中带量采购，截至 2021 年底，组织开展了 6 批药品集中带量采购，平均降幅超过 50%，其中也包括部分儿童用药。

二、关于儿童用药分剂量

缺乏儿童适宜药品是全球普遍情况，美国、欧洲等国家（地区）在规范儿童用药分剂量、更好满足儿童不同年龄段不同个体单剂量用药需求方面的做法值得借鉴。据了解，美国、欧盟制定药品分剂量的指导原则或规范及共识。美国还出版基于循证基础、准确完整的临时调配配方和信息的书籍，欧盟开展儿科口服临时配制制剂的标准化项目，建立开放数据库供实践参考。欧美已上市口服液体溶媒等多种类型的临时调配载药介质。美国、英国、德国相继启动 3D 打印制剂的研究，开发了具有独特剂量、形状和口味、用药依从性更高的个性化药品。

三、关于落实儿童用药优先审评审批

国家药监局全力落实儿童用药优先审评审批政策，在审品种设立“儿童用药”特殊标识，优化审评资源配置，专人对接，加快儿童用药上市。截至 2022 年 6 月 30 日，国家药监局已完成 30 件儿童用药技术审评任务，共计 21 个品种，包含 8 个优先审评审批品种和 3 个《鼓励研发申报儿童药品清单》品种。近年获批的儿童用药，如轮状病毒疫苗、利司扑兰口服溶液用散以及化学仿制药尼替西农胶囊、氨己烯酸散、咪达唑仑口服溶液等品种的上市，填补了国内治疗药物的空白或为儿童用药提供适宜剂型，满足迫切的临床需求。

此外，国家药监局药品审评中心与国家儿童医学中心签署战略合作协议，设立“中国儿童说明书规范化项目”，开展已上市药品说明书中儿童用药信息的规范化增补工作。国家药监局创新监管手段，以儿科临床需求为导向，在充分论证基础上，采用前沿的研究方法，基于儿科临床实际用药数据，以尊重科学性确保安全性为前提合理利用真实世界证据，对已上市药品说明书增加儿童用药信息，指导临床合理安全用药。目前已公布两批修订说明书的品种名单，共涉及 8 个品种。

下一步，国家药监局将继续认真贯彻落实国务院常务会议精神，坚持以人民为中心的发展思想，在保障获批药品安全、有效、质量可控基础上，加快儿童用药审评审批。国家医疗保障局将按照有关要求，完善医保目录动态调整机制，将符合条件的儿童用药按程序纳入医保支付范围，稳步提升儿童用药保障水平。根据儿童用药特点，探索完善药品集采规则，逐步将符合条件的儿童用药纳入集采范围。为保障儿童用药安全、有效、便利，国家卫生健康委支持建立临时调配制剂的行业标准和操作指南，鼓励研发适于临时调配的口服溶媒，将积极配合相关部门加强儿童用药分剂量规范管理工作。

国家药监局

2022 年 7 月 14 日

全国政协十三届五次会议第 03826 号提案

题　　目： 关于提高儿童罕见肿瘤疾病用药可及性的提案
主　　办： 银保监会
会　　办： 民政部　医保局
提案形式： 个人提案
第一提案人： 蔡　威
内　　容：

基本情况：

儿童是祖国的未来，儿童罕见肿瘤疾病是一个家庭的灾难，且带来极大经济负担。提高该类患者诊疗和用药的可支付性，可避免出现因病致贫或因病返贫的现象。2019 年 8 月，国家卫健委联合医保局发布《关于开展儿童血液病、恶性肿瘤医疗救治及保障管理工作的通知》要求：“逐步将更多符合条件的儿童血液病、恶性肿瘤等重大疾病治疗药物纳入医保支付范围。”2020 年 2 月 25 日，中共中央、国务院印发了《关于深化医疗保障制度改革的意见》，也提出，力争到 2030 年，全面建成“基本医疗保险 + 多层次保障”的多渠道支付模式，形成多方筹资的体系。以上政策皆为提高儿童罕见肿瘤疾病患者用药可及性带来希望。

存在的问题：

一是儿童用药尤其是肿瘤用药缺乏。由于儿童药临床开发难度大、风险高、病人招募困难、扶持政策不到位等原因，严重制约儿童用药的研发与转化。我国现有儿童专用药当中，80% 是用于常见病治疗的中成药且多集中在抗感染和呼吸系统两个方面，风湿免疫、血液肿瘤等罕见病用药则明显短缺且相应已上市药品大多未列入医保，患者负担更重。以治疗儿童神经母细胞瘤的达妥昔单抗 β 为例，年治疗费用 120 万，未列入国家医保目录，患者需全部自付，负担过重，使得部分患者被迫放弃难得的治疗机会。

二是创新药给患者带来更多希望，更好疗效，但研发投入大，上市时间短，药价较高，亟须多层次保障下，多方共付的创新支付模式。随着国家对创新的重视以及受益于药品研发企业的持续投入，越来越多的重大疾病特效药成功上市，但由于新药价格较高，患者数量相对较小和受基本医保支付能力的限制，大部分患者难以通过单一支付途径获得治疗机会，急需建立由多方参与的共付机制，解决患者用药可及性问题。

解决方案建议：

基于国际经验，结合我国医保现状，给出以下建议：

一、突出惠民保公益性特征，优先纳入儿童罕见肿瘤疾病，从国家层面出台明确政策引导，地方层面积极落实执行

近年来，由医保部门参与指导的地方惠民保发展迅速，据《中国银行保险报》官方统计，截至 2021 年 6 月底，全国各地惠民保累计参保人已近 1 亿，保费筹资超 100 亿，对提升医保目录外高值罕见药品的保障形成了有力补充，作为普惠型民生保障措施，更应体现其公益性。儿童罕见肿瘤疾病多为发（患）病率或患病人数极低的小病种，对基金影响非常有限，因此呼吁更多地方应该把儿童罕见肿瘤疾病直接纳入惠民保，且给予带病体报销，增强该类疾病的公益性保障力度。

二、建立儿童罕见肿瘤疾病药品“基本医疗保险 + 多层次保障”的多渠道支付体系

响应国家对儿童罕见肿瘤疾病保障政策的号召，推动国家医保目录按基金承受能力报销部分费用。同时，推动商业保险探索基于疗效付费、量价挂钩等方式的创新支付模式，形成国家基本医保基金参与报销、商业保险及患者共同承担的多渠道支付体系，提高每一位儿童罕见肿瘤疾病患者用药的可及性。

三、建立国家儿童罕见肿瘤疾病用药保障专项帮困基金

建议国家引导社会福利机构、社会爱心人士捐款，共同建立儿童罕见肿瘤疾病保障专项基金，及时对贫困家庭用药纳入保障范围，降低患者家庭负担。

关于政协第十三届全国委员会第五次会议第03826号（医疗卫生类352号）提案答复的函

蔡威委员：

您提出的《关于提高儿童罕见肿瘤疾病用药可及性的提案》收悉。经商民政部、医保局，现答复如下：

一、关于突出惠民保公益性特征，优先纳入儿童罕见肿瘤疾病的建议

2019年以来，城市定制型商业医疗保险（各地在销售宣传中常用惠民保的名称，以下简称定制医疗保险）在多地开展起来。该类业务由地方政府指导，与基本医保紧密衔接，由保险公司商业运作。2021年银保监会出台《中国银保监会办公厅关于规范保险公司城市定制型商业医疗保险业务的通知》（银保监办发〔2021〕66号），从发挥市场机制作用服务民生保障、强化可持续经营开展专业服务、压实主体责任规范经营行为等方面进行规范。

银保监会鼓励将医保目录外合理医疗费用，健康管理服务纳入保障范围，部分项目的保险保障责任中已包含特定高额药品费用保险金和质子重离子医疗保险金，较好满足重特大疾病、慢性病、罕见病等特殊人群的健康保障需求。

二、关于建议儿童罕见肿瘤疾病药品“基本医疗保险 + 多层次保障”的多渠道支付体系的建议

医保局高度重视包括儿童在内患者的医疗保障工作。一是及时将

符合条件的儿童药纳入医保药品目录。2018 年医保局成立以来，连续 4 年开展医保药品目录调整，及时将符合条件的儿童药按程序纳入医保药品目录。按通用名统计现行目录内儿童药总数约 600 种，覆盖肿瘤、抗感染、消化等多个治疗领域，基本能够满足参保儿童的临床用药需求，其中谈判新增纳入目录的 34 个独家儿童用药大幅降价，儿童用药保障水平稳步提升。二是多措并举支持商业健康保险快速有序发展。2020 年 1 月，银保监会等多部门联合出台《关于促进社会服务领域商业保险发展的意见》（银保监发〔2020〕4 号），明确提出要扩大商业健康保险供给，鼓励保险机构适应消费者需求，提供综合性健康保险产品和服务，积极支持和鼓励保险公司参与大病保险承办，部分地区已探索开展商业医疗保险与基本医疗保险、城乡居民大病保险、医疗救助等“一站式”结算工作。

三、关于建立国家儿童罕见肿瘤疾病用药保障专项帮困基金的建议

2016 年《中华人民共和国慈善法》实施以来，民政部会同业务主管单位引导慈善组织按照宗旨和业务范围积极参与医疗救助。例如，中国人口福利基金会设立了中国大病社会救助平台，构建了政府、慈善救助力量、医疗卫生机构的沟通对接机制，为大病患者提供了救助平台；中国红十字基金会实施的“中央专项彩票公益金大病儿童救助项目”已救助全国 31 个省（市、区）及新疆生产建设兵团的大病儿童超过 6.6 万名。北京血友之家罕见病关爱中心、北京病痛挑战公益基金等慈善组织为缓解包括罕见肿瘤疾病患儿在内的大病群体面临的迫切问题发挥了积极作用。

目前我国受经济发展水平和筹资能力所限，医保基金只能用于支付符合临床必需、安全有效、价格合理等条件的药品费用，尚不能将市场上全部药品均纳入支付范围。因此对于部分价格特别昂贵的罕见病、抗肿瘤等用药，由于远超基本医疗保险保障水平，无法被纳入医保支付范围。下一步，财政部、医保局、银保监会等部门将按照深化医疗保障制度改革的总体要求，一方面，引导商业健康保险发展，更

好地实现与基本医保的衔接和互补，引导保险公司提高保障水平和服务能力，鼓励支持保险公司开发针对罕见病、抗肿瘤以及面向儿童等群体的商业健康保险产品，满足群众差异化、多样化的健康需求。另一方面，引导慈善组织在宗旨和业务范围内通过设立慈善项目、捐赠款物等方式，积极参与儿童罕见肿瘤救助活动。

感谢您对银行业保险业监管工作的关心与支持!

中国银保监会

2022 年 7 月 28 日

全国政协十三届五次会议第 04157 号提案

题　　目：关于加大对罕见病“孤儿药”保障力度的提案
主　　办：医保局
会　　办：财政部
提案形式：界别提案
第一提案人：九三学社界
内　　容：

罕见病是指发病率很低但严重危及患者健康的疾病。由于患病人数少、市场需求少、研发成本高，药企研发和供给较少，专门治疗罕见病的药品被称为“孤儿药”。因“孤儿药”研发和生产成本难以分摊，价格往往很高，如治疗戈谢病的伊米苷酶、治疗血友病的艾美赛珠单抗等，年费用均高达数百万元，导致其保障不足严重影响到药物的可及性，患者经济负担非常沉重。

一是相当比例“孤儿药”未纳入医保报销。2018 年以来，国家每年动态调整基本医保目录，通过谈判大幅度降低药价，将价格较高的独家产品纳入医保报销，显著降低了患者负担。但因“孤儿药”价格过高，相当比例的“孤儿药”谈判降价空间小，未被纳入医保报销。截至 2021 年 6 月，《第一批罕见病目录》中的 121 种罕见病，已有 40 余种对应的“孤儿药”在我国上市，其中约一半已被纳入医保目录，但仍有 20 种左右未被纳入。

二是相当比例的罕见病门诊保障不足。近年来，部分地区扩大了门诊特病保障范围，纳入部分罕见病，大幅降低患者负担，但从全国情况看，大部分罕见病仍无法享受门诊特殊病保障，需要长期门诊治疗的罕见病患者仍要承担高昂的费用。2021 年发布的《罕见病医疗援助工程多方共付实践报告》显示，患者家庭年均医疗支出 13.85 万元，而 70% 以上患者家庭年收入低于 5 万，医疗支出占家庭年均收入的 284.51%，医保报销后这一比例仍达 125%。未被纳入医保目录或门特保障的需要患者自付费用，不仅负担沉重，而且因病致贫、因病返贫风险很大。

问题的产生既有目前医保筹资水平不高、承载力不强的原因，也有认识上存在误区的原因。许多人认为罕见病“孤儿药”的年费用经常高达数十万元甚至上百万元，将其纳入医保很不经济，存在医保基金超支风险。此外，也有人担心会引起其他疾病患者的攀比，如果普遍提高保障待遇，将导致医保基金不可承受。但事实上，尽管这些药品费用很高，但由于发病率低，患者人数很少，医保基金支付的总量并不高。如对于戈谢病疗效很好的伊米苷酶，年人均药费 163 万元，现有登记患者数 422 人，一年总费用仅 6.88 亿元；又如年人均药费最高（达 722 万）的黏多糖 7 型患者仅 4 人，年人均药费达 558 万元的黏多糖 2 型患者也仅 120 人，两者年总费用 6.98 亿元；再如患病人数较多且费用较高的阵发性睡眠性血红蛋白尿，人均年费用 278 万元，根据台湾数据推算大陆约 6000 人，年总费用 166.8 亿元。这些费用占 2020 年医保筹资总额（24846 亿元）的比例很小，且医保筹资也在逐年增加，将“孤儿药”逐步纳入对医保基金影响不大。

在 2021 年 1 月召开的国务院常务会议上，李克强总理要求，研究对治疗罕见病的“孤儿药”采购作出特殊安排。为此，建议：

一是逐步将更多的罕见病“孤儿药”纳入医保报销。目前，已有多种治疗罕见病的“孤儿药”具有确切、显著的疗效，能够大幅提高患者生命质量，因此，在医保基金收支平衡的前提下，应将专门针对罕见病且可大幅改善患者生命质量的药品逐步纳入医保报销范围。

二是将部分“孤儿药”纳入药品耗材集采腾出的医保基金空间。截至 2021 年 9 月，前五批国家组织药品集采节约费用约 2500 亿元。

腾出的空间除了调价、纳入创新医疗技术外，可在不增加医保基金总体负担情况下，纳入 2—4 种新“孤儿药”。同时可参照当前北京市门诊特殊病保障的做法，根据不同“孤儿药”的实际费用，合理测算医保支付的费用标准。

三是建立罕见病“孤儿药”保障专项基金。为减少罕见病“孤儿药”对基本医保基金的冲击，避免患者之间的攀比，可建立专门针对罕见病“孤儿药”保障的专项基金，超出基本医保待遇部分由基本医保基金和政府财政按比例分担，还可以覆盖未被基本医保基金覆盖的、有明确疗效的“孤儿药”，由医保部门统一管理，同时做好与医疗救助的衔接。

关于政协第十三届全国委员会第五次会议第 04157 号（医疗卫生类 397 号）提案答复的函

九三学社界：

你们提出的《关于加大对罕见病“孤儿药”保障力度的提案》收悉，经商财政部，现答复如下：

一、关于罕见病用药保障工作

国家医疗保障部门高度重视罕见病患者的用药保障工作。一是加快调整频率，及时将符合条件的罕见病用药纳入医保目录。印发《基本医疗保险用药管理暂行办法》，明确了目录调整的条件、程序等内容，目录调整的周期从最长 8 年缩至 1 年，实现每年常态化调整。现行版国家医保药品目录共收载西药和中成药 2860 种。目前国内获批上市的 60 余种罕见病用药中，已有 40 余种纳入国家医保药品目录。二是推进医保目录准入谈判，提高罕见病用药可及性。发挥全国市场优势，连续 4 年对独家药品开展准入谈判，诺西那生钠、麦格司他、氘丁苯那嗪等罕见病用药降价后进入目录，平均降幅超 50%，大幅减轻了罕见病患者用药负担。但也有少数价格特别昂贵的罕见病用药，由于明显超出基本医疗保险保障水平，目前仍无法被纳入医保支付范围。按照党中央、国务院决策部署，我局已于近期启动了新一轮的医保药品目录调整工作，6 月下旬公布了《2022 年国家基本医疗保险、工伤保险和生育保险药品目录调整工作方案》，将“2022 年 6 月 30 日前，经国家药监部门批准上市的罕见病治疗药品”明确列为申报条件。今年目录调整中，我们将持续健全完善医保准入谈判制度，及时将符合条件的罕见病用药按程序纳入医保药品目录，切实提升罕见病用药保障水平。

关于你们提出的“罕见病门诊保障”的问题，一方面，普通门诊统筹按费用而非病种对门诊医疗费用进行保障；另一方面，目前各地普遍开展门诊慢性病和特殊疾病保障工作，把部分治疗周期长、对健康损害大、费用负担重的疾病门诊费用纳入统筹基金支付范围，对部分适合在门诊开展、比住院更经济方便的特殊治疗，参照住院待遇进行管理。一些地区将部分罕见病纳入门诊特病保障范围。总体上看，目前门诊保障政策能够基本满足参保群众的就医需求。但也要看到，基本医保实行属地管理，受地区间经济社会发展水平、基金承受能力、人口老龄化程度和医疗资源供给等方面影响，各地的具体政策安排存在差异，如普通门诊统筹的报销比例、纳入门诊慢特病保障的病种范围有所不同。我们将继续加强罕见病门诊保障政策研究，完善相关医疗保障政策措施，更好保障参保群众医疗保障权益。

二、关于建立罕见病“孤儿药”专项保障基金

2020 年 2 月，《中共中央、国务院关于深化医疗保障制度改革的意见》明确提出“到 2030 年，全面建成以基本医疗保险为主体，医疗救助为托底，补充医疗保险、商业健康保险、慈善捐赠、医疗互助共同发展的医疗保障制度体系”，确立了政府主导的“基本医保 + 补充医保 + 医疗救助”的三重保障和社会参与的“商业保险 + 慈善捐赠 + 医疗互助”三个补充保障的综合保障格局，以实现更好保障病有所医

的目标。

近年来，社会力量在商业保险、慈善捐赠、医疗互助等方面做了不少有益的探索。一些社会组织积极开展罕见病救助类慈善项目。如，中国红十字基金会实施了“罕见病关爱行动”，已救助700余名罕见病患者。中华慈善总会开展了“思而赞慈善援助项目”，为200余名戈谢病患者提供了药品援助。各地还依法登记成立了关心关爱罕见病患者的慈善组织，如北京病痛挑战公益基金会、上海市罕见病防治基金会、天津合众罕见病关爱帮扶中心、杭州寇德罕见病关爱中心等。目前，170多家保险公司积极开发罕见病相关保险产品，200多种重大疾病保险产品将罕见病纳入保障范围。

下一步，我们将在强化三重保障，增强普惠性、兜底性保障的基础上，持续关注罕见病保障工作，加强对相关问题的研究，配合有关部门研究相关政策，扩大社会参与，促进商业保险、慈善捐赠、医疗互助发展，充分发挥社会共济互助功能，维护广大罕见病患者的健康权益。

感谢你们对医疗保障工作的关心和支持。

国家医疗保障局

2022年9月5日

全国政协十三届五次会议第 03898 号提案

题　　　目： 关于在全国普及推广“康复健康小屋”，促进农村基层健康的提案

主　　　办： 乡村振兴局

会　　　办： 国家卫生健康委　医保局

提 案 形 式： 个人联名提案

联 名 人 数： 53

第一提案人： 凌　锋

联名提案人： 边惠洁　陈红专　董小平　杜丽群　高　福　韩清华　黄爱龙　季加孚　李秀华　林绍彬　马　骏　饶克勤　唐旭东　王宁利　王　岩　王　宜　吴　浩　夏照帆　肖　苒　谢俊明　徐丛剑　杨杰孚　张洪春　张俊廷　朱同玉　邢更彦　邢念增　徐自强　杨爱明　杨宇飞　姚树坤　岳秉飞　张　澍　敖虎山　陈仲强　董　瑞　方来英　顾建文　顾　瑛　韩雅玲　黄宇光　霍　勇　李国栋　李国勤　李　萍　林　野　卢传坚　孙咸泽　王大明　王建业　王　阶　吴焕淦　肖新月

内　　　容：

继 2021 年我的 3386 号（医疗体育类 277 号）提案《关于乡村卫生室投放“康复健康小屋”，促进农村振兴计划》，被列为重点提案摘报及政协调研项目之一后，康复健康小屋推广和建立工作，已推广到云南、贵州、四川、陕西、甘肃、宁夏、青海、江西、河南、河北、黑龙江、海南 12 个省，建立了 100 个小屋，其中 40 个小屋是在 160

个国家重点帮扶县内，每个小屋都有一名中国志愿医生定点帮扶三年，接受“两病中康（即高血压、糖尿病、中医适宜技术、康复基本技术）”的培训，为村民的基本健康和康复治疗保驾护航。各县的卫健部门都有专人通过钉钉平台随时查看村医工作进程、服务人数，督导考核。同时通过阿里健康的公益网校免费给各村医、各县医院短缺专科推送中国志愿医生专家视频课程。总受惠人数达 10 万人次。北京凌锋公益基金会为此募集资金 800 万元。

一些县政府看到小屋的实际效果，积极支持，并从政府的角度出资购买服务，如黑龙江省青冈县在本县购买 3 个小屋；海南五指山市把建设小屋列入政府惠民生的大事之一，投资购买 27 个小屋的服务，让全市符合条件的行政村无死角覆盖。并准备把小屋作为乡村振兴举措的一个重要抓手，通过小屋，置入健康教育、公共卫生防疫、养老敬老、创新农村精神文明建设有效平台载体。

2021 年 10 月全国政协科教文卫体委员会组织到江西老区卫生“三下乡”活动，同时考察了在上饶地区横峰县、鹰潭市的 11 个小屋，给予高度评价，一致建议国家卫健委等有关单位，应给予积极地支持和帮助。

今年《中共中央、国务院关于做好 2022 年全面推进乡村振兴重点工作的意见》1 号文件再一次把乡村振兴、惠民生、强基层的工作提到第一重要的位置。康复健康小屋就是直接落实中央精神的具体行动。为此建议：

一、希望国家乡村振兴局把康复健康小屋作为乡村振兴的抓手之一进行推荐，鼓励各被帮扶县多建小屋，为民谋利。保住村民的健康，坚决守住不发生因病返贫的底线。

二、卫健委加大对乡村振兴重点帮扶县和易地搬迁集中安置区支持力度。在所有安置区首先按扶贫标准建立卫生室，派遣村医，小屋才有安置的基础。

三、鼓励和建立村医定级制度，有计划开展村医教育、医疗干部人才帮扶，才能在县乡村医共体的建设中，实施县、乡、村医保按总额支付，对村医诊疗质量的提高是一个很好的激励政策。

预计在十四五期间，全国曾经的贫困村庄可以建立 10 万—20 万个“康复健康小屋”以及中国志愿医生的工作站，中国广大基层的健康保障就能得到很好的落实，筑牢健康中国的基层网底。

相信康复健康小屋的建设，可以抓点带面推进乡村振兴全面展开。争取成为乡村振兴示范县、示范乡镇、示范村。

关于政协第十三届全国委员会第五次会议第 03898 号（医疗卫生类 360 号）提案答复的函

凌锋等 54 位委员：

你们提出的《关于在全国普及推广“康复健康小屋”，促进农村基层健康的提案》收悉，经商国家卫生健康委、国家医保局，现答复如下。

推动乡村医疗保障公共服务能力建设是巩固拓展脱贫攻坚成果、全面推进乡村振兴的重要内容。国家相关部门立足职能，加大农村医疗卫生事业支持力度，持续推进乡村医疗卫生体系和医保服务能力建设。

一、关于在所有安置区首先建立卫生室，派遣村医，建立健康康复小屋的安置基础

国家卫生健康委等注重加强乡村医疗卫生体系建设，持续提升乡村医疗卫生机构服务能力，提高乡村医生队伍专业化水平。至 2021 年底，全国 50 万个行政村建有村卫生室 59.9 万个，村卫生室人员 135.3 万人，历史性消除机构和人员“空白点”，基本实现行政村卫生室全覆盖。指导地方通过“县管乡用”“乡聘村用”以及从卫生院选派医生开展巡诊或派驻等灵活方式，解决乡村两级机构人员缺乏的问题，各地从县医院向乡镇卫生院派驻 4.8 万人，乡镇卫生院向村卫生室派

驻村医 2.4 万人，2.6 万名乡镇卫生院医生定期到村开展巡诊，全国累计支援乡村两级医务人员近 9.8 万人。

二、关于有计划开展村医教育、医疗干部人才帮扶

党中央、国务院高度重视乡村医生在岗培训，将加强乡村医生在岗培训作为提升村级医疗卫生服务能力的重要手段。2003 年国务院出台《乡村医生从业管理条例》，规定各地政府制定乡村医生培训规划，乡村医生每 2 年至少接受一次培训。2015 年国务院办公厅印发《关于进一步加强乡村医生队伍建设的实施意见》，提出各地要依托县级医疗卫生机构或有条件中心乡镇卫生院，开展乡村医生岗位培训；可选派具有职业医师或职业助理医师资格的优秀乡村医生到省、市级医院接受免费培训。2016 年起，原国家卫计委、原国务院扶贫办等启动三级医院对口帮扶贫困县县级医院工作，组织了 1007 家三级医院对口帮扶 832 个县的 1172 家县医院，三级医院派出不少于 5 人的帮扶团队帮助贫困县县级医院。2005 年起原卫生部会同财政部等 3 部门开展万名医师支援农村工程，2005 年至 2019 年共派出 71443 名专业人员帮扶县级医院。2022 年，中央组织部联合国家卫生健康委、国家乡村振兴局等印发《“组团式”帮扶国家乡村振兴重点帮扶县人民医院工作方案》，按照“精准、可实现、可持续、有成效”的要求，通过医疗人才“组团式”帮扶，帮助每个重点帮扶县建好 1 所县人民医院（或相当于县人民医院的综合性医院）。

三、关于在县乡村医共体建设中，实施县、乡、村医保按总额支付

2019 年，国家卫生健康委等部门印发《关于推进紧密型县域医疗卫生共同体建设的通知》，制订了紧密型县域医共体建设试点指导方案，提出深化医保支付方式改革，探索实行医保按人头总额预算管理，建立结余留用、合理超支分担机制。2020 年，国家卫生健康委等印发《紧密型县域医疗卫生共同体建设评判标准和监测指标体系（试行）》，明确了 11 条评判标准，其中在利益共同体评判维度中，明确指出要制定适合县域医共体医疗服务特点的支付政策，探索医保基金对县域医

共体实行总额付费。2021 年，国家卫生健康委等印发《关于加强紧密型县域医疗卫生共同体建设监测工作的通知》，提高数据管理质量，更好地指导地方探索紧密型县域医共体总额付费。

地方结合实际进行了探索，浙江省于 2019 年 7 月印发《关于推进全省县域医共体基本医疗保险支付方式改革的意见》，全面推行总额预算管理，住院医疗服务实施 DRG 付费，激发医共体和医生控制医疗成本的内生动力。探索门诊医疗服务结合家庭医生签约按人头付费，各统筹区优先将已签约的参保人员的门诊医疗费用，按人头包干给其所属医共体；对未签约的医保人员，可按区域进行包干。支持促进分级诊疗，合理拉开统筹区内外和不同等级医疗机构（含医共体内成员单位）报销比例。

下一步，国家乡村振兴局配合国家卫生健康委、国家医保局等部门继续把乡村医保服务能力建设作为农村公共服务重要内容，督促指导各地结合实际贯彻落实好健康帮扶政策举措，研究紧密型县域医共体支付政策，提高医共体医保基金使用效率，推进县乡村卫生健康服务一体化建设，提升乡村医疗卫生保障水平。

针对你们提出的在国家乡村振兴重点帮扶县的村和易地搬迁集中安置区等推广“康复健康小屋”的建议，我局多次与凌锋委员、北京凌锋公益基金会进行沟通和研究。经协商一致，将“康复健康小屋”纳入中国扶贫基金会牵头组织的“天使工程——乡村医疗服务能力提升计划”，由中国扶贫基金会统一募集社会资金支持，由北京凌锋公益基金会具体运营“康复健康小屋”子项目。目前，相关方面正在优化完善“天使工程——乡村医疗服务能力提升计划”项目方案，成熟后即推进实施。

国家乡村振兴局

2022 年 6 月 21 日

全国政协十三届五次会议第 04409 号提案

题　　　目：关于疫情常态化防控中加强医防融合工作的提案
主　　　办：国家疾控局
会　　　办：国家卫生健康委
提 案 形 式：个人提案
第一提案人：武义青
内　　　容：

目前，新冠肺炎疫情防控进入常态化阶段，战“疫”过程中凸显的公共卫生工作的短板与不足为我们敲响了警钟。主要表现有：医防融合不紧密，防治分离现象背后的体制机制问题并没有完全得到解决，疫情防控整体功能未得以最大程度发挥。受传统“重治轻防”观念影响，医疗卫生行业长期以来都更加关注以疾病治疗为中心的服务体系，而医疗服务更关注个体疾病，忽略了人群疾病流行模式的变化，“预防为主”健康理念没有得以真正的贯彻落实。总的来看，“三级医疗预防保健网”被“三级医疗卫生服务网”所取代，出现偏离“预防为主” 的倾向。此外，医疗机构和疾控机构紧密结合、连续服务、有效衔接的工作模式和工作机制尚待建立，基层医疗机构传染病防控基础较薄弱。

针对存在的问题，建议在国家层面推动公共卫生服务与医疗服务无缝衔接，加强医防融合，做好公共卫生应急工作，在疫情发生时及时掌握情况、作出决策，构建人民群众生命安全的“防护网”。一方面，加强宣传，增强医防融合的社会氛围。建议尽快出台医防融合相关工作指导意见，促进医防融合工作有序有效开展。对于医疗机构、疾控机构等部门可采用下发文件，举办网络视频会、现场培训会等方式，深入贯彻医防融合理念，并考核其具体措施是否落到实处。对于普通民众，可以通过广播、电视媒体、网络、社区讲座等途径进行宣传，使公众理解医防融合理念，逐步形成以政府为主导，以医疗机构、疾控机构为主体，社会组织，公民等共同参与的医防融合新格局。另一方面，增强基层医疗机构传染病防控能力，加强基础设施建设。增添必要的设备，提升对常见传染病的检测与发现能力，提高基层医务人员医防融合服务能力，使基层医务人员在工作中统筹做好基本医疗和公共卫生服务，为基层防疫人员提供更多到上一级医疗机构或疾控机构培训进修机会，不断提升传染病防控能力。

关于政协第十三届全国委员会第五次会议第 04409 号（医疗卫生类 418 号）提案答复的函

武义青委员：

您提出的《关于疫情常态化防控中加强医防融合工作的提案》收悉，经商国家卫生健康委，现答复如下：

一、工作现状和进展情况

新冠肺炎疫情发生后，在以习近平同志为核心的党中央坚强领导下，迅速打响了抗击疫情的阻击战，坚持“四早”“四集中”原则，抓实抓牢疫情防控及医疗救治工作。坚持依法、科学、精准防控，开展社会动员、发动全民参与，构建联防联控、群防群控防控体系，通过非药物手段有效阻断了病毒传播链条。调集最优秀的医生、最先进的设备、最急需的资源，不惜一切代价进行救治，大幅度降低病亡率；对轻症患者及早干预，尽可能在初期得以治愈，大幅度降低传染率和转重率。我国新冠肺炎疫情防控工作取得阶段性成果。

二、关于所提建议的答复

（一）关于加强宣传，增强医防融合的社会氛围。国家卫生健康委和国家疾控局高度重视宣传和健康科普工作。一是加强疫情防控健康科普工作。通过政务新媒体、新闻发布会等形式，对新冠肺炎防控等疾病预防控制知识进行宣传解读，提升公众健康素养，普及文明健康生活方式，增强群众自我防范意识和能力，着力推动全民健康行为的形成。二是针对重点人群、重点健康问题加大常态化健康教育力度，积极探索创新健康科普方式，面向全民提供健康教育服务，并加大优质健康科普作品的供给和宣传推动力度。三是配合营造医防融合的良好社会氛围。通过对内强化培训、对外加强宣传，深入贯彻医防融合理念，努力推动“以疾病治疗为中心”到“以健康促进为中心”的理念转变。

（二）关于尽快出台医防融合相关指导意见，促进医防融合工作有序有效开展。国务院办公厅印发的《“十四五”国民健康规划》《关于推动公立医院高质量发展的意见》以及国家发展改革委、国家卫生健康委、国家中医药局、国家疾控局等 4 部门印发的《“十四五”优质高效医疗卫生服务体系建设实施方案》中，对加强传染病疫情救治体系建设提出了具体的指导性意见。2022 年 5 月，国务院办公厅印发《深化医药卫生体制改革 2022 年重点工作任务》，明确提出要加强医防协同，推进公立医疗机构设立公共卫生科等直接从事疾病预防控制工作的科室，探索设立医疗卫生机构专兼职疾病预防控制监督员。我们也将采纳您的意见，探索创新传染病医防融合机制，研究制定医防融合相关工作指导意见，强化各级医疗机构疾病防控职责，推动公共卫生服务与医疗服务协同。目前，各地也在积极探索推动传染病防治体系建设和医防协同机制创新。

（三）关于增强基层医疗机构传染病防控能力，加强基础设施建设。国家卫生健康委和国家疾控局会同国家发展改革委，持续加强基层医疗救治体系及医防结合能力建设。一是按照预防为主、关口前移的思路，完善公共卫生医疗服务资源区域布局，建立传染病救治国家和区域医疗中心，增加传染病专科医院等专科疾病防治机构的床位、设备和人员配置，加强综合性医院感染科建设和对各临床科室感染防护技能的培训。二是支持各省建设重大疫情救治基地，承担危重症患者集中救治和应急物资集中储备任务。扩大传染病集中收治容量，加强城市传染病医院或相对独立的综合性医院传染病区基础设施建设和设备升级。三是着力加强县级及以下基层医疗卫生机构能力建设。改善基层医疗卫生机构应急救治和应对条件，强化基础设施建设、人员和物资配备，满足重大疫情防控要求，人民群众在基层获得预防保健、疾病诊治的可及性大大提高。

同时，将继续加强基层医疗卫生专业人才培养。一是鼓励各级疾控机构充分发挥专业技术指导职责，利用优质教育资源，采取协作、支援、互派等多种方式，参与基层公共卫生人员教育培训，提升基层公共卫生服务能力。二是通过继续教育等途径，引导鼓励支持基层卫生人才参加继续教育活动，不断提升学历，增长技能。三是制定实施疾控人才教育培训规划，培养打造一支高素质专业化公共卫生人才队伍。

三、下一步工作目标和计划

我们将会同有关部门，全面贯彻落实党中央、国务院关于加强重大传染病疫情防控救治体系和公共卫生体系建设的有关决策部署，加强医疗机构开展疾病预防控制工作调研指导，进一步明确医疗机构公共卫生职责任务，探索创新传染病医防协同机制，推动公共卫生服务与医疗服务高效协同，建立人员通、信息通、资源通和监督监管相互制约的机制，提升我国重大疫情防控救治体系和能力，全力保障人民群众生命安全和身体健康。

感谢您对我们工作的关心和支持。

国家疾控局

2022 年 6 月 29 日

全国政协十三届五次会议第00156号提案

题　　　目：关于积极做好青年就业工作的提案

主　　　办：人力资源社会保障部

会　　　办：教育部　财政部　农业农村部　共青团中央

提 案 形 式：党派提案

第一提案人：致公党中央

内　　　容：

当前，新冠疫情复杂多变，对经济发展和青年就业造成很大影响，容易产生社会不稳定。因此，要进一步拓展青年就业空间，实施更加积极的就业政策，促进青年群体就业，维护社会稳定良好大局。

一、当前国内青年就业面临的不稳定因素

一是经济恢复不均衡、基础不稳固。当前，随着经济反弹和恢复性增长，我国就业总体形势稳定，但受局部疫情反复等因素影响，存在一定的就业波动。

二是就业需求总量大，就业压力不减。2021年城镇新增劳动力在1600万人左右，其中高校毕业生总量达1076万人。随着6月份毕业季的来临，青年人就业存在较大压力。此外，我国以灵活就业形式实现就业的人口多达两亿人，其构成的主体以青年群体为主，就业稳定性较差，职业前景不确定性大。

三是当前我国就业结构性矛盾依然突出，就业供给侧与需求侧不匹配程度依然较高。一方面存在普工难招、技术工人短缺等招工难的情况。另一方面存在大量失业人员。造成这种现象的原因既涉及人才供给方面的问题，也与青年群体就业心态有关。

二、促进青年群体就业的建议

一是进一步加大就业供给侧改革，促进青年就业群体实现就业需求与就业供给的动态平衡。一方面，要加大青年群体就业辅导，调整其就业心理，通过表彰各行业优秀青年，带动青年群体树立更加积极的就业态度。另一方面，培养青年群体终身学习理念，通过职业教育、学历提升、岗位再培训、在职教育等形式，加大高质量就业岗位与就业人员素质的匹配度。鼓励企业建立员工培训和学习制度，健全和完善岗位与人才匹配体系。加大就业牵引力度，针对高校毕业生、职业院校毕业生、技能型劳动者、农民工分类举办对接性强，匹配度高的人才与企业供需见面会，促进就业。

二是大力支持和鼓励发展服务业，发挥服务业吸纳就业的蓄水池作用。要多措并举，拓展青年群体的就业形式和空间，鼓励青年群体从容易入手的行业创业开始，实现创业与就业的结合，推进服务业与青年群体就业深度融合。鼓励服务业企业和市场主体不断拓展业务空间，提供新的服务产品，开发新的职业岗位，增加青年群体就业机会与提升通道，满足国家高质量服务业发展的需求。

三是实施更加积极的就业保障政策。进一步完善就业保障政策，重点向零就业家庭和脱贫人员倾斜，加大对农民工青年群体的就业援助力度，通过提供以职业教育为载体的“就业避风港”，在提升技能的同时，帮助其度过就业、择业困难期。出台专项支持计划，结合乡村振兴战略，开发对应的公益岗位，鼓励青年下乡创业，开展新型职业农民培养计划，带动青年就业的同时，为乡村振兴提供可持续的人才资源支撑。

四是制定面向高校和职业院校毕业生、技能型劳动者、农民工的就业促进专项行动方案。针对不同群体，制定差异化的就业政策，提高政策的精准性。

关于政协第十三届全国委员会第五次会议第 00156 号（社会管理类 006 号）提案答复的函

致公党中央：

你们提出的《关于积极做好青年就业工作的提案》收悉，经商教育部、财政部、农业农村部、共青团中央，现答复如下：

青年是国家的未来和希望。青年就业不仅关系青年自身价值实现，更关系经济发展和社会和谐。国家高度重视青年就业，“十四五”就业促进规划单列青年就业章节，国务院办公厅出台《关于进一步做好高校毕业生等青年就业创业工作的通知》（国办发〔2022〕13号），将促进以高校毕业生为重点的青年就业作为就业工作重中之重，积极采取一系列措施，努力推动实现更加充分更高质量就业。人力资源社会保障部认真抓好贯彻落实，会同有关部门加力政策扶持、服务保障和环境营造，千方百计促进高校毕业生等青年就业。

一、关于进一步加大就业供给侧改革，促进青年就业群体实现就业需求与就业供给的动态平衡

树立正确的就业观念是理性择业的前提。教育部、人力资源社会保障部积极加强高校毕业生等青年就业教育和宣传引导，每年都组织政策集中宣传、校园宣讲、新闻发布、专家访谈等活动，解读毕业生就业创业政策措施，分析就业形势，帮助青年熟悉政策形势、理性求职。与此同时，加强典型宣传引导和表彰激励，人力资源社会保障部推出了一批“最美基层高校毕业生”，共青团中央、农业农村部、全国青联、中国科协等部门设立了中国青年五四奖、全国青年岗位能手（标兵）、中国青年创业奖、全国乡村振兴青年先锋奖、中国青年科技奖等表彰项目，发挥榜样示范作用，鼓励更多青年把职业选择与国家发展结合

起来，投身基层一线建功立业。

职业培训是提升青年就业创业能力、解决就业结构性矛盾、提升就业质量的重要举措。国家建立了面向全体劳动者，覆盖就业创业全程，并贯穿学习和职业生涯的终身职业技能培训制度，以公共实训机构、职业院校、职业培训机构和行业企业为主要载体，采取政府补贴培训、企业自主培训、市场化培训等方式，为高校毕业生等青年提供就业技能、新型学徒制、岗位技能提升、创业创新等培训，满足青年在学、在岗、在职等不同阶段能力提升需求。与此同时，积极促进职业教育、高等教育与继续教育协调发展，推进学历教育和非学历培训衔接联通，规范管理自学考试、网络教育、开放教育等高等学历继续教育，推动服务全民终身学习的教育体系构建和学习型社会建设，为青年人学习提升创造条件。

针对性的就业服务能有效促进供需匹配。国家建立了城乡均等化的公共就业创业服务体系，为包括青年在内的所有劳动者免费提供政策咨询、岗位信息、职业介绍、就业创业指导、困难帮扶等多层次、全方位公共就业服务。同时，组织开展覆盖全年的“10+N”公共就业服务活动，面向不同群体定期开展服务，如针对就业困难群体的“就业援助月”、针对农民工服务的“春风行动”、针对高校毕业生的大中城市联合招聘和人力资源市场就业服务周、综合性服务的百日千万网络招聘和民营企业招聘月等，为青年等各类劳动者搭建供需对接平台，积极促进匹配。

下一步，我们将会同教育部、共青团中央等部门继续强化青年思想教育、就业指导、典型引导、表彰激励等工作，完善终身职业技能培训制度和服务全民终身学习教育体系，针对性开展适合不同青年群体的就业服务，为青年就业创业提供更大助力。

二、关于大力支持和鼓励发展服务业，发挥服务业吸纳就业的蓄水池作用

服务业是吸纳就业容量最大的行业，也是高校毕业生创业的重要

领域。2020 年，中共中央、国务院印发《关于新时代加快完善社会主义市场经济体制的意见》，要求大幅放宽服务业领域市场准入，向社会资本释放更大发展空间，为毕业生在服务业领域创业提供了有利机遇。国家还出台了一系列扶持措施，提供创业担保贷款及贴息，发放一次性创业补贴，开展补贴性创业培训，要求政府投资开发的各类创业载体提供免费场地，倾斜政策服务资源，为毕业生创业提供全方位支持。此外，有关部门还举办“中国创翼”“互联网 +”“创青春”等赛事，为毕业生创业搭建项目展示、互动交流、投资对接的平台。

近年来，在疫情防控中，服务业催生了许多新业态和就业机会，平台经济、共享经济快速发展，成为当前就业增长的重要渠道，也是吸纳毕业生就业创业的重要领域。国家对此十分重视，聚焦产业结构调整和新业态发展，建立动态发布新职业制度，鼓励毕业生在新经济领域就业创业，不断拓宽青年就业空间。目前已分 4 批累计发布了 56 个新职业，包含互联网营销师、大数据工程技术人员、人工智能训练师、民宿管家等职业，不断挖掘服务业新就业机会，为毕业生提供从业引导。

下一步，我们将会同有关部门进一步加大政策服务支持，加快新职业开发发布，充分发挥服务业就业“蓄水池”作用，支持更多毕业生到服务业就业创业。

三、关于实施更加积极的就业保障政策

困难帮扶是民生工作的底线所在。国家建立健全就业援助制度，采取税费减免、贷款贴息、社会保险补贴、岗位补贴等办法，对零就业家庭成员、脱贫人口、残疾等就业困难人员实行优先扶持和重点帮助。对通过市场渠道确实难以实现就业的，通过公益性岗位予以安置。青年农民工符合困难人员条件的，均可享受相关援助政策。

近年来，新生代农民工逐渐成为农民工主体，已占农民工总量一半以上，是社会主义现代化建设的重要力量。对新生代农民工开展职业技能培训，对提高我国人力资本质量、促进就业创业和乡村振兴具有重要意义。人力资源社会保障部专门印发《新生代农民工职业技能提升计划（2019—2022）》，健全培训需求调查、职业指导、分类培训、技能评价、就业服务协同联动的工作机制，帮助新生代农民工增加受教育培训机会，提高专业技能和胜任岗位能力，助力以一技之长实现就业。

返乡入乡就业创业的青年人是乡村振兴的重要力量。近年来，国家出台了财政补贴、贷款贴息、融资担保等系列专项支持政策，引导促进青年等各类人才返乡入乡创业创新。同步培育农村创业主体，实施农村创业创新带头人培育计划，扩大培训范围，创新培训方式，线上线下累计培训各类农村创业人员超 1150 万人。同时，组织实施高素质农民培育计划，以农民工、大专院校毕业生、退役军人为重点，建立培育对象库，按需设置培训内容，培训农村创业创新人员 3.3 万人。此外，还组织开展全国农村创业创新优秀带头人典型案例推介，遴选了 623 名优秀带头人典型，为青年人返乡入乡创业树立了标杆榜样。

下一步，我们将会同有关部门进一步完善就业保障政策，加强对困难青年的就业援助，加大对青年农民工的职业培训，积极引导鼓励青年返乡入乡创业，多渠道促进青年就业创业。

四、关于制定面向高校和职业院校毕业生、技能型劳动者、农民工的就业促进专项行动方案

不同群体的就业诉求、就业能力各不相同，不能“千人一面”。国家针对不同劳动者分类施策，提供差异化的政策支持和就业服务。“十四五”就业促进规划中，针对高校毕业生、城镇青年、农村转移劳动力、就业困难人员等重点群体单列篇章，单独作出了部署安排，并实施 10 个专项行动，对各类群体就业提供有力支持。人力资源社会保障部进一步细化落实相关举措，针对高校毕业生实施了就业创业促进计划和基层成长计划，针对失业青年实施了就业启航计划，针对农民工实施了稳就业技能培训计划，针对脱贫人口制定了稳岗就业专项举措，综合施策促进各类劳动者就业创业。

下一步，我们将聚焦不同群体需求精准发力，持续加大政策落实力度，提升服务效能，为不同类型劳动者就业提供针对性助力。

感谢你们对人力资源和社会保障工作的理解和支持。

人力资源社会保障部

2022年7月30日

全国政协十三届五次会议第 00239 号提案

题　　目：关于强化就业优先政策，促进高校毕业生就业的提案

主　　办：人力资源社会保障部

会　　办：中央组织部　教育部　财政部　银保监会

提案形式：党派提案

第一提案人：民盟中央

内　　容：

国家“十四五”规划纲要中提出，要完善高校毕业生、退役军人、农民工等重点群体就业支持体系。近年来，我国高校毕业生数量逐年增加。2021 年全国普通高校毕业生总规模 909 万人，同比增加 35 万。受疫情影响，这些高校毕业生的就业形势不容乐观，导致就业难的主要原因有：

一是就业市场供需关系失衡。在经济减速的背景下，不少毕业生把求职目标投向公务员考试、事业单位招聘。从全国范围来看，各地在公务员招录工作中，增加了 2021 年应届高校毕业生的比重，还充实了基层专项计划行动，如“特岗教师”“三支一扶”“西部计划”等，但相对 909 万毕业生“大军”来说，空间总体有限。

二是企业毁约率上升。疫情为校招带来更多不确定性，一些刚刚招聘的毕业生只能被“解约”；部分学生同中小型企业签订了协议，但受疫情影响又被迫“失业”；疫情造成流动性差，一些重视实践类专业的学生无法完成实习，也是企业毁约原因之一。

三是毕业生创业仍有障碍。目前，我国大学生创业率只有 1% 左右。创业率低的主要原因有：一是优惠政策难落实。不少地方优惠

范围太窄、优惠力度不够。二是创业资金短缺。大学生创业多是微型企业，规模小、风险大、还贷能力弱，银行贷款门槛一般都比较高，利息也高。三是税收减免要求苛刻，很难落实兑现。

四是特殊高校毕业生群体就业难。一些用人单位对家庭困难、残疾人等特殊高校毕业生群体有偏见，不愿意接纳。同时，放开二胎、三胎后，女大学生就业形势更加严峻。

为此，建议：

一、尽快制定“稳大学生就业三年行动规划”，使“稳就业保民生”的着力点落到“高校毕业生就业”上。落实好就业“一把手”工程，将就业情况作为党政、高校领导班子考核的重要指标。实施政府部门、高校、院系三级就业指导工作机构，落实好全员包保责任制，发挥好辅导员、班主任、学业导师、行政人员等参与就业工作的联动机制；通过地方税费调节作用，引导、鼓励、支持民营企业接收高校学生实习实训。组织实施好特岗教师计划、大学生村官、“三支一扶”、大学生志愿服务西部计划等基层项目。

二、充分挖掘互联网、大数据、人工智能和实体经济深度融合的就业机会，支持毕业生实现多渠道就业。建设好高校就业信息服务网，充分利用大学生就业创业服务平台等网站；发挥就业服务平台微信公众号等网络资源作用，开展企业招聘活动、政策指导、手续办理等就业相关工作的信息服务。实行毕业生就业情况动态监测，利用全国高校毕业生就业管理系统，及时做好毕业生就业反馈跟踪；做好各院系毕业生辅导员的协议审核、系统录入等培训工作。

三、进一步落实完善大学生创业扶持政策。一是切实降低大学生创业门槛。简化大学生创业手续，为大学生企业注册开设“绿色通道”。高校毕业生从事自主创业的，可在各级社会保险经办机构设立的个人缴费窗口办理社会保险参保手续等。二是启动实施“大学生创业引领计划”。政府开办的创业孵化基地，为创业大学生提供一至两年的免费创业场地，并提供资金申请、企业登记注册、税务、人事代理等“一站式”服务。三是加大信贷、税收支持力度。大学生初始创业可申请创业小额担保贷款；科技型小微企业招收高校毕业生达到一定比例的，可申请小额贷款并享受财政贴息；对于成长型的大学生创业实体更大额度的融资需求，如果属于科技型企业或文化型企业，可优先贷款。

四、做好特殊毕业生群体就业工作。应有计划、有组织地选拔政治坚定、能力突出的特殊群体大学毕业生，回到本区域就业，以发挥更大作用。重点做好特殊群体中家庭困难、女大学生、残疾大学生就业工作。落实好高校毕业生就业困难群体的帮扶方案。

关于政协第十三届全国委员会第五次会议第 00239 号(社会管理类 020 号)提案答复的函

民盟中央：

你们提出的《关于强化就业优先政策促进高校毕业生就业的提案》收悉，经商中共中央组织部、教育部、财政部、银保监会，现答复如下：

高校毕业生就业关系民生改善、经济发展和国家未来。国家高度重视高校毕业生就业工作，今年《政府工作报告》提出明确要求，国务院召开常务会议、电视电话会议部署安排，国务院办公厅出台《关于进一步做好高校毕业生等青年就业创业工作的通知》（国办发〔2022〕13 号，以下简称国办发 13 号文）。人力资源社会保障部会同有关部门认真抓好贯彻落实，加力政策扶持、服务保障和环境营造，千方百计促进毕业生就业创业。

一、关于尽快制定“稳大学生就业三年行动规划”，使“稳就业保民生”着力点落到“高校毕业生就业”上

高校毕业生是需要在城镇就业的新成长劳动力主体。国家将就业摆在“六稳”“六保”之首，将高校毕业生就业作为就业工作重中之重，

在“十四五”就业促进规划中单列高校毕业生就业章节，在未来一段时间的国家就业政策实施中，将高校毕业生就业作为重要内容，实施就业创业促进、基层成长等系列计划，积极完善储备政策，动员各方力量全力支持毕业生就业。

一是压实工作责任。国家把扩大就业放在经济社会发展的优先位置，建立了促进就业的目标责任制度，在对地方党政领导班子和领导干部推动高质量发展的政绩考核中，突出对做好重点群体就业工作的考核。今年国办发 13 号文进一步明确要求，把高校毕业生等青年就业作为政府绩效考核和高校绩效考核内容。人力资源社会保障部会同财政部将毕业生就业作为对地方就业工作督查激励重要内容，对工作突出地方报请国务院予以表扬激励，并在安排就业补助资金时予以适当激励。教育部将毕业生就业工作纳入省级人民政府履行教育职责评价、直属高校领导班子年度考核重要内容。

二是完善服务机制。人力资源社会保障部不断完善公共就业服务制度，建立覆盖全民、贯穿全程、辐射全域、便捷高效的全方位公共就业服务体系，目前各级公共就业服务机构超过 5000 个。各地在开展各类公共就业服务活动中将毕业生作为重点对象，并将公共就业服务优质资源向校内延伸，根据毕业生需求免费提供政策咨询、职业介绍、就业创业指导、困难帮扶等服务。教育部指导各地各高校配齐配强校级专职就业工作人员，鼓励在院校专门设立就业辅导员，定期开展业务培训交流，提升职业化、专业化水平。同时组织开展书记校长访企拓岗促就业专项行动，要求校级领导班子共同参与，全力促进毕业生就业。

三是拓宽就业渠道。坚持市场化就业导向，发挥企业就业主渠道作用，对企业招收毕业生的，给予一次性吸纳就业补贴、一次性扩岗补助、职业培训补贴、社会保险补贴、税收优惠等扶持政策，激励企业更多招用毕业生。对企业因使用实习生所实际发生的费用，符合条件的可按规定在企业所得税前扣除。强化基层就业引导，实施“三支一扶”、特岗教师、“西部计划”等国家基层服务项目，鼓励高校毕业生到基层教育、扶贫、农业、医疗卫生等领域从事志愿服务，服务期满后给予考研加分、公务员招考定向招录等优惠政策。项目实施以来，已选派上百万名毕业生到基层服务。

下一步，我们将会同有关部门进一步压实地方和高校促进就业主体责任，健全完善高校毕业生就业服务机制，落实好各项政策措施，动员各方力量全力促进毕业生就业。

二、关于充分挖掘就业机会、建设好大学生就业创业服务平台、实行就业情况动态监测

就业服务是促进高校毕业生就业的重要保障。人力资源社会保障部、教育部创新服务手段，多方收集挖掘就业岗位，应对疫情影响大力推进线上服务，为毕业生求职就业提供更多便利。

一是充分挖掘就业机会。人力资源社会保障部组织开展城市联合招聘、民营企业招聘等“10+N”公共就业服务专项活动，创新直播带岗、企业云宣讲、视频面试等方式，为毕业生提供充足就业机会。开展百日千万网络招聘专项行动，充分发挥市场机构、行业协会作用，推出分行业、分区域等专场招聘，提高岗位精准度。与此同时，聚焦产业结构调整和新业态发展，建立动态发布新职业制度，累计发布了互联网营销师、大数据工程技术人员、人工智能训练师等56个新职业，挖掘新就业机会，为毕业生提供从业引导。

二是完善线上服务平台。人力资源社会保障部完善中国公共招聘网、高校毕业生就业服务平台、就业在线、未就业毕业生求职登记小程序等服务网络功能，常态化提供岗位信息、职业指导、求职登记等一站式服务。同步推动地方公共招聘网站与当地教育部门网站、高校校园网互联互通，运用微信公众号、APP等信息手段，将就业信息推送到毕业生身边。教育部升级建设“国家24365大学生就业服务平台”，实现就业数据统计、线上工作管理、毕业生跟踪调查等多项功能，为毕业生提供全天候服务。

三是推进网上签约统计。教育部开通全国高校毕业生毕业去向登

记与网上签约平台，推进用人单位与高校毕业生实行网上签约。开通毕业生本人就业核验渠道，毕业生可登录“国家24365大学生就业服务平台”或学信网，对本人毕业去向信息进行核实并在线反馈。同时指导各地各高校健全就业工作队伍培训机制，将就业统计、就业管理等作为主要内容，重点针对院系辅导员、班主任等开展定期培训和集中轮训。此外，开展毕业生就业状况跟踪调查，将调查结果作为“双一流”建设绩效评价、本专科教学评估、学科评估、专业设置与管理等重要依据。

下一步，人力资源社会保障部、教育部将进一步完善高校毕业生就业服务平台，丰富平台功能，健全网上签约、就业管理、跟踪反馈机制，更好服务毕业生就业。

三、关于进一步落实完善大学生创业扶持政策

大学生富有想象力和激情，是创新创业的有生力量。国家将支持大学生创业作为扩大就业的重要方向，倾斜政策服务资源，提供全方位支持。

一是降低创业门槛。深入推进“放管服”改革，围绕优化营商环境，进一步深化商事制度改革，推进证照分离，压缩企业开办时限，持续放宽市场准入，为大学生创业营造良好环境。国务院办公厅去年专门出台《关于进一步支持大学生创新创业的意见》（国办发〔2021〕35号），明确要求降低大学生创新创业门槛，持续提升企业开办服务能力，为大学生创业提供高效便捷的登记服务。市场监管部门完善注册登记绿色通道，普遍开设了大学生创业注册登记专门窗口。大学生自主创业需要缴纳社保的，创办公司的可以单位名义缴纳，没有创办公司的可以个人灵活就业名义参保。

二是优化创业服务。构建覆盖院校、园区、社会的创业公共服务体系，组织创业指导专家队伍，为大学生推荐适合的创业项目，提供咨询辅导、融资服务、跟踪扶持等“一条龙”服务。开展创业培训，对有创业意愿的大学生提供创业项目指导、企业经营管理、网络创业

等培训，并将培训资源向校园延伸，符合条件的给予职业培训补贴。强化载体支撑，鼓励小企业创业基地、众创空间等为大学生创业提供经营场所支持，按规定给予场租补贴，并要求政府投资开发的各类创业载体安排一定比例场地，免费向毕业生提供。人力资源社会保障部还认定182家全国创业孵化示范基地，为创业大学生提供综合性服务。

三是加大资金支持。大学生创业可申请最高20万元的创业担保贷款，合伙创业的还可适当提高，政府予以贴息，对10万元以下的免除反担保。小微企业当年新招用毕业生等重点群体达现有在职职工人数15%（超过100人的企业达8%），可申请最高不超过300万元的创业担保贷款。截至2022年一季度末，创业担保贷款余额2513亿元，同比增长11%。银保监会还出台《关于进一步做好受疫情影响困难行业企业等金融服务的通知》（银保监办发〔2022〕64号）、《关于进一步推动金融服务制造业高质量发展的通知》（银保监办发〔2022〕70号），要求围绕高新技术企业、“专精特新”中小企业、科技型中小企业等市场主体，增加信用贷、首贷投放力度；对符合条件的文化、旅游等困难行业的中小微企业、个体工商户，鼓励政府性融资担保机构提供融资担保支持。

下一步，我们将会同相关部门进一步向大学生倾斜创业资源，落实好各项创业扶持政策，加强创业服务平台建设，强化有针对性的创业服务，统筹多方资源，更好助力大学生创业创新。

四、关于做好特殊毕业生群体就业工作

困难帮扶是民生工作的底线所在。人力资源社会保障部、教育部把脱贫家庭、低保家庭、零就业家庭以及有残疾的、较长时间未就业的高校毕业生作为重点帮扶对象，在全力做好面上毕业生就业工作的基础上，聚焦困难毕业生就业面临的特殊情况，针对性实施帮扶。

一是积极拓宽渠道。坚持市场化社会化就业方向，多方挖掘就业岗位，全力做好毕业生就业工作，并对困难毕业生予以倾斜。如“三支一扶”计划招募3.4万人，其中优先招募脱贫户、零就业家庭毕业生。中小学幼儿园教师放宽乡村振兴重点帮扶县招聘条件，拿出一定数量岗位面向本县市或周边县市户籍或生源毕业生招聘。

二是加大政策支持。在落实普惠政策的同时，对困难毕业生予以重点支持。面向脱贫家庭、低保家庭、残疾等困难毕业生发放求职创业补贴，减轻求职负担，今年已向130余万名2022届困难毕业生发放补贴。困难毕业生离校后通过市场渠道难以就业的，运用公益性岗位予以安置。

三是强化就业服务。建立困难毕业生工作台账，按照"一人一档""一人一策"优先服务。人力资源社会保障部将困难帮扶作为公共就业服务进校园重点任务，针对性推介岗位，并在百日千万网络招聘行动中常设毕业生、脱贫劳动力、乡村振兴重点帮扶县等专场。会同教育部、全国妇联出台《关于做好女性高校毕业生就业创业工作的通知》（妇字〔2021〕33号），举办女大学生专场招聘活动。会同中国残联召开全国高校残疾人毕业生就业暨残疾人就业服务工作视频会，启动实施"残疾人大学生就业帮扶行动"。

四是提升就业能力。注重激发就业内生动力，引导困难毕业生自强自立、就业创业。启动百万见习岗位募集计划，动员离校2年内未就业毕业生和失业青年参与，增强岗位实践经验。会同教育部、乡村振兴局实施"雨露计划+"就业促进行动，引导脱贫家庭毕业生等新成长劳动力接受职业院校和技术院校教育，提升技能素质。教育部还组织实施"中央专项彩票公益金宏志助航计划——全国高校毕业生就业能力培训项目"，对困难毕业生开展线上线下就业能力培训。

下一步，我们将会同有关部门针对困难毕业生就业需求，进一步加大政策支持，加强就业指导服务和能力提升，帮助他们自强自立、就业创业，全力兜牢就业底线。

感谢你们对人力资源和社会保障工作的理解和支持。

人力资源社会保障部

2022年8月1日

全国政协十三届五次会议第 02005 号提案

题　　　目：关于进一步规范和改善快递从业人员工作环境的提案

主　　　办：邮政局

会　　　办：教育部　人力资源社会保障部　住房城乡建设部

全国总工会

提 案 形 式：个人提案

第一提案人：宋　鑫

内　　　容：

一、案由

“十三五”期间，我国快递年业务量从 206.7 亿件增长至 833.6 亿件，年均增长率达 32.2%，带动工业品下乡和农产品进城销售超 1.5 万亿元。快递业从业人员已超过 300 万，是新时期值得关注、关心的特殊劳动者群体。一线快递员联系千城百业、服务千家万户，在经济生活中发挥着不可或缺的作用。然而，工作环境较差、劳动权益保障缺失、社会关怀不够等问题仍然突出，进一步规范和改善快递从业人员工作环境、完善快递员权益保护法律法规、建立快递员多层次保障体系迫在眉睫。

二、情况分析

（一）工作环境相对较差

快递员工作环境不稳定，食宿条件较差，且快递处理中心均设置在城市郊区，周边交通不便，存在安全风险。工作时间不固定，时间跨度较大，且受快递处理作业方式影响，处理中心的分拣人员均为夜班。过高的劳动强度使很多快递员缺少正常的社会交往和必要的休闲娱乐，无法融入城市。此外，派件时间的限制和严苛的惩罚措施，使快递员不顾安全违反交通规则，擅闯红灯、抢道、逆行、占用人行道等肇事伤人事件频发，增加了城市交通的安全隐患。

（二）劳动权益保障缺失

快递行业采取第三方用工外包和委托劳务派遣的用工方式较多，未直接与企业签订劳动合同的情况占比较大，严重影响快递员权益保障和维护。企业主体责任缺失，存在用工责任意识不强，法律意识薄弱，员工入职培训落实不到位，不执行加班工资标准，合同、社保管理不规范等问题。然而，由于快递员的社会保障权益涉及部门较广，联合管理协调困难，缺少专项执法监督，行政处罚力度不够，企业违法成本较低，因此权益保障政策执行受阻，产生快递员社会保险接续困难、养老保险和医疗保险难以异地使用、工伤保险认定困难等一系列困难。

（三）社会关怀不够

快递职业已经成为当今社会中不可或缺的职业，但是社会对快递员的理解和尊重仍然不足，快递员的总体社会评价仍然不高，处在快递末端的配送人员往往直接面对客户的投诉、差评甚至辱骂。此外，快递从业人员没有工会组织可参加，也没有工会组织代表他们的权益，他们处于一种“无人管”的状态。当遇到侵权而需要维权时，只能依靠自身的力量来应对；但实践中很多人维权意识薄弱，或因为缺少援助不得不放弃维权。

三、建议和解决办法

（一）保障合理的劳动报酬

建立行业工资集体协商机制，引导电商平台和快递企业加强协同。规范加盟制企业的运营方式，合理评估快递员的工作强度，建立合理的工资薪酬体系。推动企业制定科学的管理制度和绩效评价体系，完善业务培训、畅通晋升通道，不断增加快递员的职业成就感。

（二）强化政府监管与服务

健全行业用工制度，制定统一用工标准，加强用工规范管理，规范工资发放制度和社保缴纳制度。建立人社、邮政、税务、财政、市场监管、商务、物价等多部门协作机制，加大权益保障协同监管力度。优化行业劳动保障，探索多类型、多层次的参保模式，提升社会保险的统筹能力，降低企业缴纳社会保险的压力。强化快递行业基础设施建设，将快递行业基础设施建设纳入城市公共服务体系建设范围，敦促写字楼圈、学校、社区等区域规划快递站点，避免路边随意分拣收发。

（三）压实快递企业主体责任

明确企业总部在网络稳定、快递员权益保障等方面统一管理的法律义务，完善加盟企业管理制度，确立加盟双方平等权利义务关系，遏制“以罚代管”“以包代管”。增强快递企业用工的规范性，提高劳动合同签订率和“五险一金”参保率，将落实快递员权益保障情况纳入行业诚信体系建设范畴。

（四）增强社会关怀

支持在快递企业成立工会组织，做好属地法律援助和心理疏导，开展全国邮政行业先进集体、劳动模范和先进工作者评选表彰活动。加强住房保障，将快递员纳入公租房、廉租房等社会性保障住房的保障范围，制定快递员子女就近就学政策，解决其子女就学难问题。强化快递末端服务体系建设，持续优化末端投递环境，在快递网点设立户外劳动者爱心驿站，切实解决户外劳动者“吃饭难、饮水难、休息难、如厕难”的现实问题，推进基层网点“会、站、家”一体化建设，增强快递员的社会认同感和职业自信心。

关于政协第十三届全国委员会第五次会议第 02005 号（社会管理类 185 号）提案答复的函

宋鑫委员：

您提出的《关于进一步规范和改善快递从业人员工作环境的提案》

收悉。经商教育部、人力资源社会保障部、住房和城乡建设部、全国总工会，现答复如下：

2018 年以来，习近平总书记就关心关爱快递小哥多次作出重要指示批示，充分肯定快递员群体对经济社会发展和人民幸福生活的突出贡献，为做好快递员权益保障工作提供了根本遵循。各有关部门坚决落实习近平总书记重要指示批示精神，国家邮政局与人力资源社会保障部、全国总工会等 6 部门联合制定《关于做好快递员群体合法权益保障工作的意见》（以下简称《意见》），经国务院同意，于 2021 年 6 月正式印发。自《意见》出台后，国家邮政局持续推动各地落实有关要求，截至 2022 年 9 月，已有 31 个省（区、市）制定了地方配套政策。

您所提建议与快递员群体权益保障重点工作高度契合，多数主张在《意见》里均有涉及。《意见》提出：引导工会组织、快递协会建立行业工资集体协商机制，确定快递员最低劳动报酬标准和年度劳动报酬增长幅度。督促企业依法与快递员签订劳动合同并缴纳社会保险费，依法规范使用劳务派遣。对用工灵活、流动性大的基层快递网点，可统筹按照地区全口径城镇单位就业人员平均工资水平或营业额比例计算缴纳工伤保险费，优先参加工伤保险。推动企业为快递员购买人身意外保险。探索建立更灵活、更便利的社会保险经办管理服务模式。将邮政快递纳入各级地方社会稳定管理体系，研究将快递员群体纳入当地住房医疗和子女教育等民生保障体系。明确企业总部在网络稳定、快递员权益保障等方面的统一管理责任。将落实快递员权益保障情况纳入行业诚信体系建设范畴。支持快递协会制定并推广加盟协议推荐文本，明确依法用工和保障快递员合法权益要求。指导企业完善考核机制，遏制“以罚代管”，加强对恶意投诉的甄别处置，拓宽快递员困难救济渠道。支持在快递企业成立工会组织，依法履行维权和服务职责。按照国家有关规定开展全国邮政行业先进集体、劳动模范和先进工作者评选表彰活动，增强快递员的职业认同感、荣誉感。优化快递员生产作业环境。引导快递企业和工会组织加大投入，推进基层网点“会、站、家”一体化建设。

国家邮政局与教育部、人力资源社会保障部、住房和城乡建设部、全国总工会等部门积极推进快递员权益保障各项工作落实。一是完善法规体系。推动将保障快递员合法权益纳入正在修订的《快递市场管理办法》。二是提升社保水平。国家邮政局与人力资源社会保障部联合印发通知，推动快递员优先参加工伤保险，截至 2022 年 7 月，全国已有 30 个省（区、市）出台落实文件。2021 年，有 16 万余名快递员优先参加工伤保险。三是开展技能培训和职称评审。国家邮政局与人力资源社会保障部印发通知，将快递员、快件处理员等职业纳入政府补贴培训目录，2020—2021 年累计培训快递从业人员 80 余万人次。国家邮政局与人力资源社会保障部在快递行业开展职称评审工作，已有累计 3 万余人次取得快递工程专业技术资格。四是保障合理报酬。国家邮政局组织中国快递协会制定《快递员劳动定额标准》，推行《快递企业末端派费核算指引》，推动建立与劳动强度相匹配的工资形成机制。五是做好评选表彰。2020 年，人力资源社会保障部与国家邮政局对全国邮政行业 145 个先进集体、96 名劳动模范、10 名先进工作者进行表彰。在 2022 年全国五一劳动奖和全国工人先锋号评选工作中，张鑫等 10 名一线快递员荣获全国五一劳动奖章荣誉称号。六是末端设施纳入小区改造。住房和城乡建设部落实相关要求，2021 年，各地在城镇老旧小区改造中，改造建设智能信包箱及快件箱 19 万个、邮政快递末端综合服务站 1700 多个。七是推进工会组建。2020 年 10 月和 2021 年 10 月，中国国防邮电工会两次组织快递员开展集中入会仪式。2021 年，快递企业“会、站、家”一体化建成 200 家，发展快递职工入会近 20 万人。八是做好生活关爱。教育部通过全面推进免试就近入学和保障随迁子女就学，为快递员子女就近就学提供政策保障。据不完全统计，全国总工会 2019—2021 年共向快递员发放慰问金 340 余万元，2021 年，与中国电信集团工会部署建设 2400

家“爱心翼站”。

下一步，国家邮政局将会同相关部门，在前期工作基础上，采纳提案所提建议，实化工作任务举措，继续推动快递员群体合法权益保障工作。一是推动修订《快递市场管理办法》，将快递员权益保障政策提升固化为规章制度。二是督促各地落实《关于做好快递员群体合法权益保障工作的意见》，出台配套政策，在 2022 年底前，实现省级政策全覆盖。三是制定出台《快递企业加盟协议推荐文本》，试点实施快递员劳动定额标准，加快在行业内推广。四是加强对快递企业用工指导，支持快递企业与快递员开展集体协商，合理确定工资水平。五是推动逐步扩大社会保险覆盖面，指导各地为快递员优先办理工伤保险。六是深入开展“非公快递企业工会组建和服务工作专项行动”，推进“会、站、家”一体化建设。七是督促企业严格执行安全生产相关标准，加大资金投入，改善工作环境。八是深化职工文化技能培训活动。做好对快递员群体先进典型表彰。持续开展关爱快递员“暖蜂行动”，推动相关地区为快递从业人员提供休息场所和车辆充电等便利条件。

感谢您对快递业发展的关心和支持!

国家邮政局

2022 年 7 月 21 日

全国政协十三届五次会议第 02737 号提案

题　　目：关于解决长江船员后继乏人相关问题的提案
主　　办：交通运输部
会　　办：发展改革委　教育部　科技部　人力资源社会保障部
提案形式：党派提案
第一提案人：民革中央
内　　容：

近年来，长江航运快速发展，长江干线货物通过量突破 30 亿吨，沿江地区 85% 以上煤炭运输、85% 以上铁矿石运输、70% 以上原油运输均由长江船队承担，对长江经济带社会经济发展起到不可忽视的运输保障作用。

但与此同时，长江船员作为长江航运的基本要素，目前存在以下问题：一是高龄化严重，截至 2020 年底，持有适任证书的内河船员平均年龄 45 岁，年龄在 20—30 岁、30—40 岁、40—50 岁、50—60 岁分别占比为 7.9%、20.3%、30.1%、34.4%。二是供需失衡，虽然注册船员有 37.2 万人，但活跃度仅 50%—60%，普通船员流失率逐年上升，长江航运人员较长时间供小于求。三是人才匮乏，普通船员来源主要是偏远山区农民工、社会无业人员、返乡高龄人员等，文化程度低，接受能力弱，培养难度大。

为此，建议：

一、统一部署，科技创新，赋予航运发展新的生命力

一是统一部署长江航运现代化、智能化发展新的方向，根据《国务院关于印发新一代人工智能发展规划的通知》精神，结合《智能航运发

展指导意见》规定，统筹出台长江（内河）航运“十四五”发展专项规划方案，全面推进传统航运要素与现代信息、通信、传感和人工智能等高新技术适用于长江航线的深度融合，包括智能船舶、智能港口、智能航保、智能航运服务、智能航运监管等要素。二是加大对长江强扰动环境下运动控制技术的研发，针对长江动力环境中风、浪、流对不同船体的影响，开发欠驱动无人船运动控制算法，实现如高精度循线航行、高江况自航、自守位等功能等，加快长江无人驾驶船舶技术发展。

二、加大扶持，政策引导，提升职业吸引力

一是出台“内河船员工资参考目录”，建立内河船员收入向同类行业靠拢机制，引导岗位收入差异化改良，对合格的水上船员个人所得税参照海员执行，落实船员职业培训政策补贴，鼓励船员培训提升和人才进入，加强船员职业获得感和认同感。二是搭建船员与航运企业供需交流的服务平台，构建船员人才动态监测和预警体系，定期发布船员人才需求指数、船员薪酬变动指数等人才市场信息，建立信息交流平台并提升活跃度。三是优化内河船舶轮机部最低安全配员的设置，保证内河船舶轮机部船员有充足的职业发展机会，建立江、海互相流通机制和关联性的工资体系，创造条件让更多高素质船员持有海江双证，提升职业发展空间和江海互通流动。

三、加强规划，健全体系，提升行业规范和影响力

一是编制《长江航运人才发展中长期发展规划》，明确长江航运人才发展战略和阶段性重点工作，统筹制订航运人才的集聚计划、需求计划、教育培训、紧缺人才开发，科学指导行业人才发展。二是严格规范技能证书的管理，建立技能门类二级证书的技能目录，分别划定优、良、合格三个品级，配套证书等级评定的监督制度。三是构建长江航运人才和企业诚信评价指标体系，促进构建良好的长江航运人才流动市场秩序，规范企业和船员行为，维护行业稳定。四是健全长江航运专业技术人员职称评价体系，进一步激发专业技术人才创新创业的创造活力。五是引导媒体宣讲长江航运文化，让社会更加关注长

江航运历史，让社会更加认同船员贡献。

四、统筹资源，做实培训，提高船员实操技能

一是统筹整合长江沿线航运教育资源，结合未来航运需求，通过学科交叉、联合培养、师资交流、实践共享等方式，鼓励现有院校存量专业高质量综合发展和新设职大、高职开设内河航运类专业，推动航运服务类的专业化发展，如港航物流、航运贸易、航运金融、航运保险、航运电子商务、航运法律等跨学科、复合型专业。二是支持高校与航运企事业单位合作，建立产学研联盟，以大学生实践见习基地为载体，开展“订单式”培养。三是完善航运职业教育培训体系，利用船员在职培训平台，尤其对不同层次、不同领域、不同需求的年轻船员开展职业培训，提高船员的职业素质。

关于政协第十三届全国委员会第五次会议第02737号（工交邮电类324号）提案答复的函

民革中央：

感谢你们对长江船员队伍发展的关心。你们提出的《关于解决长江船员后继乏人相关问题的提案》收悉，我部会同国家发展改革委、教育部、科技部、人力资源和社会保障部等部门进行了认真研究，现答复如下：

随着经济社会发展，长江船员队伍发展面临着职业吸引力下降、人员流失严重和高素质船员紧缺等问题，我部和相关部门十分赞同贵单位对解决长江船员后继乏人相关问题的提案建议。近年来，我部以习近平新时代中国特色社会主义思想为指导，全面贯彻党的十九大和十九届历次全会精神，着力践行以人民为中心的发展思想，持续强化船员行业管理顶层设计，推动将船员权益保障写入《中华人民共和国海上交通安全法》，联合相关部门印发《关于加强高素质船员队伍建设的指导意见》，

修订发布《船员健康检查要求》，优化内河船舶船员从业健康要求，推进船员职业发展环境持续优化，依托“世界海员日”“中国航海日”等持续宣传航海文化，弘扬航海精神，凝聚社会对船员群体的关心和关爱，推动船员职业社会认同和职业吸引力持续提升。

一、关于统一部署，科技创新，赋予航运发展新的生命力

为适应未来航运发展，我部联合科技部相继印发《交通领域科技创新中长期发展规划纲要（2021—2035 年）》《“十四五”交通领域科技创新规划》，部署推进智能航运新业态发展。“十四五”期间，科技部围绕水运交通装备与自主化系统技术方向，布局了“新一代内河近海航运自主系统关键技术及示范”“大型港口设施智能运行技术”任务，并在已发布的“交通基础设施”重点专项 2022 年度项目申报指南部署了“大型港口高风险作业设施智能运行关键技术”项目。我部编制印发《长航系统“十四五”发展规划》，明确推动数字赋能航运发展的任务，制定“长江新一代航运系统科技创新工程”专项规划；启动智能航运先导应用试点，部署开展长江智慧航道、智慧港口建设相关研究，加快编制《智慧港口建设指南》，形成了《智慧航道建设研究》《国家智慧航道大数据平台建设方案研究》等阶段性研究成果，建成了长江干线电子航道图和以数字航道为核心的长江干线航道信息化管理和服务系统；积极开展《船舶自主航行系统风险评估及应对策略研究》《船舶自主航行试验技术与检验暂行规则》等项目研究，稳步推动智能航运发展。我部将持续加强与科技、工业和信息化、发展改革等有关部门沟通，共同推进无人驾驶船舶、智能航运等技术在长江航运中的应用，加快推进现代化长江航运建设。

二、关于加大扶持，政策引导，提升职业吸引力

我部所属长江航务管理局每季度发布长江船员工资指数，为船员供职求职、船公司招聘提供了公平、科学的薪酬参考体系。人力资源和社会保障部自 2006 年推动事业单位工作人员收入分配制度改革以来，事业单位船员基本工资标准实行单独制定，并加大了工资政策倾

斜力度。江苏海事局联合江苏省人力资源和社会保障厅、江苏省财政厅等部门出台《江苏省船员特殊岗位职业技能培训工作实施方案》，将内河船舶船员特殊培训纳入省职业技能提升行动补贴范围。2021 年，近 800 名船员申报技能提升补贴达 47 万余元。我部充分尊重市场机制，鼓励各市场主体参与平台建设，持续畅通供需双方交流渠道，规范企业和船员行为。搭建施行中国港口协会长江港口分会、中国船东协会长江分会、长江港航物流联盟“三位一体”的长江航运行业协会管理模式。我部发布的《中华人民共和国海船船员适任考试和发证规则》《中华人民共和国内河船舶船员适任考试和发证规则》等规章中已明确内河船舶船员与海船船员适任资格互转的途径和要求，鼓励高素质船员同时持有内河船舶船员适任证书和海船船员适任证书。我部将结合内河船舶船员从业状况调研情况，深化开展航运公司船员管理工作调研和内河船舶最低安全配员标准研究，加快推进公司自有船员队伍建设，促进内河船舶船员就业稳定。同时，持续强化与人力资源和社会保障部等部门的沟通协调，加快推进船员劳动合同范本、集体协议范本和适应船员职业特点的社保制度及相关优惠政策的研究工作，进一步保障船员的合法权益。

三、关于加强规划，健全体系，提升行业规范和影响力

我部编制印发《长航系统“十四五”发展规划》，明确了推动船员队伍稳定、结构优化、素质提升的发展目标。长江海事局结合长江船员发展实际，启动了《长江船员中长期发展规划》编制研究工作，系统谋划长江船员队伍发展。我部发布的《中华人民共和国内河船舶船员适任考试和发证规则》及其实施办法等文件，明确了内河船舶船员适任证书类别、等级、职务及管理相关要求。我部积极开展船员诚信管理制度研究，启动《中华人民共和国船员违法记分办法》修订工作，加快建立长江航务管理局系统信用信息整合机制，江苏海事局积极推进江苏海事管理诚信评价平台与“信用江苏”平台、长三角信用信息平台等实现数据交换，积极推进航运市场行业自律。长江海事局

组织开展了“航运公司生产安全主体责任落实年”和“守规矩，开好船，争当好船员”等活动。2020年7月，我部、人力资源和社会保障部联合印发《关于深化船舶专业技术人员职称制度改革的指导意见》，实现了职称制度与船员职业资格制度有效衔接，船员资格作为准入类专业技术人员职业资格纳入《国家职业资格目录》。我部统筹指导，常态化开展船舶专业技术人员中初级专业技术资格证的换发工作，并于2021年启动船舶系列高级职称评审工作，11名内河船员被评定具有高级专业技术职务任职资格；今年，船舶系列高级职称评审工作也已启动。江苏海事局联合江苏省人力资源和社会保障厅连续举办两届江苏省船员职业技能大赛，37名内河船舶船员被授予“江苏省技术能手”称号。长江航务管理局提炼新时期长江航运文化品牌，持续开展“我家住在长江边”主题宣传活动，发挥“两微一端一快一抖”新闻矩阵宣传优势，讲好长江航运故事。今年“世界海员日”期间，长江海事局组织资深船长、轮机长现场访谈，视频连线在船引航的引航员和国际航行船舶船长分享航行旅程故事和自身成长历程，3万余名网友通过互联网直播平台近距离了解船员职业以及船员在新冠肺炎疫情期间为维护全球物流供应链稳定畅通作出的突出贡献，加深了社会各界对船员职业的理解和支持，船员职业的社会认同得到进一步提升。

四、关于统筹资源，做实培训，提高船员实操技能

对接航运业发展新业态、新技术、新职业，教育部一体化设计航运类专业目录，构建航运人才现代化职业教育体系。科学设置船舶驾驶、船舶机工与水手等12个中职专业，航海技术、港口与航道工程技术等20个高职专科专业，新增航海技术、船舶动力工程技术等8个高职本科专业。引导职业院校在相关专业灵活设置航运贸易、航运金融、航运保险等专业方向。发挥全国航海职业教育集团作用，我部联合教育部等部门深化产教深度融合、校企双元育人，推行“卓越海员”“现代师徒制”校企合作订单式船员培养，扩大船员招募渠道，目前长江沿线共有14家航海院校参与校企合作。长江海事局积极开展“校企合

作培养船员机制和管理对策研究”，编制形成了内河船舶船员船上培训指导书和记录簿。教育部成立新一届船舶工业职业教育教学指导委员会，及时跟踪航运产业政策和发展动态，开展行业人才需求预测分析，强化职业教育类型定位，引导企业深度参与专业规划、课程设置、教材开发、教学实施等，指导校企开展技术研发、行业职工培训、社会服务。我部印发实施《关于船员教育机构毕业考试替代内河船舶船员理论考试有关事项的通知》，已有22所全日制中等职业及以上船员教育机构的船舶驾驶类和轮机类专业毕业考试替代相应内河船舶船员理论考试。我部将结合长江航运发展实际，进一步优化《内河船舶船员适任考试与发证规则》，从政策层面支持和鼓励内河船舶船员成长成才。

目前，长江内河船舶经营者多为中小民营航运公司，还有个体经营模式。内河航运市场竞争激烈，航运企业普遍规模较小、经济实力较弱，一定程度上也造成了船上工作生活条件较差、船员工资收入不高、权益保障不充分等问题，内河船舶船员队伍发展面临着职业吸引力下降、船员从业意愿不强、人员流失加剧等问题。长江船员队伍建设是一项系统工程，需要社会各界、相关部门、航运企业等的共同参与、协同发力。下一步，我部将会同有关部门积极落实《关于加强高素质船员队伍建设的指导意见》，科学谋划培育内河航运新业态，推动内河航运规模化经营，促进航运公司自有船员比例提高，通过政府引导、市场调节，持续加大长江船员文化宣传，积极营造良好的内河船舶船员职业发展环境，促进船员从业就业意愿进一步提升，加快推进高素质船员队伍建设，推动长江航运经济高质量发展。

再次感谢你们对交通运输事业的关心与支持。

交通运输部

2022年7月18日

全国政协十三届五次会议第 03495 号提案

题　　　目： 关于推进《维护新就业形态劳动者劳动保障权益指导意见》落实的提案

主　　　办： 人力资源社会保障部

提 案 形 式： 个人提案

第一提案人： 高小玫

内　　　容：

新就业形态劳动者的权益保障问题，始终是社会、也是两会关注的热点。为此人社部等 8 部委于 2021 年 7 月颁布了《关于维护新就业形态劳动者劳动保障权益的指导意见》（人社部发〔2021〕56 号，简称“56 号文”），以“维护新就业形态劳动者劳动保障权益”为宗旨，提出“规范用工，明确劳动者权益保障责任”的具体举措。各地积极贯彻 56 号文，目前全国至少有 25 个省市区出台了维护新就业形态劳动保障权益的地方性规定。

56 号文为落实总书记“补齐新业态法制短板”要求迈出了重要一步，所提出的保障新就业形态权益思路及其指导用工规范的效果，被社会寄予重望。因此 56 号文及相关地方性政策如何有效实施值得关注。

一、现存主要问题

56 号文将新就业形态的用工关系划分为三类情形，可简称作标准劳动关系、不完全劳动关系及无劳动关系用工。其中的无劳动关系情形，是在现有劳动法律体系下就新形态劳动者劳动权益保障的一种创新，要求企业与劳动者以书面协议来确定双方的权利义务。但调研发现，56 号文出台以来，新形态劳动者不断投诉平台企业不与其订立书面协议，平台称不知协议如何制订而请求行政部门“指导”，劳动行政部门则由于56号文对这一新概念未做出明确规定而指导乏力。实践中这一条款的执行存在困难。

其根本问题在于56号文有待细化。56号文只是概括性提出“不完全符合确立劳动关系情形”而没有具体说明，对企业与劳动者订立书面协议所依据的法律、必须包含的条款，发生争议时如何处理等问题也均未明确。而通查各地出台的地方性规定，均照搬56号文，对此也语焉不详。此外，56号文虽然是关于保护新就业形态劳动者的政策文件，但现地方劳动行政部门并未被明确为这一新的劳动者群体的主管部门。这都导致了地方劳动行政部门难以展开指导工作，“书面协议”无法落地。

二、对策建议

56号文对于规范平台企业用工行为，维护新就业形态劳动者劳动保障权益，促进平台经济规范健康持续发展具有重要意义。关键在细化推进，以防止法规空转，平台企业借此逃避责任义务，让新就业形态劳动者的权益保障落在实处。建议：

（一）细化56号文的实施。关于不完全劳动关系情形，企业与劳动者需订立的书面协议，在不能适用现有《劳动合同法》的情况下，具体在操作中无所适从。应当由人社部尽快制订并出台格式协议文本，使新就业形态劳动者与企业订立的协议有据可依，以利规定执行的实践向前推进。

（二）理顺新业态劳动行政管理体系。新就业形态劳动者长期没有纳入我国劳动行政部门的管理中。人社部牵头并出文的56号文出台，体现出人社部门牵头进行行政管理的格局，对此还需要予以明确，即新业态劳动者由人社部门主管。同时要理顺相关行政管理体系，诸如用工登记等基础信息当加快接入人社系统。

（三）开展《劳动合同法》修法调研工作。规模达千万的新业态就业群体，其劳动关系的调整最终需修改《劳动合同法》。人社部56

号文和各地相应的地方性规定，已经形成了保障新就业形态劳动者权益的体系，是修法的基础。因此在新业态规定执行中，要组织收集各地的经验，为《劳动合同法》的修改做深入的研究。

关于政协第十三届全国委员会第五次会议第 03495 号（社会管理类 331 号）提案答复的函

高小玫委员：

您提出的《关于推进〈维护新就业形态劳动者劳动保障权益指导意见〉落实的提案》收悉。经研究，现答复如下：

近年来，我国平台经济快速发展，依托平台就业的新就业形态劳动者数量大幅增长，由于平台用工形式和新就业形态劳动者就业方式相对灵活，部分新就业形态劳动者难以直接纳入现行劳动保障法律法规适用范围，权益保障面临新情况新问题。为解决新就业形态劳动者权益保障突出问题，经国务院同意，2021 年 7 月，我部会同有关部门印发了《关于维护新就业形态劳动者劳动保障权益的指导意见》（人社部发〔2021〕56 号，以下简称《意见》）。《意见》坚持统筹促进平台经济发展和保障新就业形态劳动者权益，创新了新就业形态劳动者权益保障制度机制。区分不同平台用工形式和新就业形态劳动者就业方式，合理确定了平台企业的劳动保护责任。对符合确立劳动关系情形的，明确企业应当依法与劳动者订立劳动合同。对不完全符合确立劳动关系情形但企业对劳动者进行劳动管理（以下简称不完全符合确立劳动关系情形）的，企业要与劳动者订立书面协议，合理确定双方的权利义务。个人依托平台自主开展经营活动、从事自由职业等，按照民事法律调整双方的权利义务。为健全新就业形态劳动者权益保障工作机制，《意见》明确，相关部门和单位要认真履行职责，强化工作协同，将保障劳动者权益纳入数字经济协同治理体系，建立平台企业用工情况报告制度，健全劳动者权益保障联合激励惩戒机制，完善相关政策措施和司法解释。

《意见》印发后，我部会同有关部门积极推动《意见》落实落地。一是推动出台细化政策。出台职业伤害保障试点办法，配合市场监管总局、交通运输部等部门出台外卖送餐、网约车等重点行业维护劳动者权益专项政策，指导各省（区、市）制定印发具体实施办法等。二是压实平台企业责任。会同交通运输部、市场监管总局、全国总工会等部门单位加大对平台企业用工的指导，通过政策宣贯会、行政指导会、约谈等方式推动头部平台企业落实《意见》及相关政策，督促平台企业改进平台算法和劳动规则，加大对用工合作企业的监督。三是研究制定用工示范文本，积极探索新就业形态劳动者劳动关系认定标准。继续深入调研平台用工情况，考虑劳动关系、不完全符合劳动关系的不同情形，研究起草了典型新业态行业劳动合同、书面协议订立指引，拟指导平台企业区分不同用工形式，合理确定企业与劳动者之间的权利义务。梳理最新劳动争议案例和域外劳动关系认定标准，与最高人民法院联合编写新就业形态争议典型案例，研究案件审理中的劳动关系、不完全符合确立劳动关系情形的认定标准等。四是加大监管力度。畅通劳动者投诉举报渠道，督促平台企业核实整改规避用工责任的问题。以建设全国集中的职业伤害保障信息平台为抓手，加强平台用工信息归集，与相关部门加强信息共享和协同治理。

下一步，我们将继续坚持统筹平台经济健康规范发展与保障劳动者权益，发挥好平台经济带动就业作用，维护好新就业形态劳动者权益，重点做好以下工作：一是持续落实好《意见》，指导企业依法规范用工，加快推进职业伤害保障试点工作。二是修改完善新业态行业用工指引并逐步推广应用，合理确定劳动关系、不完全符合确立劳动关系情形的认定标准。三是跟踪评估《意见》落实情况和执行效果，总结实践经验做法，加强重点法律问题研究论证，配合立法部门做好相关立法修法工作，为维护新就业形态劳动者权益奠定坚实的法律基础。

感谢您对人力资源和社会保障工作的理解和支持。

人力资源社会保障部

2022 年 6 月 30 日

全国政协十三届五次会议第 02266 号提案

题　　　目： 关于进一步加强农村最低生活保障管理，提升低保政策效能的提案

主　　　办： 民政部

会　　　办： 审计署

提 案 形 式： 党派提案

第一提案人： 台盟中央

内　　　容：

据民政部的统计数据显示，截至 2021 年 11 月底，全国共有城乡低保对象 4223.8 万人，已累计发放低保资金 1670.6 亿元，有效地保障了低收入群体基本生活，确保其与全国人民同步迈入小康社会。

同时，随着国家对农村低保资金投入越来越多，低保政策标准把握、执行效果等方面也暴露出一些问题，在一些乡村甚至已经成为引发社会矛盾的诱因之一。主要体现在以下几方面：

一是审核审批程序有待进一步规范。目前在低保对象的确定上，各地主要采取个人申请、民主评议、乡镇审核、区县审批的操作程序。在低保评议过程中，虽然要求乡镇政府组织人员进行评议，对参加评议的群众进行随机抽查，但是实际操作过程中，评议人员基本上由村“两委”确定，存在监督的风险点。如民政部门和乡镇审核人员在审核过程中只注重纸质材料的审核，实地调查做得不够，就很可能导致不符合条件的对象入围。

二是动态管理抓得不实。有的地方在低保补助水平的动态调整上，缺乏严格规范的操作流程，在执行过程中，也存在“进低保容易，出

低保难”的情况，甚至出现低保政策“终身制”。

三是低保群体内生动力不足。一些低保对象觉得享受低保政策理所应当、心安理得。一些地方乡镇和村委会为低保对象介绍工作时，部分人员不愿意干，每月盼着领取低保资金，懒惰思想较为突出。

四是监督检查力度不够。一些地方对于低保审核标准、审核过程和资金发放等缺乏一套完整的监督检查机制，只是被动接受举报投诉，导致低保政策执行具有随意性，影响了资金使用效率。

建议：

一是围绕实现巩固脱贫攻坚成果同乡村振兴有效衔接，对全国农村低保对象进行一次重新摸底和建档，实现识别更加精准，管理更加规范，低保资金使用更加科学有效。

二是进一步规范审核审批程序。在民主评议过程中，建议由乡镇政府负责组织和通知评议人员，采取随机抽取的方式进行挑选，避免村干部事前沟通或打招呼，确保评议过程客观公正。建立第三方评价机制，通过政府购买服务等方式，邀请社会组织参与评估、监督低保工作。探索建立低保交叉审核机制，在不同乡镇或村之间抽调人员进行交叉入户调查，准确了解情况，进行客观公正评价。

三是完善动态调整机制。对已经纳入低保范围的救助对象，由乡镇和村委会采取多种方式加强管理服务，组织人员定期跟踪保障对象家庭人口、收入和财产等变化情况，定期开展核查，将不再符合条件的及时调出保障范围，形成低保对象有进有出、补助水平有升有降的动态管理机制。

四是激发低保对象勤劳致富内生动力。加强对低保对象的思想教育，帮助其增强自信心，消除懒汉思想。对于部分有劳动能力的低保对象，有针对性地组织劳动技能培训，实现救助由“输血”向“造血”转变。对无正当理由拒绝乡镇和村委会提供工作岗位的，可以减发、停发低保补助。

五是加大监督检查力度。发挥民政、财政、审计、纪检监察等部门的合力，对低保对象审核、低保资金的管理使用等工作进行严格检查和监督，并深入基层听取群众意见和反映，确保低保政策规范运行。

关于政协第十三届全国委员会第五次会议第 02266 号（社会管理类 209 号）提案答复的函

台盟中央：

你们提出的《关于进一步加强农村最低生活保障管理，提升低保政策效能的提案》收悉。提案所提建议切合实际，具有很高参考价值，我部将认真研究采纳。经商审计署，现答复如下：

一、关于对低保对象摸底建档

根据《社会救助暂行办法》、《最低生活保障审核确认办法》（民发〔2021〕57 号）等政策文件，国家对共同生活的家庭成员人均收入低于当地低保标准，且符合当地低保家庭财产状况规定的家庭，给予最低生活保障。在实际工作中，申请人提出申请后，经家庭经济状况调查、公示等环节，符合条件的申请家庭将纳入低保范围，其申请材料和审核确认材料会形成档案由乡镇人民政府（街道办事处）或县级人民政府民政部门统一进行管理。同时，近年来我部大力推进信息化建设，全国所有省份均实现了低保工作的信息化管理，并定期公布低保人数、低保标准、资金支出等情况。

二、关于规范低保审核确认程序

我部高度重视低保的规范管理，2021 年制定《最低生活保障审核确认办法》，立足强化兜底保障能力、提高便民服务水平，紧紧围绕困难群众基本生活保障，对低保制度作出一定调整，进一步提升了低保的规范化水平。

一是简化优化审核确认程序。如《最低生活保障审核确认办法》第二条第二款对低保审核确认权限下放乡镇人民政府（街道办事处）

作出了规定；第四条对实行网上申请受理作出了规定；第十九条简化了民主评议环节，仅对公示有异议的开展民主评议；第二十二条明确了低保审核确认工作中的时限要求等。

二是细化动态管理相关规定。一直以来，低保制度实行动态管理，当低保家庭人口状况、收入状况、财产状况发生变化时，县级人民政府民政部门应当及时决定增发、减发或者停发低保金，低保家庭也应向乡镇人民政府（街道办事处）定期报告家庭人口、收入和财产状况的变化情况。《最低生活保障审核确认办法》第三十一条对动态管理进行了细化：对短期内经济状况变化不大的最低生活保障家庭，乡镇人民政府（街道办事处）每年核查一次；对收入来源不固定、家庭成员有劳动能力的最低生活保障家庭，每半年核查一次。核查期内最低生活保障家庭的经济状况没有明显变化的，不再调整最低生活保障金额度。

三是加强低保等基本生活救助政策与就业救助等政策的协同联动。指导地方通过实施就业成本扣减、就业收入超标渐退、无正当理由不就业停发减发低保金等措施，激活低保对象参与就业的内生动力，激励有劳动条件的困难群众实现就业。

三、关于加大监督检查力度

近年来，我部采取有力措施持续整治"关系保""人情保"等群众身边的腐败和作风问题，取得积极成效。一是开展专项治理。从2018年开始，会同驻部纪检监察组部署开展为期三年的全国农村低保专项治理工作，并于2021年接续开展专项治理巩固提升行动，集中整治漠视侵害群众利益问题，净化了低保管理环境，有效化解"脱保""漏保"等风险。2022年部署开展为期4年的社会救助领域群众身边腐败和作风问题综合治理工作，坚决纠正低保等社会救助领域侵害群众利益行为。二是完善政策制度。会同财政部、银保监会印发《关于进一步加强社会救助资金监管工作的意见》（民发〔2019〕139号），指导各地进一步规范完善低保申请、审核、资金发放等流程。健全完善经办人员近亲属备案、低保对象长期公示、低保行政文书规范使用等制度。三是及时回应群众诉求。在部、省、市、县四级民政部门设立社会救助服务热线电话 3700 余个，接受投诉举报、政策咨询、求助申请等。累计接听并按期办结群众来电 47.7 万个，其中政策咨询 39.9 万个、求助申请 5.4 万个、投诉举报 2.4 万个。

下一步，我部将进一步加大低保等社会救助制度规范管理力度，持续开展社会救助领域群众身边腐败和作风问题综合治理，严肃惩治优亲厚友、虚报冒领、吃拿卡要、挪用贪占困难群众基本生活救助资金等违法违纪行为，严格落实经办人员近亲属申请社会救助备案制度，规范做好救助信息公示公开工作，探索开展社会救助数字监督，确保低保等各项救助政策公开公平实施，切实兜住兜准兜好基本民生保障底线。

感谢你们对民政工作的关心和支持。

民政部

2022 年 7 月 4 日

五、生态文明建设

全国政协十三届五次会议第 00900 号提案

题　　　目：关于优化煤电营商环境的提案
主　　　办：发展改革委
会　　　办：能源局
提 案 形 式：个人提案
第一提案人：曹培玺
内　　　容：

2021 年，全国电力供需总体偏紧，多地实施有序用电。受电煤价格持续大幅上涨影响，全国煤电企业电煤采购成本额外增加 6000 亿元左右，8 月以来大型发电集团煤电板块整体亏损，全年累计亏损面达到 80% 左右，煤电行业经营面临严重困难。此外，近年来社会上出现的不分国情和阶段盲目唱衰煤电甚至“妖魔化”煤电的声音，部分地方采取的“运动式”减碳做法，也对煤电行业持续健康发展造成不利影响。

“十四五”及更长一段时期，我国用电负荷“冬夏”双峰特征将更加突出，出力波动性较强的新能源在电力系统中占比持续提高，电力供需紧平衡日益加重，电力调峰难度日益加大。煤电在支撑电力系统安全稳定运行、服务可再生能源大规模发展、助力实现碳达峰碳中和目标等方面，将继续发挥不可替代作用。

党中央、国务院高度重视能源安全和煤电行业高质量发展问题。《中共中央国务院关于完整准确全面贯彻新发展理念做好碳达峰碳中和工作的意见》《2030 年前碳达峰行动方案》，以及习总书记主持的中共中央政治局第三十六次集体学习，对绿色低碳发展、确保能源安全做出部署要求。未来一段时期，煤电在我国实现碳达峰碳中和目标中将继续发挥重要作用。优化煤电营商环境，对提升能源供应保障能力、促进电力安全保供与转型升级、维护国家产业和经济安全具有重要意义。

为此，从政策、市场、法治等方面，提出优化煤电营商环境建议如下：

一、确保中央政策落实落地

切实贯彻落实中央对能源工作的部署要求，把系统观念贯穿工作全过程，支持煤电产业平稳有序转型。优化煤炭产能布局，推动具备增产潜力的煤矿尽快释放产能。根据保障电力供应安全和促进新能源消纳的需要，合理发展清洁高效煤电作为支撑性和调节性电源，并从电价机制上保证其合理收益。加大对在运煤电企业金融支持力度，及时满足其合理融资需求，采取“减退缓”等措施，适度减轻其税费负担。深入开展存量煤电机组效益潜能挖掘工作，规范其寿命评价与管理体系，推进应急备用能力建设。继续有序淘汰煤电落后产能，在资产、人员处置等方面给予一定政策倾斜，避免采取“休克式”措施引发社会风险。

二、坚定市场化改革方向

巩固煤电上网电价市场化改革成果，确保市场交易放开规模与价格浮动范围执行到位。进一步完善煤炭电力价格市场化联动机制，引导煤炭市场价格在合理区间运行，促进煤电价格通过市场化方式有效联动。加快推动电力现货市场运行，形成反映真实供需和成本变化的价格信号，作为中长期交易、电网代理购电、用电曲线申报、偏差电量结算的重要依据。尽快建立煤电容量市场化补偿机制，使煤电机组能够回收停机备用的成本，发挥可靠容量价值，确保发电资源的长期充裕性。加快辅助服务市场建设，按照“谁受益、谁承担”原则，给予提供调频、备用等辅助服务的煤电机组合理补偿，利用市场平台和价格信号引导包括储能、用户在内的市场主体主动参与电力系统调节。

三、提高法治化水平

依法规范市场价格秩序。按照《价格法》《价格违法行为行政处罚规定》等法律法规，加强对能源市场异常波动的监管，对煤炭、天然气等一次能源供给侧出现的非理性涨价行为，政府要通过法治手段进行规制，严厉打击寡头垄断、合谋串通、哄抬价格等操纵市场行为，确保重要能源产品供应平稳有序。进一步完善能源安全和应急制度。正在制订修订中的《能源法》《电力法》《煤炭法》《能源监管条例》等法律法规，应强化提高国家能源安全应急能力水平相关内容，以促进煤炭、天然气、石油等主要能源的储备基地和调峰设施建设，以及现有煤电系统调节能力提升。严格执行《环境保护法》《控制温室气体排放工作方案》《碳排放权交易管理办法》等法律法规，通过强化环保约束和碳排放管理，推动新增煤电装机结构和布局优化，促进现役煤电节能升级和灵活性改造。

关于政协第十三届全国委员会第五次会议第 00900 号（工交邮电类 116 号）提案答复的函

曹培玺委员：

您提出的《关于优化煤电营商环境的提案》收悉。经商国家能源局，现答复如下。

煤电在保障电力系统安全稳定运行、促进能源低碳转型中发挥着重要的支撑作用，优化煤电营商环境是支持煤电产业健康可持续发展的重要举措。您深刻阐述了优化煤电营商环境的重要意义，分析了当前煤电发展面临的问题，提出支持煤电产业平稳有序转型、推进电力市场化改革、提高能源法治化水平等意见建议，对进一步优化煤电营商环境具有很强的借鉴意义和参考价值。

一、党中央、国务院高度重视能源安全，我委、国家能源局会同有关方面扎实推进优化煤电营商环境工作

习近平总书记指出，能源安全是关系国家经济社会发展的全局

性、战略性问题，对国家繁荣发展、人民生活改善、社会长治久安至关重要。国务院印发的《2030年前碳达峰行动方案》明确，以保障国家能源安全和经济发展为底线，推动能源低碳转型平稳过渡，稳妥有序、循序渐进推进碳达峰行动，确保安全降碳。我委、国家能源局会同地方和有关电力企业，坚决贯彻落实习近平总书记重要指示精神，落实党中央、国务院决策部署，积极推动煤电结构优化和转型升级，不断优化煤电营商环境。

一是支持煤电健康可持续发展。我委、国家能源局高度重视、积极推动煤电转型发展。围绕大型风光基地开发外送，积极推广应用先进煤电技术，合理规划建设清洁高效先进节能的支撑性煤电。2021年，我委、能源局印发《全国煤电机组改造升级实施方案》，提出统筹新能源开发消纳调峰需要，推动存量煤电机组灵活性改造应改尽改，“十四五”期间完成煤电机组灵活性改造2亿千瓦，实现煤电机组灵活性制造规模1.5亿千瓦。2022年，举办全国煤电“三改联动”典型案例和技术推介会。推动符合条件的煤电机组延寿运行，稳妥有序推动煤电行业淘汰落后产能。截至2021年底，我国已累计淘汰关停煤电落后产能超1亿千瓦，实施节能改造近9亿千瓦，实现超低排放机组超10亿千瓦。

二是推进电力市场化改革。2022年我委、能源局联合印发《关于加快建设全国统一电力市场体系的指导意见》，明确了全国统一电力市场体系建设的总体目标和要求，进一步优化电力市场总体设计，健全多层次统一电力市场体系，统一交易规则和技术标准。2020年我委、能源局联合印发《电力中长期交易基本规则》，进一步规范电力中长期交易。电力市场化交易规模不断扩大，2021年全国市场化交易电量达到3.8万亿千瓦时，占全社会用电量的45.5%，更好地发挥了电力中长期交易“压舱石”作用。持续深化电力现货市场建设，广东、山西、甘肃、山东、福建等首批电力现货试点地区已进入不间断结算试运行，现货市场结算试运行经历了各种复杂场景，基本形成能够反映市场实时供需的分时现货市场价格。

三是加快推动能源立法。目前能源法、电力法修订送审稿均已报送国务院，能源法、电力法列入《十三届全国人大常委会立法规划》，能源法列入《全国人大常委会 2022 年度立法工作计划》。在能源法、电力法立法过程中，我们始终将能源安全保障作为重点工作，能源法草案送审稿中提出了政府和企业的能源安全保障责任义务，从供应能力保障、基础设施、网络与信息安全、预测预警、能源储备和应急等方面构建相互支撑和衔接的制度体系。电力法修订中也将电力安全保供作为重点内容。

二、进一步加大力度优化煤电营商环境

下一步，我委、国家能源局将会同地方和有关电力企业，以习近平新时代中国特色社会主义思想为指导，全面贯彻落实党的十九大和十九届历次全会精神，完善政策机制，强化有效措施，优化煤电营商环境，加快构建新型电力系统。

一是持续推动煤电行业清洁低碳、安全高效发展。优化提升存量煤电机组结构，统筹行业发展和电力保供，按照延寿运行、关停淘汰、“关而不拆”转应急备用等方式分类处置，逐步有序淘汰煤电落后产能，加大力度规范管理和整治燃煤自备电厂。大力实施煤电“三改联动”，重点推动供电煤耗在 300 克标准煤 / 千瓦时以上的煤电机组节能降碳改造、大型风电光伏基地配套煤电灵活性改造、“三北”地区和工业园区供热改造，提升煤电机组清洁高效水平和促进新能源大规模发展。

二是持续深化电力体制改革。加快建设全国统一电力市场，提高跨省跨区交易市场化程度，探索电力用户或售电公司直接参与省间交易，赋予市场主体自主选择权。稳步推进电力市场建设，提升电力资源配置效率，加强不同层次市场相互耦合。健全中长期、现货和辅助服务有机衔接的电力交易体系。完善价格机制，推动实现煤、电价格在合理区间内通过市场化方式有效传导，建立健全调峰电源、应急备用电源容量补偿机制，保障发电侧合理收益，更好支撑电力安全稳定供应。

三是持续提升能源治理能力。积极推动能源立法工作，配合司法部做好立法审查，推动尽快提请审议。

感谢您对发展改革工作的关心和支持。

欢迎登录我委门户网站（www.ndrc.gov.cn），了解国家经济和社会发展政策、经济建设和社会发展情况、经济体制改革方面的重要信息。

国家发展改革委

2022 年 10 月 20 日

全国政协十三届五次会议第 02806 号提案

题　　　目： 关于着力提高系统调节能力，科学推进新型电力系统建设的提案
主　　　办： 能源局
会　　　办： 发展改革委　财政部
提 案 形 式： 党派提案
第一提案人： 民革中央
内　　　容：

2021 年 3 月 15 日，习总书记在中央财经委员会第九次会议上对碳达峰、碳中和的相关工作作出了重要部署，并指出要构建清洁低碳安全高效的能源体系，构建以新能源为主体的新型电力系统。电能是现代能源系统的核心。我国能源领域的碳排放量占到全国碳排放总量的 85% 以上，其中电力行业碳排放量占到总量 40% 以上。加快高碳电力系统向低碳或零碳电力系统转变，是确保实现“碳达峰、碳中和”的重要环节。

随着我国进入后工业化阶段，三产和居民用电占比不断攀升，用电负荷“尖峰化”“季节性”的形势更为严峻，电力系统的调节需求持续大幅增加。同时，以光伏、风电为代表的清洁能源发电具有波动性和间歇性特征，大规模并网后也将表现出比负荷侧更强的不确定性，对系统的调节能力依赖性更强。面对激增的调节需求，当前系统灵活性供应却呈现“存量消耗殆尽、增量发展不足”的局面。煤电是我国系统调节能力的主要来源，但我国煤电机组最小稳定出力、爬坡速度和启动时间等灵活特性严重落后。我国抽水蓄能电站装机占比仅

为 1.4%，明显低于美欧等发达国家 5%—10% 的水平，而且新建抽水蓄能电站的环评压力较大，很难找到适合开发建设的地方。电化学储能、飞轮储能、压缩空气储能等新型储能技术以及电制氢等技术法人成本下降仍需时间，短期内尚无法大规模推广。

为有效破解新型电力系统灵活性供需矛盾，确保新型电力系统建设稳步推进，建议：

一、加快煤电灵活性改造和抽蓄能力提升

将煤电灵活性改造作为一项重要工作纳入“十四五”“十五五”电力规划，建议 2025 年前改造规模达到 50% 以上，2030 年前改造全部完成。加强抽水蓄能与生态功能区划、水资源综合规划、环境保护规划等相关规划及不同种类、不同层次保护区的衔接与协调。适时加快已纳入规划、条件成熟的抽水蓄能电站建设进度，加快被纳入中长期发展规划项目的前期工作，做好抽水蓄能和新能源的协同开发。

二、以气电作为桥梁，逐步推进可再生电源

重点在京津冀、珠三角、长三角地区因地制宜做好煤炭退出替代，打造“新能源发电 + 气电”新样板。利用大数据、云计算、“互联网 +”等先进技术，提升新能源和负荷功率预测精准度，从源头消除预测偏差。加强电网调度机构与发电企业在新能源发电功率预测方面的衔接协同。针对极端天气频发，组织开展极端条件下电力安全防控体系的理论研究和实践探索。采取先松后紧的方式对 2030 年可再生能源发展目标进行年度分配，避免为完成目标而急功近利。

三、互联互通提升电网平台韧性

围绕新能源为主体构建“西电东送、东电西济；北电南送、南北互供”的接续同步联网体系，逐步实现省内优先平衡、区域内协调平衡、全国集中平衡。建立全国六大区域电网灵活性资源和备用共享机制，以信息（网络）化、数字化、智能化融合发展推动电网“韧性”释放。理顺市场机制，研究建立容量市场，及时修正和协调市场变化，争取 2030 年前实现电能量的集中市场交易。

四、多方共同促进储能产业发展

大力推进电源侧储能项目建设，积极推进电网侧储能合理化布局，积极支持用户侧储能多元化发展。逐步推进储能产业成为风能、光电的标准配套设施，通过政府补贴和政策激励来扶持产业的发展。积极探索商业化储能方式，加快降低储能成本。推动电力需求侧管理监测、控制等相关装备关键技术、信息通信技术及调控互动技术的研发。

五、在需求侧积极引导调节消费习惯

大力推行分时电价机制，按照高峰、尖峰、低谷、深谷四个不同时段的价格落差来形成新的消费习惯，鼓励支持底层用户侧安装居家的储能系统。探索创新能源使用调配机制，对于一些智能制造类生产车间，通过在生产周期内腾挪产能，将部分高能耗生产环节挪至夜间。

关于政协第十三届全国委员会第五次会议第 02806 号（经济发展类 178 号）提案答复的函

民革中央：

你们提出的《关于着力提高系统调节能力，科学推进新型电力系统建设的提案》收悉，现答复如下：

你们的提案深入分析了我国新型电力系统建设存在的灵活性供需矛盾，针对性地提出了加快煤电灵活性改造和抽蓄能力提升、以气电作为桥梁逐步推进可再生能源、互联互通提升电网平台韧性、多方共同促进储能产业发展、在需求侧积极引导调节消费习惯等 5 条建议，对于切实提升电力系统中的源网荷储调节能力、科学推进新型电力系统建设具有较强的借鉴意义和参考价值。

一、关于加快煤电灵活性改造和抽蓄能力提升

党中央、国务院高度重视煤电灵活性改造工作，我局认真贯彻落实、积极推动相关工作。2021 年 10 月，联合国家发展改革委印发《全国煤

电机组改造升级实施方案》，提出统筹新能源开发消纳调峰需要，推动煤电节能降碳改造、灵活性改造、供热改造“三改联动”，要求存量煤电机组灵活性改造应改尽改，“十四五”期间完成煤电机组灵活性改造2亿千瓦、灵活制造1.5亿千瓦。2022年4月，举办全国煤电“三改联动”典型案例和技术推介会，积极推广煤电机组改造升级成熟适用技术，得到业内外广泛关注和积极参与。

我局高度重视抽水蓄能与生态功能等相关规划和保护区的衔接与协调，积极推进规划内项目前期工作进度。2021年8月印发了《抽水蓄能中长期发展规划（2021—2035年）》，提出加强与自然资源、生态环境、林草、水利等部门的沟通协调，在符合生态环境保护要求的前提下，为抽水蓄能预留发展空间。今年3月，会同国家发展改革委部署加快“十四五”时期抽水蓄能项目开发建设，从加快项目前期工作、健全完善项目管理体系、争取具备条件项目尽早开工、做好电网接入保障、做好用地保障工作、严格落实生态环境保护要求、落实好抽水蓄能电价政策、加强产业链协同、鼓励抽水蓄能项目与大型风电光伏基地联营等方面提出了具体措施和要求。

下一步，我局将围绕以沙漠、戈壁、荒漠为重点的大型风电光伏基地开发建设，推动其周边配套调峰煤电机组灵活性改造。进一步推动新建机组全部实现灵活性制造，现役机组灵活性改造应改尽改。结合煤电机组“三改联动”实施方案和地方（企业）实际，督促指导地方和有关企业落实好改造任务目标，进一步加强监管，确保煤电灵活性改造取得实效。同时大力支持在大型风电光伏基地等地区开展电源侧抽水蓄能项目建设，优化电网侧抽水蓄能布局，积极探索抽水蓄能项目为特定电源服务的机制和运行模式。

二、关于以气电作为桥梁逐步推进可再生能源

天然气发电具有调峰灵活、清洁低碳等优点，在降碳减排的同时，可以有力提升电力系统的稳定供应、新能源消纳和能效水平。将气电调峰作为构建新型电力系统的重要组成部分，是助力能源碳达峰、碳

中和，构建清洁低碳、安全高效能源体系的重要实现途径之一。根据《国务院关于促进天然气协调稳定发展的若干意见》（国发〔2018〕31号）和《加快推进天然气利用的意见》（发改能源〔2017〕1217号）等文件要求，我局鼓励有关地区立足本地区供需实际，统筹谋划推进天然气有序利用。

下一步，我局将结合电力供需形势，在气源有保障、气价可承受、调峰需求大的负荷中心适度布局一批调峰气电项目，增强系统调节能力。在有规模热（冷）负荷的工业园区等区域适度建设天然气分布式燃机项目，因地制宜推广用户侧分布式智慧综合能源，夯实供应保障电源基础。同时，我们将积极推进风、光、气多能互补项目试点示范，推动天然气发电与新能源融合发展，加快构建并完善新型电力系统。

三、关于互联互通提升电网平台韧性

能源电力发展面临保障安全可靠供应、加快清洁低碳转型、推动实现“双碳”目标的重大战略任务。电网是能源转换利用和输送配置的枢纽平台，在电网结构上，我局坚持科学分析预警全年电力供需和安全形势，支持按照分层分区、结构清晰、安全可控、经济高效的原则，科学加强电网间互济能力，统筹推进远距离大容量电力外送，提高电网数字化、智能化水平，支撑服务新能源并网消纳、源网荷储协调互动、绿电灵活交易及多元用电等需求，满足构建新型电力系统、促进能源清洁低碳转型的需要。

下一步，我局将持续加强电力电量预测研判，构建坚强高效主干网架、优化区域电网主网架，改造升级城乡配电网，提升重点城市电网韧性，推动电力行业信息化、数字化、智能化，构建智慧高效调度运行体系，提高电力系统整体运行效率，推动构建新型电力系统，大幅提升电力供应保障能力和可再生能源消纳能力。

四、关于多方共同促进储能产业发展

我局先后实施了《关于加快推动新型储能发展的指导意见》等一系列政策文件，坚持统筹规划、因地制宜的原则，强化顶层设计，突出科学引领作用，加强与能源相关规划衔接，统筹新型储能产业上下游发展，推动因地制宜、多元化发展新型储能。一是在能源电力相关规划和碳达峰相关政策文件中，明确新型储能规模化应用、技术攻关、市场政策等相关重点任务。二是印发实施《“十四五”新型储能发展实施方案》，部署了新能源 + 储能、传统电源 + 储能、电网侧和用户侧储能多元化发展等方面的举措，推动新型储能与电力系统各环节有机衔接，充分发挥其价值。三是印发实施《新型储能项目管理规范（暂行）》，推动各地结合当地需求，因地制宜规划布局新型储能，加强新型储能全过程管理，明确电网企业等相关方面职责，推动科学优先调度新型储能，推动新型储能规范化发展。

同时，我局积极推动先进技术和关键装备研发示范，积极会同有关部门，部署高效光伏、大容量风电、新型储能、先进煤电等能源绿色低碳领域的先进技术和关键装备研发示范，推动安全高效低成本的新能源技术研发和产业化。积极支持高效光伏、多能互补、智慧风电等清洁能源技术创新示范，开展风光火储一体化开发和多元化应用，支撑新能源规模化开发和高比例发展，助力实现“双碳”目标。

下一步，我局将强化新型储能技术研发应用，积极研究储能扶持政策，共同推动储能行业高质量发展。

五、关于在需求侧积极引导调节消费习惯

有关部门采取一系列举措支持开展需求侧响应，促进用户参与系统互动。一是 2017 年，国家发展改革委修订并印发《电力需求侧管理办法（修订版）》，鼓励各类市场主体开发和利用需求侧响应资源。二是 2018 年，我局联合国家发展改革委印发《关于提升电力系统调节能力的指导意见》，鼓励通过推进售电侧改革，利用价格信号引导用户错峰用电，实现快速灵活的需求侧响应，提升电力用户侧灵活性。三是 2021 年，国家发展改革委印发《关于进一步完善分时电价的通知》，按照高峰、尖峰、低谷、深谷四个不同时段的价格落差来引导形成新的消费习惯。四是 2021 年，我局印发《关于强化市场监管　有效发

挥市场机制作用　促进今冬明春电力供应保障的通知》，推动高载能工业负荷、工商业可调节负荷、新型储能、电动汽车充电网络、虚拟电厂、5G 基站、负荷聚合商等参与辅助服务市场，激励需求侧主动参与系统调节，减少系统运行峰谷差。五是 2022 年，我局联合多部门共同印发《关于进一步推进电能替代的指导意见》，鼓励利用先进信息通信控制技术和虚拟电厂等技术，提升电能替代用户灵活互动能力，参与系统互动，鼓励通过培育负荷聚合商，促进用户积极主动参与需求侧响应。

下一步，我局将会同有关部门切实提升电力负荷侧灵活调节能力，保障能源电力安全。一是加快推进需求侧响应能力建设，将以市场化方式开展需求侧响应的先进经验做法逐步推广至全部省份，明确需求侧响应资源的确定标准和程序，规范签署协议。二是指导督促各地做好分时电价机制政策的落地执行，充分发挥电价信号作用，引导用户高峰少用电、低谷多用电，提升电力系统运行效率效益。三是继续完善辅助服务市场机制建设，推动可调节用户参与辅助服务市场，提高需求侧等第三方响应能力。四是进一步健全完善电力规划实施工作机制和相关协同推进机制，确保规划重点任务和重点项目有力推进、有效实施，推动各地有效发挥电力需求侧响应能力。

感谢你们对国家能源工作的关心和理解，希望今后能得到你们更多的支持和指导。

国家能源局

2022 年 9 月 14 日

全国政协十三届五次会议第 03793 号提案

题　　　目： 关于试点整村分布式光伏，大力推进乡村振兴战略和双碳战略的提案

主　　　办： 能源局

会　　　办： 财政部　农业农村部　乡村振兴局　国家电网

提 案 形 式： 个人提案

第一提案人： 徐建国

内　　　容：

习总书记在十九大报告中指出，“农业农村农民问题是关系国计民生的根本性问题，必须始终把解决好‘三农’问题作为全党工作重中之重”“实施乡村振兴战略”。

2020 年 9 月 22 日，习总书记在第七十五届联合国大会上宣布，中国力争 2030 年前二氧化碳排放达到峰值，努力争取 2060 年前实现碳中和目标。双碳目标的提出将从根本上改变我国的能源结构，带来一场能源体系的重大变革，也将是一场广泛而深刻的经济社会系统性变革，彰显了我国走绿色低碳发展道路的坚定决心、体现了中国对构建人类命运共同体的重大担当。

乡村振兴是一项长久性、系统性工程，当前阶段，巩固拓展脱贫攻坚成果、防止返贫，创新试点产业赋能、自我造血、以工补农、工农结合模式，形成工农互促、共同富裕的新型农村农业振兴体系是乡村振兴的重中之重。在此背景下，乡村产业振兴如何和双碳战略下的新型电力系统、清洁电力能源产业相结合，是本人一直思考的问题。

（一）当前阶段，乡村振兴战略的重点是从帮扶脱困、脱贫攻坚

转向农村农民自我造血、良性循环，关键是需要产业赋能，而重点是需要厘清农民手里有哪些资源、可以和哪些产业结合、如何结合、如何赋能、是否可持续、是否符合乡村振兴的总体战略规划等。

（二）双碳目标下新能源发电产业尤其是集中式光伏电站所需要的场地，如荒山、荒林、荒地、荒滩、荒坡等成体系成规模的场地越来越少，能开发的越来越有限，并且与“绿水青山就是金山银山”的生态发展战略有资源挤占和理念相悖的矛盾点。

（三）与此同时，农村内部及村落之间具有多种类型的、相对集中的、闲置不用的场地，如村落之间大量闲置的坑塘水面、废旧道路、废弃河道、废弃沟渠、闲置宅基地等等，其产权为农村集体或村民个人所有，如果能将上述场地资源充分利用起来，以合理方式组织投入光伏发电产业，将成为农民增收的重要途径之一；光伏发电产业二十到二十五年的运营时间可以保障农民的收入可持续；整个投产和运营期间产生的税收、就业、产业辐射也是新能源发电产业与农业工农互补、相互赋能、共同富裕的重要举措，是乡村振兴战略和双碳战略的双重体现。

建议：

一、充分赋权赋能、引导先行先试

由国家能源局、国家乡村振兴局拟定初步试点方案，在西北、东北、华北和华东地区广大农村，遴选 5 到 10 个典型村镇进行试点，以“大胆改革”“摸着石头过河”的态度，积极放开、充分赋权、先易后难、先行先试。

二、统筹规划方案、合理广泛试点

在试点一段时间的基础上结合存在的问题和难点对方案进行修改和完善，由农业农村部、国家能源局、国家乡村振兴局、国土资源局、国家电网公司等为主体，在原有方案的基础上进行统筹规划设计，明确各方主体责任、制定配套措施、完善具体方案，充分整合整村、村落之间、整镇内的闲置、废弃场地资源，以合理要素资源投入光伏发电产业中，因地制宜、合理引导、广泛试点。

三、创新组织模式、放宽产权流动

充分整合和利用农村集体或农民个人的场地资源，以土地资源要素形成无形资产形式，投入农民合作社，由农民合作社和光伏电站投资方股权合作成立合资公司，农民合作社提供场地资源入股，并享受收益分成。既能发挥农民主观能动性，积极投入新能源产业和双碳事业，又能为农民带来长期持续的收益，助力乡村振兴。

四、加大政策支持、优化营商环境

地方政府在合法合理权限内，对与农民形成合资或合作关系，能够带动农民持续增收共同富裕的光伏发电项目给予政策扶持，在税收优惠、财政补贴、项目奖励、贷款优惠等方面给予政策支持。另外，在原有“放管服”基础上，进一步完善投资政策、优化投资环境、提升投资服务水平。

五、加大资金支持、加强保障措施

（一）电网企业要密切配合各地试点方案编制工作，加强对配电网的升级改造，切实保障试点地区光伏的接入需求，做到“应接尽接”，保障消纳。

（二）试点地区要进一步完善和优化光伏接网、备案等相关管理办法，简化审批备案手续。

（三）有条件地区设立政府引导基金，引导资本向光伏发电、风力发电等清洁能源和低碳环保方向倾斜。

（四）发挥绿色金融和普惠金融的优势，加大对农业农村光伏发电、风力发电等清洁能源项目的信贷支持力度。

关于政协第十三届全国委员会第五次会议第 03793 号(经济发展类 268 号)提案答复的函

徐建国委员：

您提出的《关于试点整村分布式光伏，大力推进乡村振兴战略和双碳战略的提案》收悉。经研究并商财政部、农业农村部、乡村振兴局、国家电网，现答复如下：

分布式光伏发电靠近电力负荷，有利于集约利用土地，有利于能源就近利用，能够提高乡村居民收入水平，助力乡村振兴，是光伏发电的优先发展方向。近年来，在各方共同努力下，我国光伏发电规模不断扩大，分布式光伏装机占比逐步提高。截至 2022 年 6 月，我国光伏发电装机达到 3.36 亿千瓦，其中分布式光伏装机 1.27 亿千瓦。

关于充分赋权赋能、引导先行先试。脱贫攻坚期间，国家能源局会同国家乡村振兴局（原国务院扶贫办）、财政部等部门组织实施了光伏扶贫工程，累计建成光伏扶贫电站 2636 万千瓦，惠及 415 万户，每年可产生的发电收益约 180 亿元。光伏扶贫工程取得了显著成效，在壮大贫困村集体经济、促进贫困户增收脱贫方面发挥了重要作用。为了进一步促进分布式光伏发展，助力乡村振兴，国家能源局于 2021 年启动了整县屋顶分布式光伏开发试点工作，将全国 31 个省和新疆生产建设兵团的 676 个县（包括部分国家乡村振兴重点帮扶县）列为屋顶分布式光伏开发试点。截至 2022 年 6 月，全国试点地区累计备案容量 6615 万千瓦，累计并网容量 2184 万千瓦。

关于统筹规划方案、合理广泛试点。我们积极支持各省结合实际情况统筹规划方案，将分布式光伏发电与乡村闲置屋顶资源充分融合利用。2021 年，国家能源局会同国家发展改革委、财政部、自然资源部等 9 部门联合印发《“十四五”可再生能源发展规划》，提出实施“千家万户沐光行动”，规范有序推进整县（区）屋顶分布式光伏开发，建设光伏新村。同年 12 月，国家乡村振兴局会同全国工商联印发《“万企兴万村”行动倾斜支持国家乡村振兴重点帮扶县专项工作方案》，提出动员引导更多民营企业参与重点帮扶县乡村建设、分布式清洁能源等设施建设。2022 年 5 月，中共中央办公厅、国务院办公厅印发了《乡村建设行动实施方案》，提出要实施乡村清洁能源建设工程，发展太阳能、风能等清洁能源。2021 年底，国家能源局会同工业和信息化部等 5 部门联合印发《智能光伏产业创新发展行动计划（2021—2025 年）》，提出推动智能光伏农业、智能光伏建筑和智能光伏乡村建设。下一步，国家能源局将继续会同有关部门，立足乡村振兴发展需要和农民生产生活需求，持续推进整县屋顶分布式光伏开发试点工作，促进农村分布式光伏发展。

关于创新组织模式、放宽产权流动。我们积极支持各地探索分布式光伏创新开发模式应用，进一步促进分布式光伏规模化发展。“十四五”以来，全国户用光伏项目新增装机容量 3051 万千瓦，占分布式新增装机的 62%。其中多数户用光伏采用合作开发模式，即企业投资光伏设备、农户提供场地及日常看护服务、收益共享的形式，大幅降低了农民投资建设分布式光伏的成本。2021 年，国家能源局、农业农村部、国家乡村振兴局联合印发了《加快农村能源转型发展助力乡村振兴的实施意见》（国能发规划〔2021〕66 号，以下简称《实施意见》），支持具备资源条件的地区，特别是乡村振兴重点帮扶县，以县域为单位，采取“公司 + 村镇 + 农户”等模式，利用农户闲置土地和农房屋顶，建设分布式光伏发电。支持村集体以公共建筑屋顶、闲置集体土地等入股，参与项目开发，增加村集体收入。下一步，国家能源局将会同国家乡村振兴局等部门不断强化政策支持，整合乡村振兴与低碳产业要素资源，总结推广典型新能源开发利用模式和案例，积极推动新能源助力乡村振兴发展。

关于加大政策支持、优化营商环境。我们鼓励有条件的地区出台相关扶持政策，支持光伏产业持续健康发展。2021 年，中央财政已安排户用分布式光伏项目 5 亿元补贴额度，有力推动了户用光伏发展。目前，我国市场利率管制已放开，已经形成市场化的新能源产业金融支持体系。2021 年 3 月，国家发展改革委、银保监会等五部门联合印发《关于引导加大金融支持力度　促进风电和光伏等行业健康有序发展的通知》（发改运行〔2021〕266 号），明确提出各类银行金融机构均可在依法合规前提下向具备条件的可再生能源企业在规定额度内发放补贴确权贷款，鼓励可再生能源企业优先与既有开户银行合作。贷款金额、贷款年限、贷款利率等均由银企双方自主协商。人民银行出台《关于设立碳减排支持工具有关事宜的通知》（银发〔2021〕278 号），提出支持清洁能源等三个重点减碳领域发展，撬动更多社会资金促进碳减排。截至 2022 年 3 月，已引导银行运用碳减排支持工具向分布式光伏项目发放约 50 亿元贷款。下一步，我们将会同有关部门持续完善绿色金融相关政策措施，加大对分布式光伏项目的金融支持力度。

关于加大资金支持、加强保障措施。对于加强配电网建设、保障分布式能源接网消纳等内容，国家电网将加强规划统筹引领，合理安排整县屋顶分布式光伏开发试点地区光伏项目投产时序。深入开展配电网承载能力分析，提高对分布式电源的接网消纳能力。将电网建设资金适当向规模化开发区域倾斜，确保网源工程同步投产。提升并网服务水平，优化并网流程，实现业务线上办理、透明服务。对于加大清洁能源信贷支持力度等内容。《实施意见》提出各级政府要加强对脱贫地区农村能源的支持，鼓励金融机构创新融资方式和服务模式，将支持县域乡村能源发展和能源基础设施建设作为绿色金融服务重点，对优质农村能源项目在贷款准入、期限、利率等方面差异化支持。下一步，我们将继续会同相关部门和电网企业做好分布式光伏的接网消纳服务，引导社会资本为分布式光伏发展提供更多支持。

感谢您对国家能源工作的关心和理解，希望今后能得到您更多的支持和指导。

国家能源局

2022 年 8 月 22 日

全国政协十三届五次会议第 03210 号提案

题　　目：关于防范能源转型过程中的重大风险的提案
主　　办：能源局
会　　办：发展改革委　证监会
提案形式：个人提案
第一提案人：张来斌
内　　容：

双碳目标的高质量实现要求我国要在今后四十年内打破以化石能源为主体的既有能源消费模式，转向以可再生能源为主导的能源消费体系。这一过程必将催生更多不确定性风险，容易导致阶段性、结构性供需失衡等诸多重大问题。面对世界百年变局和世纪疫情交织叠加的国际环境，不稳定、不确定外部因素明显增加。此外，以太阳能、风能为代表的可再生能源易受气候条件不确定的影响，导致可再生能源电力的波动性和间歇性，进而影响能源系统低碳转型的稳步推进。

一、加速绿色低碳转型导致能源矿产资源供需错配

能源转型过渡期，传统能源矿产资源的兜底保障作用容易受到低估，长期投资收益呈下降趋势、市场退出预期加强。传统能源矿产资源在国际进出口贸易中占有举足轻重的地位，而且这类大宗物资的供给侧弹性比需求侧弹性大，在国际石油、煤炭、铁矿石等市场上，普遍存在供方垄断的现象。2021 年以来，国际大宗物资价格持续大幅度上涨，有的创下了近十年新高，这其中既有新冠肺炎疫情后经济复苏和市场反弹的原因，也有资源出口国规模性减少投资和降低产能而导致的市场稀缺。能源转型本身所需要的锂、钴、镍、铜等其他稀缺矿

产资源的市场价格也随之大幅度上涨和波动。

二、全球能源供需关系失衡，引发市场和价格周期性震荡

随着全球新冠肺炎疫情防控形势好转，能源消费刚性需求快速回升，但能源生产供应恢复具有滞后性，生产跟不上消费，导致天然气、石油、煤炭、电力等能源价格连带性大幅度上涨。而化石能源项目一般建设周期为3—5年，恢复和新增产能都需要时间，加之投资不足，进一步加剧了化石能源的发展困境，从而导致能源供需形势趋紧。

三、可再生能源基础设施易遭受极端天气影响

在现有技术条件下，可再生能源的80%以上需要转化为电能进行利用，水电、风电、光伏发电存在波动性、间歇性、随机性特征，受天气影响明显。可再生能源发电大规模并网后，导致电网系统的电能质量、安全稳定、调控能力等下降。在遭遇极端天气时，会加剧能源系统的脆弱性和安全风险。比如，2021年9月欧洲的风速也明显低于历史均值，导致风电出力降低，加剧了欧洲电力供应短缺局面；美国得克萨斯州风力、太阳能发电机组占发电总装机容量的50%以上，在遇到极寒雪灾的天气下无法正常运行，在一定程度上造成了电网严重瘫痪，进而导致大停电。

建议：

一是发挥好传统化石能源的压舱石作用。多措并举推进煤炭清洁高效利用，积极推动煤炭生产向资源富集地区集中，大力推广先进燃煤发电技术。加大国内油气勘探开发力度，促进油气增储上产。加快油气产供储销体系建设，扩大石油储备规模，打造跨区域的大型地下储气库群，发挥LNG接收站的调峰应急作用，提升和保持油气自我供应能力。增强可再生能源消纳能力，实现能源增量替代。在电力消纳方面，提升火电机组运行的灵活性，为可再生能源消纳腾出空间，支持水电、风电、光伏等清洁能源快速发展。

二是有效应对全球化、多元化带来的能源价格波动风险。统筹利用好国内外两种资源、两个市场，平衡好管道气进口稳定性和LNG进

口灵活性之间的关系，发挥好期货市场的套期保值作用，谋求更多元化的进口结构，提升在全球范围内配置资源的能力，加快建设韧性、安全的能源体系，建立完善能源监测预警机制。

三是积极稳妥推进能源绿色低碳转型。从全球形势来看，化石能源在全球分布严重不均，短期内也难以摆脱能源供应紧张的局面，能源价格有可能维持高位。面对百年未有之大变局和错综复杂的国际环境，我国积极推进能源低碳转型，应减少对进口化石能源的依赖，将属地性特征强的可再生能源逐步发展成为能源供应的主体，致力于从根本上解决能源供应安全的问题。

关于政协第十三届全国委员会第五次会议第 03210 号（经济发展类 219 号）提案答复的函

张来斌委员：

您提出的《关于防范能源转型过程中的重大风险的提案》收悉。经研究并商国家发展改革委、证监会，现答复如下：

国家能源局坚持以习近平新时代中国特色社会主义思想为指导，认真贯彻落实党中央、国务院的决策部署，把能源安全保供放在首位，在推进能源转型过程中，坚持底线思维，统筹发展和安全，着力提高能源供给保障和防范化解风险能力，确保国家能源安全。

一、关于发挥好传统化石能源的“压舱石”作用

煤炭是我国主体能源，攸关国计民生和能源安全。近年来，煤炭行业持续深化供给侧结构性改革，生产力发展水平、供给体系质量、安全保障能力显著提升，煤炭清洁高效利用水平迈上新台阶，为经济社会发展提供了有力支撑。同时，我局积极推动煤电机组灵活性改造相关工作。2021 年 10 月，联合国家发展改革委印发《全国煤电机组改造升级实施方案》，提出统筹新能源开发消纳调峰需要，推动存量煤

电机组灵活性改造应改尽改，“十四五”期间完成煤电机组灵活性改造2亿千瓦、灵活制造1.5亿千瓦。

能源行业将按照党中央、国务院决策部署，会同有关部门和企业持续推进能源产供储销体系建设，协调大力推动国内煤油气增储上产，加快能源储备设施建设，保障能源供应安全稳定。建设山西、蒙西、蒙东、陕北、新疆五大煤炭供应保障基地，以发展先进优质产能为重点，充分发挥煤炭在能源安全中的基础和兜底保障作用，不断提高煤炭供给体系质量，着力防范化解能源转型过程中的重大风险，筑牢国家能源安全基石。同时，围绕以沙漠、戈壁、荒漠为重点的大型风电光伏基地规划建设，积极推动其周边配套调峰煤电灵活性改造，提升煤电机组灵活调节能力，促进新能源大规模开发消纳。结合煤电机组“三改联动”实施方案和地方（企业）实际，督促指导地方和有关企业落实好。进一步加强改造任务完成情况和改造效果的监管，确保煤电灵活性改造取得实效。

二、关于有效应对全球化、多元化带来的能源价格波动风险

当前国际石油、天然气等能源大宗商品价格居高不下，加剧全球通货膨胀，延缓全球经济复苏。我国作为油气资源进口大国，将继续坚持多元化能源合作策略，推进能源资源进口来源、通道的多元化布局，分散风险。

我局将持续加强对重点资源国形势动态分析，密切跟踪重点国别、重大项目最新进展，做好海外能源项目风险防控和监测预警。加强对企业的风险提示与合作引导，助力企业切实提升防范海外重大风险的能力。针对能源国际合作项目可能出现的重大问题与风险，加强政企联动，积极协调各方推动化解。支持企业加强境外合作项目风险管控和应急管理，做好海外资产提质增效工作，优化境外投资和贸易布局。

三、关于积极稳妥推进能源绿色低碳转型

深入贯彻党中央、国务院关于碳达峰、碳中和的决策部署，狠抓“十四五”能源规划和能源领域碳达峰方案的落地实施，推动能源绿

色低碳转型和高质量发展。目前，我国风电、光伏发电技术总体处于国际领先水平，全国可再生能源装机突破 11 亿千瓦，预计到 2025 年可再生能源占能源消费总量的比重将达到 18% 左右。

能源行业将继续深入实施能源安全新战略，以区域布局优化发展、以重大基地支撑发展、以示范工程引领发展、以行动计划落实发展，因地制宜，结合各地区发展实际实施可再生能源替代行动，提高可再生能源消纳和储能规模，巩固提升可再生能源产业核心竞争力，加快构建新型电力系统，促进可再生能源大规模、高比例、市场化、高质量发展。加大力度规划建设以大型风光电基地为基础、以其周边清洁高效先进节能的煤电为支撑、以稳定安全可靠的特高压输变电线路为载体的新能源供给消纳体系，为构建清洁低碳、安全高效的能源体系、实现碳达峰碳中和目标提供保障。

感谢您对国家能源工作的关心和理解，希望今后能得到您更多的支持和指导。

国家能源局

2022 年 8 月 11 日

全国政协十三届五次会议第 03327 号提案

题　　　目： 关于加强新能源发展过程中生态环境风险防范的提案
主　　　办： 能源局
会　　　办： 发展改革委　科技部　工业和信息化部　自然资源部　生态环境部
提 案 形 式： 个人提案
第一提案人： 江桂斌
内　　　容：

减少化石能源消费，大力发展太阳能、风能等可再生能源是我国实现“双碳”战略目标的关键。目前，我国风电、太阳能发电装机容量均居世界首位，未来仍将大幅提升可再生能源规模，预计到 2030 年风电、太阳能发电总装机容量将达到 12 亿千瓦以上，非化石能源消费占比达到 25%。从全球能源发展趋势来看，太阳能光伏发电是增长最快的一类新能源。我国 2021 年新增光伏发电并网装机容量约 5300 万千瓦，连续 9 年稳居世界首位。国家发改委和能源局近来发布了《关于公布整县（市、区）屋顶分布式光伏开发试点名单的通知》，全国 676 个县被列为屋顶分布式光伏开发试点单位，大规模光伏发电已经在全国很多地区铺开。

光伏发电发展之势迅猛，它是否对生态环境带来负面影响，应当引起足够重视并开展相关研究，未雨绸缪，积极防范新能源新技术应用可能带来的新问题，减少可能的不利影响，保障我国新能源有序健康发展。从光伏发电的全生命周期分析，其潜在生态环境风险主要体现在以下几个方面：

一、光伏发电并非零碳排放、零污染。光伏产品的制造过程，特别是硅冶炼和提纯加工过程，会产生大量四氯化硅、氯化氢等废气和含氟污水。近年来，我国光伏电池年产能已超过 2 万吨，其中仅四氯化硅超过 10 万吨。若这些废弃物等不能得到合理解决，将对空气、水、土地资源等造成严重的污染。同时，光伏产品的制造是高耗能产业，产生直接和间接的碳排放。

二、大规模光伏电站建设将会导致土地利用变化，而其生态环境和气候的影响仍不明晰。大型光伏电站建设改变了地表覆盖，引起局部辐射变化和地表能量平衡，影响当地动植物的生长、活动和生命周期过程，导致生物量和生物多样性发生重要变化，其潜在的生态和气候影响缺乏长期的监测数据和明确的结论，仍需进一步系统深入研究。

三、未来大量光伏发电组件的回收利用问题将成为新难题。光电元器件使用寿命一般在 20—30 年，未来将会产生大量废弃的晶体硅太阳能电池板，这些光伏组件含有稀有金属或贵金属（如银、碲或铟）。目前尚缺乏较成熟的光伏组件无害化处置和资源回收利用技术，尚未制定元器件使用寿命到期后的回收处理规范，没有明确回收处置的责任主体，未出台有关回收利用的扶持政策，这将成为未来光伏行业发展面临的问题之一。

为此，提出以下建议：

一、健全生命周期评价体系，促进光伏行业清洁低碳发展。

评估光伏电站全生命周期的能量回收、碳足迹和有害物质排放，综合评估经济效益和环境影响，建立全生命周期的绿色评估指标信息化管理和认证体系，对新能源开发过程的“绿色程度”进行定性、定量评估，大力支持对于通过生命周期评价更优的企业。

二、加强相关基础研究，评估光伏发电的生态环境影响。

大规模光伏发电改变了土地利用类型、地表功能和局部的生态系统。加强相关基础科学研究，从水土、植被、动物、生物多样性、辐射平衡、能量平衡等多层次，开展大规模太阳能开发的气候、生态、环境效应的长期监测和影响评估，优化生态空间布局，减少不利影响。

三、制定相关管理规范，完善固体废弃物回收制度。

针对未来面临的光伏组件老化与回收处理难题，布局研究综合利用途径和回收处理措施是当前亟待考虑的问题。制定国家资源回收利用的管理规范，防止环境破坏与污染，明确回收处置的责任主体，出台有关回收利用的扶持政策，做好固废处理处置和资源回收技术储备，为设备回收与再利用创造条件。

四、做好国土空间规划，实现多能互补协同发展。

做好可再生能源用地规模和性质研究，将可再生能源规划用地纳入国土空间规划。我国发展清洁能源潜力巨大且有优势，做好规划选址、资源测评、建设条件论证，根据当地地形地貌、气候特点和能源禀赋，实现多能互补，合理有序开发，推动可再生能源高质量发展。

关于政协第十三届全国委员会第五次会议第 03327 号（经济发展类 230 号）提案答复的函

江桂斌委员：

您提出的《关于加强新能源发展过程中生态环境风险防范的提案》收悉。经研究并商国家发展改革委、科技部、工业和信息化部、自然资源部、生态环境部，现答复如下。

大力发展可再生能源已成为纵深推进能源革命、保障国家能源安全的重大举措，也是加快生态文明建设、实现可持续发展的客观要求，更是实现我国碳达峰碳中和目标、践行应对气候变化自主贡献承诺的主导力量。可再生能源开发利用与生态环境保护协调发展，对保障我国可再生能源健康有序发展具有关键作用。您提出的《关于加强新能源发展过程中生态环境风险防范的提案》，具有重要参考价值。

一、关于健全生命周期评价体系，促进光伏行业清洁低碳发展

一是 2022 年 5 月 14 日，国务院办公厅转发国家发展改革委、国家能源局《关于促进新时代新能源高质量发展的实施方案》（以下简称《实施方案》），提出推进新能源科技创新与产业升级，推动退役风电机组、光伏组件回收处理技术和相关新产业链发展，实现全生命周期闭环式绿色发展。

二是国家发展改革委、国家能源局等 9 部门联合印发《“十四五”可再生能源发展规划》提出，随着全生命周期碳排放管理、全生命周期环境影响评价体系的建立和完善，可再生能源产业将积极构建全生命周期绿色闭环式发展体系。

三是工业和信息化部针对健全生命周期评价体系，将会同有关部门加强研究，强化相关政策制定和落实。深入实施《光伏制造行业规范条件（2021 年本）》《智能光伏产业创新发展行动计划（2021—2025 年）》等政策，进一步加强光伏等行业规范管理和健康引导，强化产业链全生命周期管理，加快培育一批智能化、绿色化示范企业，推进产业持续高质量发展。

二、关于加强相关基础研究，评估光伏发电的生态环境影响

一是《实施方案》强调坚持生态优先，科学评价新能源项目生态环境影响和效益，研究出台光伏治沙等生态修复类新能源项目设计、施工、运维等标准规范，支持在石漠化、荒漠化土地以及采煤沉陷区等矿区开展具有生态环境保护和修复效益的新能源项目。

二是《“十四五”可再生能源发展规划》明确，对于可再生能源大规模开发的重点地区，将根据有关法规要求，做好区域资源环境承载能力分析和生态环境影响预测评估，分析重大项目建设的环境影响，提出预防或减轻不良环境影响的政策、管理、技术措施，进一步促进可再生能源开发利用与生态环境保护协调发展。

三是科技部十分重视新能源发展过程中生态环境风险防范研究工作。“十三五”期间，科技部通过“可再生能源与氢能技术”等重点

专项，部署研究了风电场、光伏电站生态气候效应和环境影响评价研究。“十四五”期间，科技部在国家重点研发计划中设立了“典型脆弱生态系统保护与修复”等重点专项，开展不同区域和生态类型光资源开发对区域气候、生物多样性和生态服务等的生态环境影响和作用机理研究。

四是生态环境部注重加强相关基础研究，依托财政预算建设项目环评全过程管理技术支持项目，编制《太阳能光伏发电行业环评管理政策建议研究》，探索开展新能源基地环境影响评价，优化完善管理体系和技术体系，并适时出台相关管理政策。

三、关于制定相关管理规范，完善固体废弃物回收制度

一是国家发展改革委会同有关部门不断完善退役光伏组件、风电机组叶片等新兴产业固废回收利用政策体系。在政策引导方面，会同有关部门印发《关于“十四五”大宗固体废弃物综合利用的指导意见》，明确提出针对退役光伏组件、风电机组叶片等新兴产业固废，探索规范回收以及可循环、高值化的再生利用途径。在技术推广方面，配合有关部门发布《国家工业资源综合利用先进适用工艺技术设备目录（2021 年版）》，其中包括多项涉及退役光伏组件和废旧风电叶片拆解及回收利用的技术和装备。在财税支持方面，配合有关部门发布《资源综合利用企业所得税优惠目录（2021 年版）》，对废旧太阳能光伏板和风电机组拆解及回收利用企业给予税收优惠。

二是科技部在“十三五”期间，通过“固废资源化”等重点专项，部署了锂电 / 光伏新兴无机固废全组分循环利用技术及示范项目，研究光伏新兴无机固废全组分精深分离循环利用机制及工艺装备。“十四五”期间，设立了“循环经济关键技术与装备”等重点专项，部署废旧可再生能源装备组件回收利用相关研究任务，研究退役可再生能源装备组件功能升级再制造等回收利用技术。

三是工业和信息化部高度重视光伏等新能源产业全生命周期管理，组织实施《光伏制造行业规范条件》《智能光伏产业发展行动计

划》，重点从技术水平、资源利用、环境保护等方面建立行业发展基线，引导行业转型升级和绿色发展。指导编制《太阳能光伏产业链供应链图谱》《中国光伏产业发展路线图》，推动光伏行业持续降本提质增效。发布《太阳能光伏产业综合标准化技术体系》《工业领域碳达峰碳中和标准体系建设指南》，推进光伏和绿色低碳标准化工作。组织制定光伏绿色设计产品、绿色工厂等评价标准，建立相关全生命周期评估方法。充分发挥示范引领作用，组织遴选了一批光伏行业绿色设计示范企业，发布40余项光伏行业绿色设计产品。发布三批资源综合利用先进适用技术装备目录，加大新技术、新装备推广应用。

四是生态环境部配合相关部门出台《关于加快推动工业资源综合利用的实施方案》《国家工业资源综合利用先进适用工艺技术设备目录（2021年版）》，规范废旧光伏组件回收利用技术和装备管理。以“无废城市”建设为抓手，指导相关城市探索建立废旧光伏组件回收利用体系，充分发挥国家生态环境科技成果转化平台作用，推动废旧光伏组件综合利用技术成果共享和转化。

四、关于做好国土空间规划，实现多能互补协同发展

一是《实施方案》提出，为了保障新能源大规模开发的合理空间需求，需要加强空间规划之间、相关主管部门之间的协同，完善新能源用地、用海空间用途管制规则，建立自然资源、生态环境与能源主管部门之间的协同机制，将新能源项目的空间信息按规定纳入国土空间规划“一张图”。

二是《“十四五”可再生能源发展规划》明确加强可再生能源土地和环境支持保障。依据国土空间规划，完善可再生能源空间用途管制规则，出台可再生能源空间布局专项规划，保障可再生能源开发利用合理的用地用海空间需求。统一土地性质认定，明确不同地类的用地标准，优化土地用途和生态环境保护管理，完善复合用地政策，降低不合理的土地使用成本。

三是自然资源部会同有关部门正在编制《全国国土空间规划纲要

（2021—2035年）》，以第三次全国国土调查成果为底数，在资源环境承载能力和国土空间开发适宜性评价基础上，统筹发展和安全，发挥各地区资源环境禀赋，合理安排太阳能、风能、水能的空间布局，构建内外畅通的能源资源运输网络与通道，拓展能源资源储备空间，促进形成主体功能明显、优势互补、高质量发展的国土空间开发保护新格局。先后印发了省级、市级国土空间规划编制指南等文件和标准，指导各地在坚守粮食安全、生态安全、环境安全等底线约束基础上，在国土空间规划"一张图"上统筹安排包括风能、太阳能在内的各类清洁能源项目用地，助推多能互补协同发展。

感谢您对国家能源工作的关心和理解，希望今后能得到您更多的支持和指导。

国家能源局

2022年7月26日

全国政协十三届五次会议第 03465 号提案

题　　目：关于提升公共充换电保障能力，服务新能源汽车产业发展的提案

主　　办：能源局

会　　办：财政部　自然资源部　住房城乡建设部　交通运输部　市场监管总局

提案形式：个人提案

第一提案人：胡仲军

内　　容：

一、基本情况

发展新能源汽车是我国迈向汽车强国的必由之路，是交通领域实现碳达峰碳中和的重要举措。近年来，我国新能源汽车产业快速发展，产销量连续 7 年居全球第一。2021 年，我国新能源汽车销量超过 350 万辆，同比增长 1.6 倍；全国充电桩规模达到 261.7 万个，服务近 800 辆新能源汽车。

二、存在的问题

一是高速公路充电难问题日益凸显。2021 年国庆节期间，国家电网公司高速公路充电桩日均充电量是平时的 3.3 倍，个别服务区达到平时的 20 倍。同时，高速公路充电桩面临进场难、经营难、社会投资意愿不足等问题。

二是公共充换电设施服务保障能力不足。地区差异明显，广东、上海、北京等排名前十地区公共充电桩规模占比超过 70%；城乡发展不均衡，县城、乡镇充电基础设施建设不足。充电运营平台数量繁多，

操作步骤繁杂。充电路径规划，站桩导航功能不完善。

三是行业质量与安全监管体系有待完善。平台恶意竞争，扰乱公共充电市场价格，影响运营商投入意愿。停车与充电协调不足，“油车占位”问题突出。由于安全和成本因素，社区私人安装充电桩存在“证明难、安装难”等问题。安全监管体系不健全，安全管理责任、管理机制亟待完善。

三、建议

一是提高高速公路充电保障能力。将充电设施纳入高速公路服务区建设规划和强制配置标准。出台高速公路充换电设施补贴政策，减免土地租金、免收管廊使用费。支持高速公路公司、石油石化企业、整车企业、充电运营商建设高速公路充电设施。

二是落实支持公共充换电设施建设的政策。强化规划引导，把公共充换电设施布局规划纳入各地国土空间控制性详规。建立运营补贴机制，促进保障型充换电设施建设。出台支持充电设施建设和使用电动汽车的政策，持续提高电动汽车替代速度和比例。

三是努力破解社区充电难题。出台社区私人充电桩标准和奖励措施，推动居民小区充电设施“统建统管”。要求新建小区建设充电桩或预留安装条件，与主体工程同步设计、施工和验收，将充电桩建设纳入老旧小区改造范畴。

四是加强充换电行业质量和安全监管。加快建设国家、省、市三级充换电设施监管平台，构建车桩一体化监管体系。完善充换电设备产品质量认证运营商采信制度，建立火灾事故处理、溯源机制，推广应用安全责任保险。开展公共充电市场整治行动，维护良好充电秩序。

关于政协第十三届全国委员会第五次会议第03465号(工交邮电类384号)提案答复的函

胡仲军委员：

您提出的《关于提升公共充换电保障能力，服务新能源汽车产业发展的提案》收悉，现答复如下：

新能源汽车是全球汽车产业转型升级、绿色发展的主要方向，也是助力实现“碳达峰、碳中和”目标重要战略举措。近年来，我国新能源汽车产业发展取得积极成效，尤其是2021年以来，产业发展呈现迅猛增长态势，2022年上半年新能源汽车产销突破260万辆，保有量突破1000万辆，进入规模化快速发展新阶段。在充换电基础设施方面，我局会同有关部门出台了一系列支持政策推动充电基础设施规划建设，截至2022年6月，全国充电基础设施保有量达到391.8万台，今年上半年新增130万台，同比增长101.2%，有力地支撑了新能源汽车产业快速发展。

充换电产业快速发展的同时，也同样存在着发展不平衡不充分的问题，您在提案中提到的高速公路充电难、公共充换电设施服务保障能力不足、行业质量与安全监管体系有待完善等问题都不同程度地客观存在。今年年初，我局会同十部门印发了《关于进一步提升电动汽车充电基础设施服务保障能力的实施意见》（以下简称《实施意见》），重点围绕加快推进居住社区充电基础设施建设安装、提升城乡地区充换电保障能力、加强充换电设施运维和网络服务、做好配套电网建设与供电服务等方面提出了政策措施，力争在“十四五”末，推动构建适度超前、布局均衡、智能高效的充电基础设施体系。

关于强化高速公路充电保障能力。《实施意见》提出，各省要加快高速公路快充网络分阶段覆盖方案，明确高速公路快充站建设标准规范，将快充站纳入高速公路服务区配套基础设施范围。今年上半年，交通运输部会同我局研究制定《加快推进公路沿线充电基础设施建设行动方案》（以下简称《行动方案》），按照“桩站先行、以供促需，因地制宜、分类推进，广泛覆盖、适度超前，通用开放、智能高效”的原则，加快推进公路沿线充电基础设施建设，基本实现高速公路服务区全覆盖。《行动方案》对用好财政支持、协调建设用地、减免场地租金等提出了要求，并对加强充电基础设施运维和重大节假日充电服务保障等明确了相关意见。目前，《行动方案》已基本完成发文程序，即将于近日正式印发。下一步，我们将积极配合交通运输部等部门加快推动《行动方案》印发实施，指导协调各地做好高速公路充电基础设施建设。此外，交通运输部将加快编制《公路服务设施设计规范》，拟将充电站纳入服务区基本设施配置，推动高速公路充电基础设施建设规范化发展。

关于加快公共充换电设施政策落地。《实施意见》提出，各地要科学编制省级充电基础设施“十四五”专项规划，指导地市以区县为基本单元编制布局规划，进一步优化中心城区公共充电网络布局，加大外围城区公共充电基础设施建设力度，同时结合推进以县城为重要载体的城镇化建设，加快补齐县城、乡镇充电基础设施建设短板。在规划衔接和用地保障方面，自然资源部印发省级、市级国土空间规划编制指南、社区生活圈规划指南等文件和标准，指导各地在国土空间规划中合理安排充换电设施。在财政支持方面，中央财政通过充电基础设施奖励资金，对新能源汽车推广规模较大地方予以支持，奖励资金可由地方统筹用于充电基础设施相关范围并可酌情倾斜使用方向。下一步，我局将会同有关部门持续指导各地贯彻落实《实施意见》等文件要求，加快研究制定充电基础设施专项规划，推动完善支持政策体系，促进充电基础设施规划建设。

关于破解居住社区充电难题。国家高度重视居住社区充电基础设施建设。国务院办公厅印发《关于全面推进城镇老旧小区改造工作的指导意见》，将改造或建设小区及周边充电基础设施作为老旧小区改造内容。《实施意见》中提出推进既有居住社区充电基础设施建设，具备条件的居住社区配建一定比例的公共充电车位，建立充电车位分时共享机制；严格落实新建居住社区配建要求，确保固定车位100%建设充电基础设施或预留安装条件；鼓励充电运营企业或社区管理单位开展“统建统营”等。住房城乡建设部印发《关于开展城市居住社区建设补短板行动的意见》和《完整居住社区建设指南》，指导各地因地制宜建设和改造居住区充电基础设施。下一步，我局将会同有关部门进一步指导各地结合城镇老旧小区改造、居住社区补短板行动等工作，推动居住社区充电基础设施建设。

关于加强充换电行业质量和安全监管。平台建设方面，《实施意见》提出，要加快构建国家、省、市三级充电监管平台体系，完善数据服务、安全监管、运行分析等功能，推进跨平台信息交互共享。目前，我局正在按照“政府主导、独立公正、开放协同、安全可靠”的原则开展国家级平台建设工作。下一步，将制定完善国家级平台建设方案，分步有序组织实施并做好同省级平台等相关平台的互联互通工作。充电桩质量监管方面，市场监管总局将电动汽车充电桩列入《全国重点工业产品质量安全监管目录》，部署全国市场监管部门实施重点监管，推进强制检定制度研究，加强充电桩计量监管。市场监管方面，充电基础设施运营商通过收取电费和服务费参与市场竞争，其中电费按照国家规定电价政策执行，服务费实行政府指导价管理，各级市场监管部门密切关注相关投诉举报，依法查处不执行政府定价或政府指导价、不按规定明码标价等价格违法行为。安全监管方面，《实施意见》提出要按照“三管三必须”要求，落实各方安全责任，加强充电基础设施配套供电、规划建设及集中充电场所的消防安全监督管理，建立火灾事故调查处理、溯源机制，鼓励相关安全责任保险推广应用。工业和信息化部联合相关部门印发《关于进一步加强新能源汽车安全体系建设的指导意见》，针对企业安全管理机制、产品质量等关键环节提出意见要求，制定发布《电动汽车换电安全要求》等推荐性国家标准，强化安全标准的基础保障作用。下一步，我局将配合有关部门，抓好《实施意见》等政策文件中关于质量和安全监管相关要求的落地实施，促进行业健康发展。

感谢您对国家能源工作的关心和理解，希望今后能得到您更多的支持和指导。

国家能源局

2022 年 8 月 23 日

全国政协十三届五次会议第 03998 号提案

题　　　目： 关于壮大能源绿色低碳技术及关联产业，培育经济发展新动能的提案

主　　　办： 能源局

会　　　办： 科技部　财政部　国资委　银保监会

提 案 形 式： 个人提案

第一提案人： 邹　磊

内　　　容：

推进“双碳”工作是破解资源环境约束突出问题、推动经济结构转型升级、实现可持续发展的迫切需要，必须在经济发展中促进绿色转型、在绿色转型中不断培育发展新动能。全球主要经济体争相推动经济绿色复苏，如欧盟的“绿色协议”、德国的“经济复苏计划”等。能源绿色低碳发展是实现“双碳”目标的关键，能源绿色低碳技术及其关联产业有望成为经济发展的新动能。同时，也面临一些制约因素。

一是能源绿色低碳转型的关键核心技术亟待加快攻克。新型电力系统产业即将迈入技术新突破的“无人区”，新型高效清洁能源发电技术、新型友好并网输电技术、高比例可再生能源的不稳定性间歇性控制技术、碳捕集封存利用技术及安全高效储能、氢能、能源数字化、能源互联网等技术还处于初级发展阶段，亟待加快自主创新突破，补短板、锻长板，着力化解能源技术装备受制于人的风险。

二是大型国有企业在引领能源绿色低碳技术攻关和产业发展中的作用有待强化。能源绿色低碳技术和产业发展牵涉多个环节、多个领域和产业链上下游众多企业，受技术需求多样、发展主体多元等因素

影响，关键核心技术、装备攻关和产业发展缺乏统筹谋划和有效组织，亟待发挥大型国有企业特别是中央能源电力企业组织、引领、带动作用，聚集创新要素，强化协同创新，整合上下游企业各自优势，加强原创性、引领性科技攻关和产业发展。

三是投资需求大幅增加与投资能力不足的矛盾突出。预计实现“双碳”目标，电力产业投资规模将超过百万亿元，综合能源、储能、能源互联网等领域投资规模将达到万亿级别。据有关机构预测，如果 2030 年碳排放达到峰值，能源结构调整对 GDP 产生年均 0.9% 的拉动作用。随之带来的是企业的资本支出加大、债务攀升。2021 年三季度末，我国高碳相关行业（煤炭开采与洗选业、石油和天然气开采业两个传统化石能源行业及六大高耗能行业）规模以上企业总债务规模为 33.3 万亿元，且普遍资产负债率较高，投资需求与投资能力之间的矛盾突出。

建议：

一是加大能源绿色低碳技术攻关力度。梳理能源绿色低碳“卡脖子”关键核心技术，列入国家科技重大专项，并制定专项扶持政策。组建若干国家级产业技术研究中心，发挥“政产学研金用”合力，集中优势资源和力量，开展重点能源绿色低碳技术攻关突破。研究制定出台相关规划，推动能源绿色低碳新技术与现代信息、新材料和先进制造技术深度融合，促进产业链、供应链绿色转型，形成经济发展新引擎。

二是以大型国有能源企业引领带动能源绿色低碳产业发展。发挥大型国有能源企业在推进绿色低碳技术创新和产业发展中的优势和作用，支持中央发电企业特别是煤电装机比重较高的企业，以科技创新为引领，集约化、规模化开发新能源资源，避免形成“散、乱、小”低水平发展格局；支持中央发电企业发挥创新主体和行业引领作用，承担能源绿色低碳新技术和煤电清洁高效利用技术研发创新、示范应用，推进煤炭与新能源优化组合；支持高耗能高碳行业的中央企业率先推进绿色低碳转型，引领构建绿色制造、绿色生产、绿色服务产业体系，培育经济发展新动能。

三是创新融资方式，聚合国有资本、社会资本优势。针对能源绿色低碳转型的技术创新和产业发展巨大投资需求，加强科技、产业及财税、金融等政策协同，支持国有企业加大能源绿色低碳技术创新和产业投资力度，充分发挥国有企业在新技术新产业发展以及保障国家能源安全、产业链供应链安全方面的作用。加快发展绿色金融，更好吸引发挥社会资本参与能源绿色低碳技术创新及其关联产业发展。

关于政协第十三届全国委员会第五次会议第03998号（经济发展类288号）提案答复的函

邹磊委员：

您提出的《关于壮大能源绿色低碳技术及关联产业，培育经济发展新动能的提案》收悉。经研究并商财政部、国资委、科技部、银保监会，现答复如下：

2020年以来，习近平总书记在国内国际多个场合就碳达峰、碳中和发表重要讲话，作出重要指示，强调实现碳达峰、碳中和不是别人让我们做，而是我们自己必须要做，为我国新能源的发展明确了新任务，指明了新方向，提出了新要求。目前，我国风电、光伏技术总体处于国际领先水平，全国可再生能源装机突破了11亿千瓦，预计到2025年可再生能源占能源消费总量的比重将达到18%左右，发电量不断增加，技术持续进步，成本快速下降。目前，我国已经掌握了完备的光伏、风电装备制造产业链，国际竞争优势凸显，有力支撑我国光伏发电进入平价无补贴发展新阶段。今年5月，国务院办公厅转发国家发展改革委、国家能源局《关于促进新时代新能源高质量发展的实施方案》，明确提出了相关支持政策。您提出的关于壮大能源绿色低碳技术及关联产业，培育经济发展新动能的提案非常有参考价值，我们将在工作中认真研究吸收。

关于加大能源绿色低碳技术攻关力度。财政部积极支持绿色低碳领域科研工作，通过国家科技计划、基本科研业务费等渠道支持相关领域科技创新。科技部支持科技领军企业牵头联合高校院所、产业链上下游企业，共同组建一批体系化、任务型创新联合体，围绕国家战略性关键核心技术和“卡脖子”技术攻关任务，开展能源绿色低碳等技术攻关。“十四五”期间，科技部部署了“可再生能源技术”“氢能技术”“储能与智能电网技术”“煤炭清洁高效利用技术”等重点专项，并对每个方向部署多项科技研发任务。下一步，科技部、财政部将通过国家科技计划对相关领域科技活动进行支持，加强科技规划和产业发展的衔接，并加大中央级科研院所基本科研业务费支持力度。

关于以大型国有能源企业引领带动能源绿色低碳产业发展。近年来，国资委鼓励推动能源行业中央企业加快绿色低碳转型升级，大力发展绿色低碳创新技术和产业。一是强化规划引领。在《“十四五”中央企业发展规划纲要》中专题部署绿色低碳发展。印发实施《关于推进中央企业高质量发展做好碳达峰碳中和工作的指导意见》及分工方案。二是优化产业结构布局。努力发挥国有经济对产业结构绿色转型升级的战略支撑作用，加快打造现代产业链“链长”，深入实施低碳工艺革新和数字化转型，发展壮大战略性新兴产业。三是加大科技创新力度。支持中央能源企业加强低碳零碳负碳重大科技攻关，布局研发清洁煤电、先进储能等一批攻关任务。四是强化示范引领。中央企业加大研发投入，建成煤炭资源绿色开采与清洁利用、清洁高效燃煤发电与减污降碳等国家重点实验室，建成世界首台60万千瓦超临界循环流化床燃煤电厂等新技术示范工程。下一步，国资委将加强统筹协调、督促指导，会同有关方面共同推动中央能源企业发挥自身产业优势，统筹推进碳达峰碳中和、煤炭清洁高效利用工作，发挥好中央企业能源绿色低碳技术创新引领及示范作用。

关于创新融资方式，聚合国有资本、社会资本优势。一是国家近年来出台了一系列税收优惠政策，鼓励科技创新和支持环保事业发展。在科技创新方面，主要包括高新技术企业所得税低税率优惠、研发费用加计扣除、固定资产加速折旧、设备器具一次性扣除；对纳税人提供技术转让、技术服务并免征增值税等。在环境保护方面，主要包括对企业从事符合条件的环境保护等项目的所得，可以享受企业所得税“三免三减半”优惠政策；对符合条件的节能服务公司提供合同能源管理服务，免征增值税；对利用再生资源生产符合条件的资源综合产品，实行增值税即征即退一定比例的优惠政策等。二是中央国有资本经营预算持续向有关中央企业安排注资资金，加强能源保供，稳定产业链供应链。支持企业加大技术创新、加强数据管理、保障能源供应的稳定和安全。三是银保监会于 2020 年制定《绿色融资统计制度》，对清洁能源的统计科目进行了优化，在继续鼓励对可再生能源及清洁能源项目提供金融支持的基础上，新增传统能源的绿色低碳转型项目。截至 2021 年末，21 家国内主要银行清洁能源产业贷款余额 3.25 万亿元。下一步，财政部、银保监会将落实好现行税收优惠政策，结合财力进一步积极研究、落实有关政策措施，支持中央企业充分发挥在新技术新产业发展以及保障国家能源安全、产业链供应链安全方面的积极作用，推动绿色低碳发展。

感谢您对国家能源工作的关心和理解，希望今后能得到您更多的支持和指导。

国家能源局

2022 年 8 月 19 日

全国政协十三届五次会议第 01689 号提案

题　　　目：关于支持电力装备碳达峰碳中和标准研究的提案
主　　　办：能源局
会　　　办：科技部　工业和信息化部　市场监管总局
提 案 形 式：个人提案
第一提案人：南存辉
内　　　容：

标准是能源绿色低碳转型体制机制和政策措施的重要部分。中共中央、国务院印发的《国家标准化发展纲要》中提到，要夯实标准化发展基础、推动标准化改革创新、完善绿色发展标准化保障。国务院印发的《2030 年前碳达峰行动方案》，也将“健全法律法规标准”作为重要政策保障措施之一。

我国已启动碳达峰、碳中和标准体系建设，将“健全清洁能源创新技术标准、加快新型电力系统标准制修订、加强工业绿色低碳转型标准制修订”等作为重点。从国际上看，国际标准化组织（ISO）、国际电工委员会（IEC）已将“可持续发展”“碳中和”列为未来标准化发展的重要战略。

电力装备是构建新型电力系统、促进能源绿色低碳转型和保障能源安全稳定供给的基础。要加快建立健全电力装备行业碳达峰、碳中和标准体系，推进与国际标准对标、协调，将我国的电力装备优势技术转化制定成国际标准，促进我国电力装备领域产业结构和能源结构转型。

建议：

一、国家市场监督管理总局牵头，会同科技部、财政部，针对建立健全碳达峰、碳中和标准体系设立标准研究项目。我国主导研制碳达峰、碳中和重点领域的电力装备国际标准，建立健全可再生能源发电设备、清洁高效火电设备、新型储能设备、智能输配电设备、系统和设备能效提升技术、电力装备碳足迹评估和数据管理等碳达峰、碳中和重点领域标准。

二、国家市场监督管理总局组织加强碳达峰、碳中和重点领域国际标准转化，争取重点领域转化率达到95%。

三、进一步发挥行业协会在标准体系建设过程中的组织、协调作用，对碳达峰、碳中和领域的先进社会团体标准给予采信。

关于政协第十三届全国委员会第五次会议第01689号（科学技术类086号）提案答复的函

南存辉委员：

您提出的《关于支持电力装备碳达峰碳中和标准研究的提案》收悉。经研究并商科技部、工业和信息化部、市场监管总局，现答复如下：

一、关于建立健全碳达峰、碳中和标准体系并设立标准研究项目

根据党中央、国务院重大决策部署，各有关部门积极研究和推进建立健全碳达峰、碳中和标准体系。

市场监管总局专门成立了国家碳达峰碳中和标准化总体组和全国碳排放管理标准化技术委员会（SAC/TC 548），统筹推进相关标准化工作，并在碳达峰、碳中和标准体系构建中，针对电工装备碳达峰、碳中和标准体系建设，积极部署和组织开展相关标准的制修订，有关标准涵盖可再生能源发电设备、新型储能设备和智能输配电设备等多个领域。

科技部高度重视电力装备技术创新及相关标准制定，“十三五”期间组织实施了“智能电网技术与装备”重点专项，“十四五”期间

将继续部署“储能与智能电网技术”专项等重点研发计划，持续提升高比例可再生能源发电系统相关电力装备技术水平，依托有关研究项目加强相关标准研究制定。

工业和信息化部制定并组织实施《“十四五”工业绿色发展规划》，明确要健全绿色低碳标准体系，立足产业结构调整、绿色低碳技术发展需求，制修订一批低碳、节能、节水、资源综合利用等重点领域以及关键工艺技术装备标准。

国家能源局组织研究并起草了《能源碳达峰、碳中和标准提升行动计划》（以下简称《行动计划》），围绕能源领域推动碳达峰、碳中和工作部署，明确要重点推进可再生能源和核电、新型电力系统、新型储能、氢能、能效提升、产业链碳减排等领域标准体系建设和标准研制工作，并提出了有关组织落实的工作措施。针对电力装备等能源装备方面，提出要开展能源装备碳足迹标准体系完善和试点示范行动。目前，《行动计划》已完成征求意见，将于近期发布实施。

二、关于组织加强碳达峰、碳中和重点领域国际标准转化

推进碳达峰、碳中和是我国积极应对全球气候变化的重大战略举措，加强相关标准领域的国际合作对于推动碳达峰、碳中和具有重要意义。为此，市场监管总局积极推动碳达峰、碳中和相关标准国际合作，组织有关单位制定了《可再生能源接入电网术语与定义》等一批国际标准，推动国际电工委员会（IEC）制定《基于可再生能源的零碳电力系统白皮书》等。科技部组织有关单位依托有关研发项目，制定了多项 IEC 和 IEEE 国际标准。国家能源局高度重视能源行业标准国际合作，在《行动计划》等文件中明确，要深化能源领域标准国际合作，拓宽标准国际化渠道，提高与国际相关标准体系的对接与兼容度，推动重点标准走出去，提升标准国际化水平。

三、关于进一步发挥行业协会在标准体系建设过程中的组织、协调作用

行业协会等社会组织团体是组织开展标准制修订工作的重要力量，

国家鼓励和支持有关行业协会在碳达峰、碳中和标准体系建设中积极发挥作用，有关部门组织和支持有关行业协会开展了一系列工作。市场监管总局依托有关行业协会设立了一批全国标准化技术委员会，国家能源局也依托有关行业协会设立了一批能源行业标准化技术委员会，并组织有关标准化技术委员会针对碳达峰、碳中和开展了大量研究和一些标准制修订工作。如中国电器工业协会作为电力装备相关标准技术委员会的依托单位，完成了《电力装备助力碳达峰碳中和途径与实施措施研究》，初步构建了涵盖能源转型和减碳、电气化转型、环境友好技术等三个领域的电力装备双碳标准体系，逐步推进关键标准研制工作。中国电力企业联合会围绕电力项目建设和运行等环节，也专题组织开展了相关标准工作研究。

下一步，国家能源局将会同各有关部门，积极贯彻落实党中央、国务院重大部署，进一步加大力度组织推进碳达峰、碳中和标准体系建设和研究工作，组织并依托包括有关行业协会在内的标准化机构加强协作，持续加强标准国际合作、提升标准国际化水平，以标准化工作有力支撑碳达峰、碳中和目标。

感谢您对国家能源工作的关心和理解，希望今后能得到您更多的支持和指导。

国家能源局
2022 年 8 月 22 日

全国政协十三届五次会议第 01832 号提案

题　　目：关于提升林业碳汇能力，助力实现碳中和目标的提案
主　　办：林草局
提案形式：个人提案
第一提案人：薛建辉
内　　容：

2020 年，中国向世界作出了 2030 年实现碳达峰和 2060 年力争实现碳中和的承诺，这是一个充满雄心也是充满挑战的目标。今后排放出来的 CO_2 只有通过生态系统和工程封存等措施去除掉才能实现碳中和，而生态碳汇是基于自然的解决方案。我国 2020 年 CO_2 排放量为 103 亿吨。2030 年森林覆盖率将达到 25%，森林蓄积量达到 190 亿立方米，届时我国森林碳汇量可达 382 亿吨 CO_2。目前，新能源技术、碳捕集与封存等工程碳汇技术尚不成熟，市场应用成本较高，能源结构的转变仍需时间和技术积累。因此，加快发展林业碳汇是助力实现我国碳中和目标较为可行的途径。但还存在林业碳汇项目在碳排放权交易市场中的占比不大、碳汇林建设和可持续经营管理水平不高、林业碳汇相关立法滞后、提升林业碳汇能力的关键技术研发投入较低等问题尚待解决。现提出如下建议：

一、提高林业碳汇项目在碳排放交易市场中的规模

建议放开林业碳汇项目在碳交易市场中对碳排放配额清缴的抵销比例，以市场机制弥补林业生态建设资金的不足，加快发展林业碳汇项目。提高林业碳汇项目在碳排放交易市场中的规模，尽快提升我国林业碳汇能力。

二、建立企业与科研机构协同提升森林碳汇能力的机制

研究制定企业与科研机构深度合作的机制，将企业的碳排放权资金与科研单位的研发能力结合起来，共同研发提升林业碳汇能力的关键技术，弥补政府财政补贴林业生态建设资金的不足。高校和科研机构加快建设与节能减排、碳中和相关学科专业，助力高碳排放企业的绿色低碳发展转型，助力我国碳中和目标的实现。加大科研专项投入，研发全面提升地上和地下植物生物质、土壤及木质林产品等碳库储量的技术体系，形成符合我国不同自然区域的林业固碳增汇经营管理技术标准和长周期碳增汇技术体系。

三、建设森林碳汇能力监测网络，构建科学评估体系

以生态产品价值实现机制创新为抓手，督促各级林业主管部门加快碳汇林造林技术标准的实施，构建各地方森林生态系统可核查、可报告、可计量的全生命周期碳汇监测网络，建立第三方监督的碳汇造林、营林地方标准、碳汇能力计量与监测常态化制度。

四、建立地方林业部门常态化培训制度，树立全生态系统固碳理念

通过加强培训，提高各级林业主管部门、地方造林和营林单位及相关部门对全生态系统固碳增汇的认知水平。建立以提升生态系统生物量为目标的森林管理技术体系，将森林经营性碳汇纳入林业碳汇监测与计量体系中。各林业管理部门的管理目标应从单纯追求“蓄积量”转变为“生态系统生物量”，着力加强全生态系统碳汇能力提升和维持。

五、加强林业碳汇立法和宣传，引导社会践行绿色低碳的生活方式

加快制定林业碳汇相关法规，明确林业碳汇的产权和属性，从而解决仅依靠部门规章制度存在的权威性、系统性、可操作性均不足的问题。加强森林碳汇功能的宣传教育，培养全社会低碳环保理念，引导公众践行绿色低碳生活方式。

关于政协第十三届全国委员会第五次会议第 01832 号(农业水利类 149 号)提案答复的函

薛建辉委员：

您提出的《关于提升林业碳汇能力，助力实现碳中和目标的提案》收悉，现答复如下：

一、提高林业碳汇项目在碳排放交易市场中的规模

2020 年 12 月，生态环境部发布了《碳排放权交易管理办法（试行）》，明确指出重点排放单位每年可以使用国家核证自愿减排量抵销碳排放配额的清缴，抵销比例不得超过应清缴碳排放配额的 5%（相关规定由生态环境部另行制定）。办法提出，“国家核证自愿减排量”是指对我国境内可再生能源、林业碳汇、甲烷利用等项目的温室气体减排效果进行量化核证，并在国家温室气体自愿减排交易注册登记系统中登记的温室气体减排量。该办法已于 2021 年 2 月 1 日起施行，有效推动了林业碳汇进入碳排放交易市场。

下一步，我局将积极协调生态环境部，争取不断提高林草碳汇项目在碳排放交易市场中的规模。

二、建立企业与科研机构协同提升森林碳汇能力的机制

近年来，我局分别与中国科协、中国科学院、中国气象局、中国石化集团和中林集团等签署全面战略合作框架协议，围绕林草行业发展重大科技需求开展全面战略合作。其中，合作内容包括碳达峰碳中和实现路径、提升林草碳汇能力、开展气候变化影响评估和科研等方面。今后，我局将进一步与企业、科研机构深化合作内容，创新合作形式，共享合作成果。

三、建设森林碳汇能力监测网络，构建科学评估体系

2009年我局启动了全国林业碳汇监测体系建设，通过前期基础研究、试点等工作，编制了监测体系建设总体方案，完成基础数据、模型建设等工作。在全国系统布设了1.64万个4千米×4千米碳汇监测样地，于2014年开始启动第一次全国碳汇碳汇计量监测。截至2021年，完成3次全国森林碳汇计量监测工作。目前，全国森林碳汇计量监测体系已基本建成，可满足国家温室气体清单编制、碳汇项目开发等需要。

下一步，我局将把森林碳汇计量监测工作纳入全国林草资源综合监测体系，统一开展调查监测工作。

四、建立地方林业部门常态化培训制度，树立全生态系统固碳理念

2008年以来，我局每年举办全国林业碳汇基础知识和管理培训班，并指导和支持国家林草局干部管理学院、原国家林业局人才中心等培训机构不定期举办林业应对气候变化和碳汇方面专题培训班，指导各省（区、市）开展了有关专题培训。同时，我局通过指导培训课程设置、委派专家授课等形式，鼓励和支持地方开展碳汇知识培训工作。2021年，我局组织编制出版了《林业和草原应对气候变化理论与实践》，作为干部学习培训教材。

五、加强林业碳汇立法和宣传，引导社会践行绿色低碳的生活方式

2021年，我局对《碳排放权交易管理暂行条例》提出林业碳汇有关意见和建议，该条例已列入国务院2022年度立法工作计划。积极开展森林碳汇功能宣传，在国家林草局生态保护修复司子网页开设“林业和草原应对气候变化”宣传板块，指导中国绿色碳汇基金会设立“林业和草原应对气候变化政策与行动”公众号。每年组织协调相关领导和专家，通过各种媒体宣传普及林业碳汇知识，鼓励和引导社会公众践行绿色低碳生活方式。

下一步，我局将积极参与国家应对气候变化立法进程，进一步加

大宣传力度，利用植树节、国际森林日、全国节能周和低碳日等时间节点，开展丰富多样的宣传活动，不断提升公众绿色低碳生活理念和行动。

感谢您对林业和草原工作的关心和支持。

国家林业和草原局

2022 年 8 月 9 日

全国政协十三届五次会议第 01767 号提案

题　　　目：关于加强社区“双碳”建设的提案
主　　　办：住房城乡建设部
会　　　办：发展改革委　生态环境部　市场监管总局
提 案 形 式：个人提案
第一提案人：胡万宁
内　　　容：

实现碳达峰、碳中和目标是以习近平同志为核心的党中央经过深思熟虑作出的重大战略决策，事关中华民族永续发展和构建人类命运共同体，是一场广泛而深刻的经济社会系统性变革。当前国家在调整能源产业结构、降低传统钢铁、建材等高耗能产业产能、清洁能源探索等方面，不断出台新标准、新措施，推动高耗能行业转型升级，促进低碳事业高质量发展。目前国家的碳减排任务主要还是以生产端为主，实际上居民消费侧的碳排放增加非常快，已经占碳排放总量的近一半。公开数据显示，我国人均碳排放量约每年 7 吨。2020 年碳足迹完成的《大型城市居民消费低碳潜力分析》发现，如果在衣食住行等方面实践低碳消费，个人年均减排潜力超过 1 吨，成果将十分可观。

我国距离碳达峰还有不到 10 年时间，从碳达峰到碳中和的目标期限仅为 30 年，远远短于欧美发达国家 50—70 年的时长。在此背景下，为早日实现“3060”目标，“双碳”社区建设是重要路径之一，应加强引导普通民众低碳生活，在全社会开展绿色生活创建行动，努力减少个人消费碳排放，倡导低碳生活，使生态文明理念深入人心。

建议：

一、做好低碳社区建设的顶层设计，构建具有前瞻性的低碳社区建设标准体系

建立健全科学、实用、前瞻性强的新型建造方式标准和应用实施体系，完善绿色建造、智慧建造、工业化建造技术体系和建筑产品，强化新型建造方式下建筑产品理念。推进社区基础设施绿色化，完善水、电、气、路等配套基础设施，采用节能照明、节水器具。营造社区宜居环境，优化停车管理，规范管线设置，加强噪声治理，合理布局建设公共绿地，增加公共活动空间和健身设施。关注耗能情况、施工工艺等绿色指标，建立建筑设计、家装家居等行业绿色低碳认证体系，鼓励企业向绿色低碳生活方式转型，引导绿色低碳生活方式和消费模式，形成社区居民首选绿色低碳标识产品的消费新风尚。

二、构建社区绿色低碳生活方式宣导体系，引导社区居民树立绿色低碳理念

发动街道、社区等基层组织，联合扎根城市、街道、社区的服务机构，通过视频、展板、宣传海报、发放垃圾分类宣传材料等形式，形成多方联动、相互促进、相辅相成的绿色低碳生活方式宣导机制，广泛宣传推广简约适度、绿色低碳、文明健康的生活理念和生活方式。关注并鼓励社会公益组织，走进社区进行绿色低碳生活方式的宣传讲解，普及垃圾分类等生活基本常识，在理念、政策、教育、行为等多方面共同发力，实现社区绿色低碳宣导机制融入社区日常生活，培养社区居民养成绿色低碳生活方式。

三、以社区为载体，开展全民参与的绿色低碳创建活动

以广大城市社区作为创建对象，开展以社区为阵地的绿色低碳社区创建活动。建立健全社区人居环境建设和整治制度，促进社区节能节水、绿化环卫、垃圾分类、设施维护等工作有序推进。努力提升家庭成员生态文明意识，学习资源环境方面的基本国情、科普知识和法规政策。主动践行绿色生活方式，节约用电用水，不浪费粮食，减少

使用一次性塑料制品，尽量采用公共交通方式出行，实行生活垃圾减量分类。培育社区绿色文化，开展绿色生活主题宣传，贯彻共建共治共享理念，发动居民广泛参与。通过宣传表扬一批成效突出、特点鲜明的绿色生活优秀典型，形成崇尚绿色生活的社会氛围。

关于政协第十三届全国委员会第五次会议第01767号（资源环境类129号）提案答复的函

胡万宁委员：

您提出的《关于加强社区“双碳”建设的提案》收悉，现答复如下：

社区是形成简约适度、绿色低碳、文明健康生活方式的关键场所，建设低碳社区、倡导低碳生活是实现“双碳”目标的重要举措。您提出的加强社区“双碳”建设对于推动城乡建设领域碳达峰碳中和工作具有重要参考价值。

一、关于做好绿色低碳社区建设的顶层设计

（一）建立健全新型建造方式标准和应用实施体系。在标准化工作方面，我部会同市场监管总局发布了《装配式混凝土建筑技术标准》《装配式钢结构建筑技术标准》《装配式木结构建筑技术标准》等新型建造方式系列标准，支撑完善建设标准体系。市场监管总局批准发布了《生态社区评价指南》，为生态社区建设提供了评价技术方法和依据。在社区节能和节水器具方面，批准发布终端用能产品能效强制性国家标准70余项，产品水效强制性国家标准10项，有力促进了节能节水器具普及和推广，推动了节约型社区建设。在计量工作方面，市场监管总局积极开展碳计量相关技术研究，启动了碳计量相关技术规范制修订。

（二）推进社区基础设施绿色化、营造社区宜居环境。2022年

6 月，我部会同发展改革委发布《城乡建设领域碳达峰实施方案》，明确提出开展绿色低碳社区建设。按照《完整居住社区建设标准（试行）》配建基本公共服务设施、便民商业服务设施、市政配套基础设施和公共活动空间，到 2030 年地级及以上城市的完整社区覆盖率提高到 60% 以上。探索零碳社区建设。鼓励选用绿色家电产品，减少使用一次性消费品。鼓励选用新能源汽车，推进社区充换电设施建设。

（三）关于绿色低碳标识产品。在绿色产品方面，市场监管总局组织编制和批准发布了《绿色产品评价通则》等，支撑开展绿色产品认证工作，积极引导绿色消费。2020 年，联合我部、工业和信息化部建立了绿色建材产品认证制度，将家具、建筑门窗及其配件等 50 余种产品纳入认证范围。充分发挥质量认证高技术服务业“传递信任、服务发展”的作用，与产业发展深度融合，促进绿色建材生产应用，增加绿色建材产品供给，推动建材行业绿色发展。截至目前，已颁发有效认证证书 2000 余张，经测算每年可降低碳排放 6000 多万吨。

二、关于构建社区绿色低碳生活方式宣导体系

我部高度重视城乡建设领域的节能降碳宣传工作，持续开展形式多样的宣传活动，面向社会公众广泛开展新闻、政策解读和教育普及工作，逐步形成全社会的普遍共识。指导各地住房和城乡建设主管部门开展节能宣传周等活动，积极倡导简约适度、绿色低碳的生活方式，围绕提高新建建筑节能标准、既有建筑节能改造、可再生能源建筑应用、垃圾分类等内容开展广泛宣传，并取得了积极成效。今年 6 月，联合国家发展改革委印发《城乡建设领域碳达峰实施方案》，对绿色低碳生活方式宣导提出了明确要求，要求加大培训宣传力度，配合开展好“全民节能行动”“节能宣传周”等活动，编写绿色生活宣传手册，积极倡导绿色低碳生活方式，动员社会各方力量参与降碳行动，形成社会各界支持、群众积极参与的浓厚氛围。

生态环境部高度重视应对气候变化宣传。2013—2021 年，“全国低碳日”活动已成功举办 9 届，成为宣传绿色低碳理念，培育全社

会简约适度、绿色低碳生活方式的重要平台，取得了良好宣传效果。2021 年“全国低碳日”期间，通过征集和分享园区、企业、社区、个人等类别绿色低碳典型案例，加大对绿色低碳典型的宣传力度，充分展示社会各界践行绿色低碳发展的实践行动和丰硕成果；地方生态环境主管部门围绕“低碳生活，绿建未来”活动主题，积极开展低碳宣传进机关、进社区、进学校、进企业等内容丰富、形式多样的宣传活动。此外，每年公开发布《中国应对气候变化的政策与行动年度报告》，向社会披露过去一年我国应对气候变化所取得的进展，有力提高了全社会的参与度。

三、关于以社区为载体开展全民参与的绿色低碳创建活动

2020 年，我部会同国家发展改革委、民政部等 5 部门联合印发《绿色社区创建行动方案》，提出“到 2022 年，力争全国 60% 以上的城市社区参与创建行动并达到创建要求”。我部指导各省份出台实施方案，细化完善创建标准，有序组织创建验收，推动参与创建社区基本实现社区人居环境整洁、舒适、安全、美丽的目标。

2019 年 10 月，国家发展改革委联合有关部门印发实施《绿色生活创建行动总体方案》，组织实施节约型机关、绿色家庭、绿色学校、绿色社区、绿色出行、绿色商场、绿色建筑等七个重点领域创建行动并取得积极成效。2022 年 1 月，国家发展改革委会同有关部门制定出台《促进绿色消费实施方案》，提出全面促进重点领域消费绿色转型、强化绿色消费科技和服务支撑、建立健全绿色消费制度保障体系、完善绿色消费激励约束政策等 4 方面重点任务，要求广泛开展创建节约型机关、绿色家庭、绿色社区、绿色出行等行动，部署宣传教育、经验推广等工作。

感谢您对住房和城乡建设事业的关心和支持！

住房和城乡建设部

2022 年 8 月 22 日

全国政协十三届五次会议第 00365 号提案

题　　目：关于推进长江流域风光水多能互补的提案

主　　办：能源局

会　　办：自然资源部　生态环境部　水利部　国家电网

提案形式：个人联名提案

联名人数：1

第一提案人：仲志余

联名提案人：胡四一

内　　容：

实现碳达峰、碳中和是党中央统筹国内国际两个大局作出的重大战略决策，是着力解决资源环境约束突出问题、实现社会经济高质量发展的重要推手。

长江流域水力资源理论蕴藏量达 3 亿千瓦，约占全国总量的 40%，是我国水电开发的主要基地。同时，流域内风能、太阳能资源禀赋亦十分优良，可开发装机容量超 2 亿千瓦，抽水蓄能站点资源超 2.5 亿千瓦，是我国新能源发展及能源储备的重点地区。随着长江三角洲、长江中游、成渝等三大增长极经济发展稳健上行，预估 2030 年长江经济带的电力缺口约 6500 万千瓦。

盘活长江流域已建水电存量、谋划风光资源增量、提升能源结构质量是贯彻新发展理念、构建新发展格局的必然选择。

长江流域已、在建大中型水电站近 400 座，总装机约 2.3 亿千瓦，已建大型水库 300 余座，总调节库容 1800 余亿立方米，水电调节性能优良。应充分利用常规水电和抽水蓄能的灵活调节作用，平抑风光出力波动，实现风光水多能互补。为此建议：

一、挖掘已建水电站的发电容量潜力。长江流域已建水电站数量众多，部分电站在建设实施或更新改造过程中，由于机组制造采用的材料和工艺技术进步等原因，其实际发电能力超过了主管部门核准的装机容量，但超出的容量因难以得到有关部门的认定，造成不同程度的容量闲置，未能充分发挥效益。据统计，仅长江干流和雅砻江已建电站此类闲置容量就超过 500 万千瓦。在新能源装机大幅增长，电网安全、稳定、经济运行压力倍增的情况下，充分挖掘已建水电站的发电容量潜力极为重要，且投资省、见效快，没有水电站普遍存在的生态环境影响、移民问题等。

建议国家能源局以三峡、丹江口等电站为试点，开展电站容量挖潜的可行性和经济性论证工作；按照“一站一策”的原则，协调电力部门，开展必要的增容利用安全稳定运行试验，研究输电工程改造等配套工作的解决路径。在此基础上，建立长江流域大型水电站实际发电能力的信息管理数据库，联合水利部、生态环境部、电网公司及有关发配电企业出台长江流域已建水电站新增容量认定的相关管理办法，明确相关部门责任，盘活水电站的发电容量潜力。

二、统筹长江流域风光水多能互补发展规划。长江流域是我国重要的生态宝库和粮食生产基地，流域 1/3 的面积属于生态保护红线范围，保有全国约 1/3 的耕地。新建风电、光伏场站和输电走廊可利用土地资源稀缺。当前，风电、光伏发电、抽水蓄能电站等项目资源开发权限主要受县级行政单位管控，存在与国土空间规划的衔接不够、输电通道利用效率不高、开发时序不齐等问题，造成了一定程度的资源浪费。

鉴于长江流域能源资源与负荷需求“逆向”分布特征，为发挥规模效应，降低开发成本，提高空间和资源利用效率，建议由国家有关部委或具备跨省（直辖市）级行政区域协调权限的有关部门主持进行流域层面风光水互补发展顶层设计和总体规划，依托金沙江、雅砻江、大渡河、乌江、湘西等大型水电基地的调节作用与输电通道，统筹规划周边风电、光伏、抽水蓄能电站等的建设规模、外送方案与开发时序。

三、建立长江流域风光水联合调度管理机制。实现风光水互补的核心是充分利用水电调节能力，而流域水电站群联合调度既要协调不同区域、不同行业、不同时段的需求，影响因素和约束条件纷繁复杂。

建议加快建立长江流域风光水联合调度管理机制，由国家发展改革委、国家能源局、水利部牵头，联合交通运输部、生态环境部、自然资源部、国家电网有限公司、中国南方电网有限责任公司及有关发电集团公司，建立流域风光水联合调度共商机制，明确联合调度的范围、原则、权限及监督检查等，组织制定长江流域风光水联合调度运用计划，在有效保障流域防洪安全、供水安全、生态安全的前提下，充分发挥水电灵活调节作用，促进新能源并网消纳。

关于政协第十三届全国委员会第五次会议第00365号(工交邮电类042号)提案答复的函

仲志余等2位委员：

你们提出的《关于推进长江流域风光水多能互补的提案》收悉。经研究并商自然资源部、生态环境部、水利部、国家电网，现答复如下：

可再生能源开发是实现碳达峰、碳中和目标的重要措施，在保障能源安全、改善能源结构、推进生态文明建设等方面发挥重要支撑作用。我国水能资源技术可开发量位居世界首位，主要流域范围内太阳能、风能资源丰富，水风光资源具有良好互补性。以流域为整体，统筹本地消纳和外送，综合建设光伏、风电等新能源发电项目，充分利用水电的调节能力，优化调度、联合运行、高效利用，构建水风光一体化基地开发，是新时期可再生能源高质量发展的必由之路。长江流域是我国水电开发的主要基地。因地制宜开展长江流域水风光可再生能源一体化规划建设，有利于盘活长江流域已建水电存量、谋划风光资源增量、提升能源结构质量，为长江流域经济社会高质量发展提供能源保障。

关于挖掘已建水电站的发电容量潜力。今年 3 月，我局印发了关于开展全国主要流域可再生能源一体化规划研究工作有关事项的通知，启动了相关工作。主要流域可再生能源一体化开发核心是充分利用水电调节能力，包括水电扩机、抽水蓄能等。我们正在组织开展流域水电调节能力研究，全面梳理流域水电开发及调节能力，分析水电扩机潜力。水电站扩机涉及系统安全稳定、消纳市场及生态环保等问题，需要深入开展研究论证，在方案可行的基础上，稳妥推进相关工作。我局、国家电网也将适时做好电网网架的适应性分析，统筹推动源网协调发展，满足水电站等清洁能源并网送出需求。

关于统筹长江流域风光水多能互补发展规划。长江流域是水风光一体化规划的重点区域。我局严格落实生态环境法律法规要求，坚持统筹优化、生态优先、集约高效、科学可行的原则，加强与资源开发利用、生态环境、国土空间、带动地方发展等统筹协调和优化，积极稳妥推进以水风光为主的可再生能源一体化规划建设。自然资源部会同有关部门正在编制《长江经济带（长江流域）国土空间规划（2021—2035 年）》，把握生态环境保护与绿色发展的关系，以第三次全国国土调查成果为底数，在资源环境承载能力和国土空间开发适宜性评价基础上，综合考虑包括长江流域各省份在内的各地资源环境禀赋和经济社会发展实际，统筹协调，科学安排长江经济带（长江流域）国土空间开发保护总体格局。下一步，自然资源部将进一步加强与长江流域各省份的沟通协调，指导各省在各级国土空间规划编制工作中，综合考虑长江流域风光水多能互补的空间建设需求，合理确定建设用地规模等空间管控指标，促进长江流域风光水多能互补。

关于建立长江流域风光水联合调度管理机制。水风光一体化调度涉及水调、电调、外送通道等多方面因素，也涉及多行业多部门职能。我局结合全国主要流域可再生能源一体化规划研究，开展了流域以水风光为主的可再生能源一体化调度运行研究，按照水风光等可再生能源互补运行的日内出力、年内出力等，研究一体化调度运行特性及效果。水利部长江委从 2012 年开始，持续开展长江流域水库群（水工程）联合调度运用计划编制及调度实践，调度规模不断增大，调度目标从单一防洪调度向防洪、供水、发电、生态、航运、应急等多目标综合调度转变，逐步构建了"流域统筹、区域协同、部门联动"的流域水工程联合调度协作机制，挖掘了流域各控制性水库的调节能力和潜力。下一步，将在确保防洪安全和工程安全稳定的前提下，充分挖掘已建水电站发电容量潜力，更好地发挥水利水电工程发电效益，做好长江流域水风光一体化发展有关工作，助力长江经济带发展。

感谢你们对国家能源工作的关心和理解，希望今后能得到你们更多的支持和指导。

国家能源局

2022 年 8 月 24 日

全国政协十三届五次会议第 02265 号提案

题　　　目： 关于强化气象灾害防范和风险管理，增强经济社会发展气候韧性的提案

主　　　办： 气象局

会　　　办： 发展改革委　应急部

提 案 形 式： 个人提案

第一提案人： 宇如聪

内　　　容：

当前全球极端天气气候事件呈常态化频发，给全球经济社会发展和安全带来了巨大挑战。2021 年，美国加利福尼亚州死亡谷气温一度达 54.4℃。欧洲中西部极端强降水打破了有气象记录以来最高日雨量极值。中国河南特大暴雨创小时观测降雨量新纪录。极端寒流天气也频繁刷新纪录，美国俄克拉荷马城气温低至零下 26℃，破 120 余年以来最低纪录。

世界经济论坛《全球风险报告 2022》将极端天气列为全球主要短期风险之一，将气候变化和极端天气评定为最主要的中长期风险。中国是全球气候变化的敏感区和影响显著区，全球变暖幅度明显高于全球。2001—2020 年我国极端天气气候灾害所造成的直接经济损失平均每年 2938 亿元，占 GDP 的比重超过全球平均水平。要统筹发展和安全，增强忧患意识，有效防范化解各类风险挑战，确保社会主义现代化建设的高质量推进。

全球长期变暖趋势持续，气候系统的不稳定性和地球系统水循环加剧，未来极端天气气候事件频发将趋于常态。为提高人民生命福祉

安全，保障我国经济社会高质量、可持续发展，提出如下建议：

一是要更加重视气候安全，提高全社会的风险防范意识和防灾自救能力。各级政府要高度重视全球变暖背景下极端气象灾害频发、重发的极端危害性，强化底线思维，增强风险意识，提高风险管控能力。要完善公民安全教育体系，对各类人群有针对性地开展应急避险自救知识和能力培训，提高全民防灾减灾意识和自救能力。

二是要进一步健全极端气象事件监测预警的综合业务体系，提升风险防范的综合保障能力。要做好灾害性天气监测、预报、预警的无缝衔接，增强基于影响的精细化、专业化气象保障支撑。要进一步加强灾害链与致灾链的深度分析和模拟研究，强化不同灾种和区域间的关联研究，在灾害发生时，既能及时掌控已发灾害的态势，又能及时阻断后续联动灾害的接续。要强化大数据等高新技术应用，提高灾害风险区划、动态跟踪、分类管理等的现代化与智能化水平。

三是要着力完善灾害预警部门联动和社会响应机制。要从河南郑州事件中汲取经验和教训，抓紧推动修订和完善《气象灾害防御条例》《国家气象灾害应急预案》等法律法规和规章制度，进一步提升气象预警信号发布的权威性和约束性，避免“九龙治水”。完善以气象灾害预警信息为先导的多部门联动和社会响应机制，建立健全气象灾害重点防御单位认定及风险防控机制，实现停工停学停业依法依规自动触发。

四是要强化经济社会领域适应气候变化的韧性，树立空、天、地一体化的绿色生态理念。在城乡规划、基础设施建设、生产布局和重大工程建设等经济社会活动中充分考虑气候安全因素，开展气候韧性和适应性分析。在重要基础设施和重大工程规划和建设前期，要坚持开展气候可行性论证，提高重要基础设施和重大工程的气候韧性。要深入开展对重点区域和承载力脆弱区主要生态气候和自然灾害链研究，科学把握气候变化对不同区域生态系统的有利和不利影响，科学趋利避害。要提高对“山水林田湖草沙”和“气候”相互作用和影响的科学认识，提升空、天、地一体化生态理念，践行生态优先、绿色发展之路。在推进能源转型过程中，如风能太阳能和水电能等可再生资源的开发利用，要加强开展气候、生态和环境影响评估，科学有序稳妥推进经济、能源、产业结构转型升级。在推进高质量经济社会发展中，着力构建气候适应型的经济社会业态。

关于政协第十三届全国委员会第五次会议第 02265 号（资源环境类 176 号）提案答复的函

宇如聪委员：

您提出的《关于强化气象灾害防范和风险管理，增强经济社会发展气候韧性的提案》收悉，经商国家发展改革委、应急管理部，现答复如下：

一、关于更加重视气候安全，提高全社会风险防范意识和防灾自救能力的建议

我国是世界上受气象灾害影响最严重的国家之一，气象灾害占自然灾害的 70% 以上。在经济社会发展进入新阶段、极端天气气候事件增多增强的背景下，气象灾害造成的损失更大、影响更重，已经成为国家防灾减灾工作的重要内容。维护气候安全，加强气象灾害防范和风险管理，充分发挥气象防灾减灾第一道防线作用，关系到经济社会稳定发展和人民群众福祉安康。

下一步，我们将按照党中央、国务院决策部署，认真贯彻落实《气象高质量发展纲要（2022—2035 年）》，按照《全国气象发展“十四五”规划》要求，推动各级政府更加重视极端气象灾害的防范应对，统筹将气象防灾减灾纳入各地经济社会发展规划和相关专项规划实施，着力构建新时代气象防灾减灾体系。加强防灾减灾科普宣传，普及气象灾害防御法律法规，在“世界气象日”“全国防灾减灾日”等重要时

间节点和重大灾害过程中，广泛开展防灾减灾和气候变化的科普宣传活动，推进防灾自救知识进企业、进农村、进社区、进学校、进家庭，引导社会和公众正确认识、科学防范气象灾害风险。

二、关于进一步健全极端气象事件监测预警综合业务体系，提升风险防范综合保障能力的建议

气象事业是科技型、基础性、先导性社会公益事业。中国气象局推进无缝隙精准化预报业务建设，强化台风、暴雨、强对流等灾害性天气的实时监测业务，发展基于双偏振雷达、风廓线雷达、气象卫星、移动观测等新型资料的精细化监测识别技术，实现行政区内灾害性天气过程自动、精密监测。基于数值模式和人工智能等新一代信息技术研发智能预报预警技术，提升精准预报能力。将短临预报预警业务与智能网格预报业务有机衔接，实现灾害性天气分区域、分时段、分强度预报，制作发布高频滚动的短临预报预警产品，提高气象灾害预报预警能力。开展全国气象灾害综合风险普查，全面摸清气象灾害风险底数，从灾害链的角度深入分析气象灾害致灾因子、承灾对象和孕灾环境之间的关联，建立气象灾害致灾阈值体系。推进 10 种主要气象灾害的致灾危险性和风险评估区划，建立气象灾害风险分布“一张图”。按照“边普查、边应用、边见效”的原则，制定了《关于加强气象灾害综合风险普查成果应用的意见》，强化气象灾害风险普查大数据分析，开展气象灾害定量化影响评估，建立分灾种、分区域、分行业的影响预报和气象灾害风险预警业务，实现防灾减灾关口前移。

应急管理部建立了跨部门的全国自然灾害风险形势会商研判机制，推动各省逐步开展灾害综合风险会商研判工作，定期编制发布风险报告。结合致灾因子、承灾体和历史灾情数据，初步形成多灾种、灾害链监测预警业务体系。

下一步，中国气象局将会同国家发展改革委推进气象防灾减灾能力提升等重点项目的立项实施，全面提升气象灾害综合监测能力、预报预警能力、风险防范能力、信息支撑能力。应急管理部将加强监测

预警能力建设，推动监测预警信息共享。

三、关于着力完善灾害预警部门联动和社会响应机制的建议

《气象高质量发展纲要（2022—2035年）》明确提出，健全以气象灾害预警为先导的联动机制。中国气象局高度重视并积极推动气象灾害预警部门联动和社会响应机制建设。河南郑州“7·20”特大暴雨灾害发生后，印发了《关于推动气象灾害预警联动机制建设的通知》，召开了河南郑州“7·20”特大暴雨灾害预警服务总结分析会，组织分析并推广全国各地气象灾害预警联动机制好的经验和做法，推动建立健全以气象灾害预警为先导的部门应急联动机制和社会响应机制。联合广电、工信等部门推进高影响地区、高风险人群的预警信息精准靶向发布。指导各地建立健全气象灾害重点防御单位认定及风险防控机制，完善高风险区域、高敏感行业、高危人群的气象灾害应急联动机制，实现高级别预警信息的停工停业停课机制依法依规自动触发。推动建立面向地方党委政府和重点部门的重大灾害性天气“叫应”服务标准和工作流程，以及面向地方党委政府主要领导的直通式报告机制。

应急管理部、中国气象局印发关于建立强化气象预警和应急响应联动机制工作的意见，推动各级应急预案修订，将重大过程预报预警作为启动应急响应条件之一，及时采取停工停业停运停课停产等避灾避险措施。将防汛预案中预警发布和应急响应联动有关内容修订纳入全国防汛工作检查督查重点内容，加强防汛和救灾物资储备，增强抗灾减灾能力。

下一步，中国气象局将加强气象灾害防御相关法律制度研究，推动修订《国家气象灾害应急预案》，指导各级气象部门修订气象灾害应急预案，进一步提升气象灾害预警信号的权威性和约束性，推动完善全社会预警响应机制。应急管理部将印发关于建立健全自然灾害预警发布和应急响应联动机制的指导意见，推动各级应急预案修订，将预警应急响应联动落到实处。

四、关于强化经济社会领域适应气候变化韧性，树立空、天、地一体化绿色生态理念的建议

适应气候变化韧性，减轻气候变化风险，是实现可持续发展的重要途径。中国气象局认真贯彻新发展理念，积极推动地方政府根据气象灾害影响和气候安全因素修订基础设施标准、优化防御措施，将气候可行性论证作为重要基础设施和重大工程规划建设的前置条件，提升重点区域、敏感行业基础设施设防水平和承灾能力。组织开展面向韧性城市发展的气候变化影响评估研究，加强城市应对气候变化能力。加强青藏高原气候变化监测评估，特别是冰川、冻土研究，增强对青藏和川藏铁路建设运行的保障服务。建设风能太阳能资源监测评估预报系统，为风电场、太阳能电站等规划、建设、运行、调度与能源保供提供高质量气象服务。

应急管理部牵头组织实施自然灾害监测预警信息化工程，最大程度协调各部门信息资源，利用空天地一体化监测手段和遥感技术，建设国家灾害综合监测预警系统，提高多灾种和灾害链综合监测、风险早期识别和预报预警能力，为极端天气气候应对提供科技支撑。

下一步，中国气象局将会同国家发展改革委推进生态气象保障和气候变化监测评估工程立项实施，提升空、天、地一体化监测评估与服务保障等能力。应急管理部将推动监测预警系统改造项目实施，搭建国家自然灾害综合监测预警平台。

在今后的工作中，有关部门将密切关注全球变暖问题，强化极端天气气候事件的监测预警和防范应对，减轻气候风险，为人民生命健康和经济社会高质量发展提供有力保障。

感谢您对气象工作的关心和支持!

中国气象局

2022 年 6 月 22 日

全国政协十三届五次会议第 00005 号提案

题　　　目： 关于有效应对全球气候变化趋势对农业生产及区域布局深度影响及其灾害预警的提案

主　　　办： 气象局

会　　　办： 发展改革委　农业农村部

提 案 形 式： 个人提案

第一提案人： 李云才

内　　　容：

气候变暖已是人类普遍感知的不争的事实。在天气变暖的同时，大自然也在空前地报复人类。造成温室效应的后果，如大陆冰川融化使全球海平面上升；干旱、洪水等极端气候事件频次急剧上升；改变生态环境，加快生物灭绝速率；不同区域性生态气候发生重大改变。

在气候变化的同时，人类在科技进步和人口增长的多重推力作用下，生产方式、行为方式、生活方式也随之发生巨大的变化。重新认识灾害性天气的危害尤为重要。例如，传统的冰雪灾害与现代冰雪灾害的影响和危害有很大的不同。

其一，人口密度不同。人是生产力中最活跃的因素，数倍于农耕社会的现代社会人口，使土地的承载量不仅数倍于历史，加上在现代生产力条件下对土地索取财富的能力又倍数于等量人口，这种双重倍数关系一方面对现代农业提出了新的要求，另一方面也反映出一旦遭遇自然灾害损失也更大，必须提高抗御自然灾害的能力。

其二，建设水平天壤之别。基础设施、基本条件反映一个社会发达程度的一个外在标志，在“刀耕火种”的农耕社会中，虽然催生出了日月星辰般的农耕文化，代表了那个时代的勤劳、智慧、创造与不朽。但从广义上看，其规模、程度、深度与今天是不能比拟的。我国南方的现代工业经济发展的历史并不长，且主要在近 60 多年才形成规模，而历史上南方地区这种大范围的极端寒冷的冰冻气候往往是五十年至一百年一遇，故反映出我国南方的现代工业文明之前还没有经历过这种极端低温冰冻灾害的考验。

其三，经济活动强度不同。农耕社会经济运行主要是依靠自然的生物燃料甚或就近的可再生生物燃料取暖照明，交通、通讯也主要靠人马传递，生产生活的自然属性明显，所以低温灾害对城乡的基本生存和生产的影响有限。

其四，农业产业状况不同。随着现代工业文明的飞速发展，特别是南方地区经济的加快发展，智能农业深度拓展，农业机械化、自动化水平空前提高，大田农作物多熟制大规模推广，特别是大量大棚种植业的发展，设施农业、精细农业、生态农业、有机农业深度融合推进，冬季农业产业布局与深度拓展展示了南方农业新的发展空间，低温冰冻灾害对大农业和城乡生产生活的影响与农耕社会完全不能同日而语。

其五，季节活动频度不同。冬闲是传统农业的标志，冬季冰雪灾害自然损失较小，也不易被重视。在现代农业中，冬季农业已大有可为，为谋划来年农业生产以及诸多新产业或端口前移，或先年下种，或多年生作物等因素的影响，已不是传统农业简单意义上的“一年之计在于春”。

为此建议：

一、加强对极端天气影响的深度研究。随着自然气候的变化、科技发展、产业融合，颠覆了许多传统的概念，如冰雪灾害是自然规律，对农业影响不大就是一例，这种认识显然已不适应灾害的“新常态”。在乡村振兴抗御自然灾害影响的规划和顶层设计中，尤其要重视极端天气的影响，防患于未然。

二、产业结构调整要全国一盘棋。在产业布局、产业结构、耕地休耕与轮作的安排以及政策选择上，要根据气候趋暖的变化趋势，南北统筹，扬长避短，不断改善和优化粮食结构，满足消费升级、加工业发展、饲料需求增大等消费需求。

三、产业转型升级与产业结构调整要防患极端天气的危害。在乡村产业结构调整中，对具有区域性、规模性、战略性产业进行必要的极端性天气灾害评估分析，提升产业区域布局的合理性、科学性以及防御自然灾害的能力。

四、加强对极端灾害性天气的预警预报。充分利用现代科技手段，极大限度地、及时准确地对极端灾害性天气对公众作出警示性预报和重要提示。

关于政协第十三届全国委员会第五次会议第00005号（农业水利类001号）提案答复的函

李云才委员：

您提出的《关于有效应对全球气候变化趋势对农业生产及区域布局深度影响及其灾害预警的提案》收悉，经商国家发展改革委和农业农村部，现答复如下：

一、多部门共同推进极端天气影响的深度研究

我国是世界上受气象灾害影响最严重的国家之一，在经济社会发展进入新阶段、极端天气气候事件有增多增强趋势的背景下，我国气象灾害造成的损失更大、影响更重，已经成为国家防灾减灾工作的重要内容。加强极端天气研究和预警预报，充分发挥防灾减灾第一道防线作用，既关系经济社会稳步发展，又关系人民群众福祉安康。为有效应对全球气候变化趋势对农业生产及区域布局深度影响，加强科技支撑，中国气象局开展预报预测核心技术攻关，组织数值预报业务模

式系统持续升级，实现我国气象灾害预报预测数值模式核心技术的安全自主可控；并深入研究我国极端天气气候、气象灾害的成因机理和发生发展过程；强化极端性、灾害性天气短临预警前瞻性技术研究，利用人工智能等新技术开展融合创新，努力实现预报技术瓶颈的重大突破。

农业农村部强化对极端天气影响和灾变规律研究，每年针对农业气象条件和农业重大自然灾害预测预判，制定科学防灾保丰收预案。每年年初制定农业防灾减灾预案，及时下发防灾减灾各类技术指导意见，指导各地立足防大汛、抗大旱、救大灾，提早做好防范准备；构建了部—省—地市—县信息采集、反馈系统，充分发挥农作物灾害监测体系作用，600个农情田间定点监测县实现灾情数据实时监测、分析和反映，提高了灾害风险防范预警能力。

下一步，发改委将依据《气象高质量发展纲要（2022—2035年）》，以推进监测精密、预报精准、服务精细为建设重点，谋划重大工程，加大投入力度，持续支持气象基础设施建设，全面提升气象灾害综合监测能力、预报预警能力、风险防范能力、信息支撑能力，着力构建新时代气象防灾减灾体系。中国气象局积极与科技部沟通，将极端天气灾害预警与防控关键技术需求纳入国家重点研发计划“主要作物丰产增效科技创新工程”重点专项2022年度项目申报指南“作物干旱高低温灾害预警预测与防控技术研发及集成示范”并正式发布，争取立项支持。

二、农业产业转型升级与结构调整中，考虑气候变化趋势、防范极端天气危害

中国气象局深化与农业农村、应急管理等部门的合作，开展常态化会商，签署工作协议，联合印发通知，发布风险预警，为有效应对农业灾害、减轻灾害损失发挥了重要作用。一是联合下发文件。联合农业农村部、水利部、应急管理部印发关于《科学抗旱春管夺夏粮丰收预案》的通知。与农业农村部联合下发《关于进一步做好农业气象

灾害风险预警工作的通知》，联合签订开展农业气象灾害风险预警工作协议。与国家乡村振兴局联合推进气象助力防止规模性返贫工作。二是联合开展会商。与农业农村部开展常态化定期农情月度会商，并与应急管理、水利、住建等部门开展联合会商。三是联合开展服务。与农业农村部门联合开展农业气象灾害（病虫害）风险预警、特色产业气象服务，今年通过中央电视台栏目发布 8 期；联合开展“三夏”机收精细预警服务，向农机手、农业大户、农机作业管理人员等 300 余万人员进行服务，助力及时收获、颗粒归仓。充分发挥国家突发事件预警信息发布系统作用，今年通过系统共发布气象及其他类别预警信息 13.2 万余条，向 132.7 万应急责任人发布预警短信 12.8 亿人次；组织开展全国气象灾害综合风险普查，提升气象灾害风险评估能力。另外，中国气象局制定了《全面推进乡村振兴气象服务能力提升工作方案（2022—2024 年）》《2022 年乡村振兴气象服务能力提升重点任务》，将“加强研究分析，努力提升农业应对中长期气候变化能力”列为重点任务，通过开展中长期气候变化对农业影响研究和开展精细化农业气候资源区划，专题部署推进气候变化对农业影响研究工作。

农业农村部根据自然禀赋和灾害形势，因地制宜调整种植结构主动避灾。指导生态脆弱、灾害多发易发区，主动调整种植结构，引导农民选用抗逆性强的品种，确保粮食面积稳定。推广地膜覆盖、保护性耕作、小麦“一喷三防”、玉米抗旱“坐水种”、水稻集中育秧等防灾减灾稳产增产技术。组织有关单位加强农业防灾减灾与灾后重建队伍人才库管理，加大灾情信息员业务培训，提升灾情统计、调查、核报工作水平。每年安排中央农业生产救灾资金 30 亿元左右，主要对重大病虫害防控防治和农业自然灾害预防、灾后恢复生产等工作所需的物资材料及服务进行补助。2021 年针对河南历史罕见的极端洪涝和北方严重秋汛，创新指导机制，首次组织全国农技中心、中国农科院等单位派出 50 多个专家小分队下沉到重点县、灾情不退不撤回，推动中央财政下拨救灾资金 45 亿元，比常年增加 45%，救灾政策支持力度之大多年少有。

下一步，发改委将进一步加强相关问题研究，在出台农业产业结构布局相关规划、政策时，统筹研究气候变化影响，优化农业生产力布局，构建科学、合理、高效的农业产业结构。中国气象局将持续开展气候变化对农业影响研究与服务工作，主要包括农业气候资源区划以及气候变化对作物种植带、产量、作物病虫害发生发展等的影响。

三、强化极端灾害性天气预报预警

中国气象局高度重视极端灾害性天气的预警预报能力建设工作。2021年，以“预报精准”为目标，围绕精准预报重点难点堵点问题，分灾种、分区域、分流域制定和实施十余个专项能力提升工作方案，通过专项工作方案的落实，破解制约精准预报能力提升的关键难题，不断提升极端性、灾害性天气监测预报预警能力提升，并以重点突破带动全局发展。2021年，暴雨预警准确率达到90%，强对流天气预警时间提前至40分钟，均创历史新高；台风路径预报24小时误差为77公里，稳居国际先进行列。

下一步，中国气象局将继续推进分灾种、分区域、分流域业务能力提升工作，聚焦极端性、灾害性天气（台风、暴雨、强对流、龙卷风、海雾）的机理研究，完善实时监测分析业务，提升分类别、分强度灾害性天气监测能力，强化客观预报技术和机器学习算法的应用，推进预警信号精细化到乡（镇、街道），补短板强弱项，不断提高极端灾害性天气的预警预报能力。

感谢您对气象工作的关注和支持。

中国气象局

2022年7月4日

全国政协十三届五次会议第 02481 号提案

题　　　目： 关于加强矿山地下水污染治理与修复，助推绿色矿山建设的提案

主　　　办： 生态环境部

会　　　办： 科技部　自然资源部

提 案 形 式： 个人提案

第一提案人： 赖明勇

内　　　容：

矿产资源开发保证了我国国民经济与社会发展的需求，为我国经济的发展做出了重要贡献，但也带来了一系列的环境问题。无论露天开采还是地下开采，都对周围生态环境特别是地下水环境产生较大影响。矿山地下水环境问题，必将威胁到矿山周边地区的用水安全，并且可能通过水循环将影响扩散到更加广阔的区域，因此保护矿山地下水资源，维护矿区生态环境健康，是当下促进区域可持续发展的重中之重，也是建设绿水青山的一项重要内容。多年来，各地政府高度重视矿山生态环境保护与修复治理，效果显著。然而，由于历史欠账多，治理难度大、治理成本高等问题，当前矿山生态修复工作总体仍属滞后，特别是对地下水污染问题重视不够。为加强矿山地下水污染治理与修复，助推绿色矿山建设，建议：

一、建立健全矿山地下水环境监测体系和加强矿山生态环境综合监管。完善标准体系，制 / 修订地下水污染防治调查评估、污染预防、风险管控、修复技术指南。加强污染清查、动态监测的数据库建设，按照“大网络、大系统、大数据”的建设思路，积极推进数据共享共

用发挥大数据作用，建立矿山地下水污染信息档案，构建矿山地下水环境监测信息平台。加大核心监测技术攻关，支持科研院所与高校合作组建攻关团队，突破环境智能感知、原位传感/芯片快速检测、多层采样及多因子在线监测等核心关键技术。加强专业人才队伍建设，培养一批矿山生态保护修复的技术团队和专家学者，打造一套全方位、全链条支撑服务的技术队伍。加强生态环境执法，依法开展矿山地下水环境保护行政执法。严厉打击利用渗井、渗坑、裂隙、溶洞等逃避监管的方式向地下排放污染物等行为。

二、加强矿山地下水污染源头预防和风险管控。加强矿山污染源头控制，整治涉重金属矿区历史遗留固体废物，有效切断污染物进入地下水的链条。开展矿山开采区、尾矿库、危险废物处置场地地下水污染调查评估，开展地下水污染溯源，研究典型矿山场地地下水重金属污染迁移和源—汇关系，构建污染物传输扩散模型。推动地下水污染防治分区管理，根据地下水污染现状评估、地下水污染源荷载、脆弱性等，划分保护区、防控区、治理区。开展尾矿库等污染渗漏排查，落实尾矿库等防渗措施。实施地下水污染风险管控，阻止污染扩散，加强风险管控后期环境监管，强化地下水型饮用水水源补给区保护。

三、开展矿山地下水污染修复。试点开展废弃矿井、尾矿库、危险废物处置场地地下水污染防治、探索开展地下水污染修复。组织高等院校、科研院所、企业等科研力量，开展矿山地下水污染修复治理的科学研究，开发矿山地下水污染场地重金属长效绿色固化/稳定化技术，原位化学氧化/还原技术，地下水重金属污染扩散阻控材料与技术，原位生物修复技术，集成原位物化、生物修复工程技术与成套装备，开展地下水污染修复试点，形成一批可复制、可推广的技术模式，实施一批关键技术攻关专项和示范应用工程。

四、统筹矿区土壤、地下水污染协同防治。充分考虑矿区地下水与土壤的协同效应，突出水土协同和综合防治。矿区土壤污染状况调查报告、土壤污染风险管控或修复方案等，应依法包括地下水相关内容，存在地下水污染的，要统筹推进土壤和地下水污染风险管控与修复。形成矿山场地土壤—地下水污染防渗、阻断、截获协同修复技术体系及可复制推广的矿山场地土壤—地下水协同修复技术方案。

关于政协第十三届全国委员会第五次会议第 02481 号（资源环境类 193 号）提案答复的函

赖明勇委员：

您提出的《关于加强矿山地下水污染治理与修复，助推绿色矿山建设的提案》收悉，由我部会同科技部、自然资源部办理。经认真研究，答复如下：

矿山地下水污染防治是绿色矿山建设的重要内容，是维护矿区生态环境健康的重要举措。近年来，按照党中央、国务院决策部署，各地各部门积极探索矿山地下水污染治理与修复工作，取得阶段性成效。但诚如您所言，由于历史欠账多，治理难度大，矿山地下水污染防治总体比较滞后。我们赞同您所提关于加强地下水污染治理与修复的有关建议，并将在下一步工作中认真研究吸纳。

一、关于建立健全矿山地下水环境监测体系和加强矿山生态环境综合监管

建立健全矿山地下水环境监测体系和标准体系是矿山地下水污染防治工作的重要基础。我部会同相关部门主要开展了以下工作：一是持续完善监测体系。“十三五”期间，我部会同自然资源部制修订《地下水环境监测技术规范》《矿山地质环境监测技术规程》《矿区地下水含水层破坏危害程度评价规范》等技术标准，明确矿山开采区地下水环境监测要求，强化矿山地质环境管理和新建矿山准入要求，为实施矿山污染源头预防和生态环境保护修复提供技术支撑。科技部立项研制了多种土壤与地下水污染快速识别、筛查和检测设备，以及物联

网关键监测技术，支撑监测体系建设。二是逐步推动综合监管。中央生态环境保护督察查处多起涉及矿山地下水污染案例，并制作警示片。2020 年以来，我部联合自然资源部建立国家地下水环境质量考核监测站点，将部分污染风险监控点位布设在矿区周边，推动矿山地下水生态环境综合监管。

下一步，我部将加快研究制定矿山地下水污染风险分级调查技术指南，分类分级提出矿区地下水污染治理修复要求，加强中央生态环境保护督察和生态环境执法力度，联合有关部门加强矿山土壤和地下水污染防治关键技术研发，注重矿山污染防治方面专业技术人才培养，推动矿山生态环境保护工作不断进步。

二、关于加强矿山地下水污染源头预防和风险管控

加强源头预防和风险管控是矿山地下水污染防治的关键。我部主要开展了以下工作：一是持续完善法规要求。2020 年修订的《中华人民共和国固体废物污染环境防治法》，提出加强矿产资源开发过程中固体废物污染防治要求；2022 年 5 月，我部印发《尾矿库污染隐患排查治理工作指南（试行）》，细化地下水监测和防渗设施等要求。二是严把环境准入关。长期以来，我部在矿区规划环评审查阶段强化区域地下水环境协同保护，在矿山开采建设项目环评中明确地下水污染防治与生态环境保护措施。三是积极开展试点探索。2021 年 3 月，印发《重点铅锌矿区地下水环境状况调查评估工作方案》，选择湖南、四川、云南三个省份 9 个重点铅锌矿开展矿山开采区地下水环境状况调查评估工作。

下一步，我部将深入推进生态环境分区管控制度落实，指导地方加快地下水污染防治重点区划定，强化地下水污染分区防治。印发地下水型饮用水水源补给区划定技术指南，加强水源补给区保护。扎实推进尾矿污染治理，对尾矿库按照污染风险等级进行分类管理。因地制宜采取源头治理，切断传输途径等措施，聚焦重有色金属等矿区开展历史遗留废物排查，分阶段治理，逐步消除存量。

三、关于开展矿山地下水污染修复

开展地下水污染修复是消除矿山地下水污染存量的必要手段。我部会同有关部门主要开展了以下工作：一是强化科技支撑。“十三五”期间，科技部实施国家重点研发计划“场地土壤污染成因与治理技术”重点专项，开展矿区场地土壤与地下水污染源头控制与综合治理技术研究，研发了一批煤矿区地下水运移通道阻断与特征污染物减量的功能性材料，初步构建补给区源头控制、径流区扩散阻断、排泄区汇流管控的技术体系。二是积极试点探索。2019 年，我部印发《关于印发地下水污染防治实施方案的通知》，49 个试点项目中有 16 个是废弃矿山（矿井）地下水污染防治项目，其中，四川广元、贵州凯里等一批项目已取得积极成效，形成了“疏堵治管”的经验模式。

下一步，我部将继续配合有关部门做好科技支撑，推进矿山地下水污染治理与修复技术等相关项目立项，加强技术评估和筛选，通过国家生态环境科技成果转化综合服务平台推动先进技术的推广应用。持续做好试点示范，重点加强地下水污染防治试验区建设，形成一批可复制、可推广的矿山类地下水污染防治技术模式和管理经验。

四、关于统筹矿区土壤、地下水污染协同防治

统筹矿区土壤、地下水、地表水污染协同防治，是系统解决矿区生态环境问题的必然道路。一是积极推进综合试点。2019 年以来，我部联合有关部门扎实推进“无废城市”试点建设工作，指导相关城市开展矿山生态修复和矿业固体废物治理，取得明显成效。2021 年，我部筛选 21 个典型地级城市，开展地下水污染防治试验区建设，继续探索废弃矿井及尾矿库源头治理、矿井涌水治理长效监管、水土污染协同防治等工作。二是加大资金支持。根据《水污染防治专项资金管理办法》《土壤污染防治资金管理办法》，财政资金重点支持涉重金属历史遗留矿渣污染治理、矿山封井回填、矿山地下水污染状况调查和治理修复等项目。中央水污染防治资金支持的项目中，部分已统筹流域地表水、地下水综合治理；中央土壤污染防治资金支持的治理项目，

多数已考虑土壤和地下水协同治理。三是开展科研探索。诚如您所言，对于矿山场地土壤—地下水污染防渗、阻断、截获协同修复技术体系，目前还很不完善，急需进一步加强凝练总结。2021 年，我部配合科技部完成“大气与土壤、地下水污染综合治理”重点专项指南，围绕土壤、地下水污染综合防治科技需求，拟重点支持解决区域土壤 / 地下水多介质污染的形成机理、气水土污染的相互影响等基础科学问题，力争突破污染源实时智能监管、土壤复合污染绿色修复、能源—环境—健康—气候综合调控等核心防治技术，建立污染场地土壤与地下水污染协同综合治理集成示范区。

下一步，我部将重点加强“无废城市”、地下水污染防治试验区等综合试点建设，加大资金支持力度，探索矿山地下水污染综合治理、系统治理模式。鼓励地方和有关单位深入技术研发，综合源头管控、途径阻断和末端治理等技术，统筹推进矿区土壤、地下水污染协同防治。

感谢您对生态环境工作的关心和支持。

生态环境部

2022 年 8 月 30 日

全国政协十三届五次会议第 03156 号提案

题　　　目：关于支持做好统筹山水林田湖草综合治理的提案
主　　　办：自然资源部
会　　　办：科技部　生态环境部　农业农村部
提 案 形 式：个人提案
第一提案人：黄宗洪
内　　　容：

统筹山水林田湖草沙综合治理，是践行习近平生态文明思想的重要举措。党的十八大以来，全国各地深入践行习近平生态文明思想，牢牢守好发展和生态两条底线，进一步深入推动生态文明建设，深化生态文明体制机制改革，统筹推进山水林田湖草沙综合治理、矿山生态修复、石漠化治理、水土保持等重点项目，不断改善森林、河湖、湿地等自然生态系统状况，整体提升生态服务功能，取得丰硕成果，实现了自然生态空间和重要生态廊道整体保护。当前，贵州在奋力统筹山水林田湖草沙综合治理，做好绿水青山就是金山银山大文章的过程中也出现一些问题。例如，保护和修复面临现实矛盾多，部分区域基本农田保护区与自然保护区重叠，一方面要落实全国耕地保护政策，保障永久基本农田不减少，另一方面又要防止农业面源污染对自然保护区带来生态安全问题，两者难以平衡和相关政策支撑不足。再如，山水林田湖草系统治理涉及专业领域广、交叉多，多学科融合的基础性研究还很欠缺，综合技术人才储备缺乏，与实际需求相差较大。贵州省先后争取到乌蒙山区山水林田湖草生态修复试点工程等重大工程项目，但没有专门的技术支撑单位，科技支撑能力薄弱。为此建议：

一是建立相关技术标准体系。目前，生态修复的技术规范体系建设滞后，关键标准缺少，缺乏问题诊断、设计、验收、监测评估等系统性规范和标准指导。恳请国家层面针对不同领域行业、不同实施环节、不同要素，出台相应技术规范和标准，建立系统的技术标准体系。

二是支持各地加强生态修复科技力量建设。山水林田湖草沙一体化生态保护和修复工作业务新、任务重、探索强，目前基础理论研究相对薄弱，技术人才和成果储备不足，业务支撑能力亟须提高。建议支持各地指导成立生态修复中心，聚焦生态修复领域的重点难点问题，开展生态修复政策、法规、技术标准等研究，为推进山水林田湖草沙系统治理提供政策、管理、技术咨询等服务保障；培养生态保护修复科技人才和核心研究团队，总结形成岩溶山区生态保护修复新模式、新路径、新做法，以实际行动助力各地生态文明试验区建设，让天更蓝、水更清、地更绿。

关于政协第十三届全国委员会第五次会议第 03156 号（资源环境类 254 号）提案答复的函

黄宗洪委员：

您提出的《关于支持做好统筹山水林田湖草综合治理的提案》收悉。您的建议对科学和规范推动生态修复工作具有重要意义。我部会同科技部、生态环境部、农业农村部进行了认真研究，现答复如下。

一、所涉及工作相关背景情况

2021 年 2 月，习近平总书记在贵州考察时强调，优良生态环境是贵州最大的发展优势和竞争优势。要牢固树立生态优先、绿色发展的导向，统筹山水林田湖草系统治理，加大生态系统保护力度，科学推进石漠化、水土流失综合治理，不断做好绿水金山就是金山银山这篇大文章。

科技创新对生态文明建设具有基础性战略性支撑作用。习近平总书记指出，立足新发展阶段、贯彻新发展理念、构建新发展格局、推动高质量发展，必须深入实施科教兴国战略、人才强国战略、创新驱动发展战略；要突破自身发展瓶颈、解决深层次矛盾和问题，根本出路就在于创新，关键要靠科技力量。

二、我部主要工作考虑

我部以习近平生态文明思想为指导，深入贯彻落实党中央、国务院重大决策部署，在推进生态系统保护修复方面，聚焦国家重大战略实施，推进山水林田湖草沙系统治理，着力提升生态系统质量和碳汇能力。我部高度重视国土空间生态保护修复标准体系建设工作，正在分领域推动生态保护修复行业标准和技术指南的制定，推动科学实施生态系统保护修复。

三、已开展工作

（一）推进国土空间生态保护修复标准体系建设。一是开展国土空间生态保护修复工程标准制定，我部会同财政部、生态环境部印发《山水林田湖草生态保护修复工程指南（试行）》（自然资办发〔2020〕38号），组织编制印发《国土空间生态保护修复工程实施方案编制规程》《国土空间生态保护修复工程验收规范》。二是推动矿山生态修复标准规范研究制定，我部组织编制印发《矿山环境遥感监测技术规范》，组织编制《矿山生态修复技术规范　第1部分：通则》及5个分矿种专则。三是完善海洋生态保护修复标准，我部组织编制或参与编制并发布了《海洋生态修复技术指南　第1部分：总则》《海滩养护与修复技术指南》等多项国家和行业标准。

（二）开展生态保护与修复关键技术研究。“十三五”期间，科技部通过国家重点研发计划“典型脆弱生态修复与保护研究”重点专项开展关键区域主要生态问题演变规律和趋势、生态退化机理、生态系统稳定性维持等关键技术研究，相关科技成果在云南省泸西小江流域、江西省赣州市赣县区金钩形小流域等国家山水林田湖草生态保护修复试点工程区域开展示范应用。

（三）制定农业生态环境保护标准规范。农业农村部制定印发了《畜禽规模养殖场粪污资源化利用设施建设规范（试行）》《畜禽粪污土地承载力测算技术指南》等规范文件，为畜禽粪污处理和利用提出基本依据；发布农业面源污染综合防控技术规范、受污染耕地治理与修复导则等农业行业标准，推进农业面源污染和耕地土壤污染治理标准化规范化。

（四）加强生态环境修复科技力量建设。自然资源部围绕生态修复工作，布局了矿区生态修复工程技术创新中心、地质环境修复创新中心、东南生态脆弱区监测修复工程技术创新中心、高寒干旱区矿山地质环境修复工程技术创新中心等一批科技创新平台，出台《自然资源部高层次科技创新人才工程实施方案》，为生态修复提供科技支撑。生态环境部围绕生态环境修复的基础研究与应用基础研究需求，批准建设了国家环境保护湿地生态与植被恢复重点实验室、国家环境保护水土污染协同控制与联合修复重点实验室、国家环境保护海洋生态环境整治修复重点实验室、国家环境保护土壤健康诊断与绿色修复重点实验室等 4 个重点实验室，以及国家环境保护创面生态修复工程技术中心，培育生态环境修复领域的战略科技力量。农业农村部在现代农业产业技术体系中增设农业废物处理等领域岗位专家，强化农业污染防治基础理论研究和关键技术创新，组建重点流域农业面源污染综合治理、绿色种养循环等专家指导组，强化技术指导服务。

四、下一步工作

一是我部将会同相关单位组织编制《国土空间生态保护修复工程指南》《国土空间生态保护修复工程成效评估规范》《国土空间生态保护修复工程适应性管理规范》等标准规范，进一步完善国土空间生态保护修复标准体系建设，并加强对已有技术标准的贯彻实施，指导和规范国土空间生态保护修复，提高山水林田湖草沙生态保护修复的整体性、系统性、科学性和可操作性。

二是科技部将通过国家重点研发计划“林业种质资源培育与质量提升”“典型脆弱生态系统保护与修复”等重点专项，部署开展困难立地植被高效修复、生态宜居村镇建设、南方低山丘陵区山水林田湖草沙系统治理、山水林田湖草沙耦合机制与系统修复模式等关键技术研发攻关，为山水林田湖草沙综合治理提供科技支撑。推进《陆地生态系统生物长期监测规范》等标准编制工作，不断完善生态环境领域技术标准体系。

三是农业农村部将围绕农业面源污染治理、农业生物多样性保护等重点领域，抓紧出台一批行业发展亟须的技术标准，总结凝练一批农业生态环境保护关键技术和典型模式，强化技术集成应用与示范带动引领。

感谢您对自然资源管理工作的关心和支持！

自然资源部

2022 年 7 月 30 日

全国政协十三届五次会议第 02729 号提案

题　　　目：关于节水农业发展与推动水资源农业利用的提案
主　　　办：农业农村部
会　　　办：住房城乡建设部　水利部
提 案 形 式：个人提案
第一提案人：孙昌隆
内　　　容：

我国是一个资源型缺水国家，全国大中小城市 600 多座，缺水城市已有 400 多座，其中 108 座城市特别缺水。从总体上看，农业用水目前仍是我国的用水大户，根据国家统计局数据显示，占全国总用水量的 61%。水资源短缺已成为限制我国北方地区农业高质量持续发展的主要因素之一。节水农业能充分利用降水和可利用的水资源，采用水利与农业措施提高用水有效性。因此，大力发展节水农业也已成为一项重要的战略任务，同时也是根本解决我国北方地区农业缺水问题的唯一选择。

一、农业节水存在的问题

（一）农业水资源供需不匹配

我国北方地区农业灌溉水源以地表水灌溉为主，包括当地地表水和入境地表水，且多为汛期雨洪水。春季干旱、夏季多雨的气候特点，使得北方地区粮食等大田作物生产对灌溉水需求主要集中在 3—6 月，设施蔬菜由于需要常年稳定优质水源对地下水依赖较大。降水时节和河道来水时期与农业生产季节需水时期不匹配，造成农业的区域性、季节性缺水问题。

（二）水质性缺水问题突出

2021 年 1 月，在全国地表水质量状况，西北诸河、西南诸河、长江流域、珠江流域和浙闽片河流水质为优，黄河流域水质良好，辽河、淮河、海河和松花江流域为轻度污染，南方水域质量整体好于北方。

（三）高标准农田建设投入标准偏低

很多地区自开展高标准农田建设以来一直执行国家要求的最低标准，此外，高标准农田建设任务重的地方都是产粮大县市区，一般经济不够发达，地方财政资金紧张，筹集配套资金比较困难，主要靠中央及省级资金建设。提高高效节水灌溉面积和耕地质量方面仍存在较大的资金缺口。

二、相关对策建议

（一）加大科技支撑，推进农业节水技术研发

加大科技支撑和科技投入力度，重点围绕作物抗旱节水遗传性状鉴选与利用、作物水分亏缺补偿技术、再生水作物安全利用技术、智能诊断控制灌溉技术、轻质多功能喷灌产品、地下滴灌系统与产品、绿色环保多功能保水制剂以及农业水资源供需平衡与节水潜力等方面的研究，构建现代节水农业技术创新与示范推广应用创新平台，推动农业节水技术的研发与应用。

（二）开辟水源，加强再生水农业回用

城市再生水回用主要用于工业、市政和河湖生态用水，极少一部分用于农业。建议一是从源头进行分流，避免工业污水进入城市生活污水处理厂；二是制定再生水农业回用的系统规划，规划的内容包含城市污水的水量、水质及再生工艺，城市再生水的输送，储存、净化措施及水质的监督管理等；三是实施城市生活污水处理厂至环城区和远郊区的农业输水工程，加强再生水回用农业的统一调度与管理，建立和完善再生水回用农业的监测和评估体系，确保用水安全；四是引导农村地区开展农村生活污水的就地农业回用，在农村改厕的基础上，逐步引导农村地区加大农村生活污水处理后的就地农业安全回用。

（三）以水定产，调整农业种植结构

建议充分考虑区域水资源承载能力，进一步优化种植产业布局，调整种植业结构，充分挖掘水分生产率潜力，根据水资源的时空分布特点，以水定产，发展与水资源分布相匹配的农业种植模式。逐步增加耐旱作物面积，在减少高耗水作物种植规模的同时，引导此类作物向非地下水压采区转移。

（四）加大财政支持，推进高标准农田节水灌溉

建议加大财政投入，以政府专项债、政策性信贷、商业性信贷等方式，立足本区农业发展要求，提高高标准农田建设标准。加大灌溉设施的建设，采取喷灌、膜下滴灌、智慧型气候型农业等节水措施，避免漫灌等传统灌溉方式。尝试引入社会资本参与高效节水灌溉项目建设，在快速提升高效节水灌溉比例的同时，达成多方共赢的良好效果。

关于政协第十三届全国委员会第五次会议第 02729 号（农业水利类 228 号）提案答复的函

孙昌隆委员：

您提出的《关于节水农业发展与推动水资源农业利用的提案》收悉。经商住房和城乡建设部、水利部，现答复如下：

一、关于推进农业节水技术研究

近年来，农业农村部、水利部认真贯彻落实习近平生态文明思想和“节水优先、空间均衡、系统治理、两手发力”的治水思路，不断加强节水专题研究。“十三五”期间，在国家重点研发计划“水资源高效开发利用”重点专项中开展了“现代灌区用水调控技术与应用”“东北粮食主产区高效节水灌溉技术与集成应用”等多项节水项目。“十四五”以来，在国家重点研发计划设立“北方干旱半

干旱与南方红黄壤等中低产田能力提升科技创新”重点专项，将农田高效用水技术与装备列为专项的重要研究内容。会同国家自然科学基金委、国家电投集团共同设立黄河水科学研究联合基金，推动“水资源刚性约束下黄河流域农业节水机制与调控”等项目立项实施。在《“十四五”水利科技创新规划》中将“现代灌区绿色高效节水技术关键技术”“大型喷灌精准控制和变量管理技术设备”等研究以专栏形式列入，积极推动节水关键技术创新。

下一步，农业农村部、水利部将积极支持相关节水研究工作，同时发挥重大科技项目作用，多方拓展资金支持渠道，开展节水科学研究，继续做好成熟适用农业节水技术遴选和推广工作，支撑水资源高效利用。

二、关于加强再生水农业回用

在再生水回用方面，住房和城乡建设部主要开展了以下工作：一是完善法规标准。2014 年 1 月 1 日施行的《城镇排水与污水处理条例》从规划、建设、运行、维护等方面明确再生水利用要求，为污水收集处理及再生利用提供了有力的法规保障。近年来，编制出台了《城镇污水再生利用工程设计规范》（GB50335—2016）、《建筑中水设计标准》（GB50336—2018）以及工业用水、城市杂用水、景观环境用水、绿地灌溉、农田灌溉、地下水回灌等一系列城市污水再生利用水质标准，为污水再生利用提供技术支撑。二是提升污水再生利用能力。“十一五”以来，联合国家发展改革委每五年编制印发污水处理及再生水利用设施建设规划，指导督促各地制定相关规划，明确再生水利用主要任务和目标。2021 年，印发《“十四五”城镇污水处理及资源化利用发展规划》，全面提升污水收集处理效能，推进再生水利用。此外，与有关部委印发《关于推进污水资源化利用的指导意见》《“十四五”节水型社会建设规划》《关于加强城市节水工作的指导意见》等文件，进一步明确“十四五”期间再生水利用的目标、重点领域和重点工程。三是强化源头分流。2015 年颁布《城镇污水排入排水管网许可管理办法》，明确从事工业、建筑、餐饮、医疗等活动的排水户向城镇排水设施排放污水，应当申请领取排水许可证。2019 年与国家发展改革委等部门联合印发《城镇污水处理提质增效三年行动方案（2019—2021 年）》以及《“十四五”城镇污水处理及资源化利用发展规划》均对工业污水排入市政污水收集设施提出管控要求，不能被城镇污水处理厂有效处理的，应限期退出。

下一步，住房和城乡建设部将抓好现有政策落实，指导有条件的地区将再生水用于农业生产等领域，积极推进农村生活污水再生处理和资源化利用工作，并总结推广小型化、生态化、分散化的污水处理模式和处理工艺。

三、关于调整农业种植结构

农业农村部认真贯彻落实习近平总书记关于“以水定城、以水定地、以水定人、以水定产”重要指示批示精神，突出重点地区、重点作物，狠抓关键环节、关键措施，推进适水种植。一是因水优化种植结构。充分考虑水资源禀赋条件，优化调整农业种植结构。从作物看，水分生产效率较高的玉米、马铃薯等作物比重逐渐增加。据统计数据显示，2020 年玉米播种面积 6.32 亿亩，比 2011 年增加约 0.8 亿亩，占粮食作物比重由 32.5% 增加到 36.0%。马铃薯播种面积 0.71 亿亩，与 2011 年基本持平，占粮食作物比重由 3.7% 增加到 4.0%。从种植季节看，雨热同季、能较好利用天然降水的秋粮作物播种面积占粮食作物的比重从 1990 年的 63% 增加到 2020 年的 74%。二是因地制宜开展轮作休耕。耕地轮作休耕制度试点自 2016 年启动实施以来，面积由 616 万亩扩大到 4716 万亩。推行“一季休耕、一季雨养”模式，变两季为一季，将抽水灌溉的冬小麦休耕，只种植雨热同季的玉米、油料等耐旱作物，减少地下水用量。据监测，休耕区年均减少灌水 3.6 次，亩均节水 173 立方米，年减少地下水开采量 3 亿立方米以上。

下一步，农业农村部将会同有关部门，因地制宜推行以水定地、适水种植，稳定农业灌溉用水量，提高农业用水效率和水分生产力。

四、关于推进高标准农田节水灌溉

近年来，农业农村部认真贯彻落实党中央、国务院决策部署，坚持以提升粮食产能为首要目标，大力推进高标准农田建设，统筹发展高效节水灌溉，加快补齐农业基础设施短板，保障国家粮食安全。目前，按照“大专项＋任务清单”的方式统筹部署农田建设工作，每年向各省（自治区、直辖市）下达高标准农田建设和高效节水灌溉任务清单，支持各地结合高标准农田建设，发展高效节水灌溉。同时，积极指导各地结合自身实际统筹安排本地区建设任务，科学确定建设内容和投资标准，因地制宜开展高标准农田建设。经国务院批复实施的《全国高标准农田建设规划（2021—2030年）》（以下简称《规划》）明确，重点在华北、西北等干旱缺水地区、地下水超采地区、粮食主产区大力发展高效节水灌溉，改善农业基础设施，稳定提高粮食产能。

下一步，我们继续认真实施《规划》，积极支持符合立项条件地块纳入高标准农田建设范围，把高效节水灌溉与高标准农田建设统筹规划、同步实施，改善当地农业生产条件。同时，结合《规划》和中央财政预算安排等情况安排年度建设任务和中央补助资金，指导地方进一步建设好高标准农田，加快发展高效节水灌溉，完善农田水利基础设施，提升农业发展现代化水平，进一步夯实保障国家粮食安全基础。

感谢您对我部工作的关心，希望继续对“三农”工作给予支持。

农业农村部

2022年8月31日

全国政协十三届五次会议第 02070 号提案

题　　目：关于进一步加强黑土地保护的提案
主　　办：农业农村部
会　　办：水利部
提案形式：个人提案
第一提案人：王　锋
内　　容：

黑土地是世界上公认最肥沃的土壤，是珍贵稀有的土地资源。目前，东北典型黑土区耕地面积约 2.78 亿亩，其中内蒙古 0.25 亿亩，辽宁 0.28 亿亩，吉林 0.69 亿亩，黑龙江 1.56 亿亩。东北地区作为北半球仅有的三大黑土区之一，是我国重要的粮食生产优势区、最大的商品粮生产基地，肥沃的黑土地构成东北地区稳定粮食生产能力的重要基石，是发挥国家粮食安全“稳定器”和“压舱石”作用的重要保障。

习近平总书记在东北视察考察时，反复强调要切实保护好黑土地这个“耕地中的大熊猫”，确保黑土地不减少、不退化。2021 年底召开的中央经济工作会议，对加强国家粮食安全提出明确要求，进一步提升了黑土地保护的紧迫性和重要性。

黑土地形成缓慢，只能在寒温带草原或草甸植被才能发育，形成 1 厘米厚黑土层需要 400 年左右，当前东北地区的黑土层形成时间需要以万年计，一旦被破坏就是不可挽回的损失。从实际情况看，由于长期高强度开发利用和水土流失等原因，东北地区黑土地退化十分严重，土层变薄、肥力变瘦、质地变硬。同时，根据中央生态环境保护督察公布的典型案例，破坏黑土耕地的违法违规行为也屡禁不止，黑土地保护形势严峻。如果黑土地保护不力，会直接影响粮食生产、农业发展，对东北地区可持续发展和国家粮食安全构成巨大威胁。为此，提出以下建议：

一、完善黑土地保护长效机制。一是推进立法进程。在《土地管理法》《基本农田保护条例》等保护性法律基础上，完善黑土地保护法律体系，尽快颁布实施《黑土地保护法》。二是推动政策落实。近年来，国家出台了一系列保护政策，如 2018 年原农业部会同相关部门编制《东北黑土地保护规划纲要（2017—2030 年）》，2020 年农业农村部、财政部印发《东北黑土地保护性耕作行动计划（2020—2025 年）》，应明确黑土地保护与利用的主管部门，协调多部门联合执法，逐级压实保护责任。对黑土地保护各项任务落实情况，适时开展监督考核。

二、落实黑土地保护相关措施。一是抓好侵蚀沟治理。侵蚀沟是东北黑土区水土流失典型表现形式，会直接导致黑土地数量减少、土层变薄。目前，仅黑龙江省就有 9.8 万条发展型侵蚀沟分布在典型黑土带，治理工作任重道远。二是落实表土剥离和再利用要求。根据法律和政策规定，非农业建设项目所占用耕地的耕作层土壤应进行剥离，剥离土壤主要用于土地复垦和改良治理。但从实际情况看，表土剥离和再利用工作长期落实不到位，有的地方基本流于形式。

三、加强黑土地保护的专业支持。一是摸清底数。目前我国尚未针对黑土地资源开展专项调查，未针对黑土地面积和分布数据展开专门统计和建库分析，现有土壤数据大多是 30 年前第二次土壤普查数据，与实际情况已有较大差别，应尽快开展黑土地基本情况普查。二是强化监测评价。完善黑土区耕地质量监测体系，健全耕地质量监测网络，密切跟踪质量变化情况、掌握变化趋势，逐步扩大开展保护治理的黑土耕地面积。

四、严厉打击违法违规破坏黑土耕地行为。推动承担黑土地保护重要职责的省（区）各级地方政府，深入贯彻新发展理念，正确处理好保护和发展的关系。严厉打击盗采盗卖黑土耕地的违法行为。下大力气解决占用黑土耕地的建设项目“未批先建”问题，严格审批建设农用地转用和土地征收，严格落实耕地占补平衡、表土剥离和再利用等政策要求。同时，加大对惩处黑土地破坏行为的宣传，充分发挥警示震慑作用，推动全社会知晓黑土地的珍贵价值、树立加强保护的紧迫意识。

关于政协第十三届全国委员会第五次会议第 02070 号（资源环境类 156 号）提案答复的函

王锋委员：

您提出的《关于进一步加强黑土地保护的提案》收悉。经商水利部，现答复如下：

党中央、国务院高度重视黑土地保护工作，习近平总书记多次作出重要指示批示，要求一定要保护好、利用好黑土地这一“耕地中的大熊猫”。近年来，农业农村部联合有关部门和黑龙江省、吉林省、辽宁省、内蒙古自治区（以下简称东北四省区）等认真贯彻中央决策部署，积极推进黑土地保护利用工作，取得明显成效。

一、关于完善黑土地保护长效机制

近年来，有关部门强化法制和政策保障，建立健全工作机制，不断完善黑土地保护长效机制。一是推动法制建设。制定黑土地保护法列入了全国人大常委会 2022 年度立法工作计划，今年 6 月，十三届全国人大常委会第三十五次会议表决通过了《中华人民共和国黑土地保护法》（以下简称《黑土地保护法》），于今年 8 月 1 日起施行。法律出台后，农业农村部积极牵头编制黑土地保护法释义，逐条深入解读法律条文，并组织法律宣贯座谈会，加大宣传贯彻力度。二是完善黑土地保护政策。继《东北黑土地保护规划纲要（2017—2030 年）》和

《东北黑土地保护性耕作行动计划（2020—2025年）》印发后，2021年，经国务院同意，农业农村部、国家发展改革委、财政部等7部门联合印发《国家黑土地保护工程实施方案（2021—2025年）》（以下简称《实施方案》），提出以高标准农田建设为平台，统筹工程建设、耕地保护、资源养护等不同渠道项目和资金，2021—2025年实施黑土地保护利用面积1亿亩，将任务分解落实到东北四省区。农业农村部牵头建立了国家发展改革委、财政部、水利部、科技部、中国科学院、国家林草局等参加的黑土地保护部际协调机制，协调黑土地保护相关政策，统筹安排年度任务，督促任务落实。

二、关于落实黑土地保护相关措施

水利部高度重视东北黑土区侵蚀沟治理工作，“十三五”以来，累计安排黑土区涉及的东北四省区水土保持中央资金38.8亿元，实施了侵蚀沟治理、小流域综合治理等国家水土保持重点工程，治理侵蚀沟6000余条。《实施方案》进一步明确“十四五”期间侵蚀沟治理目标任务和保障措施，并探索建立侵蚀沟治理与高标准农田建设等项目协同实施机制，形成保护合力。水利部组织松辽水利委员会制定《东北黑土区侵蚀沟综合治理技术指南》，进一步规范了侵蚀沟防治原则、防治重点、防治模式和防治措施等。在表土剥离和再利用方面，《黑土地保护法》明确规定“建设项目占用黑土地的，应当按照规定的标准对耕作层的土壤进行剥离。剥离的黑土应当就近用于新开垦耕地和劣质耕地改良、被污染耕地的治理、高标准农田建设、土地复垦等。建设项目主体应当制定剥离黑土的再利用方案，报自然资源主管部门备案。具体办法由四省区人民政府分别制定”。在实践工作中，农业农村部积极会同有关部门指导各地在开展有关项目建设时，按照新修订的《高标准农田建设通则》，落实表土剥离再利用的要求。

三、关于加强黑土地保护的专业支持

一是开展第三次全国土壤普查。2022年2月国务院印发《关于开展第三次全国土壤普查的通知》提出全面查明查清包括黑土地在内的全国土壤类型及分布规律、土壤资源现状及变化趋势，真实准确掌握土壤质量、性状和利用状况，提升黑土资源保护和利用水平。二是加强国家黑土地保护工程实施效果的监测评价。2021 年农业农村部印发《关于做好国家黑土地保护工程黑土区耕地质量监测评价工作的通知》，完善耕地质量监测评价指标体系和网络，长期定位监测跟踪黑土耕地质量变化趋势，建设黑土耕地质量数据库。探索运用遥感监测、信息化管理手段监管黑土耕地质量。

四、关于严厉打击违法违规破坏黑土耕地行为

农业农村部联合有关部门针对东北黑土区部分地方黑土泥炭非法盗采、黑土耕地被破坏、建设占用黑土地表土剥离落实不到位等问题印发工作通知，组织开展核查，督促地方抓好整改，建立工作台账，制定处置应对措施，切实加强黑土地保护。近日，自然资源部印发《关于进一步加强黑土耕地保护的通知》，要求各地从严控制建设项目占用黑土耕地。建设项目不得占用黑土耕地，确实难以避让的，在可行性研究阶段，必须对占用的必要性和合理性等情况进行严格论证，纳入耕地踏勘论证报告；申请农用地转用时，应说明落实“占黑土补黑土”、耕作层土壤剥离再利用有关情况，按规定制定耕作层土壤剥离再利用方案，做到应剥离尽剥离，剥离后妥善储存，及时合理再利用。同时，要求东北四省（区）切实加强黑土耕地用途管制监督，对于违法违规将黑土耕地转为其他农用地和农业设施建设用地的，一经发现及时纠正整改；对于非农建设违法违规占用黑土耕地，盗挖、滥挖黑土耕地的，严肃查处、消除违法状态，并对相关责任人依法追责问责，涉嫌构成犯罪的，依法移送司法机关追究刑事责任。最高人民检察院发布 4 件依法保护黑土地典型案例，明确表示黑土地是极其珍贵的自然资源，国家将严惩破坏黑土地环境资源的各类犯罪，加大对采挖、运输、加工、贩卖黑土资源非法产业链的打击力度。

下一步，我部将联合有关部门认真落实党中央、国务院决策部署，

以贯彻《黑土地保护法》为重点，指导督促东北四省区加快制定、完善建设占用黑土耕地耕作层土壤剥离再利用管理办法。加大违法违规破坏黑土耕地相关问题整治核查。依托耕地保护责任目标考核和粮食安全责任制考核，党政同责，严格落实黑土耕地保护责任。

感谢您对我部工作的关心，希望继续对“三农”工作给予支持。

农业农村部

2022 年 8 月 29 日

全国政协十三届五次会议第 03146 号提案

题　　　目： 关于提升小流域治理促进江河湖海源头保护的提案
主　　　办： 水利部
会　　　办： 发展改革委　财政部　自然资源部　生态环境部
农业农村部　林草局
提 案 形 式： 个人提案
第一提案人： 黄宗洪
内　　　容：

小流域治理成效与大流域的生态环境好坏有十分密切的关系。近年来，全国各地的小流域治理取得了显著的成效，水土流失得到有效控制，生态环境明显改善，良好的生态已成为乡村振兴、经济社会高质量发展的有力支撑。但还存在一些问题。

一是后期管护力度不够。在小流域治理与建设过程中，政府部门作为建设主体，建设完成后一般交由村民管护，造成建设主体与收益管护主体脱节，村民的种植积极性极易受到短期内难以产生"眼见为实"效益的影响，加之管护技术水平普遍较低，存在制度漏洞，市场销售不畅等问题，导致百姓收入往往不符合预期，使小流域治理的成果得不到有效巩固。

二是民间资本参与的配套政策不够完善。政府对民间投资在技术、信息、法律等方面的服务存在不足，民间投资者的一些合法权益得不到充分保障，银行贷款、土地流转、项目支持、税费减免等实质性的配套政策和具体措施仍不完善，市场准入相关政策的实施细则不具体、操作性不强或门槛设置过高，对政策落实缺乏考核监督，一定程度上制约了民间资本在小流域治理领域的投资。

三是统筹协作缺少抓手，难以形成合力。在小流域治理建设的过程中，水土流失、农村基础设施建设、农业生产、水资源保护等多由不同的职能部门各自分管，存在部门管理职责不明确的问题，“多头管理、多头治理、各有侧重”的管理模式不够科学，没有实现真正意义上的综合治理。

为此建议：

一、加强建管联动，完善管护制度，实现小流域可持续发展。

首先，要把握住管护主体的特点，无论是农户、引进大户或公司，他们既是参与建设的主体、治理成果的管护主体，也是未来受益的主体，他们要自觉参与小流域的建设与治理，使建设主体和管护主体有机统一；其次，要强化管护者参与建设与治理的权力，催生他们提出更有利于自己的意见与建议，提高治理措施的实用性，避免措施教条化。针对后期管护可制定相应的优惠政策，例如在经营和管理期间，享有对经果林及其配套的池、渠等小型水利水保设施的管理权、使用权、经营权、维护权以及后期成果的收益权，落实管护资金，明晰管护标准，以高水平管护避免其最终流于形式。

二、优化民间资本参与配套政策，探索多样化民间资本参与模式。一是建议针对民间资本参与问题尽快完善相关配套政策。出台鼓励金融企业向参与大户放开信贷的优惠政策。制定专项资金扶持政策，积极推广“以奖代补”“以工代赈”经验做法，探索“先建后补”等激励机制，如运用“筑巢引凤”的思维模式，着力引导民间资本向种植经果林投入，注重经果林地块的配套规划与建设，将其作为鼓励和吸引民间资本的重要平台，从而加快小流域治理速度，提高治理建设质量，保证水土流失治理成果得到有效管护，使效益得以充分发挥。二是探索“农民 + 企业 + 政府”的民间资本参与小流域建设经果林的模式。即：农民自愿用土地入股，企业出资金、技术、管理、营销，政府协调引导和政策支持，这种模式不仅能够实现功能互补、形成合力，最大限度地保障农户的参与和利益，锻炼和培养农户自我发展的能力。同时，建立起紧密型利益联结共同体，真正做到与农民利益的联结，注重典型带动，着力增强农民参与融合能力，促进产业结构调整，增强后续生态产业发展的能力。

三、加强统筹，部门协作，因地制宜做好顶层设计。建议明确由省级政府部门搭建生态经济发展平台，强化部门职责，以便水利、国土、城建、旅游、交通与环保等部门的相互协作，共同抓好项目资金统筹，变“一元”为“多元”。围绕山、水、林、田、湖、路和村进行综合治理，因地制宜、分类施治，系统解决水质保护、防洪减灾、环境整治、产业发展等系列问题，全方位推进小流域的治理与建设。

关于政协第十三届全国委员会第五次会议第 03146 号（农业水利类 263 号）提案答复的函

黄宗洪委员：

您提出的《关于提升小流域治理促进江河湖海源头保护的提案》收悉。经商国家发展改革委、财政部、自然资源部、生态环境部、农业农村部、国家林草局，现答复如下：

一、关于加强建管联动，完善管护制度，实现小流域可持续发展。国家高度重视生态保护修复工程设施管护，不断完善相关政策。《中华人民共和国水土保持法》明确县级以上人民政府水行政主管部门应当加强对水土保持重点工程的建设管理，建立和完善运行管护制度。2019 年，水利部印发《中央财政水利发展资金水土保持工程建设管理办法》，明确工程竣工验收后，应及时办理移交手续，落实管护主体和责任。国家林草局积极协调财政部，通过中央财政林业草原转移支付支持各地开展大规模国土绿化行动，加强森林资源管护等工作，促进流域生态保护恢复。2021 年，财政部、国家林草局印发《林业改革发展资金管理办法》，明确各地可采用以奖代补、先建后补、贷款贴息等方式，积极创新林业改革发展资金使用管理机制。下一步，国家有关部门将指导地方进一步完善生态保护修复工程设施管护长效机制，落实管护主体和责任，鼓励和引导社会力量参与工程建设及管护，确保长期发挥效益。

二、关于优化民间资本参与配套政策，创新社会资本参与治理模式。国家鼓励和支持社会资本参与生态保护修复工作。2021 年，国务院办公厅印发《国务院办公厅关于鼓励和支持社会资本参与生态保护修复的意见》，从规划管控、产权激励、资源利用、财税支持、金融扶持等方面释放政策红利，引导社会资本参与生态保护修复。水利部、国家林草局积极协调国家开发银行、中国农业发展银行等开发性、政策性金融机构，制定金融政策支持社会资本参与生态保护修复，拓宽生态保护修复工程建设及管护资金筹措渠道。截至 2021 年底，开发性、政策性金融机构在 29 个省（自治区、直辖市）批准包括种植经果林在内的贷款项目 554 个，批准贷款额度达到 3732.30 亿元，累计发放贷款 1431.38 亿元。重庆市人民政府与中林集团合作成立重庆林投公司，建设国家储备林，并通过林地流转、就近就业、林木采伐分红等方式，年可为地方林农增加收入 8 亿元，解决就业约 4 万人次，带动山区群众脱贫致富。2018—2020 年，水利部会同财政部组织开展水土保持工程建设以奖代补三年试点工作，累计安排 10 省（自治区、直辖市）18 个试点县以奖代补资金 5.4 亿元，撬动地方财政及社会资本投入 5.3 亿元，在加快水土流失治理、促进产业结构调整和区域经济社会发展等方面取得了明显成效，形成了一批可复制、可推广的创新经验。2021 年，经商财政部同意，水利部印发《水利部关于进一步推动水土保持工程建设以奖代补的指导意见》，在国家水土保持重点工程建设中全面推行以奖代补。下一步，国家有关部门将指导地方用好社会资本参与治理政策措施，大力推进以奖代补、先建后补、村民自建等模式，鼓励和支持社会资本积极参与生态保护修复工作。

三、关于加强统筹，部门协作，因地制宜做好顶层设计。2018

年以来，水利部会同国家发展改革委、财政部等六部门对各省份开展《全国水土保持规划（2015—2030 年）》实施情况年度评估，统筹推动地方做好水土保持工作，落实水土流失治理目标任务。2021 年，国家发展改革委会同水利部印发《“十四五”水安全保障规划》，水利部商财政部印发《国家水土保持重点工程 2021—2023 年实施方案》，均对系统推进小流域综合治理进行了统筹安排，坚持山水林田湖草沙一体化保护和系统治理，以小流域为单元，综合采取工程、植物、耕作等措施，从坡面到沟道、从上游到下游进行全面防治，系统构建水土流失综合防护体系。生态环境部组织编制“十四五”重点流域水生态环境保护规划，从各流域实际出发，深入分析流域存在的突出问题，明确流域生态环境保护工作的总体布局。自然资源部制定《山水林田湖草生态保护修复工程指南（试行）》，明确协同推进流域上下游山水林田湖草一体化保护和修复。同时，国家持续加大对小流域综合治理的中央资金支持力度。“十三五”以来，水利部累计安排小流域治理中央资金 467 亿元，治理水土流失面积 7.6 万平方公里，打造生态清洁小流域 2000 余条，培育了江西赣州脐橙、甘肃静宁苹果、山西永和核桃等一批特色产业，在改善区域生态环境与农村生产生活条件、提高农业综合生产能力等方面发挥重要作用。2016—2021 年，生态环境部配合财政部安排水污染防治资金 1000 亿元，实施贵州毕节市织金县大戛河小流域（大新桥水库准保护区）治理工程等 7000 余个项目。下一步，国家有关部门将密切沟通协作，统筹支持和指导地方高质量推进小流域综合治理。

感谢对水利工作的关心和支持。

水利部

2022 年 8 月 19 日

全国政协十三届五次会议第 03362 号提案

题　　　目： 关于出台国家标准系统治理低频噪声危害的提案
主　　　办： 生态环境部
会　　　办： 住房城乡建设部　市场监管总局
提 案 形 式： 个人提案
第一提案人： 倪闽景
内　　　容：

一、案由

低频噪声是指频率在 200 赫兹以下的噪声，住宅小区的低频噪声源主要有五大类：电梯、变压器、高楼中的水泵、中央空调（包括冷却塔）及交通噪声等。低频噪声与高频噪声不同，高频噪声随着距离越远或遭遇障碍物，能迅速衰减。而低频噪声却递减得很慢，声波又较长，能轻易穿越障碍物，长距离奔袭和穿墙透壁直入人耳。低频噪声按传播途径主要分为结构传声、空气传声及驻波：结构传声是指安装在大楼内的变压器、水泵、中央空调主机通过居住大楼的基础结构大梁、承重梁将低频振动的声波传导到各家各户；空气传声是指低频噪声通过空气直接传播到小区住家户；驻波是指低频噪声在传播过程中经过多次反射形成驻波，低频噪声在波腹中的振幅最强，对人的健康危害最重。

低频噪声不像紧急刹车声和迪厅音乐等高频噪声那么刺耳，但是近来专家指出，由于低频噪声可直达人的耳骨，而且会使人的交感神经紧张，心动过速，血压升高，内分泌失调，人被迫接受这种噪声，容易烦恼激动、易怒，甚至失去理智，如果长期受到低频噪声袭扰，容易造成神经衰弱、失眠、头痛等各种神经官能症，甚至影响到孕妇腹中的胎儿。

由于国家目前没有低频噪声的标准，也缺乏系统治理的手段，经常会导致居民无处维权，邻里之间产生激烈矛盾。甚至有些居民不堪其扰，购买震楼器等手段反击，造成恶劣影响。

二、问题和分析

在民法典中，生活安宁权被正式纳入隐私法律保护体系，比如广场舞扰民，邻里噪声、狗叫等都属于侵犯安宁权的行为，民法典施行后可以直接依据安宁权来维权，要求判决侵权方承担包括停止侵害、排除妨害在内的法律责任。另外《治安管理处罚法》第 58 条、《环境噪声污染防治法》第 45 条等法规也规定了有关噪声污染防治的一些要求，但是我国现行的环境噪声标准还没有针对低频噪声的，在测量时，声级计的分贝数显示往往符合现行的有关噪声标准，没有超标，导致城市住宅小区居民对环境噪声中的低频噪声的投诉越来越多。2008 年颁布的《社会生活环境噪声排放标准》和 GB/T 14623—93《城市区域环境噪声标准的测量方法》、GB/T12349—90《工业企业厂界噪声测量方法》等测量方法都是用声级计的 A 声级来测量和评价环境噪声。由于 A 计权的频率特性曲线是对噪声的低频段和高频段大幅度衰减，对中频段没有衰减。因此，用 A 声级对低频噪声测量时，低频噪声的声级都已大幅度地被衰减了，仪表显示不出来。必须用线性档或用 C 声级档来测量，才能真实客观地反映出低频噪声的存在。但目前国家环境噪声测量方法中没有用线性档或用 C 声级档来测量环境噪声，这是国家环境噪声标准和测量方法存在的不足。

三、建议

一是尽快形成和颁布我国低频噪声标准和测量方法；在环保部门指导下形成专业的监测力量，接受居民投诉申请并开展专业监测；在民法典中明确规定低频噪声的产生源责任方，有义务在规定期限内完成整改。

二是各级环保部门、卫生防疫部门、城建设计规划部门、交通部门和生产企业都要引起高度重视，严格按照标准进行建设和生产，在源头上减少低频噪声的产生，特别是房地产开发商，要确保墙壁和楼板的质量，避免邻里之间因正常的生活产生噪声。对于结构传声，可在安装电梯、变压器、空调、水泵等的设备时加上减震措施，最好是将这些装置安装在楼外；对于空气传声，可在房屋的窗口上安装通风隔声窗来改善。

三是一旦发生噪声纠纷，物业管理方有责任排摸噪声源，安排专业力量开展监测，并指导噪声产生源责任人进行整改。如果协调不成，再由相关方面进入诉讼程序处置。

四是国家应该明确规定不得生产、销售震楼器等制造噪声的设施设备，一旦发现由市场监管部门严肃查处并处罚。

关于政协第十三届全国委员会第五次会议第 03362 号（资源环境类 270 号）提案答复的函

倪闽景委员：

您提出的《关于出台国家标准系统治理低频噪声危害的提案》收悉，由我部会同住房城乡建设部、市场监管总局办理。经认真研究，答复如下：

低频噪声作为噪声的重要组成部分，对公众健康、生活环境的改善以及社会和谐等造成危害，亟须加以治理。您提出的建议对低频噪声污染防治工作起到有效的推动作用，具有重要的现实意义和参考价值。

一、关于尽快出台低频噪声标准和测量方法

《中华人民共和国噪声污染防治法》（以下简称《噪声法》）自 2022 年 6 月 5 日起施行，法律中对噪声污染防治作了全面系统的规定。

根据噪声污染的定义，将低频噪声等可能存在达标扰民的情形纳入了噪声污染判定的适用范围。法律还要求推进标准体系的建设，制定和完善噪声污染防治相关标准；新增噪声敏感建筑物隔声要求，并针对居民住宅区低频噪声的主要来源如电梯、水泵和变压器等共用设备设施，提出了达标要求。

现行《声环境质量标准》（GB3096—2008）中，标准限值采用的是A计权等效声级，未对噪声按照频谱进行分析评价，但在其他相关标准中明确了利用倍频带声压级测量和评价低频噪声的方法。针对工业噪声以及社会生活噪声中文化娱乐场所和商业经营活动中可能产生的低频噪声，在我部联合市场监管总局制定实施的《工业企业厂界环境噪声排放标准》（GB 12348—2008）、《社会生活环境噪声排放标准》（GB 22337—2008）中，规定了31.5—500Hz各个倍频带的噪声限值和测量方法。针对结构传播固定设备噪声，我部发布了《环境噪声监测技术规范　结构传播固定设备室内噪声》（HJ707—2014）规定了结构传播固定设备室内噪声监测方法。针对居民住宅区低频噪声的主要来源如水泵、电梯、风机、空调机组等共用设备设施产生的低频噪声，以及轨道交通振动引发的室内低频噪声，住房城乡建设部联合市场监管总局制定实施了《住宅建筑室内振动限值及其测量方法标准》（GB/T 50355—2018）等民用建筑隔声设计相关标准，规定了31.5—250Hz各个倍频带的噪声限值和测量方法，为住宅建筑室内振动与结构传播低频噪声控制提供依据。针对地铁列车运行引起的沿线建筑物室内低频噪声影响，住房城乡建设部发布了《城市轨道交通引起建筑物振动与二次辐射噪声限值及其测量方法标准》（JGJ/T 170—2009），规定了16—200Hz低频段的噪声限值和测量方法。上述标准规定了不同场景下结构传播低频噪声的测量方法和限值，但针对空气传播的低频噪声测量和评价方法仍需补充。

下一步我部将配合市场监管总局开展低频噪声影响分析和控制标准研制工作，对我国不同社会场景下的低频噪声影响、评价量及其测量方法、控制技术等进行研究，并结合国情和社会发展水平推动制定低频噪声污染防治的相关标准，逐步完善我国低频噪声标准体系。我部将联合市场监管及相关部门，根据不同行业低频噪声的排放特性，推动通过空气传播的低频噪声排放标准的研究工作，并适时启动修订《工业企业厂界环境噪声排放标准》（GB 12348—2008）、《社会生活环境噪声排放标准》（GB 22337—2008）。市场监管总局将研究制定相关领域计量技术规范，为低频噪声测量提供强有力的计量基础支撑和保障，为相关部门执法活动提供精准可靠依据。

二、关于从源头减少低频噪声的产生

为积极推进建筑隔声相关工作，改善建筑声环境，住房城乡建设部联合市场监管总局于 2021 年发布全文强制性标准《建筑环境通用规范》（GB55016—2021），参照国际标准要求，规定了有关建筑空间噪声和振动的限值；明确要求建筑围护结构须进行隔声设计；规定建筑物内部产生噪声与振动的设备或设施，当其正常运行对噪声、振动敏感房间产生干扰时，应对其基础及连接管线采取隔振措施；要求空调系统送风口、回风口采取消声措施。在给排水、暖通空调、电气等方面的推荐性标准中也明确了相应的规定，从源头推动改善低频噪声扰民的状况。

下一步，住房城乡建设部将推动落实标准中的各项要求，同时继续加强研究，在相关工程建设标准制修订中，进一步完善建筑声环境方面的要求。

三、关于噪声纠纷的协调处置

据不完全统计，近两年全国各渠道受理的噪声投诉举报中，社会生活噪声投诉举报始终排第一位，尤其是邻里噪声、广场舞等娱乐健身噪声以及电梯、水泵等固定设备噪声已成为极具代表性的噪声污染问题，不仅严重影响居民的正常生活，还容易引发邻里矛盾甚至导致激烈冲突。在面临噪声纠纷时，采用制造噪声、以噪制噪的反击方式是不可取的，非但不能有效解决纠纷，反而会激化矛盾。并且制造噪声干扰他人正常生活的这种行为本身违反了法律规定。发生噪声纠纷应依法采用合理恰当的方式解决问题。《噪声法》中规定基层群众性自治组织指导业主委员会、物业服务人、业主通过制定管理规约或者其他形式，约定本物业管理区域噪声污染防治要求，授权基层群众性自治组织、业主委员会、物业服务人劝阻、调解噪声敏感建筑物集中区域社会生活噪声扰民行为。

下一步，我部将配合住房城乡建设部，指导各地督促物业服务企业按照法律规定和合同约定，对物业管理区域内跳广场舞、室内装修等噪声扰民行为及时劝阻，劝阻无效的及时向社会生活噪声污染防治监管部门报告。我部也将联合相关部门持续宣传和普及《噪声法》，强化居民噪声污染防治意识，在工作、生活中自觉采取有效措施，防止、减轻噪声污染，形成人人有责、人人参与、人人受益的良好氛围。

感谢您对生态环境工作的关心和支持。

生态环境部

2022 年 8 月 12 日

全国政协十三届五次会议第 00294 号提案

题　　　目： 关于推进城镇污水处理提质增效的提案

主　　　办： 住房城乡建设部

会　　　办： 发展改革委　科技部　财政部　生态环境部

提 案 形 式： 党派提案

第一提案人： 民建中央

内　　　容：

我国城镇污水处理产业规模居世界前列，但在基础设施建设、排放标准体系、厂网运营管理等方面还存在明显不足，问题集中体现在污水处理产业、处理厂、污水管网三大环节。

一、污水处理产业存在投资规模大、营收风险大、考核责任不明等压力。城镇污水处理存在多头管理现象，要完成国家刚性考核要求，跨部门责权利协调难。城镇管网建设属沉淀性资产，政府预算投资少、成本高，收费低，企业营收风险大。

二、污水处理厂存在能耗药耗大、污泥处置难等问题。很多污水处理厂能耗药耗双高，有的药耗超过电费成为第一大成本，药剂投加导致低碳高氮，碳源采购费用攀高。运营管理粗放，专业技术水平不高，污泥处置尤其缺乏标准和相应政策。

三、污水管网存在规划滞后、管道渗漏、低效收集问题。部分地下污水管网规划滞后，不少南方丰水地区雨污未有效分流，部分缺水地区存在大量断头管网，有效收集效率低。污水管网质量参差不齐，常见坡度过低、逆向埋设、淤堵、破损、断裂等问题。管网维护欠账多，缺乏长效管理政策和标准规范，长期依赖人工检测、开挖式维修维护。

建议：

一、系统谋划推动城镇污水处理管理体制改革。以智慧绿色新型城市建设助力高质量城市发展为契机，成立城镇污水处理提质增效领导小组，修订完善一体化法规、政策、规划、标准体系。鼓励各地以国有骨干企业为主体，牵头整合城市水系统相关运营主体，将供水、排水、中水、河湖等涉水事务整合、统筹规划、建设、运营、管理，实现厂网河（湖）系统化建设治理。完善污水接入服务和物业管理法规制度，建立健全生活污水应接尽接、“小散乱”规范管理等制度。推动建立城镇工业污水纳管服务准入标准及追责制度，对进入市政污水收集管网的工业企业出水建立双随机抽查制度，不能被城镇污水厂有效处理或可能影响污水厂出水稳定达标的，设立限期退出机制。

二、提升城镇污水处理厂技术创新能力。筹划污水处理厂实现双碳目标技术路线图，加强污水处理厂节能减排尤其是污泥处置能源资源回收技术创新。研发污泥重金属及生化指标快速去除、能量与物质高效率提取利用技术，制定污泥资源化处置设施建设标准、综合利用产品标准、实际应用管理办法，建立农林、国土、能源、环卫等各部门共建共享的协调机制。限批限建进水 BOD 浓度过低的城镇污水处理厂，并将之列入中央环境保护督察考核内容。扩大污水源热泵技术应用，与城市热网融合，打造“污水处理厂＋发电站”示范模式。将再生水纳入可利用水资源统一配置范畴，统筹确定优化城镇污水处理厂的选址和规模，将再生水管网纳入城市生命线总体规划，因地制宜制定再生水管理的地方标准与管理办法，完善达标再生水“就近回用”输配管网和利用设施建设规划。在基础条件较好城市先行先试，建设城镇污水处理厂智慧水务标准体系、信息共享平台。

三、完善污水管网运维保障体系。完善财政支持体系，用好专项债券工具，加大支持力度。结合自然灾害风险普查，制定城镇管网排涝能力专项规划，设立应对气候变化的管网建设专项资金。将污水管网运维成本纳入污水处理费覆盖范围。按照“谁污染谁付费、谁使用谁承担，分步有序，居民认可，严格监管”原则，加快污水管网市场化价格机制改革试点，进一步完善再生水价格机制，吸引更多市场主体以特许经营方式参与管网投资。建设城镇管网病害诊断、智慧监管机制平台，重点突破满负荷管道检测、小口径管道快速清淤、管道外土体松散脱空等隐蔽病害诊治技术；重点突破城中村、老旧城区和城乡接合部区域污水管网空白区、混接漏接错接、老旧破损管网等基础设施短板，对排水管网实施全生命周期的建管并举。尽快出台合流制溢流污水快速净化设施排放标准，逐步推进老旧社区雨污分流管网改造工作，提升污水纳管收集处理率。

关于政协第十三届全国委员会第五次会议第00294号(城乡建设类008号)提案答复的函

民建中央：

你们提出的《关于推进城镇污水处理提质增效的提案》收悉，现答复如下：

推动城镇污水处理提质增效是进一步改善水环境质量、提高人民群众获得感幸福感的重要抓手。你们提出的推动城镇污水处理管理体制改革、提升城镇污水处理厂技术创新能力、完善污水管网运维保障体系的建议针对性强，对提高城镇污水收集处理效能具有很好的借鉴意义。近年来，我部深入贯彻落实党中央、国务院决策部署，会同相关部门积极推进污水处理提质增效相关工作。

一、关于系统谋划推动城镇污水处理管理体制改革

（一）完善法规政策及标准规范。《城镇排水与污水处理条例》明确了排水与污水处理设施规划、建设、运行维护等相关要求。2015年，我部修订《城镇污水排入排水管网许可管理办法》，规范污水排入排水管网的管理。2022年，发布《城乡排水工程项目规范》

（GB 55027—2022），作为强制性工程建设规范，明确提出管网修复改造、合流制溢流污染控制、污泥处理处置设施建设的相关要求。

（二）强化规划引领。“十一五”以来，我部与国家发展改革委每5年印发污水处理及再生利用相关规划。2021年印发《“十四五”城镇污水处理及资源化利用发展规划》（发改环资〔2021〕827号），明确“十四五”期间推进城镇污水处理的目标任务和措施。同时，“十四五”规划《纲要》将污水管网和污水处理设施纳入102项重大工程，促进城镇污水收集处理设施补短板。据初步统计，截至2021年底，全国城市污水处理能力达2.1亿立方米/日，污水管网长度达49.3万公里。

（三）推动建立长效机制。2019年，我部会同国家发展改革委、生态环境部印发《城镇污水处理提质增效三年行动方案（2019—2021年）》（建城〔2019〕52号），指导各地开展污水管网补短板，推动建立长效机制。一是健全污水接入服务和管理制度。指导地方落实《城镇排水与污水处理条例》要求，建立健全生活污水应接尽接、“小散乱”规范管理等制度。二是强化排水许可实施。规范工业、建筑、餐饮、医疗等废水接入市政管网，强化工业污水排放管理。生态环境部先后发布纺织印染等64项行业排放标准，对158项污染物明确了管控要求。督促指导各地将经评估认定为污染物不能被污水处理厂有效处理，或可能影响污水处理厂出水稳定达标的纳管企业的污水，依法限期退出污水管网。三是加强监督管理。指导各地建立完善生态环境、排水（城管）等部门执法联动机制，加强对接入市政管网的工业企业以及餐饮、洗车等生产经营性单位的监管。生态环境部将城镇污水收集处理情况纳入中央生态环境保护督察重点，通过播放警示片、督察反馈、问题清单转办、现场核实、验收销号等措施，持续督促各地狠抓问题整改。

二、关于提升城镇污水处理厂技术创新能力

（一）推进资源化利用。一是明确工作重点。2021年，国家发展改革委会同我部等10部门印发《关于推进污水资源化利用的指导意见》（发改环资〔2021〕13号），提出加快推进污水资源化利用，积极推进污泥无害化资源化利用设施建设；我部联合有关部门开展区域再生水循环利用、再生水利用配置试点示范工作。二是完善相关标准规范。近年来，我部发布工业用水、城市杂用水、景观环境用水、农田灌溉等一系列城市污水再生利用水质标准，积极推进污水资源化利用。生态环境部制修订城镇污水处理厂污泥处理处置用于园林绿化、土地改良、制砖、水泥熟料生产、林地、农田等系列泥质标准和《城镇污水处理厂污染物排放标准》（GB 18918），我部发布《城镇污水处理厂污泥处理稳定标准》（CJ/T 510）等，明确污泥无害化处置和资源化利用指标要求。三是明确技术路线。我部发布《城镇污水再生利用技术指南》（建城〔2012〕197号），会同有关部门发布《城镇污水处理厂污泥处理处置及污染防治技术政策（试行）》（建城〔2009〕23号）、《城镇污水处理厂污泥处理处置技术指南（试行）》（建科〔2011〕34号）等，明确了污水再生利用和污泥处理处置的主要技术路线。据初步统计，2021年，全国城市再生水利用率达26.8%，污泥无害化处置率达96.8%。

（二）强化科技支撑，推动技术创新和应用。“十一五”以来，依托“水污染控制与治理”“水资源高效开发利用”等国家科技重大专项和重点研发计划，系统开展污水处理系统技术难点研究、城镇污水资源化利用技术研发和应用示范。2020年，《国家鼓励发展的重大环保技术装备目录（2020年版）》发布，遴选出162项新技术、新装备，引导行业技术进步。发改环资〔2021〕13号文件明确提出，推动将污水资源化关键技术攻关纳入国家中长期科技发展规划、“十四五”生态环境科技创新专项规划，重点突破污水深度处理、污泥资源化利用共性和关键技术装备。“十四五”期间，国家重点研发计划中专门设立“长江黄河等重点流域水资源与水环境综合治理”重点专项，研发污水、污泥资源化处置利用和管网智慧化管控等城市污水提质增效关键技术。

三、关于完善污水管网运维保障体系

（一）完善收费政策。国家发展改革委与财政部、我部等有关部门先后印发《污水处理费征收使用管理办法》（财税〔2014〕151号）、《关于制定和调整污水处理收费标准等有关问题的通知》（发改价格〔2015〕119号）、《关于完善长江经济带污水处理收费机制有关政策的指导意见》（发改价格〔2020〕561号）等，明确污水处理费收费标准按照覆盖污水处理设施正常运营和污泥处理处置成本并合理盈利原则制定，推动地方合理制定和调整污水处理收费标准；鼓励结合推进“厂—网”一体化污水处理运营模式，吸引社会资本进入。推动建立使用者付费制度，放开再生水政府定价，由再生水供应企业和用户按照优质优价的原则自主协商定价。

（二）多渠道筹措资金。一是吸引社会资本参与。财政部会同有关部门印发《关于政府参与的污水垃圾处理项目全面实施PPP模式的通知》（财建〔2017〕455号）等文件，鼓励和引导民间资本进入城市污水处理行业。二是发挥中央财政资金引导作用，推进管网补短板。2019年以来，中央财政“城市管网及污水处理补助资金”给予中西部23个省区市（兵团）资金支持。同时，国家发展改革委支持发行地方专项债券用于符合条件的城镇污水处理设施项目建设。

（三）推行厂网一体化、专业化运维。建城〔2019〕52号文件明确提出积极推行污水处理厂、管网与河湖水体联动“厂—网—河（湖）”一体化、专业化运行维护。《深入打好城市黑臭水体治理攻坚战实施方案》（建城〔2022〕29号）也提出鼓励依托国有企业建立排水管网专业养护企业，对管网等污水收集处理设施统一运营维护。据统计，全国城市和县城近四分之一的污水处理厂已实行“厂—网”一体化运行维护管理。

（四）完善溢流污染控制政策。建城〔2019〕52号文及发改环资〔2021〕827号文等文件均要求合流制排水区因地制宜采取源头改造、增设调蓄设施、雨污分流改造等工程措施，降低合流制管网雨季溢流污染；在完成片区管网排查修复改造的前提下，实施合流制溢流污水快速净化设施建设。鼓励地方根据当地水生态环境质量改善需要，对合流制溢流污水快速净化设施制定更有针对性的排放管控要求。

四、下一步工作

我部将会同有关部门继续推进《“十四五”城镇污水处理及资源化利用发展规划》落实，督促各地加快补齐污水收集处理设施短板，推进污水再生利用和污泥资源化利用，配合有关部门做好合流制溢流污水快速净化设施排放管控政策研究；生态环境部将加大环境执法监管力度；国家发展改革委继续完善价费机制，加大资金投入；科技部继续推动相关研究项目部署实施，持续推进城镇污水处理提质增效。

感谢你们对住房和城乡建设事业的关心和支持！

住房和城乡建设部

2022 年 8 月 31 日

全国政协十三届五次会议第00793号提案

题　　　目： 关于大力推广绿色和健康建筑，助力健康中国的提案

主　　　办： 住房城乡建设部

会　　　办： 科技部　工业和信息化部　财政部　市场监管总局

提 案 形 式： 个人提案

第一提案人： 黄若虹

内　　　容：

近年来，国家提出要实现“健康中国”“双碳目标”，新型城镇化发展中，社会也越来越重视绿色低碳、健康人居环境。建筑领域是碳排放大户，宜居健康的建筑，关系到人民群众的身心健康。特别是经历疫情，健康建筑急需得到加快发展。

目前，国家在加快推广绿色建筑，出台了一系列重要支持政策，但在健康建筑方面，尚未有系列政策支持。此外，建筑领域“大量建设、大量消耗、大量排放”建设方式仍需转型。建筑节能、绿色建筑、健康建筑在城镇与农村、东部与中西部发展不平衡。创新研发、施工工艺、标准规范、管理监督和市场认知方面，存在不健全、不完善等问题。为此建议：

一、根据不同发展阶段情况，进一步精准出台政策支持，特别是在健康建筑方面。健康建筑是贯彻“健康中国”战略的一项重要环节，需尽快出台类似绿色建筑的支持政策，把健康建筑纳入建筑业高质量发展的建设体系，让二者协同发展。此外，充分调动利用主流媒体，加大舆论宣传，持续营造绿色健康发展的氛围，不断普及绿色健康生活方式和提高人民群众的市场认知。

二、在推广绿色和健康建筑中，加大智能化、工业物联网、人工智能等各类创新技术的融合与应用，进一步推动产学研相结合。由住建部牵头，协调有关部门，加大科研组织和投入力度，鼓励和支持企业牵头高校、科研院所等开展专项研究，促进成果转化落地。特别是新建一批健康建筑技术研发中心、健康建筑重点实验室等研发基地，构建创新生态圈，培育形成一批推广绿色建筑、健康建筑的龙头企业，引领行业发展。

三、进一步系统规范和完善绿色建筑、健康建筑的认证制度体系。目前市面上，各类绿色建筑、健康建筑的认证排名机构，繁多复杂、质量参差不齐。建议由住建部牵头，联动其他有关部门和行业权威机构，统一规范绿色建筑、健康建筑的认证体系和排名评级，增加权威性和公信力。目前绿色建筑认证评级相对成熟，但对健康建筑的认证，还未有一套权威的、符合实际的统一评级认证体系，需要加快推进。

四、大力推广绿色建筑、健康建筑，需进一步加大财政金融政策支持。建议加快推出一批试点城市，建立绿色金融多元化支持体系，通过金融组织、融资模式、服务方式、体制机制等创新，推动绿色金融政策服务见效。同时，加大对主动推广绿色建筑、健康建筑企业的支持力度，特别是在项目税费减免、金融贷款，专项扶持资金和开发报建审批方面给予一定支持。

五、进一步向全社会展示绿色建筑、健康建筑的发展成就。鼓励支持有条件企业率先打造一批示范项目，为绿色建筑、健康建筑发展提供更多参考依据，做出标杆示范。同时，建议相关部门加大高质量评选力度，每年表彰一批推广绿色建筑、健康建筑的优秀城市、组织部门、开发企业和项目案例等，为绿色建筑、健康建筑的发展持续树立标杆。

六、进一步完善绿色建筑、健康建筑的运行、验收和质量监管制度。相关部门要不定期开展专项抽查行动，在规划、设计、施工、竣工验收以及运行维护等过程管理中，严肃查处弄虚作假、不按建筑标准施工行为。同时，全方面建立绿色建筑、健康建筑的用户科学评价和反馈机制，定期开展运营评估和用户满意度调查，保障大力推广绿色建筑、健康建筑的质量。

关于政协第十三届全国委员会第五次会议第00793号（城乡建设类018号）提案答复的函

黄若虹委员：

您提出的《关于大力推广绿色和健康建筑，助力健康中国的提案》收悉，现答复如下：

推广绿色和健康建筑是推动建筑行业高质量发展、提高人民群众居住水平的重要途径，对实现城乡建设领域碳达峰碳中和、助力“健康中国”落地实施具有重要意义。我部会同相关部门着重开展了以下工作：

一是持续加大政策支持，引领绿色建筑健康发展。会同人民银行、银保监会推动湖州等地探索绿色金融支持绿色建筑发展，创新绿色建筑推动模式。指导青岛开展“绿色城市建设发展试点”，推动绿色金融支持以绿色建筑为核心的绿色城市建设发展。会同财政部指导南京等6个城市开展政府采购支持绿色建材促进建筑品质提升试点工作，将政府采购政策引入工程建设领域，支持建设高品质绿色建筑项目。我部修订发布2019版《绿色建筑评价标准》，提出要推动智慧运营，设置“健康舒适”章节，对室内空气品质、水质、室内声、光、热湿环境进行了要求，有效提升了建筑健康宜居水平。印发《“十四五”建筑节能与绿色建筑发展规划》，提出要倡导建筑绿色低碳设计理念，充分利用自然通风、天然采光等，降低住宅用能强度，提高住宅健康性能。同时，要求各级住房和城乡建设部门加强与发展改革、财政、税务等部门沟通，争取落实财政资金、价格、税收等方面支持政策。

财政部从增值税、企业所得税等方面出台了一系列支持绿色建筑发展的税收政策。

二是完善标准体系，推动地方立法完善工作机制。推动江苏等16个省（区、市）发布绿色建筑法规文件，建立涵盖土地出让到运营管理的绿色建筑全过程管理制度。引导浙江、福建、湖南、广东等地编制绿色建筑专项规划。推动其他地区通过发布绿色建筑设计标准、施工图审查要点、竣工验收标准等方式，加强建设、验收和运行管理。我部印发的《绿色建筑标识管理办法》《关于做好三星级绿色建筑标识申报工作的通知》和《关于发布绿色建筑标识式样的通知》等相关文件，明确要求统一全国绿色建筑标识认定程序、认定标准、监管要求和标识式样，并建立绿色建筑标识管理信息系统，有效保障标识认定质量。此外，与工业和信息化部联合印发《绿色建材产品认证实施方案》等文件，发布绿色建材产品评价标准，建立绿色建材产品认证制度，持续加快绿色建材推广应用，深入开展前瞻性研究，有效保障绿色建材认证发展质量。

三是开展试点示范，加强示范引领。印发《关于组织申报2022年科学计划项目的通知》，组织开展绿色建筑等相关领域科技攻关和工程示范。发布《国家城乡建设科技创新平台管理暂行办法》，建立科技创新平台，推动建设科技创新发展。科技部在“十三五”期间，针对绿色建筑、建筑节能技术瓶颈和群众日益关注的建筑室内环境品质问题，推动新技术、新材料研发，开展技术集成示范，在满足人们对室内环境品质要求的基础上，进一步降低建筑能耗。“十四五”期间，科技部在国家重点研发计划“城镇可持续发展关键技术与装备”重点专项中专门设立了“高品质绿色建筑设计方法与智慧协同平台”研究项目，以绿色、健康和高品质为目标提升建筑和城镇发展水平。

四是加大宣传力度，营造良好发展氛围。2020年，我部组织开展了全国绿色建筑创新奖评选工作，获奖项目均为取得绿色建筑标识且竣工验收一年以上的工程项目，在安全耐久、健康舒适、生活便利、资源节约、环境宜居等方面技术体系具有突出创新性，关键技术达到行业领先。同时，编辑出版《2020年全国绿色建筑创新奖获奖项目集》，对获奖项目技术创新应用情况进行全面系统介绍。会同国家发展改革委等部门每年定期开展“全国节能宣传周和全国低碳日”活动，持续加大绿色建筑社会宣传力度，开展形式多样的建筑节能与绿色建筑宣传活动，加强社会大众对绿色建筑理念的认知和了解。

您提出的加大政策支持、完善监管制度等建议，具有较强的针对性，对我们做好相关工作具有重要参考价值。下一步，我部将以新型建筑工业化为切入点，加快推动绿色建造，着重做好技术体系和管理机制创新，促进绿色和健康建筑推广，助力城乡建设绿色高质量发展。

感谢您对住房和城乡建设事业的关心和支持！

住房和城乡建设部

2022年8月10日

全国政协十三届五次会议第 01865 号提案

题　　　目：关于支持民间力量助力生物多样性保护的提案

主　　　办：林草局

会　　　办：海南省政府

提 案 形 式：个人提案

第一提案人：苏志刚

内　　　容：

习近平在 2021 年《世界生物多样性公约》缔约方大会中指出“生物多样性使地球充满生机，也是人类生存和发展的基础。保护生物多样性有助于维护地球家园，促进人类可持续发展。当前全球物种灭绝速度不断加快，生物多样性丧失和生态系统退化对人类生存和发展构成重大风险，我们要站在对人类文明负责的高度，尊重自然、顺应自然、保护自然，探索人与自然和谐共生之路，促进经济发展与生态保护协调统一，共建繁荣、清洁、美丽的世界”。

为落实《昆明宣言》，我国发布了一系列国家行动战略：国务院发表 2021 年《中国生物多样性保护》白皮书；中办国办印发《关于进一步加强生物多样性保护的意见》；国办《关于鼓励和支持社会资本参与生态保护修复的意见》。中国将生物多样性保护上升为国家战略，要求进一步优化就地保护体系，完善迁地保护体系，优化建设动植物园，加快重要生物遗传资源收集保存，加强生物资源开发和可持续利用技术研究。吸引社会资本参与生态保护修复项目等。

当前，我国民间生态保护力量尤其是大型野生动物园、大型海洋公园等在迁地保护领域积累了大量实用技术和先进的科研成果，拥有强大的技术团队，并形成了“大型活体动物资源库”，为国家储备了大量活体动植物资源。但民间力量参与生物多样性保护遇到一些政策和认识上的限制，其作用没有很好地发挥出来。

一、现状与问题

（一）我国在大熊猫、朱鹮、麋鹿、普氏野马等拯救中采取众多有效行动，收到很好效果，这些物种已经摆脱极度濒危状况。但绿孔雀、白头叶猴、黔金丝猴、滇金丝猴、长臂猿、中华白海豚、虎鲸等日益濒危的珍稀物种直至目前尚未突破迁地保护技术，没有建立稳定和可持续的人工种群。国家开展的保护行动存在投入大、时间长、技术难度高等困难，民间力量想参与则受限于珍稀物种繁殖种源难于获取。

（二）国家给海南的战略定位包括“支持海南建设全球动植物种质资源引进中转基地”，这是在目前世界各国对珍稀动植物资源管控日益严苛下的一项重大开放性政策。由于缺乏创新的市场运行模式，民间力量参与的意愿和热情尚未激发，还未形成合力发挥“中转基地”的作用。

（三）目前对生物多样性保护的正面宣传力度还不足，公众对“依法保护、科学保护”野生动植物的认知还有待提高，受到诸如西方极端保护组织等的错误观点误导，一些媒体和公众也对生物多样性保护过于敏感，多种因素下容易酿成负面舆论热点，以至于影响科学的生物多样性保护行动及行业的健康发展。

二、对策建议

（一）建议国家在“十四五”期间，各级政府牵头开展珍稀物种拯救科研攻关，落实繁殖种源，落实配套保障措施，充分发挥民间力量尤其是大型野生动物园、大型海洋公园等人力、技术、物力优势，积极参与实施珍稀物种拯救计划，参与野生动物保护救护行动。

（二）建议国家及海南省政府牵头，发挥海南国际旅游岛优势，发挥“全球动植物种质资源引进中转基地”的作用，从世界各地尤其是“一带一路”国家引进我国需要的珍稀野生动植物资源，创新建设融合世界野生动植物资源的超大型国际生态旅游文化区等项目，出台支持民间力量参与项目建设的鼓励政策，激发市场的积极性。

（三）建议各级政府加强对生物多样性保护正面宣传，科学引导与处置舆论。充分发挥大型野生动物园、海洋公园等每年接待数亿游客的窗口效应，充分利用动植物的科普与展示以及“世界动植物日”“保护野生动物宣传月”等主题宣传活动，让公众认识到迁地保护在物种拯救方面的重要性，将公众舆论引导到“依法保护，科学保护”的正确轨道上来，从保护生物多样性全局出发，更客观、科学地评价媒体及公众关注的热点事件。

关于政协第十三届全国委员会第五次会议第 01865 号（资源环境类 134 号）提案答复的函

苏志刚委员：

您提出的《关于支持民间力量助力生物多样性保护的提案》收悉，现答复如下：

一、关于支持民间力量参与生物多样性保护问题

保护生物多样性既是各级政府的责任，也是每个公民的义务。多年来，我局按照《野生动物保护法》《野生植物保护条例》的规定，积极支持中国野生动物保护协会、中国野生植物保护协会等各类民间力量参与生物多样性保护工作。

一是支持民间力量参与大熊猫、滇金丝猴、雪豹、东北虎、朱鹮等许多濒危物种及其栖息地保护、野外资源调查和栖息地改造恢复等工作。二是支持民间力量参与迁地保护工作，注重发挥动物园、野生动物园、植物园、苗木花卉基地等民间力量在野生动物收容救护、人工繁育、野化放归和野生植物人工培植、野外回归等方面的独特作用，已经在东北虎、华南虎、大熊猫、川金丝猴以及霍山石斛、铁皮石斛、

蒜头果等珍稀濒危物种的迁地保护方面取得了瞩目成绩。三是支持民间力量开展科普教育，尤其是与动物园、野生动物园、植物园、海洋馆、苗木花卉基地等单位长期合作开展生物多样性保护科普教育，取得明显成效。四是支持民间团体参与国际履约活动，引导中国野生动物保护协会、中国野生植物保护协会、中国动物园协会、中国中药协会、中国渔业协会、中国水产流通加工协会等非政府组织积极参与《濒危野生动植物种国际贸易公约》（简称 CITES）、《生物多样性公约》（简称 CBD）等履约工作，积极推进保护与相关行业的协调、规范发展。五是适度引进国外种质资源。按照《野生动物保护法》《濒危野生动植物进出口管理条例》以及 CITES 公约等规定，支持合法引进珍稀濒危野生动物活体，一定程度上满足了动物园、野生动物园、海洋馆等单位在人工繁育、改善种质、科普展示等方面的种源需求。针对海南自贸港以及建设"全球动植物种质资源引进中转基地"事宜，我局均出台了相应的支持政策，海南省正在逐步落实。

下一步，我局将继续创造条件，积极支持有实力有意愿的民间力量更多地参与生物多样性保护工作。

二、关于加强生物多样性保护正面宣传问题

多年来，各级野生动植物保护主管部门、CITES 履约部门会同宣传、教育、科技、公安、海关、市场监管等部门，以及动物园、野生动物园、海洋馆等民间力量，在"世界湿地日""世界野生动植物日""爱鸟周""全民国家安全教育日""世界地球日""国际生物多样性日""全国科技活动周""野生动物保护宣传月"等时间节点，广泛开展宣传教育活动，介绍我国生物多样性保护的理念、成效和经验，宣介我国为世界生物多样性保护所作贡献。邀请国内有关专家，深入解读《野生动物保护法》《野生植物保护条例》等法律法规和政策制度。与央视等主流媒体合作，推出《秘境之眼》《看四季》等系列宣传片，加大野生动植物保护宣传报道。在 CITES 履约有关会议上，支持我国非政府环保组织通过举办展览、召开边会、发放宣传品等形式，宣传我国生物多样性保护的正面典型案例，讲好中国故事，维护我国国际形象。

下一步，我局将继续为各类民间力量参与我国生物多样性保护正面宣传提供广阔舞台，共同维护我国国际声誉和合法权益。

感谢您对林业和草原工作的关心和支持。

国家林业和草原局

2022 年 7 月 29 日